2000여 년 로마서 해석의 지형을 바꾸다

바울의 복음에 대한 발상의 전환

2000여 년 로마서 해석의 지형을 바꾸다

바울의 복음에 대한 발상의 전환

초판 1쇄 발행 2024년 11월 15일

지은이 이영선
펴낸이 장길수
펴낸곳 지식과감성#
출판등록 제2012-000081호

교정 주경민
디자인 서혜인
편집 이현
검수 한장희, 이주연
마케팅 김윤길, 정은혜

주소 서울시 금천구 벚꽃로298 대륭포스트타워6차 1212호
전화 070-4651-3730~4
팩스 070-4325-7006
이메일 ksbookup@naver.com
홈페이지 www.knsbookup.com

ISBN 979-11-392-2180-0(04230)
ISBN 979-11-392-2179-4(세트)
값 27,000원

그리스어 신약 성서 **크로스미팅바이블 로마서 읽기**

2000여 년 로마서 해석의 지형을 / 바꾸기

바울의 복음에 대한 발상의 전환

空頭 이영선 지음

Changing the Landscape of Romans Interpretation in 2000

지식과감정#

이 책의 로고에 대한 설명

두 개의 원은 전능하신 하나님의 창조와 구속의 역사를 기록한 신·구약 성서의 핵심적인 가르침을 집대성한 신약 성서 가운데 사도 바울의 로마서에 대한 번역과 해석의 2000여 년 역사의 초기 시점으로부터 현재까지 진행적인 구간에 나타난 번역과 해석의 내용을 하나의 원으로 나타내어 '알파'라고 명명하고, 필자의 번역과 해설을 담은 이 책의 내용을 또 하나의 다른 원으로 나타내어 '오메가'라고 이름을 붙여 두 원의 일정 부분을 포개어 표시함으로써 두 원 중에 겹친 부분(교집합)이 발생하는데 이는 2000여 년의 로마서 번역과 해석의 결과물 중에 필자의 번역과 해석이 일치하는 부분이며 이를 '플러스 알파와 오메가'라고 할 수 있다.

이렇게 함으로써 '알파'의 남은 부분(알파부분집합)은 필자가 생각하기에 동의할 수 없는 부분이며 이를 '마이너스 알파'라고 이름을 붙여 폐기해야 할 공공의 자료로 분류하고 보존해야 할 부분으로 인식하며, '오메가'의 남은 부분(오메가부분집합)은 필자만의 사적인 번역과 해설을 담은 이 책(『2000여 년 로마서 해석의 지형을 바꾸다』 1-2권)의 '로마서 해석의 발상의 전환을 다룬 1권과 그 1권에 이어 전환된 관점으로 로마서 전체 번역과 해설을 다룬 2권으로 로마서 연구의 새로운 장을 연 부분이며 이를 '플러스 오메가'라고 이름 붙여 우리의 주님 그리스도 예수님께서 이루실 구속이 완성되는 날까지 온전한 번역과 해설로 주님의 오심을 고대하며 연구와 기도를 게을리하지 않을 미래 세대에게 부족하기만 한 필자를 너그럽게 사랑으로 품어 주신 주님의 은혜 속에서 감사하며 체험으로 알게하여 고백하게 하신 믿음의 말씀을 두서없이 성령님의 인도하심을 따라 기록한 것을 표시했다.

이 책의 내용에 오류가 있다면 전적인 필자의 책임이며, 오류가 있을 시 누구든 친절하게 인도해 주신다면 겸손하게 배울 자세가 되어 있음을 밝힌다.

2024년 7월 26일

저자 공두(空頭) 이영선 목사

이 책을 우리 주 하나님께서 온 세상으로부터 예수 그리스도의 이름으로 부르시는 모든 사람(행2:38-39)과 그 부르심의 목적을 알고(롬8:28-30), 그 부르심의 소망을 따라(엡1:18) 주님께 순종하며 살기 원하는 모든 이들에게(엡4:15) 헌정한다.

타 레마타(τὰ ῥήματα 요6:63)

어제도
오늘도
내일도
새 생명을 일으키는 말씀입니다.

어제도
오늘도
내일도
새 생명을 자라게 하는 말씀입니다.

어제도
오늘도
내일도
우리를 풍요롭게 하는 말씀입니다.

어제도
오늘도
내일도
우리를 인도하는 말씀입니다.

왜냐하면,
어제도
오늘도
내일도
항상 살아 있는 말씀이기 때문입니다.

말씀이여(ὁ λόγος 요1:14)!
오늘도
내일도
모든 사람을 붙잡으소서!
그리고
역사(役事)하소서!
타레마타를 말할 수 있도록….

말씀이여!
당신은,
우리를 먼저 무릎 꿇게 하셨습니다.
그리고
우리의 몸에 흔적을 두셨습니다.

항상,
말씀으로만 하옵소서!
우리가 가겠습니다.
세상 끝(τὸ τέλος)까지….

목 차

들어가는 말

- 아주 소박한 소풍 -

글을 쓰고 글을 읽는 일은 매우 두려운 일이다(눅11:54). 특히 글을 쓰는 자는 더욱 조심해야 하는 일이니, 말이 그렇듯 글이란 사람을 죽이기도 하고 살리기도 하는 도구이기 때문이다(요6:63). 기원전 971년부터 기원전 931년까지 이스라엘 왕국을 다스린 솔로몬왕은 "내 아들아, 한마디만 더하마. 진리의 말씀으로부터 교훈을 얻으라. 여러 책을 만드는 것은 끝이 없고, 많이 공부하는 것은 육체를 지치게 하느니라."라고 했다(BHS 5th ed 전12:12 필자 사역). 책을 골라 읽어야 할 지혜를 말함이다. 오늘날처럼 정보가 홍수처럼 넘쳐 나는 시대도 아니었을 텐데 말이다. 그때도 지금이나 다를 바 없는 사람 사는 세상이었기 때문이다.

필자가 생각하기에 사람이 하는 모든 일이 힘들고 괴로운 것이겠지만 글을 쓰는 것은 더욱 괴롭고 힘든 일이다. 오래전에 작고하신 어머님 생각이 난다. 필자가 한때 전북 군산이라는 항구 도시에 살고 있었던 적이 있었다. 가족이 바닷가에 나아가 여러 가지의 조개들 중에 맛 좋은 백합을 캐다가 한 솥 삶아 먹는 재미가 쏠쏠했다. 백합의 진한 국물에 쪽파와 땡고추를 잘고 가늘게 썰어 넣고 부드럽고 졸깃한 백합의 속살과 함께 방바닥에 둘러앉아 먹으면 가난해도 부러울 것이 하나도 없었던 시절이었다.

지금도 그리운 소박한 음식을 놓고 인생 공부 아닌 인생 공부가 있었다. 그걸 밥상머리교육이라 해야 하는지는 잘 모르겠지만 매콤하고 시원한 백합 국물 맛에 감탄의 리액션(reaction)을 터뜨리며 먹기에 열중하고 있는 우리에게 "음식은 남의 살이 들어가야 맛있어."라고 뜬금없는 말씀을 하셨다. 이런 말씀은 잊을 만하면 돌아오는 명절 때도 하셨다. 또 열심히 먹는 우리에게 "그렇게도 맛있냐? 그게 다 제 살 먹기여~"라고도 말씀하셨다. 그땐 사람들이 고기반찬을 좋아한다는 소리로만 들었는데 지금은 다르게 들린다. 어느 땐 "제 살이 아프면 남의 살 아픈 줄도 알아야 한다."와 같은 격언이나 속담 같은 말씀도 하셨다. 그땐 그저 선하게 살라는 말로 생각했는데 그것도 지금은 다르게 들린다. 어머님께서 말씀하신 의도와 다르더라도 말이다.

요한복음 6장을 보면 이와 관련한 예수님의 말씀이 있다.

48 내가 생명의 빵이다.

49 너희 조상들은 광야에서 만나를 먹고 죽었다.

50 이것은 하늘로부터 내려오는 빵이니 이는 어떤 자가 그것으로부터 먹고 죽지 않게 하기 위한 것이다.

51 내가 바로 하늘로부터 내려오는 살아 있는 빵이다. 만일 어떤 자가 이 빵으로부터 먹는다면 영원히 살 것이다. 그러나 세상의 생명을 위하여 내가 줄 빵은 내 살이다.

52 그러자 유대인들이 서로들을 향해 "어떻게 이 사람이 자기 살을 우리에게 먹으라고 줄 수 있는가?" 하고 말하며 논쟁하고 있었습니다.

53 그런즉 예수께서 그들에게 말씀하셨습니다. "아멘, 아멘, 내가 너희에게 말한다. 만일 너희가 그 사람의 그 아들의 살을 먹고 그의 피를 마시지 않는다면, 너희는 자신들 안에 생명을 가지지 못한다.

54 나의 살을 먹고 나의 피를 마시는 자는 영원한 생명을 가지는데, 나 역시 그를 마지막 날에 일으킬 것이다.

55 참으로 내 살은 참된 양식이고 내 피는 참된 음료이기 때문이다.

56 나의 살을 먹고 나의 피를 마시는 자는 내 안에 거하고 나 역시 그 안에 거한다.

57 살아 계신 아버지께서 나를 보내셔서 내가 아버지를 통해 사는 대로, 나를 먹는 자 저 사람 역시도 나를 통해 살 것이다.

58 이것은 하늘로부터 내려온 빵인데, 조상들이 먹고 죽은 것과 같지 않다. 이 빵을 먹는 자는 영원히 살 것이다."

59 이것들은 그가 가버나움에 있는 회당에서 가르치실 때 말씀하신 것입니다.

60 그런즉 그의 제자들로부터 많은 사람들이 그것을 듣고 말했습니다. "이 말씀은 어렵습니다. 누가 그것을 들을 수 있습니까?"

61 그러나 예수께서 속으로 그의 제자들이 이것에 대해 불평하는 것을 아시고 그들에게 말씀하셨습니다. "이것이 너희를 넘어지게 하느냐?

62 그러면 만일 너희가 그 사람의 그 아들이 전에 있던 곳으로 올라가는 것을 본다면 어떻게 하겠느냐?

63 그 영은 살리는 것이나 그 육신은 아무 유익이 없다. 내가 너희에게 연설(발표)한 그 말들은 영이고 생명이다.

64 그럼에도 너희들에게서 믿지 않는 어떤 자들이 있다." 이는 처음부터 예수께서는 믿지 않는 사람들이 누구며 자기를 넘길 자가 누구인지 이미 알고 계셨기 때문입니다.

65 그래서 그는 "이것 때문에 내가 너희에게 '그 아버지께로부터 주어지지 않으면 아무도 나를 향해 올 수 없다.'라고 이미 말한 것이다."라고 말씀하고 계셨습니다.
66 그런즉 이것을 시발점으로 그의 제자들에게로부터 많은 사람들이 떠나가서 더 이상 그와 동행하지 않고 있었습니다.
67 그런데 예수께서 열두 명에게 말씀하셨습니다. "너희마저 떠나가기를 원하느냐?"
68 시몬 베드로가 그에게 대답했습니다. "주님, 우리가 누구를 향해 가겠습니까? 주님께서 영원한 생명의 말씀들을 가지고 계십니다.
69 그리고 우리는 주님이 하나님의 거룩하신 분이라는 것을 믿고 또한 압니다."
70 예수께서 그들에게 대답하셨습니다. "내가 너희 열두 명을 택하지 않았느냐? 그런데 너희에게로부터 하나는 마귀이다."
71 그때 그는 가룟 시몬의 아들 유다를 말하고 계셨던 것입니다. 왜냐하면 이 사람이 예수를 넘겨주려고 의도하고 있었고, 열두 제자들로부터 있는 한 사람이기 때문이었습니다.

(NA 28th(UBS 5th) ed 요6:48-71 필자 사역)

필자는 이 글(처음 책인 『크로스미팅 바이블 그리스어 신약 성서 로마서 이렇게 읽어라』)을 쓰면서 질곡(桎梏)의 인생을 뒤돌아보게 되었다. 그리고 이 글을 써야 할 진정한 이유가 무엇인지 묻고 또 물었다. 나보다 뛰어난 사람이 많은데 무지렁이 같은 내가 무슨 재주로 이 글을 써야 한다는 말인가? 답은 하나였다. 다른 사람을 위한 것도 아니고 오직 그 질곡의 인생길을 벗어나기 위해서라고 스스로를 위로하며 용기를 냈다. 목사가 되고 난 지 30여 년 만에 내놓은 용기다. 글을 쓴다는 것이 살과 피를 말리는 일임을 너무 잘 알기 때문에, 마음과 정신, 혼과 영의 감흥이 없이 쓰인 글이라는 것이 그저 정보를 짜맞춘 휴지 조각에 불과하다는 사실을 너무 잘 알기 때문에, 그리고 잘못된 정보와 그릇된 가르침이 사람을 병들게 하고 망하게 만드는 것을 너무도 잘 알기에 조심하고 또 조심하면서 남은 인생의 마지막 기력을 쏟아붓지 않을 수 없었다.

아마도 인류의 역사상 가장 많은 사람에 의해 읽히고 연구되는 성경이 있다면 단연 『로마서』라 할 수 있다. 신·구약 성경 전체의 핵심 내용을 아주 짧고 정교하게 쓴 서신이기 때문이다. 내가 여기서 짧다고 말한 의미는 요한복음의 저자 요한이 요한복음서를 다 기록한 후에 남긴 마지막 글에 담긴 의미와 같다. "우리는 그의 증언이 참되다는 것을 알고 있습니다. 이 외에도 예수님께서 행하신 다른 일은 많이 있습니다. 만일 그 일을 일일이 다 기록한다면 온 세상이라도 그것을 기록한 책을 담기에 부족할 것입니다."(요21:24하-25) 그래서 그런지 '그같이 위대한 책에 관해 책을 쓴다고? 언감생심 감히 넘볼 것을 넘봐야지.'라는 자성의 목소리가 항상 귓전에 울린다.

가족들과 이 글의 출판 문제를 의논하면서 좋은 길을 모색했다. 좋은 길을 찾아야 한다는 데는 모두 다 동의했지만, 구체적인 방식에서는 의견이 나뉘었다. 자가 출판에서부터 기존 기독교 출판사를 통해서까지 매우 다양한 출판 방식이 있음을 잘 안다. 고루한 생각일지 모르지만, 필자가 공부하던 시절 한 권의 책을 사기 위해서 경우에 따라선 일주일을 라면만 먹어야 했던 시절이 있었다. 책이 하나님의 은혜를 나누는 것이라면 나누는 방식도 때론 고민해야 할 지점도 있다는 것이다. 다만 앞으로 어떤 방식으로 출판이 되든 시작과 끝이 모두에게 하나님의 은혜로 귀결되길 소망하며, 필자는 우선 '성도의 헌신과 나눔'이라는 비매품 출간 방식을 시도하여 이 책을 필요로 하는 분은 누구나 읽을 수 있는 길을 열어 놓음과 동시에 출판 기획서를 작성해 기존 기독교 출판사에 투고하기로 했다.

사실 글이라는 것이 자기 것일 수 없는 것은 글을 써 본 사람은 모두 다 알 것이다. 내가 쓰고 있는 글이 사실에 부합한 것인지 확인하고 확인하다 보면 이미 누군가에 의해 말하여지거나 기록된 것임을 알게 되는 것이 대부분이기 때문이다. 어차피 글을 잘 쓰고 못 쓰는 것은 지식과 정보의 조합 능력이다. 다수가 아는 정보와 지식을 가지고 시대의 독자들을 얼마나 사로잡을 수 있는가에 대한 필력에 의해 베스트셀러는 결정된다. 그리고 그것에 대한 지적 소유권을 주장하려면 자신만의 새롭고 구별된 지식이 있어야 한다는 근본적인 원칙이 지켜져야 하는 상황이어야 하는데, 그 원칙 자체를 지킬 수도 없고, 설령 지킬 수 있다고 하더라도 지켜지지도 않는 상황에서 글에 대한 지적 소유권을 주장한다는 것은 참으로 우스꽝스러운 일이다. 이런 상황에서 글쓰기와 글 읽기는 어쩌면 오리무중의 세계에 떠도는 것과 같은 것이다.

필자는 지금 "나의 복음(롬2:16, 16:25)"이라고 자신만의 복음을 주장하며 글을 쓰고 있는 바울의 로마서를 번역하고 해설하기 시작했다. 이 얼마나 두렵고 떨리는 일인가! 잔꾀를 부릴 수 있는 여지가 하나도 없다. 그리고 그것을 설명해 내는 일에 있어서 이 땅의 역사와 문화의 부산물이라고밖에 생각이 들지 않는 실존적 상태(實存的 狀態)의 필자에게 저작권의 의미는 사실상 무의미하다. 출처를 밝히지 않았다고 해서 그것이 다른 이들의 결과물이 아니라고 할 수 없을 만큼 나는 이미 그것들과 하나가 되어 있다. 필자가 말하고 쓰는 것이 이 세상에서 배우고 익힌 학습의 결과인데 더 무엇을 내 것이라고 주장할 수 있단 말인가!

그런데도 글을 쓰면서 할 수 있는 한 모두 출처를 밝히려고 했다. 이 세상의 출판문화에 따라야 하므로 흉내라도 낸 것이다. 다만 필자가 바라는 한 가지가 있다면 그런 나를 통해 쓰인 글이 저작권 문제로 비하되거나 비난받지 않는 것이다. 그저 일반화된 지식이나 정보를 이용해 만유의 주님이신 그리스도 예수의 종 바울이 증거하는 "하나님의 복음(*εὐαγγέλιον θεοῦ-유앙겔리온 데우, 롬1:1*)"을 밝히려고 한 것이었으니, 혹시라도 제 것이 아닌 걸 가지고 제 것인 양 까불고 있는 게 보인다면 그저 너그럽게 이해해 주기를 바란다.

세상엔 온갖 말과 글로 넘쳐난다. 의미 없는 말은 하나도 없다. 말을 어떻게 하고 어떻게 듣느냐의 문제가 완전히 다르듯 글도 어떻게 쓰느냐와 어떻게 읽느냐는 다른 문제이다(눅10:26). 사람의 사이도 말 차이가 있어 의가 나듯이 글도 그와 동일한 것은 말하고 쓰고 듣고 읽기가 사람의 일이기 때문이다. 이 책의 원고를 출간 전에 친구들과 아우들에게 충고받을 양 나누어 읽을 수 있도록 건네주었다. 그때 아내가 불쑥 이런 말을 했다. "신중하게 생각하세요. 의가 날 수도 있어요." 워낙 예사롭지 않은 문제를 다루는 글이라 사실은 많은 고민 끝에 기도하는 마음으로 선별해 보냈다. 받고 연락을 준 사람은 단 세 명. 기대했던 사람으로부터는 감감무소식이다. 아내의 말대로 의가 난 것인가? 아니면 너무 어려워서 읽지도 못하는 것인가? 별의별 생각이 다 들었다. 좋게 생각하기로 했다. 모두가 좋고 아름다운 일이 되도록 신중을 기하고 있다고….

변화는 내게로부터 있어야 한다는 생각에 독자층을 고려해 글쓰기를 기술적으로 세분화시키기로 했다. 그리스어 본문의 번역을 위한 문법적인 문제와 지금까지 확정된 본문에 대한 사본 검토와 본문 주해를 위한 관련 성구 검토를 통해 본문 해설을 내놓기로 한 것이다. 한마디로 그 복잡한 과정을 하나로 섞어 메시지를 내는 통합적 글쓰기 방식의 글을 섹션별(§1. 본문 번역, §2. 본문 코멘트, §3. 본문 주해를 위한 팁, §4. 본문 해설)로 나누어 그리스어 본문을 읽을 수 있는 분들과 읽을 수 없는 분들이 필요에 따라 함께 본서의 실제 내용을 읽을 수 있도록 하였다.

§1. 본문 번역

NA28판(UBS5판)의 본문을 근거로 하여 있는 그대로 직역하는 것을 원칙으로 하였지만, 직역으로 그 의미가 제대로 전달되지 않을 경우 직역에 가까운 의역을 하되, NA26판(UBS3판)에서 NA28판(UBS5판) 본문 확정까지의 모든 사안을 살펴 그 뜻을 가감 없이 번역했다.

§2. 본문 코멘트

본문을 확정하기 위한 사본들로부터 교부들의 기록까지 바울의 것으로 확정할 수 있는 증거에 대한 비평 작업의 결과를 제시한 것이다. 이는 그동안의 본문을 통해 전달되어 온 사도 바울의 사상의 표현을 개선하기 위한 노력의 결과로 매우 중요한 부분이라 할 수만 있으면 본문 전승사의 모든 결과들을 소중히 여기며 공정하게 취합하려고 하였다.

§3. 본문 주해를 위한 팁

NA26판(UBS3판)에서 NA28판(UBS5판)의 본문과 관련된 난외주를 일일이 관련 본문을 확인하면서 정리한 것이다. 어떤 경우에는 필자가 자의적으로 덧붙인 예도 있으나 제시된 모든 본문이 그리스어 본문에 근거한 성경 구절들이기에 번역 성경으로 확인할 때 다소 이질감을 느낄 수도 있음을 미리 밝혀 둔다.

§4. 본문 해설

컴퓨터의 검색 기능의 발달로 더 폭넓은 그리스어 본문 연구가 가능해진 덕에 부족하지만, 필자의 더 확장된 연구의 결과를 목회적 관점에서 성도들과 함께 나눌 요량으로 지면을 썼다. 그 때문에 본문 해설에 인용되는 성경 구절들은 필자의 번역을 원칙으로 했다. 다만 구약 성경은 번역과 설명이 필요하다고 여겨지는 부분을 제외하고는 직역에 가까운 필자의 번역보다는 문맥을 파악하기에 쉽고 좋은 번역 성경을 사용하여 수고를 덜었다.

사실 이 글의 시작은 필자의 큰아들 진건(眞建) 군(君)을 위한 것이었다(이하 진건 군). 이 책의 시작은 오로지 진건 군의 책으로 남겨 주고 싶었던 유산과 같은 것이었다. 그렇다 보니 여러 독자를 생각할 여지가 없었다. 책이 전문적인 내용과 일반적인 내용을 혼용하거나 자료를 인용하는 방법 등을 무시하며 글을 쓴 것은 진건 군이 인용된 글을 찾는 번거로움을 없애고 오로지 이 글 하나로 문제를 해결할 수 있도록 한다는 취지에서였다. 그래서 분량도 많아지고 특정 소양을 갖추지 않으면 읽기에 어려운 글이 되었다.

그렇다고 진건 군이 그런 소양을 갖추고 있는 것도 아니었다. 그 정도의 소양을 갖추고 살기를 바라는 아비의 마음을 담은 것이다. 다만 그런 소양을 갖추지 못했더라도 이 글의 중요성(아비가 주는 마지막 유산)을 인식하기만 한다면 조금은 어렵겠지만 중심 내용을 파악할 수 있도록 평이하게 쓴 것도 사실이다.

이런 점에서 일반 독자도 읽고자 하는 의지만 있으면 필자가 말하고자 하는 내용을 파악하는 데는 무리가 없다. 그럼에도 일반 독자들이 읽을 책으로 만들기로 한 이상은 편집상의 기술적인 문제나 글을 쓰는 방식에 있어서 대대적인 수술을 해야 했다. 다만 원래의 취지를 그대로 보존하면서 그 일을 진행하게 된 까닭에 특이한 책이 되고 말았으니, 그저 필자의 생각을 이해해 주는 독자들의 격려가 있길 바랄 뿐이다.

일이 좀 커졌다. 이런 결정을 내릴 수 있었던 것은 그리스어 본문 연구의 대전환의 시대를 직면하고 있기 때문이다. 그 징후는 우리가 그동안 사용하고 있었던 그리스어 회중판(NA28판)이 공동서신 영역만 두 권으로 발행된 ECM(Editio Critica Maior: 대비평판) 본문인 야고보서를 전격적으로 수용한 것이다. 나머지 영역의 연구는 2030년까지 완성될 예정이다(NA28판 서문 참조). 이런 변화에 적절하게 대응하기 위해서 필자는 그동안 연구해 왔던 NA26~28판과 UBS3~5판까지의 본문 연구를 정리할 필요가 있다고 생각하고 있었던 터이라, 쉽지 않겠지만 이 일은 당연한 일로 받아들여졌다.

성경은 '낮은 낮에게 말하고 밤은 밤에게 말한다.'라고 했다(시19:2). 낮은 낮에게, 밤은 밤에게 아는 것을 알려 준다는 뜻이다. 밤과 낮은 섞일 수 없다. 하나님께서 구별하셔서 그 역할을 정해 놓았기 때문이다. 살전5:5에 "여러분은 모두 빛의 자녀요, 낮의 자녀입니다. 우리는 밤이나 어둠에 속한 사람이 아닙니다. 그러므로 우리는 다른 사람들처럼 잠자지 말고, 깨어 있으며, 정신을 차립시다. 잠자는 자들은 밤에 자고, 술에 취하는 자들도 밤에 취합니다. 그러나 우리는 낮에 속한 사람이므로, 정신을 차리고, 믿음과 사랑을 가슴막이 갑옷으로 입고, 구원의 소망을 투구로 씁시다." 낮이 낮에게 말하는 게 무엇인지를 잘 보여 주는 구절이다. 사실 이 구절은 도적같이 오는 멸망의 날에 대한 경고의 권면이다. 필자의 글이 한밤중의 도적같이 오시는 주님을 맞이할 수 있는 등불이 되기를 바랄 뿐이다.

마지막으로 이 글이 나오기까지 흠이 많고 부족하기 그지없는 필자 곁에서 함께 하며 늘 변함없는 지지와 성원으로 자신들의 은사를 최대한 발휘하여 필자의 사역을 도와준 사모 김미현 님과 권사 유향여 님께 심심한 사의를 표한다. 또 이 글을 읽고 출판의 가치가 있다고 격려를 아끼지 않은 동료 목회자들의 지지에 진심으로 사의를 표한다. 그리고 이 글을 통해 그동안 알지 못했던 것을 알게 되었다고, 진솔하고 겸손하게 자신의 의중을 밝히고 필자의 노고를 격려하며 기꺼이 초판 인쇄를 자비로 감당해 필자의 출판 의도를 빛내 준 믿음의 동역자 엄인섭 목사님께도 진심으로 사의를 표한다. 알게 모르게 필자를 위해 기도하며 애써 주신 모든 분께 감사를 드리며, 여러 믿음의 헌신 덕분에 힘을 얻어 고질병인 척추 질환을 견디며 써 내려간 이 글에 한 자 한 자의 깊이를 더할 수 있었으니, 독자들에게 그 가치가 전달되기를 빌 뿐이다.

2022년 7월 20일 논산 가야곡 산골에서…
공두(空頭) 이영선 목사 올림

새로운 출간에 즈음하여

— 아름다운 소풍을 위하여 —

이 책은 먼저 저자 서문에서 밝힌 바와 같이 교회 공동체 안에서 순수하게 믿음의 사람들을 깨울 요량으로 성도의 헌신과 봉사라는 의미를 가지고 자가 출판해 사용되었다. 글을 쓰는 것으로부터 편집(교정과 디자인, 윤문 등)의 과정에서 출판 배포까지 필자의 제한된 사역 범위 내에서 모든 것을 해결해야 하는 적지 않은 작업이었지만 언제나 그렇듯이 하나님의 은혜로 첫출발은 성공적이었다.

그 결실로 이제 세상 속으로 시집을 보낼 수 있게 되었으니, 그것에 맞게 어울리는 옷을 입히고 안팎으로 맵시를 가다듬었다. 화려한 꽃단장은 아니더라도 머리를 매만지며 리본도 꽂아 보고 얼굴에 분을 바르고 예쁜 신발을 신고 거울 앞에 서서 이리저리 몸매를 돌려 보듯이, 이 책만이 가지고 있는 매력에 독자들이 빠지기를 바라는 마음 가득했다. 필자에게 설렘이란 그런 것이다.

설렘이 몸살이 되어 시름시름 앓는 것을 상사병이라고 하던가?

필자는 그렇게 30여 년의 세월 동안 믿음의 순결을 지키고 시집보낼 날을 기다리며 가다듬기를 반복했다. 여러 버전의 로마서를 강해하며 해설서와 강해서를 집필했던 지난날은 그 심오함을 완벽하게 설명해 낼 수 없는 안타까움과 부끄러움을 떨쳐 버릴 수 없는 세월이었다.

하지만 숙명처럼 필자에게 주어진 질곡의 삶은 족쇄가 되고 있었던 완벽함을 완성도를 높이는 쪽으로 선회하게 했고, 설렘을 마주하며 살아 있다는 것을 즐기는 자리로 나가게 만들어 주었다. 그리고 필자가 로마서 해석의 역사를 더듬어 잘못된 부분을 걷어 내고 부족한 부분을 보완하고 보존하려는 마음을 가지고 헌신하며 살았듯이, 주님은 주님의 나라가 임할 때까지 누군가 필자의 부족을 메꾸어 후세에 완벽한 로마서의 해설에 이르도록 봉사하는 헌신의 삶을 세우시고 지키실 것을 굳세게 믿게 하셨다.

인생이란 게 이 세상에 사는 한 누구나 채워야 할 총량의 법칙에 지배된다. 어리석게도 필자는 그간 질곡의 삶으로 필자가 채워야 할 총량이 이쯤에서 마무리되길 저울질하곤 했다. 이 책을 만들고 난 후 필자는 또 한 번의 위기에 직면했다. 2023년 1월 초순, 3기 초반이라는 전립선암 판정을 받고 3월 말에 수술받아야 했다. 그러나 그게 다가 아니었다. 16년 전 심근경색으로 응급실을 전전하다 구사일생으로 생존했던 병력이 장애물이 되어 암 수술이 가능한지 확인하는 과정에서 또 다른 암초가 발견된 것이다. 그동안 일부 괴사로 58%의 심장으로 살아왔는데, 검사 결과 괴사가 더 진행되어 48%의 기능만 남아 있다는 것이었다. 그로 인해 곧 필자는 또다시 심장 조영술 시술대에 오를 처지가 되었다.

이렇듯 로마서를 붙들고 살아가는 과정에 참 많은 일들이 있었다. 그때마다 필자는 '그리스도의 남은 고난을 그리스도의 몸 된 교회를 위하여 기쁨으로 자기 육체에 채운다(골1:24).'라고 한 사도 바울의 심정으로 기꺼이 즐겁게 받아들였다. 암 수술받을 때도 그랬지만 심장 수술 또한 그렇다. 며칠 후 심장 수술을 앞둔 사람으로서 좀 엉뚱한 얘기 같지만, 사실 필자는 주님께서 모든 질병을 다 고쳐 주심을 노래하며 살고 있다. 이 엉뚱한 확신은 필자의 로마서 연구를 통해 1년 전 출판한 『크로스미팅 바이블 그리스어 신약 성서 로마서 이렇게 읽어라』라는 책 속에 녹아 있다.

그리고 필자는 지금 그 책명을 지을 때 마음속에 있던, 직접 드러내지 못한 아쉬움을 제대로 드러내어 표현하기로 결심하고 구체적인 제목을 찾았다. 그리고 마침내 『2000여 년 로마서 해석의 지형을 바꾸다』로 개명하여 세상에 시집보낸다. 글자 그대로 이 책이 지난 2000여 년간의 로마서 번역과 해석에 대해 감추어지거나 잠자고 있는 부분을 드러내고 깨우는 역할을 하리라고 믿기 때문이다.

온전한 비유는 아니지만, 서해안 새만금 간척 사업을 통해 우리나라 지형이 바뀌고 풍경이 바뀐 것을 생각하면 이해에 도움이 될 법도 하다. 그래서 그런지 준비할 게 참 많았지만 생각해야 할 건 더 많았다. 다만 이 책을 계기로 로마서에 대한 살아 있는 연구가 활발하게 일어나길 기대할 뿐이다.

폐일언하고 두 가지만 간략하게 말씀드리고 싶다. 하나는 세상 속으로부터 부르시는 그리스도의 몸 된 모든 교회를 위하여 책의 완성도를 높이는 것에 방점을 두었다. 이미 이 책이 가진 내용의 범위가 방대하고 분량 또한 많은데 무엇을 더 보탠다는 것은 사실 큰 부담이었다. 그런데도 이 책의 특성상 약간의 지면을 더하는 것으로 이 책의 출간 동기와 목적을 명확하게 하는 것이 실보다 득이 더 크다고 생각하여 실천에 옮겼다. 여러 오자와 약간의 문장 수정이 있었으나 문맥상 다르지 않기 때문에, 번거롭게 수정 사항은 따로 제시하지 않기로 했다.

다만 이 책은 로마서 전체를 해설한 책이 아니다. 로마서 전체 텍스트의 서문에 해당하는 한 문단(롬1:1-17)의 새로운 번역과 해설을 제시하여, 로마서 전체를 새롭게 읽을 수 있도록 문제 제기와 함께 대안을 제시한 책이다. 따라서 이 책은 로마서 텍스트의 전체 번역과 함께 비고란에 원문상의 문맥적 설명을 덧붙여 놓아, 2000여 년 로마서 해석의 바뀐 지형을 미리 보게 하는 길라잡이 판이라고 할 수 있다. 이런 점을 감안해 아래와 같이 여덟 군데의 수정 증보가 있었음을 밝힌다.

① 우선 아들에게 물려줄 요량으로 쓰인 처음 책에서 아들을 향한 장문의 헌사를 빼고 우리 주 하나님께서 부르시는 모든 사람을 위한 헌정 선언을 명시했다.

② 제1장의 '표제 뒤에 숨은 이야기'를 마친 다음 본문(텍스트)을 직접 다루기 전에 이 책의 본문을 한눈에 볼 수 있도록 「로마서를 푸는 키워드」라는 새로운 챕터를 끼워 넣어 소풍 전 긴장을 푸는 산책을 시도했다.

③ 출판사의 1차 교정 과정에서 불거진 인용 글에 대한 저작권 문제를 일일이 해결했으며, 그 과정에서 구약 성경 인용구들에 대해 히브리어 본문(BHS 5th ed)과 칠십인역 헬라어 본문(LXX)을 텍스트로 삼아 직접 번역함으로써, 이 책에 쓰인 신·구약 성경은 모두 필자의 번역으로 채우게 되었다.

④ 처음 책 68쪽 롬1:3의 「한글 번역 성경 검토」라는 문단 다음 「영어 번역 성경 검토」라는 문단(신판 84쪽)을 삽입했다.

⑤ 처음 책 136쪽 「이 시대의 신에 굴종」과 「시작된 진실에 대한 싸움」이라는 문단 사이 롬1:4의 「한글 번역 성경 검토」와 「영어 번역 성경 검토」라는 문단(신판 150~156쪽)을 삽입했다.

⑥ 처음 책 240~242쪽의 「신화」와 「철학」이라는 문단을 이 책 251~255쪽 「신화에서」와 「철학으로」라고 수정 정리한 후, 255~259쪽의 에피쿠로스학파와 스토아학파에 대한 현실적 이해를 돕기 위한 인용글을 삽입했다.

⑦ 이 책을 갈무리하며 결론에 해당하는 「제11장 바울의 복음에 대한 발상의 전환을 마무리하며(신판 323쪽)」라는 새로운 챕터를 삽입했다.

⑧ 처음 책의 전체번역은 새로운 로마서 읽기를 제안하는 통독과 연구를 위한 버

전이었다면, 이번 책은 2000여 년 로마서 해석의 바뀐 지형을 예상할 수 있게 「일러두기」를 두고 최대한 원문 그대로 번역하려고 많은 부분을 손질하였다.

두 번째는 이 글을 쓰면서 가장 큰 고민과 두려움은 몇몇 저자들을 소환하여 그들의 입장과 다른 부분에 대하여 비평할 수밖에 없는 안타까운 현실에 대한 것이었다. 그것은 필자에게 매우 가슴 아픈 일이었다.

사실 필자의 책은 그 시도에 있어서 2000여 년간 이 세상에 나온 로마서 번역과 해석에 대한 도전적인 색깔을 피할 수 없지만, 봉사와 섬김으로 그리스도의 몸 된 교회를 온전하게 세우는 일에 방점을 둔 진심 어린 연구자의 간절한 심정과 겸손한 자세로 '로마서의 진실'을 전달하고 싶은 여리고 순수한 마음에서 시작했다.

따라서 비록 그것이 아픈 언어적 표현이라 할지라도 필자는 공격이 아닌 사실에 대한 직시, 비난이 아닌 빗나간 좌표의 인식과 교정을 위한 안타까운 섬김의 몸짓으로 냉정한 비평을 시도할 수밖에 없었다. 그리고 그것은 본의 아니게 이 책에서 비평의 대상이 된 몇몇 사람들이 그간의 로마서 해석과 관련한 셀 수 없는 사람들의 대표적 성격을 짊어지게 만든 부분까지도 너그럽게 이해해 줄 것을 믿어 의심하지 않기에 가능한 일이었다.

그런데도 성경 번역과 해석, 그리고 그것을 전하는 일에 대한 영적 책임감의 부재, 더이상 새로운 것에 대한 기대조차 없는 영적인 무감각함, 배부른 부자와 같이 폭력을 일삼는 영적인 교만함과 허세에 찌든 가난한 현실을 마주하는 것은 매우 고통 스러운 일이었다. 분명한 건 일일이 언급할 수 없지만, 이 책에 소환되지 않은 셀 수 없는 수많은 관련자에게 공적이든 개인적이든 주님 앞에 책임을 져야 할 지점이 여전히 남아 있음을 기억해야 한다는 사실이다. 왜냐하면 그릇된 성경 해석에 대한 반성과 책임 의식만이 세계 기독교회의 건강을 가늠할 수 있는 척도가 되기 때문이다(그런 의미에서 누군가는 필자의 비평의식을 담은 제11장부터 읽는 게 좋을 것이다).

바라기는 성경을 바르게 해석하는 일에 모두가 겸손하고 거짓 없는 진실한 자세를 취함으로써 그리스도의 몸 된 지상의 온 교회가 주님의 말씀을 바르게 세우는 일과 그 말씀을 따라 성령의 하나 되게 하심을 지켜 나가기만을(엡4:3) 학수고대한다.

며칠 전 필자는 목회자의 날 행사를 다녀왔다. 지친 목회자들과 사모님들이 서로를 위로하고 격려하며 새 힘을 얻기 위한 쉼의 시간, 목회자들에겐 더없이 소중한 날이다. 한데 언제부턴가 늙어 가는 사람들의 뒷모습을 바라보며 자화상을 떠올리게 되는 일을 피해 갈 수 없었다. 눈에 띄는 건 목회자들의 노령화였다. 젊음을 바쳐 헌신한 영광스러운 대가를 담기에 충분한 훈장과도 같은 '늙음'이란 것이 왜 그리 쓸쓸하고 초라하게만 보이게 하는지 그들의 뒷모습은 사뭇 가슴을 메이게 했다.

평생을 성경에 의지해 살았던 그들에게, 진정 그들에게 지금 필요한 것은 무엇일까?

필자가 그렇듯이 목회자는 성경을 먹고 사는 애벌레와 같다. 기어다니던 천한 애벌레의 모습을 벗어던지고 새 몸으로 비상하는 부활에 마침내 이르게 할 양식으로서의 성경이 없다면, 그 늙음이란 저주고 형벌일 것이다.

하지만 고후4:16에서 바울이 말했던 것처럼 겉 사람은 낡고 썩어 문드러지나 속사람은 날로 새로워지기에 그 늙음은 낙심과 후회 없는 늙음이다. 평생 주님을 가까이하고 의지하며 살게 했던 성경이 날로 새롭게 보일 때만 가능한 늙음이다.

보이는 것들에 시선을 고정하지 않고 보이지 않는 것들에 시선을 고정함으로써 지금 겪고 있는 이 세상의 환난보다는 장차 받게 될 영원하고 한량없이 큰 영광에 충만한 늙음이 아름다운 건 보이는 것은 한순간이지만 보이지 않는 것은 영원하기 때문이다.

이 책이 그런 늙음을 향해 가고 있는 이들에게 동병상련의 마음으로 준비한 아주 작은 선물이길 빈다. 그것은 이번 목회자의 날 무릉계곡에서 치른 짧은 산행에서 마주친 낯선 이들에게 행복을 빌며 건네었던 기쁨과 소망의 인사말과 같을 것이다.

마지막으로 간곡한 부탁을 드리고자 한다.

필자가 이 책에서 제시한 로마서 해석의 바뀐 지형에 대한 「발상의 전환」을 긍정한다면, 이미 그리스도의 몸 된 성도들을 섬기는 전국의 목회자들에게, 특히 미자립교회의 목회자들에게 이 책을 나누기 위해 시작된 헌신에 참여하길 바라며, 필자가 바뀐 지형의 실제 지도를 완성해 내기 위해, 남은 로마서를 해석하고 해설하는 데 집중해 글을 쓸 수 있도록 기도해 주기 바란다. 완전한 로마서 해석의 지도를 나누어 함께 공유할 수 있는 그날까지….

2023년 10월 28일 논산 가야곡 산골에서…

공두(空頭) 이영선 목사 올림

바울의 복음에 대한
발상의 전환

본문: 로마서 1장 1-17절

주제: 하나님의 복음과 그 권능

'그리스-로마 시대'라는 특정한 상황 속에서 황제를 포함한 모든 이방인에게 복음을 전해야 할 바울의 의무는 복음으로 황제를 주 예수 그리스도의 이름 앞에 무릎을 꿇게 하시는 하나님의 계획과 뜻을 따른 것이다(히10:12-13, 빌2:10). 신의 아들로 불리는 황제 일인 통치 체제에 지배당하는 로마제국하에서의 굴종된 인간 삶은 하나님의 진노를 부르는 삶이었다(엡2:2). 거기로부터 구원의 복음을 전한다는 것은 황제를 향해 황제의 통치권을 예수님께 돌려드려야 한다는 도전이고, 로마 제국의 체제를 예수님의 가르침에 따라 바꾸어야 한다는 외침이다(요17:2, 롬13:1).

제9장 영광스러운 하나님의 복음과 그 권능(1장 16절) _ 281p에서

제1장
그리스어 원문으로 보는 로마서

— 표제 뒤에 숨은 (보화 같은) 이야기 —

바울의 로마 선교 여행에 대한 로마서 자체에 기록된 정황적 증거들과 사도행전의 기록들은 『로마서』가 주 그리스도 예수님에 의해서 신중하게 만들어진 특별한 공적인 문서임을 확증한다.

제1장 그리스어 원문으로 보는 로마서 _ 31p에서

『로마서(*ΠΡΟΣ ΡΩΜΑΙΟΥΣ*)』

ΠΡΟΣ ΡΩΜΑΙΟΥΣ(프로스 로마이우스)는 『로마서』의 그리스어 표제이다. 직역하면 '로마인을 향해' 그러니까 '로마인에게'가 된다. '로마인들에게 보내는 서신'이란 뜻이다. 이를 우리는 '로마서'라고 칭한다. 그리스어 신약 성서 NA28판(USB5판 참조)을 펼치고 이 표제의 본문을 찾아 읽으려고 할 때, 우리를 주목하게 하는 부분이 눈에 띈다. 이 표제에 달린 바깥 난외주기(欄外註記, 행23,11!, 딤후1,17)이다.

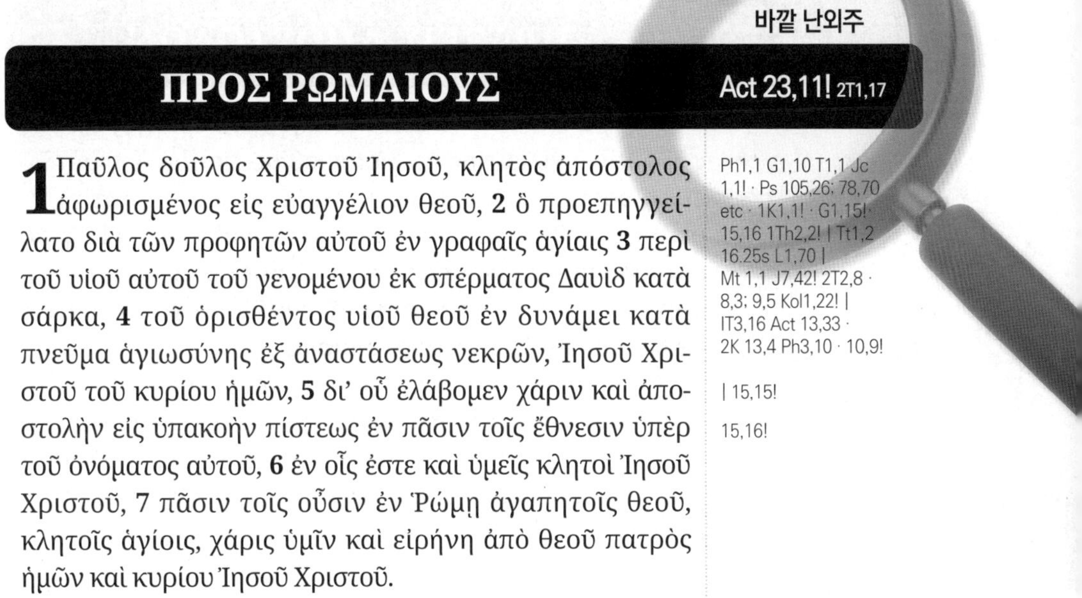
바깥 난외주

ΠΡΟΣ ΡΩΜΑΙΟΥΣ — Act 23,11! 2T1,17

1 Παῦλος δοῦλος Χριστοῦ Ἰησοῦ, κλητὸς ἀπόστολος
ἀφωρισμένος εἰς εὐαγγέλιον θεοῦ, 2 ὃ προεπηγγεί-
λατο διὰ τῶν προφητῶν αὐτοῦ ἐν γραφαῖς ἁγίαις 3 περὶ
τοῦ υἱοῦ αὐτοῦ τοῦ γενομένου ἐκ σπέρματος Δαυὶδ κατὰ
σάρκα, 4 τοῦ ὁρισθέντος υἱοῦ θεοῦ ἐν δυνάμει κατὰ
πνεῦμα ἁγιωσύνης ἐξ ἀναστάσεως νεκρῶν, Ἰησοῦ Χρι-
στοῦ τοῦ κυρίου ἡμῶν, 5 δι' οὗ ἐλάβομεν χάριν καὶ ἀπο-
στολὴν εἰς ὑπακοὴν πίστεως ἐν πᾶσιν τοῖς ἔθνεσιν ὑπὲρ
τοῦ ὀνόματος αὐτοῦ, 6 ἐν οἷς ἐστε καὶ ὑμεῖς κλητοὶ Ἰησοῦ
Χριστοῦ, 7 πᾶσιν τοῖς οὖσιν ἐν Ῥώμῃ ἀγαπητοῖς θεοῦ,
κλητοῖς ἁγίοις, χάρις ὑμῖν καὶ εἰρήνη ἀπὸ θεοῦ πατρὸς
ἡμῶν καὶ κυρίου Ἰησοῦ Χριστοῦ.

Ph1,1 G1,10 T1,1 Jc 1,1! · Ps 105,26; 78,70 etc · 1K1,1! · G1,15! · 15,16 1Th2,2! | Tt1,2 16.25s L1,70 | Mt 1,1 J7,42! 2T2,8 · 8,3; 9,5 Kol1,22! | IT3,16 Act 13,33 · 2K 13,4 Ph3,10 · 10,9! | 15,15! 15,16!

표제 바깥 난외주를 보자. 먼저 행23:11에 !(느낌표)가 달려 있다는 것을 염두에 두어야 한다. 이는 행23:11에 딸린 관련된 집합 구절을 검토해야 할 것을 말한다. 행23:11의 의미맥락을 파악하라는 것이다.

우선 행23:11을 직역하면,

> *그날 밤에 주님께서 바울 곁에 서서 말씀하셨습니다. "담대하거라. 참으로 네가 예루살렘에서 나를 증언한 것같이 로마에서도 나를 반드시 증언하여야 한다."*

> *Τῇ δὲ ἐπιούσῃ νυκτὶ ἐπιστὰς αὐτῷ ὁ κύριος εἶπεν· θάρσει· ὡς γὰρ διεμαρτύρω τὰ περὶ ἐμοῦ εἰς Ἰερουσαλήμ, οὕτως σε δεῖ καὶ εἰς Ῥώμην μαρτυρῆσαι.*
>
> ***(NA 28th(UBS 5th) ed 행23:11 필자 사역)***

보다시피, 행23:11은 주님께서 바울에게 직접 로마에서의 복음 전파를 명령하셨다는 내용이다. 이는 『로마서(*ΠΡΟΣ ΡΩΜΑΙΟΥΣ*-프로스 로마이우스)』가 주님의 명령을 따라 직무를 수행하기 위해 바울에 의해 만들어진 공문서임을 직감하게 한다.

집합 구절 검토

행23:11의 집합 구절은 아래와 같이 행19:21, 27:24, 28:14과 16이다.

ΠΡΑΞΕΙΣ ΑΠΟΣΤΟΛΩΝ

23:10Πολλῆς δὲ γινομένης στάσεως
φοβηθεὶς ὁ χιλίαρχος μὴ διασπασθῇ ὁ Παῦλος ὑπ' αὐτῶν
21,34: 22,24 ἐκέλευσεν τὸ στράτευμα καταβὰν ἁρπάσαι αὐτὸν ἐκ
| 7.26! μέσου αὐτῶν ἄγειν τε εἰς τὴν παρεμβολήν. **11Τῇ δὲ**
9.10! **ἐπιούσῃ νυκτὶ ἐπιστὰς αὐτῷ ὁ κύριος εἶπεν· θάρσει· ὡς**
2.40! **γὰρ διεμαρτύρω τὰ περὶ ἐμοῦ εἰς Ἰερουσαλήμ, οὕτως**
19, 21; 27, 24; 28, 14,16 **σε δεῖ καὶ εἰς Ῥώμην μαρτυρῆσαι.**
12,18! **12**Γενομένης δὲ ἡμέρας ποιήσαντες συστροφὴν οἱ
바깥 난외주 Ἰουδαῖοι ἀνεθεμάτισαν ἑαυτοὺς λέγοντες μήτε φαγεῖν
9,9! · 15! μήτε πιεῖν ἕως οὗ ἀποκτείνωσιν τὸν Παῦλον. **13**ἦσαν
δὲ πλείους τεσσεράκοντα οἱ ταύτην τὴν συνωμοσίαν
ποιησάμενοι,

행19:21을 직역하면,

> *이런 일들이 있고 난 후, 바울은 그 영(성령) 안에서 마케도니아와 아가야를 거쳐 예루살렘에 가기로 결정하고, '내가 거기에 가게 된 후에 반드시 로마도 보아야만 한다.'라고 말하였습니다.*
>
> *Ὡς δὲ ἐπληρώθη ταῦτα, ἔθετο ὁ Παῦλος ἐν τῷ πνεύματι διελθὼν τὴν Μακεδονίαν καὶ Ἀχαΐαν πορεύεσθαι εἰς Ἱεροσόλυμα εἰπὼν ὅτι μετὰ τὸ γενέσθαι με ἐκεῖ δεῖ με καὶ Ῥώμην ἰδεῖν.*
>
> ***(NA 28th(UBS 5th) ed 행19:21 필자 사역)***

위 행19:21의 맥락은 행9장의 다마스커스 사건 이후 바울이 이방인의 사도로 세워져 3차에 걸친 전도 여행 중 로마에 가기로 결정한 사실을 밝히며 로마에서의 복음 전파라는 직무 수행 의지를 피력한 것이다. 이는 바울이 롬15:25에서 성도를 섬기는 일로 예루살렘에 간다고 하는 맥락에 닿아 있다. 예루살렘에 있는 가난한 성도들을 위한 마케도니아와 아가야 성도들의 구제 헌금을 전달한 후 로마 선교라는 대장정에 오를 것을 확신하며 기도해 줄 것을 부탁하는 내용이다.

특별한 공문서

바울은 로마에서 추방당한 아굴라와 브리스길라 부부(본서 201, 222, 234, 235쪽 참조)를 통해 당시의 로마 사회의 구체적인 정황을 파악하고(행18:1-5), 로마에 가기로 결정했다(행19:21). 3차에 걸친 선교 여행을 통해 예루살렘으로부터 일루리곤에 이르기까지 모든 지역을 다니며 복음을 충분하게 전했기 때문이었다(롬15:19). "주님에 대한 소식을 받지 못한 사람들이 볼 것이요, 듣지 못한 사람들이 깨달을 것이다(사52:15)."라는 주님의 말씀에 의지해, 다른 사람이 닦아 놓은 터 위에 집을 세우지 않으려고 그리스도의 이름을 들어 보지 못한 지역에 다니며 복음을 전하는 일에 힘쓴 결과다(롬15:20-21). 그 지역에 더 이상 복음을 전할 곳이 없을 만큼 편만하게 주님의 복음을 전했기 때문에 이제 로마 선교의 적기라고 생각했던 것이다.

바울은 이 시기에 『로마서』를 집필했다(행20:3). 그리고 그 로마서를 성도를 섬기는 일로 예루살렘에 올라가기 전(롬15:25)에 고린도의 겐그레아에 있는 교회의 일꾼인 뵈뵈 편에 로마의 성도들에게 전했다(롬16:1). 바울은 여러 번 로마 선교 여행의 좌절을 맛보았다. 하지만 땅끝(스페인)까지 복음을 전해야 할 바울의 사명은 막을 수 없는 일이었다. 이렇게 바울의 로마 선교 여행에 대한 로마서 자체에 기록된 정황적 증거들과 사도행전의 기록들은 『로마서』가 주 그리스도 예수님에 의해서 신중하게 만들어진 특별한 공적인 문서임을 확증한다.

따라서 행23:11의 주님께서 직접 찾아오셔서 로마를 향한 바울의 선교 비전이 어떠한 상황 속에서도 포기되어서는 안 될 것이라는 사실을 밝히신 것은 매우 중대한 일이다. 바울이 더 담대한 모습으로 로마 선교를 추진하도록 힘을 북돋아 주심은 바울의 상황이 주님의 도우심을 필요로 하는 절박한 처지에 몰려 있음을 의미한다. 이는 주님께서 직접 찾아오셔서 로마 선교가 바울 개인의 선교 열정에 의한 것이 아니라 주님에 의해 시작된 일임을 다시금 바울에게 각인시켜 철저하게 주님의 보호와 인도 속에서 이루어 가도록 하시는 것이다. 그렇다면 문제는 바울이 직면하고 있는 위기 상황이다. 이제 그 위기 상황 속의 바울에게 로마 선교가 어떤 의미로 자리 잡고 있었는지를 확인해 보자. 거기에 『로마서』가 있고 그 중심에 『로마서』가 있다.

예루살렘에서의 박해

밀레도에서 제3차 선교 여행을 마무리한 바울의 일행은 마침내 예루살렘으로 올라가 성도를 섬기는 일을 마쳤다. 그곳에서 야고보를 만난 후 유대인으로서 믿음을 가진 자들의 배려로 성전에서 정결 예식을 행했고, 그 과정에 소아시아에서 온 유대인들의 자극으로 바울을 향한 소동이 발생하여 위기에 직면하였으나, 로마 군대의 도움으로 바울은 위기를 모면하고 변명 기회를 획득한다(행21:1-40). 유대인들을 향해 히브리말로 바울이 이방인의 사도 됨을 증언함으로 유대인들의 살의가 심화되는 조짐이 나타나자 로마 군대가 바울을 격리시킨 후 폭력적인 방식으로 심문했다(행22:1-24). 이에 바울은 자신이 로마 시민임을 밝히고, 로마 시민으로서의 권리 행사로 폭력적인 심문에 맞서 당당히 유대공의회에서 발언권을 얻게 된다(행22:25-30).

해명의 기회를 얻은 바울은 공의회에서 바리새인과 사두개인 간의 교리 갈등을 이용해 복음의 핵심인 죽은 자들의 부활을 증언함으로 공의회 의원들 간의 과격한 논쟁이 일어나게 만들었다. 그 결과 바울의 신변을 위협하는 폭동이 발생했으며, 그로부터 천부장이 수비대 병영 안에 바울을 보호 조치하게 된다(행23:1-10). 그리고 그날 밤 주님께서 바울에게 선교를 위한 포기될 수 없는 로마행을 말씀하셨다(행23:11). "담대하거라. 참으로 네가 예루살렘에서 나를 증언한 것같이, 로마에서도 반드시 나를 증언하여야 한다(*θάρσει· ὡς γὰρ διεμαρτύρω τὰ περὶ ἐμοῦ εἰς Ἰερουσαλήμ, οὕτως σε δεῖ καὶ εἰς Ῥώμην μαρτυρῆσαι-다르세이 호스 가르 디에마르튀로 타 페리 에무 에이스 예루살렘, 후토스 세 데이 카이 에이스 로멘 마르튀레사이*)."

바울은 감옥에 갇혀야 할 아무런 죄를 지은 적이 없는데도 억울하게 감옥 생활을 하게 되었다. 복음을 전했다는 이유만으로 죄수가 된 바울은 로마 선교 여행의 비전에 적지 않은 타격을 입은 상태였다. 그토록 원하던 로마행이 '또 좌절되는 것은 아닌가?' 하는 낙담 어린 심정으로 애태우던 밤에 주님의 음성을 듣게 된 것이다. 바울의 선교 여행에 주님의 전폭적인 지지는 바울을 담대하게 하기에 충분했다.

가이사랴로 이송

바울의 위기 상황이란 예루살렘에서 유대인들의 위협과 살해 음모였다. 로마 선교에 대한 주님의 엄중한 명령을 받은 바울을 암살하려는 유대인들의 음모가 바울의 조카에 의해 발각되고(행23:12-22), 그러한 사실을 알게 된 로마수비대 천부장은 비밀리에 로마 시민인 바울을 보호하기 위해 가이사랴 총독에게로 긴급 호송작전을 전개하였고, 가이사랴의 총독 벨릭스는 바울을 후대하여 헤롯이 지은 왕궁에 감호(監護)토록 하였다(행23:23-35).

바울은 가이사랴에서 총독 벨릭스의 재판을 받으며 죽은 자들의 부활에 대한 명변론을 함으로써 벨릭스의 마음을 움직였다. 벨릭스가 그의 아내와 함께 예수 그리스도를 믿는 것에 관한 가르침을 듣고 싶어 할 정도로 바울은 범상치 않았다. 변론의 핵심은 "장차 의로운 자들이나 불의한 자들의 부활이 있을 것이다(*ἀνάστασιν μέλλειν ἔσεσθαι δικαίων τε καὶ ἀδίκων-아나스타신 멜레인 에세스다이 디카이온 테 카이 아디콘*)."라는 내용이었고, 예수 그리스도를 믿는 믿음에 대한 바울의 가르침은 "의롭다고 하심과 절제와 심판에 대함(*περὶ δικαιοσύνης καὶ ἐγκρατείας καὶ τοῦ κρίματος τοῦ μέλλοντος-페리 디카이오쉬네스 카이 엥크라테이아스 카이 투 크리마토스 투 멜론토스*)"이었다(행24장).

로마행 확정

2년 후 새로운 총독 베스도가 부임했다(행24:27). 바울을 죽이려는 음모를 세운 유대인들의 회유에 솔깃한 베스도가 바울에게 예루살렘으로 법정을 옮겨 심판받도록 유인했다. 바울은 즉각적으로 단호하게 거부하고 로마 황제 가이사에게 상소하여 황제에게 직접 재판을 받는 길을 선택함으로 죄수로서의 로마행이 확정되었다. 이는 바울이 행23:11의 로마 선교에 대한 주님의 명령을 적극적으로 해석하고 적용한 것이다. 바울의 믿음은 온통 로마 선교에 집중하고 있었다(행25:10-12).

베스도는 며칠 후 새로 부임한 총독에게 환영 인사를 하기 위해 방문한 분봉왕 헤롯대왕의 증손자 아그립바왕과 바울에 관한 사건을 의논했다. 핵심은 "유대 종교와 이미 죽은 예수라는 사람에 관한 논쟁에서 바울은 그 예수가 살아 있다고 주장한다(*περὶ τῆς ἰδίας δεισιδαιμονίας εἶχον πρὸς αὐτὸν καὶ περί τινος Ἰησοῦ τεθνηκότος ὃν ἔφασκεν ὁ Παῦλος ζῆν-페리 테스 이디아스 데이시다이모니아스 에이콘 프로스 아우톤 카이 페리 티노스 예수 테드네코토스 혼 에파스켄 호 파울로스 젠*)."라는 것이었다. 이를 들은 아그립바왕은 바울의 말을 직접 들어 보고 싶다고 했고, 이에 바울에 대한 베스도 2차 심문일이 확정되었다(행25:13-22).

이제 사도 바울은 로마를 숭상하는 세속적이고 사악한 헤롯 가문과 마주치게 된다. 헤롯 가문과 기독교는 놀랍게도 처음부터 밀접한 연관을 가졌다. 헤롯 가문의 창시자인 헤롯 대왕은 아기 예수를 죽이려고 했고, 그의 아들 안디바(갈릴리 분봉왕)는 세례자 요한을 목 베어 죽였으며, 그의 손자 아그립바 1세는 세베대의 아들 야고보를 칼로 쳐 죽였다. 이제 예수님께서 헤롯 안디바 앞에 서 계셨듯이 바울은 그의 아들 아그립바 2세(헤롯 대왕의 증손자) 앞으로 끌려와 그 앞에 섰다.

아그립바 2세(A.D. 27년 태어남)는 그의 아버지 아그립바 1세가 벌레에 먹혀 비참하게 죽었을 때(행12:23) 17세 소년이었다. 로마 황제 글라우디오는 어릴 때부터 로마의 궁에서 자란 그를 왕으로 세우려고 하였지만, 측근의 반대 때문에 유대의 분봉왕으로 로마 총독의 통치 아래 두었다. 그는 헤롯 왕가의 마지막 왕으로 불린다(행25:13의 주석, 원문주석성경, 쿰란출판사, 2015).

확실한 메시지

바울은 아그립바왕 앞에서 자신의 신상에 대해 아주 자세하게 변론했다. 핵심은 하나님께서 조상들에게 약속하신 것을 소망한다는 것이다. 그것은 하나님께서 죽은 사람들을 다시 살리신다는 믿음이다.

바울 자신도 과거 한때 나사렛 예수님의 이름을 대적해야 하는 일을 많이 해야 한다고 생각하고, 대제사장으로부터 영장을 받아 그리스도인들을 체포해 감옥에 가둘 뿐만 아니라 그들을 사형에 처할 때 열렬히 찬성했던 사람이었다. 그리스도인들에게 억지로 예수님을 모독하게 강요하며 어디든 그리스도인들이 있다면 이방 나라의 여러 도시에까지 집요하게 추적하여 박해했던 사람이었다.

그런데 죽음으로부터 부활하여 승천해 계신 예수님을 만나 그분이 산 자와 죽은 자의 주와 그리스도가 되신다는 것을 알게 되었다. 주님께서는 바울을 부활의 증인으로 삼으셔서 예수 그리스도의 이름을 증거하게 하셨다.

그때부터 바울은 "여러분은 어찌하여 하나님께서 죽은 사람을 살리시는 것이 믿지 못할 일이라고 생각하십니까?"라고 도전하며, 모든 사람에게 회개하고 하나님께로 돌아와 회개에 합당한 일을 행하라고 선포하는 일만 했다. 법정에서 외치는 바울의 메시지는 분명했다. 그리스도가 고난을 당하셔야만 한다는 것과 그가 죽은 사람들 가운데서 가장 먼저 부활하신 분이 되셔서, 이스라엘 백성과 이방 사람들에게 빛을 선포하신다는 것이다.

바울의 변론을 들은 아그립바왕과 총독, 그들과 함께 앉아 있던 자들이 모두 바울을 미쳤다고 하며 바울이 전하는 복음에 대해 유보적인 자세를 취했다. 그리고 아그립바왕은 바울의 무죄를 말하면서도 베스도에게 로마 황제 가이사에게 상소만 하지 않았더라면 석방될 수 있었을 것이라고 아쉬움을 표현했다(행25:23-26:32).

풍랑 속의 주님

로마 황제 상소로 이루어진 바울의 로마 후송 중 바울 일행은 큰 풍랑의 위기를 만난다. 배에 탄 모든 사람이 자포자기하고 있는 상황 속에서 주님은 바울을 찾아오셔서 바울에게 복음의 증인으로 반드시 로마 황제 앞에 설 것을 친히 말씀하셨다(행27:24). "말씀하시길, 두려워하지 마라, 바울아, 너는 반드시 로마 황제 가이사 앞에 서야만 한다. 그리고 보거라, 하나님께서 너와 함께 항해하는 사람들 모두를 너에게 은혜로 주셨다(*λέγων· μὴ φοβοῦ, Παῦλε, Καίσαρί σε δεῖ παραστῆναι, καὶ ἰδοὺ κεχάρισταί σοι ὁ θεὸς πάντας τοὺς πλέοντας μετὰ σοῦ-레곤 메 포부 파울레 카이사리 세 데이 파라스테나이 카이 이두 케카리스타이 소이 호 데오스 판타스 투스 플레온타스 메타 수*)." 바울의 믿음이 풍랑 속에서 절망하는 사람들을 구원하는 은혜로 작동하게 하시므로 목숨을 구원하는 복음의 권능(능력)을 경험하게 하신다는 말씀이다. 바울의 로마행은 그야말로 위기의 연속이었다. 그럼에도 바울에게 위기는 곧 기회였다.

바울은 불안전한 일기 속에서 강행되는 무리한 항해의 위험을 경고했다. 하지만 로마로 후송되는 죄인들의 관리책임자, 황제 부대 소속 백부장 율리오는 바울의 경고를 듣기보다는 선장과 선주의 말을 더 믿었다. 안전한 항해보다는 무리해서라도 보다 나은 지역에 가서 겨울을 나고 싶어 했기 때문이다. 때마침 남쪽에서 순풍이 불기 시작하자 사람들은 자기들의 계획대로 되리라고 생각하며 서둘러 항해를 시작했다. 하지만 갑자기 일기가 돌변하여 폭풍 속에 휘말리게 되자 살아남을 수 있다는 희망을 상실한 채 식음을 전폐할 만큼 절망 상태가 되고 말았다(행27:1-20).

바울은 외쳤다. "지난 얘기지만 나의 경고만 들었어도 이런 일은 없었을 것입니다. 하지만 이제라도 제 말을 듣고 용기를 내십시오. 이 배는 잃겠지만 여러분 중 한 사람도 목숨을 잃지 않을 것입니다. 지난밤에 나의 주님이며, 내가 섬기는 하나님의 천사가 내 곁에 나타나 '바울아, 두려워하지 마라. 너는 반드시 황제 가이사 앞에 서야 한다. 하나님께서 너와 함께 항해하는 모든 사람의 목숨을 너에게 맡겨 주셨다.'라고 전해 주었습니다. 그러니 여러분, 용기를 내십시오. 나는 하나님을 믿습니다. 모든 일이 하나님의 천사가 내게 말씀하신 대로 이루어질 것입니다(행27:21-25)."

그 후 대부분의 사람은 바울의 말을 믿고 따랐고, 안전하게 목숨을 구할 수 있었다(행27장). 주님은 풍랑을 통해 사람들이 바울의 입에서 나오는 말을 믿고 따르게 하심으로 구원을 맛보게 하신 것이다. 풍랑이라고 하는 험한 세파가 죽은 자들의 부활이 되신 주님을 증거하는 바울을 결코 삼킬 수 없다는 것을 각인시키는 표적 사건이었다.

로마 도착

육지로 올라온 바울은 그제야 그곳이 몰타섬이라는 것을 알았다. 여전히 비가 오는 매우 추운 날씨였음에도 섬에 사는 사람들은 불을 피워 놓고 환대하며 친절을 베풀어 주었다. 바울이 장작을 한 무더기 모아 불에 넣었는데, 뜨거운 불 때문에 독사가 튀어나와 바울의 손을 물었다. 섬사람들은 독사가 바울의 손에 매달려 있는 것을 보며 이렇게 말했다. "이 사람은 틀림없이 살인자다. 바다에서는 살아 나왔는지는 모르지만 '정의의 신'이 그를 살려 두지 않을 것이다."라며 수군거렸다. 하지만 바울은 그 뱀을 불 속에 떨어 버렸고, 아무런 해도 입지 않았다. 그런 바울을 보고 섬사람들은 매우 놀라며 '신(神)'이라고 말했다. 섬사람들의 인식을 전환시키는 표적 사건이었다(행28:1-10).

바울은 우여곡절 끝에 죄수의 몸으로 로마에 도착했다(행28:14). 그곳에는 바울을 기다리고 있던 사람들이 있었다. 뵈뵈를 통해 전달된 『로마서』를 읽은 자들이었다. 『로마서』를 써서 뵈뵈의 편에 로마에 보낼 때가 약 A.D. 56~57년경, 그러니까 그때를 뵈뵈가 『로마서』를 가지고 로마에 도착한 때라고 추정한다면, 약 A.D. 61년에 바울이 로마에 도착했으니, 그의 서신『로마서』를 접한 사람들이 약 4~5년간 『로마서』를 읽고 연구했다는 말이 된다. 그런 형제들의 마중이 열렬하지 않을 수 없었던 것쯤은 인류에게 『로마서』가 끼친 영향력을 생각하면 충분히 미루어 짐작할 수 있다. 바울의 일행이 온다는 소식을 들은 형제들은 로마에서 70km나 떨어진 압비오 광장과 57km나 떨어진 세여관(트레이트 타베르네)에 두 무리로 나뉘어 개선장군의 귀환처럼 바울을 뜨겁게 환영했고, 그런 로마에 있는 믿음의 형제들을 바라보며 바울은 하나님께 감사드렸고 담대함을 얻었다(행28:15).

시작된 세계 선교

그 후 비록 죄수로 제한된 환경에서 통제받으며 지내지만 주님의 보호하심과 인도하심 속에서 비교적 자유롭게 복음을 전파하는 일을 계속할 수 있었다(행28:16). 바울은 유대인들의 지도자들을 불러 모아 놓고 아침부터 저녁까지 하나님의 나라에 관해 설명하여 증언하되, 모세의 율법과 예언자들의 글을 가지고 예수님에 관해 설득하려고 했다(행28:23). 바울의 말을 이해하고 받아들이는 자들도 있었지만, 믿지 않는 자들도 있었다.

이렇게 의견이 나뉜 채로 헤어질 때, 바울은 하나님의 구원이 이방인들에게 보내어졌다는 사실과 이방인들이 그 복음을 들을 것이라는 약속의 말씀을 들려주어 저들의 인식을 전환시키려 했다(행28:25-28). 복음을 언약의 백성들이 듣지 못하고 깨닫지 못하는 것은 이방인들이 듣고 깨닫게 하시려는 것이다. 즉 언약의 백성들이 시기 나게 하여 언약의 백성들도 복음을 듣고 깨달아 구원받게 하는 것이 하나님의 뜻임을 선포한 것이다.

이 선포 뒤에 한 절(행28:29절)이 공백이다. 어떤 반응이 있었을까? 아마도 추측하기로는 유대 지도자들 간의 논쟁이 격렬하게 일어나지 않았을까? 이 공백은 사본 넘버 P05에 "바울이 이 말을 마치자 유대인들은 서로 많은 논쟁을 하면서 돌아갔다."라고 한다. 그리고 바울은 차꼬에 묶인 죄수의 몸이지만 2년 동안 아무런 방해도 받지 않고 매우 담대하게 하나님의 나라를 선포하며 주 예수 그리스도에 관해 가르쳤다(행28:31).

완성된 복음 『로마서(*ΠΡΟΣ ΡΩΜΑΙΟΥΣ-프로스 로마이우스*)』

바울의 로마 선교 사역은 주 그리스도 예수님의 계획과 직접적인 명령 속에서 시작되고 끝이 난다. 바울의 서신 『로마서』는 만유의 주님으로서의 그리스도 예수님의 명령에 따라 직무를 수행하는 가운데 작성된 주님 나라의 특급 공문서이다.

바울의 로마 선교 여행이 성사되는 과정 속에서 드러나는 것은, 오직 만유에 펼쳐지고 있는 주님 그리스도 예수님의 주권이다. 주님께서 얼마나 많이 공들이신 결과로 로마 선교가 가능해졌는지를 보게 하심으로써 『로마서』가 그 주권에 부합하는 인류의 과거와 현재와 미래를 재조명한다는 사실을 알게 한다.

『로마서』는 지상에서 십자가 구속의 피로 맺은 언약을 근거로 우주적 구원과 심판을 실행하시는 그리스도 예수님의 주님 되심을 선포하고, 그리스도의 심판대 앞에 서는 날(고후5:10)에 당당하게 서게 할 영원한 구원의 복음의 내용을 명확하게 담고 있다. 『로마서』를 통해 영원한 복음(계14:6)을 완성하신 것이다. 이를 우리는 하나님의 복음(*εὐαγγέλιον θεοῦ-유앙겔리온 데우, 롬1:1-4*)이라고 부른다.

이렇게 완성된 영원한 복음으로서 『로마서』를 인류에게 전해 주시기 위해 주님께서 바울을 차출하신 것이다(행13:2, 롬1:1).

제2장
로마서를 푸는 키워드

— 접속사(또는 연결 불변화사) —

단어와 단어를 잇고 절과 절을 이어 문장을 구성하는 일이나 문장과 문장을 이어 문단의 의미를 전달하는 핵심적인 역할, 곧 문맥의 의미를 결정짓는 것이 접속사에 달려 있다.

제2장 로마서를 푸는 키워드 _ 41p에서

『접속사(CONJUNCTION)』

필자는 이 책에서 다룬 롬1:1-17까지를 편의상 로마서 전체 저자 서문으로 분류해 설명했다. 그중에 롬1:1-7을 「하나님의 복음을 위한 바울의 자기소개」라는 소제목을 붙여, 그 내용의 중요성이 '2000여 년간 지구촌에서 행해진 모든 로마서 해석의 지형을 바꿀 만한 출발점'이었음을 밝혀 강조하며 그 사실 관계를 입증하는 데 방점을 두었다.

그리고 이어지는 롬1:8-17을 동일한 문맥에서 다시 작은 문단으로 나누어 설명하는 데 가장 결정적인 역할을 한 것은 저자의 접속사 사용법을 파악하는 일이었다. 왜냐하면 모든 언어가 그렇지만 특히 신약 성서 그리스어의 특성상 문맥의 의미는 어휘의 세분화된 어형변화에 의해서 결코 모호함이 발생할 수 없는 구조를 이루는 까닭에 단어와 단어를 잇고 절과 절을 이어 문장을 구성하는 일이나 문장과 문장을 이어 문단의 의미를 전달하는 핵심적인 역할, 곧 문맥의 의미를 결정짓는 것이 접속사에 달려 있다고 해도 과하지 않기 때문이다.

구조

그러한 사실은 접속사를 통해 이 책의 본문인 롬1:1-17까지의 문맥의 구조를 보면 명확해진다. 먼저 롬1:1-7은 하나의 긴 복합 문장으로서 앞으로 저자 바울이 쓰게 될 로마서 전체 내용의 방향을 미리 예상하게 하는 하나의 전제적 제시어와 같다고 할 수 있다. 마치 카피라이터가 출판물의 광고를 위해 만든 카피와 같은 성격에 버금간다 해도 무리는 아니다.

이렇게 롬1:1-7이 하나님의 복음이라는 핵심 명제에 집중하도록 하는 선언적 의미로 로마서 전체 내용을 지배하는 자리에 있음은 인사말 아닌 인사말로서 「하나님의 복음을 위한 바울의 자기소개」라는 소제목으로 규정되기에 충분하다.

「하나님의 복음을 위한 바울의 자기소개」

본문	NA28판(UBS5판) ΠΡΟΣ ΡΩΜΑΙΟΥΣ 1:1-7	로마서 1:1-7 필자 사역
롬1:1	Παῦλος δοῦλος Χριστοῦ Ἰησοῦ, κλητὸς ἀπόστολος ἀφωρισμένος εἰς εὐαγγέλιον θεοῦ,	나 바울은 그리스도 예수의 종이며, 사도로 부르심을 받아 하나님의 복음을 위해 차출된 사람입니다.

롬1:2	ὃ προεπηγγείλατο διὰ τῶν προφητῶν αὐτοῦ ἐν γραφαῖς ἁγίαις	그 복음은 하나님께서 자신의 예언자들을 통해 거룩한 기록들로 미리 약속하신 바
롬1:3	περὶ τοῦ υἱοῦ αὐτοῦ τοῦ γενομένου ἐκ σπέρματος Δαυὶδ κατὰ σάρκα,	그분의 아들에 관한 것으로서 육신을 따라서는 다윗의 씨로부터 되신 분이시며,
롬1:4	τοῦ ὁρισθέντος υἱοῦ θεοῦ ἐν δυνά μει κατὰ πνεῦμα ἁγιωσύνης ἐξ ἀναστάσεως νεκρῶν, Ἰησοῦ Χριστοῦ τοῦ κυρίου ἡμῶν,	거룩하게 하시는 영을 따라서는 죽은 자들의 부활로부터 권능 있는 하나님의 아들로 인정되신 분, 그분이 바로 예수 그리스도 우리 주님이십니다.
롬1:5	δι' οὗ ἐλάβομεν χάριν καὶ ἀποστολ ὴν εἰς ὑπακοὴν πίστεως ἐν πᾶσιν τοῖς ἔθνεσιν ὑπὲρ τοῦ ὀνόματος αὐτοῦ,	그분을 통해 우리가 은혜와 사도 직분을 받았습니다. 이는 그분의 이름을 위해 모든 그 이방인들 안에서 믿음의 순종에 이르게 하기 위함입니다.
롬1:6	ἐν οἷς ἐστε καὶ ὑμεῖς κλητοὶ Ἰησοῦ Χριστοῦ,	여러분 또한 그들 안에 있으며 예수 그리스도의 부르심을 받은 사람들입니다.
롬1:7	πᾶσιν τοῖς οὖσιν ἐν Ῥώμῃ ἀγαπητοῖς θεοῦ, κλητοῖς ἁγίοις, χάρις ὑμῖν καὶ εἰρήνη ἀπὸ θεοῦ πατρὸς ἡμῶν καὶ κυρίου Ἰησοῦ Χριστοῦ.	로마에 있어 하나님의 사랑을 입은 모든 자들, 곧 거룩한 자들로 부르심을 받은 여러분에게 은혜와 평화가 하나님 우리 아버지와 주님 예수 그리스도께로부터 베풀어지기를 빕니다.

근거

이어지는 롬1:8-15은 접속사(후접어) μὲν(멘)으로 연결되는데, 롬1:1-7에서 형성된 개념하에 시작된 최초의 문단을 이끌어 롬1:1-7에 접속시킨다. 접속사 μὲν(멘)은 '사실에 있어서 시인과 양보를 강조하는 접속 불변화사'로서 로마서 전체를 지배하는 선언적 의미로서의 하나님의 복음과 저자 바울의 소명과 사명을 규정하는 텍스트, 롬1:1-7을 전제로 처음 시작되는 바울 자신의 직무에 대한 숙포(宿抱)를 밝혀 강조하는 역할을 한다.

이렇듯 롬1:8-15은 이미 선언된 하나님의 복음과의 관계 속에서 부르심을 입은 사도로서 바울 자신의 「로마 선교의 비전과 열정」 그리고 「로마 선교에 대한 바울의 특별한 자세」가 어떠한지를 여실히 보여 준다.

따라서 이 문단에서 언급되는 모든 개념은 필자가 로마서 전체의 내용에 대한 선언적 제시어에 필적한다고 한 본문 롬1:1-7의 규정된 개념을 근거로 이해할 때만 저자의 바른 의도를 파악할 수 있다.

작동

실례로 롬1:8의 예수 그리스도를 통해(*διὰ Ἰησοῦ Χριστοῦ-디아 예수 크리스투*), 나의 하나님께(*τῷ θεῷ μου-토 데오 무*) 감사한다고 할 때 예수 그리스도에 대한 개념과 하나님에 대한 개념이 롬1:1-7에서 규정되어 선언된 개념 밖으로 나갈 수 없다는 뜻이다.

이게 필자가 「하나님의 복음을 위한 바울의 자기소개」라는 소제목으로 표현한 롬1:1-7이 로마서 전체의 내용을 지배한다고 강조한 이유이다.

따라서 이 롬1:1-7의 중요성에 대한 확실한 인식은 로마서의 해석의 향방을 결정하게 하는 결정적인 요소로 앞으로 우리가 직면하게 될 모든 문단 배후에 기초로 작동함을 잊어서는 안 된다.

더 큰 문맥

또한 롬1:9에서 "그 하나님께서(*ὁ θεός-호 데오스*), 그분의 아들의 복음 안에서(*ἐν τῷ εὐαγγελίῳ τοῦ υἱοῦ αὐτοῦ-엔 토 유앙겔리우 투 휘우 아우투*), 나의 영으로 섬기는 분(*ᾧ λατρεύω ἐν τῷ πνεύματί μου-호 라트류오 엔 토 프뉴마티 무*)이 나의 증인이시다(*μάρτυς γάρ μού ἐστιν-마르튀스 가르 무 에스틴*)."와 같은 개념도 롬 1:1-7에서 규정된 개념의 맥락적 사고가 일차적이며, 사도 바울의 저작물과 바울에 관한 저작물이라고 하는 좀 더 큰 문맥적 사고 또한 그것을 입증하는 범위 안에서 이루어져야 한다.

이렇게 바울이 펼쳐 보이고자 하는 로마서의 핵심 내용은 문단을 거듭할수록 롬1:1-7에서 규정된 하나님의 복음이 실제적이며 현실적인 관점에서 설명되어 발전하는 구조를 가지며, '하나님께서 주신 삶'이라는 그 복음에 합당한 아주 새롭고 독특한 삶을 규명하여 조명하게 되는 자리까지 나아간다는 사실을 이해하는 것이 매우 중요하다.

「로마 선교에 대한 바울의 비전과 열정」

본문	NA28판(UBS5판) **ΠΡΟΣ ΡΩΜΑΙΟΥΣ 1:8-13**	로마서 1:8-13 필자 사역
롬1:8	Πρῶτον μὲν εὐχαριστῶ τῷ θεῷ μου διὰ Ἰησοῦ Χριστοῦ περὶ πάντων ὑμῶν ὅτι ἡ πίστις ὑμῶν καταγγέλλεται ἐν ὅλῳ τῷ κόσμῳ.	먼저 나는 예수 그리스도를 통해 나의 하나님께 여러분 모두에 대해 감사드립니다. 이는 여러분의 믿음이 온 세상에 널리 전해지고 있기 때문입니다.
롬1:9	μάρτυς γάρ μού ἐστιν ὁ θεός, ᾧ λατρεύω ἐν τῷ πνεύματί μου ἐν τῷ εὐαγγελίῳ τοῦ υἱοῦ αὐτοῦ, ὡς ἀδιαλείπτως μνείαν ὑμῶν ποιοῦμαι	그 하나님께서는 진정 나의 증인이시며, 내가 그분 아들의 복음 안에서 나의 영으로 섬기는 분이십니다. 내가 끊임없이 여러분을 생각하며
롬1:10	πάντοτε ἐπὶ τῶν προσευχῶν μου δεόμενος εἴ πως ἤδη ποτὲ εὐοδωθήσομαι ἐν τῷ θελήματι τοῦ θεοῦ ἐλθεῖν πρὸς ὑμᾶς.	항상 기도할 때 어떠하든지 이제라도 그 하나님의 그 뜻 안에서 여러분을 만나러 가는 길이 활짝 열리기를 간구하고 있음을 그분께서 아십니다.
롬1:11	ἐπιποθῶ γὰρ ἰδεῖν ὑμᾶς, ἵνα τι μεταδῶ χάρισμα ὑμῖν πνευματικὸν εἰς τὸ στηριχθῆναι ὑμᾶς,	이토록 내가 여러분 보기를 간절히 원하고 있는 것은 내가 여러분에게 어떤 영적인 은사를 나누어 주어 여러분을 굳게 세우려는 것입니다.
롬1:12	τοῦτο δέ ἐστιν συμπαρακληθῆναι ἐν ὑμῖν διὰ τῆς ἐν ἀλλήλοις πίστεως ὑμῶν τε καὶ ἐμοῦ.	더욱이 이 일은 여러분과 내가 서로 간의 믿음을 통해 함께 위로받으려고 하는 것입니다.
롬1:13	οὐ θέλω δὲ ὑμᾶς ἀγνοεῖν, ἀδελφοί, ὅτι πολλάκις προεθέμην ἐλθεῖν πρὸς ὑμᾶς, καὶ ἐκωλύθην ἄχρι τοῦ δεῦρο, ἵνα τινὰ καρπὸν σχῶ καὶ ἐν ὑμῖν καθὼς καὶ ἐν τοῖς λοιποῖς ἔθνεσιν.	그러나 형제들이여, 내가 여러분에게 가려고 여러 번 계획을 세웠으나, 지금까지 길이 막혔다는 것을 여러분이 모르기를 원치 않습니다. 그것은 내가 여러분을 제외한 그 나머지 이방인들 안에서처럼 여러분에게서도 어떤 열매를 거두기 위함이었습니다.

고려

그리고 롬1:14-15은 위 롬1:13의 약한 반의 접속사 δὲ(데)로 연결 설명된 내용과 합해서 한 문단으로 취급해도 될 부분이나, 그것이 포함하고 있는 내용의 광범위한 성격상 나누어 설명하기 위해 편의상 분리했을 뿐이다. 그렇다고 1:13의 δὲ(데)가 이끄는 문단으로 롬1:13-15을 따로 떼어 내어 다루지 않는다. 왜냐하면 접속사 δὲ(데)는 이미 언급한 사실에 대해 약한 반의를 나타내는 역할을 하는데, 내용상 완전히 다른 것을 언급하기 위한 것이 아니라 앞에서 언급한 내용을 근거로 동일 맥락에서 덧붙여 강조하고 싶은 시급하고 중요한 사안을 나타내려고 할 때 사용하기 때문이다. 그래서 그 접속사는 '더욱이, 게다가, 마침내, 다행히도'와 같은 의미로 확장되어 쓰기도 한다.

따라서 둘은 그 성격상 동일 맥락의 문단인 만큼 소제목 역시 「로마 선교에 대한 바울의 비전과 열정」에서 매우 중요한 「로마 선교에 대한 바울의 특별한 자세」로 규정해 논함으로써 그 맥락을 보존하려고 했다. 다만 그것이 롬1:8-15의 전체 문맥에서 결론적으로 하나님의 복음을 전하고자 하는 그 복음에 대한 아주 특별한 바울의 간절함을 제시하고 있는 까닭에 나누어 설명하게 되었다. 이는 바울이 계속 써 내려간 롬1:16과의 관계를 고려한 것이기도 하다.

사실 롬1:14은 바울이 로마에 있는 자들에게 복음을 전해야 할 사도로서 로마 세계를 구성하고 있는 사람들을 크게 나누어 제시하는 부분이다. 특히 이방인들을 대표하는 헬라인들을 나타내는 대문자로 쓰여진 고유명사 뒤에 τε(테)라고 하는 연결 불변화사를 접속사 καὶ(카이) 앞에 묶었다. 이는 뒤따르는 단어를 앞 단어와 동일한 관점에서 공평한 인식의 대상으로 명시한 것이다. 본래 τε(테)는 수평을 이룬 저울의 눈금과 같은 역할을 한다고 보면 쉽게 이해할 수 있을 것이다. 앞뒤 두 단어가 우열의 개념과 같은 서로 어울릴 수 없는 특성을 가지고 어느 한쪽이 지배하고 어느 한쪽이 지배를 받는 등 차별이 존재하는 관계구조에서 어느 한쪽으로도 치우치지 않고 둘을 하나로 보게 하는 연결사이다. 이방 세계에 복음을 전해야 하는 바울의 인간 세계에 대한 규정이다.

이어지는 롬1:15의 οὕτως(후토스)는 그 같은 바울의 인식이 복음으로 말미암아 얻게 된 영성에 의한 준비임을 명시함으로써 복음에 빚진 자의 선교자세를 명확하게 보여 준다.

「로마 선교에 대한 바울의 특별한 자세」

본문	NA28판(UBS5판) ΠΡΟΣ ΡΩΜΑΙΟΥΣ 1:14-15	로마서 1:14-15 필자 사역
롬1:14	Ἕλλησίν τε καὶ βαρβάροις, σοφοῖς τε καὶ ἀνοήτοις ὀφειλέτης εἰμί,	나는 헬라인들과 미개인들 양쪽 모두에게, 지혜로운 자들과 어리석은 자들 양쪽 모두에게 빚진 사람입니다.
롬1:15	οὕτως τὸ κατ' ἐμὲ πρόθυμον καὶ ὑμῖν τοῖς ἐν Ῥώμῃ εὐαγγελίσασθαι.	이처럼 나는 로마에 살고 있는 여러분에게도 복음을 전하게 되길 간절히 바라고 있습니다.

보편

롬1:16은 롬1:15에 드러난 사도 바울의 로마 선교에 대한 영적인 강한 열망에 대한 이유를 나타내는 접속사 γὰρ(가르)로 연결된 문장이다. 로마에 복음을 전파하고자 하는 바울의 영성은 그 복음을 '부끄러워하지 않는다.'라고 자신감을 표방하는 뜻으로 사람들과의 관계에서 당당함을 표현하는 헬라어 ἐπαισχύνομαι(에파이스퀴노마이)로 설명되고 있다. 또 그 이유를 그 복음이 믿는 각 사람을 구원에 이르게 하시는 하나님의 권능이기 때문이라고 접속사 γὰρ(가르)로 연결해 설명한다.

이는 위 롬1:14에서 자신을 복음에 빚진 자로 선언할 만큼 로마에 전할 복음이 얼마나 위대한지를 설명하는 대목이다. 사실 바울에게 빚진 자의 삶이란 인간의 조건과 한계를 뛰어넘는 하나님의 능력을 의지하는 믿음의 삶에로의 초청이다. 그 믿음은 모든 인간세계의 차별과 우열 의식을 종식하고 만인을 평등하고 행복하게 만드시는 하나님의 은혜가 나타나 구원이 이루어지고 있음을 실감하도록 감동을 주는 하나님의 일하심의 흔적이고 결과이기에, 믿음을 일으키는 복음을 전파하는 일은 바울에게 하나님의 능력이고 자랑스러운 일로 인식되고 있다.

그리고 그 복음의 대상이 하나님께 선택된 언약 백성들의 대표인 유대인과 그 언약과의 관계에서 비유대인인 이방인들의 대표 헬라인 양쪽에게 차별 없이 믿음으로 하나님께서 베푸시는 구원의 권능을 맛볼 수 있다고 함으로써 로마인들에게도 공평하게 하나님의 복음이 주어져 있음을 강조한다(여기서도 여지없이 이질감을 가진 양쪽의 공통분모를 보게하는 τε(테)를 사용하여 유대인과 헬라인을 동일한 하나님의 복음을 통한 구원의 대상으로 명시함을 보라).

이는 당시 역사적 문맥에 대한 사도 바울의 이해를 바탕으로 로마 선교의 당위를 언급한 대목으로 패권국인 로마에 대한 바울의 역사 인식의 토대를 구체적으로 규정할 수 있는 근간을 제공함으로써 그의 우주적인 역사 인식을 보게 한다.

이렇게 바울에게 하나님의 복음은 인류 모두를 대상으로 전하여지는 보편적인 하나님의 구원 메시지이나, 다만 그 복음을 믿는 자들에 한정해서 그 구원을 맛볼 기회가 주어지고 있다는 특화된 하나님의 은혜로 선포된다.

「영광스러운 하나님의 복음과 그 권능」

본문	NA28판(UBS5판) ΠΡΟΣ ΡΩΜΑΙΟΥΣ 1:16	로마서 1:16 필자 사역
롬1:16	Οὐ γὰρ ἐπαισχύνομαι τὸ εὐαγγέλιον, δύναμις γὰρ θεοῦ ἐστιν εἰς σωτηρίαν παντὶ τῷ πιστεύοντι, Ἰουδαίῳ τε πρῶτον καὶ Ἕλληνι.	참으로 나는 그 복음을 부끄러워하지 않습니다. 왜냐하면 그 복음은 믿는 각 사람을 구원에 이르게 하시는 하나님의 권능이기 때문입니다. 그것은 유대인에게 우선적인 것으로 보였으나, 사실은 유대인과 헬라인 양쪽 모두에게 동일한 것이었습니다.

구원의 방식

이어지는 롬1:17 역시 원인적 이유를 설명하는 γὰρ(가르)로 앞 롬1:16의 믿는 자들에게 주어지는 특화된 하나님의 구원이 어떻게 가능한지를 명확하게 보여 준다. 재미있게도 하나님의 복음이 하박국 시대에 주어진 하나님의 구원 메시지가 동일한 것이었음을 밝히되, 시대 간의 간격을 초월해 모든 시대가 동일시될 수 있는 근거로 그 복음이 믿음을 일으키는 방식으로 작동한다는 사실을 제시한다.

이러한 모든 과정과 결과를 일컬어 하나님의 의로우신 행동이라고 하고, 이 하나님의 의로우신 행동이 그 복음 안에서 계시되고 있는 것이다. 따라서 차별 없이 로마인들에게도 베풀어지고 있는 하나님의 복음의 계시로 인해 하나님의 구원을 맛볼 수 있는 기회가 열려 있다. 이것이 바로 사도 바울이 그토록 당시의 위험을 무릅

쓰고 로마에 복음을 전하려고 했던 진정한 이유이다.

「하나님의 의와 믿음」

본문	NA28판(UBS5판) ΠΡΟΣ ΡΩΜΑΙΟΥΣ 1:17	로마서 1:17 필자 사역
롬1:17	δικαιοσύνη γὰρ θεοῦ ἐν αὐτῷ ἀποκαλύπτεται ἐκ πίστεως εἰς πίστιν, καθὼς γέγραπται· ὁ δὲ δίκαιος ἐκ πίστεως ζήσεται.	이는 '오직 그 의인은 믿음으로부터 살 것이다.'라고 기록된 것과 같이, 하나님의 한 의(義)가 그 복음 안에서 계시(啓示)되고 있어 믿음으로부터 믿음에 이르게 하고 있기 때문입니다.

제안

이같이 하나님의 복음에 대한 식지 않는 사도 바울의 뜨거운 열정은 그 복음이 갖는 우주적이면서도 그 우주를 초월해 계시는 하나님의 구원의 영원한 특성으로부터 기인한다. 그 복음은 로마서 전체 사유 과정의 기초로 제시된 롬1:1-7 속에 집약적으로 소개되어 있는데, 필자는 그것의 실제 내용이 로마서가 쓰인 이래로 2000여 년 동안 행해진 독해의 결과를 바꾼다는 기치로 새로운 로마서 읽기를 제안한다.

제3장
하나님의 복음을 위한 바울의 자기소개(1장 1-7절)

— 인사말 아닌 인사말 —

그리스도 예수의 종으로서 하나님의 복음을 바라보는 바울의 시각은 지구촌 역사의 시공간을 초월해 우주를 지배하는 개념, 곧 물리적 세계 전체를 다스리시는 하나님의 절대적 주권에 대한 증표임이 분명하다. 구약 성경의 기록을 통해 보이는 창조 세계 안에 보전되어 오던 언약적 구속의 역사가 예수 그리스도 안에서 완성되고, 그것이 본래 창조 세계를 위한 하나님의 경륜(엡1:3-14)이었음을 드러내는 차원의 복음, 곧 "하나님의 복음(εὐαγγέλιον θεοῦ-유앙겔리온 데우)"이라는 명칭으로 확정된 좋은 소식을 명확하게 설명하여 적용해 내야 하는 특별한 임무를 바울이 받은 것이다.

제3장 하나님의 복음을 위한 바울의 자기소개(1장 1-7절) _ 67p에서

§1. 본문 번역[NA28판(UBS5판)]

본문	NA28판(UBS5판) ΠΡΟΣ ΡΩΜΑΙΟΥΣ 1:1-7	로마서 1:1-7 필자 사역
롬1:1	Παῦλος δοῦλος Χριστοῦ Ἰησοῦ, κλητὸς ἀπόστολος ἀφωρισμένος εἰς εὐαγγέλιον θεοῦ,	나 바울은 그리스도 예수의 종이며, 사도로 부르심을 받아 하나님의 복음을 위해 차출된 사람입니다.
롬1:2	ὃ προεπηγγείλατο διὰ τῶν προφητῶν αὐτοῦ ἐν γραφαῖς ἁγίαις	그 복음은 하나님께서 자신의 예언자들을 통해 거룩한 기록들로 미리 약속하신 바
롬1:3	περὶ τοῦ υἱοῦ αὐτοῦ τοῦ γενομένου ἐκ σπέρματος Δαυὶδ κατὰ σάρκα,	그분의 아들에 관한 것으로서 육신을 따라서는 다윗의 씨로부터 되신 분이시며,
롬1:4	τοῦ ὁρισθέντος υἱοῦ θεοῦ ἐν δυνά μει κατὰ πνεῦμα ἁγιωσύνης ἐξ ἀναστάσεως νεκρῶν, Ἰησοῦ Χριστοῦ τοῦ κυρίου ἡμῶν,	거룩하게 하시는 영을 따라서는 죽은 자들의 부활로부터 권능 있는 하나님의 아들로 인정되신 분, 그분이 바로 예수 그리스도 우리 주님이십니다.
롬1:5	δι᾽ οὗ ἐλάβομεν χάριν καὶ ἀποστολ ὴν εἰς ὑπακοὴν πίστεως ἐν πᾶσιν τοῖς ἔθνεσιν ὑπὲρ τοῦ ὀνόματος αὐτοῦ,	그분을 통해 우리가 은혜와 사도 직분을 받았습니다. 이는 그분의 이름을 위해 모든 그 이방인들 안에서 믿음의 순종에 이르게 하기 위함입니다.
롬1:6	ἐν οἷς ἐστε καὶ ὑμεῖς κλητοὶ Ἰησοῦ Χριστοῦ,	여러분 또한 그들 안에 있으며 예수 그리스도의 부르심을 받은 사람들입니다.
롬1:7	πᾶσιν τοῖς οὖσιν ἐν Ῥώμῃ ἀγαπητοῖς θεοῦ, κλητοῖς ἁγίοις, χάρις ὑμῖν καὶ εἰρήνη ἀπὸ θεοῦ πατρὸς ἡμῶν καὶ κυρίου Ἰησοῦ Χριστοῦ.	로마에 있어 하나님의 사랑을 입은 모든 자들, 곧 거룩한 자들로 부르심을 받은 여러분에게 은혜와 평화가 하나님 우리 아버지와 주님 예수 그리스도께로부터 베풀어지기를 빕니다.

§2. 본문 코멘트

롬1:1	Παῦλος δοῦλος Χριστοῦ Ἰησοῦ, κλητὸς ἀπόστολος ἀφωρισμένος εἰς εὐαγγέλιον θεοῦ,	나 바울은 그리스도 예수의 종이며, 사도로 부르심을 받아 하나님의 복음을 위해 차출된 사람입니다.

① "Χριστοῦ Ἰησοῦ-크리스투 예수"가 어순이 바뀌어 "Ιησοῦ Χριστοῦ-예수 크리스투"로 나타나는 사본이 대다수이다. "Ιησοῦ Χριστοῦ-예수 크리스투"는

파피루스26 ℵ(알레프) A G K L … b d 등에서 나타나고, 불가타 번역본(Editio Clementina, Rom 1592)과 모든 시리아 번역본, 교부 암브로시아스터에게서 방대하게 나타난다. 반면에 "Χριστοῦ Ἰησοῦ-크리스투 예수"는 파피루스10 B ar m 등 그리고 불가타 번역본(Vulgata Stuttgartiensis, 1994)과 교부 이레네우스(라틴어 번역에 따른)에게서도 나타난다.

롬1:3	περὶ τοῦ υἱοῦ αὐτοῦ τοῦ γενομένου ἐκ σπέρματος Δαυὶδ κατὰ σάρκα,	그분의 아들에 관한 것으로서 육신을 따라서는 다윗의 씨로부터 되신 분이시며,

① "γενομένου-게노메누"를 "γεννωμενου-겐노메누"로 대체한 사본은 61(필사자의 본문)외 거의 없으며, 시리아 번역본 페쉬타(Peschitta)가 있다(NA27판 참조). "γενομένου-게노메누"는 '되다(become)'라는 의미 γίνομαι(기노마이)의 단순부정과거분사 소유격이고, "γεννωμενου-겐노메누"는 '낳다(beget)'라는 의미 γεννάω(겐나오)의 단순부정과거분사 소유격이다.

롬1:4	τοῦ ὁρισθέντος υἱοῦ θεοῦ ἐν δυνά μει κατὰ πνεῦμα ἁγιωσύνης ἐξ ἀναστάσεως νεκρῶν, Ἰησοῦ Χριστοῦ τοῦ κυρίου ἡμῶν,	거룩하게 하시는 영을 따라서는 죽은 자들의 부활로부터 권능 있는 하나님의 아들로 인정되신 분, 그분이 바로 예수 그리스도 우리 주님이십니다.

① "ὁρισθέντος-호리스덴토스"를 "προορισθεντος-프로오리스덴토스"로 라틴어 번역본 전체가 그리스어 읽기를 증거한다. 또 교부 이레니우스(라틴어 번역에 따른)에게서도 나타난다.

롬1:7	πᾶσιν τοῖς οὖσιν ἐν Ῥώμῃ ἀγαπητοῖς θεοῦ, κλητοῖς ἁγίοις, χάρις ὑμῖν καὶ εἰρήνη ἀπὸ θεοῦ πατρὸς ἡμῶν καὶ κυρίου Ἰησοῦ Χριστοῦ.	로마에 있어 하나님의 사랑을 입은 모든 자들, 곧 거룩한 자들로 부르심을 받은 여러분에게 은혜와 평화가 하나님 우리 아버지와 주님 예수 그리스도께로부터 베풀어지기를 빕니다.

① "ἐν Ῥώμῃ-엔 로메"는 G 사본에서 탈락되었고, 오리게네스(1739 필사본의 여백에 들어 있는 텍스트 증거)에게서도 그러한 사실이 확인된다. 반면에 "ἐν Ῥώμῃ-엔 로메"는 대다수의 사본(파피루스10 A B C 등등)에 나타난다.

② "ἀγαπητοῖς θεοῦ-아가페토이스 데우"는 G 사본과 불가타 번역본과 약간의 차이가 나는 불가타 사본에 "*εν αγαπη θεου*-엔 아가페 데우"로 대체되어 나타난다.

§3. 본문 주해를 위한 팁

롬1:1	Παῦλος δοῦλος Χριστοῦ Ἰησοῦ, κλητὸς ἀπόστολος ἀφωρισμένος εἰς εὐαγγέλιον θεοῦ,	나 바울은 그리스도 예수의 종이며, 사도로 부르심을 받아 하나님의 복음을 위해 차출된 사람입니다.

① "바울은 그리스도 예수의 종이며(*Παῦλος δοῦλος Χριστοῦ Ἰησοῦ-파울로스 둘로스 크리스투 예수*)": 그리스도 예수의 종과 예수 그리스도의 종에 대한 구별을 위해 빌1:1, 갈1:10, 딛1:1, 약1:1, 벧후1:1을 보라.

※ "바울은(*Παῦλος-파울로스*)": 로마서 저자의 이름이다. 그는 자신의 모든 서신에서 자신이 저자임이 알려지기를 원했다는 증거다. 사도행전을 통해 나타나는 그의 유대적 이름(사울, 행7:58, 8:1, 39:1, 9:1, 8, 11, 13:1-2, 7 등)과 그를 대신한 그리스적 이름(바울, 행13:9)은 디아스포라 유대인인 그의 인생의 궤적 속에서 이해되어야 하며, 특히 안디옥 교회의 선교사로 파송되어 공식적인 이방인의 사도직을 수행하기 시작한 이후에 다마스커스 사건의 경험을 언급하는 경우(행22:7, 13, 24:14)를 제외하고 단 한 번도 유대적 이름인 '사울'을 사용한 적이 없음을 근거로 판단해야 한다. 물론 바울은 그의 서신에서 다마스커스 사건 이전의 유대인으로서의 행적을 가감 없이 말하는 경우에서조차도 유대적 이름을 언급하지 않는다. 이는 바울이 배타적인 유대적 신앙의 특성을 잘 아는 유대인이면서도 이방인으로서 이방인의 사도 됨과 그 사도직의 헌신을 자랑스럽게 생각하고 있다는 증거다(롬15:17).

※ "그리스도 예수의 종이며(*δοῦλος Χριστοῦ Ἰησοῦ-둘로스 크리스투 예수*)": 바울 자신에게 그리스도 예수님의 주님 되심을 강조한 것이다. "종(*δοῦλος-둘로스*)"이라는 표현은 지난날 유대적 신앙인으로서의 사울이 가졌던 일상적인 하나님과의 관계에서 종(*δοῦλος-둘로스*)의 개념으로부터 변화, 승화된 개념이다. 죽음으로부터 부활하신 그리스도 예수님이 유대인이고 자신 또한 유대인의 혈통을 가진 자로서 가졌던 야훼 신앙의 연속성 속에서 지난날 자신의 모든 신앙적 자아가 배제된 변화고 승화다. 오로지 죽은 자들의 부활이 되시는 주님께 집중하는 자발적인 헌신의 표현이다.

② "사도로 부르심을 받아 하나님의 복음을 위해 차출된 사람입니다(*κλητὸς ἀπόστολος ἀφωρισμένος εἰς εὐαγγέλιον θεοῦ-클레토스 아포스톨로스 아포리스메노스 에이스 유앙겔리온 데우*)."는 시105:26, 78:70, 고전1:1(고후1:1, 엡1:1, 골1:1, 딤전1:1), 행9:15, 13:2, 갈1:15을 보라. "하나님의 복음을 위해(*εἰς εὐαγγέλιον θεοῦ-에이스 유앙겔리온 데우*)"는 롬15:16, 살전2:2, 고후11:7을 보라.

롬1:2	ὃ προεπηγγείλατο διὰ τῶν προφητ ῶν αὐτοῦ ἐν γραφαῖς ἁγίαις	그 복음은 하나님께서 자신의 예언자들을 통해 거룩한 기록들로 미리 약속하신 바

① "그 복음은 하나님께서 자신의 예언자들을 통해 거룩한 기록들로 미리 약속하신 바(*ὃ προεπηγγείλατο διὰ τῶν προφητῶν αὐτοῦ ἐν γραφαῖς ἁγίαις-호 프로에펭게일라토 디아 톤 프로페톤 아우투 엔 그라파이스 하기아이스*)"는 롬16:25-26, 딛1:2, 눅1:70을 보라.

롬1:3	περὶ τοῦ υἱοῦ αὐτοῦ τοῦ γενομένου ἐκ σπέρματος Δαυὶδ κατὰ σάρκα,	그분의 아들에 관한 것으로서 육신을 따라서는 다윗의 씨로부터 되신 분이시며,

① "그분(하나님)의 아들에 관한 것으로서(*περὶ τοῦ υἱοῦ αὐτοῦ-페리 투 휘우 아우투*)"는 롬8:3, 14-17과 갈4:4-6을 보라.

② "다윗의 씨로부터 되신 분이시며(*τοῦ γενομένου ἐκ σπέρματος Δαυὶδ-투 게노메누 에크 스페르마토스 다위드*)"는 먼저 마1:1, 요7:42, 마22:42-46(막12:35-37), 계22:16을 보고, "되신 분(*τοῦ γενομένου-투 게노메누*)"에 대해서는 갈4:4과 딤후2:8, 빌2:6-11을 보라(본문 해설 참조).

③ "육신을 따라서는(*κατὰ σάρκα-카타 사르카*)"은 롬9:5, 골1:22을 보라(본문 해설 참조).

롬1:4	τοῦ ὁρισθέντος υἱοῦ θεοῦ ἐν δυνά μει κατὰ πνεῦμα ἁγιωσύνης ἐξ ἀναστάσεως νεκρῶν, Ἰησοῦ Χριστοῦ τοῦ κυρίου ἡμῶν,	거룩하게 하시는 영을 따라서는 죽은 자들의 부활로부터 권능 있는 하나님의 아들로 인정되신 분, 그분이 바로 예수 그리스도 우리 주님이십니다.

① "죽은 자들의 부활로부터 권능 있는 하나님의 아들로 인정되신 분(*τοῦ ὁρισθέντος υἱοῦ θεοῦ ἐν δυνάμει ἐξ ἀναστάσεως νεκρῶν-투 호리스텐토스 휘우 데우 엔 뒤나메이 엑스 아나스타세오스 네크론*)"은 행13:33, 딤전3:16, 빌3:10-11, 고후13:4을 보라(본문 해설 참조).

② "거룩하게 하시는 영을 따라서는(*κατὰ πνεῦμα ἁγιωσύνης-카타 프뉴마 하기오쉬네스*)"에서 "ἁγιωσύνης-하기오쉬네스"의 개념을 파악하기 위해 고후7:1, 살전3:13의 문맥을 살펴라(본문 해설 참조).

③ "그분이 바로 예수 그리스도 우리 주님이십니다(*Ἰησοῦ Χριστοῦ τοῦ κυρίου ἡμῶν-예수 크리스투 투 퀴리우 헤몬*)."는 롬10:9을 보라(본문 해설 참조).

롬1:5	δι' οὗ ἐλάβομεν χάριν καὶ ἀποστολ ὴν εἰς ὑπακοὴν πίστεως ἐν πᾶσιν τοῖς ἔθνεσιν ὑπὲρ τοῦ ὀνόματος αὐτοῦ,	그분을 통해 우리가 은혜와 사도 직분을 받았습니다. 이는 그분의 이름을 위해 모든 그 이방인들 안에서 믿음의 순종에 이르게 하기 위함입니다.

① "그분을 통해 우리가 은혜와 사도 직분을 받았습니다(*δι' οὗ ἐλάβομεν χάριν καὶ ἀποστολὴν-디 후 엘라보멘 카린 카이 아포스톨렌*)."는 롬15:15-16, 고전3:10, 고전9:2, 갈2:1-9, 행26:16-18을 보라.

② "이는 그분의 이름을 위해(*ὑπὲρ τοῦ ὀνόματος αὐτοῦ-휘페르 투 오노마토스 아우투*)"는 행5:38-41, 9:16, 15:26, 21:13을 보라.

③ "모든 그 이방인들 안에서 믿음의 순종에 이르게 하기 위함입니다(*εἰς ὑπακοὴν πίστεως ἐν πᾶσιν τοῖς ἔθνεσιν-에이스 휘파코엔 피스테오스 엔 파신 토이스 에드네신*)."는 롬15:18, 롬6:16, 벧전1:2, 롬16:26을 보라.

롬1:6	ἐν οἷς ἐστε καὶ ὑμεῖς κλητοὶ Ἰησοῦ Χριστοῦ,	여러분 또한 그들 안에 있으며 예수 그리스도의 부르심을 받은 사람들입니다.

① "예수 그리스도의 부르심을 받은 사람들입니다(*κλητοὶ Ἰησοῦ Χριστοῦ-클레토이 예수 크리스투*)."는 롬8:28, 9:24과 고전1:9, 1:24을 보라.

롬1:7	πᾶσιν τοῖς οὖσιν ἐν Ῥώμῃ ἀγαπητοῖς θεοῦ, κλητοῖς ἁγίοις, χάρις ὑμῖν καὶ εἰρήνη ἀπὸ θεοῦ πατρὸς ἡμῶν καὶ κυρίου Ἰησοῦ Χριστοῦ.	로마에 있어 하나님의 사랑을 입은 모든 자들, 곧 거룩한 자들로 부르심을 받은 여러분에게 은혜와 평화가 하나님 우리 아버지와 주님 예수 그리스도께로부터 베풀어지기를 빕니다.

① "로마에 있어 하나님의 사랑을 입은 모든 자들(*πᾶσιν τοῖς οὖσιν ἐν Ῥώμῃ ἀγαπητοῖς θεοῦ-파신 토이스 우신 엔 로메 아가페토이스 데우*)"은 롬5:8(마3:7, 12:18, 17:5), 행28:15을 보라.

② "곧 거룩한 자들로 부르심을 받은 여러분에게(*κλητοῖς ἁγίοις-클레토이스 하기오이스*)"는 고전1:2, 고후1:1을 보라.

③ "은혜와 평화가 하나님 우리 아버지와 주님 예수 그리스도께로부터 베풀어지기를 빕니다(*χάρις ὑμῖν καὶ εἰρήνη ἀπὸ θεοῦ πατρὸς ἡμῶν καὶ κυρίου Ἰησοῦ Χριστοῦ-카리스 휘민 카이 에이레네 아포 데우 파트로스 헤몬 카이 퀴리우 예수 크리스투*)."는 민6:25-26, 고전1:3, 고후1:2, 갈1:3, 엡1:2, 골1:2, 빌1:2, 살전1:1, 살후1:2, 딛1:4, 몬1:3을 보라.

§4. 본문 해설(로마서 1장 1-7절)

본문

본문	NA28판(UBS5판) ΠΡΟΣ ΡΩΜΑΙΟΥΣ 1:1-7	로마서 1:1-7 필자 사역
롬1:1	Παῦλος δοῦλος Χριστοῦ Ἰησοῦ, κλητὸς ἀπόστολος ἀφωρισμένος εἰς εὐαγγέλιον θεοῦ,	나 바울은 그리스도 예수의 종이며, 사도로 부르심을 받아 하나님의 복음을 위해 차출된 사람입니다.
롬1:2	ὃ προεπηγγείλατο διὰ τῶν προφητῶν αὐτοῦ ἐν γραφαῖς ἁγίαις	그 복음은 하나님께서 자신의 예언자들을 통해 거룩한 기록들로 미리 약속하신 바
롬1:3	περὶ τοῦ υἱοῦ αὐτοῦ τοῦ γενομένου ἐκ σπέρματος Δαυὶδ κατὰ σάρκα,	그분의 아들에 관한 것으로서 육신을 따라서는 다윗의 씨로부터 되신 분이시며,

롬1:4	τοῦ ὁρισθέντος υἱοῦ θεοῦ ἐν δυνά μει κατὰ πνεῦμα ἁγιωσύνης ἐξ ἀναστάσεως νεκρῶν, Ἰησοῦ Χριστοῦ τοῦ κυρίου ἡμῶν,	거룩하게 하시는 영을 따라서는 죽은 자들의 부활로부터 권능 있는 하나님의 아들로 인정되신 분, 그분이 바로 예수 그리스도 우리 주님이십니다.
롬1:5	δι' οὗ ἐλάβομεν χάριν καὶ ἀποστολ ὴν εἰς ὑπακοὴν πίστεως ἐν πᾶσιν τοῖς ἔθνεσιν ὑπὲρ τοῦ ὀνόματος αὐτοῦ,	그분을 통해 우리가 은혜와 사도 직분을 받았습니다. 이는 그분의 이름을 위해 모든 그 이방인들 안에서 믿음의 순종에 이르게 하기 위함입니다.
롬1:6	ἐν οἷς ἐστε καὶ ὑμεῖς κλητοὶ Ἰησοῦ Χριστοῦ,	여러분 또한 그들 안에 있으며 예수 그리스도의 부르심을 받은 사람들입니다.
롬1:7	πᾶσιν τοῖς οὖσιν ἐν Ῥώμῃ ἀγαπητοῖς θεοῦ, κλητοῖς ἁγίοις, χάρις ὑμῖν καὶ εἰρήνη ἀπὸ θεοῦ πατρὸς ἡμῶν καὶ κυρίου Ἰησοῦ Χριστοῦ.	로마에 있어 하나님의 사랑을 입은 모든 자들, 곧 거룩한 자들로 부르심을 받은 여러분에게 은혜와 평화가 하나님 우리 아버지와 주님 예수 그리스도께로부터 베풀어지기를 빕니다.

기법

로마서 1:1-7은 바울 서신들의 전형적인 인사말과는 사뭇 다르다. 바울은 수신자와의 관계에서 서로의 정체성에 관한 부분에 주목하여 서로의 관계를 이어 주는 끈으로서의 "하나님의 복음(*εὐαγγέλιον θεοῦ-유앙겔리온 데우*)"을 간결하고 명확하게 정의한다. 이 부분은 헬라어 신약 성경[NA28판(UBS5판)]에 하나의 문장으로 구성된 아주 긴 복합문장으로 나타난다. 한 문단을 형성할 수 있는 분량의 내용을 한 문장으로 묶어 표현하는 바울의 작문 형식은 명확한 의미 전달을 위한 아주 노련하고 힘 있는 기법이다.

이를 그의 다른 서신에서는 '어떤 사람이 말하길 실로 그의 편지들은 무게가 있고 힘이 있으나 그의 몸을 직접 대하면 약하여 그 말씀이 멸시받을 정도이다.'라고 말한다(고후10:10). 사실 이런 문장은 분리 부호(콤마)에 의해 직선적으로 읽어 내려가면 내용이 사실적으로 명료하게 파악되는 훌륭한 문장 형식으로 '말에는 능숙하지 못하나 지식에 있어서는 그렇지 않다.'라고 하는 바울의 면모를 다시금 보게 한다(고후11:6).

1. 바울의 자기소개(로마서 1장 1-7절)

본문 분석

본문	NA28판(UBS5판) ΠΡΟΣ ΡΩΜΑΙΟΥΣ 1:1 필자 사역
1:1a	Παῦλος δοῦλος Χριστοῦ Ἰησοῦ,
번역1a	나 바울은 그리스도 예수의 종이며,
1:1b	κλητὸς ἀπόστολος ἀφωρισμένος εἰς εὐαγγέλιον θεοῦ,
번역1b	사도로 부르심을 받아 하나님의 복음을 위해 차출된 사람입니다.

본문 관전 포인트

번역에 대한 관전 포인트는 주문장으로서의 1절이 명사 문장이라는 사실에 있다. 명사 문장은 굳이 동사 개념을 넣지 않아도 표현이 가능한 기법으로서 주로 "A는 B이다."라는 문장 형식에서 "~이다."라는 연결동사 개념을 생략하는 형식의 문장이다.

1절을 시작하고 있는 1a절(*Παῦλος δοῦλος Χριστοῦ Ἰησοῦ-파울로스 둘로스 크리스투 예수*)이 이에 해당하며, 전체문장 1-7절까지의 주절이 된다. 여기서 "그리스도 예수의(*Χριστοῦ Ἰησοῦ-크리스투 예수*)"라는 속격 명사구가 주어(*Παῦλος-파울로스*)의 보어인 종(*δοῦλος-둘로스*)의 관계를 설명한다. 이는 바울 자신에게 그리스도 예수의 주 되심을 강조하는 문장 형식이다.

1b절에서는 먼저 2차 보어에 대한 형용사의 서술적 용법(*κλητὸς ἀπόστολος-클레토스 아포스톨로스*)을 사용하여 보충적 의미를 더하므로 주절인 1a에서 강조된 바울 자신과 관련된 내용을 확장 발전시켜 설명하여, 이어지는 분사구문(*ἀφωρισμένος εἰς εὐαγγέλιον θεοῦ-아포리스메노스 에이스 유앙겔리온 데우*)과 연결시켜, '하나님의 복음을 위하여 골라 뽑힌 자'로 바울 자신의 소개를 마무리 짓고 있다.

중요한 것은 1b절에서 주절의 2차 보어에 해당하는 사도(*ἀπόστολος-아포스톨로스*)가 부름받았다는 형용사(*κλητὸς-클레토스*)의 서술적 용법으로 완곡하게 매듭을 짓고, '골라 뽑혔다'라는 의미를 가진 분사(*ἀφωρισμένος-아포리스메노스*)를 덧붙여 자신의 역할을 명확히 설명하는 것이다. 이는 1a절(*Παῦλος δοῦλος Χριστοῦ Ἰησοῦ-파울로스 둘로스 크리스투 예수*)에서 밝힌 종(*δοῦλος-둘로스*)의 신분으로부터 특별한 임무를 수

행하는 '사도(*ἀπόστολος-아포스톨로스*)'라고 하는 직함을 얻게 되는 소명과 함께 주어진 사명이 절차상 온전한 것임을 부드럽게 밝히는 방식이다.

따라서 '골라 뽑혔다'라는 의미의 현재 완료 시제의 분사(*ἀφωρισμένος-아포리스메노스*)는 과거에 일어난 일의 결과가 현재도 계속 유지되어 그 영향력이 발휘되고 있음을 나타내는 용법임을 주목할 필요가 있다. 이는 바울이 하나님의 복음을 전파하기 위해 부르심을 입은 때부터 죽기까지도 변함없이 그 복음 전파의 보편적 사명을 감당해야 하는 사도라는 직함이 현재에도 유효하다는 것을 나타내는 완곡어법에 해당한다.

한마디로 본 서신의 저자인 바울의 생애 전반을 들여다보게 함으로써 그가 어떠한 사람인지를 명확하게 알 수 있도록 겸손하게 자신을 밝히는 문장이다. 직역하면 "바울은 그리스도 예수의 종이며, 사도로 부르심을 받아 하나님의 복음을 위해 골라 뽑힌 사람입니다."가 된다. 이를 윤문하면 "나 바울은 그리스도 예수의 종이며, 사도로 부르심을 받아 하나님의 복음을 위해 차출된 사람입니다."이다.

두 역본의 비교

본문	NA28판(UBS5판) ΠΡΟΣ ΡΩΜΑΙΟΥΣ 1:1 필자 사역	TR(ST)판 ΠΡΟΣ ΡΩΜΑΙΟΥΣ 1:1 개역개정
1:1a	Παῦλος δοῦλος Χριστοῦ Ἰησοῦ,	Παῦλος δοῦλος Ἰησοῦ Χριστοῦ,
번역1a	나 바울은 그리스도 예수의 종이며,	예수 그리스도의 종 바울은
1:1b	κλητὸς ἀπόστολος ἀφωρισμένος εἰς εὐαγγέλιον θεοῦ,	κλητὸς ἀπόστολος, ἀφωρισμένος εἰς εὐαγγέλιον θεοῦ,
번역1b	사도로 부르심을 받아 하나님의 복음을 위해 차출된 사람입니다.	사도로 부르심을 받아 하나님의 복음을 위하여 택정함을 입었으니

또한 재미있게도 공인 본문(Textus Receptus)으로 통용되는 스테판 역본(Greek Text of Stephens, 1550, 앞으로는 TR(ST)판으로 표기)은 1a에서 NA28판(UBS5판)의 "그리스도 예수(*Χριστοῦ Ἰησοῦ-크리스투 예수*)"와 다르게 어순을 바꾸어 "예수 그리스도(*Ἰησοῦ Χριστοῦ-예수 크리스투*)"로 표기하였다. 1b에서는 "부르심을 받은 사도(*κλητὸς ἀπόστολος-클레토스 아포스톨로스*)"와 분사구문 "하나님의 복음을 위하여 골라 뽑힌(*ἀφωρισμένος εἰς εὐαγγέλιον θεοῦ-아포리스메노스 에이스 유앙겔리온 데우*)" 사이에 콤마를

삽입, 분리시켜 구문적으로 의미 단위를 짧게 끊어서 읽도록 하였음을 유의할 필요가 있다. 이런 역본상의 구두점에 대한 상이함이 의미상으로 상당한 차이로 나타날 수 있음을 감안하여 신중하게 번역할 필요가 있지만 본문에서는 어떻게 번역하든 그 의미가 거의 동일하다.

두 역본을 비교하여 볼 때, 결론적으로 1a의 호칭 어순이 뒤바뀐 사본상의 문제점과 1a와 1b를 나누는 구두점의 차이를 보인다. 이를 고려하여 TR(ST)판을 우리말 개역개정 언어로 번역하면, "바울은 예수 그리스도의 종이고 사도로 부르심을 받았으며 하나님의 복음을 위하여 택정되었습니다."가 된다. 이는 "예수 그리스도(*Ἰησοῦ Χριστοῦ-예수 크리스투*)"라는 호칭 대신 어순이 뒤바뀐 "그리스도 예수(*Χριστοῦ Ἰησοῦ-크리스투 예수*)"라는 호칭을 쓰는 NA28판(UBS5판)의 본문과 다르게 구두점을 사용해 좀 더 쉽게 읽을 수 있는 구문 형식을 제공함으로써 초보자들에겐 아주 긴요한 '본문 읽기'가 되고 있다.

그래서 그런지 이 읽기는 다수의 전통적인 번역 성경(개역개정, KJV, RSV 등)의 텍스트로 쓰였다. 이를 개역개정은 "예수 그리스도의 종 바울은 사도로 부르심을 받아 하나님의 복음을 위하여 택정함을 입었으니"라고 윤문했다.

그리스도 예수와 예수 그리스도

1절에서 바울은 자신의 정체성을 명시하고 있다. 하지만 자신이 종(*주절 Παῦλος δοῦλος-파울로스 둘로스*)이라고 하는 자신의 정체성을 규정짓는 근거인 자신의 주인을 밝히는 대목에서 두 역본의 차이점으로 보이는 '그리스도 예수(*Χριστοῦ Ἰησοῦ-크리스투 예수*)'와 '예수 그리스도(*Ἰησοῦ Χριστοῦ-예수 크리스투*)'라는 두 호칭 중 하나를 선택해야 하는 어려움이 있다. 하지만 앞으로 설명하게 될 롬1:1-7의 전체적인 문장론적인 의미맥락의 관점에서 "그리스도 예수(*Χριστοῦ Ἰησοῦ-크리스투 예수*)"로 표기하고 있는 NA28판(UBS5판)의 본문 입장이 롬1:1 자체가 가진 의미맥락상 두 가지 측면에서 자연스럽다고 할 수 있다.

하나는 1b절의 '사도로 부르심을 받아(*κλητὸς ἀπόστολος-클레토스 아포스톨로스*)'라는 표현이 갖는 역사적 사건으로서의 의미맥락이고(행9:1-11), 또 다른 하나는 그것과 관련해 사도로서 부르심을 받은 후 "하나님의 복음을 전파하기 위해 차출되었다."라고 사도의 직무 수행을 특별하게 규정해 밝히는 대목이 갖는 역사적 사건으로서의 의미맥락이다(행13:1-5, 갈1:15-16).

특히 그러한 의미맥락이 이어지는 본문(롬1:2-4)에서 "하나님의 복음(*εὐαγγέλιον θεοῦ-유앙겔리온 데우*)"의 내용이 정제되고 특화된 설명과 함께 확정된 표현으로 나타나는데, 그 복음에 대한 요약적 설명의 결론으로 초대 예루살렘 교회의 신조와 같은 "예수 그리스도 우리 주님(*Ἰησοῦ Χριστοῦ τοῦ κυρίου ἡμῶν-예수 크리스투 투 퀴리우 헤몬*)"이라고 하는 '호칭'을 제시한다는 점은 매우 중요하다. 왜냐하면 그 호칭이 형성된 과정이 있기 때문에 바울이 그 과정을 뒤돌아보는 관점에서 "하나님의 복음(*εὐαγγέλιον θεοῦ-유앙겔리온 데우*)"의 내용을 재구성하고 있음을 알 수 있게 하는 단초가 되기 때문이다.

재미있는 것은 구체적인 설명이 필요하긴 하지만 그 호칭이 갖는 역사적 의미맥락이 이미 본 서신 1:1이 밝히고 있는 바울의 소명과 사명에 관한 실제적 문맥 속에서 재구성된 표현으로 나타나고 있는 바, "그리스도 예수(*Χριστοῦ Ἰησοῦ-크리스투 예수*)"로 표기하고 있는 NA28판(UBS5판) 본문의 진정성은 더욱 분명히 입증되고 있다 할 것이다. 이에 대해 다음 단락에서부터 구체적으로 언급하겠지만 먼저 전자의 경우 "사도로 부르심을 받아(*κλητὸς ἀπόστολος-클레토스 아포스톨로스*)"라는 표현에 있어서 핵심 키워드가 부활 후 승천하셔서 하늘 보좌에 앉으신 천상의 예수님의 부르심이라는 사실을 인식하는 것이 바람직하다.

따라서 "사도로 부르심을 받아(*κλητὸς ἀπόστολος-클레토스 아포스톨로스*)"라는 표현은 지상에서 예수님의 부르심을 받은 것이 아닌 천상의 예수님의 부르심을 전제로 읽어야 한다. 지상에서 예수님의 제자 과정을 거치지 않은 바울이 부활 승천하신 예수님과의 관계에서 직접 사도로 부르심을 받았다는 사실에 입각한 표현이기 때문에 그 의미는 한층 더 깊다. 또한 천상의 예수님께 직접 부르심을 받은 사도의 직무로서 하나님의 복음을 전파하기 위해 차출되었다고 하는 맥락 역시 그 맥락의 핵심 용어인 "하나님의 복음(*εὐαγγέλιον θεοῦ-유앙겔리온 데우*)"이라고 하는 표현 자체가 하나님께 선택된 유대 민족이라는 지상의 지역적인 대상에 국한된 분위기를 초월한 우주적 관점에서의 복음의 성격을 나타내고 있다는 사실(롬1:14-16, 2:29)로 보아 "바울은 그리스도 예수의 종이다(*Παῦλος δοῦλος Χριστοῦ Ἰησοῦ-파울로스 둘로스 크*

리스투 예수)."라는 NA28판(UBS5판)의 본문이 적합하다.

다만 이런 하나님의 복음의 초월성은 유대 민족에게 주어진 하나님의 언약 성취라는 맥락에서 그 연속성을 가지고 있다는 점은 그 복음의 기초로서 매우 중요한 사실이며, 쉽게 간과해서는 안 되는 부분이기도 하다. 그러한 사실은 유대인인 바울이 그 복음을 통해 그의 정체성을 확립한 이후 그 복음을 설명해 내는 그의 언어가 언약 공동체로서 가지는 히브리적인 개념이 완성된 형태로 그리스어를 활용할 수밖에 없음을 아는 것 또한 본 서신을 읽는 내내 근본적으로 소중한 자산임을 인식케 한다. 이 부분은 필요하다 싶은 대목에서 좀 더 실전적으로 설명하게 될 것이다.

그리스도 예수의 종 바울

이 부분(*Παῦλος δοῦλος Χριστοῦ Ἰησοῦ-파울로스 둘로스 크리스투 예수*)은 로마서의 시작이기도 하지만, 로마서 전체를 통해서 명확하게 드러나야 하는 가장 큰 주제와 전제로서 그리스도 예수의 주님 되심을 확증하는 대목이기도 하다는 점에서 매우 중요하다. 바울에게 있어서 그리스도는 부활하신 예수님을 만나는 체험(행9:1-5)을 통해서 알게 된, 그러니까 언약 백성인 유대인에게 기다림의 대상이었던 메시아가 자기도 모르게 이미 이 세상의 역사 속에 오셔서 십자가에 못 박혀 돌아가심으로 직임을 완수하시고(요19:30), 부활하신 후 하늘에 오르심으로써 만유의 주로서 하늘 보좌 우편에 계시는 영원하신 분으로 실체화되신 분이다. 이를 근거로 바울은 '예수 그리스도 우리 주님(*롬1:4 Ἰησοῦ Χριστοῦ τοῦ κυρίου ἡμῶν-예수 크리스투 투 퀴리우 헤몬*)', '주 예수 그리스도(*롬1:7 κυρίου Ἰησοῦ Χριστοῦ-퀴리우 예수 크리스투*)', '우리 주 예수 그리스도(*롬5:1 τοῦ κυρίου ἡμῶν Ἰησοῦ Χριστοῦ-투 퀴리우 헤몬 예수 크리스투*)' 등의 다양한 호칭을 사용하는데, 이는 '영원 전부터 하늘 보좌에 계신 하나님의 아들이신 그리스도께서 낮고 천한 인간 세상에 오셔서 사셨던 예수님이셨구나.' 하는 '그리스도의 성육신'에 대한 깨달음의 관점에서 '그분이 바로 바울 자신에게 주님이 되신다.'라는 사실을 확증하여 드러내는 것이다.

바울의 확신은 단호하다. 그러한 의미 속에는 주님이신 그리스도 예수 외에 그 어떤 것도 자신을 좌지우지할 수 없다는 큰 확신이 있다. 자신도 자신을 어찌할 수 없으며, 살든지 죽든지 자신의 주님이 되시는 그리스도 예수의 뜻에 따라 존재하며(빌1:20-21), 자신 스스로 어떤 것도 마음대로 결정할 수 없는 존재, 주님의 명령을 수행하는 것에 의해서만 존재의 의미를 가지는 종의 신분, 곧 주님의 절대적인 주권을 실현하는 실존(도구적 혹은 지체적 의미에서)으로서의 자신의 신분을 밝히고 있는 것이다. 거기에는 이 세상 누구에게도 굴하지 않는 아주 독특한 담력(믿음)이 있다(롬8:35-39). 다른 서신들에서도 바울은 언제나 그리스도 예수(36회 사용)의 일꾼으로서의 자부심으로 충만하다. 한 예로 갈라디아교회를 향한 외침(갈1:7-10)에서도 동일한 종(일꾼)에 대한 자부심은 강력한 권세를 지닌 것으로 나타나고 있다.

7 다른 복음이 따로 있는 게 아닙니다. 오직 어떤 사람들이 여러분을 뒤흔들어 그 그리스도의 복음을 왜곡시키길 원하는 자들이 있을 뿐입니다.
8 그럼에도 만일 우리나 하늘에 속한 천사라도 우리가 여러분에게 전한 복음과 다르게 복음을 전한다면 마땅히 저주를 받아야 합니다.
9 우리가 전에 말했던 것처럼 나 또한 지금 다시 말합니다. 만일 어떤 자가 여러분이 받아들인 복음과 다르게 복음을 전한다면 저주를 받아 마땅합니다.
10 참으로 지금까지 내가 사람들을 내 편으로 만들고 있습니까? 아니면 그 하나님을 내 편으로 만들고 있습니까? 아니면 내가 사람들을 기쁘게 하는 것을 추구하고 있습니까? 만일 아직도 내가 사람들을 기쁘게 하고 있었다면 나는 그리스도의 종이 아니었을 것입니다.

*7 ὃ οὐκ ἔστιν ἄλλο, εἰ μή τινές εἰσιν οἱ ταράσσοντες ὑμᾶς καὶ θέλοντες μεταστρέψαι τὸ εὐαγγέλιον τοῦ Χριστοῦ. **8** ἀλλὰ καὶ ἐὰν ἡμεῖς ἢ ἄγγελος ἐξ οὐρανοῦ εὐαγγελίζηται [ὑμῖν] παρ' ὃ εὐηγγελισάμεθα ὑμῖν, ἀνάθεμα ἔστω.*
***9** ὡς προειρήκαμεν καὶ ἄρτι πάλιν λέγω· εἴ τις ὑμᾶς εὐαγγελίζεται παρ' ὃ παρελάβετε, ἀνάθεμα ἔστω. **10** Ἄρτι γὰρ ἀνθρώπους πείθω ἢ τὸν θεόν; ἢ ζητῶ ἀνθρώποις ἀρέσκειν; εἰ ἔτι ἀνθρώποις ἤρεσκον, Χριστοῦ δοῦλος οὐκ ἂν ἤμην.*
(NA 28th(UBS 5th) ed 갈1:7-10 필자 사역)

영광스러운 사역

이렇게 그리스도 예수의 종으로서의 확고부동한 자기 인식을 가진 바울은 1b절에서 사도로 부르심을 받아(κλητὸς ἀπόστολος-클레토스 아포스톨로스), 즉 '부르심을 받은 사도'라는 영광스러운 직함에 대한 확신으로 그 표현의 범위를 넓혀 발전시킨다. 이어 직책과 직무에 관련된 특이 사항을 밝히는 대목(ἀφωρισμένος εἰς εὐαγγέλιον *θεοῦ-아포리스메노스 에이스 유앙겔리온 데우)*에서 자신이 차출된 직무담당자로서 행해야 할 직무의 핵심 목적을 명확히 인식하고 있음을 드러낸다. '사도로 부르심을 받아 하나님의 복음을 위해 골라 뽑혔다.'라는 확신에 찬 사명감이 그것이다. 그것은 그가 고후3:3-12에서 드러낸 바와 같이 하나님의 복음을 전하는 영광스러운 사역과 직무에 대한 자부심과 동일한 것이다.

3 여러분은 그리스도의 편지라는 것이 명백해졌습니다. 우리는 그 편지를 쓰는 데 봉사하였습니다. 이는 잉크로 쓰인 것이 아니라 살아 계신 하나님의 영으로 쓰인 것입니다. 또 돌판에 쓰인 것이 아니라 육신의 마음판에 쓰인 것입니다.

4 이 같은 확신을 우리는 그 그리스도를 통해 그 하나님을 향해 가지고 있습니다.

5 우리는 어떤 일이든 우리 자신들에게서 나온 것과 같이 스스로 유능하다고 여기지 않습니다. 오직 우리의 유능함은 하나님께로부터 나옵니다.

6 하나님께서는 우리를 새 언약의 사역자로 자격을 갖추게 하셨으니, 새 언약은 기록에 속한 것이 아니라 영에 속한 것입니다. 왜냐하면 그 기록은 죽이지만 그 영은 살리기 때문입니다.

7 그러나 돌판에 새겨진 기록들을 선포하는 그 죽음(사망)의 사역이 영광 안에서 되자, 이스라엘 아들들이 모세의 얼굴을 쳐다볼 수 없었으니, 이는 사라질 그의 얼굴의 영광 때문이었습니다.

8 그러니 그 영의 사역은 얼마나 더 영광스럽겠습니까?

9 그 정죄의 사역에 영광이 있다면, 그 의의 사역은 더욱 많은 영광이 넘칩니다.

10 참으로 영광스럽게 되어 있던 것이 이런 점에서 아주 탁월한 영광으로 인해 이제 더는 영광스럽지 않게 되었습니다.

11 참으로 사라지는 것이 영광을 통해 있는 것이라면 계속 남아 있는 것은 더욱더 영광 안에 있습니다.

12 그런즉 우리는 이 같은 소망을 가지고 있기 때문에 매우 담대하게 처신합니다.

*3 φανερούμενοι ὅτι ἐστὲ ἐπιστολὴ Χριστοῦ διακονηθεῖσα ὑφ' ἡμῶν,
ἐγγεγραμμένη οὐ μέλανι ἀλλὰ πνεύματι θεοῦ ζῶντος, οὐκ ἐν πλαξὶν λιθίναις
ἀλλ' ἐν πλαξὶν καρδίαις σαρκίναις. 4 Πεποίθησιν δὲ τοιαύτην ἔχομεν διὰ τοῦ
Χριστοῦ πρὸς τὸν θεόν. 5 οὐχ ὅτι ἀφ' ἑαυτῶν ἱκανοί ἐσμεν λογίσασθαί τι ὡς ἐξ
ἑαυτῶν, ἀλλ' ἡ ἱκανότης ἡμῶν ἐκ τοῦ θεοῦ, 6 ὃς καὶ ἱκάνωσεν ἡμᾶς διακόνους
καινῆς διαθήκης, οὐ γράμματος ἀλλὰ πνεύματος· τὸ γὰρ γράμμα ἀποκτέννει,
τὸ δὲ πνεῦμα ζῳοποιεῖ. 7 Εἰ δὲ ἡ διακονία τοῦ θανάτου ἐν γράμμασιν*

*ἐντετυπωμένη λίθοις ἐγενήθη ἐν δόξῃ, ὥστε μὴ δύνασθαι ἀτενίσαι τοὺς υἱοὺς Ἰσραὴλ εἰς τὸ πρόσωπον Μωϋσέως διὰ τὴν δόξαν τοῦ προσώπου αὐτοῦ τὴν καταργουμένην, **8** πῶς οὐχὶ μᾶλλον ἡ διακονία τοῦ πνεύματος ἔσται ἐν δόξῃ; **9** εἰ γὰρ τῇ διακονίᾳ τῆς κατακρίσεως δόξα, πολλῷ μᾶλλον περισσεύει ἡ διακονία τῆς δικαιοσύνης δόξῃ. **10** καὶ γὰρ οὐ δεδόξασται τὸ δεδοξασμένον ἐν τούτῳ τῷ μέρει εἵνεκεν τῆς ὑπερβαλλούσης δόξης. **11** εἰ γὰρ τὸ καταργούμενον διὰ δόξης, πολλῷ μᾶλλον τὸ μένον ἐν δόξῃ. **12** Ἔχοντες οὖν τοιαύτην ἐλπίδα πολλῇ παρρησίᾳ χρώμεθα*

(NA 28th(UBS 5th) ed 고후3:3-12 필자 사역)

부르심을 받은 사도

천상의 주님께로부터 직접 사도로 부르심을 받는다는 것은 일반인들로서는 상상하기 힘든 일이다. 주님의 지상 사역 기간 동안 배움(또는 학습)을 통해 보내어지는 12사도 직무체제(마10:1-6, 요20:21-23)의 시각으로 보면, 12사도 직무체제라는 정규직의 입장에서 바울의 직함과 직무는 동등한 자격과 권한을 인정하거나 결코 용납할 수 없는 것이었다(행1:15-26).

그럼에도 바울은 정규직 사도들보다 더 위대한 사도로 부르심을 받았다는 확신에 차 있다(갈1:18-2:10, 고전15:9-10, 고후11:5). 그것은 지상에 12사도체제의 직무 수행의 기초를 세우신 주님의 지상 사역이 주님의 나라에 대한 계획의 전부가 아니라는 것을 바울이 인식하고 있었다는 것을 보여 준다. 주님께서는 12사도 직무체제만으로 자신의 계획을 완수하도록 구상하신 것이 아니라 12사도 직무체제 플러스알파라는 완전한 직무 수행의 구상 속에서 바울을 직접 사도로 부르셨다는 말이다. 어쩌면 이는 사도행전 1장에서 베드로가 맛디아를 사도 반열에 끌어들임으로 12사도 직무체제를 완결 짓는 행위(행1:15-26)를 부정하고 12사도체제의 공석인 가룟 유다의 자리에 바울을 세우는 게 주님의 계획임을 드러내는 것이다.

그렇다면 베드로는 오순절 성령이 오시기 전에 자의적으로 성경의 내용을 성취하려고 과한 행동을 한 것이 된다. 이런 베드로의 성정은 이미 정평이 나 있다(마16:21-24). 그러한 역사적인 의미를 담은 표현이 바로 그리스도 예수의 "부르심을 받은 사도(*κλητὸς ἀπόστολος*-클레토스 아포스톨로스)"라는 표현 속에 있다. 그래서 "사도(*ἀπόστολος*-아포스톨로스)"라고 하는 직함의 영광스러움에 대한 바울의 자의식(고후3:9)은 자신의 생명까지도 아까워하지 않는 주님을 향한 사명감으로 이어질 수밖에 없었던 것이다(행20:24).

24 나의 달려갈 길과 내가 주 예수님께로부터 받은 사명 곧 그 하나님의 은혜의 복음을 증거하는 일을 완수할 수 있다면, 나는 어떤 말로도 나 자신을 위해 내 목숨을 귀한 것으로 만들지 않을 것입니다.

24 ἀλλ᾽ οὐδενὸς λόγου ποιοῦμαι τὴν ψυχὴν τιμίαν ἐμαυτῷ ὡς τελειῶσαι τὸν δρόμον μου καὶ τὴν διακονίαν ἣν ἔλαβον παρὰ τοῦ κυρίου Ἰησοῦ, διαμαρτύρασθαι τὸ εὐαγγέλιον τῆς χάριτος τοῦ θεοῦ.

(NA 28th(UBS 5th) ed 행20:24 필자 사역)

하나님의 복음을 위해 차출된 자

그토록 바울이 당당한 권세를 가지고 사역할 수 있었던 것은 무엇 때문인가? 그것은 사도들 중에 가장 위대한 사도가 맡아 수행해야 할 직무를 주께로부터 받았기 때문이다. 그렇다면 주님께서 직접 사도로 불러 맡겨야만 하셨던 위대하고 영광스러운 직무란 무엇인가? 그것은 하나님의 복음(*εὐαγγέλιον θεοῦ-유앙겔리온 데우*)을 전하는 것이다. 결국 바울의 담대함은 자신이 "하나님의 복음을 위해 골라 뽑혔다(*ἀφωρισμένος εἰς εὐαγγέλιον θεοῦ-아포리스메노스 에이스 유앙겔리온 데우*)."는 그의 자의식을 지배하는 그 복음, 곧 하나님의 복음(*εὐαγγέλιον θεοῦ-유앙겔리온 데우*)을 통해 나타나고 있는 것이다. 비록 그 복음이 유대라는 조그만 민족과의 관계에서 시작(요4:22)되었지만 바울이 천상의 예수님을 만나면서 유대인들만의 복음이 아니라 유대와 사마리아와 땅끝까지(행1:8) 세상 모든 이방 사람에게도 전해져야 할 복음이라는 사실을 드러나게 하셨고(롬15:16), 그런 하나님의 복음을 위해 적합한 인물을 골라 뽑아야 하셨던 주님의 마음을 깨달을 수 있었던 것이다(롬11:33-36, 고전1:21, 2:6-16).

앞에서도 얘기했지만 하나님은 유대인의 하나님만 되시는 것이 아니라 이방인의 하나님도 되신다는 깨달음의 시각(롬3:29)을 가지고, 유대인을 통해서 이루어진 그들만의 복음을 창조주 "하나님의 복음(*εὐαγγέλιον θεοῦ-유앙겔리온 데우*)"으로 온전하게 확대 해석하여 온 세상에 전할 수 있는 사람이 주님께 필요하셨던 것이다(롬1:14-16, 롬2:29). 그러니 적임자를 선정하는 작업의 과정이 철저한 비밀 속에서 비정규 과정으로 진행될 수밖에 없었고, 아무도 예측할 수 없는 방법으로 주님만의 완벽한 선택과 인도하심의 과정이 있었던 것이다(갈1:15-16, 행9:1-22, 행13:1-3). 그것이 바로 "하나님의 복음을 위해 차출되었다(*ἀφωρισμένος εἰς εὐαγγέλιον θεοῦ-아포리스메노스 에이스 유앙겔리온 데우*)."라는 분사구문에 해당하는 의미이다.

> *1 그때에 안디옥에 있는 교회를 따라 예언자들과 교사들이 있었습니다. 그들은 바나바와 니게르라 불리는 시몬과 구레네 사람 루기오와 분봉왕 헤롯과 함께 자란 마나엔과 사울입니다.*
> *2 그들이 그 주님을 섬기며 금식하고 있을 때 성령께서 말씀하셨습니다. "너희는 나를 위하여 바나바와 사울을 차출하여, 내가 그들에게 특별하게 맡긴 그 임무를 이루게 하라."*
> *3 그때 그들은 다시 금식하고 기도하며 그들에게 손을 얹은 후에 떠나게 했습니다.*

> *1 Ἦσαν δὲ ἐν Ἀντιοχείᾳ κατὰ τὴν οὖσαν ἐκκλησίαν προφῆται καὶ διδάσκαλοι ὅ τε Βαρναβᾶς καὶ Συμεὼν ὁ καλούμενος Νίγερ καὶ Λούκιος ὁ Κυρηναῖος, Μαναήν τε Ἡρῴδου τοῦ τετραάρχου σύντροφος καὶ Σαῦλος. 2 Λειτουργούντων δὲ αὐτῶν τῷ κυρίῳ καὶ νηστευόντων εἶπεν τὸ πνεῦμα τὸ ἅγιον· ἀφορίσατε δή μοι τὸν Βαρναβᾶν καὶ Σαῦλον εἰς τὸ ἔργον ὃ προσκέκλημαι αὐτούς. 3 τότε νηστεύσαντες καὶ προσευξάμενοι καὶ ἐπιθέντες τὰς χεῖρας αὐτοῖς ἀπέλυσαν.*
> *(NA 28th(UBS 5th) ed 행13:1-3 필자 사역)*

우주적 복음

이렇게 그리스도 예수의 종으로서 하나님의 복음을 바라보는 바울의 시각은 지구촌 역사의 시공간을 초월해 우주를 지배하는 개념, 곧 물리적 세계 전체를 다스리시는 하나님의 절대적 주권에 대한 증표임이 분명하다. 구약 성경의 기록을 통해 보이는 창조 세계 안에 보전되어 오던 언약적 구속의 역사가 예수 그리스도 안에서 완성되고, 그것이 본래 창조 세계를 위한 하나님의 경륜(엡1:3-14)이었음을 드러내는 차원의 복음, 곧 "하나님의 복음(*εὐαγγέλιον θεοῦ-유앙겔리온 데우*)"이라는 명칭으로 확정된 좋은 소식을 명확하게 설명하여 적용해 내야 하는 특별한 임무를 바울이 받은 것이다. 한마디로 바울은 그 복음의 혜택을 입을 범위가 유대로부터 시작해서 땅끝, 곧 창조 세계 전체를 아우르는 하나님의 창조 시각에 맞게 복음의 내용을 해석해 내고, 그것을 재구성하여 전해야만 하는 우주적 사명을 받들어 수행하는 사도들 중에 사도라는 영광을 입었던 것이다(행9:15, 고후11:5, 12:11, 딤전2:7). 누구도 범접할 수 없는 권세를 가지고 수행되는 이 특별한 직무 수행의 결과물이 바로 로마서이고(행19:21, 23:11), 그 로마서의 시작이 바로 영광스러운 "하나님의 복음(εὐαγγέλιον θεοῦ-유앙겔리온 데우)"을 위한 바울 자신의 확고부동한 정체성과 사명감, 그리고 주님의 권능으로 성공할 수밖에 없다는 확정된 자신감을 밝히는 담대함으로 시작되고 있는 것이다(고전15:9-10, 고후3:1-18).

그럼에도 바울이 이러한 자신의 용맹스러움을 겉으로 드러내어 표현할 때 우리가 기억해야 할 것은 어떠한 경우에도 그가 온유하고 겸손한 자세를 겸비한 어법을 쓰고 있다는 것이다. 본 서신 1절에서도 자신이 사도로 부르심을 받았고, 하나님의 복음을 전파하도록 차출되었다는 표현 자체를 형용사와 분사로 서술함으로써 읽거나 듣는 사람들의 감정이 상하지 않도록 배려하는 부드러운 표현법을 사용하고 있다는 점을 기억해야 한다.

> *9 참으로 나는 사도 중에 지극히 작은 자이며 사도라 불릴 만한 자격이 없는 사람입니다. 왜냐하면 내가 그 하나님의 교회를 박해했기 때문입니다.*
> *10 그러나 하나님의 은혜로 나는 지금의 나로 있습니다. 그 때문에 내게 베풀어 주신 그분의 은혜가 헛되지 않게 되었습니다. 정말 그들 누구보다도 내가 더 많이 넘치도록 수고했지만 그렇게 한 것은 내가 아니고, 다만 나와 함께하신 그 하나님의 은혜입니다.*

> *9 Ἐγὼ γάρ εἰμι ὁ ἐλάχιστος τῶν ἀποστόλων ὃς οὐκ εἰμὶ ἱκανὸς καλεῖσθαι ἀπόστολος, διότι ἐδίωξα τὴν ἐκκλησίαν τοῦ θεοῦ· 10 χάριτι δὲ θεοῦ εἰμι ὅ εἰμι, καὶ ἡ χάρις αὐτοῦ ἡ εἰς ἐμὲ οὐ κενὴ ἐγενήθη, ἀλλὰ περισσότερον αὐτῶν πάντων ἐκοπίασα, οὐκ ἐγὼ δὲ ἀλλ' ἡ χάρις τοῦ θεοῦ [ἡ] σὺν ἐμοί.*
> *(NA 28th(UBS 5th) ed 고전15:9-10 필자 사역)*

2. 하나님의 복음에 대한 요약(로마서 1장 2-4절)

본문 분석

본문	NA28판(UBS5판) ΠΡΟΣ ΡΩΜΑΙΟΥΣ 1:2-4 필자 사역	TR(ST)판 ΠΡΟΣ ΡΩΜΑΙΟΥΣ 1:2-4 개역개정
1:2	ὃ προεπηγγείλατο διὰ τῶν προφητῶν αὐτοῦ ἐν γραφαῖς ἁγίαις	ὃ προεπηγγείλατο διὰ τῶν προφητῶν αὐτοῦ ἐν γραφαῖς ἁγίαις,

번역	그 복음은 하나님께서 자신의 예언자들을 통해 거룩한 기록들로 미리 약속하신 바	이 복음은 하나님이 선지자들을 통하여 그의 아들에 관하여 성경에 미리 약속하신 것이라
1:3a	περὶ τοῦ υἱοῦ αὐτοῦ	περὶ τοῦ υἱοῦ αὐτοῦ,
번역	그분의 아들에 관한 것으로서	그의 아들에 관하여 말하면
1:3b	τοῦ γενομένου ἐκ σπέρματος Δαυὶδ κατὰ σάρκα,	τοῦ γενομένου ἐκ σπέρματος Δαυὶδ κατὰ σάρκα,
번역	육신을 따라서는 다윗의 씨로부터 되신 분이시며,	육신으로는 다윗의 혈통에서 나셨고
1:4a	τοῦ ὁρισθέντος υἱοῦ θεοῦ ἐν δυνάμει κατὰ πνεῦμα ἁγιωσύνης ἐξ ἀναστάσεως νεκρῶν,	τοῦ ὁρισθέντος υἱοῦ θεοῦ ἐν δυνάμει, κατὰ πνεῦμα ἁγιωσύνης, ἐξ ἀναστάσεως νεκρῶν,
번역	거룩하게 하시는 영을 따라서는 죽은 자들의 부활로부터 권능 있는 하나님의 아들로 인정되신 분,	성결의 영으로는 죽은 자들 가운데서 부활하사 능력으로 하나님의 아들로 선포되셨으니
1:4b	Ἰησοῦ Χριστοῦ τοῦ κυρίου ἡμῶν,	Ἰησοῦ Χριστοῦ τοῦ κυρίου ἡμῶν,
번역	그분이 바로 예수 그리스도 우리 주님이십니다.	곧 우리 주 예수 그리스도시니라

관전 포인트

NA28판(UBS5판) 본문을 토대로 번역해야 한다는 점이 본문 번역에 대한 관전 포인트이다. 우선 이 본문의 2-3절은 구두점(마침표나 콤마)없이 하나로 묶여 있다는 것이 특징이다. 그리고 그것은 4절과 콤마로 분리되어 있고, 4절에서 "예수 그리스도 우리 주님(*Ἰησοῦ Χριστοῦ τοῦ κυρίου ἡμῶν-예수 크리스투 투 퀴리우 헤몬*)"이라고 하는 결론적 호칭 전후의 분리를 위해 콤마를 사용했다. 반면에 TR(ST)판 본문은 이를 쉽게 읽을 수 있도록 2절과 3절을 콤마로 나누고, 3절에서도 "그분(하나님)의 아들에 관해(*περὶ τοῦ υἱοῦ αὐτοῦ-페리 투 휘우 아우투*)"라고 하는 전치사구 후에 콤마를 삽입해 나누었으며, 4절에서도 "거룩함의 영을 따라서(*κατὰ πνεῦμα ἁγιωσύνης-카타 프뉴마 하기오쉬네스*)"라는 전치사구 전후에 콤마를 삽입한 것으로 보아 나눠 끊어 읽기를 자주 하는 편이다.

이렇게 두 역본이 구두점(콤마-분리표) 문제를 제외하면 동일한 본문으로서 콤마를 사용한 TR(ST)판 본문이 상대적으로 쉽게 읽을 수 있는 구문적 형식으로 보인다. 다만 다음에 구체적인 이야기를 하겠지만 TR(ST)판 본문은 문장론적 의미맥락에 있어서 단순히 개념을 파악하는 데는 매우 효과적이나 끊어 읽기를 자주함으로써 저자의 의도와 다르게 읽힐 수 있다는 점이 있다. 반면에 콤마 사용을 자제하는 역본 NA28판(UBS5판)의 본문으로 읽을 때 주의력을 가지게 되는데, 이는 긴 문장의 종합적 의미를 파악하는 과정에서 저자의 의도를 온전하게 파악할 수 있는 약간의 힌트를 얻게 된다는 점에서 올바른 번역에 도움이 된다.

여기서 실제로 중요한 문제는 "하나님의 복음(*εὐαγγέλιον θεοῦ-유앙겔리온 데우*)"의 실제적인 내용인 "그분의 아들에 관한(*περὶ τοῦ υἱοῦ αὐτοῦ-페리 투 휘우 아우투*)" 요약된 서술을 읽는 방식의 진정성에 있다. 삽입구로 불리는 2절을 이끄는 관계대명사(*ὃ-호*)가 선행하고 있는 명사구 "하나님의 복음(*εὐαγγέλιον θεοῦ-유앙겔리온 데우*)"의 의미를 확장시켜 비교적 구체적으로 길게 설명하는 관계절을 형성하고 있는데, 그 핵심의 내용은 하나님의 아들에 관한 것으로 명제화된다. 한마디로 이 복음이 구약 성경과의 관계에서 계시의 연속성에 기반한 '약속의 아들'이라는 점을 명백히 밝힘으로써 약속의 성취로서의 하나님의 아들 되심을 강조한다.

또한 이 서술은 하나님의 약속이 성취된 사실로 짜여 있어 결과적으로 그 사건을 해석하여 의미를 확증하는 구조를 가진다. 약속이라는 관점에서는 하나님께서 자신의 선지자들을 통해 거룩한 기록들을 수단으로 약속하신 것이었음을 확증하되, 그 약속의 성취라는 관점에서는 육신(*σάρκα-사르카*)과 영(*πνεῦμα-프뉴마*)이라는 두 국면에서 성취된 것이었음을 확증한 것이다. 다만 성취에 대한 두 영역의 설명을 단순 과거분사구문 형식으로 서술함으로써 그 약속의 성취와 관련해 이미 일어났었던 과거의 사건을 되돌아보며, 그 사건이 가지는 역사적 의미를 명확하게 해석하여 확증하고 있다는 점이 독특하다.

재미있게도 바울은 영(*πνεῦμα-프뉴마*)의 영역을 설명하는 4절에서 본 서신 롬 5:5나 9:1 등에서 사용한 "거룩한 영(*πνεῦμα ἅγιον-프뉴마 하기온*)"이라는 표현을 쓰지 않고 "거룩하심의 영을 따라서(*κατὰ πνεῦμα ἁγιωσύνης-카타 프뉴마 하기오쉬네스*)"라는 독특한 표현으로 특화시켜 이야기하고 있다는 점을 주목해야 한다. 그리고 이 영역을 서술하는 분사구문(*τοῦ ὁρισθέντος-투 호리스텐토스*)이 3절의 분사구문(*τοῦ γενομένου-투 게노메누*)의 구조와 다르게 '권능 있는 하나님의 아들(*υἱοῦ θεοῦ ἐν δυνάμει-휘우 데우 엔 뒤나메이*)'이라고 하는 동격의 명사와 전치사구를 덧붙여 설명하는 의미심장한 구조에 주목할 필요가 있다.

특히 이 두 대조 국면에 대한 분사구문의 의미는 앞으로 바울이 로마에 있어 성도로 부르심을 받은 자들을 상대로 써 내려갈 로마서 전체 내용의 기본 틀을 제공하거나 기초가 되는 진술이라는 점에서 편견없는 객관적 번역과 석의(釋義) 과정을 필요로 하며, 그 과정 또한 매우 신중하고 정교하게 검증되어야 마땅하다.

2a. 복음의 핵심은 하나님의 아들에 대한 언약과 성취(로마서 1장 2절)

본문 분석

본문	NA28판(UBS5판) ΠΡΟΣ ΡΩΜΑΙΟΥΣ 1:2 필자 사역	TR(ST)판 ΠΡΟΣ ΡΩΜΑΙΟΥΣ 1:2 개역개정
1:2a	ὃ προεπηγγείλατο	ὃ προεπηγγείλατο
번역	그 복음은 하나님께서 …… 미리 약속하신 바	이 복음은 하나님이 …… 미리 약속하신 것이라
1:2b	διὰ τῶν προφητῶν αὐτοῦ ἐν γραφαῖς ἁγίαις	διὰ τῶν προφητῶν αὐτοῦ ἐν γραφαῖς ἁγίαις,
번역	자신의 예언자들을 통해 거룩한 기록들로	선지자들을 통하여 그의 아들에 관하여 성경에

미리 약속하셨다(*προεπηγγείλατο*-프로에펭게일라토)

1절에서 언급한 그리스도 예수의 종 된 바울의 '사도'라는 직함과 그 직무는 오직 하나님의 복음(*εὐαγγέλιον θεοῦ*-유앙겔리온 데우)을 위한 것이다. 그 직무는 사람을 기쁘게 하는 것이 아니라 하나님을 기쁘시게 하는 역할에 의해 이루어지고 평가된다(갈1:10). 직무 수행의 범위 또한 특별히 어느 민족이나 나라에 국한되어 있지 않고 우주적이다. 그래서 창조주 "하나님의 복음"이라는 표현을 사용한다(롬9:5). 그리고 그 복음의 실체는 하나님의 아들이다.

재미있게도 그 복음은 하나님께서 자기의 아들에 대해 미리 약속하셨던 것(*προεπηγγείλατο*-프로에펭게일라토)으로 규정되어 있다. 하나님께서 자기의 선지자들을 통해 거룩한 글을 쓰게 하시고, 그 글들 속에 자기의 아들에 대한 약속을 담아 후대에 물려주는 방식으로 미리 약속(約束)하셨다는 말이다. 이를 두고 한마디로 하나님의 언약(言約)이라고 한다.

이 언약(言約)이란 말은 하나님께서 인간에게 내리신 하나님 자신의 특별한 의지를 가리키는 말이다. 그래서 언약의 특징은 하나님께서 자기의 뜻을 말씀으로 드러내시고, 직접 그 일을 이루어 가신다는 의미에서 그 초점이 하나님의 주권적 활동에 있다. 중요한 것은 이런 하나님의 약속과 그 성취의 드라마틱한 사건 속에 나타난 하나님의 주도적이고 강력한 의지이다. 또한 그것에 대한 인간의 반응, 인간의 실존적인 상태와 쓰임새, 곧 하나님의 의지를 발견한 인간의 역할에 대한 의미를 발견하는 것이다. 한마디로 언약의 주도적인 특성에 따라 하나님의 언약과의 직접적인 관계하에 있는 개인이나 집단사회의 역할은 그 언약의 종말적 성취 사건인 예수님의 죽음과 부활을 예시하는 묵시적 사건에 휘말려 있거나 묵시적 사건 자체의 도구로 쓰이고 있음을 염두에 두고 그 언약과 그 언약의 성취 과정을 분별해서 읽어 내야 한다는 말이다.

언약의 상대인 인간의 입장에서는 언제나 은혜를 입는 수혜자이고 하나님은 일방적으로 은혜를 베푸는 자리에 계신다. 언약을 받은 인간의 입장에서는 언약의 내용을 제대로 이해하든 제대로 이해하지 못하든 언약이 이루어지길 기대하는 자세로 살아갈 수밖에 없다. 인간의 입장에서 언약의 내용을 제대로 이해하지 못하는 일이 발생하더라도 언약자의 입장에서 그러한 어리석은 인간의 문제까지도 고려해 완벽하게 언약을 성취해 가는 것이 바로 언약자의 주권임을 헤아리고자 하는 자세가 필요하다.

묵시적 사건

하나님이 지상에 자기의 뜻을 알리는 수단은 천사들을 통해서나 그분의 종들을 통해 영적인 방법으로 말씀하신다. 따라서 하나님의 영에 감동을 받지 못한 사람들은 하나님께로부터 전달되는 정보를 바르게 입수할 수 없다. 선지자들은 하나님의 영에 감동되거나 그리스도의 영을 가짐(벧전1:10-12)으로 하나님 또는 천사들로부터 말씀을 받아 땅에 있는 하나님의 백성들에게 전달한다. 하지만 이들이 들려주는 하나님의 말씀은 언제나 인간들에게 묵시적인 의사 표현에 해당한다. 구약 성경에 나타난 아담, 아브라함, 모세, 나단, 이사야, 예레미야 … 말라기 등을 지칭하는 선지자들을 통해 전달된 하나님의 약속의 말씀은 언약의 대상자인 인간의 삶 속에 언약의 실제 내용을 담은 묵시적 언어나 묵시적 사건을 나타내는 방식으로 그 실상을 드러낸다는 말이다. 그 언약이라는 것은 항상 지상에 있는 대상자의 삶에 사건으로 나타나며 그 사건은 언약의 대상자인 인간의 현재적 삶이며 언약의 종국(종말)에 나타날 실제적 사건을 예시하는 묵시적(계시적) 의미를 가진다. 그 때문에 예언은 예언자의 입장에서 언제나 하나님의 언약적 구속 계획이 궁극적으로 성취되는 시점(종말)을 기대하며 선포되는 것이다. 이것이 바로 하나님께서 자신의 아들에 대해 기록된 성경 말씀을 수단으로(*ἐν γραφαῖς ἁγίαις-엔 그라파이스 하기아이스*) 여러 선지자의 손을 통해 미리 약속하셨다(*προεπηγγείλατο-프로에펭게일라토*)는 말이 담고 있는 일차적 내용이다.

따라서 선지자들을 통해 선포된 언약은 반드시 대상자인 인간의 상태와 수준, 그리고 환경이라는 조건하에 묵시적(계시적) 사건으로 나타난다. 그것을 통해 언약의 실체가 보이며, 그 종국을 향해 언약의 확장과 성숙이라는 발달 과정을 거친다. 그렇기 때문에 성경 속의 여러 선지자들의 예언에 담긴 언약은 본질적으로 하나이다. 하지만 언약 대상자들이 가지는 조건의 특성에 따라 그 내용의 성격이 드러나는 만큼 각각의 개별 언약으로 인한 사건을 유기적인 관점에서 그 내용을 파악해야 한다. 그때 드러날 묵시적 의미는 종말에 성취될 언약의 실체인 하나님의 아들을 증거하는 것이기 때문에 언약의 성취 이후의 관점에서 되돌아보는 각각의 묵시적 사건으로서의 언약들도 하나님의 아들에 대한 증거가 되며 그 의미하는 바가 지대하다.

재미있게도 바울의 입장은 언약의 궁극적인 종말 사건, 즉 언약의 실체적 성취 사건인 예수 그리스도의 죽으심과 부활하심을 통해 하늘 보좌에 승귀하신 주 예수님을 체험한 상태에서 과거 언약의 성취 현장을 돌아보고 있다. 선지자들의 입장은 하나님의 언약적 구속계획의 궁극적 성취가 종말에 이루어질 것이라는 기대 속에서 선포한 것이라면, 바울의 입장은 완성된 언약의 실체를 통해 과거의 묵시적인 언약의 사건들을 되돌아보게 하는 것이다. 구약 성경의 모든 저자들이 창조주 하나님의 복음의 실체인 주 예수 그리스도와 관련한 모든 사건들을 믿음으로 바라보며 그들의 언어로 그들의 믿음을 담은 묵시적 사건들로 기록했지만, 바울은 역으로 그런 묵시적 사건들의 진정한 의미를 보게 한 과거 사건인 주 예수 그리스도와 관련한 모든 사건들을 통해 지상에서 이루어져야 할 미래의 동력으로서 창조주 하나님의 복음의 실상을 말한다.

종말 사건

바울은 하나님의 복음에 관해 과거 묵시적 사건들의 연속으로서 또 하나의 묵시적 사건을 이야기하려는 것이 아니라 과거 구약의 묵시적 사건들의 의미를 밝혀 주는 종말 사건으로 전제하고 말한다. 재미있게도 이 종말 사건도 선지자들의 언어적 문맥 속에서 읽히고 그 의미가 예시되고 있는 묵시적 사건과 같다는 점을 주의할 필요가 있다(마16:13-20). 그럼에도 이 종말 사건은 그동안 구약 성경의 기록 역사에 나타난 묵시적 사건들의 실상을 밝혀 매듭짓는다는 내막을 가진 특수하고 신비로운 능력의 나타남으로 계시된다. 그와 같은 능력의 나타남은 언약의 대상자가 아닌 언약의 주체자이신 전능하신 하나님의 절대적 주권에 의한 경륜의 결과로 새 생명을 일으키는 단 하나의 사건으로 새 생명에 속한 자들에게 묵시적 사건들의 진의를 깨닫도록 한다. 이를 두고 우리는 언약의 성취를 가리키는 종말 사건이라고 규정한다. 따라서 이러한 언약의 종말적 성취 사건 속에는 하나님의 비밀의 경륜에 의한 언약의 갱신이 들어 있다. 우리는 그것을 새 언약이라고 한다(눅22:14-23). 언약의 주체자와 언약의 대상자가 모두 새롭게 탄생되는 대이변이 일어나는 것이다. 이런 특성이 살아 있다는 의미에서만 바울이 제시하고자 하는 창조주 하나님의 복음의 진정성이 입증되고, 그 진정성은 기록된 언약인 구약 성경에 기초하여 확증된다는 말이다.

이는 바울의 복음이 어느 날 갑자기 발생한 단순 과거 사건에 대한 진술이 아니라 구약 성경의 언약적 구속 역사의 큰 흐름 속에서 하나님의 주도 면밀한 계획으로 성취된 주권적 은혜의 사건에 대한 새로운 해석이라는 데 그 초점이 있다. 따라서 바울이 말하는 하나님의 복음은 구약 성경의 묵시적 사건에 대한 오해와 편견 등을 불식시키고, 그것들의 진정한 의미를 밝혀냄으로써 하나님의 언약적 구속 역사의 궁극적 세계인 하나님 나라의 비밀(골1:27), 곧 하나님 아들의 나라를 드러내고 거기로 새사람 곧 새 언약에 참여한 사람을 옮기셨다는 것이다(골1:13). 이것이 바로

"이 복음은 하나님께서 자신의 예언자들을 통해 주신 거룩한 기록들(구약 성경)로 미리 약속한 것이다(*ὃ προεπηγγείλατο διὰ τῶν προφητῶν αὐτοῦ ἐν γραφαῖς ἁγίαις-호 프로에펭게일라토 디아 톤 프로페톤 아우투 엔 그라파이스 하기아이스*)."라는 2절의 의미맥락이다.

매칭

바울이 언급하고 있는 하나님의 아들에 대한 이해는 좀 더 명확한 설명이 필요하다. 위에서 간단하게 언약적 구속 역사의 특징에 대한 개관을 통해 설명한 바와 같이 옛 언약과 새 언약의 맥락 속에서 하나님의 아들에 대한 시각을 확보해야 한다. 지상의 인간들에게 있어서 천상의 세계라는 것은 언제나 베일에 가려진 영적인 세계이다. 묵시(계시)를 통해서만 지상의 인간들은 천상의 세계를 경험적으로 학습할 수 있다. 하나님의 아들이라 함은 천상에서만 통용되는 '그리스도'라는 존재에 대한 지상적 표현이다. 이 말은 지상에 있는 인간들의 입을 통해 말하여지는 하나님의 아들이란 용어는 지상에서의 천상적 경험, 즉 계시나 환상을 통해서만 표현될 수 있는 묵시적인 용어라는 뜻이다(마3:16-17, 16:15-17, 17:1-8). 그와 동일한 용어가 지금 바울의 기록을 통해 상정되고 있다(갈1:15-17). 중요한 것은 지금 바울이 언급하는 하나님의 아들은 자신이 실제로 끌려 올라간 하늘에서 만난 하나님의 아들에 대해서 말하는 환상적 문맥 속에 있다는 사실(고후12:1-5)과 또한 그분이 선지자들의 기록 속에 약속된 하나님의 아들이셨음을 매칭시키는 것이다. 이는 옛 언약에 심취해 있었던 바울(사울)이 다메섹에서 부활하신 예수님을 만난 이후 알게 된 하나님의 아들이 바로 옛 언약의 실체로서의 영원 전부터 계셨던 하나님의 아들로서 새 언약의 비밀에 참여하게 하신 분임을 말하는 것이다(행9:1-22).

과거 바울(사울)에게는 예수님을 그리스도와 주로 선포하는 증인들, 곧 하나님의 백성으로서의 교회와 그리스도의 몸 된 교회를 핍박하던 시절이 있었다(행6:1-8:4, 갈1:13-14, 빌3:4-8). 그들이 예수님의 죽음과 부활 사건을 사울 자신이 신앙의 기반으로 삼고 있는 정경인 구약 성경의 맥락에서 언약적 구속 역사의 완성된 실체라고 주장하기 때문이었다. 하지만 사울은 다메섹 도상에서 하늘로부터 자신을 찾아오셔서 자신의 이름을 불러 주신 부활 승천하신 예수님(그리스도와 주가 되신 예수님)을 만나고 난 후 충격 속에 휩싸이고 말았다(행9:1-9). 이후로 사울에게 예수님의 십자가의 죽음과 부활 사건은 구약 성경의 언약적 구속 역사에서 나타나고 있는 묵시적 사건들이 가지는 의미맥락의 성취(요19:30)뿐만 아니라, 모든 율법의 요구를 충족시키심으로써(롬10:4) 율법이 영적인 것이라는 것을 깨닫게 하여(롬7:14), 그동안 율법에 대한 자신의 열정이 죄의 노예로서의 열심이었음을 보게 하였기 때문이었다(롬7:21-23).

그런 절망적인 충격으로부터 벗어나는 과정은 쉽지 않았다(롬7:24). 오직 하나님의 언약적 주권적인 은혜의 간섭 속에서만 사울은 새 언약으로서의 구속의 비밀을 확인할 수 있었고(롬7:25상), 그는 곧바로 성령의 충만하심을 입고 예수님을 하나님의 아들이라고 선포하기 시작했으며, 이전과는 반대로 그가 속해 있던 유대교 집단으로부터 제거의 대상이 되기도 했었다(행9:20-25). 이런 사울(장차 바울)이 하나님의 복음에 대한 인식을 가지고 제자들과 함께 지내게 되었으며, 제자들은 사울에 대해 거세지는 유대인들의 살기를 알아차리고 사울을 그의 고향인 다소로 보냈다(행9:26-31). 이때부터 사울은 바울이라는 이름으로 자신을 소개하며 제3차에 걸쳐 이방인 선교에 앞장서는 전기를 맞게 되었던 것이다(행13장). 선교 여행 과정에서 바울이 로마 선교를 목표로 쓴 것이 로마서이고, 그 로마서의 중심 내용이 창조주 하나님의 복음, 바로 유대인을 포함한 이방인들에게 전하도록 하나님께서 직접 바울 자신에게 보이신 영원하신 하나님의 아들에 관한 것이다(갈1:15-16).

하나님의 아들은 하나님의 계시에 의해서만 인간에게 알려지고, 인간은 하나님의 아들의 계시에 의해서만 하나님을 알게 되고, 하나님을 믿을 수 있게 되는 신비로운 일에 대한 것이 바울의 복음이 갖는 독특한 특징이다(눅10:21-22). 하나님의 아들은 옛 언약의 구원 역사 속에서 이스라엘의 하나님의 절대적 주권능력을 이양받아(요17:2-3) 새 언약의 주체로서 그 언약의 대상자들을 선택적으로 구원하심으로써 새로운 구원 역사를 이루어 가시는 주님으로 불리는 분이다(요17:4-26). 바울 역시 하나님의 아들에 대하여 밝히고자 하는데, 그분은 인간의 이성에 갇혀 조작될 수 없으며, 오히려 인간의 이성을 철저하게 분쇄시켜 무용지물로 만들어 버리는 그분 자신의 믿음을 수여함으로써 창조주 하나님께 순종케 하시는 분이시다(갈2:15-21).

15 우리는 본래 유대인들이지 이방에 속한 죄인들이 아닙니다.
16 우리는 ‘예수 그리스도의 믿음을 통해서가 아니라면 율법의 일들로부터 사
람이 의롭다 함을 받지 못한다고 알기 때문에, 우리 또한 그리스도 예수를
믿었습니다. 이는 율법의 일들로부터가 아니고 그리스도의 믿음으로부터
의롭다 함을 받기 위함입니다. 왜냐하면 율법의 일들로부터 모든 육신이
의롭다 함을 받지 못할 것이기 때문입니다.
17 그런데 만일 우리가 그리스도 안에서 의롭다 함을 받으려고 애쓰다가 우
리가 친히 죄인들로 발견되었다면, 그리스도께서 죄를 짓게 만드는 것입니
까? 결코 그렇지 않습니다.
18 이는 만일 내가 허물어 버렸던 율법의 일들을 다시 세운다면, 내가 나 자신
을 범법자로 소개하는 것이기 때문입니다.
19 참으로 나는 율법을 통해서 율법에 대해 죽었습니다. 이는 내가 하나님과
의 관계에서 살기 위함입니다. 내가 그리스도와 함께 십자가에 못 박힌 것
입니다.
20 그래서 더 이상 내가 사는 것이 아니라, 그리스도께서 내 안에서 사시는 것
입니다. 그러나 지금 내가 육신 안에서 사는 것은, 나를 사랑하셔서 나를 위
해 자기 자신을 넘겨주신 그 하나님의 아들의 믿음 안에서 사는 것입니다.
21 나는 그 하나님의 은혜를 헛되게 하지 않습니다. 왜냐하면 만일 율법을 통
해 의가 주어진다면, 그리스도께서 헛되이 죽으신 것이 되기 때문입니다.

15 Ἡμεῖς φύσει Ἰουδαῖοι καὶ οὐκ ἐξ ἐθνῶν ἁμαρτωλοί· 16 εἰδότες [δὲ] ὅτι οὐ
δικαιοῦται ἄνθρωπος ἐξ ἔργων νόμου ἐὰν μὴ διὰ πίστεως Ἰησοῦ Χριστοῦ, καὶ
ἡμεῖς εἰς Χριστὸν Ἰησοῦν ἐπιστεύσαμεν, ἵνα δικαιωθῶμεν ἐκ πίστεως Χριστοῦ
καὶ οὐκ ἐξ ἔργων νόμου, ὅτι ἐξ ἔργων νόμου οὐ δικαιωθήσεται πᾶσα σάρξ.
17 εἰ δὲ ζητοῦντες δικαιωθῆναι ἐν Χριστῷ εὑρέθημεν καὶ αὐτοὶ ἁμαρτωλοί,
ἆρα Χριστὸς ἁμαρτίας διάκονος; μὴ γένοιτο. 18 εἰ γὰρ ἃ κατέλυσα ταῦτα
πάλιν οἰκοδομῶ, παραβάτην ἐμαυτὸν συνιστάνω. 19 ἐγὼ γὰρ διὰ νόμου νόμῳ
ἀπέθανον, ἵνα θεῷ ζήσω. Χριστῷ συνεσταύρωμαι· 20 ζῶ δὲ οὐκέτι ἐγώ, ζῇ δὲ
ἐν ἐμοὶ Χριστός· ὃ δὲ νῦν ζῶ ἐν σαρκί, ἐν πίστει ζῶ τῇ τοῦ υἱοῦ τοῦ θεοῦ τοῦ
ἀγαπήσαντός με καὶ παραδόντος ἑαυτὸν ὑπὲρ ἐμοῦ. 21 Οὐκ ἀθετῶ τὴν χάριν
τοῦ θεοῦ· εἰ γὰρ διὰ νόμου δικαιοσύνη, ἄρα Χριστὸς δωρεὰν ἀπέθανεν.

(NA 28th(UBS 5th) ed 갈2:15-21 필자 사역)

제4장
바울 복음의 신국면 1(1장 3절)

— 나심이 아닌 되심 —

문제는 이제까지의 모든 번역 성경과 신학은 로마서 1장 3절의 하나님의 복음을 설명하면서 사도 바울을 하나님 아들의 "되심"과 "출생하심"의 의미조차 구별하지 못하는 사람으로 만들었다는 것이다.

제4장 바울 복음의 신국면 1(1장 3절) _ 81~82p에서 발췌 요약

2b. 하나님의 아들에 대한 첫 번째 분사구문의 바른 이해(로마서 1장 3절)

본문 분석

본문	NA28판(UBS5판) ΠΡΟΣ ΡΩΜΑΙΟΥΣ 1:3 필자 사역	TR(ST)판 ΠΡΟΣ ΡΩΜΑΙΟΥΣ 1:3 개역개정
1:3a	περὶ τοῦ υἱοῦ αὐτοῦ	περὶ τοῦ υἱοῦ αὐτοῦ,
번역	그분의 아들에 관한 것으로서	그의 아들에 관하여 말하면
1:3b	τοῦ γενομένου ἐκ σπέρματος Δαυὶδ κατὰ σάρκα,	τοῦ γενομένου ἐκ σπέρματος Δαυὶδ κατὰ σάρκα,
번역	육신을 따라서는 다윗의 씨로부터 되신 분이시며,	육신으로는 다윗의 혈통에서 나셨고

1. 되신 하나님의 아들

나심이 아닌 되심

하나님의 아들에 대한 사도 바울의 설명은 분명히 '육(*σάρκα-사르카*)'과 '영(*πνεῦμα-프뉴마*)'이라는 두 국면으로 나누고, 그것을 대조하는 식의 단순 과거 분사구문을 병행함으로써 그 의미 전달에 있어서 추호도 오해가 발생하지 않도록 의도하고 있다. 그럼에도 독자들이 그런 사도 바울의 확증적 진술을 정확하게 이해하기에 까다로운 부분이 있는데, 그 까다로움은 두 국면에 공히 나타나고 있지만 특별히 하나님의 아들에 대한 두 설명 중 첫 번째 국면인 "육신을 따라서(*κατὰ σάρκα-카타 사르카*)"에 대한 부분이 그렇다. 헬라어 성경은 "육신을 따라서 다윗의 씨(약속의 후손)로부터 되신 하나님의 아들(*τοῦ γενομένου ἐκ σπέρματος Δαυὶδ κατὰ σάρκα-투 게노메누 에크 스페르마토스 다위드 카타 사르카*)"이라고 '되셨음'을 말하는데, 전통적인 번역 성경들은 "되셨다"라는 의미를 공교롭게도 통일하여 "출생하셨다"라는 하나의 의미로 단순화시켜 번역해 버렸다. "되신 분"에 해당하는 헬라어 "투 게노메누(*τοῦ γενομένου*)"를 "출생하신 분"이라고 하는 "투 겐노메누(*τοῦ γεννωμένου*)"로 너무 쉽게 번역한 것이다(위 54p 본문 코멘트(NA27판 롬1:3의 사본 비평 참조). 이는 성령의 조명하심을 의지하지 않는 인간들의 마음을 따라 행하게 되는 실수와 같은 것으로서 저자의 입장에 주의를 기울이지 않아 결국 저자인 사도 바울의 의도를 읽어 내는데 실패하게 만든다. 한마디로 사도 바울을 "됨"과 "출생함"의 의미조차 구별하지 못하는 사람으로 만든 것이다. 물론 문맥상 "되신 분(*τοῦ γενομένου-투 게노메누*)"이라고 하는 분사절에 의미상 "출생"의 의미가 포함되어 있는 것은 사실이지만 "됨"을 "출생함"의 의미로 직접 대입하여 개념 자체를 바꾸어 번역하는 것은 많은 문제를 일으켜 저자의 의도를 깡그리 무시해 버리는 오역을 생산하게 되는 것이다.

'되심'에 대한 문법적 설명

하나님의 아들에 대한 첫 번째 분사구문(*3b τοῦ γενομένου ἐκ σπέρματος Δαυὶδ κατὰ σάρκα-투 게노메누 에크 스페르마토스 다위드 카타 사르카*)에 대한 올바른 이해를 위해 구체적인 구문적 이해가 필요하다. 먼저 "다윗의 씨(약속의 후손)로부터(*ἐκ σπέρματος Δαυὶδ-에크 스페르마토스 다위드*)"라는 대목은 간단한 전치사구(전명구)이다. 이는 이 분사절(*τοῦ γενομένου-투 게노메누*)에서 분사 "γενομένου-게노메누"의 동사적 기능을 보충하여 서술함으로써 문장의 명확한 의미를 드러내는 부사적 역할을 한다. 한마디로 문장이 가지는 의미의 완성도를 높이는 데 중요한 역할을 한다.

다음 "육신을 따라서(*κατὰ σάρκα-카타 사르카*)"라는 대목도 동일한 전치사구(전명구)로서 이 분사절(*τοῦ γενομένου-투 게노메누*)을 수식하는 부사 역할을 한다. 다만 두 전치사구의 역할은 그 분사절의 동사적 기능을 보충하여 문장의 의미를 완성하는 역할을 하지만 먼저 어순에 따라 "다윗의 씨(약속의 후손)로부터(*ἐκ σπέρματος Δαυὶδ-에크 스페르마토스 다위드*)"가 1차 수식어구가 되고, "육신을 따라서(*κατὰ σάρκα-카타 사르카*)"는 그 1차 수식어구 "다윗의 씨로부터(*ἐκ σπέρματος Δαυὶδ-에크 스페르마토스 다위드*)"를 수식함으로써 문장의 의미를 좀 더 확장시켜 명확하게 규정해 주고 있다. 부사가 또 다른 부사를 수식함으로 문장의 의미를 명확하게 만드는 형국이다.

또한 "되신 분(*τοῦ γενομένου-투 게노메누*)"이라고 직역되는 분사절이 속격으로 쓰인 것은 그 분사절의 실제 주어에 해당하는 대상이 바로 하나님께서 약속하신 아들을 가리키는 앞 전치사구 "그분의 아들에 대해서(*περὶ τοῦ υἱοῦ αὐτοῦ-페리 투 휘우 아우투*)"의 "그분의 아들(*τοῦ υἱοῦ-투 휘우*)"을 설명하는 동격의 분사구문이라는 것을 표시하기 위함이다. 따라서 "되신 분(*τοῦ γενομένου-투 게노메누*)"이라는 분사절의 속격으로 쓰인 정관사(*τοῦ-투*)는 앞 문장과의 의미맥락을 연결해 주는 관계대명사의 역할까지 한다. 그러므로 우리말 개역개정의 표현처럼 "육신을 따라서는 다윗의 혈통에서 나셨고"가 아니라 "육신을 따라서 다윗의 씨로부터 되신 그분(하나님)의 아들에 관하여"라고 번역해야 저자의 의도를 제대로 읽을 수 있다.

한글 번역 성경 검토: 오역

하지만 가슴 아프게도 우리말 성경 모두가 동일하게 헬라어 성경의 "되신 분(*τοῦ γενομένου*-투 게노메누)"이라는 분사절의 의미를 반영하지 않고 "출생하신 분(*τοῦ γεννωμένου*-투 겐노메누)"으로 너무 쉽게 번역했다. 개역한글판이 "이 아들로 말하면 육신으로는 다윗의 혈통에서 나셨고"라고 번역했고, 이를 개역개정 한글판이 "그의 아들에 관하여 말하면 육신으로는 다윗의 혈통에서 나셨고"라고 개정했다. 달라진 것이라면 "이 아들로 말하면"을 "그의 아들에 관하여 말하면"으로 "그의 아들에 관하여"라고 번역해야 하는 그리스어 성경의 "περὶ τοῦ υἱοῦ αὐτοῦ(페리 투 휘우 아우투)"를 반영했다는 점이다. 정작 반영해야 할 "되신(*γενομένου*-게노메누)" 그 아들에 관한 설명에 대해서는 손도 대지 않았다는 것은 매우 유감스러운 일이 아닐 수 없다. 왜냐하면 개역개정 성경은 지금도 개신교의 공식적인 공동 예배용 성경으로 사용되고 있기 때문이다.

그럼 다른 한글 성경들은 어떤가? 공교롭게도 모두 다 똑같이 출생의 개념을 직접적으로 나타내는 어휘를 사용한다. 새번역 성경은 "육신으로는 다윗의 후손으로 태어나셨으며", 현대인의 성경은 "육신으로는 다윗의 후손으로 태어나시고", 한글 킹제임스 성경은 "육신으로는 다윗의 씨에서 나셨으며", 킹제임스 흠정역은 "육체로는 다윗의 씨에서 나셨고", 바른성경은 "육신으로는 다윗의 자손으로 나셨고", 쉬운말 성경은 "그분은 인간의 몸으로는 다윗의 후손으로 태어나셨고", 아가페출판사의 쉬운 성경은 "인간의 족보로는 다윗의 후손으로 태어나셨습니다.", 한국복음서원의 회복역은 "이 아들은 육체를 따라 말하면 다윗의 씨에서 나셨고", 말씀의 집 출판사의 헬라어 직역 신약 성경은 "그는 육신으로는 다뷛의 씨로 나셨고", 쿰란출판사의 원문번역 성경은 "이 아들은 육으로는 다윗의 후손으로부터 나셨고", 대한성서공회의 개신교 100주년 기념 표준새번역은 "이 아들로 말하면, 육신으로는 다윗의 자손으로 나셨으며", 천주교 공동번역은 "그분은 인성으로 말하면 다윗의 후손으로 태어나신 분이며", 분도출판사의 천주교 창립 200주년 기념 신약 성서는 "그분은 육으로는 다윗의 후손으로부터 태어나셨으며"로 번역했다. 우연치고는 수상하다는 느낌을 떨칠 수 없는 대목이다. 각각의 번역 시기가 다르기 때문에 사전에 그렇게 하기로 짤 수 있는 것도 아니고, 그렇다고 한 기관의 생산물도 아닌데도 획일적인 결과물이 나왔다는 것은 필자가 보기에 매우 우려스러운 일이 아닐 수 없다.

영어 번역 성경 검토: 오역

영어권의 번역 성경들은 어떠한가? 우리의 예상과 다르지 않게 헬라어 성경의 "되신 분(*τοῦ γενομένου-투 게노메누*)"이라는 분사절의 의미를 살려 번역하지 않고 대부분 "출생하신 분(*τοῦ γεννωμένου-투 겐노메누*)"이라는 개념으로 번역했다. KJV(킹제임스 성경, 1611: 영국의 제임스 1세의 칙명으로 47명의 학자와 성직자가 영어로 번역한 성서. 1769, 흠정역[Authorized Version])는 "Concerning his Son Jesus Christ our Lord, which was made of the seed of David according to the flesh(고어를 문자적으로 번역하면, 그의 아들 예수 그리스도 우리 주님에 관하여는, 육신을 따라서 다윗의 씨로 만들어지신 분)."로 다소 애매하게 번역했다. KJ21(21st Century King James Version, 1994)도 KJV와 토씨하나 틀리지 않게 번역했다. 이는 다소 애매한 표현이긴 하지만 그 의미는 '다윗의 자손으로 태어나신 분'이라는 뜻으로 읽힌다.

이를 반증하는 GNV(Geneva Bible, 1599)는 KJV와 동일한 헬라어 역본 TR(공인 본문-Textus Receptus)을 동일하게 번역하되, "[f]Concerning his [g]Son Jesus Christ our Lord which was [h]made of the seed of David [i]according to the flesh"와 같이 번역문에 각주(f, g, h, i)를 붙여 그 의미를 명시하고 있다. 이는 KJV보다 50여 년 먼저 번역된 최초의 영어 주석 성경(대표편집자 William Whittingham 1524~1579-종교 개혁기에 1554년 영국에서 추방되었고 제네바에서 존 칼빈에게 영향을 받았으며 존 녹스와 함께 영어권 사역을 하였고, 최초의 주석이 포함된 영어 성경인 제네바 신약 성경(1557)을 저술하였고 3년 후에 신·구약을 모두 포함한 제네바 성경(1560)의 대표편집을 맡음)의 개념을 요약 제공하는데, made에 붙은 각주 h는 "Which took flesh of the virgin, David's daughter(다윗의 딸, 처녀의 육신[살]을 취하신)."라고 되어 있다. 또 according to the flesh에 붙은 각주 i는 "As he is man-for this word Flesh, by the figure

Synecdoche, is taken for man(그가 사람이기 때문에-육신[육체]라는 단어는 제유법으로 수식한다면, 사람을 의미한다)."라고 되어 있다. 한마디로 GNV는 KJV의 실제 의미를 표상(表象)하고 있는 것이다.

NKJV(뉴킹제임스 성경, 1982)는 "concerning His Son Jesus Christ our Lord, who [a]was born of the seed of David according to the flesh"는 KJV와 달리 직접적으로 "다윗의 자손으로 태어나신 분(who [a]was born of the seed of David)"으로 번역하며 각주 a에 came를 붙여 '다윗의 자손으로 오신 분'이라고 했다. 이는 DBY(The Darby Bible[Translation], 1884/1890)가 "concerning his Son come of David's seed according to flesh(육신을 따라 다윗의 자손으로 오신 그의 아들에 관하여)"라고 번역한 것과 동일하다. DLNT(Disciples' Literal New Testament, 2011)는 "concerning His Son — the One having come from the seed of David according-to[d] the flesh(그의 아들에 관하여 — 육신을 따라 다윗의 씨에서 나온 자)"라고 동일하게 번역했다. 이는 ERV(Easy-to-Read Version, 2006)가 번역한 "The Good News is about God's Son, Jesus Christ our Lord. As a human, he was born from the family of David(기쁜 소식은 하나님의 아들 우리 주 예수 그리스도에 관한 것입니다. 인간으로서 그는 다윗의 가계에서 태어났습니다)."와 같은 표현으로 '육신을 따라 다윗의 자손으로 나셨느니라.'와 같이 출생의 의미를 나타내는 번역이다.

ASV(미국표준역, 1901)은 "concerning his Son, who was born of the seed of David according to the flesh(그의 아들에 관하여는, 육신을 따라서 다윗의 자손으로 태어나신 분)"이라고 출생의 의미를 명확하게 번역한 것이 분명하고, 이를 개정한 NASV(신미국표준역, 1977)에서도 조금도 개정한 흔적을 보이지 않는다. RSV(개정표준역, 1952)은 "the gospel concerning his Son, who was descended from David according to the flesh(복음은 그의 아들에 관하여, 육신을 따라 다윗의 후손(계통을 이은 자)이다.)"이라고 출생의 의미를 명확하게 번역한 것이 분명하고, 이를 개정한 NRSV(신개정표준역, 1989)에서도 조금도 달라진 흔적을 보이지 않는다.

NIV(New International Version, 2011)도 "regarding his Son, who as to his earthly life[a] was a descendant of David(그의 아들에 관하여는, 그의 지상 생애와 같이 다윗의 후손이셨던 분)"으로 다르지 않은 번역이다. NLT(New Living Translation, 2015) 역시

"The Good News is about his Son. In his earthly life he was born into King David's family line(좋은 소식은 그의 아들에 관한 것입니다. 지상 생애에서 그는 다윗왕의 가계에서 태어나신 분)"으로 번역했고, NLV(New Life Version, 2003)는 "It tells of His Son, our Lord Jesus Christ, Who was born as a person in the flesh through the family of King David(복음은 그분의 아들, 우리 주 예수 그리스도에 대해, 다윗왕의 가문을 통해 육신을 입은 사람으로 태어나신 분임을 알려 줍니다)."로 번역했으며, NET(New English Translation, 2017)는 "concerning his Son who was a descendant[g] of David with reference to the flesh(육신으로 다윗의 자손이셨던 그의 아들에 관하여)"라고 번역하며 각주 g를 "born of the seed(자손으로 태어나신)"이라는 설명을 덧붙였다.

TLB(Living Bible, 1971)는 "It is the Good News about his Son, Jesus Christ our Lord, who came as a human baby, born into King David's royal family line(그의 아들 예수 그리스도 우리 주에 관한 기쁜 소식인데, 그분은 다윗왕의 가계에서 태어나, 인간 아기로 오신 분이십니다);"로 번역했고, 복음주의 유산 버전이라고 하는 EHV(Evangelical Heritage Version, 2019)도 "This gospel is about his Son — who in the flesh was born a descendant of David(이 복음은 육신으로 다윗의 자손으로 나신 — 그의 아들에 관한 것이다),"로 번역했다.

대부분의 영어 번역 성경들이 다양한 번역인 것처럼 치장되고 있지만 안타깝게도 바울의 의도와는 다르게 모두 다 출생(나심)의 개념으로 번역하고 있음이 명백하다. 아직도 명시하지 않은 영어권의 성경이 많이 있지만 더 이상 언급하는 것이 무의미할 정도로 나머지 성경들도 대동소이하며 진지하게 바울의 의도를 고민하게 할 만한 번역이 없다.

'되심'과 '나심'의 구별

분명히 "출생"이란 개념의 그리스어 어휘는 겐나오(*γεννάω*)이고, "됨"이란 개념의 어휘는 기노마이(*γίνομαι*)이다. 사도 바울은 그의 서신 여러 곳에서 "됨"과 "출생함"에 해당하는 헬라어 단어를 각각 구별해서 사용한다. 지금 우리가 살펴보고 있는 로마서 1:3의 하나님의 아들에 대한 서술에서 "출생"이란 의미의 겐나오(*γεννάω*)를 사용하지 않고, "됨"이란 의미를 가진 기노마이(*γίνομαι*)를 사용했다는 문제점에 대한 지적이 매우 정당함은 사도 바울이 동일한 로마서 안에서도 두 단어를 의도적으로 구별해 사용하고 있다는 사실로서도 입증된다(롬9:11). 여기서 바울은 육신의 자녀와 약속의 자녀를 대조하는 문맥 속에서 "출생하다(γεννάω-겐나오)"라는 어휘를 사용해 리브가가 이삭 한 사람으로 말미암아 잉태하여 두 아들 야곱과 에서를 낳기(γεννάω-겐나오) 전에 하나님의 선택하심이 있었다고 언급하는 대목에서 사용한다.

그뿐만 아니라 그의 다른 서신들(고전4:15, 갈4:23, 24, 29, 딤후2:23, 몬1:10, 히1:5, 히5:5, 히11:12, 23)에서도 '출생하다'의 단어 겐나오(γεννάω)의 많은 용례들이 나타난다. 이는 기본적으로 '되다'라는 의미를 가진 롬1:3의 기노마이(γίνομαι)를 출생의 의미를 나타내는 겐나오(γεννάω)와 직접적인 동일어로 취급할 수 없음을 확증해 준다. 또한 바울 서신에서의 무수한 기노마이(γίνομαι)의 사용 용례를 살펴보아도 바울은 두 단어의 의미를 명확하게 구분하여 사용한다는 것을 알 수 있다. 그렇다면 사도 바울이 기노마이(γίνομαι)라는 어휘를 통해서 말하려고 했던 것은 무엇인가?

그것은 너무도 간단명료하다. 본래 어휘의 쓰임새는 분명히 문맥의 의미를 명확하게 만드는 것이기 때문에 어휘가 쓰이는 문맥에서의 기능적 의미를 찾아내면 된다. 문맥의 핵심 포인트는 위에서 이미 언급했지만 선지자들의 예언 속에 담긴 "미리 약속된 하나님의 아들"이다. 따라서 기노마이(γίνομαι)는 그 언약이 실제로 이루어졌었다는 단순 명료한 사실을 언급하는 것 외에 달리 쓰일 수 없다.

이렇게 엄연히 사도 바울의 의식 속에는 "출생"과 "됨"을 구별해 표현하려는 의도가 있었음에도 '출생(γεννάω-겐나오)'과 '됨(γίνομαι-기노마이)'에 대한 어휘조차 구별하지 못하는 사람으로 만들어 버린 이유는 무엇일까? 사도 바울의 의도를 의도적으로 무시하는 현대의 신학적 시각이 지배하고 있는 결과는 아닐까? 부주의했다는 말로 얼버무리기에는 석연치 않은 부분이다. 사도 바울의 로마서가 전해진 이후로 이 분사구문을 정교하게 설명해 독자들로 하여금 본문의 의미를 바르게 이해할 수 있도록 한 주석가와 신학자는 매우 한정적일 수 있긴 하지만 필자가 살펴본 바로서는 전무하다고 할 수 있다.

요즘 세간에 많이 읽히고 있는 톰 라이트의 서간 중에 그가 쓴 『모든 사람을 위한 로마서(IVP, 2010)』에서 "그는 육신으로 다윗의 씨에서 나셨고"라고 사역했고, 제임스 던은 그의 로마서 주석에서 "It concerns his Son who was descended from the seed of David in terms of the flesh(이 아들로 말하면 육신으로는 다윗의 혈통에서 나셨고)," 라고 사역하며, "who was descended(나셨고)"에 대한 원문 주해를 달았다. 그의 원문 주해는 이미 필자가 위에서 언급한 NA27판 롬1:3의 사본 비평을 설명한 정도이다.

원문 주해

게노메누(γενομένου, "존재하게 되었다, 태어났다")**의 상대적인 부정확성을 대변하는 하나의 시도. 어떤 본문 전승들은 겐노메누**(γεννωμένου, "태어난")**라고 읽음으로써 그 모호성을 없앴다.**

(제임스 던, 로마서 주석, 솔로몬출판사, 2003, 97쪽)

그는 이 부분을 주석하며 출생의 사건보다는 인간의 상태를 더욱더 고려하고 있다고 아주 짧게 언급하고 지나간다. 그리고 그 이유에 대해 그는 해설편에서 로마서 1:3-4을 초기 신조의 형식을 제한하거나 변경하려고 의도했던 것처럼 너무 많은 의미를 두고 읽어선 안 된다고 했다.

주석

"나셨고"(γενομένου-게노메누). **기네스다이**(γίνεσθαι,"되다", "되게 되다")**가 에이나이**(εἶναι,"되다")**와 합해졌기 때문에 그 분사구절은 태어난 사건보다는**(만약 그러할 경우에는 겐나오[γεννάω]가 더 적절한 단어가 되었을 것이다. 원문 주해를 참조하라.) **인간의 상태를 더욱더 고려하고 있다**("여성에게서 태어난" — 욥14:1; 15:14; IQS 11.20-211; IQH 13.14; 18.12-13, 16).

(Ibid., 솔로몬출판사, 2003, 109쪽)

해설

대부분 사람들은 "그의 아들에 관하여"라는 도입 구절과 "예수 그리스도 우리 주"라는 결론적인 구절을 가지고 초기의 신조를 형성하고 있다는 것에는 동의를 한다. 그리고 그 신조가 충분히 알려진 것이었다면, 바울은 아마도 자신의 표현이 주목을 받을 것임을 기대했을 것이다. 하지만 우리들은 마치 바울이 초기 형식을 제한하거나 변경하려고 의도했던 것처럼 이들 구절에 너무 많은 의미를 두고 읽어서는 안 된다. 독자들 가운데 그러한 의심을 파생시키는 것은 그 신조의 명백한 목적(즉 의심을 없애고, 로마의 청자들과 바울이 접할 수 있는 공통된 토대를 마련하고 제공하는 것)을 거스르는 데 있다. (Ibid., 솔로몬출판사, 2003, 125쪽)

물론 제임스 던의 우려에 일면 일리가 있다. 그럼에도 그의 주석의 내용은 본문의 분사(*γενομένου-게노메누*)의 형태론적 특성을 설명하는 것에 그치고 있다. 분사의 기본형에 대한 근본 개념에 대한 설명이나 분사의 시제가 가지는 본문에서의 의미를 분명하게 제시하지 않는다. 이는 그가 학자로서, 주석가로서의 소임을 다했다고는 볼 수 없게 만든다. 기노마이(*γίνομαι*)를 쓰는 본문이 바울의 저작이라고 믿는다면, 기노마이(*γίνομαι*)를 사용하는 바울의 진의를 낱낱이 드러내야 옳을 것이다. 설명을 할 수 없다면, 문제 제기라도 해야 마땅하다. 대다수의 사본들이 겐나오(*γεννάω*)가 아닌 기노마이를 고수하는 이유에 대한 진심 어린 설명에 갈급한 독자들에게 도리가 아니다.

우리말 속담 "구더기 무서워 장 못 담글까?"라는 일갈에 이 글을 쓰는 필자의 용기와 수고가 있음을 독자들이 이해해 주기 바라며, 본문의 이해를 돕기 위해 이 문제와 관련해 이 분사구문(롬1:3)에 직접적으로 문제의식을 가진 신학자 한 명(데이비드 웬햄)을 소개한다. 그는 그의 책(바울: 예수의 추종자인가 기독교의 창시자인가?, 데이비드 웬햄, 466~474쪽, 크리스천다이제스트, 2004) 「8장 예수의 생애와 사역」에서 예수의 내력에 대한 바울의 입장에 대해 논하며 여러 가지 주장들을 비교, 제시하고 나름 '출생(*γεννάω-겐나오*)'과 '됨(*γίνομαι-기노마이*)'에 대한 문제의식을 드러낸다.

바울이 예수의 동정녀 수태에 관한 전승을 잘 알고 있었음을 보여 주는 아주 작은 증거 하나가 있다. 로마서 1:3("다윗의 혈통으로 나시고"), 갈라디아서 4:4("여자에게서 나게 하시고"), 빌립보서 2:7("종의 형체로 나셨으매")에서 바울은 모두 동일한 헬라어 동사 '기노마이(*γίνομαι*)'를 사용한다. 이 동사는 매우 흔하게 사용되었고 넓은 의미로 '되다'를 의미하였다. 이 동사는 어떤 사람이 태어난 것을 가리킬 때 가장 일반적으로 사용되던 단어가 아니었고 신약 성경의 다른 곳에서는 이런 식으로 사용되지 않았다. '낳다',

'태어나다(수동태로)'를 뜻하는 가장 일반적인 동사는 바울이 5회 사용하는 '겐나오($\gamma\varepsilon\nu\nu\acute{\alpha}\omega$)'이다.
(Ibid., 크리스천다이제스트, 2004, 470쪽)

이렇게 데이비드 웬햄은 '출생($\gamma\varepsilon\nu\nu\acute{\alpha}\omega$-겐나오)'과 '됨($\gamma\acute{\iota}\nu o\mu\alpha\iota$-기노마이)'에 대한 어휘를 구별한 뒤, '낳다($\gamma\varepsilon\nu\nu\acute{\alpha}\omega$-겐나오)'의 갈4:23과 '되다($\gamma\acute{\iota}\nu o\mu\alpha\iota$-기노마이)'의 갈4:4을 롬1:3과 비교하며 바울이 예수의 출생과 관련하여 동일한 표현을 사용하지 않는 것이 가장 눈에 띈다고 한다. 하지만 바울은 통상적으로 남자에게서 태어났다는 의미를 지닌 겐나오($\gamma\varepsilon\nu\nu\acute{\alpha}\omega$)를 피하고 그 대신에 다소 애매한 '되다($\gamma\acute{\iota}\nu o\mu\alpha\iota$-기노마이)'라는 동사를 사용한 것은 선재하는 아들로서의 예수에 대한 그의 믿음은 본질상 어떤 유의 기적에 의한 출생을 보여 준다고 함으로써 출생의 범주 안에서 '되심'의 해석학적 의미를 설명하려고 했다.

가장 눈에 띄는 것은 바울은 갈라디아서 4장에서 예수가 "여자에게서 나게 하시고 율법 아래서 나게 하신 것은"이라고 말한 후에 동일한 장에서 계속해서 사라와 하갈이 이삭과 이스마엘을 낳았다고 말하는데(4:21-31), 여기서 바울은 갈라디아서 4:4과 로마서 1:3에서 예수의 출생과 관련하여 그가 사용한 것과 동일한 표현을 사용하지 않는다는 것이다. 한번 비교해 보자.

갈라디아서 4:4	갈라디아서 4:23	로마서 1:3
↓	↓	↓
"그의 아들, 여자에게서 태어난"	"계집종에게서 (난)자는 육체를 따라 났고"	"그의 아들, 육신으로는 다윗의 혈통에서 나셨고"

사상들 및 문법적 형태의 유사성이 분명히 드러난다. 그러나 바울은 예수의 출생을 언급할 때 두 번 다 '되다'라는 동사를 사용하지만 갈라디아서 4:23-31에서는 이삭과 이스마엘의 출생을 언급할 때에 통상적인 '겐나오마이'를 일관되게 사용한다(23, 24, 29절).

바울이 왜 이렇게 하는지와 관련하여 제기된 주장 중의 하나는 바울은 예수의 육신적 출생 자체가 아니라 인간으로서의 상태에 들어갔다는 것을 생각하였다는 것이다(각주 참조). 이것은 올바른 설명이 될 수도 있겠지만, 먼저 바울이 언급하고 있는 것은 아주 구체적으로 출생에 의한("다윗의 혈통으로", "여자에게서") 인간적인 상태로의 진입이다.

둘째, 인간의 상태로 들어갔다는 말의 의미가 더 흔히 쓰이는 동사의 경우보다 불분명하다는 주장이 확실하지 않은데, 아마도 더 분명할 수도 있다. 셋째, '낳다'를 뜻하는 통상적인 동사를 이삭과 에서에 대하여 사용하고 있는 갈라디아서 4:21-31 본문의 초점은 출생 그 자체가 아니라 혈통과 신분에 있다.

또 어떤 학자들은 거의 정반대되는 설명을 제시하는데, 곧 '되다' 동사는 종종 '태어나다'라는 의미로(즉, '겐나오마이'의 동의어로) 사용된다는 것이다; 따라서 바울은 '태어나다'를 뜻하는 지극히 통상적인 동사를 사용하고 있고, 이 단어에 어떤 특별한 의미를 부여하지 않고 있다는 것이다(각주). 이러한 설명도 옳을 수 있지만 칠십인역과 신약 성경(바울 서신을 포함한)에서 '태어나다'를 뜻하는데 압도적으로 많이 사용된 동사는 '겐나오마이'이기 때문에, 바울이 예수의 출생을 언급할 때에 이와 다른 동사를 선택했다는 것은 여전히 미지수로 남게 된다(각주).

마지막으로 가장 비중 있는 주장은 바울이 예수의 동정녀 수태에 관한 이야기를 알고 있었고 그것에 의해 영향을 받았다는 것이다(각주). 그러므로 바울은 통상적으로 사용되던 동사 — 통상적으로 남자에게서 태어났다는 의미를 지닌 — 를 피하고 그 대신에 다소 애매한 '되다'라는 동사를 사용했다(각주).

끝으로 한 가지 더 첨가해 둘 말이 있다. 예수의 출생을 언급하는 구절은 모두 네 개로 서로 비슷하다 — 갈라디아서 4:4; 로마서 1:3: 8:3; 빌립보서 2:7(각주). 이미 살펴보았듯이, 이것들 중 셋은 '되다'라는 동사를 사용한다. 두 구절은 예수가 인간의 "형체"를 입었다고 말한다(빌2:7: "종의 형체"; 롬8:3: "죄 있는 육신의 모양으로"). 바울이 "형체"라는 표현을 사용하고 있다고 해서 그가 예수를 겉보기에만 사람의 모양을 하고 있는 것으로 생각했다고 보아서는 안 된다. 이 표현은 바울이 예수의 인성(人性)과 통상적인 죄악된 인성 간의 차이를 보았음을 시사해 준다. 주석자들은 보통 예수가 우리와 모양이 같지만 "죄를 알지 못했다(고후5:21)"라는 점을 바울이 역설하고자 한 것이라고 말한다. 예수의 죄 없음에 대한 바울의 확신은 반드시 동정녀 탄생에 대한 믿음을 수반했을 필요는 없지만, 이러한 확신과 선재하는 아들로서의 예수에 대한 그의 믿음은 본질상 어떤 유의 기적에 의한 출생을 보여 준다.

우리는 바울이 그러한 기적을 복음서들이 서술하는 것과 같은 방식으로 생각했다고 볼 필요는 없지만, 누적 증거들은 바울이 복음서들의 전승을 잘 알고 있었을 것임을 보여 준다.

(Ibid., 크리스천다이제스트, 2004, 471~474쪽)

전위: '되심'에 대한 바울의 의도

여기서 기노마이(*γίνομαι*)는 'A가 B로 되다'라는 전위의 사실을 나타내는 어휘이다. 그 전위의 과정에 존재의 모양이나 성질이 바뀌어 나타나는 것을 말한다. 내부적으로 어떤 물리적 화학적 변화의 방식이 작동함으로 발생하는 현상이나 사건에 대한 사실을 표현하는 것이다. 선지자들을 통해 기록된 성경에 미리 약속된 하나님의 아들은 약속으로만 소개되고 있었던 까닭에 그의 구체적인 모습은 아무도 알 수 없었다. 그저 약속의 형태로만 계시되고 있었던 하나님의 아들이 드디어 그 언약이 성취되는 경로를 통해 사람의 모습으로 나타나게 되었다는 말이다. 이는 기노마이(*γίνομαι*)를 뒤따르며 수식하는 전치사구 "육신을 따라서 다윗의 씨(약속의 후손)로부터(*ἐκ σπέρματος Δαυὶδ κατὰ σάρκα-에크 스페르마토스 다위드 카타 사르카*)"가 그 경로에 대한 사실을 보충 설명함으로써 완성된 의미를 확증해 주듯이, 그 언약의 성취자로 육신을 가진 존재로서 그의 모습을 드러냈었다는 사실을 표현하기 위해 기노마이(*γίνομαι*)를 사용한다.

즉, 사도 바울은 '하나님의 아들이 육신의 모양으로 이 땅에 오셨었다(롬8:3, 갈4:4, 빌2:7)'라는 사실을 언급할 때, 그가 십자가의 죽으심과 부활하심으로 승천하셔서 하나님 보좌 우편에 앉아 계시는 하나님의 아들(롬8:34)의 관점에서 깨닫게 된 지난날의 한없이 낮아지신 모습의 하나님의 아들에 대해 묘사하는 것이다. 이는 그 영광스러운 영원하신 하나님의 아들이 육신의 모양으로 전위되어 지상에 나타나셨을 때에도 분명히 그분께서 영원하신 하나님의 아들이셨다는 사실을 규정하는 것이다. 로마서 1장 3절에서 언급되는 하나님의 아들 또한 동일한 맥락 속에서 좀 더 구체적으로 구속의 역사상 육신을 따르는 다윗의 언약(삼하7:12의 다윗의 씨 זַרְעֲךָ-자르아카)과 관련해서 그 의미를 특정하여 재해석하고 있다.

하나님께서 다윗과 맺은 언약의 내용은 이렇다(삼하7:4-17). 하나님께서 모든 원수를 무찌르고 다윗을 백향목으로 지은 화려한 왕궁에 평안히 살게 하셨다. 다윗은 하나님의 은혜를 감사하며 살았지만 마음 한편에 호화로운 왕궁 생활이 편치 않았다. 하나님의 증거궤가 장막 안에 있었기 때문이다. 그런 다윗이 어느 날 선지자 나단을 불러 자신의 괴로움을 털어놓자 나단은 다윗에게 하나님께서 왕과 함께 하시니 왕이 원하는 대로 하라고 했다. 다윗이 원하는 것은 사실 하나님의 집(성전)

을 새로 지어 하나님의 증거궤(하나님께서 자신의 민족과 함께하신다는 증표)를 장막으로부터 옮겨 모시는 것이었다.

하지만 하나님의 생각은 다르셨다. 하나님이 거하실 곳이 다윗을 통해 지어지는 것이 아니라 다윗의 씨(זַרְעֲךָ-자르아카)에 의해 지어질 것이라는 게 하나님의 생각이셨다.

4 그날 밤에 여호와의 말씀이 나단에게 말씀하시기 위해 임하셨습니다.
5 "가서 내 종 다윗에게 다음과 같이 전해라. '네가 내가 거주할 집을 지을 사람이겠느냐?
6 네가 알다시피 나는 이스라엘의 아들들을 이집트에서 이끌어 낸 날부터 이 날까지 성전 집에 거주하지 않고 장막과 성막 안에서 지금도 걷고 있다.
7 내가 이스라엘의 모든 아들들 안에서 걷게 하던 모든 곳에서, 내 백성 이스라엘을 먹이라고 명령한 이스라엘 지파들 중 하나에게 어찌하여 나를 위하여 백향목 집을 짓지 않느냐는 말을 내놓은 적이 있느냐?'
8 그러니 너는 내 종 다윗에게 이렇게 말하라. '만군의 여호와께서 이렇게 말씀하셨다. 나는 네가 양 떼를 몰던 푸른 초장으로부터 너를 취하여 내 백성 이스라엘의 지도자로 세웠다.
9 그러므로 나는 네가 걸어가는 모든 곳에서 너와 항상 함께 있을 것이고, 네 얼굴로부터 네 모든 원수를 멸절할 것이며, 너에게 이 땅에 있는 위대한 사람들의 이름과 같은 위대한 이름을 만들어 줄 것이다.
10 그리고 내 백성 이스라엘을 위해 한 장소를 마련해 그들을 심을 것이니, 그들이 그곳에서 거주하되, 다시는 두려워 흔들리지 않을 것이며, 사악한 아들들이 예전처럼 그들을 위협하지 못할 것이다.
11 내가 내 백성 이스라엘을 다스릴 사사들을 명령하여 네 모든 원수로부터 너를 쉬게 한 날로부터 여호와께서 너에게 선언했던 것은 '여호와께서 너를 위하여 한 성전 집을 만들 것이다.'라는 사실이다.
12 그러니 너의 날들이 차서 네 조상들과 함께 누워 잠들고 난 후에 나는 네 몸으로부터 한 씨(후손)를 일으켜 그 나라를 견고하게 세울 것이다.
13 그가 바로 나의 이름을 위해 성전 집을 지을 것이며 나는 그의 나라의 보좌를 영원히 견고하게 만들 것이다.
14 나는 그의 아버지가 되고, 그는 나의 아들이 될 것이다. 그러나 만일 그가 잘못을 저지른다면 사람들의 막대기와 아담의 아들들의 채찍 막대기로 바로잡을 것이다.

15 그러나 나는 너의 얼굴로부터 떠난 사울에게서 빼앗은 것같이 그에게서 나의 사랑과 자비를 거둬들이지 않을 것이다.

16 너의 집안과 너의 나라는 영원히 보전될 것이며, 너의 보좌 또한 영원히 견고하게 세워질 것이다.'"

17 이 모든 말씀과 이 모든 계시를 하나도 빼놓지 않고 나단은 다윗에게 전하였습니다.

7:4 וַיְהִי בַּלַּיְלָה הַהוּא וַיְהִי דְּבַר־יְהוָה אֶל־נָתָן לֵאמֹר׃ 5לֵךְ וְאָמַרְתָּ
אֶל־עַבְדִּי אֶל־דָּוִד כֹּה אָמַר יְהוָה הַאַתָּה תִּבְנֶה־לִּי בַיִת לְשִׁבְתִּי׃ 6כִּי
לֹא יָשַׁבְתִּי בְּבַיִת לְמִיּוֹם הַעֲלֹתִי אֶת־בְּנֵי יִשְׂרָאֵל מִמִּצְרַיִם וְעַד הַיּוֹם
הַזֶּה וָאֶהְיֶה מִתְהַלֵּךְ בְּאֹהֶל וּבְמִשְׁכָּן׃ 7בְּכֹל אֲשֶׁר־הִתְהַלַּכְתִּי בְּכָל־בְּנֵי
יִשְׂרָאֵל הֲדָבָר דִּבַּרְתִּי אֶת־אַחַד שִׁבְטֵי יִשְׂרָאֵל אֲשֶׁר צִוִּיתִי לִרְעוֹת
אֶת־עַמִּי אֶת־יִשְׂרָאֵל לֵאמֹר לָמָּה לֹא־בְנִיתֶם לִי בֵּית אֲרָזִים׃ 8וְעַתָּה
כֹּה־תֹאמַר לְעַבְדִּי לְדָוִד כֹּה אָמַר יְהוָה צְבָאוֹת אֲנִי לְקַחְתִּיךָ
מִן־הַנָּוֶה מֵאַחַר הַצֹּאן לִהְיוֹת נָגִיד עַל־עַמִּי עַל־יִשְׂרָאֵל׃ 9וָאֶהְיֶה עִמְּךָ
בְּכֹל אֲשֶׁר הָלַכְתָּ וָאַכְרִתָה אֶת־כָּל־אֹיְבֶיךָ מִפָּנֶיךָ וְעָשִׂתִי לְךָ שֵׁם
גָּדוֹל כְּשֵׁם הַגְּדֹלִים אֲשֶׁר בָּאָרֶץ׃ 10וְשַׂמְתִּי מָקוֹם לְעַמִּי לְיִשְׂרָאֵל
וּנְטַעְתִּיו וְשָׁכַן תַּחְתָּיו וְלֹא יִרְגַּז עוֹד וְלֹא־יֹסִיפוּ בְנֵי־עַוְלָה לְעַנּוֹתוֹ
כַּאֲשֶׁר בָּרִאשׁוֹנָה׃ 11וּלְמִן־הַיּוֹם אֲשֶׁר צִוִּיתִי שֹׁפְטִים עַל־עַמִּי יִשְׂרָאֵל
וַהֲנִיחֹתִי לְךָ מִכָּל־אֹיְבֶיךָ וְהִגִּיד לְךָ יְהוָה כִּי־בַיִת יַעֲשֶׂה־לְּךָ יְהוָה׃
12כִּי ׀ יִמְלְאוּ יָמֶיךָ וְשָׁכַבְתָּ אֶת־אֲבֹתֶיךָ וַהֲקִימֹתִי אֶת־זַרְעֲךָ אַחֲרֶיךָ
אֲשֶׁר יֵצֵא מִמֵּעֶיךָ וַהֲכִינֹתִי אֶת־מַמְלַכְתּוֹ׃ 13הוּא יִבְנֶה־בַּיִת לִשְׁמִי וְכֹנַנְתִּי
אֶת־כִּסֵּא מַמְלַכְתּוֹ עַד־עוֹלָם׃ 14אֲנִי אֶהְיֶה־לּוֹ לְאָב וְהוּא יִהְיֶה־לִּי לְבֵן
אֲשֶׁר בְּהַעֲוֺתוֹ וְהֹכַחְתִּיו בְּשֵׁבֶט אֲנָשִׁים וּבְנִגְעֵי בְּנֵי אָדָם׃ 15וְחַסְדִּי
לֹא־יָסוּר מִמֶּנּוּ כַּאֲשֶׁר הֲסִרֹתִי מֵעִם שָׁאוּל אֲשֶׁר הֲסִרֹתִי מִלְּפָנֶיךָ׃
16וְנֶאְמַן בֵּיתְךָ וּמַמְלַכְתְּךָ עַד־עוֹלָם לְפָנֶיךָ כִּסְאֲךָ יִהְיֶה נָכוֹן
עַד־עוֹלָם׃ 17כְּכֹל הַדְּבָרִים הָאֵלֶּה וּכְכֹל הַחִזָּיוֹן הַזֶּה כֵּן דִּבֶּר נָתָן
אֶל־דָּוִד׃ס

(BHS 5th ed 삼하7:4-17 필자 사역)

따라서 로마서 1:3의 기노마이(*γίνομαι*)는 단순히 하나님의 아들의 육신적인 출생을 언급하는 것이 아니다. 죽음과 부활 승천하심으로 하나님의 언약을 완성하신 천상의 존재로서의 하나님의 아들 되심에 대한 전 과정이 끝난 후 다시 육신적인 측면에서 일어났던 언약의 성취 사건이 가지는 신비를 재해석하는 술어이다. 한마디로 성경 안에 약속된 하나님의 언약을 성취하는 모든 과정(죽음과 부활)을 통해 하나님의 아들이라는 자격을 갖게 되신 분을 바울은 다시 그 승귀하신 분이 육신을 따라 다윗의 씨로서 다윗왕조의 계통을 잇는 유다 민족의 진정한 왕이 되신 것이었다고 해석하는 것이다. 그가 하나님께서 거하실 집(성전)을 완성하고 그 성전의 기능을 온전히 회복시켜 온 세상을 다스리시는 왕이 바로 하나님의 아들이심을 드러내려고 한 것이다(요2:9-22).

그러니까 로마서 1:3은 어떤 일이 끝난 시점에서 다시 그 일의 완성의 의미를 해석하기 위해, 다시 그 일의 완성에 대한 전반전인 과정을 되돌아보며 설명하는 형식의 분사구문이다. 하나님의 약속하심이라는 천상의 일이 특별한 방식으로 지상에 이루어져 나타나게 되었던 사실을 다시금 전반적으로 언급함으로써 그 속뜻을 드러내려고 하는 것이다. 그 핵심은 다윗의 씨에 얽힌 언약의 실제 내용이다.

2. 다윗의 씨(약속의 후손)로부터

변화

구문상의 우선순위에 있는 "다윗의 씨로부터(*ἐκ σπέρματος Δαυὶδ*-에크 스페르마토스 다위드)"는 바울의 의도적인 내용을 담고 있다. 바울은 하나님의 복음, 곧 하나님의 아들에 대해 성경의 예언자들을 통해 나타난 언약들로부터 단숨에 유다 지파의 다윗왕과 맺은 언약의 성취로 끌어올리고 있는 것이다. 이는 다윗의 언약이 완성됨으로써 다윗왕이 갖는 모든 권한이 자연스럽게 언약의 실체인 하나님의 아들에게 완전히 이양되었다는 것을 의미한다. 이스라엘의 진정한 왕(하나님의 아들로서의 왕)은 다윗왕의 성정(性情)을 물려받은 인간으로서의 후손이 아닌 다윗과 맺은 하나님의 언약의 실체로서, 신성으로 충만한 씨(*σπέρμα*-스페르마)가 인간의 모습이 되어 오셨던 분이시다. 다윗의 언약이 품고 있었던 그분의 죽음과 부활을 통해 비로소 다윗왕으로부터 계승된 이스라엘 나라가 영원하신 하나님의 아들의 통치를 받는 하나님의 나라의 모형이었음을 나타낸 것이다. 바울은 다윗 왕국으로부터 계승된 파란만장했던 나라 이스라엘이라는 국호가 죽으셨다가 다시 살아나셔서 승귀하신 하나님의 아들 예수 그리스도의 통치로 이루어지는 전혀 새로운 영적인 통치 방식의 나라로 바뀌었음을 선언하고 있는 것이다.

이러한 바울의 복음은 다윗왕으로부터 계승된 이스라엘 백성들, 특히 다윗왕가의 직계 후손으로 특정할 만한 유대인들에게는 결코 인정되거나 받아들일 수 없는 것이다. 그래서 다윗왕조의 후손임을 자부하는 유대인들의 입장에서 바울의 복음(하나님의 아들 예수 그리스도 우리 주님)은 사악한 무리들에 의해서 날조되고 급조된 가르침으로 규정되고, 이단 판정을 내리기까지 매도되기에 이른다(행24:5, 24:14). 재미있는 것은 이러한 바울의 복음이 어떻게 해서든 이스라엘로 하여금 시기 나게 하는 동인이 되었고, 그것으로 말미암아 그들 중에 얼마간 구원받은 백성이 나타나기를 바라는 하나님의 뜻에 의한 바울의 선교 열정 속에는 이스라엘에 긍휼을 베풀고자 하시는 하나님의 구원의 비밀이 활동하고 있었던 것이다(롬9:1-3, 10:1-3, 11:13-14, 11:25). 이는 바울이 그 복음의 직무에 얼마나 열정적인지를 단적으로 보여 주는 확실한 증거이기도 하다.

문제는 이런 "다윗의 씨로부터(*ἐκ σπέρματος Δαυὶδ-에크 스페르마토스 다위드*)"라는 어구가 가지는 의미의 진정성을 어떻게 증명할 수 있느냐 것이다. 이미 앞에서 다윗의 언약의 성취에 대한 약간의 설명을 통해서 드러난 것처럼 다윗 언약이 갖는 실체적 진실을 구체적으로 살펴봄으로써 확증할 수 있다.

씨

우선 로마서 1:3의 "다윗의 씨(약속의 후손)로부터(*ἐκ σπέρματος Δαυὶδ-에크 스페르마토스 다위드*)"라는 어구가 가리키는 '언약의 씨'는 구약 성경 삼하7:12에서 선지자 나단이 다윗에게 고한 여호와의 말씀과 묵시 속에 "너의 씨(*τὸ σπέρμα σου-토 스페르마 수*)"로 나타나고 있다. 아래 칠십인역 본문으로 그 사실을 확인할 수 있다.

> 12 *καὶ ἔσται ἐὰν πληρωθῶσιν αἱ ἡμέραι σου καὶ κοιμηθήσῃ μετὰ τῶν πατέρων σου καὶ ἀναστήσω τὸ σπέρμα σου μετὰ σέ ὃς ἔσται ἐκ τῆς κοιλίας σου καὶ ἑτοιμάσω τὴν βασιλείαν αὐτοῦ*
>
> *12 너의 사는 날들이 채워지고, 네가 너의 조상들과 함께 잠든다면, 내가 네 뒤에 너의 씨를 세울 것이다. 그는 너의 몸(복부)으로부터(ἐκ τῆς κοιλίας σου-에크 테스 코일리아스 수) 있을 것이고, 내가 그의 나라를 예비할 것이다.*
>
> ***(LXX(칠십인역) 삼하7:12 필자 사역)***

태도

따라서 위의 본문에서 보듯이 다윗에게 직접 주어진 씨에 대한 언약(삼하7:12)은 그 속에 이미 직접적이면서도 묵시적으로 "다윗의 씨로부터(*ἐκ σπέρματος Δαυίδ-에크 스페르마토스 다위드*)"라는 바울의 관점에서의 다윗의 씨에 대한 언약적 기대가 들어 있다. 그런 기대는 삼하11-12장에서 다윗이 본성의 욕망에 이끌려 충실한 신하 헷 사람 우리아를 죽이고 그의 아내 밧세바와의 부정한 관계에서 아들까지 얻게 되는 일련의 악명 높은 사건 속에서 그 실제적 의미가 묵시적으로 구체화되어 나타난다. 여기서 중요한 것은 다윗의 밧세바 사건은 일차적으로 모세로부터 다윗에게 세습된 옛 언약(시내산 언약)이 갖는 율법의 요구를 충족시킬 수 없는 인간의 한계를 보이면서도(삼하11장) 선지자 나단의 지적(하나님의 책망)을 통해 새롭게 심신을 재정비하는 다윗의 새 언약적 태도가 나타나고 있다는 점이다(삼하12장).

시인

교활하기 그지없는 다윗왕의 밧세바 강탈 사건에 대해 하나님의 심판이 있을 것이라는 예고와 함께 모든 이스라엘 백성으로 하여금 그 일을 알도록 폭로할 것이라는 하나님의 책망이 주어진다. 그때 다윗은 지체하지 않고 하나님께 죄지었음을 시인하자, 하나님께서는 다윗에게 이미 죄 사함의 은혜를 입었다는 말씀을 주신다(삼하12:13). 이는 예수님을 상징하는 우리아의 의로운 죽음(삼하11:11, 17)뿐만 아니라 밧세바에게 태어난 다윗의 아들의 죽음이 다윗의 죄를 사하는 하나님의 크신 은혜의 묵시적 사건임을 말씀하신 것이다(삼하12:14). 그 후 다윗은 자신의 죄로 인해 고난받는 메시아(하나님의 아들)의 왕국을 내다보며 여호와의 구원을 확신한다(삼하12:15).

소망

이러한 다윗의 새 언약적 태도는 자신의 죄 때문에 죽게 된 아들을 보며 상한 마음과 중심의 통회하는 상태를 두고 하는 말이다(삼하12:16). 그리고 아들이 죽자 몸을 씻고 몸에 기름을 바르고 옷을 바꾸어 입고(삼하7:12-14의 약속을 믿는 믿음으로) 하나님 앞에 가까이 나아가 예배하는 마음이다(삼하12:19-20). 새로운 삶으로 나아가게 하시는 하나님의 은혜는 어둠이 만든 절망을 넘어 소망의 기쁨을 주시는 권능으로 나타난다.

이렇듯 하나님께서는 죄로 말미암아 마음이 상한 자들 곁에 계시고 죄로 말미암아 낙심한 자들을 붙들어 주심을 믿고 의지하는 사람을 도우신다(시34:18). 자신의 죄를 용서해 달라고 하는 다윗(시51편)에게 새 언약의 성취를 바라보게 하여, 다윗의 중심에 새 언약의 실체적 진실을 깨닫게 하여 주신 것이다.

1 성전 예배 음악의 지휘자를 따라 부르는 다윗의 노래.
2 다윗이 밧세바를 범한 후 예언자 나단이 그를 찾아왔을 때 뉘우치고 지은 시.
3 오 하나님이시여, 주님의 사랑으로 제게 은혜를 베풀어 주십시오. 주님의 자비의 풍성하심을 따라 제 모든 잘못을 없애 주십시오.
4 저의 죄악으로부터 저를 말끔히 씻어 주시고 저의 죄로부터 저를 깨끗하게 하십시오.
5 아시다시피 저의 범행을 제가 알고 있으며, 저의 죄가 항상 제 앞에 있기 때문입니다.
6 저는 오직 주님께만 죄를 지었고, 주님께서 악하게 보시는 것을 제가 행하였으므로, 주께서 제게 뭐라고 말씀하셔도 옳으시며, 주님께서 어떠한 판결을 내리신다고 해도 결백하십니다.
7 참으로 저는 죄악 중에 태어났고, 저의 어머니가 죄 안에서 저를 임신했습니다.
8 그러나 주님은 진정 가슴속에 진리를 좋게 여기시오니, 감추어진 지혜를 저에게 알게 해 주십시오.
9 주님께서 우슬초로 저를 씻어 주십시오. 그러면 제가 깨끗해질 것입니다. 저를 씻어 주소서. 그러면 제가 눈보다 더 희게 될 것입니다.
10 제게 반가움과 기쁨의 소식이 들리게 해 주십시오. 주님께서 꺾으신 저의 뼈들도 즐거워하게 해 주십시오.
11 저의 죄로부터 주님의 얼굴을 돌리시고 저의 모든 죄를 지워 주십시오.
12 오 하나님이시여, 내 속에 깨끗한 마음을 창조하시고, 제 심장 속에 온전한 영을 다시 넣어 주십시오.
13 저를 주님 앞에서 쫓아내지 마시고, 주님의 성령을 저에게서 거두어 가지 마십시오.
14 제게 주님의 구원에 대한 기쁨을 되돌려주셔서 자원하는 영으로 저를 붙들어 주십시오.
15 그러면 제가 잘못을 저지르는 사람들에게 주님의 길을 가르칠 것이며, 죄인들은 주님께로 돌아올 것입니다.

16 오 하나님이시여, 피 흘린 죄에서 저를 건져 주십시오. 저를 구원하시는 하나님이시여, 제 혀가 주님의 의로우심을 크게 외쳐 노래할 것입니다.

17 오 주님이시여, 주님께서 제 입술을 열어 주셔서 제가 주님의 찬양을 전하게 하십시오.

18 주님은 희생 제물을 기뻐하지 않으시니 제가 태워 드리는 제물을 드려도 주님은 기뻐하지 않으실 것입니다.

19 하나님께서 바라시는 제물은 갈기갈기 찢긴 영입니다. 하나님께서는 갈기갈기 찢기고 죄를 깊이 뉘우치는 마음을 멸시하지 않으십니다.

51:1 לַמְנַצֵּחַ מִזְמוֹר לְדָוִד׃ 2בְּבוֹא־אֵלָיו נָתָן הַנָּבִיא כַּאֲשֶׁר־בָּא אֶל־בַּת־
שָׁבַע׃ 3חָנֵּנִי אֱלֹהִים כְּחַסְדֶּךָ כְּרֹב רַחֲמֶיךָ מְחֵה פְשָׁעָי׃ 4הַרְבֵּה כַּבְּסֵנִי
מֵעֲוֺנִי וּמֵחַטָּאתִי טַהֲרֵנִי׃ 5כִּי־פְשָׁעַי אֲנִי אֵדָע וְחַטָּאתִי נֶגְדִּי תָמִיד׃ 6לְךָ
לְבַדְּךָ׀ חָטָאתִי וְהָרַע בְּעֵינֶיךָ עָשִׂיתִי לְמַעַן תִּצְדַּק בְּדָבְרֶךָ תִּזְכֶּה
בְשָׁפְטֶךָ׃ 7הֵן־בְּעָווֹן חוֹלָלְתִּי וּבְחֵטְא יֶחֱמַתְנִי אִמִּי׃ 8הֵן־אֱמֶת חָפַצְתָּ
בַטֻּחוֹת וּבְסָתֻם חָכְמָה תוֹדִיעֵנִי׃ 9תְּחַטְּאֵנִי בְאֵזוֹב וְאֶטְהָר תְּכַבְּסֵנִי
וּמִשֶּׁלֶג אַלְבִּין׃ 10תַּשְׁמִיעֵנִי שָׂשׂוֹן וְשִׂמְחָה תָּגֵלְנָה עֲצָמוֹת דִּכִּיתָ׃ 11הַסְתֵּר
פָּנֶיךָ מֵחֲטָאָי וְכָל־עֲוֺנֹתַי מְחֵה׃ 12לֵב טָהוֹר בְּרָא־לִי אֱלֹהִים וְרוּחַ נָכוֹן
חַדֵּשׁ בְּקִרְבִּי׃ 13אַל־תַּשְׁלִיכֵנִי מִלְּפָנֶיךָ וְרוּחַ קָדְשְׁךָ אַל־תִּקַּח מִמֶּנִּי׃
14הָשִׁיבָה לִּי שְׂשׂוֹן יִשְׁעֶךָ וְרוּחַ נְדִיבָה תִסְמְכֵנִי׃ 15אֲלַמְּדָה פֹשְׁעִים
דְּרָכֶיךָ וְחַטָּאִים אֵלֶיךָ יָשׁוּבוּ׃ 16הַצִּילֵנִי מִדָּמִים׀ אֱלֹהִים אֱלֹהֵי תְּשׁוּעָתִי
תְּרַנֵּן לְשׁוֹנִי צִדְקָתֶךָ׃ 17אֲדֹנָי שְׂפָתַי תִּפְתָּח וּפִי יַגִּיד תְּהִלָּתֶךָ׃ 18כִּי׀ לֹא־
תַחְפֹּץ זֶבַח וְאֶתֵּנָה עוֹלָה לֹא תִרְצֶה׃ 19זִבְחֵי אֱלֹהִים רוּחַ נִשְׁבָּרָה לֵב־
נִשְׁבָּר וְנִדְכֶּה אֱלֹהִים לֹא תִבְזֶה׃

(BHS 5th ed 시51:1-19 필자 사역)

축복

이렇게 다윗의 범죄는 여호와의 원수들이 여호와를 경멸하고 모욕할 기회를 주었다(삼하12:14). 이로 인해 다윗왕과 밧세바에게서 태어난 아이가 죽었지만(삼하12:15) 다시 밧세바로부터 솔로몬을 얻게 됨으로써 다윗의 옛 언약 정신에 일대 변혁이 일어나고 새 언약 정신이 굳게 세워진다(삼하12:16-24). 밧세바를 통해 얻은 아이가 죽고 다른 아이를 얻는 과정에서 다윗이 취한 자세는 하나님의 아들이신 예수님의 죽음과 부활을 통해 확증된 새 언약을 내다보는 묵시적 안목에 의한 것이다. 새 언약을 통해 얻은 아들 솔로몬에 의해 기쁨의 노래로 충만한 다윗왕가에 여호와께서 선지자 나단을 보내셔서 솔로몬에게 "여디디야(여호와의 가장 사랑하는 자)"라는 의미의 새 이름을 주셨다(삼하12:25). 그를 통해 드디어 하나님께서 거하실 처소로서 성전이 완공되고 하나님은 그 성전을 통해 이스라엘을 거룩하게 하시며 축복하신다.

재해석

바울은 이러한 육신적 맥락 속에서 묵시적인 이스라엘 나라의 대표성을 가진 다윗 왕의 죄 때문에 죽으시고 다윗의 의롭다 하심을 위해 다시 살아나실 하나님의 아들을 통한 구원을 내다보며, '다윗의 씨'에 대한 새 언약의 실제 내용을 끄집어내어 로마서 1:3의 "다윗의 씨로부터(*ἐκ σπέρματος Δαυὶδ-에크 스페르마토스 다위드*)"라는 전치사구를 사용해 재해석하고 있는 것이다. 그런 맥락에서 로마서 1:3의 하나님께서 약속하신 하나님 자신의 아들에 대해 '나신 분'이 아닌 "되신 분(*τοῦ γενομένου-투 게노메누*)"이라고 하는 분사절로서의 의미가 명확해진다.

비하와 승귀

그러므로 "다윗의 씨로부터 되신 분(*τοῦ γενομένου ἐκ σπέρματος Δαυὶδ-투 게노메누 에크 스페르마토스 다위드*)"이라는 구문의 실제적 의미에 대한 진정성은 다윗에게 주신 새 언약이라는 배경하에서만 확증된다. 그리고 그 언약이 다윗에게 성취된 사건으로서 갖는 묵시적 의미로 볼 때, 그 언약은 예수님의 출생을 넘어 예수님의 생애, 즉 그분의 인격과 사역이라고 하는 예수님의 십자가의 죽으심과 부활하심, 그리고 승천하셔서 하늘 보좌 우편에 계시는 유일하신 하나님의 아들, 곧 이스라엘의 메시아(그리스도)와 주(主, *κυρίος-퀴리오스*)가 되신 예수님에게서 다시 '그분의 죽으심과 부활하심'을 보게 하는 방식으로 클로즈업되어 명백하게 확증된다. 영원 전부터 계신 하나님의 아들 그리스도 예수의 비하와 승귀를 간결하게 나타내는 표현 방식인 것이다.

입증

이것이 바로 바울의 로마서 1:3의 "다윗의 씨로부터 되신 하나님의 아들에 대하여(*περὶ τοῦ υἱοῦ αὐτοῦ τοῦ γενομένου ἐκ σπέρματος Δαυὶδ-페리 투 휘우 아우투 투 게노메누 에크 스페르마토스 다위드*)"라는 구문이 내포하는 진정한 의미의 결론이다. 이는 또한 시편에 나타난 다윗의 시 속에서 만유의 주(主, *κυρίος-퀴리오스*)로서 고백하는 다윗의 새 언약적 기도와 자세로도 입증된다(시16:1-11, 110:1-7).

1 [다윗의 믹담시] 하나님이시여, 저를 보호해 주십시오, 왜냐하면 제가 주님 안에 도피했기 때문입니다.

2 제가 여호와께 아룁니다. "주님은 나의 주님이시니 나의 행복이 주님 위 그 어디에도 없습니다.

3 이 세상에 있는 성도들은 귀한 사람들입니다. 그들 안에 저의 즐거움이 있습니다.

4 그러나 저들이 고통이 증가할 때 다른 신들에게 서둘러 갑니다. 저는 피를 부어 드리는 그들의 제사에 참여하지 않으며, 그런 우상들에게 피의 잔을 바치지 않겠으며, 그들이 부르는 신들의 이름조차 저의 입술로 부르지 않을 것입니다.

5 여호와께서는 제가 받을 소유와 잔의 지분입니다. 여호와께서는 제가 받을 분깃을 안전하게 보전해 주십니다.

6 주님께서 기름진 땅에서 측량줄로 재어 저에게 주셨습니다. 그 지역은 제 위에서 반짝반짝 빛나는 상속받은 기업입니다.

7 저는 저에게 조언해 주시는 여호와를 송축할 것입니다. 참으로 밤마다 여호와께서 저를 곧 저의 속 신장(마음)을 가르치십니다.

8 저는 늘 저보다 여호와를 앞세웁니다. 그분께서 늘 내 오른편에 계시니 저는 절대 흔들리지 않습니다.

9 그러기에 제 마음이 기뻐하고, 제 영광은 즐거워 춤추며 내 육체가 편안히 거할 것입니다.

10 왜냐하면 주님께서 나의 영혼을 스올(무덤)에 내버려두지 않으시고, 주님의 거룩한 자로 하여금 썩지 않게 하실 것이기 때문입니다.

11 주님께서 제게 생명의 길을 알게 하시니, 주님의 얼굴이 있는 곳에는 큰 기쁨이 넘치고, 주님의 오른편에는 큰 즐거움이 영원히 있습니다."

16:1 מִכְתָּם לְדָוִד שָׁמְרֵנִי אֵל כִּי־חָסִיתִי בָךְ׃ 2אָמַרְתְּ לַיהוָה אֲדֹנָי אָתָּה
טוֹבָתִי בַּל־עָלֶיךָ׃ 3לִקְדוֹשִׁים אֲשֶׁר־בָּאָרֶץ הֵמָּה וְאַדִּירֵי כָּל־חֶפְצִי־בָם׃
4יִרְבּוּ עַצְּבוֹתָם אַחֵר מָהָרוּ בַּל־אַסִּיךְ נִסְכֵּיהֶם מִדָּם וּבַל־אֶשָּׂא אֶת־
שְׁמוֹתָם עַל־שְׂפָתָי׃ 5יְהוָה מְנָת־חֶלְקִי וְכוֹסִי אַתָּה תּוֹמִיךְ גּוֹרָלִי׃ 6חֲבָלִים
נָפְלוּ־לִי בַּנְּעִמִים אַף־נַחֲלָת שָׁפְרָה עָלָי׃ 7אֲבָרֵךְ אֶת־יְהוָה אֲשֶׁר יְעָצָנִי
אַף־לֵילוֹת יִסְּרוּנִי כִלְיוֹתָי׃ 8שִׁוִּיתִי יְהוָה לְנֶגְדִּי תָמִיד כִּי מִימִינִי בַּל־
אֶמּוֹט׃ 9לָכֵן ׀ שָׂמַח לִבִּי וַיָּגֶל כְּבוֹדִי אַף־בְּשָׂרִי יִשְׁכֹּן לָבֶטַח׃ 10כִּי ׀ לֹא־
תַעֲזֹב נַפְשִׁי לִשְׁאוֹל לֹא־תִתֵּן חֲסִידְךָ לִרְאוֹת שָׁחַת׃ 11תּוֹדִיעֵנִי אֹרַח

חַיִּים שֹׂבַע שְׂמָחוֹת אֶת־פָּנֶיךָ נְעִמוֹת בִּימִינְךָ נֶצַח׃

(BHS 5th ed 시16:1-11 필자 사역)

1 [다윗의 찬송시] 여호와께서 나의 주님께 이르신 말씀입니다. "내가 너의 원수들을 너의 발판으로 만들기까지 너는 내 오른편에 앉아 있어라."
2 여호와께서 주님께 권능의 지팡이를 시온으로부터 보내셨으니, 주님은 주님의 원수들 중앙에서 다스리십시오.
3 주님께서 권능으로 승리하는 날에 주님의 백성이 거룩한 아름다움으로 자원해 헌신할 것입니다. 이른 아침 동이 틀 무렵 새벽이슬처럼 주님의 청년들이 주님께로 나올 것입니다.
4 여호와께서 맹세하셨으니 그 뜻을 바꾸지 않으실 것입니다. 그리고 "너는 영원한 제사장이다. 멜기세덱의 계통을 따르는 영원한 제사장이다."라고 하셨습니다.
5 주님은 여호와의 오른편에 계시며, 주님께서 진노하시는 날에 모든 왕들을 쳐부술 것입니다.
6 주님은 세상 나라들을 심판하시고, 죽은 자의 시체를 높이 쌓으시며, 온 땅의 지배자들을 쳐부술 것입니다.
7 주님은 길 옆에 있는 시냇물을 마실 것이며, 머리를 높이 들어 올리시고 계속 승리하실 것입니다.

110:1 לְדָוִד מִזְמוֹר נְאֻם יְהוָה ׀ לַאדֹנִי שֵׁב לִימִינִי עַד־אָשִׁית אֹיְבֶיךָ
הֲדֹם לְרַגְלֶיךָ׃ 2מַטֵּה־עֻזְּךָ יִשְׁלַח יְהוָה מִצִּיּוֹן רְדֵה בְּקֶרֶב אֹיְבֶיךָ׃ 3עַמְּךָ
נְדָבֹת בְּיוֹם חֵילֶךָ בְּהַדְרֵי־קֹדֶשׁ מֵרֶחֶם מִשְׁחָר לְךָ טַל יַלְדֻתֶיךָ׃ 4נִשְׁבַּע
יְהוָה ׀ וְלֹא יִנָּחֵם אַתָּה־כֹהֵן לְעוֹלָם עַל־דִּבְרָתִי מַלְכִּי־צֶדֶק׃ 5אֲדֹנָי
עַל־יְמִינְךָ מָחַץ בְּיוֹם־אַפּוֹ מְלָכִים׃ 6יָדִין בַּגּוֹיִם מָלֵא גְוִיּוֹת מָחַץ רֹאשׁ
עַל־אֶרֶץ רַבָּה׃ 7מִנַּחַל בַּדֶּרֶךְ יִשְׁתֶּה עַל־כֵּן יָרִים רֹאשׁ׃

(BHS 5th ed 시110:1-7 필자 사역)

3. 육신을 따라서

의미

이와 같은 맥락, 곧 다윗 언약의 성취자로서 하나님의 아들 주 예수 그리스도의 죽으심과 부활하심을 드러내어 설명하는 "다윗의 씨로부터(*ἐκ σπέρματος Δαυὶδ*-에크 스페르마토스 다위드)"에 이어지는 전치사구 "육신을 따라서(κατὰ σάρκα-카타 사르카)"는 본질적으로 하나님께서 처음 창조하신 세계의 질서로까지 독자의 시각을 끌어올려 놓을 뿐만 아니라 태초로부터 하나님의 백성들에게 주어진 언약의 체계로까지 독자의 인식을 소급하는 표현임을 쉽게 인지할 수 있다.

대비

바울에게 있어서 로마서 1:3의 "육신을 따라서(κατὰ σάρκα-카타 사르카)"와 1:4의 "거룩하심(거룩 또는 성결)의 영을 따라서(κατὰ πνεῦμα ἁγιωσύνης-카타 프뉴마 하기오쉬네스)"에 대한 대비를 매우 명확하게 보여 주는 곳은 고린도전서 15장의 죽은 자들의 부활, 즉 '죽은 자들이 어떻게 다시 살며 또 그들은 어떤 몸으로 나오게 되느냐?'라고 하는 질문에 대한 바울의 답변 속에 명확하게 나타난다(고전15:35-57).

35 그럼에도 어떤 사람이 묻기를 "죽은 자들이 어떻게 일으켜지며 어떤 몸으로 오는가?"라고 합니다.
36 어리석은 자여, 당신이 뿌리는 씨가 죽지 않으면 살아나지 못합니다.
37 당신이 뿌리는 것은 앞으로 될 몸 자체를 뿌리는 것이 아니라 밀이나 그 밖의 것들의 홀씨일 뿐입니다.
38 그러나 그 하나님께서는 자기가 원하시는 대로 그것에다가 몸을 주시되, 그 씨앗들의 각각에 자기의 몸을 주십니다.
39 모든 육신이 다 같은 육신이 아니라 실로 사람들의 육신도 다르고, 짐승들의 육신도 다르고, 새들의 육신도 다르며, 물고기들의 육신도 다릅니다.
40 또한 하늘의 몸들도 있고 땅의 몸들도 있습니다. 그럼에도 실로 하늘들의 영광이 다르고, 게다가 땅들의 영광도 다릅니다.
41 해의 영광이 다르고, 또한 달의 영광도 다르며, 또 별들의 영광도 다른데, 이는 별과 별이 영광에서 다르기 때문입니다.
42 그 죽은 자들의 부활도 이와 같습니다. 썩을 것으로 뿌려지고, 썩지 않을 것으로 일으켜집니다.
43 천한 것으로 뿌려지고, 영광스러운 것으로 일으켜지게 되고, 약한 것으로 뿌려지고, 강한 것으로 일으켜집니다.
44 영혼적인 몸으로 뿌려지고, 영적인 몸으로 일으켜집니다. 영혼적인 몸이 있으면 영적인 몸도 있습니다.
45 그리하여 '첫 번째 사람 아담이 살아 있는 영혼이 되었다.'라고 기록되어 있고, 마지막 아담은 살려 주는 영이 되었습니다.

46 정녕 처음은 영적인 것이 아니라 영혼적인 것이며, 다음이 그 영적인 것입니다.

47 첫 번째 사람은 땅으로부터 있는 흙의 사람이나 두 번째 사람은 하늘로부터 나왔습니다.

48 흙의 사람이 그와 같다면 역시 흙의 사람들 또한 그와 같고, 하늘의 사람이 그와 같다면 역시 하늘의 사람들 또한 그와 같습니다.

49 우리가 흙의 사람의 형상을 입었던 것과 똑같이 하늘의 사람의 형상을 입을 것입니다.

50 형제들이여, 그래서 내가 이것을 표명합니다. 살과 피가 하나님의 나라를 상속할 수 없고, 썩을 것은 썩지 않을 것을 상속할 수 없습니다.

51 보십시오, 내가 여러분에게 비밀을 말합니다. 우리 모두가 잠들게 되지 않고 변화하게 될 것입니다.

52 순간적으로, 눈 깜짝할 사이에, 마지막 뿔나팔 소리가 날 때 변화하게 될 것입니다. 참으로 나팔 소리가 날 때, 죽은 사람들이 썩지 않을 몸으로 일으켜질 것이고, 우리도 변화될 것입니다.

53 왜냐하면 반드시 이 썩을 몸은 썩지 않을 몸을 입어야 하고, 이 죽을 몸이 죽지 않을 몸을 입어야 하기 때문입니다.

54 이 썩을 몸이 썩지 않을 몸을 입고, 이 죽을 몸이 죽지 않을 몸을 입었을 때, 그때 '죽음(사망)이 승리 속으로 삼켜졌다.'라고 기록된 말씀(사25:8)이 이루어질 것입니다.

55 "죽음아, 너의 승리가 어디 있느냐? 죽음아, 너의 쏘는 독침이 어디 있느냐?(호13:14)"

56 그 죽음의 쏘는 독침은 그 죄이나, 그 죄의 권능은 그 율법입니다.

57 다행히도 우리 주 예수 그리스도를 통해 우리에게 승리를 주시는 그 하나님께 은혜가 있습니다.

*35Ἀλλ' ἐρεῖ τις· πῶς ἐγείρονται οἱ νεκροί; ποίῳ δὲ σώματι ἔρχονται; 36 ἄφρων,
σὺ ὃ σπείρεις, οὐ ζῳοποιεῖται ἐὰν μὴ ἀποθάνῃ· 37 καὶ ὃ σπείρεις, οὐ τὸ σῶμα τὸ
γενησόμενον σπείρεις ἀλλὰ γυμνὸν κόκκον εἰ τύχοι σίτου ἤ τινος τῶν λοιπῶν·
38 ὁ δὲ θεὸς δίδωσιν αὐτῷ σῶμα καθὼς ἠθέλησεν, καὶ ἑκάστῳ τῶν σπερμάτων
ἴδιον σῶμα. 39 Οὐ πᾶσα σὰρξ ἡ αὐτὴ σὰρξ ἀλλ' ἄλλη μὲν ἀνθρώπων, ἄλλη δὲ
σὰρξ κτηνῶν, ἄλλη δὲ σὰρξ πτηνῶν, ἄλλη δὲ ἰχθύων. 40 καὶ σώματα ἐπουράνια,
καὶ σώματα ἐπίγεια· ἀλλ' ἑτέρα μὲν ἡ τῶν ἐπουρανίων δόξα, ἑτέρα δὲ ἡ τῶν
ἐπιγείων. 41 ἄλλη δόξα ἡλίου, καὶ ἄλλη δόξα σελήνης, καὶ ἄλλη δόξα ἀστέρων·
ἀστὴρ γὰρ ἀστέρος διαφέρει ἐν δόξῃ. 42 Οὕτως καὶ ἡ ἀνάστασις τῶν νεκρῶν.
σπείρεται ἐν φθορᾷ, ἐγείρεται ἐν ἀφθαρσίᾳ· 43 σπείρεται ἐν ἀτιμίᾳ, ἐγείρεται ἐν*

δόξῃ· σπείρεται ἐν ἀσθενείᾳ, ἐγείρεται ἐν δυνάμει· **44** *σπείρεται σῶμα ψυχικόν,*
ἐγείρεται σῶμα πνευματικόν. Εἰ ἔστιν σῶμα ψυχικόν, ἔστιν καὶ πνευματικόν.
45 *οὕτως καὶ γέγραπται· ἐγένετο ὁ πρῶτος ἄνθρωπος Ἀδὰμ εἰς ψυχὴν ζῶσαν, ὁ*
ἔσχατος Ἀδὰμ εἰς πνεῦμα ζῳοποιοῦν. **46** *ἀλλ' οὐ πρῶτον τὸ πνευματικὸν ἀλλὰ*
τὸ ψυχικόν, ἔπειτα τὸ πνευματικόν. **47** *ὁ πρῶτος ἄνθρωπος ἐκ γῆς χοϊκός, ὁ*
δεύτερος ἄνθρωπος ἐξ οὐρανοῦ. **48** *οἷος ὁ χοϊκός, τοιοῦτοι καὶ οἱ χοϊκοί, καὶ*
οἷος ὁ ἐπουράνιος, τοιοῦτοι καὶ οἱ ἐπουράνιοι· **49** *καὶ καθὼς ἐφορέσαμεν τὴν*
εἰκόνα τοῦ χοϊκοῦ, φορέσομεν καὶ τὴν εἰκόνα τοῦ ἐπουρανίου. **50** *Τοῦτο δέ*
φημι, ἀδελφοί, ὅτι σὰρξ καὶ αἷμα βασιλείαν θεοῦ κληρονομῆσαι οὐ δύναται
οὐδὲ ἡ φθορὰ τὴν ἀφθαρσίαν κληρονομεῖ. **51** *ἰδοὺ μυστήριον ὑμῖν λέγω·*
πάντες οὐ κοιμηθησόμεθα, πάντες δὲ ἀλλαγησόμεθα, **52** *ἐν ἀτόμῳ, ἐν ῥιπῇ*
ὀφθαλμοῦ, ἐν τῇ ἐσχάτῃ σάλπιγγι· σαλπίσει γὰρ καὶ οἱ νεκροὶ ἐγερθήσονται
ἄφθαρτοι καὶ ἡμεῖς ἀλλαγησόμεθα. **53** *Δεῖ γὰρ τὸ φθαρτὸν τοῦτο ἐνδύσασθαι*
ἀφθαρσίαν καὶ τὸ θνητὸν τοῦτο ἐνδύσασθαι ἀθανασίαν. **54** *ὅταν δὲ τὸ φθαρτὸν*
τοῦτο ἐνδύσηται ἀφθαρσίαν καὶ τὸ θνητὸν τοῦτο ἐνδύσηται ἀθανασίαν, τότε
γενήσεται ὁ λόγος ὁ γεγραμμένος· κατεπόθη ὁ θάνατος εἰς νῖκος. **55** *ποῦ σου,*
θάνατε, τὸ νῖκος; ποῦ σου, θάνατε, τὸ κέντρον ; **56** *τὸ δὲ κέντρον τοῦ θανάτου*
ἡ ἁμαρτία, ἡ δὲ δύναμις τῆς ἁμαρτίας ὁ νόμος· **57** *τῷ δὲ θεῷ χάρις τῷ διδόντι*
ἡμῖν τὸ νῖκος διὰ τοῦ κυρίου ἡμῶν Ἰησοῦ Χριστοῦ.

(NA 28th(UBS 5th) ed 고전15:35-57 필자 사역)

비밀스러운 어법

중요한 것은 앞에서도 잠깐 언급했지만 바울이 처음 창조 세계 질서의 시작을 배경으로 하여 다윗에게 주어진 언약의 성취자로서 하나님의 아들을 언급하기 위해 "육신을 따라서(*κατὰ σάρκα*-카타 사르카)"라고 하는 국면에서의 육신(*σάρξ*-사르크스)의 개념을 도입한다는 점이다. 이는 처음 창조 세계 속의 다양한 육체들 가운데 가장 근원적이며 대표성을 가진 하나의 육체(첫 사람 아담)를 따라 선행하고 있었던 언약의 물줄기를 찾아 올라가도록 이끌고 있는 것이다. 그 언약의 물줄기는 거슬러 다윗에게서 야곱과 이삭을 통해 아브라함에게 이른다(롬4장). 그리고 그것은 노아에게 이르고 에녹과 아벨을 거쳐 첫 사람 아담에게 이른다(롬5장). 그러므로 "육신을 따라서(*κατὰ σάρκα*-카타 사르카)"라는 표현은 엄밀한 의미에서 하나의 육체, 곧 첫 사람 아담으로부터 전해지는 언약의 발원지에 대한 본질적인 문제(창2:16-17, 3:15)라고 할 수 있는 옛 시대의 질서를 따라 형성된 인류를 향한 야훼 하나님의 구속(救贖)의 역사를 보게 하는 바울의 특별하고도 비밀스러운 어법이다.

바울은 로마서 내에서 1장 3절의 "육신을 따라서(*κατὰ σάρκα*-카타 사르카)"와 동일한 어구를 총 7회(롬4:1, 8:4, 8:5, 8:12, 8:13, 9:3, 9:5) 더 사용하여 총 8회 사용하고 있다. 그중에서도 4장 1절의 "육신을 따라서(*κατὰ σάρκα-카타 사르카*)"가 3절의 "육신을 따라서(*κατὰ σάρκα-카타 사르카*) 다윗의 씨(약속의 후손)로부터(*ἐκ σπέρματος Δαυὶδ-에크 스페르마토스 다위드*)"라는 믿음의 계보를 아브라함이라고 하는 믿음의 조상에게로까지 소급해 믿음의 "씨(*σπέρμα-스페르마*)"에 대한 약속을 확증하며 아브라함이 그 믿음의 "씨(하나님의 아들)"를 발견한 것을 밝힌다. 이는 우리가 지금 살펴보고 있는 1장 3절에서의 "육신을 따라서(*κατὰ σάρκα-카타 사르카*) 다윗의 씨로부터(*ἐκ σπέρματος Δαυὶδ-에크 스페르마토스 다위드*)"라는 어구로부터 유추되는 실제적 개념인 예수 그리스도의 죽으심과 부활하심과 동일한 개념으로 지금까지 설명해 온 우리의 해석이 정당함을 보여 준다.

발견

바울은 로마서 4장 1절의 "육신을 따라서(*κατὰ σάρκα-카타 사르카*)"라는 어구를 통해 유대인의 조상인 아브라함을 소환해 "일을 하지 아니할지라도 경건치 아니한 자(불경한 자)를 의롭다고 하시는 분을 믿는 자들에게 그 믿음을 의로 여기신다."라고 하면서, 다시금 다윗을 소환해 "일한 것이 없이 하나님께 의로 여기심을 받는 사람의 행복"을 언급하며 "그 불법을 사하심을 받고 그 죄를 가리우심을 받는 자는 복이 있고, 주께서 그 죄를 인정치 아니하실 사람은 복이 있다(시32:1-2)."라고 한다. 여기서 '일한다'는 것은 사람이 하나님과의 관계에서 의로워지려고 노력하는 행위의 총체를 의미한다. 한마디로 "육신을 따라서(*κατὰ σάρκα-카타 사르카*)" 아브라함은 하나님 앞에서 믿음으로 의롭다고 하심을 받고, 그것이 그 사람의 행복이라는 사실을 발견했으니, 아브라함의 믿음의 자취를 좇는 자들에게도 동일한 행복이 주어진다는 것이다. 이는 모세로부터 받은 율법의 일들로부터 의롭다고 하심을 받으려고 하는 유대인들을 상대로 그들의 조상 아브라함으로부터 다윗에 이르기까지 믿음으로 의롭다고 하심을 받는 자세로 살았음을 밝힘으로써 그들 역시 다윗처럼 동일하게 믿음의 조상 아브라함의 자취를 좇아 살아야 한다는 것을 명백하게 말하고 있는 것이다.

바울의 결론은 이렇다. 아브라함의 믿음은 하나님께서 은혜로 베푸시는 "씨

(σπέρμα-스페르마)"에 대한 약속에 의한 것이며, 아브라함은 그 약속을 믿을 수 없는 처지에서도 의심하지 않고 믿었으며, 하나님께서는 그런 그를 의롭다고 여기셨다. 아브라함이 백 세나 되어 자기 몸의 죽은 것 같음과 사라의 태가 죽은 것 같음을 알고도 믿음이 약해지거나 믿음이 없어 하나님의 약속을 의심하지 않고 오히려 믿음에 견고하여져서 하나님께 영광을 돌리며 약속하신 그것을 또한 능히 이루실 줄을 확신한 것이다. 이를 바울은 하나님께서 의롭다고 여겨 주실 우리, 곧 우리 주 예수를 죽은 사람들 가운데서 살리신 분을 믿는 우리를 위해, '예수는 우리의 타락함 때문에 죽음에 넘겨지셨고, 우리를 의롭다고 하심을 정당화하기 위해 일으켜지셨다.'라고 했다(롬4:19-25). 아브라함이 "육신을 따라서(κατὰ σάρκα-카타 사르카)" 자신에게 주어진 "믿음의 씨(하나님의 아들)"에 대한 하나님의 약속이 주 예수님의 죽으심과 부활로 이루어질 것을 발견했고, 그 발견은 은혜에 의한 것이며, 은혜는 그것이 사실임을 보고 아는 믿음에 이르게 한 것임을 입증한다.

육체를 가지신 하나님

이 같은 바울의 진술이 8장에 이르면 "육신을 따라서(κατὰ σάρκα-카타 사르카)"는 로마서 1:4의 "거룩하심의 영을 따라서(κατὰ πνεῦμα ἁγιωσύνης-카타 프뉴마 하기오쉬네스)"의 결과인 "영을 따라서(κατὰ πνεῦμα-카타 프뉴마)"와 대비를 이루는 개념으로 나타난다. 이때 "육신을 따라서(κατὰ σάρκα-카타 사르카)"는 "믿음의 씨(하나님의 아들)"에 대한 하나님의 약속이 이루어져야 할 토양을 망치려고 하는 세력으로 취급된다(갈4:28-29). 그것은 한 알의 밀알이 땅에 떨어져 죽지 않으면 한 알 그대로 있고 죽으면 많은 열매를 맺는다고 하신 예수님 자신의 죽음과 부활을 가리키는 말씀(요12:24)과 같이 믿음의 씨를 필요로 하는 피조 세계의 소망에 반하는 부정적 질서를 의미한다.

로마서 8:4의 "육신을 따라서(κατὰ σάρκα-카타 사르카)"는 본질적으로 율법의 요구를 충족시킬 수 없는 세대를 가리키고, 로마서 8:12은 율법의 요구에 대하여 채무감을 가지고 사는 것을, 로마서 8:13은 육신을 따라서 사는 것은 마치 죽으려고 기를 쓰는 것이라고 한다. 바울에게 있어서 육신(σάρξ-사르크스)은 연약(타락)하여 율법으로 말미암는 죄의 정욕에 사로잡혀 사망의 열매를 맺는 것이다(롬7:5). 결국 육신의 생각은 사망이고 하나님의 원수가 된다. 왜냐하면 육신의 생각으론 하나님의 법에 굴복치 아니할 뿐만 아니라 할 수도 없기 때문이다(롬8:5-7).

그래서 바울은 연약한(타락하여 죄 아래 팔린 상태의) 육신(롬7:14), 곧 죄에 굴종된 육신(롬7:18-20)으로 인하여 율법이 할 수 없었던 율법의 요구를 충족시킬 수 있도록 하기 위해 하나님께서 자신의 아들을 죄 있는 육신의 모양으로 보내셔서 그 육신 안에 있는 그 죄를 정죄하셨다고 했다(롬8:3). 로마서 9:3에 이르러서는 "믿음의 씨(그리스도)"를 알지 못해 적대감을 가지고 멸망을 향해 달리고 있는, 바울 자신의 육신적인(*κατὰ σάρκα-카타 사르카*) 동족과 친척들을 향한 큰 슬픔과 고통을 말하며, 마지막으로 로마서 9:5에서 그들은 "육신을 따라서(*κατὰ σάρκα-카타 사르카*)" 아브라함과 다윗을 조상으로 가지며 그들로부터 그리스도가 오셔서 지성물이 되셨는데, 그분이 바로 모든 것들 위에 계시는 하나님으로서 영원히 찬양을 받으실 분이시라고 선언한다.

모든 육체의 주님 되심

이처럼 바울이 "육신을 따라서(*κατὰ σάρκα-카타 사르카*)"라는 어구를 통해 의도하고 있는 것은 첫 사람 아담을 통해서 형성된 세상의 어그러진 질서를 나타내고, 그런 세상으로부터 타락한 인간을 구원해 바로 세우는 하나님의 아들에 대한 구속적 언약의 성취라는 맥락 속에서 복음의 진정성을 확증하고자 하는 것이다. 하나님의 언약의 완성이 이스라엘의 대표성을 가지는 유대인들만의 것으로 제한된 지역적인 특성을 뛰어넘어 온 인류를 향한 보편성을 확보하는 자리로 이끌어 하나님의 복음이 창조적이고 우주적인 관점에서 주어진 하나님의 은혜임을 규명하고자 하는 것이다. 그럼에도 그것은 역사적으로 선택된 다윗이라고 하는 한 인간(육신)과의 관계에서 맺은 언약의 성취(예수님의 죽으심과 부활)라는 맥락에서 구현된 새로운 나라(하나님의 아들의 나라)에 대한 전망을 핵심 내용으로 삼고 있다.

여기서 가장 중요한 것은 구속적 언약의 주체인 하나님께서 그 언약의 대상자인 인간(*육신 σάρξ-사르크스*)을 선택하여 주권적으로 구속하시는 역사를 일으킨다는 하나님의 언약적 절대 주권에 의한 구원에 대한 인식이다. 에덴동산에서의 과오로 인하여 추방된 아담의 후예들의 육신적 특성(창6:3)은 노아 시대의 대홍수 사건으로 인해 드러난 구속의 은혜가 어떠함을 여실히 보여 준다. 본질적으로 인간의 조건과 행위로는 절대로 하나님의 구원에 참여할 수 없으며, 오직 하나님의 언약적 주권에 의한 선택과 부르심으로써만 생성되는 믿음으로 예수님의 주님 되심을 시인케 함으로 구원에 이르게 하는 것이 하나님의 복음의 핵심이라 할 수 있다(요13:1, 요17:1-2, 고전12:3). 한마디로 바울은 유독 다윗이라고 하는 한 인간의 범주로부터 과거에 일어난 이 신비로운 일을, 육신을 따라서 형성된 천하만국의 질서 속에서 일어난 사건으로 확장시켜, 예수님께서 모든 육체의 주님 되심이 성경을 통해 입증되고 있음을 확증하고 있는 것이다.

1 예수께서 이것들을 말씀하시고 그 하늘 속으로 그의 눈을 들어 올리신 후 말씀하셨습니다. "아버지시여, 그 시간이 왔습니다. 당신의 아들을 영광스럽게 하십시오. 이는 그 아들이 당신을 영광스럽게 하기(당신께 영광 돌리기) 위함입니다.
2 당신께서 그에게 모든 육신의 권세를 주신 대로, 당신께서 그에게 주신 자마다 그가 그들에게 영원한 생명을 주려는 것입니다.

1 Ταῦτα ἐλάλησεν Ἰησοῦς καὶ ἐπάρας τοὺς ὀφθαλμοὺς αὐτοῦ εἰς τὸν οὐρανὸν εἶπεν· πάτερ, ἐλήλυθεν ἡ ὥρα· δόξασόν σου τὸν υἱόν, ἵνα ὁ υἱὸς δοξάσῃ σέ, 2 καθὼς ἔδωκας αὐτῷ ἐξουσίαν πάσης σαρκός, ἵνα πᾶν ὃ δέδωκας αὐτῷ δώσῃ αὐτοῖς ζωὴν αἰώνιον.

(NA 28th(UBS 5th) ed 요17:1-2 필자 사역)

4. 로마서 1:3의 해석에 대한 재고

이쯤에서 필자는 리차드 B. 개핀의 『부활과 구속』이라는 논문집(도서출판 엠마오, 1985, 128~150쪽)에 실려 있는 로마서 1:3-4의 해석에 관해 소개하는 것이 독자들에게 많은 유익이 되리라고 생각한다. 다만 필자가 이를 소개하는 이유는 개핀의 관점이 기본적인 방향에서 필자와 다르지 않지만 구체적인 면에서 계승, 발전시켜야 할 필자의 의무와 역할이 있다고 믿기 때문이다. 지면 관계상 전체를 다 인용할 수는 없고 독자들이 꼭 읽어 봐야 할 부분을 발췌해 나누는 정도로 만족해야 할 것 같다. 다만 그의 연구의 계승과 발전이라고 하는 필자의 의무와 역할을 다해야 한다는 점에서 이미 제시한 필자의 해석이 그의 연구와 무엇이 같고, 다른지를 분별하며 유익한 읽기가 되기를 바란다. 그의 로마서 1:3-4의 해석을 이렇게 시작한다.

이 구절은 흥미 있고도 어려운 몇 가지 질문들을 제공한다. 용어와 형식의 특성들, 압축된 표현상의 분위기, 구문상의 난제들, 이 모든 것이 전후문맥에 상대적으로 의존하는 하나의 진술 속에 혼합되어 있다. 여기서 우리가 관심을 갖는 것은 그것들이, 부활이 지닌 기독론적이며 구원론적인 의미에 대하여 무엇을 말하고 있는지를 해명하는 것이다.
(Ibid., 도서출판 엠마오, 1985, 128~129쪽)

이어 그는 해명에 앞서 두 가지 문제를 다룬다. 첫째는 로마서 1:3-4을 신약의 양식 비평이라는 운동이 바울 이전에 기원된 초대 교회의 의식상의 재료, 곧 초대 교회의 신앙고백 형식이 이 구절들의 기초를 이루고 있다는 폭넓은 주장에 반하여, 로마서 1:3-4은 전적으로 바울의 것인 교훈을 제공하는 것으로 단정 짓는다. 둘째는 문맥적 성찰(바울의 관습) 속에서 생각해 볼 때에 로마서 1:3-4은 독창적이나 즉흥적인데, 이는 서신의 중심부에서 발전시킬 내용을 강조하는 것이라고 하며, '구문 분석'이라는 예비적 고찰을 통해 3, 4절은 각각 하나의 분사가 인도하는 두 개의 절로 구성되어 있으며 두 개의 분사는 연합하여 '복음(1절)'의 내용을 상술하는 '아들(3절상)'을 수식한다. 그리고 3, 4절의 평행 구조의 일치된 형식을 비교하며 4절에서 "권능(능력)으로 하나님의 아들(*υἱοῦ θεοῦ ἐν δυνάμει-휘우 데우 엔 뒤나메이*)"이란 표현이 바로 앞의 분사를 의존하며 실제보다 더욱 분명한 불균형을 만들어 낸다고 했다(이 부분을 필자는 앞으로 "거룩하심의 영을 따라서(*κατὰ πνεῦμα ἁγιωσύνης-카타 프뉴마 하기오쉬네스*)"라는 국면을 설명할 때 자세하게 다룰 것이다). 이어 개핀은 이 3, 4절의 해석에 대한 두 개혁주의 전통을 소개하며 바른 견해를 찾아간다.

개혁주의 전통은 의미상으로 해석을 달리하는 두 가지 기본적인 해석 중의 어느 하나를 따랐는데 우리는 그것들을 개혁주의적 해석의 옛 것과 새 것이라고 부를 수 있을 것이다. 전자는 이 구절들의 제일되는 관심은 존재론적 혹은 형이상학적이어서 여기에 나타난 대조는 그리스도의 인격을 이루고 있는 두 가지 구성 부분들 혹은 함께 존재하는 국면들 사이의 대조라고 주장한다. 이것은 칼빈의 견해이며 또 핫지가 대표적으로 주장하며 워필드에 의해 엄격하고 실용적인 방식으로 변호되고 있다. 이와 달리 새로운 해석은 존재론적 요소가 기초되어 있음을 부인하지는 않지만 여기서 구속사적인 개관이 지배적이며 이 대조는 두 개의 연속적인 존재의 양상 또는 상태의 대조라고 주장한다. 이 입장은 보스에 의하여 소개되었고 그레다누스와 리델보스, 머레이의 주석에서 주장되고 있다(본문의 각주 참조).
(Ibid., 도서출판 엠마오, 1985, 132쪽)

개핀은 개혁주의적 옛 해석을 받아들일 수 없는 이유로, 두 절이 시상(時相)적인 연속이 있음을 보여 주는 분사의 특성을 고의적으로 배제하고, 두 절의 대조에 대해 단순히 3절의 육신을 하나님의 아들 그리스도의 인성을 말하고 있고, 4절의 영을 그리스도의 신성을 말하도록 주장한다고 한다. 이는 부활이 우리 주님의 존재 양식 속에서 하나의 변화를 산출하는 원인이 된다는 생각을 힘차게 거절함으로써, 두 절이 우리 주님의 존재의 연속적인 상태를 대조시키고 있다는 광범위한 개념을 거절하기 때문이라고 한다.

반대로 이 구절들에 대한 정당한 해석을 하려면, 육신과 영의 반명제가 지닌 실제적인 성격을 파악하고 문장론적으로 바울 사상의 발전을 주의 깊게 추적함으로 드러나게 되는 시상적 요소가 바울의 중심 사상을 표현하는 핵심 요소가 됨을 인식해야 한다고 한다. 이때 바울이 그리스도를 하나님으로 생각하고 있다는 사실(빌 2:6,9, 롬9:5 참조)과 그와 관련된 교훈은 이미 로마서 1:3에서의 주어가 선 존재이시며, 하나님의 거룩하신 아들이시라는 것을 나타내고 있다는 것이라고 한다.

따라서 로마서 1:3의 기본적인 사상은 선존재이신 하나님의 아들이 인간이 되셨다는 것이다. 환언하면 그리스도의 인격이 지닌 신인 양성이 4절 이전에서 완전하게 표현되고 있다. 성육신은 "다윗의 혈통에서 나셨고"란 표현으로 적절히 묘사되고 있다. 이것은 '육신으로는'이란 구가 어떤 기능을 갖는가 하는 의문을 제기한다. 이것은 단순히 설명적 보충어의 형식 속에서 인성을 가정하는 일을 분명하게 만드는가? 아니면 이것은 어떤 부가적인 의미에 기여하는가? 육신(σάρξ)의 언급은 그리스도의 인성 이상 무엇을 포함하는가? 육신에 대한 바울의 용법을 간략하게 설명하는 것이 이 질문의 대답에 필요한 일이다.
(Ibid., 도서출판 엠마오, 1985, 139~140쪽)

이러한 개핀의 질문은 사실 본문을 정당하게 해석하고자 하는 취지를 가진다. 이런 해석 방식의 발전적 자세는 필자의 해석 방식과 다르지 않으며 이미 필자의 해석으로 좀 더 넓은 시각에서 구체적으로 진보했고 보완되었음을 확인할 수 있을 것이다. 다만 개핀의 연구가 가치가 있는 것은 바울의 사상이라는 넓은 문맥 속에서 본문의 의미를 규정하려고 기초를 놓았다는 점이다. 그것이 바로 필자가 굳이 개핀의 연구를 부분 발췌 게시하여 독자들로 하여금 직접 개핀의 글을 읽게 하려고 한 이유이고, 그것은 필자의 해석이 그의 연구를 있는 그대로 보존하면서도 어떻게 그의 연구를 포함하여 그것을 뛰어넘고 있는지를 독자들로 하여금 볼 수 있게 하기 위해 먼저 필자가 본문에 대한 해석을 제시하게 했던 것이다. 이는 다만 본문(롬1:3-4)의 바른 이해를 위한 필자의 본문에 대한 충정 어린 자세임을 이해해 주기 바라는 심정이다. 계속되는 그의 질문의 답변을 위한 '육신'이라는 용어의 3가지 바울의 용법에 대해 정리한 부분을 보자.

> 육신에 대한 바울의 용법이 지닌 특성은 복합적이다. 따라서 세 가지의 기본적인 의미들로 구분하는 것이 가능하다. 제일 먼저, 몸(σῶμα)과 동의어로서의 육신은 인간의 질료적인 면, 즉 인간의 실체를 포함하는 물질적인 면(예를 들면 고후4:11; 갈4:13f; 골1:22, 그리스도에 대한 언급과 함께)을 말한다. 둘째, 구약의 용법이 갖는 배경과는 달리 전인간, 즉 전체로서의 인간을 의미할 수 있다(예를 들면, 롬3:20;고전1:29;갈2:16). 이 단어는 특별히 인간(human)의 동의어로서 그 용법을 확대시키면 소유적인 관계와 인종적 결속을 가리키는 집합적 의미도 포함한다(롬11:14).
>
> 셋째, 이전 것들보다 더욱 광범위한 뜻이지만 최근까지는 사실상 간과되었던 용법으로 바울 서신에서 가장 뛰어난 것으로 분위기적 성질로 가장 잘 묘사된다. 인간생활의 특징을 이루며 그것의 영위를 위하여 필요한 모든 것들과 더불어 인간존재의 영역, 인간의 환경, 자연적이며 땅에 속한 질서를 말한다. 이것은 바울신학의 전체에 있어서 기본이 되는 것으로서 이러한 의미의 육신(σάρξ)은 의도적으로 아이온(αἰών)과 동의어적이다. 더 분명히 말하자면 이(옛) 세대(οὗτὸς ὁ αἰών)와 동의어이다.
>
> (Ibid., 도서출판 엠마오, 1985, 140~141쪽)

이렇듯 리차드 개핀은 '육신(*σάρξ-사르크스*)'이라는 용어가 본질적으로 바울의 구속사적인 관점에서 형성된 분위기적인 시대적 의미로서 세대적이며 윤리적 성격을 가지고 형성된 옛 질서를 나타낸다고 한다. 첫째 아담의 불순종 때문에 옛 세대가 부패하게 되었고 첫 아담의 질서가 되었으며 육신이 약하게 되었다. 육신은 현재의 악한 세대의 자기보존적인 힘을 묘사하는 것이고, 오는 새 시대의 특성에 반하여 활달치 못함과 허약함을 나타낸다. 따라서 3절이 말하는 완전한 사상은 성육신(다윗의 혈통에서 나심)으로 말미암아 영원하신 하나님의 아들이 육신의 영역·옛 세대·지금의 악한 세대에 들어오셨으며, 그의 개인적이며 성육신하신 존재 상태는 출생으로 인하여 들어오셨던 육적인 세계의 질서에 따라 살게 되었다는 것이다. 문법적으로 볼 때 두 개의 전치사구는 부사적으로 사용되어 성육신의 행위를 묘사하고 있으며 이것은 '육신을 따라서(*κατὰ σάρκα*-카타 사르카)'란 용어 속에서 "최초의 행위보다는 결과에 강조를 두기 위하여" 사용되고 있다고 한다.

이와 같이 개핀이 로마서 1:3, 4절의 두 분사구문의 시상에 근거한 역사성을 읽어 내고, 두 분사구문의 평행 구조와 그에 따르는 부사구(전치사구)의 대칭을 통해 나타나는 반명제를 구속사적인 관점에서 해석의 방향을 잡고 3절을 성육신의 상태로 육적인 세계 질서 속에 들어와 살게 되었다고 해석한 것은 정당한 것이었다. 그럼에도 구속사적인 맥락에서 바울이 성육신의 상태로 육적인 세계 질서 속에 들어와 사셨던 주 예수 그리스도에 대한 전반적인 설명을 다시 하고 있다는 측면에서 분사구문에 따르는 두 부사구의 실제적인 의미를 살려 성육신뿐만 아니라 생애 전반을 통해 죽으시고 부활하심으로 마침내 육적인 세계 질서 속에서 영원한 생명의 왕이 되신 하나님의 아들로 읽는 데까지 이르지 못하고 있다는 한계점을 분명하게 보여 준다.

분명히 바울의 텍스트가 영원하신 하나님의 아들이 인간이 되셨음을 나타내고 있다는 것은 어떤 식으로든 부정할 수 없는 사실이다. 하지만 여기서 중요한 건 영원하신 하나님의 아들이 인간이 되셨음만을 주장하려고 이런 방식의 문장을 쓰고 있는 것이 아니라는 점이다. 이미 필자가 이 국면을 설명하면서 밝혔듯이, 바울이 이 문장을 쓰는 의도가 육신을 따른 질서 속에서 예수님의 주님 되심을 밝히는 것에 강조점이 있다. 창조 세계의 모든 육체의 주인으로서의 모든 권한과 권세를 가진 분이심을 입증하는 목적으로 그의 인격과 그의 삶이 있었다는 사실을 밝히는 데 주안점이 있다.

솔직히 바울의 관점에서 하나님의 아들이라고 함은 그 존재의 특성상 영원하신 분으로서 그분의 육신적인 특성 또한 영원하다(롬8:3, 빌2:6-7). 설령 그가 육체의 죽임을 당하시더라도 그분의 육체는 썩음을 당하지 않고 다시 일으켜지신 분이시다(행2:24). 그때 비로소 그런 특이한 육신의 과정을 통해 왕 되신 주님께서는 모든 육체를 가진 자들에게 영원한 생명으로 통치하시는 새로운 왕국에 대한 소망을 갖게 하는 소식이 되신다. 바울은 지금 육신을 따라 죽음에 종노릇하며 사는 모든 이들에게 예수님의 죽으심과 부활하심이 어떻게 구원의 기쁜 소식이 되는지를 말하려고 성육신의 대목을 신중하게 언급하는 것이다.

이렇듯 개핀에게서 예수님의 주님 되심에 대한 복된 소식으로의 발전 과정이 배제되어 있다는 점은 아쉬움으로 남는다. 하지만 독자들은 필자의 글을 통해 이 점이 보완되고 있음을 이미 확인할 수 있었을 것이라고 믿어 의심하지 않는다.

22 이스라엘 남자들이여, 이 말씀들을 들으십시오. 여러분 자신들도 아는 바와 같이, 나사렛 예수도 성인 남성으로서, 그 하나님께로부터 여러 능력과 기사와 표적으로 여러분에게 증거되신 분입니다. 이 모든 일은 그 하나님께서 그를 통하여 여러분 가운데서 행하신 것입니다.

23 그 하나님의 예지와 정해진 계획에 의해 넘겨준 이 예수를, 여러분은 무법자들의 손을 통하여 십자가에 못 박아 처형했습니다.

24 하지만 그를 그 하나님께서 다시 세우시사 그 사망의 고통들을 풀어 주셨습니다. 그것은 그가 사망에 의해 붙잡혀질 수 없었던 이유에 따른 것이었습니다.

25 다윗은 그분을 가리켜 말합니다. '내가 모든 일을 통해 내 앞에 계신 그 주님을 미리 뵙고 있었습니다. 그분은 내가 흔들리지 않도록 하기 위해 내 오른쪽에 계시기 때문입니다.

26 이것 때문에 나의 마음이 기뻐지고 나의 혀가 즐거워하였습니다. 그러니 지금부터 나의 육체는 소망 위에 완전히 거할 것입니다.

27 왜냐하면 주님께서 나의 영혼을 음부에 버리지 않을 것이고, 썩음을 당하도록 주님의 거룩한 자를 주시지도 않을 것이기 때문입니다.

28 주님께서 나에게 생명의 길들을 알게 하셨으니, 주님의 얼굴과 함께 기쁨으로 나를 채우실 것입니다.'

29 성인 남성 형제들이여, 내가 조상 다윗에 관하여 여러분에게 자신 있게 말

할 수 있는 것은, 그도 생애를 마치고 묻혔고, 이날까지 그의 무덤이 우리 안에 있습니다.

30 *그는 예언자이었기 때문에 하나님께서 한 맹세로 그에게 맹세하신 것을 잘 알고 있었습니다. 그 맹세는 그의 허리의 열매(직계 자손)로부터 그의 보좌 위에 앉게 하신다는 것이었습니다.*

31 *그는 그 그리스도의 부활을 미리 내다보고 '그가 음부에 버려지지 않고 그의 육체가 썩음을 보지 않았다.'라고 설파했던 것입니다.*

32 *이 예수를 그 하나님께서 다시 세우셨고, 우리가 모두 그의 증인들입니다.*

33 *그런즉 그가 그 하나님의 오른손에 의해 높임을 받으셨고, 동시에 그가 약속하신 그 거룩한 영을 그 아버지께로부터 받아, 지금 여러분이 보고 듣는 이것을 부어 주신 것입니다.*

34 *참으로 다윗은 그 하늘들에 올라가지 못했지만 친히 말합니다. "[그] 주님께서 나의 주님께 말씀하셨습니다. '너는 나의 오른편에 앉으라.*

35 *내가 너의 원수들을 너의 발등상으로 둘 때까지.'"*

36 *그러므로 이스라엘의 각 집은 확실하게 아십시오. 여러분이 십자가에 못 박은 이 예수를 그 하나님께서 바로 주님과 그리스도로 만드셨습니다.*

22Ἄνδρες Ἰσραηλῖται, ἀκούσατε τοὺς λόγους τούτους· Ἰησοῦν τὸν Ναζωραῖον,
ἄνδρα ἀποδεδειγμένον ἀπὸ τοῦ θεοῦ εἰς ὑμᾶς δυνάμεσιν καὶ τέρασιν καὶ
σημείοις οἷς ἐποίησεν δι' αὐτοῦ ὁ θεὸς ἐν μέσῳ ὑμῶν καθὼς αὐτοὶ οἴδατε,
23 τοῦτον τῇ ὡρισμένῃ βουλῇ καὶ προγνώσει τοῦ θεοῦ ἔκδοτον διὰ χειρὸς
ἀνόμων προσπήξαντες ἀνείλατε, **24** ὃν ὁ θεὸς ἀνέστησεν λύσας τὰς ὠδῖνας
τοῦ θανάτου, καθότι οὐκ ἦν δυνατὸν κρατεῖσθαι αὐτὸν ὑπ' αὐτοῦ. **25** Δαυὶδ
γὰρ λέγει εἰς αὐτόν· προορώμην τὸν κύριον ἐνώπιόν μου διὰ παντός, ὅτι ἐκ
δεξιῶν μού ἐστιν ἵνα μὴ σαλευθῶ. **26** διὰ τοῦτο ηὐφράνθη ἡ καρδία μου καὶ
ἠγαλλιάσατο ἡ γλῶσσά μου, ἔτι δὲ καὶ ἡ σάρξ μου κατασκηνώσει ἐπ' ἐλπίδι,
27 ὅτι οὐκ ἐγκαταλείψεις τὴν ψυχήν μου εἰς ᾅδην οὐδὲ δώσεις τὸν ὅσιόν σου
ἰδεῖν διαφθοράν. **28** ἐγνώρισάς μοι ὁδοὺς ζωῆς, πληρώσεις με εὐφροσύνης
μετὰ τοῦ προσώπου σου. **29** Ἄνδρες ἀδελφοί, ἐξὸν εἰπεῖν μετὰ παρρησίας πρὸς
ὑμᾶς περὶ τοῦ πατριάρχου Δαυὶδ ὅτι καὶ ἐτελεύτησεν καὶ ἐτάφη, καὶ τὸ μνῆμα
αὐτοῦ ἔστιν ἐν ἡμῖν ἄχρι τῆς ἡμέρας ταύτης. **30** προφήτης οὖν ὑπάρχων καὶ
εἰδὼς ὅτι ὅρκῳ ὤμοσεν αὐτῷ ὁ θεὸς ἐκ καρποῦ τῆς ὀσφύος αὐτοῦ καθίσαι ἐπὶ
τὸν θρόνον αὐτοῦ, **31** προϊδὼν ἐλάλησεν περὶ τῆς ἀναστάσεως τοῦ Χριστοῦ ὅτι
οὔτε ἐγκατελείφθη εἰς ᾅδην οὔτε ἡ σὰρξ αὐτοῦ εἶδεν διαφθοράν. **32** τοῦτον τὸν
Ἰησοῦν ἀνέστησεν ὁ θεός, οὗ πάντες ἡμεῖς ἐσμεν μάρτυρες· **33** τῇ δεξιᾷ οὖν
τοῦ θεοῦ ὑψωθείς, τήν τε ἐπαγγελίαν τοῦ πνεύματος τοῦ ἁγίου λαβὼν παρὰ
τοῦ πατρός, ἐξέχεεν τοῦτο ὃ ὑμεῖς [καὶ] βλέπετε καὶ ἀκούετε. **34** οὐ γὰρ Δαυὶδ
ἀνέβη εἰς τοὺς οὐρανούς, λέγει δὲ αὐτός· εἶπεν [ὁ] κύριος τῷ κυρίῳ μου· κάθου
ἐκ δεξιῶν μου, **35** ἕως ἂν θῶ τοὺς ἐχθρούς σου ὑποπόδιον τῶν ποδῶν σου.

36 ἀσφαλῶς οὖν γινωσκέτω πᾶς οἶκος Ἰσραὴλ ὅτι καὶ κύριον αὐτὸν καὶ χριστὸν ἐποίησεν ὁ θεός, τοῦτον τὸν Ἰησοῦν ὃν ὑμεῖς ἐσταυρώσατε.

(NA 28th(UBS 5th) ed 행2:22-36 필자 사역)

5. 로마서 1:2-3은 하나의 문장

이제 2절과 3절을 하나의 문장으로 읽었을 때의 통합적 의미가 무엇인지를 정리할 필요가 있겠다. 결론적으로 말하면 위에서 3절을 설명할 때 문제점으로 제시하고 필자의 의견을 개진했던 "나심과 되심" 중에 "되심"의 실제적인 의미가 더 선명해진다고 할 수 있다. 우선 구두점을 가진 본문의 번역을 쉽게 설명하면, 하나님께서 자신의 선지자들을 통해 약속하신 약속이 기록된 성경 속에 증거로 남아 있다. 그러니까 먼저 하나님의 약속의 증거로 구약 성경이 있고, 그다음 그 약속이 지상에서 이루어졌다는 것과 같은 단순한 논리로 번역하게 된다. 그렇게 될 때의 부작용이 바로 원문의 단어나 구문의 형식이 갖는 저자의 의도가 무시되고, 번역자의 관점에서 전체의 뜻을 살려 번역한다고 "되심"을 "나심"으로 쉽게 의역하게 되는 일이 발생하게 된다.

하지만 구두점이 없는 본문의 번역은 정반대의 시각으로 논리가 표현된다. 먼저 과거에 이미 일어난 한 사건이 있고, 그 사건의 일어남은 하나님께서 오래전에 약속하셨던 것이었다는 식의 지나간 과거의 일을 현재의 관점에서 해석하여 재구성하는 논리다. 이는 '육신을 따라서 다윗의 씨로부터 되신 그분(하나님)의 아들에 대해 하나님 자신께서 약속하셨던 것이었음'을 밝히는 방식으로 하나님의 복음을 설명하는 문장의 표현 방식이다. 그러니까 바울이 하나님의 창조 세계의 언약적 구속 역사 속에서 예수님의 출생으로부터 비롯된 예수님의 지상 사역의 시작과 그 결과에 대해 자신만의 독특한 해석을 담은 문장을 쓰고 있다는 말이다.

이는 앞으로도, 또한 결론적으로 4절에서 자세하게 언급하겠지만 대부분의 번역 성경과 주석 등의 신학적 견해가 단편적으로 인간 예수와 그리스도를 나누어서 설명하는 방식의 관점에서 글쓰기를 선호하고 있지만, 바울은 이곳에서 "예수 그리스도 우리 주님(*Ἰησοῦ Χριστοῦ τοῦ κυρίου ἡμῶν-예수 크리스투 투 퀴리우 헤몬*)" 즉, 주 예수 그리스도를 바라보며 다시 해석해 내는 관점에서 글을 쓰고 있다. 단편적으로 역사적 예수와 그리스도를 나누어 놓고 보면 선민 이스라엘의 역사적 관점에서의 각각의 특정 부분에 대한 해석으로 나가게 하지만 "예수 그리스도 우리 주님"에 대한 관점은 예수님의 출생부터 지상 사역과 십자가의 수난을 통한 돌아가심과 부활, 그리고 승천 후 하늘 보좌 우편에 앉으셔서 지상에 약속하신 성령을 보내신 분"이라는 전체적 시각에서 천상으로부터 자신의 주되심을 나타내신 영원하신 하나님의 아들 예수님의 부르심과 보내심을 받은 아주 새로운 관점에서의 해석으로 나아가게 한다. 즉 '예수 그리스도'라는 호칭이 형성된 초기 예루살렘 교회 공동체의 '예수 그리스도'라는 호칭에 대한 관점을 바울의 입장에서 재해석하는 것이다. 따라서 로마서 1:2-3은 '그 복음은 하나님께서 자신의 예언자들을 통해 거룩한 기록들로 미리 약속하셨던바 육신을 따라서는 다윗의 씨로부터 되신 그분(하나님)의 아들에 대한 것'이라고 읽는 것이 저자의 의도에 더 진정성 있게 다가가는 번역이라고 할 수 있다. 그리고 그것은 '그 복음은 육신을 따라서 다윗의 씨로부터 되신 하나님의 아들에 대해 하나님께서 자신의 예언자들을 통해 쓰게 하신 거룩한 기록들로 미리 약속하셨던 것입니다.'라고 읽는 데까지 나아가야 한다.

그런 의미에서 로마서 1:3절의 "육신을 따라서 다윗의 씨로부터 되신 하나님의 아들"이라는 표현은 예수님의 인간으로서의 출생의 기록이 있는 마태복음(마1:18-25), 누가복음(눅1:26-2:21)보다는 "말씀이 육신이 되었다(*ὁ λόγος σὰρξ ἐγένετο-호 로고스 사르크스 에게네토*)."라고 증언하는 요한복음서의 성육신에 대한 예수님의 기록(요1:14) 방식과 거의 일치한다. 이는 다시 강조하지만, 예수님의 생애전반의 인격과 사역의 완성으로서의 돌아가심, 그리고 부활 승천을 통해 지상에 성령을 보내심으로써 인간들로부터 "하나님께서 이 예수를 그리스도와 주로 만드셨다(행2:36)."라는 고백을 하게 함으로써, 하나님께서 '그 예수'로 하여금 인간 세상에 '예수 그리스도'와 '주 예수 그리스도'라고 하는 호칭을 갖게 하셨다는 초기 예루살렘 교회의 관점을 뛰어넘어 바울만의 새로운 해석을 제시하고 있다는 점을 보아야 한다. 한마디로 '주 예수 그리스도'라는 호칭이 갖는 영광스러운 하나님의 은혜와 진리의 충만이 언약적 구속 역사 속에서 선택된 민족의 일부(특별히 아브라함의 언약적 대표 후손 다윗 왕국의 일부 백성)에게 맛보게 하여 온 세계에 이 복음을 전하게 하시는 분위기(행1:8)에서, 바울을 불러(행9:4) 그리스도 예수의 종과 사도로서 하나님의 복음을 통한 새로운 우주적 창조의 질서가 시작되었음을 선포하는 데 초점이 있다. 그러므로 롬1:2-3절은 육체를 가지신 하나님의 아들로서 그분의 죽음과 부활로 육체를 가진 모든 자들의 삶(생명)을 주관하시는 주님이 되셨다는 영광스러운 사건으로 하나님의 언약이 성취되었음을 말하는 것이다. 한마디로 육신을 따라 형성된 이 세상의 어두운 질서 속에서 육신을 가진 자들이 죽음에 종노릇하는 데에서 벗어나 영생을 소망케 하는 예수님의 주님 되심을 성경을 통해 입증한 것이다.

1 그 하나님께서는 옛날에 그의 예언자들을 통해 우리 조상들에게 여러 번에 걸쳐 다양한 방법으로 말씀하신 후
2 이날들의 마지막에 한 아들 안에서 우리에게 말씀하셨고, 그를 만물의 상속자로 세우셨으며, 또한 그를 통하여 여러 시대를 만드셨습니다.
3 그는 그 하나님의 영광의 광채로 존재하시고, 그 하나님의 실상 그대로의 모습을 보여 주십니다. 동시에 그는 자신의 권능의 말씀으로 만물들을 붙드시며, 그 죄들을 정결하게 하는 일을 하신 후에 지극히 높은 곳에 계신 가장 위대하신 분의 오른편에 앉으셨습니다(시110:1).
4 이처럼 그는 천사들 보다 더 능력 있는 크신 분이 되셔서 그들보다 더 뛰어난 이름을 상속받으셨습니다.
5 참으로 그 하나님께서 언제 천사들 중 어떤 자에게 "너는 내 아들이다. 내가 오늘날 너를 낳았다(시2:7)."라고 말씀하신 적이 있습니까? 또다시 "나는 그에게 아버지로 있을 것이고 그는 나에게 아들로 있을 것이다(삼하7:14)."라고 말씀하신 적이 있습니까?
6 그래서 다시 그분이 맏아들을 세상에 들어오게 하실 때에, "하나님의 천사들은 모두 그에게 경배하라(신32:43)."라고 말씀하십니다.
7 그리고 실로 그 천사들을 향해서는 "그가 자기의 천사들을 영들로 만드는 자이고, 또한 자기의 사역자들을 번개의 불꽃으로 만드는 자이다(시104:4)." 라고 말씀하십니다.
8 반면에 그 아들을 향해서는 "그 하나님이시여, 당신의 왕좌가 영원합니다! 그리고 당신의 왕국의 지휘봉(홀)은 공평의 지휘봉입니다.
9 당신께서는 의를 사랑하시고 불법을 미워하셨습니다. 이것 때문에 그 하나님, 곧 주님의 그 하나님께서 주님의 동료들보다 더 큰 환희의 기름을 주님에게 부으셨습니다(시45:6-7)."라고 말씀하십니다.
10 또한 "주님(그 하나님), 주님께서 근본들을 따라 땅에 기초를 놓으셨으며,

하늘들도 주님의 손으로 일하신 것입니다.

11 그것들 자체가 멸망할 것이나 주님은 영존하실 것입니다. 또한 그것들 모두가 옷처럼 낡아 해어질 것입니다.

12 그래서 덮개와 같이 주님께서 그것들을 말아 버리실 것이니, 그것들이 바꾸어질 것입니다. 그러나 주님은 변함없이 한결같으신 분이시니, 주님의 연대들이 그치지 않을 것입니다(시102:25-27).”라고 말씀하십니다.

13 그리고 주님(그 하나님)께서 천사들 중 누구를 향해 “내가 너의 원수들을 너의 발등상으로 둘 때까지 내 오른편에 앉아 있어라(시110:1).”라고 말씀하신 적이 있습니까?

14 그들은 모두 구원을 상속받으려는 자들 때문에 섬김을 위해 보내어진 영들이 아닙니까?

1 Πολυμερῶς καὶ πολυτρόπως πάλαι ὁ θεὸς λαλήσας τοῖς πατράσιν ἐν τοῖς
προφήταις 2 ἐπ' ἐσχάτου τῶν ἡμερῶν τούτων ἐλάλησεν ἡμῖν ἐν υἱῷ, ὃν ἔθηκεν
κληρονόμον πάντων, δι' οὗ καὶ ἐποίησεν τοὺς αἰῶνας· 3 ὃς ὢν ἀπαύγασμα τῆς
δόξης καὶ χαρακτὴρ τῆς ὑποστάσεως αὐτοῦ, φέρων τε τὰ πάντα τῷ ῥήματι τῆς
δυνάμεως αὐτοῦ, καθαρισμὸν τῶν ἁμαρτιῶν ποιησάμενος ἐκάθισεν ἐν δεξιᾷ
τῆς μεγαλωσύνης ἐν ὑψηλοῖς, 4 τοσούτῳ κρείττων γενόμενος τῶν ἀγγέλων
ὅσῳ διαφορώτερον παρ' αὐτοὺς κεκληρονόμηκεν ὄνομα. 5 Τίνι γὰρ εἶπέν
ποτε τῶν ἀγγέλων· υἱός μου εἶ σύ, ἐγὼ σήμερον γεγέννηκά σε; καὶ πάλιν·
ἐγὼ ἔσομαι αὐτῷ εἰς πατέρα, καὶ αὐτὸς ἔσται μοι εἰς υἱόν; 6 ὅταν δὲ πάλιν
εἰσαγάγῃ τὸν πρωτότοκον εἰς τὴν οἰκουμένην, λέγει· καὶ προσκυνησάτωσαν
αὐτῷ πάντες ἄγγελοι θεοῦ. 7 καὶ πρὸς μὲν τοὺς ἀγγέλους λέγει· ὁ ποιῶν τοὺς
ἀγγέλους αὐτοῦ πνεύματα καὶ τοὺς λειτουργοὺς αὐτοῦ πυρὸς φλόγα,
8 πρὸς δὲ τὸν υἱόν· ὁ θρόνος σου ὁ θεὸς εἰς τὸν αἰῶνα τοῦ αἰῶνος , καὶ ἡ
ῥάβδος τῆς εὐθύτητος ῥάβδος τῆς βασιλείας σου. 9 ἠγάπησας δικαιοσύνην καὶ
ἐμίσησας ἀνομίαν· διὰ τοῦτο ἔχρισέν σε ὁ θεὸς ὁ θεός σου ἔλαιον ἀγαλλιάσεως
παρὰ τοὺς μετόχους σου. 10 καί· σὺ κατ' ἀρχάς, κύριε, τὴν γῆν ἐθεμελίωσας,
καὶ ἔργα τῶν χειρῶν σού εἰσιν οἱ οὐρανοί· 11 αὐτοὶ ἀπολοῦνται, σὺ δὲ
διαμένεις, καὶ πάντες ὡς ἱμάτιον παλαιωθήσονται, 12 καὶ ὡσεὶ περιβόλαιον
ἑλίξεις αὐτούς, ὡς ἱμάτιον καὶ ἀλλαγήσονται· σὺ δὲ·ὁ αὐτὸς εἶ καὶ τὰ ἔτη σου
οὐκ ἐκλείψουσιν. 13 πρὸς τίνα δὲ τῶν ἀγγέλων εἴρηκέν ποτε· κάθου ἐκ δεξιῶν
μου, ἕως ἂν θῶ τοὺς ἐχθρούς σου ὑποπόδιον τῶν ποδῶν σου; 14 οὐχὶ πάντες
εἰσὶν λειτουργικὰ πνεύματα εἰς διακονίαν ἀποστελλόμενα διὰ τοὺς μέλλοντας
κληρονομεῖν σωτηρίαν;

(NA 28th(UBS 5th) ed 히1:1-14 필자 사역)

이렇게 바울은 로마서 서두에서 만유의 주, 왕 중의 왕으로서의 “주 예수 그리스도"라는 호칭이 갖는 광범위한 관점에서 "육신을 따라서(κατὰ σάρκα-카타 사르카)"와 "거룩하심의 영을 따라서(κατὰ πνεῦμα ἁγιωσύνης-카타 프뉴마 하기오쉬네스)"라는 구속사의 완전히 다른 두 국면을 설명해 하나님의 복음을 완전하게 표현함으로써, 하나님의 복음이 새로운 창조의 관점에서 영적이며 우주적인 것임을 명백하게 확증하고 있는 것이다. 바울이 이렇게 하는 이유는 육신을 따라 약속된 하나님의 아들에 대해 대다수(특별히 아브라함의 언약적 대표 후손 다윗 왕국의 국교라고 할 수 있는 유대교에 속한 대부분의 사람들)의 그릇된 이해가 하나님의 복음의 적대적 세력으로 활동함으로써 그 복음이 새 창조의 관점에서 영적이며 우주적인 방식으로 작동하고 있는 것을 방해하여 하나님께서 창조하신 세계를 망하게 하고 있기 때문이다.

41 바리새인들이 함께 모였을 때 그 예수께서 그들에게 질문하셨습니다.
42 "너희는 그 그리스도에 관하여 어떻게 생각하느냐? 누구의 아들이냐?" 그들이 그에게 말합니다. "다윗의 자손입니다."
43 그(예수)가 그들에게 말씀하십니다. "그러면 다윗이 영 안에서 그를 '주님'이라고 부르며 말한 것은 어찌 된 일이냐?
44 그는 말하길, "주님께서 내 주님께 말씀하십니다. '내가 원수들을 너의 발등상 아래 둘 때까지 내 오른편에 앉아 있어라.'"라고 했다.
45 그런즉 만일 다윗이 그를 주라고 부른다면, 그가 어떻게 그의 자손일 수 있느냐?"
46 이에 아무도 그에게 한마디도 대답할 수 없었고, 그날부터 누구도 더 이상 그에게 질문하려고 용기를 낼 수 없었습니다.

41 Συνηγμένων δὲ τῶν Φαρισαίων ἐπηρώτησεν αὐτοὺς ὁ Ἰησοῦς 42 λέγων· τί ὑμῖν δοκεῖ περὶ τοῦ χριστοῦ; τίνος υἱός ἐστιν; λέγουσιν αὐτῷ· τοῦ Δαυίδ.
43 λέγει αὐτοῖς· πῶς οὖν Δαυὶδ ἐν πνεύματι καλεῖ αὐτὸν κύριον λέγων· 44 εἶπεν κύριος τῷ κυρίῳ μου· κάθου ἐκ δεξιῶν μου, ἕως ἂν θῶ τοὺς ἐχθρούς σου ὑποκάτω τῶν ποδῶν σου; 45 εἰ οὖν Δαυὶδ καλεῖ αὐτὸν κύριον, πῶς υἱὸς αὐτοῦ ἐστιν; 46 καὶ οὐδεὶς ἐδύνατο ἀποκριθῆναι αὐτῷ λόγον οὐδὲ ἐτόλμησέν τις ἀπ' ἐκείνης τῆς ἡμέρας ἐπερωτῆσαι αὐτὸν οὐκέτι.

(NA 28th(UBS 5th) ed 마22:41-46 필자 사역)

따라서 "육신을 따라서(κατὰ σάρκα-카타 사르카)"는 주 예수 그리스도께서 다윗 왕국의 왕 되심을 선포하되, "다윗의 씨로부터"라고 하는 다윗 언약의 속사정 — 다윗의 밧세바 강탈 사건과 관련되어 태어난 아들의 죽음과 새롭게 태어날 아들에 대한 기대, 곧 하나님께서는 다윗의 씨가 성전을 짓게 하시어 이스라엘로 하여금 하나님을 모시고 사는 거룩한 나라가 되게 하심으로써, 하나님은 그 씨의 아버지가 되고 그 씨는 하나님의 아들이 되어 다스리는 나라가 영원할 것이라는 약속 — 을 들여다보게 한다. 그리고 그 아들의 죽음이 다윗의 죄로 인한 것임과 새롭게 태어날 아들(부활)로 다윗이 의롭다고 하심을 얻었음에 대해 확증하여 이전과는 완전히 다른 다윗의 왕국을 구현해 갈 다른 차원의 왕으로서 하나님의 아들을 보게 하는 데 이르게 한다.

이는 하나님께서 예수를 그리스도(하나님의 아들)와 주(主)로 만드심으로 '주 예수 그리스도'라는 호칭을 얻게 하셨고, 그 호칭이 갖는 영광스러움은 그분의 죽음과 부활을 통해 이루어진 것으로서 전능하신 하나님의 권능의 결과가 실제로 역사 속 다윗의 왕가로부터 이루어진 명백한 사실임을 증거하는 것이다. 한마디로 육신을 따라서 다윗의 씨의 죽음과 부활로 인해 세워질 새로운 몸(육체)의 성전으로서의 영원하신 하나님의 아들의 주 되심을 보게 한다(요2:21). 그리고 하나님의 아들에 대한 그릇된 이해로부터 기인할 수 있는 공허한 고백과 기대를 한 방에 날려 버리고, 참성전 되신 주 예수님에 대한 실제적인 이해에 근거한 참된 신앙생활에 이르게 하려는 저자의 의도를 읽게 만드는 것이 바로 구두점 없는 2-3절의 본문이다.

19 예수께서 대답하여 그들에게 말씀하셨습니다. "이 성전을 허물어 버려라. 그러면 삼 일 안에 내가 그것을 일으킬 것이다."
20 그러자 유대인들이 말했습니다. "이 성전이 사십육 년 동안 지어졌는데, 당신이 삼 일 안에 그것을 일으키겠다는 것입니까?"
21 그러나 예수께서는 그의 몸의 성전에 대해 말씀하고 계신 것이었습니다.
22 그런즉 예수께서 죽은 자들로부터 일으켜지신 후에, 그의 제자들은 그분께서 이것을 자신들에게 말씀하고 계셨다고 기억하였으며, 그때 성경(그 기록)과 그 예수께서 하신 그 말씀을 믿었습니다.

19 *ἀπεκρίθη Ἰησοῦς καὶ εἶπεν αὐτοῖς· λύσατε τὸν ναὸν τοῦτον καὶ ἐν τρισὶν ἡμέραις ἐγερῶ αὐτόν.* ***20*** *εἶπαν οὖν οἱ Ἰουδαῖοι· τεσσεράκοντα καὶ ἓξ ἔτεσιν*

*οἰκοδομήθη ὁ ναὸς οὗτος, καὶ σὺ ἐν τρισὶν ἡμέραις ἐγερεῖς αὐτόν; **21** ἐκεῖνος
δὲ ἔλεγεν περὶ τοῦ ναοῦ τοῦ σώματος αὐτοῦ. **22** ὅτε οὖν ἠγέρθη ἐκ νεκρῶν,
ἐμνήσθησαν οἱ μαθηταὶ αὐτοῦ ὅτι τοῦτο ἔλεγεν, καὶ ἐπίστευσαν τῇ γραφῇ καὶ
τῷ λόγῳ ὃν εἶπεν ὁ Ἰησοῦς.*

(NA 28th(UBS 5th) ed 요2:19-22 필자 사역)

제5장
바울 복음의 신국면 2(1장 4절)

— 죽은 자들의 부활과 거룩하게 하시는 영 —

더욱 큰 문제는 로마서 1장 4절 "죽은 자들의 부활로부터"라는 전치사구가 단순히 "죽은 자들 가운데서 살아나셨다."라는 표현으로 둔갑해 저자가 의도하고 있는 중대한 의미가 가려지거나 왜곡 보도되는 일이다. 그것은 로마서 4:24이나 로마서 10:9에서와 같이 "죽은 자들 가운데서 부활하심"을 나타내는 예수님 개인에 대한 표현과는 다른 국면인 신자들의 부활을 나타내는 "죽은 자들의 부활"이다.

제5장 바울 복음의 신국면 2(1장 4절) _ 148p에서 발췌 요약

2c. 하나님의 아들에 대한 두 번째 분사구문의 바른 이해(로마서 1장 4절)

본문 분석

본문	NA28판(UBS5판) ΠΡΟΣ ΡΩΜΑΙΟΥΣ 1:4 필자 사역	TR(ST)판 ΠΡΟΣ ΡΩΜΑΙΟΥΣ 1:4 개역개정
1:4a	τοῦ ὁρισθέντος υἱοῦ θεοῦ ἐν δυνάμει κατὰ πνεῦμα ἁγιωσύνης ἐξ ἀναστάσεως νεκρῶν,	τοῦ ὁρισθέντος υἱοῦ θεοῦ ἐν δυνάμει, κατὰ πνεῦμα ἁγιωσύνης, ἐξ ἀναστάσεως νεκρῶν,
번역	거룩하게 하시는 영을 따라서는 죽은 자들의 부활로부터 권능 있는 하나님의 아들로 인정되신 분,	성결의 영으로는 죽은 자들 가운데서 부활하사 능력으로 하나님의 아들로 선포되셨으니
1:4b	Ἰησοῦ Χριστοῦ τοῦ κυρίου ἡμῶν,	Ἰησοῦ Χριστοῦ τοῦ κυρίου ἡμῶν,
번역	그분이 바로 예수 그리스도 우리 주님이십니다.	곧 우리 주 예수 그리스도시니라

국면의 전환

위에서 간단하게 언급한 바 있듯이 바울은 4절 두 번째 분사구문에서 "육신을 따라서(*κατὰ σάρκα-카타 사르카*)"와 반대되는 명제인 것처럼 "거룩하심의 영을 따라서(*κατὰ πνεῦμα ἁγιωσύνης-카타 프뉴마 하기오쉬네스*)"라는 특별한 어휘 선택(구약 성경 히브리사람들의 구문 방식)을 통해 3절과 아주 다른 새로운 국면의 설명을 시도한다. 이러한 시도는 앞으로 자세하게 설명되어야 하겠지만 3절과 평행 구조를 이루는 4절의 분사구문이 3절과는 다른 방식의 구문 형태를 취함으로써 획기적으로 결정적인 국면의 전환을 보게 한다.

3절의 분사구문을 통해 설명된 "육신을 따라서(*κατὰ σάρκα-카타 사르카*)"라고 하는 옛 질서 속에서 하나님의 아들 되심이라는 특별한 사건(육체가 성전이 되는 사건)이 다윗의 씨(예수 그리스도의 죽음과 부활)로부터 실현되었음을 선포했다. 그로써 '주 예수 그리스도'의 왕 되심이 영적 차원의 새로운 세계(하나님의 나라)를 도래하게 만들었다는 사실을 직면하게 했다면, 4절의 분사구문은 그러한 사건이 어떻게 모든 인간 세계에 실현되는지와 그러한 사실을 인간 세계가 어떻게 긍정할 수 있게 되는지를 설명하는 형식의 문장 구조로 되어 있다.

특히 "거룩하심의 영을 따라서(*κατὰ πνεῦμα ἁγιωσύνης-카타 프뉴마 하기오쉬네스*)"라고 하는 아주 특별한 방법으로 새로운 질서가 창조되고 그 새로운 창조의 질서 속에서 하나님의 아들로 인정받는 사건으로 '주 예수 그리스도'의 호칭을 가진 '하나님의 아들'의 주님 되심을 보게 한다.

여기서 먼저 제기될 수 있는 문제는 이런 바울의 복음에 대한 진술을 하나님의 선민이라고 불리는 육신적 이스라엘의 입장에서 어떻게 수용할 수 있느냐는 것이다. 앞으로 본 서신 로마서 2-4장과 9-11장에서 본격적으로 다룰 문제이지만 개괄적인 언급이 필요한 시점이다.

바울은 사실 육신적 이스라엘로부터 그러한 가능성을 찾는 것 자체가 본질적으로 이방인들과 동일하게 불가능하다고 여긴다(롬3:9-20). 하지만 바울 자신의 경우가 그러했던 것처럼 누구든지 하나님의 언약에 대한 주도적인 특성, 곧 언약과 관련한 일방적인 하나님의 주권적 구원 활동에 의해서 주어지는 은혜의 새 생명에 참여할 때만 가능하게 된다고 말한다(롬9:6-8, 11:5-6). 그 길 자체가 인간들의 힘이나 지혜에 의해서 만들어지지도 않을 뿐만 아니라 설령 그 길이 하나님의 은혜로 주어진다고 하더라도 인간들의 지혜와 능력으로는 도저히 접근조차 할 수 없는 폐쇄된 길일 뿐이다(고전1:17-21). 따라서 하나님의 아들에 대한 바울의 해석은 이방인들에게는 관심 밖(미련한)의 일이며, 유대인(이스라엘의 대표성을 가진 왕족)에게는 거리끼는 것이다. 하지만 오직 부르심을 입은 자들에게는 유대인이나 헬라인(이방인의 대표성을 가진 자들)이나 십자가에 못 박힌 예수 그리스도는 하나님의 권능이고 지혜가 되는 것이다(고전1:23-24). 그러한 사실은 오직 성령을 통해 알려진다(고전2:7-16).

아주 새로운 국면

인간의 구원이라는 것은 오직 하나님의 언약을 통한 주권적 선택에 의한 부르심과 그 부르심에 의한 선택하심에 따라 결정되어진다(롬9:11-13). 그것은 하나님의 아들의 혼인잔치 참여라는 예수님의 비유를 통해서도 확인할 수 있다(마22:1-14). 결국 구원이라는 것은 예수님의 열두 제자들의 조건, 즉 예수님께 부르심을 받고 가르침을 받는 제자의 과정을 거치는 특별한 조건하에 있다고 하더라도 하나님의 선택 없이는 불가능하다(마19:13-30, 요13:1,18). 인간에겐 구원의 희망조차도 허락하지 않은 상태와 상황에서 값없이 주어지는 구원의 은혜, 곧 사람으로는 할 수 없으되 하나님으로서는 다 할 수 있다는 예수님의 말씀은 선택적 부르심을 받은 자들에게 이루어지도록 하는 것이 예수님의 구원의 방식임을 보여 준다(마19:26). 이렇게 로마서 1:3의 성육신에 대한 분위기는 하나님의 아들이신 예수님께서 직접 자신의 말씀 성취(죽으심과 부활하심)를 수단으로 육신에 속한 모든 자들이 구원의 은혜에 참여케 하는 길을 만드셨다는 사실을 말하고 있다. 그렇다면 그것을 근거로 그 예수님께서 직접 주도적으로 스스로 세상으로부터 하나님의 아들로 인정받는 일을 만들어 가게 되는 아주 새로운 국면으로 나아가는 것을 예상할 수 있는데, 그것이 바로 이어지는 로마서 1:4의 분위기이다.

한마디로 로마서 1:3이 과거 다윗 왕국을 통해 전망되고 있던 그리스도의 왕국이 예수님의 주님 되심을 통해 온 세상에 새롭게 실현되었음을 선언하는 것이라면, 인간 세계에서는 그 왕국에 들어갈 수 있는 자는 도무지 없다. 육체를 가진 사람 중에 그 어떤 자도 죽음으로부터 부활에 이르는 구원을 얻을 수 있는 사람이 없기 때문이다. 하지만 4절은 이러한 절망감 속에 놓인 어두움으로부터 한 걸음 더 나아가 그 주님 예수 그리스도를 새로운 다윗 왕국(온 세상)의 왕으로서 인정하는 일이 어떻게 가능한지를 설명한다. 이는 바울이 제시하는 하나님의 복음이 육신을 따라서 다윗왕이라고 하는 유다 민족으로부터 기인했지만(요4:22), 그 복음이 육신을 따르는 유대인만의 복음이 아니라 영을 따르는 세계 만민의 복음이라는 것을 확정 짓는 선언이다(롬2:28-29).

시상적 논리 구조

여기서 잠시 헬라어 본문의 구문적인 구조를 확인할 필요가 있다. 아래의 대조표를 통해 복음의 첫 번째 국면인 "육신을 따라서(*κατὰ σάρκα-카타 사르카*)"와 두 번째 국면인 "거룩하심의 영을 따라서(*κατὰ πνεῦμα ἁγιωσύνης-카타 프뉴마 하기오쉬네스*)"가 두 개의 분사구문을 병치시켜 대조하는 방법으로 하나님의 복음의 핵심 사안을 시제(時制)적 관점에서 설명하는 논리 구조를 쉽게 이해할 수 있다. 2-4절은 1절에서 제시된 "하나님의 복음(*εὐαγγέλιον θεοῦ-유앙겔리온 데우*)"을 설명하는 관계절이고, 그에 대한 결론으로 4절의 하반절 "예수 그리스도 우리 주님(*Ἰησοῦ Χριστοῦ τοῦ κυρίου ἡμῶν-예수 크리스투 투 퀴리우 헤몬*)"이라는 호칭을 제시한다. 하나님의 복음이란 한마디로 그리스도 예수의 주님 되심과 그 예수 그리스도의 주님 되심에 대한 선포다.

이는 곧 '주 예수 그리스도'라는 호칭이 갖는 구속사적 의미를 바울의 시각에서 두 국면으로 나누어 설명한 것이다. 2-3절은 옛 시대의 거룩한 기록 안에 담긴 다윗 언약의 실제 의미의 성취자로서 낮아지셨던 영원하신 하나님의 아들 예수님의 주님 되심에 대한 설명이고, 4절은 3절의 하나님의 아들이 다윗 언약의 성취로 인한 효과로 죽은 자들의 부활을 이끌어 내시는 권능을 가진 그리스도의 주님 되심에 대한 새로운 창조 시대의 설명이다.

하나님의 복음 εὐαγγέλιον θεοῦ - 유앙겔리온 데우 ↓	
그 복음에 대한 설명 2-4절의 결론 예수 그리스도 우리 주님 Ἰησοῦ Χριστοῦ τοῦ κυρίου ἡμῶν - 예수 크리스투 투 퀴리우 헤몬 ↙ ↘	
2-3절	4절
거룩한 기록들 안에서 ἐν γραφαῖς ἁγίαις - 엔 그라파이스 하기아이스	권능(능력) 안에서 ἐν δυνάμει - 엔 뒤나메이
하나님의 아들 되심(언약의 성취) τοῦ υἱοῦ αὐτοῦ τοῦ γενομένου - 투 휘우 아우투 투 게노메누	하나님의 아들로 인정됨 τοῦ ὁρισθέντος υἱοῦ θεοῦ - 투 호리덴토스 휘우 데우
다윗의 씨(약속의 후손)으로부터 ἐκ σπέρματος Δαυὶδ - 에크 스페르마토스 다위드	죽은 자들의 부활로부터 ἐξ ἀναστάσεως νεκρῶν - 엑스 아나스타세오스 네크론
육신을 따라서 κατὰ σάρκα - 카타 사르카	거룩하게 하시는 영을 따라서 κατὰ πνεῦμαά γιωσύνης - 카타 프뉴마 하기오쉬네스

사실 규정

위 도표를 만든 이유는 두 가지다. 하나는 2-3절이 말하고자 하는 것이다. 그것은 육신을 따라서 다윗의 씨로부터 되신 하나님의 아들이, 바로 과거에 하나님께서 선지자들의 거룩한 기록들로 미리 약속하셨던 분이라는 사실을 규정한다. 이를 거꾸로 말하면 '예전에 하나님께서 자기의 아들에 대해 미리 선지자들이 거룩한 기록을 쓰게 하시는 방법으로 약속하셨었는데, 그분이 바로 육신을 따라서 다윗의 씨로부터 되신 하나님의 아들이셨다.'라는 뜻이다. 다른 하나는 4절이다. 그것은 3절의 하나님의 아들이 거룩하게 하시는 영을 따라서 죽은 자들을 살리시는 능력으로 하나님의 아들로 인정받으신 분이라는 사실을 규정한다.

1. 인정받으신 하나님의 아들

덧붙여진 하나님의 아들

이처럼 바울은 4절에서 인정받은 하나님의 아들(*τοῦ ὁρισθέντος υἱοῦ θεοῦ-투 호리스덴토스 휘우 데우*)에 대해서 언급하고 있다. 이미 언급한 바 있지만 이 표현이 갖는 의미는 분사문장의 시상적 논리 구조와 관련되어 있다. 이는 3절과 4절의 대비 속에서 확장, 발전되는 분사구문의 특성을 통해 파악할 수 있는데, 그 핵심은 3절에서 이미 등장하고 있음에도 4절에서 다시 등장하는 '하나님의 아들(*υἱοῦ θεοῦ-휘우 데우*)'이라는 명사구의 문법적 역할이다.

좀 더 설명하자면, "인정받으신 분(*τοῦ ὁρισθέντος-투 호리스덴토스*)"이라고 하는 분사절에 덧붙여진 하나님의 아들(*υἱοῦ θεοῦ-휘우 데우*)은 분사와 동격(소유격)이다. 이런 분사구문(*τοῦ ὁρισθέντος υἱοῦ θεοῦ-투 호리스덴토스 휘우 데우*)은 일반적으로 주 문장의 부대 상황을 나타내는 독립속격분사구문으로 쓰인다. 그럴 경우 속격분사는 동사적 역할을 하고 속격명사는 속격분사의 주어 역할을 하여 '때나 이유' 등을 나타내게 되는데, 본문의 분사구문은 이런 용법에 해당되지 않는다. 왜냐하면 이 분사구문의 분사가 수동태 분사이고, 정관사를 수반해서 이미 언급된 존재에 관해 설명하는 분사절에 속하기 때문이다.

이때 정관사는 선행하는(이미 언급된) 명사(하나님의 아들)와 성수격이 일치하는 동격(본문에서는 소유격)으로 지시대명사의 역할을 하여 3절과 동일하게 선행하는 명사(이미 언급된 존재) "하나님의 아들"을 가리키며 분사와 결합하여 분사절을 이룬다.

여기까지는 3절과 동일한 구조의 분사절이다. 다른 점이 있다면 4절은 분사 뒤에 "하나님의 아들(*υἱοῦ θεοῦ-휘우 데우*)"이라는 동격의 명사구를 덧붙여 의미를 확장시킨다. 이는 대비되는 두 분사구문에 이미 선행하는 "하나님의 아들"이 실제 주어로 작동하고 있는 상황에서 덧붙여진 4절의 "하나님의 아들"로서 분사의 특성상 주격보어의 역할을 한다고 보는 것이 자연스럽다. 따라서 이미 3절에서 설명되어 있는 "하나님의 아들"이 4절의 주어가 되고, 덧붙여진 4절의 "하나님의 아들"이 동격보어로 이미 언급된 3절상의 하나님의 아들이 진정 '하나님의 아들로 인정되셨다.'라는 뜻으로 번역된다.

이쯤에서 우리는 "권능(능력)으로 하나님의 아들(*υἱοῦ θεοῦ ἐν δυνάμει-휘우 데우 엔 뒤나메이*)"이란 표현이 바로 앞의 분사에 의존하며 실제보다 더욱 분명한 불균형을 만들어 낸다는 개핀의 입장을 살펴보면서 지난날의 본문에 대한 수많은 오해와 왜곡의 역사를 다시금 더듬어 볼 필요가 있다. 왜냐하면 앞에서 이미 언급했듯이 로마서 1:2-4의 두 분사구문을 해석함에 있어서 전통적인 개혁주의(칼빈, 핫지, 워필드) 해석은 분사의 시상적인 관점을 배격하고 그리스도의 양성교리를 입증하는 도구로 전락시키는 과오를 범했기 때문이다.

❶ 핫지와 워필드 입장에 있어서 두 가지 생각이 핵심을 이룬다. 그중의 하나는 보다 광범위한 성경의 문맥에서 유래하며 다른 하나는 두 절(clause)의 평행 구조에서 유래한다.

① 핫지와 워필드는 다른 곳에서의 성경적 용법은 예외 없이 '하나님의 아들(4절)'이 특별히 그리스도의 신성을 말하도록 요구한다고 주장한다.

② '육신(3절)'은 그의 인성을 말하고 있음이 틀림이 없음으로 양 절(clause) 사이의 평행법에 의하여 '성결의 영'은 그의 신성을 묘사하고 있다고 그들은 주장한다. 따라서 이 두 요소는 이 대조가 그리스도의 인격을 이루는 두 성분, 즉 그의 신성과 인성 사이의 대조이며 이 구절들은 바울이 양성교리(doctrine of the two natures)의 분명한 지지자임을 보여 준다는 결론에 도달케 한다.

워필드가 이러한 입장을 천명하는 특징적인 몇 가지 진술들을 살펴보자. 그는 "두 절(clause)의 주장 속에 암시된 시상적인 연속이 있다."(240)라는 것을 인지하면서도 이것은 "단지 부수적인 것으로 삽입되었거나 혹은 단어의 배열에서 야기된 우연한 결과"일 것이라고 주장한다. 또 "두 절의 주장을 서로에게 짝지우는 관계는 시상적이라기보다는 '논리적인' 관계이다"(241, ' 표시는 나의 것)라고 부언한다. 조금 지나서 이 점이 다시금 강조된다. "시상적인 연속은 바울이 강조하고자 생각했던 바가 아니며 그의 주장을 지배하는 관념이 아니다."(244) 이러한 마지막 진술과 관련하여 워필드는 이 구절들 속에서 부활의 위치에 대하여 논증한다. 바울은 시상적 요소에 대하여 거의 관심을 가지지 않았기 때문에 "부활이 언제 발생하였는지를 말하는 데 그는 매우 무관심하고 있다"(244). 그렇다면 부활의 의미가 그리스도의 신성을 언급하는 '순이지적인' 기능 속에만 존재한다고 해도 놀라운 것은 결코 아니다. 부활은 "그것을 말함으로 그의 인격 중의 신성을 전달하기 때문에", 즉 "그것은 그리스도가 진정으로 누구셨고 어떤 분이셨는가를 분명하게 보여 주기" 때문에(244) 중요한 것이다. 나아가 워필드는 "부활이 우리 주님의 존재양식 속에서 하나의 변화를 산출하는 원인"(244)이 된다는 생각을 힘차게 거절하며 사실상 이러한 주장보다 "더욱 괴기한 것은 아무것도 없다."(245)라고 말하고 있다. 그리고 한 번 이상 그는 바울이 존재의 연속적인 상태를 대조시키고 있다는 보다 광범위한 개념을 거절한다. "여기서 바울은 시간을 구분하며 우리 주님의 두 가지 연속적인 존재 양식을 대조시키고 있지 않다. 그는 우리 주님의 인격을 구성하고 있는 요소들을 구별하고 있는 것이다."(246) 여기서 워필드는 논증을 지지하는 부정적인 요소는 '육신'과 '영'이 시상적인 성질을 가진 것이 아니며 이 단어들을 포함하는 문구가 여기서 "이러한 시상적 구분을 표현하기 위해서라면 잘못 선택된 것"이라는 그의 주장이다.(244f.)

❷ 언뜻 보기에 핫지와 워필드의 해석은 매우 만족스러우며 그것을 추천하기 위하여 많은 것을 다룬 것처럼 보일 수 있다. 그러나 보다 주의 깊게 살펴보면 세 가지 중요한 반대가 발견되며 이들은 각각 만만치 않은 내용이어서 그들의 주장을 받아들일 수 없는 것으로 만든다.

① 아마도 가장 어려운 점은 그들의 주장이 그리스도의 신성을 언급하기 위하여 πνεῦμα(4절)를 취하는 점일 것이다. 이것은 바울 서신의 어떤 곳에서도 전혀 지지를 받지 못한다. 더욱이 πνεῦμα는 여기서 σάρξ와 짝을 이루어 대칭을 형성하는데 이 대칭은 바울 서신의 다른 곳에서는 항상 한편이 성령을 언급하는 것이다(예를 들면 롬8:4-9,13; 갈5:16-26;6:8; 빌3:3f). 유일한 예외는 고린도전서 5:5과 고린도후서 7:1에서 두 번 인간에 적용되어 사용되는데 분명히 여기서는 이것이 적용되지 않는다.

핫지와 워필드는 모두 '성령의'란 소유적 수식어를 들어서, 이것은 성령이 고찰되고 있지 않음을 보여 주기 위하여 사용되고 있음이 분명하다고 주장하여 이러한 반론을 제거하고자 노력한다. 물론 이것은 신약의 다른 곳에서나 초대 기독교의 다른 문헌, 혹은 칠십인역에서는 나타나지 않는 독특한 조화이다. 그러나 이것은 성령이 묘사되지 않고 있다거나 그리스도의 신성을 말하고 있음을 의미하지 않는다. 사실은 결정적인 단서가 될 가벼운 어의상의 증거가 성령에 대한 언급이란 주장을 지지하고 있다.

첫째, 가장 그럴 듯한 설명은 이것이 히브리어 용법으로 רוּחַ הַקֹּדֶשׁ(성신, 사63:10;시51:11… 역자 주)의 정확한 번역이라는 것이다. 이 표현은 구약에 세 번 나타나는데 신실한 사람 안에 거하며 탄식하실 수 있는 존재를 말한다. 더욱이 각각의 경우에 있어서 칠십인역은 이것을 πνεῦμα ἅγιον(시51:11;사63:10f.)으로 번역하고 있다. 둘째, 또 다른 한 경우는 "12족장의 언약"(The Testaments of Twelve Patriarchs)에 나타난다(각주 참조). 여기에서도 역시 πνεῦμα는 '성도' 안에 거하시며 (그들에게 기름을 부어 주시는?) 존재가 된다.

그렇다면 언어학상의 고찰은 여기서 성령을 언급하고 있다는 주장을 지지하는 바울의 용법에 대한 우리의 유추를 지원하는 셈이다. 나아가 양자가 '인정되었으니'라는 분사의 행위를 묘사하는 두 개의 전치사구를 통한 πνεῦμα와 부활의 상호연관으로 말미암아 이 사실은 더욱 확실해진다. 이것은 바울의 사고에 있어서 뛰어난 위치를 차지하고 있는 부활에 대한 성령의 사역을 가리킨다.

② 또 다른 커다란 어려움은 핫지와 워필드의 견해가 이 구절들 속에서 부활의 의미란 그리스도의 신성을 언급함과 더불어 그의 거룩하심을 확증해 주는 순이지적인 기능을 뜻한다고 보는 것이다. 이와 같은 견해는 바울 서신의 어느 곳에서도 발견되지 않을 뿐만 아니라 그의 교훈의 핵심과도 동떨어진 것이다. 그리스도의 부활은 첫 열매, 먼저 나신 자, 둘째 아담의 부활이다.

이것은 그리스도와 신자들의 결속을 떠나서는, 즉 그가 그들과 공통점을 갖는 관계를 떠나서는 아무런 의미가 없다. 그리스도의 인격을 말하게 될 때 바울에게 있어서 부활은 그리스도의 신성이 아니라 오히려 그의 인성과 관계한다. 더욱이 그것이 지닌 의미는 순전히 이지적인 것이 아니다. 왜냐하면 고린도전서 15:45과 고린도후서 3:17이 분명히 보여 주듯이 이 부활은 그리스도의 인격 안에서 일어나는 실제적인 변환, 즉 신자들이 체험하는 것과 같은 변화를 산출시킨다(특히 고전15:45ff.과 함께 15:51을 참조). 그리스도의 부활은 그의 신성과 관계될 때 분명해지는 것이 아니라 그의 인성과 관계될 때 변화를 일으킨다.

③ 문장론적으로 3절과 4절을 '복음'(1절)의 궤적 안에 둘 때 그것들은 복음의 요약된 진술, 즉 워필드의 말을 빌리면, "바울이 전한 그리스도"에 대한 요약된 선포의 기능을 한다. 사실 워필드는 이 점을 가장 강한 강조점이라고 생각한다. 그러나 양성에 대한 언급이 어떻게 이 목적을 충당할 수 있는가? 양성을 지닌 그리스도의 인격은 분명히 복음 선포에 있어서 떼어 놓을 수 없는 부분이다. 우리가 앞으로 살펴보게 되듯이 그것은 이 절들(clauses) 속에 분명히 존재한다. 그러나 그것은 하나의 열매 껍질 속에 든 복음은 아니다. 그리스도의 역사와 사역에 대한 '부수적인', '우연한', '무관심한'(워필드) 언급과 함께 짝하는 그리스도의 양성교리는 "구원을 주시는 하나님의 능력"(16절)이 '아니다'.

이러한 반론을 퇴치하려면 이것이 지닌 의미를 깊이 이해하고 보다 본문에 더 적합한 다른 해석을 발견하려는 노력이 행해져야 한다. 사실 여기서 제시한 양성을 주장하는 해석에 대한 세 가지 반론의 주력 모두는 그것이 지닌 뚜렷한 가능성과 그 추론의 정확함에도 불구하고 바울신학의 보다 폭넓은 문맥 속에서 하나의 설 땅을 찾는 데 실패하고 있다.

❸ 이 구절들에 대한 정당한 해석을 하려면 워필드에 의하여 극소화된 시상적 요소의 중심됨을 인식해야만 한다. 이 점은 바울의 사상 발전을 주의 깊게 추적함으로 드러날 수 있다. 두 개의 분사구문에 대한 주어는 "이 아들"(3절)이다. 계속되는 절들(clauses)에서 묘사되는 사건들을 통하여 '아들'이 주어가 되리라고 예견되기 때문에 여기서 이 '아들'이 예견적으로 사용되었다고 보기보다는 뒤에 나오는 아들의 특별한 신분, 즉 주어와 하나님과의 관계(1절)에 대한 언급으로 보는 것이 더욱 자연스럽다. 그렇다면 선존재적이며 영원한 아들 됨이 고찰되고 있음이 분명하다.

다른 곳들에서 바울은 하나님께서 그의 아들을 (아끼시지 않으시고) 보내셨다고 말하고 있다(롬8:3,32;갈4:4). 로마서 8:32에서 비록 가장 유사한 언급은 그리스도의 죽음에 대한 것이겠지만 3절에 비추어서 볼 때 이 죽음에 이르는 현현과 고난이 분명히 나타나고 있다. 따라서 각각의 경우에서 그리스도는 아낀 바 되지 않으시고 아들이란 특별한 신분을 지닌 채 (죄인의 몸의 형상대로 여인에게서 나서) 보내신 바 되셨다.
즉 인간의 몸을 입으셨다. 결론적으로 바울이 그리스도를 하나님으로 생각하고 있다는 사실(빌2:6,9:롬9:5 참조)과 짝한 이러한 교훈은 로마서 1:3상의 주어가 선존재이시며 하나님의 거룩하신 아들이시라는 것과 그리스도의 신성이 다음에 나오는 절들(clauses)에서 말해지기 이전에 벌써 여기에 나타나고 있다는 것을 보여 준다.
(Ibid., 도서출판 엠마오, 1985, 133~139쪽)

'인정받았다'라는 표현에 내포된 의미

여기서 하나님의 아들로의 인정은 우선적으로 지상에서의 인정을 넘어선 천상으로부터의 인정을 생각해야 한다. 2-3절에서 보았듯이 약속으로 존재하고 계셨던 영원하신 하나님의 아들이 지상으로 낮아지시고 높임을 받으심으로 천상의 세계에서 확실히 그가 하나님의 아들이라고 여김을 받은 것을 의미한다. 그리고 그러한 인정에는 반드시 뒤따르는 증표가 있기 마련이다. 그 증표가 바로 그분의 죽으심과 부활의 권능을 나타내는 십자가의 사건이고, 그 권능은 지상에서 죽은 자들의 부활이라는 획기적인 사건으로 나타난다. 이는 영적으로 죽어 있던 자들이 다시 살아나는 영적인 소생을 통해 예수 그리스도를 하나님의 아들로 인정하게 되는 일이 비로소 지상에 시작되었다는 것을 의미하기도 한다. 천상에서든 지상에서든 이 일만이 하나님의 아들을 입증할 수 있는 유일한 증거가 된다. 그리고 이 모든 일은 모두 "거룩하게 하시는 영을 따라서(*κατὰ πνεῦμα ἁγιωσύνης*-*카타 프뉴마 하기오쉬네스*)" 되는 일이다.

지정

이와 같은 하나님의 아들에 대한 필자의 설명을 좀 더 명확하게 이해하기 위해 "인정받으신 분(*τοῦ ὁρισθέντος*-*투 호리스덴토스*)"에 해당하는 분사절의 분사 호리스덴토스(*ὁρισθέντος*)가 어떤 의미로 쓰이는지를 살펴볼 필요가 있다. 우선 이 단어는 바울 서신이라고 분류할 만한 히브리서에서 1회(히4:7), 사도 바울의 동역자인 누가의 기록에 6회(눅22:22, 행2:23, 10:42, 11:29, 17:26, 17:31), 로마서 1:4를 포함한 신약 성경에서 모두 8회 쓰인다. 히브리서 4:7에서는 '안식의 날'이라고 이름하는 일곱째 날이 이미 정해져 알려졌고, 그날은 복음이 선포되는 날 속에 이미 와 있으니 복음을 듣고 안식에 들어갈 수 있다고 한다. 여기서 '정해졌다'라는 의미의 단어가 우리가 지금 살펴보고자 하는 '인정하다'라는 단어와 동일한 기본형태의 호리조(*ὁρίζω*)로서, 사전적으로 본래 '경계선'을 의미하는 단어에서 유래하여 기본적으로 '표시하다' 또는 '경계를 짓다'라는 의미이다. 넓게는 비유적으로 '지정하다, 교시하다, 상술하다, 공표하다, 결정하다, 제한하다, 임명하다' 등의 의미로 확장되어 다양하게 쓰인다. 따라서 일곱째 날의 안식을 기다리는 사람들에게 그 일곱째 날을 미리 알렸다고 하는 표현의 히브리서 4:7에서는 '지정하다'라는 의미가 좀 더 좋은 번역이라 할 수 있다.

작정

누가복음 22:22에서는 예수님께서 자신(인자)이 가룟 유다에 의해 팔릴 것에 대해 말씀하셨는데, 그때가 '정하여진(*ὡρισμένον*-*호리스메논*) 것'이라고 하셨다. 이는 예수님의 죽으심이 하나님의 작정 또는 예정하신 일이라는 사실을 보여 주고, 예수님께서는 그런 사실을 제자들에게 인식하게 만드는 자리에 계셨음을 알게 한다. 그리고 사도행전 2:23은 그러한 사실이 하나님께서 미리 알고 정하신 뜻(*τῇ ὡρισμένῃ βουλῇ-테 호리스메네 불레*)이었음을 나타내며, 그분의 죽음과 부활이 그런 맥락 속에서 된 일임을 밝힌다. 사도행전 10:42은 그렇게 하나님의 정하신 뜻에 따라 죽으셨다가 다시 살아나신 예수님을 죽은 자들과 산 자들의 재판장이 되게 하신 것도 하나님의 작정에 의한 것(*ὁ ὡρισμένος ὑπὸ τοῦ θεοῦ-호 호리스메노스 휘포 투 데우*)임을 강조한다. 사도행전 11:29에서는 교회로 모여 헌금을 할 때 미리 작정해서(ὥρισαν-*호리산*) 해야 한다는 의미로 쓰였다. 사도행전 17:26에서는 창조주 하나님께서 인류의 모든 족속을 한 사람으로부터 만들어 거주의 경계와 연대를 정하여(ὁρίσας-*호리사스*) 살아가게 하셨다고 할 때 쓰였다. 이렇게 하신 것은 인류가 더듬어서라도 하나님을 찾게 하심이다. 그런고로 하나님은 한 사람으로부터 멀리 떠나 계시지 않으시며, 사람의 아들(인자)로 정하여진 하나님의 아들을 보내셔서 그분의 죽으심과 부활을 통해 하나님을 알게 하셨다는 것이다. 마지막으로 사도행전 17:31에서는 이렇게 하나님께서 정하신(ὥρισεν-*호리센*) 한 사람 안에서 천하를 정의로 심판하실 날을 세우셨고, 이에 그분을 죽은 자들로부터 다시 살게 하심으로 믿음을 제공하셨다는 대목에서 쓰인다.

유일한 증거

이런 맥락에서 롬1:4의 분사 호리스덴토스(ὁρισθέντος)가 가지는 '인정받았다'라는 의미는 천상의 영원한 영적 세계로부터 지상이라는 물리적 세계와의 관계 속에서 하나님의 아들이라고 하는 존재에 대한 사실적 확인에 대한 표현이다. 천상의 관점에서 하나님의 아들인지의 여부를 알 수 있는 근거가 무엇이며, 지상에서 하나님의 아들인지의 여부를 어떻게 확인할 수 있느냐는 물음에 대한 대답에 쓰인 것이다. 천상의 관점에서는 아담으로부터 아브라함과 다윗에 이르는 하나님의 언약에 관한 모든 일이 하나님의 아들에 대한 하나님의 작정하심이고, 그 작정하심은 영원하신 하나님의 아들이 사람으로 비하되셔서 죽으시고 부활하여 다시 승천하심으로 그리스도와 주가 되셨음을 통해 확인된다. 그리고 지상의 관점에서는 그분의 죽으심과 부활하심의 효과로 발생한 죽은 자들의 부활을 통해 그분의 죽으심과 부활하심에 참여하는 일이 나타나고 있다. 그리고 이러한 사실이 그가 하나님의 아들로서 확인할 수 있는 유일한 증거임을 성령을 통해 알려진다.

2. 권능(능력) 안에서

앞에서도 잠깐 언급했지만 "인정받으신 하나님의 아들(*τοῦ ὁρισθέντος υἱοῦ θεοῦ*-투 호리스덴토스 휘우 데우)"이란 표현 자체가 개념적으로 천상과 지상을 포괄하는 광대한 세계에서 일어나는 일에 대한 사실 확인이라는 점에서 유의해서 읽어야 한다고 했다. 하나님의 아들로서의 인정 방법이나 수단에 대한 보충 설명이 필요하다는 말이다. 이 때문에 이어지는 구문의 형식은 당연히 분사구문을 보충하는 서술적 표현이어야 한다. 그 분사구문에 바로 이어지는 "능력 안에서 또는 권능으로(*ἐν δυνάμει*-엔 뒤나메이)"라는 전치사구가 그것이다. 그리고 그 전치사구(*ἐν δυνάμει*-엔 뒤나메이)를 포함한 분사구문 전체(*τοῦ ὁρισθέντος υἱοῦ θεοῦ ἐν δυνάμει*-투 호리스덴토스 휘우 데우 엔 뒤나메이)를 읽으면 '능력 안에서 또는 권능으로 하나님의 아들로 인정받으셨던 분'이다. 한마디로 '능력(권능) 있는 하나님의 아들로 인정받으셨다.' 또는 '권능(능력)으로 인해 하나님의 아들로 인정받으셨다.'라는 의미이다.

힘의 특성

이 '능력'이라는 어휘(*δυνάμει*-뒤나메이)는 무언가를 성취할 수 있는 강력한 힘(POWER)을 일컫는 말이다. 그래서 능력이란 본래 어떤 일을 해낼 수 있는 재주나 소질, 그러니까 솜씨를 발휘해서 일을 이루어 낼 수 있는 자질(역량과 기량)을 평가할 때 쓰는 표현이다. 그렇다면 힘이란 어떤 특성을 가지기 마련이다. 능력으로 하나님의 아들로 인정받는다는 말은 단순히 물리적이고 기계적인 힘을 말하는 것이 아니라 초월적인 또는 기적적인 힘을 가졌다는 것을 의미한다. 하지만 육신을 가진 존재(사람)가 하나님의 아들로 인정받아야 하는 상황에서는 발생할 수 있는 초월적인 힘 가운데서도 분별해야 되고 가려내야 하는 일이 생길 수밖에 없다. 하나님의 아들이라고 가장하여 초월적인 힘을 행사하는 자들이 지상에 나타나고 있고 장래에도 나타날 것이기 때문이다(고후11:14, 살후2:9, 마24:24). 하나님의 능력과 그 외의 능력을 구분해야 한다는 말이다. 사도 바울도 로마서에서 '능력(*δυνάμει*-뒤나메이)'이라는 단어를 여러 차례 사용하지만 구분해서 사용한다. 하나님의 아들임을 입증하고 하나님의 아들로 인정받을 수 있는 유일한 능력이 분별되어야 한다는 것이다. 한마디로 바울은 하나님의 아들이 발휘할 수 있는 특별한 자질을 통해서만 하나님의 아들은 입증되고 인정되는데, 그렇게 하나님의 아들임을 입증할 수 있는 자질로서의 능력(*δυνάμει-뒤나메이*) 또한 이미 하나님에 의해 작정되어 있기 때문이다. 필자는 이미 그것을 절대자이신 전능하신 하나님께로부터 이양된 주권능력(권능)이라고 규정했다(요17:2-3).

구별된 힘

바울은 로마서 1:16에서 그리스도의 복음이 믿는 자들을 구원하시는 하나님의 권능(*δύναμις θεοῦ-뒤나미스 데우*)이라고 한다. 로마서 1:20에서는 하나님께서 행하신 일에 창세로부터 그분(하나님)의 보이지 않는 것들, 곧 그분의 영원하신 능력(*ἥ ἀΐδιος αὐτοῦ δύναμις-헤 아이디오스 아우투 뒤나미스*)과 신성이 드러나 있다고 말한다. 로마서 8:38에서는 그리스도의 복음을 믿는 바울 자신이 천상적 존재들의 영향력에 휩싸여 돌아가는 지상에서의 삶 속에서 사망이나 생명이나 권세들과 현재 일이나 장래 일이나 능력들(*δυνάμεις-뒤나메이스*)이나 높음이나 깊음이나 그 어떤 피조물이라도 믿음을 주신 주 그리스도 예수 안에 있는 하나님의 사랑에서 끊어지지 않는다고 확신하는데, 이는 피조물들이 가진 무수한 능력(*δυνάμεις-뒤나메이스*) 가운데 가장 뛰어난 하나님의 능력, 곧 권능(*δύναμις θεοῦ-뒤나미스 데우*)으로서의 사랑을 표현한 것이다. 하나님의 권능인 그리스도의 복음을 의지하며 사는 것을 바울이 하나도 부끄러워하지 않기 때문에 가능한 고백이다(롬1:16). 로마서 9:17에서는 하나님께서 애굽의 바로왕을 세상의 강한 왕으로 세우시고 그를 꺾으시는 것을 통해 하나님 자신의 능력(*τὴν δύναμίν μου-텐 뒤나민 무*)을 나타내셔서 온 땅에 자신의 이름을 전파하신다고 말한다. 로마서 15:13에서는 성령의 능력을 말한다. 소망의 하나님께서 믿음으로 사는 자들에게 베푸시는 기쁨과 평화가 충만한 삶에 대해, 성령의 능력 안에서만(*ἐν δυνάμει πνεύματος ἁγίου-엔 뒤나메이 프뉴마토스 하기우*) 소망이 차고 넘치는 삶을 살 수 있다는 것이다. 로마서 15:19에서는 바울 자신이 복음을 전하며 능력으로(*ἐν δυνάμει-엔 뒤나메이*) 이적과 표적들을 행한 것에 대해 하나님의 영의 능력 안에서(*ἐν δυνάμει πνεύματος θεοῦ-엔 뒤나메이 프뉴마토스 데우*) 된 일임을 밝힌다.

이렇게 바울은 '능력(*δυνάμει-뒤나메이*)'에 대한 광범위한 인식 속에서 로마서 1:4의 "권능(능력)으로 하나님의 아들로 인정받으신 분(*τοῦ ὁρισθέντος υἱοῦ θεοῦ ἐν δυνάμει-투 호리스텐토스 휘우 데우 엔 뒤나메이*)"이라는 구문을 쓰고 있다는 사실은 그 구문 자체가 '권능(*δυνάμει-뒤나메이*)'의 특성에 대한 보충 설명을 전제하고 있다는 말이 된다. 구문상 그 권능(*δυνάμει-뒤나메이*)이 어떠한 것인지에 대한 설명이 필요하다는 말이다. 그래서 이어지는 구문이 바로 "거룩하심(거룩 또는 성결)의 영을 따라서(*κατὰ πνεῦμα ἁγιωσύνης-카타 프뉴마 하기오쉬네스*)"라는 전치사구이다. 그리고 필자는 이것을 '거룩하게 하시는 영을 따라서'라고 번역하고, 그 타당한 이유와 근거를 제시했다.

3. 거룩하게 하시는 영을 따라서

재미있는 것은 권능(*δύναμις-뒤나미스*)에 대한 분별을 요구하고 있는 대목에서 등장한 "거룩하심의 영을 따라서(*κατὰ πνεῦμα ἁγιωσύνης-카타 프뉴마 하기오쉬네스*)"라는 영(*πνεῦμα-프뉴마*)에 대한 확장된 표현이다. 이는 단순히 우리가 성경 속에서 쉽게 발견하는 "성령(*τὸ πνεῦμα τὸ ἅγιον-토 프뉴마 토 하기온, πνεῦμα ἅγιον-프뉴마 하기온*)", 즉 "거룩한 영"이라는 표현이 아니다. 대개 '거룩한(*ἅγιον-하기온*)'이라는 형용사를 사용하여 명사 '영(*πνεῦμα-프뉴마*)'을 수식하는 일반적인 표현과 다르게 '신성(神性)'을 나타내는 "거룩하심"이라는 의미를 가진 명사(*ἁγιωσύνη-하기오쉬네*)의 소유격(*ἁγιωσύνης-하기오쉬네스*)을 사용하여 독자들로 하여금 당황하게 하고 있다.

사전적 정의

스트롱 헬라어 사전은 관련된 명사(*ἁγιωσύνη-하기오쉬네*)와 동사(*ἁγιάζω-하기아조*)를 모두 형용사(*ἅγιος-하기오스*)의 파생어로 보면서, 명사(*ἁγιωσύνη-하기오쉬네*)가 본래적으로 신성의 질적인 특성을 가리켜 "거룩하심"이란 뜻을 가진다고 정의한다. 이를 바우어 사전은 "셈어(히브리어)의 관용어에서 나온 거룩한 영(*πνεῦμα ἅγιον-프뉴마 하기온*)의 구형"이라고 했다. 개핀은 구약 성경 이사야 63:10과 시편 51:11에서 이와 동일한 히브리어의 관용어구를 헬라어 구약 성경 칠십인역(LXX)이 "거룩한 영(*πνεῦμα ἅγιον-프뉴마 하기온*)"으로 번역하고 있음을 근거로 로마서 1:4의 "거룩하심(*ἁγιωσύνη-하기오쉬네*)"이라는 의미의 명사를 "거룩한(*ἅγιος-하기오스*)"이라고 하는 형용사와 동의어로 보고 “거룩하심의 영(*πνεῦμα ἁγιωσύνης-프뉴마 하기오쉬네스*)”을 “거룩한 영(*πνεῦμα ἅγιον-프뉴마 하기온*)”으로 규정한다. 필자도 어원적인 시각에서 넓게 그러한 사실을 거부할 생각은 없다.

문제점

하지만 바울이 로마서에서만도 “거룩한 영(*πνεῦμα ἅγιον-프뉴마 하기온*)”이라는 관용어구를 5회(5:5, 9:1, 14:17, 15:13, 15:16)나 구별해서 사용하고 있고, 하나님의 영(8:9, 8:14, 15:19), 그리스도의 영(8:9), 양자의 영(8:15), 생명의 영(8:2) 또한 따로 구별해서 사용하고 있다. 그런 측면에서 우리가 로마서 1:4의 “거룩하심의 영을 따라서(*κατὰ πνεῦμα ἁγιωσύνης-카타 프뉴마 하기오쉬네스*)”라는 표현에 익숙하지 않지만 그런 어휘를 사용하는 사도 바울의 의도를 읽어 내야 하는 과제를 가진다.

맥락

그 문제의 답을 얻기 위해 우선 사도 바울이 다른 곳에서 동일 어휘를 어떻게 사용하는지를 찾아보자. 신약 성경은 이 단어를 유일하게 두 곳에서 사용하고 있는데, 두 곳 모두 바울의 저작물(고후7:1, 살전3:13)에서 발견된다. 먼저 고린도후서 7:1의 “거룩함(*ἁγιωσύνην-하기오쉬넨*)”이다.

> *1 그런즉 사랑하심을 입은 자들이여, 우리가 이 약속들을 가지고 있으므로, 하나님을 경외함으로써 거룩함을 온전히 이루며 육과 영의 모든 불경함으로부터 깨끗하게 합시다.*
>
> *1 Ταύτας οὖν ἔχοντες τὰς ἐπαγγελίας, ἀγαπητοί, καθαρίσωμεν ἑαυτοὺς ἀπὸ παντὸς μολυσμοῦ σαρκὸς καὶ πνεύματος, ἐπιτελοῦντες ἁγιωσύνην ἐν φόβῳ θεοῦ.*
>
> *(NA 28th(UBS 5th) ed 고후7:1 필자 사역)*

여기서 중요한 것은 그 단어 “거룩함(*ἁγιωσύνην-하기오쉬넨*)”이 쓰이는 맥락인데, “그런즉(*οὖν-운*)”이라는 이전의 문맥을 근거해 결론적 방향을 제시하는 접속사로 이어진 문장에 나타난다는 사실이다. 그것은 문맥상 하나님의 복음을 전하는 사도 바울이 복음을 받아들여 믿는 자들을 향하여 ‘하나님의 은혜를 헛되이 받지 말라.’

라는 권면(고후6장)의 결론에 닿아 있다.

문맥

그 문맥의 시작은 이렇게 시작된다. 바울은 지금이 하나님께서 구원의 은총을 베푸시는 때로 여기고 은혜를 입고 복음을 전하는 사역자로서 모든 일에 하나님의 일꾼답게 행동했다. 복음을 전하기 위해서 매번 환난과 역경 속에서 어려움을 견뎠고, 매를 맞고 감옥에 갇히고 폭도들에게 당할 뿐만 아니라 고된 일에 시달리며 잠도 못 자고 굶주린 생활을 했지만 청결함과 지식과 인내와 친절함을 나타내었고, 성령의 감화로 거짓 없는 사랑과 진리의 말씀과 하나님의 능력으로 모든 일을 행하되, 의를 무기 삼아 양손에 지니고 다녔다. 명예도 얻었고 모욕도 받았고 비난과 칭찬도 받았으며, 거짓말쟁이로 취급받았지만 사실은 진리를 말하였고, 무명인 취급을 받았지만 사실은 유명한 사람이며, 죽은 자로 여겨지기도 했지만 살아 있으며, 매를 많이 맞았지만 죽지 않았고, 근심으로 인해 슬픈 사람처럼 취급받았지만 항상 기뻐했고, 가난한 사람 같으나 많은 사람을 부유하게 만들 수 있었던 것은 아무것도 가지지 않은 자 같으나 모든 것을 소유한 사람이었기 때문이라고 했다. 이렇듯 복음을 전하는 사도 바울의 삶은 자기의 복음으로 말미암은 거룩하게 구별된 모습을 지키기 위해 그 복음에 합당한 생활을 했던 것이다.

하지만 바울이 이런 말을 했던 것은 고린도 교회의 성도들이 그 복음에 합당한 거룩한 삶으로부터 떠나 믿지 않는 자들과 함께 어울리며 심지어 믿지 않는 자들의 삶의 방법을 좇아 살았기 때문이다. 사도 바울은 이런 고린도 교회 성도들이라고 불리는 자들(원문은 성도라 칭하지 않고 고린도인들이라고 함, 고후6:11)을 향해 다시 해산의 고통을 느끼는 마음으로 권면하고 있는 것이다(갈4:19). "우리는 여러분에게 우리 마음을 활짝 열어 놓고 모든 것을 다 말했습니다. 우리가 여러분에게 마음을 닫아 놓은 것이 아니라 여러분이 자신들의 마음을 닫아 놓은 것이니 마음을 열어 우리가 여러분에게 말한 것처럼 여러분도 우리에게 말해 주기를 바랍니다(고후6:11-13)." 그의 권면이 간절하고 겸손하며 애틋한 것은 그들을 친자식처럼 생각하고 있었기 때문이다.

문맥의 핵심

권면의 핵심 내용은 그리스도의 몸인 교회가 하나님의 성전이니 거룩하게 구별하라는 것이다. 믿지 않는 자들과 멍에를 함께 메지 말아야 할 이유는 의로운 것과 불의한 것이 짝이 될 수 없으며 빛과 어둠이 사귈 수 없는 것과 같다. 그리스도와 베리알(사탄의 별명)이 화목하게 지낼 수 없듯이, 믿는 사람과 믿지 않는 사람이 같은 것을 나누어 가질 수 없다. 서로 조화롭게 지낼 수 없으며 서로를 지탱하게 하는 공통분모가 다르다는 말이다. 이는 하나님의 성전과 우상이 어울릴 수 없는 것과 같다. 믿는 사람들은 하나님의 성전이기 때문이다.

바울은 이런 사실에 대하여 전능하신 주 하나님께서 친히 말씀하셨다는 근거로 구약 성경의 여러 곳을 제시한다. "내가 그들 가운데 살고 그들 중에 다닐 것이다. 나는 그들의 하나님이 되고 그들은 나의 백성이 될 것이다(레 26:11-12, 겔37:27). 그러므로 너희는 그들에게서 나와 구별되어라. 깨끗하지 않은 것은 손도 대지 마라. 그러면 내가 너희를 받아 줄 것이다(사52:11-12, 겔20:33-44). 나는 너희 아버지가 되고 너희는 나의 자녀가 될 것이다(삼하7:14). "바울은 이 약속의 말씀이 믿는 사람들을 가리켜 하신 말씀이라는 사실에 기초해, '그런즉 사랑하심을 입은 자들아, 우리가 이 약속들을 가지고 있으므로, 하나님을 경외함으로써 거룩함을 온전히 이루며 육과 영의 모든 불경함(사악함, 하나님을 의지하지 아니하는 것)으로부터 깨끗하게 합시다(고후7:1).' 하고 권면의 결론에 이른다.

성전의 기능

이처럼 "거룩함(*ἁγιωσύνη-하기오쉬네*)"이란 하나님의 성전과 그 업무적 기능과 관련된 표현이다. 이 약속들이 갖는 구체적인 내용은 문맥상 하나님께서 그리스도를 믿는 자들을 하나님의 성전으로 세우고, 그들 속에 하나님이 계셔서, 성전의 기능이 살아 있도록 이끌어 가신다는 내용이다. 성전 기능이라 함은 거룩하게 하는 일이다. 따라서 "거룩함을 온전히 이루면서(*ἐπιτελοῦντες ἁγιωσύνην-에피텔룬테스 하기오쉬넨*)"라는 말은 성전의 기능을 온전하게 발휘하고 있다는 말과 같다. 하나님의 사랑하심을 입은 자들, 곧 하나님의 거룩하게 하시는 권능에 붙들린 자들은 하나님을 경외함으로써(*ἐν φόβῳ θεοῦ-엔 포보 데우*) 완수해야 할 성전 업무를 완벽하게 처리하여 마무리 짓는 과정 중에 있다. 그것은 육과 영의 모든 불경함(불신앙)으로부터 자신들을 정결하게 하는 일을 할 수밖에 없다는 것을 의미한다(고후6:14-18, 고전8:7, 계3:4, 14:4, 렘23:15). 하나님께서 믿는 자들 속에서 거룩하게 하시는 일을 하고 계시기 때문이다. 믿는 자들, 곧 성도들이란 거룩하신 하나님의 언약의 말씀들이 현재 성취되고 있음을 보여 주는 상태의 존재들이다. 이 땅에서 거룩하게 하시는 하나님의 일을 하는 자들, 곧 하나님의 아들의 손과 발이 되어 활동하는 자들이라는 뜻이다.

> *14 믿지 않는 자들과 어울리지 않는 멍에를 메지 마십시오. 참으로 어찌 의와 불법이 짝이 되며, 빛과 어둠이 어떻게 사귈 수 있겠습니까?*
> *15 그리스도께서 베리알과 어떻게 조화를 이루며, 믿는 자가 믿지 않는 자와 함께 차지할 분깃이 무엇입니까?*
> *16 그러니 하나님의 성전이 우상과 어떻게 연합하겠습니까? 참으로 우리가 살아 계신 하나님의 성전입니다. 그것은 그 하나님께서 말씀하신 바와 같습니다. "내가 그들 안에서 거주하며 그들 안에서 걸어 다닐 것이다. 그리고 나는 그들의 하나님일 것이고 그들은 내 백성일 것이다.*
> *17 그러므로 너희는 그들 가운데로부터 나와 그들과 떨어져 있어라. 주님께서 말씀하신다. 너희는 부정한 것을 만지지 마라. 그리하면 내가 너희를 받아줄 것이다.*
> *18 그리고 나는 너희 아버지로 있을 것이고 너희는 나의 자녀(아들들)로 있을 것이다. 전능하신 주님께서 말씀하신다."*

> *14 Μὴ γίνεσθε ἑτεροζυγοῦντες ἀπίστοις· τίς γὰρ μετοχὴ δικαιοσύνῃ καὶ ἀνομίᾳ, ἢ τίς κοινωνία φωτὶ πρὸς σκότος; 15 τίς δὲ συμφώνησις Χριστοῦ πρὸς Βελιάρ, ἢ τίς μερὶς πιστῷ μετὰ ἀπίστου; 16 τίς δὲ συγκατάθεσις ναῷ θεοῦ μετὰ εἰδώλων; ἡμεῖς γὰρ ναὸς θεοῦ ἐσμεν ζῶντος, καθὼς εἶπεν ὁ θεὸς ὅτι ἐνοικήσω ἐν αὐτοῖς καὶ ἐμπεριπατήσω καὶ ἔσομαι αὐτῶν θεὸς καὶ αὐτοὶ ἔσονταί μου λαός. 17 διὸ ἐξέλθατε ἐκ μέσου αὐτῶν καὶ ἀφορίσθητε, λέγει κύριος, καὶ ἀκαθάρτου μὴ ἅπτεσθε· κἀγὼ εἰσδέξομαι ὑμᾶς 18 καὶ ἔσομαι ὑμῖν εἰς πατέρα καὶ ὑμεῖς ἔσεσθέ μοι εἰς υἱοὺς καὶ θυγατέρας, λέγει κύριος παντοκράτωρ.*
> *(NA 28th(UBS 5th) ed 고후6:14-18 필자 사역)*

또 다른 전위

이런 거룩함에 대한 사도 바울의 권면과 궤를 같이하는 사도 베드로 역시 믿는 자들을 향한 권면에서 "전에는 몰라서 하고 싶은 대로 악한 일을 저질렀지만, 이제는 하나님께 순종하는 자녀로서 예전처럼 살아서는 안 된다."라고 경고한 뒤, "여러분을 불러 주신 하나님께서 거룩하신 것처럼 여러분도 모든 행동에 거룩한 사람이 되어라."라고 명한다(벧전1:13-16). 이 권면도 "나는 여호와 너희의 하나님이다. 내가 거룩하므로 너희도 거룩하여라. 너희를 부정하게 하지 마라. 나는 너희의 하나님이 되려고 너희를 이집트에서 인도해 낸 여호와이다. 내가 거룩하므로 너희도 거룩하여라."라고 하신 약속의 말씀에 근거한다(레11:44-45). 따라서 롬1:4의 "거룩함(ἁγιωσύνης-하기오쉬네스)"이라는 단어의 개념도 성경 전체의 맥락을 통해 나타나는 유일하신 하나님의 근본적인 속성과 관련이 있으며, 오직 하나님께서 약속하신 일과 그 일의 성취 과정과 결과를 이루어 내는 성전의 기능적 특성이 그분(하나님)의 아들 예수 그리스도 우리 주님에 의해 성도들에게도 동일하게 전위되어 나타내는 데 쓰인다고 규정할 수 있다.

재림

바울의 살전3:13의 "거룩함(ἁγιωσύνῃ-하기오쉬네)" 역시 우리 주 예수님께서 다시 오실 때 하나님 아버지 앞에서 성도들이 흠 없고 깨끗한 모습을 유지하게 하는 성전의 기능이 작동되는 것을 표현하는 개념으로 쓰인다.

> *12 더욱이 그 주님께서 여러분을 그 사랑으로 풍성하게 하시되 넘치게 하셔서, 우리가 여러분을 사랑하듯이 여러분 모두가 서로 사랑하기를 빕니다.*
> *13 또 여러분의 마음을 굳세게 하셔서 우리 주 예수님께서 그의 모든 성도들과 함께 다시 오실 때, 그 하나님 곧 우리 아버지 면전에서 거룩함 안에서 (ἐν ἁγιωσύνῃ-엔 하기오쉬네) 흠이 없게 해 주시기를 빕니다[아멘].*

> *12 ὑμᾶς δὲ ὁ κύριος πλεονάσαι καὶ περισσεύσαι τῇ ἀγάπῃ εἰς ἀλλήλους καὶ εἰς πάντας καθάπερ καὶ ἡμεῖς εἰς ὑμᾶς, 13 εἰς τὸ στηρίξαι ὑμῶν τὰς καρδίας ἀμέμπτους ἐν ἁγιωσύνῃ ἔμπροσθεν τοῦ θεοῦ καὶ πατρὸς ἡμῶν ἐν τῇ παρουσίᾳ τοῦ κυρίου ἡμῶν Ἰησοῦ μετὰ πάντων τῶν ἁγίων αὐτοῦ, [ἀμήν].*
> *(NA 28th(UBS 5th) ed 살전3:12-13 필자 사역)*

그 문맥은 이렇다. 바울은 주님의 풍부하고 넘치는 사랑으로 서로를 위하는 일이 일어나기를 주님께 기도드린다. 주님께서 재림하실 때 하나님 아버지 면전에서 꾸중 듣지 않도록 마음을 굳게 세우기 위함이다. 영생하시는 하나님 아버지께서는 거룩하시다. 거룩하신 하나님을 뵙는 자리가 바로 우리 주 예수님(하나님의 아들)의 재림 때(*ἐν τῇ παρουσίᾳ τοῦ κυρίου ἡμῶν Ἰησοῦ-엔 테 파루시아 투 퀴리우 헤몬 예수*)에 마련된다. 드디어 하나님의 아들의 나라를 아버지 하나님께 바치는 아주 특별하고 영광스러운 그날(고전15:24, 골1:13), 성도로 부르심을 받은 자들(혹은 하나님의 양자들)이 거룩하신 아버지 하나님을 뵙는 자리에서 흠잡을 일들이 드러날 만큼 연약하다면 부끄러워 아버지 하나님 앞에 당당하게 설 수 없을 것이다. 주님의 재림 때 성도로 부르심을 받은 자들로 하여금 아버지 하나님 앞에 부끄러움 없이 당당하게 설 수 있는 마음을 굳게 확립시키는 것이 중요한데, 이는 거룩하신 분이 거룩하라고 명하신, 그 거룩함을 획득하여, 그들이 그 거룩함 안에 머물 때에만 그 일은 가능하다.

돌파구

문제는 본질적으로 우리 인간에게 그런 거룩함이라는 하나님의 속성이 전혀 없다는 사실과 우리 인간 스스로 거룩하게 하는 활동을 기대조차 할 수 없는 실존으로서 절망적인 상태와 상황에 처해 있다는 것이다. 이는 인간의 어떠한 종교적 의식과 선을 이루고자 하는 인간의 어떠한 노력으로도 그런 거룩함을 획득하는 일이 불가능하지만 성도로 부름받은 우리에게는 돌파구가 있다. 바로 그리스도 예수님께서 성도들에게 "거룩하게 함(*ἁγιασμὸς-하기아스모스*)이 되신다."라는 증거로 존재하신다(고전1:30). 한마디로 그 거룩함을 받은 자들은 그 거룩함에 머물고, 그 거룩함 안에 머무는 자들 안에 그 거룩함이 있어 거룩하게 하는 일이 가능하다는 말이다. 이제 성도로 부름받은 우리는 주 예수님께서 직접 자신을 선물로 주신 "거룩함 안에서, 또는 거룩함으로(*ἐν ἁγιωσύνῃ-엔 하기오쉬네*)" 마지막 심판, 곧 주 예수님의 재림(*ἐν τῇ παρουσίᾳ τοῦ κυρίου ἡμῶν Ἰησοῦ-엔 테 파루시아 투 퀴리우 헤몬 예수*) 때에 아버지 하나님 앞에서 당당하게 설 수 있는 마음을 확립할 수 있게 된 것이다.

속성

이처럼 "거룩함(*ἁγιωσύνη-하기오쉬네*)"이란 하나님의 하나님 되심을 나타내는 유일한 속성이다. 하나님의 유일한 속성인 영생하심, 곧 모든 것으로부터 구별된 존재로 만드는 생명의 특성, 인간의 언어로는 가히 형용할 수 없는 하나님만의 유일한 생명이 갖는 속성이 바로 "거룩하심(ἁγιωσύνη-하기오쉬네)"이란 어휘가 표현하고자 하는 핵심 사항이다. 다만 그런 하나님의 속성이 하나님의 일하심을 통해서 나타날 때, 그 일의 영향을 받는 자(은혜를 입은 자)에게 그러한 하나님의 속성이 동일하게 전위되어 나타나게 된다는 것이다. 따라서 그러한 거룩함 없이는 결코 하나님과 함께할 수 없으며 하나님 앞에 가까이 접근하는 것조차 허용되지 않는다. 하나님께서 요구하시는 절차를 따르지 않고서는 결코 인간은 하나님을 만나거나 하나님께 나아갈 수 없다. 하나님께서 특별하게 제정하신 거룩하게 하시는 일의 제도적인 장치 안에서만 하나님의 부르심에 응할 수 있을 뿐이지 인간 스스로 하나님과의 관계를 가질 수 없는 것이 구약 성경이 증거하는 바이다.

바로 그 제도적인 장치가 구약 시대에 성막 또는 성전의 기능을 통해 묵시적으로 가시화되었고, 그것은 하나님의 아들에 대한 거대한 언약의 물줄기에 닿아 있어 에덴동산까지 이르게 한다. 에덴동산에 이르러서야 비로소 하나님의 창조물로서의 인간 생명의 궁극적인 본질인 거룩함(ἁγιωσύνη-하기오쉬네)을 잃어버린 엄청난 사건을 만나게 된다. 그리고 거룩하심을 드러내시는 창조주 하나님을 만난다. 창조주 하나님께서 창조 세계의 역사를 완전하게 끝내신 후 안식의 표식으로 일곱째 날을 거룩하게 하셨다(창2:3). 일곱째 날은 거룩함으로 특성화된 축복의 날이다. 거룩한 일곱째 날 안에서 창조주 하나님을 만날 수 있다면, 창조주 하나님과 함께 안식하며 만세 전에 창조하신 웅장하고 감동적인 하나님의 나라에 대한 완벽하고도 드라마틱한 영상으로 영생을 맛볼 수 있을 것이다. 그것을 복되다고 한다. 그것을 가능케 하는 것이 바로 "거룩함(ἁγιωσύνη-하기오쉬네)"이 갖는 깊은 내막이다.

은사

중요한 건 바로 그 거룩함이 주 예수 그리스도를 통해서 인간들에게 은사로 주어지고 있다는 사실이다(롬6:19-23). 이 깊고도 오묘한 지식의 부요함을 누가 범접할 수 있단 말인가? 그리스도 예수 안에 있지 않고서는 결코 맛볼 수 없는 독특한 즐거움이 "거룩함(ἁγιωσύνη-하기오쉬네)"이라는 어휘 속에 담겨 있다. 모든 성경이 이것을 말하고 있다. 그럼에도 이러한 사실은 성경 속에서조차 하나님의 비밀로 부쳐지고 있고, 하나님의 아들의 계시하심 없이는 결코 알 수 없는 신비로 취급되고 있는 것이다(마16:17). 그런 까닭에 "거룩하심의 영을 따라서(*κατὰ πνεῦμα ἁγιωσύνης-카타 프뉴마 하기오쉬네스*)"라는 헬라어 구문이 그토록 오해되고 있는 것은 아닐까?

그것은 필자가 보기에 "거룩하심의 영(*πνεῦμα ἁγιωσύνης-프뉴마 하기오쉬네스*)"이라고 하는 바울만이 가진 특별한 관용구에 대한 이해의 부족에서 오는 부자연스러운 억견에서 출발한다. 필자가 본 서신의 맨 앞쪽 로마서 1:1을 해석하며 "하나님의 복음(*εὐαγγέλιον θεοῦ-유앙겔리온 데우*)"이라는 사도 바울의 관용구를 언급하면서 바울의 언어에 대해 잠시 언급한 바 있다. 그때 필자는 하나님의 복음은 우주적 관점에서의 표현이라고 했다. 하나님께서 창조하신 모든 세계를 향한 복음이라고 강조한 것이다. 그 말은 하나님의 복음이 창조주 하나님의 작품이기 때문에 어느 특정한 민족이나 지역에 국한될 수 없는 초월성을 가진다는 말이다. 그럼에도 하나님의 복음이 유대 민족에게 주어진 하나님의 언약의 성취라는 맥락에서 구약 성경과의 연속성을 가지고 있다는 점은 어떤 경우에 소홀히 취급할 수 없는 것임은 당연한 것이다. 그래서 바울은 하나님의 복음을 규정하면서 먼저 구약 성경이 그 복음의 기초로서 매우 중요한 사실임을 전제한 것이다(롬1:2). 그러한 사실은 유대인인 바울 자신이 그 복음을 통해 자신의 정체성을 확립한 이후, 그 복음을 설명해 내는 그의 언어가 기존의 것과는 다른 것임을 기초한다. 즉 그가 속한 히브리 언약 공동체가 가지는 근본 개념이 그리스도 예수 안에서 완성된 형태의 개념으로 바뀌었으며, 그 상태에서 그리스어를 활용하여 복음을 설명할 수밖에 없음을 인지할 때 저자의 의도를 읽어 내는 데 실패할 수 없다(롬11:29).

차이

"거룩하심의 영을 따라서(*κατὰ πνεῦμα ἁγιωσύνης-카타 프뉴마 하기오쉬네스*)"라는 의미는 하나님의 본질적인 속성으로서의 거룩하신 분의 활동, 곧 거룩하게 하시는 영의 활동하에 있는 흐름을 말하는 것이다. 거룩하심은 하나님의 고유한 속성이고, 그 고유한 하나님의 속성이 머물 수 있는 영역을 만들어 낼 때 그곳에 거룩한 곳이라는 명칭을 부여하게 된다. 성막, 성소, 성전이라는 말이 바로 그에 해당하는 표현이다. 문제는 거룩하신 분만이 거룩하게 하는 작업을 할 수 있듯이 거룩하심이란 거룩하게 하는 일을 하시는 거룩하신 분의 본질적 자질이다. 이는 본질로서의 거룩하심이 거룩하게 하시는 활동을 통해서 만들어진 거룩함과의 차이를 발생시킨다. 그런 의미의 차이점을 분명히 하기 위해 본문이 "거룩한(*ἅγιος-하기오스*)"이라는 형용사를 사용하여 표현되는 "성령(*τὸ πνεῦμα τὸ ἅγιον-토 프뉴마 토 하기온, πνεῦμα ἅγιον-프뉴마 하기온*)"이라는 구문을 쓰지 않고, "거룩하심의 영을 따라서(*κατὰ πνεῦμα ἁγιωσύνης-카타 프뉴마 하기오쉬네스*)"라는 표현을 사용하고 있는 것이다. 어떤 이들은 이것을 대수롭지 않은 것으로 생각할지 모르나 이 같은 표현이 담고 있는 진정한 의미가 사도 바울에게 그러한 것처럼 그리스도인에게도 목숨보다 더 소중한 것으로 간직되어야 할 표현이다.

본질

"거룩하심의 영을 따라서(*κατὰ πνεῦμα ἁγιωσύνης-카타 프뉴마 하기오쉬네스*)"와 "권능으로 하나님의 아들로 인정받으신 분(*τοῦ ὁρισθέντος υἱοῦ θεοῦ ἐν δυνάμει-투 호리스덴토스 휘우 데우 엔 뒤나메이*)"을 연결시켜 놓으면 거룩하게 하시는 영을 따라서 권능으로 하나님의 아들로 인정받았다는 뜻이 된다. 이를 좀 더 평이하게 풀어놓으면 하나님의 아들의 본질적인 자질이 바로 거룩하심(*ἁγιωσύνη-하기오쉬네*)이라는 것이다. 거룩하심을 입은 자로서의 아들이 아니라 본질 그 자체가 거룩하시며, 본질 그 자체가 기능적으로 거룩하게 하시는 일을 하심으로써 하나님의 아들로 판정을 받았다는 의미에서 "인정된 하나님의 아들"이다. 바로 영원 전부터 계셨던 하나님의 아들 그리스도가 예수라는 인간의 모양으로 이 땅에 오셔서 다시 하나님의 아들 그리스도로 인정되셨다는 사실을 확증하는 신비로운 내용을 본질적인 측면에서 정확하게 표현한 것이다. 바울은 이어 이러한 의미에서 "거룩하게 하시는 영을 따라서(*κατὰ πνεῦμα ἁγιωσύνης-카타 프뉴마 하기오쉬네스*) 권능으로 하나님의 아들로 인정받으신 분(*τοῦ ὁρισθέντος υἱοῦ θεοῦ ἐν δυνάμει-투 호리스덴토스 휘우 데우 엔 뒤나메이*)"에 대한 근거로 죽은 자들의 부활에 대해 언급한다. 거룩하게 하시는 하나님의 영을 따라서 권능으로 행하신 일, 하나님의 아들로 인정받게 되는 유일한 업적으로서의 근거를 나타내기 위해 "죽은 자들의 부활로부터(*ἐξ ἀναστάσεως νεκρῶν-엑스 아나스타세오스 네크론*)"라는 전치사구를 연결시켜 문장의 의미를 완성시킨다.

4. 죽은 자들의 부활로부터

거룩하게 하시는 하나님의 속성이 거룩하심이고, 그것이 본질적으로 영원함이라면, 거룩하게 하는 일의 결과 역시 영원함일 것이다. 바로 거룩하게 하시는 하나님의 본질인 거룩하심은 죽은 자들을 다시 살리심으로써만 존재의 본질로서의 거룩하심이 입증되고 인정되는 것이다. 이렇게 볼 때 하나님의 거룩하심의 영원하신 영광을 훼손하는 것이 바로 죽음이고, 그 죽음은 거룩하신 하나님의 영광을 입증하는 도구이고 기반이 된다. 죽음은 죄의 결과이기에 하나님의 거룩하심이란 근본적으로 죄 자체를 제거하는 것으로 그 본질의 영광스러움을 드러낸다(요일3:5, 5:16-17). 인간이 그 거룩하심을 소유할 수 없을 때, 그 거룩하심 안에 머물 수 없을 때, 하나님의 진노 아래서 영원한 형벌을 당하는 비극의 현장으로 사로잡혀 가는 것이다. 그런 비극으로부터의 구원이 바로 "죽은 자들의 부활로부터(*ἐξ ἀναστάσεως νεκρῶν*-엑스 아나스타세오스 네크론)"라는 전치사구가 가지는 의미이다.

문제는 "죽은 자들의 부활로부터(*ἐξ ἀναστάσεως νεκρῶν*-엑스 아나스타세오스 네크론)"라는 전치사구가 단순히 "죽은 자들 가운데서 살아나셨다."라는 표현으로 둔갑해 저자가 의도하고 있는 중대한 의미가 가려지거나 왜곡 보도되는 일이다. 하지만 재미있는 것은 "죽은 자들 가운데서 살아나셨다."라는 표현의 개념이 일차적으로 "죽은 자들의 부활로부터(*ἐξ ἀναστάσεως νεκρῶν*-엑스 아나스타세오스 네크론)"라는 전치사구가 의미하는 개념 속에 있다는 것이다. 그럼에도 그것은 로마서 4:24(*τὸν ἐγείραντα Ἰησοῦν τὸν κύριον ἡμῶν ἐκ νεκρῶν*-톤 에게이란타 예순 톤 퀴리온 헤몬 에크 네크론)이나 로마서 10:9(*ὁ θεὸς αὐτὸν ἤγειρεν ἐκ νεκρῶν*-호 데오스 아우톤 에게이렌 에크 네크론)에서와 같이 "죽은 자들 가운데서 부활하심(죽은 자들로부터 부활하심)"을 나타내는 예수님 개인에 대한 표현이지, "죽은 자들의 부활로부터(*ἐξ ἀναστάσεως νεκρῶν*-엑스 아나스타세오스 네크론)"라는 표현과는 다르다. "죽은 자들로부터 부활하신 우리 주님 예수(*τὸν ἐγείραντα Ἰησοῦν τὸν κύριον ἡμῶν ἐκ νεκρῶν*-톤 에게이란타 예순 톤 퀴리온 헤몬 에크 네크론)"를 나타내는 표현은 죽은 자들 자체가 살아나는 것을 직접적으로 나타내는 "죽은 자들의 부활로부터(*ἐξ ἀναστάσεως νεκρῶν*-엑스 아나스타세오스 네크론)"는 아니다. 물론 둘은 분명히 연관성을 가진 사건에 대한 표현이지만 둘은 분명히 구분되어야 할 사건이라는 의미에서 설명이 필요한 표현이다. 엄밀하게 말하면 후자의 사건적 표현은 전자의 사건으로 말미암은 결과물에 대한 표현이라는 내막을 가진다. 거룩하게 하시는 거룩함과 거룩하게 하심을 입은 거룩함의 차이를 이해하는 것과 동일한 맥락이다. 이것을 명확하게 구분해서 보여 주는 대목이 예수님의 십자가 죽으심과 부활 사건의 내막을 기록하는 마태복음에 나타난다(마27:50-56).

같지만 다른 두 사건

다음은 마태복음 27:50-56에 대한 필자의 번역이다. 예수님의 죽으심과 부활이라는 사건과 성도들의 죽음과 부활이라는 사건이 구별되어 있지만 그것이 어떠한 연관 속에서 일어나는 사건인지를 명확하게 보게 할 것이다.

50 그 예수님께서 다시 큰 목소리로 울부짖으신 후 그 영을 허락했습니다.
51 주의해서 보십시오! 그때 그 성전의 휘장이 위로부터 아래까지 두 조각으로 갈라졌습니다. 그 땅이 흔들리고 그 바위들이 쪼개졌습니다.
52 그리고 그 무덤들이 열리고 잠든 거룩한 자들의 몸들이 많이 일으켜졌습니다.
53 그들은 그가 부활하신 후에 그 무덤들로부터 나와서 그 거룩한 성으로 들어가 많은 사람들에게 분명히 알려졌습니다.
54 그 예수님을 지키고 있던 백부장과 그와 함께 있던 병사들이 지진과 일어난 일들을 보고 매우 두려워하며 "진실로 이분이 하나님의 아들이었다."라고 말했습니다.
55 많은 여자들이 멀리 떨어진 곳에서 이를 지켜보고 있었습니다. 이들은 갈릴리에서부터 그 예수님을 섬기려고 따라온 사람들이었습니다.
56 그들 중에는 막달라 마리아와 야고보와 요셉의 어머니 마리아, 그리고 세베대의 아들들의 어머니가 있었습니다.

50 *ὁ δὲ Ἰησοῦς πάλιν κράξας φωνῇ μεγάλῃ ἀφῆκεν τὸ πνεῦμα.* ***51*** *Καὶ ἰδοὺ τὸ*
καταπέτασμα τοῦ ναοῦ ἐσχίσθη ἀπ' ἄνωθεν ἕως κάτω εἰς δύο καὶ ἡ γῆ ἐσείσθη
καὶ αἱ πέτραι ἐσχίσθησαν, ***52*** *καὶ τὰ μνημεῖα ἀνεῴχθησαν καὶ πολλὰ σώματα*
τῶν κεκοιμημένων ἁγίων ἠγέρθησαν, ***53*** *καὶ ἐξελθόντες ἐκ τῶν μνημείων μετὰ*
τὴν ἔγερσιν αὐτοῦ εἰσῆλθον εἰς τὴν ἁγίαν πόλιν καὶ ἐνεφανίσθησαν πολλοῖς.
54 *Ὁ δὲ ἑκατόνταρχος καὶ οἱ μετ' αὐτοῦ τηροῦντες τὸν Ἰησοῦν ἰδόντες τὸν*
σεισμὸν καὶ τὰ γενόμενα ἐφοβήθησαν σφόδρα, λέγοντες· ἀληθῶς θεοῦ υἱὸς
ἦν οὗτος. ***55*** *Ἦσαν δὲ ἐκεῖ γυναῖκες πολλαὶ ἀπὸ μακρόθεν θεωροῦσαι, αἵτινες*
ἠκολούθησαν τῷ Ἰησοῦ ἀπὸ τῆς Γαλιλαίας διακονοῦσαι αὐτῷ· ***56*** *ἐν αἷς ἦν*
Μαρία ἡ Μαγδαληνὴ καὶ Μαρία ἡ τοῦ Ἰακώβου καὶ Ἰωσὴφ μήτηρ καὶ ἡ μήτηρ
τῶν υἱῶν Ζεβεδαίου.

(NA 28th(UBS 5th) ed 마27:50-56 필자 사역)

이 시대의 신에 굴종?

성경은 모든 곳에서 이러한 사실(죽은 자들 가운데서의 부활과 죽은 자들의 부활)을 구분하여 하나님의 복음에 대한 두 국면을 명확하게 확증하고 있다. 그럼에도 아직 번역성경들은 그러한 명확한 개념을 전달하는 데 실패하고 있는데, 이는 21세기 현대신학의 한계이고, 신학 속의 정당한 성경 읽기의 부재라는 표현이 적절하지 않을까? 말하자면 복음의 진수를 가려서 보지 못하도록 교묘하게 활동하는 이 시대의 신에게 신학적 활동이 굴종되어 있는 씁쓸한 느낌을 떨칠 수 없다는 것이다. 사도 바울이 고린도후서 4:3-5에서 "우리가 전하는 복음이 가리어졌다면 그것은 멸망하는 사람들에게 가리어진 것입니다. 이 시대의 신이 믿지 아니하는 사람들의 마음을 어둡게 하여 하나님의 형상이신 그리스도의 영광을 드러내는 복음의 빛을 보지 못하게 하였습니다. 우리는 우리 자신을 전파하지 않습니다. 우리는 예수 그리스도께서 주님이시라는 사실과 우리가 예수님을 위해 일하는 여러분의 종이 되었다는 사실을 전파합니다."라고 언급한 것을 곱씹어 보아야 할 시점이다.

한글 번역 성경의 검토: 오역

먼저 한글 성경들을 살펴보자. 롬1:4에서도 가슴 아프게 우리말 성경 모두가 동일하게 헬라어 성경의 "죽은 자들의 부활로부터(*ἐξ ἀναστάσεως νεκρῶν-엑스 아나스타세오스 네크론*)"라는 전치사구의 의미를 반영하지 않고 "죽은 자들 가운데서 부활하신 자(*τὸν ἐγείραντα ἐκ νεκρῶν-톤 에게이란타 에크 네크론*)"라고 하는 예수님 개인의 부활하심을 나타내는 표현으로 너무 쉽게 번역했다. 이는 롬1:3을 동정녀 탄생의 예수님을 보고 읽게 하는 방식의 번역과 맥을 같이 하는 역사적 사건을 서술하는 표현과 다르지 않다. 개역한글판이 "성결의 영으로는 죽은 가운데서 부활하여 능력으로 하나님의 아들로 인정되셨으니 곧 우리 주 예수 그리스도시니라"라고 번역했고, 이를 개역개정 한글판이 "성결의 영으로는 죽은 자들 가운데서 부활하사 능력으로 하나님의 아들로 선포되셨으니 곧 우리 주 예수 그리스도시니라"라고 개정했다. 달라진 것이라면 "죽은 가운데서 부활하여"를 "죽은 자들 가운데서 부활하사"로 진일보한 표현으로 발전했지만 여전히 롬1:3과 연계해서 읽을 때 역사적 사건으로서의 예수님 개인의 부활을 나타내는 데 방점을 둔 표현임은 분명하다. 지나간 역사 속에서 일어난 사건을 현재의 입장에서 재해석하여 그 사건의 진정한 의미가 실제적 또는 실존적으로 어떻게 나타나는지를 말하고자 하는 바울의 의도를 깡그리 무시하고 읽게 만들었다는 것은 매우 유감스러운 일이 아닐 수 없다. 왜냐하면 개역개정 성경은 지금도 개신교의 공식적인 공동 예배용 성경으로 사용되고 있기 때문이다.

그럼 다른 한글 성경들은 어떤가? 공교롭게도 모두 다 똑같이 예수님의 개인적인 부활에 대해 인식할 수 있는 개념의 어휘를 사용한다. 새번역 성경은 "성령으로는 죽은 사람들 가운데서 부활하심으로"라고 번역했고, 현대인의 성경은 "거룩한 영으로는 죽은 사람들 가운데서 부활하여", 한글 킹제임스 성경은 "거룩의 영으로는 죽은 자들로부터 부활하여", 킹제임스 흠정역은 "거룩함의 영으로는 죽은 자들로부터 부활하심으로써", 바른성경은 "성결의 영으로는 죽은 자들 가운데서 부활하여", 쉬운말 성경은 "거룩한 영으로는 죽은 자들 가운데서 부활하심으로써", 아가페출판사의 쉬운 성경은 "그러나 성결하게 하는 영으로는 죽은 자들 가운데서 부활하심으로써", 한국복음서원의 회복역은 "거룩한 영에 따라 말하자면 죽은 자들 가운데서 부활하시어", 말씀의 집 출판사의 헬라어 직역 신약 성경은 "성령으로는 죽은 자들 가운데서 부활하여", 쿰란출판사의 원문번역 성경은 "거룩함의 영으로는 죽은 사람들 가운데서 부활하시어", 천주교 공동번역은 "거룩한 신성으로 말하면 죽은 자들 가운데서 부활하심으로써"라고 번역했다.

하지만 재미있는 것은 대한성서공회의 개신교 100주년 기념 표준새번역과 분도출판사의 천주교 창립 200주년 기념 신약 성서 간에 번역의 차이점이 발생함으로써 롬1:4을 읽는 방식에 변화를 예고하고 있다는 점이다. 대한성서공회의 개신교 100주년 기념 표준새번역은 "거룩한 영으로는 죽은 사람들 가운데서 부활하심으로", 분도출판사의 천주교 창립 200주년 기념 신약 성서는 "거룩함의 영으로는 죽은 자들의 부활 이후㉠"로 번역했다. 필자는 개신교 목사로서 분도출판사의 천주교 창립 200주년 기념 신약 성서가 발군의 실력을 발휘하고 있음에 감사를 표하고 갈채를 보내며 개신교회의 뼈저린 반성을 대신한다.

또한 분도출판사의 천주교 창립 200주년 기념 신약 성서가 1991년에 출간되었고, 대한성서공회의 개신교 100주년 기념 표준새번역은 1993년에 출간되었다는 사실을 지적하지 않을 수 없다. 특히 분도출판사의 천주교 창립 200주년 기념 신약 성서가 "죽은 자들의 부활 이후"라는 부분에 각주 ㉠을 달아 설명하는 대목을 주목해야 한다. 각주 ㉠은 "죽은 자들의 부활에 의거하여"라고 번역할 수 있다. "'죽은 자들의 부활'이란 말은 그리스도의 부활을 별도로 분리시키지 않고 오히려 그것을 우주적인 차원에서 일반적인 부활의 시작으로 이해한 당시의 찬송 관례를 따른 것 같다."라고 말한다. 반면에 2015년 한국선교 130주년을 기념하는 개신교회의 원문 주석 성경이 쿰란출판사로부터 나왔는데, 그 주석을 보면 롬1:4의 번역과 해설에 있어 개신교회의 무반성을 직감할 수 있다. 그럼에도 위에서 이미 제시했듯이 그 원문 주석 성경은 롬1:4의 "죽은 자들의 부활로부터(*ἐξ ἀναστάσεως νεκρῶν-엑스 아나스타세오스 네크론*)"를 "죽은 사람들 가운데서 부활하시어"로 번역하고 이렇게 주석한다.

> 예수님께서는 자신이 하나님의 아들이시며 사흘 만에 다시 살아나리라고 선포하셨고 "죽은 사람들 가운데 부활하시어" 하나님의 아들로 확증(확인)되셨다. 그리스도의 부활은 신비 중에 신비이며 오직 부활만이 그리스도께서 하나님의 아들이심을 선포하고 확증하며 또 인치신다(고후13:4). 예수 그리스도는 하나님의 권능의 힘에 의한 부활이라는 역사적 사건에서 하나님의 아들이심을 분명히 하셨고 우리는 그 부활을 믿음으로써 "우리 주 예수 그리스도이십니다."라고 고백할 수 있다. 예수님은 참하나님이시며 참사람이시다.
> (Ibid., 쿰란출판사, 2015, 996쪽)

예수 그리스도의 부활에 대해 역사적 사건을 서술하는 방식으로 번역하고 있음이 분명하다. 그럼에도 그리스도의 부활에 대한 신비를 언급한다는 점에서 위안을 삼을 수 있다. 예수 그리스도의 부활이라는 역사적 사건을 강조하는 것은 매우 중요한 일이며, 아무리 강조한다고 해도 지나침이 없다. 하지만 바울은 롬1:4의 "죽은 자들의 부활로부터(*ἐξ ἀναστάσεως νεκρῶν-엑스 아나스타세오스 네크론*)"라는 표현을 통해 '죽은 자들이 부활한다'라는 사실을 직접적으로 표현한다는 점에서 본문의 진의를 전달하는 데는 실패한 것이다.

영어 번역 성경 검토: 오역

영어권의 번역 성경들은 어떠한가? 우리의 예상과 다르지 않다. KJV(킹제임스 성경, 1611)는 "And declared to be the Son of God with power according to the spirit of holiness, by the resurrection from the dead:(성결의 영을 따라서는 죽은 자(들)로부터 부활하사 능력으로 하나님의 아들로 선포[공표]되신 분)"로 번역했다. NKJV(뉴킹제임스 성경, 1982)도 KJV와 동일하나 KJ21(21st Century King James Version, 1994)는 고어적 표현인 "And declared(선포[공표]되신 분)"를 "And was declared"로 현대어적인 어법으로 보완했다. GNV(Geneva Bible, 1599)는 KJV와 KJ21의 표상답게 각주를 달아 구체적인 의미를 규정하지만 번역문에 각주(j, k)를 붙여 그 의미를 명시하고 있다. "And [j]declared [k]mightily to be the Son of God, touching the Spirit of sanctification by the resurrection from the dead(거룩하게 하시는[성화의] 영에 관해서는 죽은 자(들)로부터 부활하사 권능의 하나님의 아들로 선포[공표]되신 분)"에서 각주 j는 "declared"를 "Showed and made manifest(보이고 명시되었다)."로 각주 k는 "mighty"를 "The divine and mighty power is set against the weakness of the flesh, for that overcame death(신적인 강한 능력[하나님의 권능]이 육신의 연약함을 대항하여 세워졌으니 이는 그가 죽음을 이기었기 때문이다)."로 설명했다. 재미있는 것은 헬라어 본문 "거룩하심의(거룩케 하시는) 영을 따라서(*κατὰ πνεῦμα ἁγιωσύνης-카타 프뉴마 하기오쉬네스*)"를 직접적인 관련성을 강조하기 위해 "touching the Spirit of sanctification(거룩하게 하시는[성화의] 영에 관해서는)"로 번역해 본문의 의미에 대해 심히 고민한 흔적을 남겼다는 점이다. 반면에 DBY(The Darby Bible[Translation], 1884/1890)는 "marked out Son of God in power, according to the Spirit of holiness, by resurrection of the dead) Jesus Christ our Lord(성결의 영을 따라 죽은 자(들)의 부활에 의해 능력 있는 하나님의 아들로 표시되신 분);"라고 번역함으로써, 헬라어 본문 "죽은 자들의 부활로부터(*ἐξ ἀναστάσεως νεκρῶν-엑스 아나스타세오스 네크론*)"에 근접한 "by resurrection of the dead(죽은 자(들)의 부활에 의해)"라는 발군의 표현을 했다는 점 또한 본문의 의미를 제대로 전달하기 위한 수고로 보인다.

DLNT(Disciples' Literal New Testament, 2011)는 "the One having been designated[e] as the Son of God with power according to the Spirit[f] of holiness by the resurrection from the dead, Jesus Christ our Lord(성결의 영에 따라 죽은 자(들)로부터 부활하심으로 권능을 가진 하나님의 아들로 지명되신 분, 우리 주 예수 그리스도)"라고 번역하며 각주 e "designated[e]"를 "declared to be(공표된)"으로, 각주 f "the Spirit[f] of holiness"를 "His spirit(그의 영)"으로 설명했다. ERV(Easy-to-Read Version, 2006)는 "but through the Holy Spirit[a] he was shown to be God's powerful Son when he was raised from death(성령을 통해 그가 죽음으로부터 일으켜졌을 때 하나님의 능력 있는 아들로 보이셨습니다)."와 같이 확실히 역사적 사건을 서술하는 방식으로 번역했다. ASV(미국표준역, 1901)은 "who was [c]declared to be the Son of God [d]with power, according to the spirit of holiness, by the resurrection [e]from the dead; even Jesus Christ our Lord(성결의 영으로는 죽은 자(들)로부터 부활하사 능력으로 하나님의 아들로 인정되셨으니 곧 우리 주 예수 그리스도)"라고 각주(c, d, e)를 달아 번역했다. 각주 c "[c]declared(선포[공표]된)"는 "determined(결정된)"로, 각주 d "[d]with power"는 "in power"로, 각주 e "[e] from the dead"는 "of the dead(죽은 자[들]의)"로 바꿀 수 있다는 괄목할 만한 설명을 부연했다. 이를 개정한 NASV(신미국표준역, 1977)에서는 조금도 개정한 흔적을 보이지 않는다.

RSV(개정표준역, 1952)은 "and designated Son of God in power according to the Spirit of holiness by his resurrection from the dead, Jesus Christ our Lord(그리고 죽은 자(들)로부터 부활하여 성결의 영에 따라 권능을 지닌 하나님의 아들로 지정되셨으니 곧 우리 주 예수 그리스도)"라고 번역했고, 이를 개정한 NRSV(신개정표준역, 1989)에서는 "designated(지정된)"를 "was declared(선포[공표]된)"로 바꾼 것 외에 조금도 달라진 흔적을 보이지 않는다. NIV(New International Version, 2011)도 "and who through the Spirit of holiness was appointed the Son of God in power[b] by his resurrection from the dead(성결의 영을 통해 죽은 자(들)로부터 그의 부활하심에 의해 능력으로 하나님의 아들로 지명되신 분)"로 번역했는데, "by his resurrection from the dead(죽은 자(들)로부터 그의 부활하심에 의해)"라는 표현은 분명 두드러진 역사적 사건에 대한 표현으로 보인다. NLT(New Living Translation, 2015) 역시 "and he was shown to be[a] the Son of God when he was raised from the dead by the power of the Holy Spirit.[b] He is Jesus Christ our Lord(그는 성령의 권능으로 죽은 자(들)로부터 일으켜졌을 때 하나님의 아들이라는 것을 보여 주었다. 그분은 우리의 주 예수 그리스도이시다)."로 번역하며 각주(a, b)를 달아 "he was shown to be[a](이라는 것을 보여 주었다)"는 "and was designated(지정되었다)"로, "by the power of the Holy Spirit.[b](성령의 권능으로)"는 "by the Spirit of holiness; or in the new realm of the Spirit(성결의 영에 의해; 또는 그 영의 새로운 영역에서)"로 부연 설명했다. NLV(New Life Version, 2003)는 "The Holy Spirit proved by a powerful act that Jesus our Lord is the Son of God because He was raised from the dead(성령께서는 우리 주 예수님이 죽은 자(들)로부터 일으켜지셨기 때문에 하나님의 아들이심을 강력한 역사(행위)로 증명하셨다)."로 번역했으며, NET(New English Translation, 2017)는 "who was appointed the Son-of-God-in-power[i] according to the Holy Spirit[j] by the resurrection[k] from the dead, Jesus Christ our Lord(그는 성령에 따라 죽은 자(들)로부터 부활하심으로 권능 있는 하나님의 아들로 임명되신 분, 우리 주 예수 그리스도)"라고 번역하며 각주 k "by the resurrection[k] from the dead(죽은 자(들)로부터 부활하심으로)"를 "by his resurrection"이라고 한다. 재미있는 것은 거기에 다음과 같은 설명을 붙여 놓았다는 점이다. "Most interpreters see this as a reference to Jesus' own resurrection, although some take it to refer to the general resurrection at the end of the age, of which Jesus' resurrection is the first installment(cf. 1 Cor 15:23)(대부분의 해석자들은 이것을 예수 자신의 부활에 대한 언급으로 보고 있지만, 어떤 사람들은 그것을 세상 끝에 있을 일반 부활을 가리키는 것으로 받아들이는데, 예수의 부활은 그 첫 번째 부분입니다)."

TLB(Living Bible, 1971)는 "and by being raised from the dead he was proved to be the mighty Son of God, with the holy nature of God himself(그는 죽은 자(들)로부터 일으켜지심으로 그는 하나님 자신의 거룩한 본성을 가진 하나님의 전능하신 아들이심을 증명되셨습니다)."로 번역했고, 복음주의 유산 버전이라고 하는 EHV(Evangelical Heritage Version, 2019)도 "who in the spirit[b] of holiness was declared to be God's powerful Son by his resurrection from the dead — Jesus Christ, our Lord(성결의 영으로 죽은 자(들)로부터 그의 부활에 의해 하나님의 권능을 가진 아들로 선포(공표)

되셨으니, 곧 우리 주 예수 그리스도시다),"로 각주 "in the spirit[b] of holiness"를 "Here spirit is a reference to Christ's state of exaltation. See 1 Timothy 3:16; 1 Peter 3:18(여기서 영은 그리스도의 높임을 받은 상태를 가리킵니다. 참조 딤전3:16; 벧전3:18)."로 부연 설명하여 번역했다.

롬1:4에 대한 영어권 번역은 참으로 저자인 바울의 의도를 찾으려고 했던 노력들이 다양한 표현으로 설명되고 있음에 지난날 믿음의 선배들의 봉사가 헛되지 않음을 감사하며 박수를 보낸다. 하지만 영어권 번역의 현주소는 뒤엉켜 있는 실타래와 같은 느낌을 떨칠 수 없는 혼란스러운 상태이다. 그럼에도 바울의 의중을 명확하게 파악하여 전달하고자 했던 수많은 헌신들이 우리에게 빚진 자의 헌신에 초청한다는 사실 하나만으로도 미래 번역 성경에 기대를 갖게 한다. 필자도 그러한 헌신의 대열에 초청받아 봉사할 수 있어 감사하고 있으니, 오롯이 바울의 진의를 찾아 필자와 함께 여행을 계속해 보자.

시작된 진실에 대한 싸움

초대 교회의 출발지인 예루살렘 교회 분위기는 고조되고 있었다. 예수의 죽음과 부활에 대한 경험이 만든 신앙은 누구도 막을 수 없을 정도로 강력한 것이었다. 그것은 단순한 기대에 의해 잠시 발생하는 기현상이 아닌 성령의 강림을 통해 확증된 목숨을 건 진실의 싸움이었다. 예루살렘 교회의 기초가 되었던 사도들이 성전으로 기도하러 가는 길에 성전 미문에서 앉은뱅이로 태어난 걸인을 나사렛 예수 그리스도의 이름으로 일으켜 세워 걷게 하는 이적을 일으켰다. 금과 은을 필요로 하는 걸인에게 진짜 필요한 게 무엇인지를 보여 주는 진실에 대한 사건이었다. 생로병사(生老病死)에 매여 허덕이며 살아야 하는 허무한 인생의 진정한 필요가 나사렛 예수 그리스도의 이름을 통해서만 채워진다는 사실을 알려 주는 아주 단순한 시그널이었다. 하지만 사람들은 그러한 메시지를 읽지 못하고 사도 개인의 경건이나 능력으로 일어난 일로 치부했다. 이에 대해 사도들이 내놓은 메시지가 바로 사도행전 3:13-16이다.

13 아브라함의 그 하나님과 이삭의 [그 하나님]과 야곱의 [그 하나님], 곧 우리
조상들의 그 하나님께서 그의 종이신 그 예수님을 영화롭게 하셨습니다.

여러분은 그분을 넘겨주었고 빌라도가 그분을 풀어 주자고 선고했을 때에도 여러분은 빌라도 면전에서 그분을 부인했습니다.

14 여러분은 그 거룩하고 의로우신 분을 거절하고, 살인자를 여러분에게 내어 달라고 요구했습니다.

15 마침내 여러분은 그 생명의 지도자를 죽였습니다. 하지만 그 하나님께서는 그분을 죽은 자들로부터 일으키셨고, 우리는 이 일의 증인들입니다.

16 그분의 이름을 믿는 믿음 위에서, 여러분이 보고 아는 이 사람을 그분의 이름이 건강하게 하셨습니다. 또한 여러분 모두가 보시다시피 그분을 통해 있는 그 믿음이 그에게 이 같은 온전함을 주셨습니다.

__13__ ὁ θεὸς Ἀβραὰμ καὶ [ὁ θεὸς] Ἰσαὰκ καὶ [ὁ θεὸς] Ἰακώβ, ὁ θεὸς τῶν πατέρων
ἡμῶν, ἐδόξασεν τὸν παῖδα αὐτοῦ Ἰησοῦν ὃν ὑμεῖς μὲν παρεδώκατε καὶ*
ἠρνήσασθε κατὰ πρόσωπον Πιλάτου, κρίναντος ἐκείνου ἀπολύειν· __14__ ὑμεῖς δὲ
τὸν ἅγιον καὶ δίκαιον ἠρνήσασθε καὶ ᾐτήσασθε ἄνδρα φονέα χαρισθῆναι ὑμῖν,
__15__ τὸν δὲ ἀρχηγὸν τῆς ζωῆς ἀπεκτείνατε ὃν ὁ θεὸς ἤγειρεν ἐκ νεκρῶν, οὗ ἡμεῖς
μάρτυρές ἐσμεν. __16__ καὶ ἐπὶ τῇ πίστει τοῦ ὀνόματος αὐτοῦ τοῦτον ὃν θεωρεῖτε
καὶ οἴδατε, ἐστερέωσεν τὸ ὄνομα αὐτοῦ, καὶ ἡ πίστις ἡ δι' αὐτοῦ ἔδωκεν αὐτῷ
τὴν ὁλοκληρίαν ταύτην ἀπέναντι πάντων ὑμῶν.

(NA 28th(UBS 5th) ed 행3:13-16 필자 사역)

예루살렘으로부터: 이스라엘 민족을 위한 사도 베드로의 증언 특성

사도 베드로의 핵심 메시지는 생명의 주님 나사렛 예수의 죽으심과 부활에 대한 증언이었다. 하나님의 선택을 입은 아브라함의 후손들이 언약을 이루기 위해 오신 하나님의 종, 거룩하고 의로우신 예수님을 로마의 권력을 빌려 죽였지만, 하나님께서 그분을 죽은 자들로부터 일으키시고(ὃν ὁ θεὸς ἤγειρεν ἐκ νεκρῶν-혼 호 데오스 에게이렌 에크 네크론) 그가 생명의 주님이심을 증거하심으로 그의 이름을 믿는 믿음의 도리를 세우신 것이다(행3:15). 그 믿음의 도리를 통한 새로운 삶이 아브라함의 후손들에게 주어진 것이다. 하지만 사도행전 4:2에서는 언약 백성의 지도자들이 그 믿음의 도리를 가르치거나 전파하는 것을 싫어하여 사도들을 핍박하기 시작했다. 여기서 그 믿음의 도리를 "예수 안에서 죽은 자들로부터 시작된 그 부활을 전파했다(καταγγέλλειν ἐν τῷ Ἰησοῦ τὴν ἀνάστασιν τὴν ἐκ νεκρῶν-카탕겔레인 엔 토 예수 텐 아나스타신 텐 에크 네크론)."라고 표현한다. 이를 직역하면, '그 예수님 안에서 죽은 자들로부터 있는 그 부활을 전파했다.'라는 뜻이다. 이는 사도들이 예수님으로 인해 죽은 자들의 부활이 일어난다는 사실을 전했다는 것이다. 예수님의 죽으심과 부활이 있고 그 예수님 안에서 죽은 자들의 부활이 일어난다는 의미다. 본래 이 두 사건은 하나의 사건이며 하나의 사건 속에 두 국면이 있다. 진실에 대한 싸움은 이 두 국면에 대해 누가 바른 설명을 하느냐에 걸린 문제로, 그것은 사도들의 삶에서 보이는 것처럼 목숨을 내건 싸움이다.

사도행전 4:10에서 사도들은 자신들을 감옥에 가두고 핍박하는 자들에게 "여러분들과 모든 이스라엘 백성은 이것을 아셔야 합니다. 여러분들이 십자가에 못 박았지만, 하나님께서 다시 살리신 나사렛 예수 그리스도의 이름으로(*ἐν τῷ ὀνόματι Ἰησοῦ Χριστοῦ τοῦ Ναζωραίου ὃν ὑμεῖς ἐσταυρώσατε, ὃν ὁ θεὸς ἤγειρεν ἐκ νεκρῶν,-엔 토 오노마티 예수 크리스투 투 나조라이우 혼 휘메이스 에스타우로사테, 혼 호 데오스 에게이렌 에크 네크론,*) 이 사람이 완전히 나음을 얻어 여러분 앞에 서 있습니다."라고 말한다. 이는 한 사건의 속에 있는 또 다른 사건이 어떻게 작동하는지를 단순히 나사렛 예수 그리스도의 이름 안에서 일어난 사건으로 보여 준다. 예수 그리스도의 이름 안에서만 생로병사에 허덕이는 허무한 인간의 모든 문제가 해결되었다는 것은 나사렛 예수의 죽음과 부활 사건이 가지는 결과로서의 성도들의 부활이라고 하는 연속적인 이 두 국면이 온전하게 작동하여 일어난 사건임을 입증한다. 따라서 그 한 가지 사건, 즉 나사렛 예수의 죽으심과 부활을 목격한 예루살렘 증인들의 증언은 역사 속에서 실제로 일어났던 나사렛 예수의 죽으심과 부활 사건을 선포하는 데 그 초점이 맞추어져 있지만 그 사건의 효력에 의해서 일어나는 또 다른 사건으로서의 죽은 자들의 부활은 나사렛 예수 그리스도의 이름을 믿는 믿음으로 일어나는 사건이라고 말한다.

이렇게 역사적 사건으로서의 나사렛 예수의 죽으심과 부활을 목격한 증인들(사도들)의 증언은 매우 중요하다. 왜냐하면 나사렛 예수의 죽음과 부활 사건 없이 죽은 인간들의 부활이 없고, 나사렛 예수의 죽음과 부활 사건의 선포 없이 그의 이름을 믿는 믿음 또한 없으며, 그의 이름을 믿는 믿음에 기초하지 않으면 그의 이름에 의해 생명을 얻는 것은 불가능하기 때문이다. 이를 구속사적인 관점에서의 선포라고 한다. 그렇기 때문에 예루살렘의 증인들은 아브라함의 후손들이 나사렛 예수를 나무에 매달아 죽였으나 그의 부활을 자신들에게 나타내셔서 그가 산 자와 죽은 자의 재판장이 되심을 선포하는 증인으로 세웠다는 사실을 밝힌다. 그리고 나사렛 예수께서 죽은 자들로부터 부활하신 후에 자신들과 함께 먹고 마셨던 사실을 강조하며, 증인으로 산다는 것이 하나님의 특별한 목적적 선택에 의한 것이라고 말한다(행10:41-42).

땅끝까지: 이방인을 위한 사도 바울의 증언 특성

사도행전 13:30에서 사도 바울 역시 아브라함의 후손 이스라엘 백성들이 나무에 매달아 죽인 후 무덤에 장사한 '나사렛 예수를 하나님께서 죽은 자들로부터 일으키셨다(*ὁ δὲ θεὸς ἤγειρεν αὐτὸν ἐκ νεκρῶν-호 데 데오스 에게이렌 아우톤 에크 네크론*).'라는 사실을 선포한다. 그리고 이를 사도행전 13:31-37에서는 "나사렛 예수를 다시 서게 하심으로 하나님께서 이스라엘 백성들에게 약속하신 것을 다 이루셨다(*ταύτην ὁ θεὸς ἐκπεπλήρωκεν τοῖς τέκνοις [αὐτῶν] ἡμῖν ἀναστήσας Ἰησοῦν-타우텐 호 데오스 에크페플레로켄 토이스 테크노이스 [아우톤] 헤민 아나스테사스 예순*)"라고 하며, 이를 "너는 내 아들이라. 내가 오늘날 너를 낳았다."라고 하는 시편2:7 말씀과 일치된 사건으로 설명한다. 또 성경의 기록을 근거로 하나님의 약속을 붙잡고 경건하게 살았던 다윗의 몸은 무덤 속에서 썩었지만, 나사렛 예수만 하나님께서 그의 죽음과 무덤으로부터 살리셔서 썩음을 당하지 않게 하셨다고 비교한다. 이는 죽음에서 부활하신 나사렛 예수님만이 죄가 없는 인간이었으며 죄를 사하는 권능을 가지신 분이라는 것을 알게 하여 누구나 그분을 믿어 모든 죄에서 해방케 하려는 것이다.

사도행전 17:3에서도 사도 바울은 성경을 풀어 나사렛 예수께서 죽은 자들로부터 부활하신 그리스도이심(*ἀναστῆναι ἐκ νεκρῶν καὶ ὅτι οὗτός ἐστιν ὁ χριστὸς [ὁ] Ἰησοῦς ὃν ἐγὼ καταγγέλλω ὑμῖν-아나스테나이 에크 네크론 카이 호티 후토스 에스틴 호 크리스토스 [호] 예수스 혼 에고 카탕겔로 휘민*)을 증명하여 전한다. 사도행전 17:31에서는 하나님께서 한 사람의 공의로 천하를 심판할 날을 정하시고 나사렛 예수를 죽은 자들로부터 다시 살리셔서 모든 사람들에게 믿음을 제공하셨음을 말한다. 이는 나사렛 예수의 죽음과 부활을 통해 산 자들과 죽은 자들을 심판하시는 재판장이 되심을 선포하는 것이다. 하지만 이에 대해 듣는 자들의 입장은 조롱하는 자들과 더 알고 싶어 관심을 가진 자들로 극명하게 나누어진다. 조롱하는 자들의 입장에서는 나사렛 예수의 죽으심과 부활의 증언을 듣고 발생하는 믿음으로 죽은 자들의 부활

(*ἀνάστασιν νεκρῶν*-*아나스타신 네크론*)에 참여하게 된다는 소식은 황당한 소리에 불과할 뿐이다(행17:32).

사도 바울은 사도행전 23:6에서 죄인의 몸으로 공회에 서서 자신을 바리새인이라고 소개한 후, "바리새인들의 소망인 죽은 자들의 부활에 관하여 심판을 받고 있다(*περὶ ἐλπίδος καὶ ἀναστάσεως νεκρῶν [ἐγὼ] κρίνομαι*-*페리 엘피도스 카이 아나스타세오스 네크론 [에고] 크리노마이*)."라고 하자, 공회원들이 두 부류(부활이 없다고 하는 사두개인들과 부활이 있다고 하는 바리새인들)로 나뉘었다고 했다. 이는 바울에게 나사렛 예수의 죽은 자들 가운데서의 부활하심은 죽은 자들의 부활이라는 믿음의 등식이 성립되어 있었음을 보여 준다.

사도행전 24장 15-21절에서 바울은 "의인들과 악인들의 부활이 있을 것이다(*ἀνάστασιν μέλλειν ἔσεσθαι δικαίων τε καὶ ἀδίκων*-*아나스타신 멜레인 에세스다이 디카이온 테 카이 아디콘*)."라는 성경의 증거를 통해 자신도 하나님을 향해 동일한 소망을 가지고 아무에게도 해를 끼치지 않고 경건하게 살았으니, 자신의 허물에 대한 증거를 제시도록 요구하며, 자신은 지금 "죽은 자들의 부활에 관해 심문을 받고 있는 것뿐(*περὶ ἀναστάσεως νεκρῶν ἐγὼ κρίνομαι*-*페리 아나스타세오스 네크론 에고 크리노마이*)"이라고 목소리를 높여 말한다. 바울은 죄인의 몸으로 로마에 송치되기 전에 아그립바 왕 앞에서 자신이 한 일은 단 한 가지, 그리스도께서 고난을 받으시고 죽은 자들의 부활로부터 첫 번째로 자신의 동족들과 이방인들에게 빛을 전했다고 했다. 이는 그리스도는 죽은 자들로부터 첫 번째로 부활하신 분으로서 세계 만민이 죽은 자들의 부활에 대한 소망을 갖게 하기 위한 빛이 되셨다는 말이다.

이처럼 바울에게 있어서 나사렛 예수의 죽으심과 부활은 죽은 자들의 부활이라는 믿음의 등식으로 작동하여 죽은 자들의 부활이라는 소망을 일으키고 있다. 바울의 로마서 1:4은 이와 같이 한 사건이 가지는 이 특별한 두 국면을 종합적으로 표현하여 '거룩하게 하시는 영을 따라서 죽은 자들을 다시 살려 내심으로써 권능 있는 하나님의 아들로 인정받게 되었다.'라는 사실을 드러내는 데 초점이 있다. 역사적 사실로서의 나사렛 예수의 부활에 대한 단편적 표현이 아닌 역사적 사실로서의 나사렛 예수의 부활이 가진 의미와 그 결과까지 포함한 종합적인 진술이다.

이렇게 하나님의 복음에 대한 사도 바울의 규정(規定)인 로마서 1:2-4의 해석에 대한 뿌리 깊은 오해를 걷어 내고 저자의 의도에 정당하게 다가서는 길이 쉽지 않다. 하지만 구속사적인 시각에서 이 대조를 두 개의 연속적인 존재의 양상 혹은 상태의 대조로 보는 개핀의 관점은 본문의 정당한 해석(저자의 의도)을 찾아 헤매던 자들에게 큰 위로를 주었음은 주지의 사실이다. 이런 사실에 힘입어 필자는 이제 그 작업을 마무리해야 할 시점에 있다. 따라서 지금까지 필자가 제시한 본문에 대한 설명이 더욱 명확하고 정당한 해석으로 나아가게 하기 위해서는 마지막 남은 개핀의 결론을 공유하는 것이 우리 모두에게 유익할 것이다.

4절의 사상구조가 이와 동일하다면 다음과 같이 말할 수 있을 것이다. 즉, 부활로 말미암아 옛 질서 속에 성육신하신(3절에서 규명된 주제) 선존재하신 아들이 영의 영역, 새 세대, 오는 세대에 들어오셨으며 그의 인격적이며 성육신하신 존재상태는 이제 부활 당시에 들어오신 영적 세계의 질서에 따라 살게 되셨다. 또한 3절에서 이 전치사구들이 이룬 평행구조와 일치하는 나중의 두 전치사구도 부사적이다. 이것은 로마서 8:11과 다른 곳에서 암시된 예수의 부활에 있어서의 성령의 도구화와 일치한다. 그러나 3절에서 평행적으로 사용된 κατα, 역시 그것의 특별히 영적 성격을 지닌 결과적 상태를 생각하게 한다.

그렇다면 4절은 고린도전서 15:45, 고린도후서 3:17과 한 부분을 이루고 있는 것이다. 그곳에서 이미 비교형식을 통하여 그리스도의 부활 당시에 성령께서 그를 철저하게 변화시킴을 보았듯이 여기서 이제 그는 '영을 따라' 존재하신다. 역시 이 경우에도 부활은 그리스도가 누구이시며 계속하여 누구이신가(신분) 하는 문제에 있어서 핵심이 된다.

여기서 부활하신 그리스도가 (살려 주는) 영으로가 아니라 "능력으로 하나님의 아들"이 되셨다고 묘사되는 반면, 이 두 명칭은 (구속의) δυνάμει(능력)이 항상 분명하게 영적 범주에 속하는 바울의 사상체계에서 서로 긴밀한 유사성을 갖는다. 능력을 입으신 성령은 살려 주는 영이시다.

그러나 여기서는 중요하고도 새로운 한 요소가 소개되고 있다. 4절은 부활 당시에 그리스도께서 새롭고 비견할 수 없는 하나님의 아들 되심이란 국면을 시작하셨다. 인간으로 태어나시고 사시다가 육체로는(κατὰ σάρκα) 죽으셨던 영원하신 하나님의 아들이 영으로(κατὰ πνεῦμα)부활하시어 다윗의 혈통을 따른 메시아란 신분을 지니고 그가 이전에는 되지 못하셨던 신분, 즉 능력을 지닌 하나님의 아들이 되신다. 여기서는 그리스도의 이러한 영적인 아들 되심이 제한적으로 우리의 관심을 끌게 될 것이다. 즉 이것에 비추어서, '하나님의 아들'이란 호칭은 "직위를 나타내는 용어가 아니며 시간 속에서 생각되는 어떤 관계를 표현하는 것도 아니다."라는 핫지와 워필드의 주장은 더 이상 그들의 논증에 유리한 목적을 지지하지 못한다는 점을 밝히는 데서 멈추고자 한다.

고린도전서 15:45에서와 마찬가지로 여기서도 예수를 위한 부활의 인격적인 의미는 동일하게 긴 문맥 속에 담겨 있다. πνεῦμα-σάρξ의 반명제는 종말론적인 세대가 그리스도의 부활과 함께 시작되었다는 결론을 포함하고 있는 두 세대의 대칭만을 생각하게 한다. 이 결론은 ἐξ ἀναστάσεως νεκρῶν(두 명사가 모두 관사가 없으며, 전자에게는 대명사의 수식이 후자에게는 전치사의 반복도 없는)란 구의 쉽게 간과되는 구조와 일치한다. 이러한 결합(행26:23 참조)은 광범위하고 기원적인 방식으로 특징을 살리는 방법으로 소개하고자 하는 바울의 열망으로 잘 설명된다. 즉 출생이 옛 세대 육적인 세계의 특징인 것처럼, 부활은 새 세대 종말론적이며 영적인 세계의 시작을 나타낸다는 것이다. 4절은 바울의 부활 신학의 중심주제, 즉 그리스도의 부활이 지닌 반향적 성격을 묘사하고 있다. 그의 부활은 신자들의 부활과 연합을 이루며 그의 부활은 '첫 열매'가 된다.

결론적으로 로마서 1:3, 4은 그리스도의 인격을 형성하는 두 개의 공존적 국면들(두 본성)을 대칭시키지 않는다. 이 주장의 극복하기 어려운 장애물은 더욱이 πνεῦμα-σάρξ와의 반명제가 지닌 '세대적' 성질과 '하나님의 아들(4절)이란 호칭의 순전히 존재론적인 성격이기보다는 실제적인 성격이다. 대신에 이 대칭은 '인간의 몸을 입으신' 존재의 연속적인 두 가지 상태를 포함하는 그리스도의 역사에 속한 두 가지 연속적인 국면 사이의 대칭이다. 이것은 반명제적이며 발전적인 대칭이며, 교의학의 용어로 말하면 비하와 승귀의 상태 사이의 대칭인 것이다. 동일한 사상의 기본적인 구조가 바울 서신의 다른 곳들, 특히 빌립보 2:6-11과 디모데전서 3:16(베드로전서 3:18 참조)에서 발견된다.

이 해석은 핫지 워필드의 주장에서 부족함을 발견하였던 몇 가지 점들에 대한 시험을 통과한다. ① 이 해석은 πνεῦμα(4절)가 성령이라고 하며 평행구조를 유지하면서도 바울의 정규적이고 특징적인 용법에 대한 예외를 설정하지 않고 πνεῦμα-σάρξ의 반명제를 정당하게 취급한다. ② 이것은 또한 다른 곳의 바울의 교훈이 지닌 불변하는 형식과 일치하면서 성육신하신 분으로서 그리고 그의 백성과 결속된 분으로서의 그리스도의 신분에 특별히 담긴 부활의 의미(4절)를 발견한다. ③ 이것은 이 절들(Clauses)이 복음의 형태를 제공한다는 전후문맥의 요구를 충족시킨다. 왜냐하면 그리스도의 '역사'가 일종의 열매 껍질 속에 담긴 복음이기 때문이다.

신인(God-man)이신 그리스도가 아니라 영원하신 하나님의 아들이신 그리스도가 비하의 상태와 수난과 죽음을 겪으며 성육신하신 것은 이러한 육적 존재(다윗의 혈통으로 말미암는 존재)를 입으셨고, 마찬가지로 다른 이들을 위한 종말론적인 능력과 생명의 근원이 되시기 위하여 성육신하신 하나님의 아들이 부활하셨던 것은 이러한 오는 세대의 영적인 존재(성결의 영으로 존재하는)를 입으신다. 바로 이것이 로마의 교인들의 몸에서 동일하고 비할 바 없는 발전을 갖게 하기 위하여 바울이 증거한 복음이다.
(개핀, 부활과 구속, 도서출판 엠마오, 1985, 144~148쪽)

5. 총결: 예수 그리스도 우리 주님

이제껏 우리는 하나님의 아들에 관한 로마서 1:3-4의 진술에 대한 대부분 성경 번역자들의 문맥은 2000여 년 전의 예수님의 돌아가심과 부활하심에 대한 역사적 사건으로서의 기술로 취급되어 왔음을 보았다. 하지만 사도 바울의 문맥은 본시 그 사건뿐만 아니라 그 사건에 대한 해석학적 의미를 포함한 종합적 기술로서 참으로 특이한 구문적 특징을 가진다는 사실 또한 확인했다. 전자는 2000여 년 전에 있었던 사건을 객관적으로 보도하여 단순히 역사적 사실만을 직시하게 하는 것이었다면, 후자는 2-4절의 전체 내용인 하나님의 복음을 한마디로 말할 수 있는 결정적 제시어로 "예수 그리스도는 우리 주님이시다."와 같은 의미를 나타내는 호칭 '예수 그리스도 우리 주님(*Ἰησοῦ Χριστοῦ τοῦ κυρίου ἡμῶν-예수 크리스투 투 퀴리우 헤몬*)'을 결어로 마무리 짓는다.

재미있게도 바울에 의하여 그 호칭이 쓰이게 된 과정 자체가 이미 예수님의 죽으심과 부활하심 그리고 승귀의 역사적 사건을 포괄하고 있으며, 또한 그 사건이 갖는 의미를 밝힌다는 관점에서 그 사건을 다른 시각에서 다시 진술한다. 그러니까 이미 끝난 사건의 종결 당시 주인공에게 붙여진 '예수 그리스도'라는 호칭과 '주 예수 그리스도'라고 하는 호칭이 있는 상태에서 다시 그 주인공에 대해 언급하면서 "예수 그리스도 우리 주님"이라는 호칭으로 매듭짓는다는 것은 같으면서도 다른 호칭인 것이다.

다만 바울이 천상과 지상이라는 두 영역의 질서 속에서 펼쳐지는 구속사적인 시각에서 '육과 영'이라고 하는 두 세대적인 국면으로 예수 그리스도의 주님 되심을 직시하게 하는 것이었다. 엄밀히 말하면 바울은 이미 불리는 호칭 '예수 그리스도'에 대하여 예수의 주님 되심과 그리스도의 주님 되심이라고 하는 두 국면을 설명함으로써 예수 그리스도를 만유의 주님으로 확증하는 것이다. 이는 우리가 이미 숙지하고 있는 바와 같이 어떤 신학자들이 로마서 1:2-4을 단순히 초대 예루살렘 교회의 신조나 후대 교회들의 세례 신조(사도신경)와 같은 것으로 취급하는 주장과는 사뭇 다른 관점이다.

이처럼 하나님의 복음(*εὐαγγέλιον θεοῦ-유앙겔리온 데우*)에 관한 설명으로서 로마서 1:2-4이 "예수 그리스도 우리 주님(*Ἰησοῦ Χριστοῦ τοῦ κυρίου ἡμῶν-예수 크리스투 투 퀴리우 헤몬*)"이라는 호칭을 결어로 삼고 있다는 것은 매우 중첩적인 표현이다. 어떤 하나의 개념에 또 다른 하나의 개념을 덮어씌워 원래의 것을 더욱 크고 아름다운 개념으로 완성하는 것과 같은 방식으로 예수 그리스도라는 호칭 자체를 온 인류를 향한 영원한 구속사적 맥락으로 읽어 내도록 요구하고 있다. 따라서 우리는 이런 사실을 좀 더 명확히 해 본문의 해설을 종결짓도록 하자.

우선 이 호칭은 사도행전 2장 베드로의 설교에서 오순절 성령 강림을 통해 완성된 구속(하나님께서 예수를 그리스도와 주로 만드셨다는 사실, 행2:36)을 확증하여 알려짐과 동시에 그 구속의 사건적 내용이 복음으로 선포되기 시작한 시점에서 형성된 호칭과는 다르다는 점을 이해할 필요가 있다. 왜냐하면 로마서 1:2-4에서의 결론적 호칭(*Ἰησοῦ Χριστοῦ τοῦ κυρίου ἡμῶν-예수 크리스투 투 퀴리우 헤몬*)은 사도행전의 오순절 성령 강림을 통해 최초에 형성된 예루살렘 교회가 가진 유대인들만의 주님으로서의 호칭이 아닌 유대인과 이방인을 하나의 공동체로 인식하는 '우리(*ἡμῶν-헤몬*)'라고 하는 표현을 사용하여 예수 그리스도의 주님 되심을 나타내는 것이기 때문이다. 예수 그리스도께서는 유대인과 이방인을 하나로 묶어 새로운 역사 공동체의 주님이 되신다는 의미를 포괄한 호칭이란 말이다(엡2:11-22). 이는 역으로 로마서 1:2-4의 내용이 단순히 선민인 유대인들과의 관계에서 구속이 완성되었다는 사건에 대한 단순한 기술이 아닌 이방인들을 포함한 온 인류의 구속이 완성되었다는 의미에서 다시 그 사건을 재해석하는 확장된 의미를 가진 사건의 결과적 기술임을 입증한다.

따라서 바울은 로마서 1:2-4의 새로운 진술 방식을 통해서 예수님의 죽으심과 부활하심 그리고 승귀하심의 사건을 탈유대적 시각, 곧 우주적이며 창조적 시각으로 볼 수 있도록 하여, 예수 그리스도께서 새로운 창조 역사 공동체의 주님 되심(고후5:17, 갈6:15)을 밝혀, 복음이 어느 특정 민족을 위한 것이 아니라 하나님의 창조 세계를 위한 것임을 선포한 것이다(롬8:18-25). 이를 바울은 '하나님의 복음(*εὐαγγέλιον θεοῦ-유앙겔리온 데우*)'이라고 명명한 것이다.

이렇게 사도 바울이 이방인의 사도로서 주님께 받은 복음의 핵심을 요약해서 로마서를 통해 밝히는 의도는, 이미 예수님의 제자로 부르심을 받아 교육과 훈련 과정을 거쳐 보내어진 열두 사도들이 가지는 복음의 의미를 확장시켜 이방 세계로까지 공포(公布)하는 데 있다. 바울의 복음은 결국 "예수 그리스도 우리 주님(*Ἰησοῦ Χριστοῦ τοῦ κυρίου ἡμῶν-예수 크리스투 투 퀴리우 헤몬*)"이라는 호칭으로 귀결되어 나타나는 새로운 창조 역사 공동체의 정체성을 명확하게 규정하여 세운다. 주님이신 예수 그리스도의 이름을 통한 부르심의 다양함과 선택하심의 다양함이 오직 한 분이신 주님 예수 그리스도에 의해 하나의 창조 역사 공동체로 어우러져 이 세상에 나타나고 있음을 확증하고 있는 것이다. 이 세상에 하나님의 유일한 작품으로서의 새로운 생명의 공동체, 세상으로부터 완전히 구별된 거룩한 공동체, 하나님의 영원하신 생명으로 충만한 창조 공동체, 한마디로 창조 역사 공동체의 자랑스러운 위상을 드러내고 있는 것이다.

하나님의 전능하신 창조 능력인 그리스도(골1:15-19)에 의해 새롭게 창조된 생명의 공동체가 가지는 특성은 복음의 실체이신 주 예수 그리스도의 절대적인 주권에 의해 실현되고 있다는 사실에서 그 유일성이 입증된다(롬11:33-36). 만사를 하나님의 아들이신 주 예수 그리스도의 생각과 의지를 나타내는 드라마틱한 사건으로서 이해하고 공유하는 바울과 함께하는 "우리(*롬1:4 ἡμῶν-헤몬*)"라고 하는 복수의 사람들은 과연 '오늘날(히4:7)' 어디에 있단 말인가? 그 귀하고 귀한 사람들을 악한 세상으로부터 위로하고 굳게 세우기 위한 메시지가 바로 로마서의 "하나님의 복음(*εὐαγγέλιον θεοῦ-유앙겔리온 데우*)"이다.

***33** 오~! 하나님의 지혜와 지식의 부유하심은 심히 깊습니다. 진정 그분의 판결들은 심오하며, 그분의 길들 또한 아무도 찾아낼 수 없는 것과 같습니다.*

34 도대체 "누가 주님의 이성(혹은 마음)을 알았습니까? 혹시 누가 그분의 조언자 가 되었습니까?
35 혹시 누가 그분께 먼저 드렸으며, 누가 그분께 답례 또한 받은 일이 있습 니까?"
36 왜냐하면 그 모든 것이 그분께로부터 나오고, 그분을 통해서 그분께로 돌 아가기 때문입니다. 그 영광이 그분께 영원히 있습니다. 아멘.

33 Ὦ βάθος πλούτου καὶ σοφίας καὶ γνώσεως θεοῦ· ὡς ἀνεξεραύνητα τὰ
*κρίματα αὐτοῦ καὶ ἀνεξιχνίαστοι αἱ ὁδοὶ αὐτοῦ. 34 τίς γὰρ ἔγνω νοῦν κυρίου;**
ἢ τίς σύμβουλος αὐτοῦ ἐγένετο; 35 ἢ τίς προέδωκεν αὐτῷ, καὶ ἀνταποδοθήσεται
αὐτῷ; 36 ὅτι ἐξ αὐτοῦ καὶ δι' αὐτοῦ καὶ εἰς αὐτὸν τὰ πάντα· αὐτῷ ἡ δόξα εἰς
τοὺς αἰῶνας, ἀμήν.

(NA 28th(UBS 5th) ed 롬11:33-36 필자 사역)

제6장
하나님의 복음 직무 담당자(1장 5-7절)

— 사도 바울의 역할과 권한 —

사도 바울의 모든 역량은 자기의 생각이나 의지 등 인간적인 조건이 끼어들 수 없는 방법으로, 인간이 동의하거나 거부할 수 있는 여지조차도 허락되지 않는 불가항력적인 방법으로 자신을 설득하여 일을 추진하시는 주님의 권세에 순복한다는 고백 위에 있다.

제6장 하나님의 복음 직무 담당자(1장 5-7절) _ 169~170p에서 발췌 요약

본문 분석

본문	NA28판(UBS5판) ΠΡΟΣ ΡΩΜΑΙΟΥΣ 1:5-7 필자 사역	TR(ST)판 ΠΡΟΣ ΡΩΜΑΙΟΥΣ 1:5-7 개역개정
롬1:5	δι' οὗ ἐλάβομεν χάριν καὶ ἀποστολὴν εἰς ὑπακοὴν πίστεως ἐν πᾶσιν τοῖς ἔθνεσιν ὑπὲρ τοῦ ὀνόματος αὐτοῦ,	δι' οὗ ἐλάβομεν χάριν καὶ ἀποστολὴν εἰς ὑπακοὴν πίστεως ἐν πᾶσιν τοῖς ἔθνεσιν, ὑπὲρ τοῦ ὀνόματος αὐτοῦ,
번역	그분을 통해 우리가 은혜와 사도 직분을 받았습니다. 이는 그분의 이름을 위해 모든 그 이방인들 안에서 믿음의 순종에 이르게 하기 위함입니다.	그로 말미암아 우리가 은혜와 사도의 직분을 받아 그의 이름을 위하여 모든 이방인 중에서 믿어 순종하게 하나니
롬1:6	ἐν οἷς ἐστε καὶ ὑμεῖς κλητοὶ Ἰησοῦ Χριστοῦ,	ἐν οἷς ἐστε καὶ ὑμεῖς, κλητοὶ Ἰησοῦ Χριστοῦ·
번역	여러분 또한 그들 안에 있으며 예수 그리스도의 부르심을 받은 사람들입니다.	너희도 그들 중에서 예수 그리스도의 것으로 부르심을 받은 자니라
롬1:7	πᾶσιν τοῖς οὖσιν ἐν Ῥώμῃ ἀγαπητοῖς θεοῦ, κλητοῖς ἁγίοις, χάρις ὑμῖν καὶ εἰρήνη ἀπὸ θεοῦ πατρὸς ἡμῶν καὶ κυρίου Ἰησοῦ Χριστοῦ.	πᾶσιν τοῖς οὖσιν ἐν Ῥώμῃ ἀγαπητοῖς θεοῦ, κλητοῖς ἁγίοις· χάρις ὑμῖν καὶ εἰρήνη ἀπὸ θεοῦ πατρὸς ἡμῶν καὶ κυρίου Ἰησοῦ Χριστοῦ.
번역	로마에 있어 하나님의 사랑을 입은 모든 자들, 곧 거룩한 자들로 부르심을 받은 여러분에게 은혜와 평화가 하나님 우리 아버지와 주님 예수 그리스도께로부터 베풀어지기를 빕니다.	로마에서 하나님의 사랑하심을 받고 성도로 부르심을 받은 모든 자에게 하나님 우리 아버지와 주 예수 그리스도로부터 은혜와 평강이 있기를 원하노라

5절의 맥락

바울은 1절에서 자신의 개인적인 신분에 대해 먼저 그리스도 예수의 종(*Παῦλος δοῦλος Χριστοῦ Ἰησοῦ-파울로스 둘로스 크리스투 예수*)으로 표현했다. 이는 무엇보다도 그리스도 예수가 자신의 주인이라는 사실을 강조하기 위해 자신의 종 된 신분을 강조하는 표현법이다. 거기에는 우선적으로 바울 개인의 부르심과 그 부르심이 갖는 특별한 목적을 위한 주님의 주권적인 활동이 실제로 개입되어 있음을 명확하게 드러내고자 하는 의도가 있다. 이는 그가 부르심을 받은 사도들 중에 특별한 사역,

곧 하나님의 복음을 위해 차출된 것이 오직 주님의 일방적인 뜻과 힘에 의해 이루어지는 것임을 강조하는 표현이다. 자신의 생각이나 의지 등 인간적인 조건이 끼어들 수 없는 방법으로, 인간이 동의하거나 거부할 수 있는 여지조차도 허락되지 않는 불가항력적인 방법으로 자신을 설득하여 일을 추진하시는 주님의 권세에 순복한다는 고백이다.

바울은 자신으로 하여금 나타나고 이루어지는 모든 일이 주님의 의지의 실현이라는 관점에서 자신이 사도로 부르심을 입었으며, 그 주님의 최대 관심사인 하나님의 복음(*εὐαγγέλιον θεοῦ-유앙겔리온 데우*)을 위해 특별히 골라 뽑힌 종으로 인식한다. 이렇게 그 복음을 위해 부르심을 받은 사도(*κλητὸς ἀπόστολος-클레토스 아포스톨로스*), 그 복음을 위해 보내심을 받은 사신에 불과하다는 자신의 신분에 대한 확고한 인식은 바울의 정체성을 입체적으로 보게 한다.

따라서 그러한 바울의 그리스도 예수의 종 됨과 사도 됨의 진정성은 이어지는 로마서 1:2-4에 밝히고 있는 하나님의 복음에 대한 설명에 의해 좌우된다. 특히 그것을 주님께로부터 직접 받았다는 사실은 그분의 사도 됨과 그것의 진정성을 확정짓는 근거가 된다(행9:1-22). 이는 하나님의 복음이 바울 자신의 인간적인 조건, 즉 그의 학문적 노력에 의해 확립된 이론이거나 인생 전반의 경험을 통해 깨달은 것을 집대성하여 만들거나 꾸며 낸 이야기가 아니라 주님께로부터 직접 받은 것이라는 사실을 못 박은 것이다(갈1:11-12).

중요한 것은 그러한 바울 개인이 소장한 주님께 받은 하나님의 복음(*εὐαγγέλιον θεοῦ-유앙겔리온 데우*)의 내용이 개인을 넘어 "예수 그리스도 우리 주님"이심을 밝히는 고백적 선포로 결론지어진다는 점이다. 바울 개인을 지칭하는 1인칭 단수에서 바울 자신과 같은 다수의 개인이 하나가 되는 공동체적인 표현인 "우리"라고 하는 1인칭 복수에로의 발전 중심에는 그 복음의 내용이 있다. 그 복음의 내용은 죄로 인해 죽은 각각 다른 수많은 개인들을 살려 내어 하나로 묶는 동력이 되어 "우리(ἡμῶν-헤몬)"라고 하는 새로운 창조 공동체를 형성하게 하며, 그것 또한 주님의 절대적인 주권에 의한 결과임을 드러내고 있는 것이다.

즉 그 복음의 내용이 부르심에 대한 개별적인 인간적인 조건의 벽과 차이를 극복하게 하고 있다는 말이다. 그것이 바로 주님 그리스도 예수께 받은 바울의 복음, 곧 하나님의 복음(*εὐαγγέλιον θεοῦ-유앙겔리온 데우*)이라는 명칭이 갖는 근본적인 특성이고, 그 특성이 유대인이나 이방 모든 민족으로부터 "우리"라고 하는 하나의 새로운 역사 공동체를 형성하게 된다. 그것은 "예수 그리스도 우리 주님"이라고 하는 호칭이 갖는 중첩된 의미가 온전히 드러나게 될 때 비로소 일어나는 일이다. 그들은 세상으로부터 "예수 그리스도 우리 주님(*Ἰησοῦ Χριστοῦ τοῦ κυρίου ἡμῶν-예수 크리스투 투 퀴리우 헤몬*)"이라고 하는 고백적 호칭을 중심으로 구별된 거룩한 생명 공동체로 창조된 것이다.

바울은 그들을 두고 그리스도의 몸 된 교회라고 부르고, 필자는 창조 역사 공동체라고 부른다. 주 예수 그리스도는 지상에 그 교회를 세우고 친히 그 교회의 머리가 되셔서 활동하신다(롬12:4-8, 엡1:22-23). 그분은 그 교회로 하여금 하나님의 복음을 선포하게 하심으로써 믿음으로 죽은 자들을 살려 내셔서 역사 속에서 영원한 생명으로 충만한 세계를 창조해 가시는 것이다. 그분이 바로 바울이 말하는 "예수 그리스도 우리 주님"이시다. 그런 관점에서 5절은 시작되고 있다.

1. 통로가 되신 주님(로마서 1장 5절)

본문 분석

본문	[NA28판(UBS5판)] ΠΡΟΣ ΡΩΜΑΙΟΥΣ 1:5 필자 사역	TR(ST)판 ΠΡΟΣ ΡΩΜΑΙΟΥΣ 1:5 개역개정
1:5a	δι' οὗ ἐλάβομεν χάριν καὶ ἀποστολὴν	δι' οὗ ἐλάβομεν χάριν καὶ ἀποστολὴν
번역	그분을 통해 우리가 은혜와 사도 직분을 받았습니다.	그로 말미암아 우리가 은혜와 사도의 직분을 받아
1:5b	εἰς ὑπακοὴν πίστεως ἐν πᾶσιν τοῖς ἔθνεσιν ὑπὲρ τοῦ ὀνόματος αὐτοῦ,	εἰς ὑπακοὴν πίστεως ἐν πᾶσιν τοῖς ἔθνεσιν, ὑπὲρ τοῦ ὀνόματος αὐτοῦ,
번역	이는 그분의 이름을 위해 모든 그 이방인들 안에서 믿음의 순종에 이르게 하기 위함입니다.	그의 이름을 위하여 모든 이방인 중에서 믿어 순종하게 하나니

통로

5절은 4절의 결론인 "예수 그리스도 우리 주님"이라고 하는 호칭 속에 있는 "우리"에 대한 이야기로 시작한다. 우리말 개역개정의 "그로 말미암아"에 해당하는 헬라어 본문은 속격 형태의 관계대명사(*οὗ-후*)를 지배하는 전치사(*δι'-디*)로 이루어진 전치사구(*δι' οὗ-디 후*)로서, 직역하면 "그분을 통해서"이다. 그분은 관계대명사(그분, *οὗ-후*)가 지시하는 선행사가 지목하는 분이다. 그리고 그분은 하나님의 복음(*εὐαγγέλιον θεοῦ-유앙겔리온 데우*)을 설명하는 긴 문장(2-4절)의 결론으로 제시된 고백적 호칭 "예수 그리스도 우리 주님(*Ἰησοῦ Χριστοῦ τοῦ κυρίου ἡμῶν-예수 크리스투 투 퀴리우 헤몬*)"을 가리킨다. 따라서 여기까지 종합하면 바울이 다시금 새롭게 규정한 "예수 그리스도 우리 주님을 통해서(*δι' Ἰησοῦ Χριστοῦ τοῦ κυρίου ἡμῶν-디 예수 크리스투 투 퀴리우 헤몬*)"라고 바꾸어 읽을 수 있다.

이 문장의 표현은 액면 그대로 "예수 그리스도 우리 주님이 통로가 되신다."라는 뜻이다. 무엇을 위한 통로가 된단 말인가? 후속 문장을 보면 "우리가 은혜와 사도 직분을 받은(*ἐλάβομεν χάριν καὶ ἀποστολὴν-엘라보멘 카린 카이 아포스톨렌*)" 통로이다. 참으로 단순 명료한 문장이다. 하지만 그 내막에 있어서는 그리 단순하지만은 않다. 왜냐하면 문맥상 "예수 그리스도 우리 주님"이라는 호칭이 갖는 의미가 2-4절의 설명을 통해서 명확하게 드러난 하나님의 복음과의 관계에 의한 것이고, 그 복음에 관한 실제 내용이 너무도 심오하기 때문이다.

중첩

앞 문맥(롬1:1-4)에서 보았듯이 사도 바울은 "예수 그리스도 우리 주님"이라는 호칭을 하나님의 복음에 대해 설명하는 문단의 결구로 확정 제시했다. 바울의 관점에 하나님의 아들이 지상에서 갖는 명확한 호칭을 공표한 것이다. 물론 이러한 공표 또한 십자가에 죽으시고 부활하셔서 승천하신 후 아버지 하나님께로 성령을 받아 지상에 내려 보내신(행2:33) 천상의 하나님의 아들이 베푸시는 성령세례를 받은 자들의 고백과 중첩된다(행2:26). 따라서 그 이름이 갖는 의미는 그 이름의 확정 과정이 갖는 복합성만큼이나 복합적인데, 확정 과정이 신비의 일색이기 때문에 그 이름이 갖는 의미 또한 심오할 수밖에 없다.

결국 "예수 그리스도 우리 주님을 통해서"라는 표현을 쉽게 바울의 관점으로 말하면 '비하된 하나님의 아들이 얻게 된 호칭(예수 그리스도 우리 주님)을 가지신 하나님의 아들을 통해서'라는 뜻이다. 예루살렘의 다른 사도들과 달리 바울에게 예수 그리스도는 본시 천상에 계신 영원하신 하나님의 아들이시다. 그런 시각에서 지상에서의 예수님께서는 비하되기는 하셨지만 여전히 실제로 영원하신 하나님의 아들 그리스도이신 예수님이시고, 그 예수님이 파워풀하게 그리스도라는 직함에 걸맞은 사역을 온전하게 종결지으신 분이시다.

경위

이는 다른 사도들에 의해 예수 그리스도로 칭하여지고 있었던 분에 대한 지상에서의 인식과는 다르다. 바울에게 있어서의 예수 그리스도라는 호칭은 이미 먼저 사도 된 자들에 의해 만들어진 예수 그리스도라고 하는 호칭에 중첩시키기 위한 해석의 경위를 가진다는 말이다. 먼저 사도 된 자들에 의해 선포된 복음을 나중에 사도 된 바울이 온전한 형태를 갖도록 먼저 사도 된 자들이 보지 못하는 부분을 드러내어 완성 짓는다. 처음 것이 부족하기 때문에 나중에 부족한 것을 메꾸는 것이 아니라 처음 것이 가지는 풍부함을 드러내는 과정에 쓰임받고 있다는 말이다.

이는 먼저 사도 된 자들의 그룹에 있는 사도 요한에 의해 입증된다. 사도 요한은 바울을 포함한 모든 사도들이 모두 순교한 뒤 남아 최후의 사도로 살았던 사람이다. 그에 의해 기록된 요한복음은 본 서신의 특별한 인사말을 통해 드러난 예수 그리스도에 대한 바울의 성육신의 비하와 승귀에 대한 표현을 역사의 장에서 '인자'라는 개념의 존재로 입체적 시각에서 역동적으로 보도했다. 그야말로 판타스틱한 신개념의 복음서가 최후의 사도 요한에 의해서 쓰인 것이다. 주님께서 구속사적인 맥락에서 헬라 문화가 보편화된 온 세상을 내다보며 사도 요한을 통해 온 세상을 위한 온전한 복음을 역사의 지평 위에 전파하신 것이다.

증거

이런 사도 요한의 저작이 바울의 로마서보다 훨씬 후대의 저작이라는 점은 그 시사하는 바가 중대하다. 한마디로 바울이 하나님의 아들에 대한 성육신의 비하와 승귀로 풀어내는 설명과 우리의 해석은 사도 요한의 예수 그리스도에 대한 보도를 통해 더욱 명확해진다. 사도 요한은 성육신하신 예수님을 "그 사람의 그 아들(*ὁ υἱὸς τοῦ ἀνθρώπου-호 휘오스 투 안드로푸, 그 인자*)"로 인식하는 데서(요3:13-36) "사람의 아들(*υἱὸς ἀνθρώπου-휘오스 안드로푸, 인자*)"로의 전환된 시각으로(요5:19-57) '예수님의 인격과 사역'이라고 하는 그분의 전 생애의 과정을 생생하게 보도했다. 핵심은 하나님의 아들이 죽은 자들을 살리시는 분이라는 메시지였다. 이런 맥락과 동일하게 바울은 요한복음이 쓰인 때보다 훨씬 이전에 성육신하신 영원하신 하나님의 아들이 죽은 자들의 부활이 되심으로써 하나님의 아들로 인정되셨음을 밝히는 데까지 나아간 것이다.

그런 의미에서 본래 영원 전부터 계셨던 하나님의 아들 자체가 통로가 된다는 말이 아니라 그 하나님의 아들이 비하되셔서 지상으로부터 구속의 임무를 완성하심으로써 붙여진 호칭을 가진 분이 통로가 된다는 말이다. 다시 말하면 비하된 영원하신 하나님의 아들께서 지상에서 성취하시는 일(죽은 자들을 다시 살리시는 일) 없이는 지상에 있는 자들 누구에게도 은혜와 사도 직분이 베풀어지지 않는다. 예수 그리스도의 주님 되심을 중첩시켜, 이미 있던 예수 그리스도의 주님 되심에 대한 시각을 확장시켜 규정한 호칭이 바울의 "예수 그리스도 우리 주님"이라는 호칭이 가진 경위이다. 한마디로 비하된 영원하신 하나님의 아들의 이름은 예수다. 그리고 그 예수는 그리스도가 되신다. 지상의 죽은 자들을 살리시는 은혜를 베풀기 위한 하나님의 아들의 권능의 업적을 성취해야 하는 직임을 가진 그리스도이시다. 그렇게 예수 그리스도라는 호칭에 대한 시각이 넓어진 것이다.

길

문제는 그런 하나님의 아들을 알 수 있는 길이 인간에게 없다는 것이다. 그분의 이름을 통해서만 그분을 알 수 있다. 하지만 그분의 이름은 하나님의 비밀이기 때문에 하나님께서 베푸시는 은혜의 계시 없이는 그분의 이름 또한 알 수도 없다. 하나님의 은혜 역시 그 아들의 이름 속에 숨겨져 있기에 그 아들의 은혜 없이는 그 아들의 은혜 또한 받을 길이 없다. 하나님께서 베푸신 은혜가 그 아들이고, 그 아들은 자신의 이름을 통해서 은혜를 베풀어 주신다. 하나님 아버지와 아들이 하나이기 때문에 아들의 소원대로 계시받을 자는 계시를 받고 은혜받을 자는 은혜를 받으며, 사도 직분을 받을 자는 사도 직분을 받는 것이다. 아버지의 모든 권한이 아들에게 주어졌기 때문이다. 죽고 사는 모든 일이 이토록 신비로운 하나님 아들의 주권에 의해서만이 결정되는 것이다(요5:19-23).

19 그런즉 그 예수께서 대답하여 그들에게 말씀하고 계셨습니다. "진실로, 진실로, 내가 너희에게 말한다. 그 아들은 어떤 것도 자기 스스로 행할 수 없다. 다만 그 아버지께서 행하시는 일을 보고서야 그것을 할 수 있을 따름이다. 이는 그 아버지께서 행하시는 일들은 무엇이든지, 그 아들도 그것들을 동일하게 행하기 때문이다.

20 참으로 그 아버지께서는 그 아들을 사랑하셔서, 그가 친히 행하시는 모든 일들을 그에게 보여 주시기 때문이다. 또한 너희가 놀라게 하기 위해, 이 일들보다 더 큰 일들을 그에게 보여 주실 것이다.

21 참으로 그 아버지께서 그 죽은 사람들을 일으키시고 살리시는 것과 똑같이, 그 아들도 자기가 원하는 자들을 살린다.

22 그 까닭은 그 아버지께서는 아무도 심판하지 않으시고, 오히려 모든 심판을 그 아들에게 넘기셨기 때문이다.

23 이는 모든 사람이 그 아버지를 공경하는 것과 같이 그 아들을 공경하게 하기 위함이다. 그 아들을 공경하지 않는 자는 그를 보내신 그 아버지를 공경하지 않는다.

*19 Ἀπεκρίνατο οὖν ὁ Ἰησοῦς καὶ ἔλεγεν αὐτοῖς· ἀμὴν ἀμὴν λέγω ὑμῖν, οὐ
δύναται ὁ υἱὸς ποιεῖν ἀφ' ἑαυτοῦ οὐδὲν ἐὰν μή τι βλέπῃ τὸν πατέρα ποιοῦντα·
ἃ γὰρ ἂν ἐκεῖνος ποιῇ, ταῦτα καὶ ὁ υἱὸς ὁμοίως ποιεῖ. 20 ὁ γὰρ πατὴρ φιλεῖ
τὸν υἱὸν καὶ πάντα δείκνυσιν αὐτῷ ἃ αὐτὸς ποιεῖ, καὶ μείζονα τούτων δείξει
αὐτῷ ἔργα, ἵνα ὑμεῖς θαυμάζητε. 21 ὥσπερ γὰρ ὁ πατὴρ ἐγείρει τοὺς νεκροὺς
καὶ ζῳοποιεῖ, οὕτως καὶ ὁ υἱὸς οὓς θέλει ζῳοποιεῖ. 22 οὐδὲ γὰρ ὁ πατὴρ κρίνει
οὐδένα, ἀλλὰ τὴν κρίσιν πᾶσαν δέδωκεν τῷ υἱῷ, 23 ἵνα πάντες τιμῶσιν τὸν
υἱὸν καθὼς τιμῶσιν τὸν πατέρα. ὁ μὴ τιμῶν τὸν υἱὸν οὐ τιμᾷ τὸν πατέρα τὸν
πέμψαντα αὐτόν.*

(NA 28th(UBS 5th) ed 요5:19-23 필자 사역)

시각

이렇게 하늘에 계신 영원하신 하나님의 아들은 성육신을 통해 지상에서 완성하신 일로 "예수 그리스도 우리 주님"이라고 하는 호칭을 획득하셨다. 그 호칭을 가지신 하나님의 아들은 하나님께서 베푸시는 은혜의 통로가 되신다. 그 통로가 완성되기까지의 모든 과정 또한 하나님의 은혜로 이루어진다. 그 과정을 통해 "예수 그리스도 우리 주님"이라는 호칭에 속한 공동체가 세워진다. "우리"라고 하는 사도 공동체(새 생명 창조 역사 공동체)는 죄로 말미암아 죽었다가 다시 살아난 자들로서 요한복음의 관점으로 첫째 부활에 참여한 자들의 시각을 가진다(요5:24-30).

24 진실로, 진실로, 내가 너희에게 말한다. 내 말을 듣고 나를 보내신 분을 믿는 자는 영생을 가진다. 그리고 그는 심판에 들어가지 않고 오히려 그 사망에서부터 그 생명에로 옮겨졌다.

25 진실로, 진실로, 내가 너희에게 말한다. 시간이 온다. 그리고 그 시간은 지금이다. 그 죽은 자들이 그 하나님의 아들의 음성을 들을 때이다. 그리고 들은 자들은 살아날 것이다.

26 참으로 그 아버지께서 자기 자신 안에 생명을 가지고 계신 것처럼, 이와 같이 그 아들에게도 생명을 주어 자기 자신 안에 가지고 있게 하셨다.

27 또한 그분은 그에게 심판을 행하도록 권세를 주셨는데, 이는 그가 사람의 아들(정관사 없는 인자)이기 때문이다.

28 이 말을 기이하게 여기지 마라. 왜냐하면 그 무덤들 안에 있는 모든 자가 그의 음성을 들을 때가 오고 있기 때문이다.

29 그리고 그 선한 일들을 행한 자들은 생명의 부활로 나아갈 것이고, 그 사악한 일들을 실행한 자들은 심판의 부활로 나아갈 것이다.

30 나는 자기 스스로 어떤 것도 행할 수 없다. 나는 듣는 대로 심판한다. 그리고 내 심판이 의롭다. 왜냐하면 나는 내 뜻을 추구하지 않고 다만 나를 보내신 분의 뜻을 추구하기 때문이다.

***24** Ἀμὴν ἀμὴν λέγω ὑμῖν ὅτι ὁ τὸν λόγον μου ἀκούων καὶ πιστεύων τῷ*
πέμψαντί με ἔχει ζωὴν αἰώνιον καὶ εἰς κρίσιν οὐκ ἔρχεται, ἀλλὰ μεταβέβηκεν
*ἐκ τοῦ θανάτου εἰς τὴν ζωήν. **25** ἀμὴν ἀμὴν λέγω ὑμῖν ὅτι ἔρχεται ὥρα καὶ*
νῦν ἐστιν ὅτε οἱ νεκροὶ ἀκούσουσιν τῆς φωνῆς τοῦ υἱοῦ τοῦ θεοῦ καὶ οἱ
*ἀκούσαντες ζήσουσιν. **26** ὥσπερ γὰρ ὁ πατὴρ ἔχει ζωὴν ἐν ἑαυτῷ, οὕτως καὶ τῷ*
*υἱῷ ἔδωκεν ζωὴν ἔχειν ἐν ἑαυτῷ. **27** καὶ ἐξουσίαν ἔδωκεν αὐτῷ κρίσιν ποιεῖν,*
*ὅτι υἱὸς ἀνθρώπου ἐστίν. **28** μὴ θαυμάζετε τοῦτο, ὅτι ἔρχεται ὥρα ἐν ᾗ πάντες*
*οἱ ἐν τοῖς μνημείοις ἀκούσουσιν τῆς φωνῆς αὐτοῦ **29** καὶ ἐκπορεύσονται*
οἱ τὰ ἀγαθὰ ποιήσαντες εἰς ἀνάστασιν ζωῆς, οἱ δὲ τὰ φαῦλα πράξαντες εἰς
*ἀνάστασιν κρίσεως. **30** Οὐ δύναμαι ἐγὼ ποιεῖν ἀπ’ ἐμαυτοῦ οὐδέν· καθὼς*
ἀκούω κρίνω, καὶ ἡ κρίσις ἡ ἐμὴ δικαία ἐστίν, ὅτι οὐ ζητῶ τὸ θέλημα τὸ ἐμὸν
ἀλλὰ τὸ θέλημα τοῦ πέμψαντός με.

(NA 28th(UBS 5th) ed 요5:24-30 필자 사역)

영원함에 대한 인식

바울의 복음에 속한 자들은 예수 그리스도를 영원 전부터 천상에 계셨던 영원하신 하나님의 아들이 지상으로 비하하신 때에도 영원하신 하나님의 아들로 인식하고, 지상의 사역을 완수하시는 수난의 과정에서도 영원하신 하나님으로 인식하며, 지상의 사역을 완수하고 승귀하신 때에도 영원하신 하나님의 아들이시다. 그가 통로가 되어 베풀어지는 모든 것은 모두 영원한 것으로 귀결된다(히13:8).

8 예수 그리스도께서는 어제와 오늘도 동일하시고, 또한 영원토록 같은 분이십니다.
9 여러 가지 이방의 가르침에 끌리지 마십시오. 진정 은혜로 마음을 견고하게 하는 것이 좋습니다. 참으로 의례적인 음식으로 그 마음을 견고하게 하지 못하고, 그것들로 힘입어 걸어가는 자들은 아무런 유익도 얻지 못했습니다.

8 Ἰησοῦς Χριστὸς ἐχθὲς καὶ σήμερον ὁ αὐτὸς καὶ εἰς τοὺς αἰῶνας. 9 Διδαχαῖς ποικίλαις καὶ ξέναις μὴ παραφέρεσθε· καλὸν γὰρ χάριτι βεβαιοῦσθαι τὴν καρδίαν, οὐ βρώμασιν ἐν οἷς οὐκ ὠφελήθησαν οἱ περιπατοῦντες.
(NA 28th(UBS 5th) ed 히13:8-9 필자 사역)

의식 깨기

바울에게는 개인적으로 그리스도 예수를 주님이라고 부르는 특별한 호칭을 가지고 있는데, 이는 바울이 주 예수 그리스도라고 하는 호칭을 부르는 초대 예루살렘 교회 공동체를 박해하는 과정에서 천상에 계시는 예수님의 사도로 부르심을 받고 보내심을 받은 특별한 경험에 기인한 것이다. 그런 바울이 전하는 복음은 이미 지상에 예루살렘 교회 공동체가 가진 신조로서의 예수 그리스도에 대한 이해로부터 확장된 새로운 시각으로 미래의 온 세계를 향해 전파되었다. 그것은 기존의 것과 이질적인 것이 아니라 동일한 것이었다. 단지 바울은 온전한 복음을 전하도록 세움을 입은 것이다. 그럼에도 초대 예루살렘 교회의 신조에 고정화된 의식을 가진 사람들에겐 받아들이기에 쉽지 않은 것이었다. 절대자이신 하나님을 신앙하는 일이기에 더욱 그렇다. 어떤 신앙의 개념을 바꾼다는 것은 자신이 속한 교회 공동체로부터의 출교를 각오해야 하는 일이었기 때문이다(요9:22, 34-35). 왜냐하면 초기 예루살렘 교회를 대표하는 사도들의 나사렛 예수 그리스도에 대한 메시지는 너무 역동적이고 단호했기 때문이다(행4:10-12).

10 여러분 모두와 이스라엘 백성 모두에게 깨달음이 있기를 바랍니다. 여러분이 십자가에 못 박아 죽였지만, 그 하나님께서 죽은 자들로부터 일으키

신, 나사렛 예수 그리스도의 이름 안에서, 이 사람이 건강하게 되어 여러분 앞에 이렇게 서 있습니다.

11 이 분은 그 건축자들인 여러분에 의해 버려진 돌이지만, 집 모퉁이의 머릿돌이 되었습니다(시118:22).

12 그러므로 다른 누구 안에서도 그 구원은 없습니다. 왜냐하면 우리를 구원받게 하는 다른 이름 또한 그 하늘 아래 인간들에게 주어지지 않았기 때문입니다.

10 γνωστὸν ἔστω πᾶσιν ὑμῖν καὶ παντὶ τῷ λαῷ Ἰσραὴλ ὅτι ἐν τῷ ὀνόματι
Ἰησοῦ Χριστοῦ τοῦ Ναζωραίου ὃν ὑμεῖς ἐσταυρώσατε, ὃν ὁ θεὸς ἤγειρεν ἐκ
νεκρῶν, ἐν τούτῳ οὗτος παρέστηκεν ἐνώπιον ὑμῶν ὑγιής. 11 οὗτός ἐστιν ὁ
λίθος, ὁ ἐξουθενηθεὶς ὑφ' ὑμῶν τῶν οἰκοδόμων, ὁ γενόμενος εἰς κεφαλὴν
γωνίας. 12 καὶ οὐκ ἔστιν ἐν ἄλλῳ οὐδενὶ ἡ σωτηρία, οὐδὲ γὰρ ὄνομά ἐστιν
ἕτερον ὑπὸ τὸν οὐρανὸν τὸ δεδομένον ἐν ἀνθρώποις ἐν ᾧ δεῖ σωθῆναι ἡμᾶς.
(NA 28th(UBS 5th) ed 행4:10-12 필자 사역)

은사 나눔

그렇기 때문에 더욱 바울은 개인적으로 자신을 그리스도 예수의 종으로서 가지고 있는 예수 그리스도에 대한 자기의 인식을 초대 예루살렘 교회 공동체의 것과 동일화시키며, 자신이 가진 은사(가르치는 은사)를 나누려고 하고 있는 것이다(행13:1, 롬1:11). 바울은 그것만이 초기 예루살렘 교회의 복음을 듣고 믿음을 얻은 자들에게 그 믿음의 일의 시작부터 끝에 이르는 전 과정을 알게 하여 서로 간에 믿음의 소통으로 위로받으며 함께 영원한 생명에 이를 수 있다고 확신한다. 바울이 전하는 복음의 내용을 알지 못하고서는 유대인이건 이방인이건 영원한 생명에 이르는 전 과정을 알 수 없다. 사도 바울은 인간이 어떤 과정을 통해 영생에 이르는지를 명확하게 밝혀 가르쳤다(롬6:22-23). 나사렛 예수 그리스도에 대한 소식을 듣고도 영원한 생명을 얻는 방법과 원리를 알지 못한다면 얼마나 안타까운 일인가! 그런 맥락에서 사도 바울은 은혜와 사도 직분을 받은 것이다.

22 그러나 이제 여러분은 그 죄로부터 풀려나 자유로워졌으며 더구나 그 하나님께 종이 되어 거룩하게 하시는 일에 봉사하는 그 열매를 여러분이 얻었으니, 분명히 그 마지막은 영원한 생명입니다.

23 왜냐하면 그 죄의 그 보상들은 죽음이지만, 그 하나님의 그 은사는 그리스도 예수 우리 주님 안에 있는 영원한 생명이기 때문입니다.

22 νυνὶ δὲ ἐλευθερωθέντες ἀπὸ τῆς ἁμαρτίας δουλωθέντες δὲ τῷ θεῷ ἔχετε τὸν καρπὸν ὑμῶν εἰς ἁγιασμόν, τὸ δὲ τέλος ζωὴν αἰώνιον. 23 τὰ γὰρ ὀψώνια τῆς ἁμαρτίας θάνατος, τὸ δὲ χάρισμα τοῦ θεοῦ ζωὴ αἰώνιος ἐν Χριστῷ Ἰησοῦ τῷ κυρίῳ ἡμῶν.

(NA 28th(UBS 5th) ed 롬6:22-23 필자 사역)

은혜와 사도직

은혜(*χάριν-카린*)라 함은 하나님께서 값없이 베푸시는 호의를 말한다. 조건이나 자격 등을 따져 보아 합당한 자에게 베풀어 주는 혜택이 아니라 아무런 조건 없이 일방적으로 상대방의 처지를 깊이 헤아려 베풀어 주는 혜택을 말한다. 사도직(*ἀποστολὴν-아포스톨렌*)이란 용어는 사도와는 조금 다른 말이다. 사도(*ἀπόστολος-아포스톨로스*)라는 용어는 일반적으로 보냄을 받은 사신의 개념을 가진 호칭이지만 사도직은 위임을 받은 역할, 곧 직무를 수행하는 권한에 그 강조점이 있다. 사도라는 표현이 넓게 하나님의 복음을 위해 파송된 사신으로서의 신분을 나타내는 표현이라면, 사도직이란 사도로 파송되어 해야 할 직무를 온전히 수행할 수 있게 하는 권한을 가진 것에 대한 표현이다. 따라서 그에 대한 막중한 의무와 책임이 따른다. 바울이 하나님의 복음을 지상에 전파하고 그 복음을 받은 지상의 교회가 다시 세상에 그 복음을 전파하게 하며, 그 복음을 온전히 지키도록 하기 위해, 그 교회에서 일어나는 시시비비를 해결할 수 있는 특별한 권한을 가진다는 말이다(고전9:1-27, 갈2:1-9).

중요한 것은 "우리가 은혜와 사도 직분을 받았다(*ἐλάβομεν χάριν καὶ ἀποστολὴν-엘라보멘 카린 카이 아포스톨렌*)."라는 말 속에 사도직보다 은혜를 앞세워 표현하는 사도 바울의 의도를 가볍게 여기지 않아야 한다는 것이다. 이는 바울이 사도직을 수행할 때의 사도로서의 자세가 은혜 속에 있어야 함을 의미한다. 하나님께서 베푸시는 은혜 없이는 하나님의 복음과 관련된 그 어떤 일도 하나님께 속한 것이 될 수 없다. 왜냐하면 하나님의 은혜는 반드시 바울의 복음이 말하는 예수 그리스도 우리 주님을 통해서만 베풀어지기 때문이다. 바울은 하나님의 한없는 사랑하심과 불쌍히 여기심으로 자신을 죽은 자들의 부활에 참여하게 하신 것같이, 자신을 만나는 모든 사람에게도 동일한 은혜가 주어지지 않는다면 자신의 사도직이 무의미하다고 인식한다.

이처럼 은혜와 사도직의 상관관계 속에는 하나님의 복음이 자리한다. 바울이 "우리가 은혜와 사도 직분을 받았다."라고 하는 것은, 그 복음의 실제적인 내용과 그것의 경험을 말하는 것이다. "우리"라고 하는 무리가 그 복음에 참여하게 하시는 하나님의 행하심에 구체적인 반응을 보인 것이다. 하나님의 행위가 인간의 행위를 만든 것이다. 그 복음은 인간이 하나님의 요구에 구체적으로 행동하게 하는 힘이다. 그 힘의 작용을 은혜라고 한다. 사도는 그 복음을 선포하고 그 복음을 듣는 자들에게 믿음을 주어 믿음의 일을 하게 한다. 사도직이란 그 힘의 작용에 의해 씨를 심고 열매를 맺기까지 물과 빛을 주며 돌보는 것이니, 자라게 하여 열매를 맺게 하시는 것은 힘의 근원이신 하나님이시다(행20:24-28, 고전2:6-11).

믿음의 순종을 위해

바울의 사도직(*ἀποστολὴν-아포스톨렌*)은 영원하신 하나님의 아들이 직접 이루신 일, 곧 하나님의 복음이라 명명된 예수 그리스도 우리 주님의 이름을 선포함으로써 믿음으로 교회를 세우고, 믿음으로 그 교회가 그리스도의 온전한 몸이 되도록 섬기는 직분이다(엡2:20, 4:11-12). 그것은 영원하신 하나님의 아들 예수 그리스도를 통해 바울 공동체뿐만 아니라 베드로 공동체에게도 은혜로 주어졌다(갈2:1-9). 왜 그렇게 하신 것인가? 바울은 간단하게 "믿음의 순종을 위해(*εἰς ὑπακοὴν πίστεως-에이스 휘파코엔 피스테오스*)"라는 전치사구로 표현한다. 이를 대부분의 번역 성경은 '믿어 순종케 한다.'와 '믿음으로 순종케 한다.'라는 의미로 번역한다.

하지만 이 전치사구가 의미하는 바는 구문적으로 상당히 다양한 설명이 가능하고, 그 가운데 하나를 선택해야 하는 어려움이 없지 않다. 실제로 "믿음의 순종을 위해(*εἰς ὑπακοὴν πίστεως-에이스 휘파코엔 피스테오스*)"라는 명사구의 말뜻을 이해하기 위해 구문론적으로 가능한 소유격(*믿음의, πίστεως-피스테오스*)의 관계용법을 생각해 보면, 소유격의 목적격관계와 주격관계, 동격관계, 설명관계 등 다양한 구문론적 해석이 가능하다.

바우어 헬라어 사전(생명의말씀사, 2017)은 목적의 속격으로 분류해 "로마서 16:26 등도 '믿음의 선포에 대한 순종을 위해'라고 이해해야 할 것 같다. 분명하지 못한 표현에 상응하여 마찬가지로 다양한 의미를 내포한 '믿음의 순종을 달성하기 위해'

라고 하는 것이 더 나은 것 같다."라고 했다. 브랜든 번은 소유격의 목적격관계와 주격관계, 설명관계 등의 세 가지 가능성 중 설명의 속격(explanatory genitive)이 가장 적절한 것으로 보고, '믿음으로 존재하는 순종'이라고 해석한다(이필찬, 로마서, 이레서원, 2005). 신약 원문 번역 주석 성경(쿰란출판사, 2015)의 고영민은 동격의 소유격으로 보고 '믿음에서 나오는 순종을 하도록'이라고 번역하고 믿음과 순종은 내용적으로 동일하므로 그것은 믿음에서 우러나오는 주 예수 그리스도에 대한 완전한 순종으로 해석하는 것이 자연스럽다고 했다. 제임스 던은 그의 로마서 주석(솔로몬출판사, 2003)에서 속격구문은 아마도 "믿음 있는 응답"과 "믿음으로 말미암은 순종" — "상호 교환될 수 있는 개념"(리델보스, 바울 신학, 1975, 237쪽) — 을 내포하는 것으로 취급할 수 있을 것이라고 말하며, 그 믿음의 순종은 그의 독자들이 잘 이해하고 있었던 예수에 관한 메시지에 대한 그들의 믿음, 세례 안에서의 그들의 헌신, 그 믿음에 의해 결정되는 결론적인 삶의 양식을 충분히 암시했었을 것이라고 했다.

그렇다면 이제 우리는 "믿음의 순종을 위해(*εἰς ὑπακοὴν πίστεως*-*에이스 휘파코엔 피스테오스*)"라는 전명구의 진정한 말뜻을 이해하기 위해 구문적으로 가능한 소유격(*믿음의, πίστεως-피스테오스*)의 관계용법상 해석의 의미를 넘어 문장론적인 맥락에서의 의미를 생각해 보자.

사실 "믿음의 순종을 위해(*εἰς ὑπακοὴν πίστεως*-*에이스 휘파코엔 피스테오스*)"라는 전명구의 말뜻은 그리 어려운 게 아니다. 왜냐하면 이는 바울이 행할 사도직무의 목적적 결과에 대한 것이기 때문이다. 바울은 이미 로마서 1:1에서 자신이 사도로 부르심을 받았고 하나님의 복음을 위하여 특별히 선택 차출되었다고 했다. 그리고 이어지는 2-4절은 하나님의 복음에 대해 설명한 구절이다. 그러니 이어지는 5절에서의 사도직이라는 것은 바울 자신에게 일차적으로 하나님의 복음을 선포하는 것이다. 거기로부터 사도 직무가 시작되고 그에 대한 반응으로서 사도직의 결과가 나타난다. 사도 바울의 직무는 하나님의 복음을 선포하는 것이고 믿음의 순종은 그 직무의 목적적 결과이다.

이 같은 맥락은 같은 서신 로마서 10:14-17에서 구체적으로 설명된다. 그 내용은 '들어 보지도 못한 분을 어떻게 믿을 수 있으며 전파하는 사람이 없으면 어떻게 들을 수 있으며, 보내심을 받지 않았다면 어떻게 선포할 수 있나? 믿음은 들음에서 나며 들음은 그리스도의 말씀을 통해서니 예수 그리스도의 말씀을 선포하는 사람들의 발이 아름답다.'라는 논리이다. 그게 바로 "믿음의 순종을 위해(*εἰς ὑπακοὴν πίστεως-에이스 휘파코엔 피스테오스*)"라는 전명구를 읽으며 놓치지 말아야 할 맥락이다.

재미있는 것은 그런 논리가 바울의 다른 서신 에베소서 2:8의 "우리가 은혜로 믿음을 통해 구원을 받았고 그 믿음은 하나님의 선물이다."라는 논리에 직접적으로 닿아 있다는 것이다. 그리고 이 논리는 예수 그리스도 우리 주님의 죽으심과 부활이 죽은 자들의 부활을 이끌어 내심으로써 권능의 하나님 아들로 인정되셨다는 로마서 1:3-4을 좀 더 구체적이며 발전적으로 설명한다. 자비가 풍성하신 하나님께서 우리를 너무나 엄청나게 사랑하셨기 때문에 에덴동산에서의 과오(過誤)로 죽었던 우리를 그리스도와 함께 살리시는 은혜를 베풀어 구원을 받게 하셨을 뿐만 아니라 또 함께 일으키시고 그리스도 예수 안에서 함께 하늘에 앉게 하셨다는 사실이 그것이다(엡2:4-6). 하나님의 구원의 약속을 예수 그리스도께서 완성하셨다는 사실에 대한 믿음은 우리에게서 생겨난 것이 아니라 하나님의 구원의 약속을 완성하신 예수 그리스도의 믿음을 은혜로 받은 것이니, 그 믿음은 예수 그리스도의 사역 자체로 입증되었으며, 그 믿음은 예수 그리스도의 완성된 사역에 대한 선포를 들음으로 생겨난 것이다.

따라서 아무도 그 믿음이 없이는 죽은 자들의 부활을 도무지 믿을 수 없고 죽은 자들의 부활에 참여할 수도 없으니, 믿음은 하나님의 선물이며 하나님의 은혜로 구원을 받는 것이다. 본시 인간은 자력으로 죽은 자들의 부활을 믿을 수 없다. 인간이 죽은 자들의 부활을 믿을 수 있다는 것은 그 인간이 죽은 자들의 부활에 참여하지 않고는 불가능한 일이다. 그래서 바울은 다른 서신에서 믿음은 소망하여지는 것들의 실상이며 보이지 않는 것들에 대한 증거이니 이로써 선진들이 증거하게 되었다고 히브리서 11:1-2에서 말한다(여기에 대한 구체적인 설명은 본서 316쪽 "책망"을 보라).

그러므로 로마서 1:5의 "믿음의 순종을 위해(*εἰς ὑπακοὴν πίστεως-에이스 휘파코엔 피스테오스*)"라는 전명구의 말뜻은 바울이 하나님의 복음을 선포해야 하는 사도직의 직무 담당자로서 자신의 직무 수행의 목적인 동시에 결과로 이해하는 것이 가장 자연스럽다 할 것이다. 그렇다면 "믿음의 순종을 위해(*εἰς ὑπακοὴν πίστεως-에이스 휘파코엔 피스테오스*)"라는 전명구는 믿음의 말씀이 주체가 되어 만들어 내는 순종에 이르게 하는 것이 된다. 즉 우리가 스스로 만들어 내는 행위가 아닌 하나님의 은혜로 말미암은 믿음의 말씀이 만들어 내는 순종을 말하는 것이다. 모든 힘의 작용이 하나님의 말씀에 의해 일어난 결과이다.

이와 동일한 전명구가 같은 서신 로마서 16:26에서도 쓰인다. 25절부터 보면, 바울은 자신의 복음을 따라서 하나님께서 로마에 있어 성도로 부르심을 받은 자들을 굳건하게 하실 수 있다고 한다(*Τῷ δὲ δυναμένῳ ὑμᾶς στηρίξαι κατὰ τὸ εὐαγγέλιόν μου-토 데 뒤나메노 휘마스 스테릭사이 카타 토 유앙겔리온 무*). 여기서 말하는 '바울 자신의 복음'이란 예수 그리스도에 대한 핵심 메시지(케리그마)이다(*τὸ κήρυγμα Ἰησοῦ Χριστοῦ-토 케리그마 예수 크리스투*). 그리고 그것은 영원한 시간 속에 감추어져 있었던 비밀이었는데 계시를 따라 자신에게 주어진 것이었다(*κατὰ ἀποκάλυψιν μυστηρίου χρόνοις αἰωνίοις σεσιγημένου-카타 아포칼륖신 뮈스테리우 크로노이스 아이오니오이스 세시게메누*). 그러나 이제는 그것이 영원하신 하나님의 명령을 따라 예언적인 기록들을 통해서 명백하게 드러나게 되었다(*φανερωθέντος δὲ νῦν διά τε γραφῶν προφητικῶν κατ' ἐπιταγὴν τοῦ αἰωνίου θεοῦ-파네로덴토스 데 뉜 디아 테 그라폰 프로페티콘 카트 에피타겐 투 아이오니우 데우*). 이는 믿음의 순종에 이르게 하기 위해 모든 그 이방인에게 알려진 것이다(*εἰς ὑπακοὴν πίστεως εἰς πάντα τὰ ἔθνη γνωρισθέντος-에이스 휘파코엔 피스테오스 에이스 판타 타 에드네 그노리스덴토스*). 따라서 로마서 16:26의 "믿음의 순종"이 로마서 1:5의 "믿음의 순종"과 동일한 관점으로 쓰인다는 데 이견이 있을 수 없다.

또 로마서 15:18에서 바울은 "이방인들의 순종을 위하여(*εἰς ὑπακοὴν πίστεως-에이스 휘파코엔 피스테오스*)"라는 전명구를 쓰면서 말이나 일에 있어서 자신을 통해 그리스도께서 역사하신 것이 아니면 감히 말하지 않는다고 했다. 이곳에서 "이방인들의 순종함"이 바울의 개인적인 역량에 따른 것이 아님을 볼 수 있듯이 로마서 1:5과 16:26의 "믿음의 순종을 위해(*εἰς ὑπακοὴν πίστεως-에이스 휘파코엔 피스테오스*)" 또한 인간들이 스스로 만들어 내는 행위의 결과로 해석할 수 없다. 하나님께로부터 나오는 힘의 작용에 의한 결과이다. 따라서 "믿음의 순종을 위해(*εἰς ὑπακοὴν πίστεως-에이스 휘파코엔 피스테오스*)"라는 전치사구를 풀어 보면 하나님께서 복음을 전파하여 듣는 자들에게 믿음을 주시고, 다시 그 믿음을 알려 퍼뜨리게 하는 것이 "믿음의 순종(*ὑπακοὴν πίστεως-휘파코엔 피스테오스*)"이다(롬1:8). 궁극적으로 그 믿음의 순종에 이르게 하기 위해서 은혜와 사도직이라는 권세가 주어진 것이다(요20:21-23, 롬5:19).

모든 그 이방인들 안에서

이제까지 바울에게 하나님의 복음을 선포함으로 말미암아 나타나는 인간들의 반응인 "믿음의 순종(*ὑπακοὴν πίστεως*-휘파코엔 피스테오스)"이 실현되어야 할 범위는, 예루살렘 교회와 바울 간의 사도직에 대한 갈라디아서의 논쟁이 정리된 후로도 유대 예루살렘으로부터 이방 세계를 합친 세계 모든 민족에게 차별이 없었다(롬1:16, 3:22, 3:29). 하지만 로마서 1:1절에서 자신을 하나님의 복음을 위한 특별한 사도로 차출되었음을 밝힌 이후, 로마서 1:5절에서 그의 사도직이 "모든 그 이방인들 안에서(*ἐν πᾶσιν τοῖς ἔθνεσιν*-엔 파신 토이스 에드네신)"라는 전명구를 통해 특정된 이방인들을 상대로 믿음의 순종을 이끌어 내는 것으로 규명된다. 다만 이 부분이 불특정 이방인들을 상대로 한 믿음의 순종을 이끌어 내는 복음의 보편적 선포를 말하는 것인지의 여부를 가려야 할 문제가 남아 있다.

이 서신에서 '이방인들'이라는 용어는 바울의 13서신의 총 55회 중 절반이 넘는 29회나 사용되는 것으로 보아 매우 중요하게 보인다. 앞에서도 여러 번 언급하였듯이 바울에게 사도직이란 온전히 이방인들을 위한 것임은 두말할 나위 없다. 자신의 부르심의 시초에 고지된 주 예수님의 말씀에 의한 그의 사명이 이방인들을 향한 하나님의 구원의 목적에 있다는 자기 인식은 어떠한 경우에도 변할 수 없는 것으로 자리 잡고 있다. 하지만 그 사명마저도 유대 민족과의 관계를 떠나서는 무의미한 것이었다(행9:15, 22:14-15). 갈라디아서의 논쟁의 결과로 보듯이 특별히 바울의 이방인들을 위한 독점적인 사도직은 그의 자기이해 영역에서조차도 재론의 여지가 없는 것이었다(갈2:1-9). 이렇듯 바울의 선교에 있어서 이방인들을 위한 하나님의 구원 계획과 목적이 그에게 일차적인 관심이었던 만큼 이방인들에 관한 그의 논조는 늘 핵심 주제가 될 수밖에 없었던 것이다.

그럼에도 바울이 이방인들이라는 용어를 사용할 때 매우 신중한 것 같다. 이런 생각은 본 서신의 서론(인사말로 취급되지만)이라고 할 수 있는 부분을 읽기 시작한 필자로서는 저자의 입장에서 용어 하나하나에 담긴 개념을 파악하는 데서부터 기인한다. 우선 로마서 1:5에서 사용되는 이방인이라는 용어는 복수의 형태(*ἔθνεσιν*-에드네신)로서 정관사(*τοῖς*-토이스)를 가지고 있으며, 게다가 그 위에 모든(all) 것을 통칭하는 형용사(*πᾶσιν*-파신)로 덮어씌운 형태의 명사구로 되어 있다. 또 거기에 어떤 영역을 제한하여 둘레를 쳐 특정한 범위와 범주를 나타내는 전치사(*ἐν*-엔)로 그 명사구를 지배하는 전치사구(*ἐν πᾶσιν τοῖς ἔθνεσιν*-엔 파신 토이스 에드네신)를 형성한다. 바울이 이 전치사구에 담은 개념은 무엇일까? 필자가 보기에 바울이 유대인으로서 사도로 부름받아 유대 예루살렘 교회를 중심으로 한 사도들과의 사도직에 대한 논쟁에서 이방인들의 사도로서 특정될 때까지의 우여곡절로 보아 이방인이라는 용어에도 분명히 구별해야 하는 개념상의 이해가 있다고 생각하는 것이 자연스럽다.

우선 바울이 유대인으로서 사도로 부르심을 받았던 다메섹 사건을 간단히 살펴볼 필요가 있다. 그가 앞장서서 그리스도인들의 공동체를 박해하던 시절, 유대교 지도부의 든든한 지원 아래 집요하게 스데반 집사를 죽이는 데 성공한다. 살기가 등등한 상태에서 그리스도인들의 박멸을 위해 다메섹 원정길에 오른다. 드디어 눈앞에 다메섹이 보일 만큼의 거리에 도달했을 때 주 예수의 부활의 빛이 그를 덮친다. 그때 그가 아나니아를 통해 받은 주님의 말씀은 "주께서 가라사대 가라 이 사람은 내 이름을 이방인들과 임금들과 이스라엘 자손들 앞에 전하기 위하여 택한 나의 그릇이라(행9:15)."이다.

이때로부터 바울의 전도는 시작되었는데, 역으로 유대인들의 박해의 대상이 되었으며, 그리스도인들에게는 쉽게 반가운 마음으로 받아들일 수 없는 존재였지만 그리스도인들의 도움을 받아 복음 전도 길에 들어섰다. 이방의 다메섹(시리아의 수도)으로부터 시작된 그의 복음 전도의 대상은 일차적으로 이방 민족들 속에 흩어져 사는 회당 중심의 유대인들이었다(행11:19). 온 세상에 흩어진 이스라엘의 12지파(디아스포라)가 모이는 이방의 유대 회당은 복음 전도 활동을 시작하기에 유용한 매개체였던 것이다(약1:1). 이렇듯 복음 전도의 기반을 조성하기 위해 이방 세계에 뿌려진 씨와 같은 이스라엘의 아들들의 역할을 감지할 수 있다면, 이방의 땅에서 태어난 2, 3세대의 유대인과 이방인들을 구별할 때 어려움이 없지 않다. 바울에게 있어서 이방인들이라고 하는 개념은 분명히 구분되어 있었다. 이는 초창기 바울이 사도로 부르심을 받고 난 후의 인식이며 그런 인식은 복음 전도 대상이라고 하는 "이방인들과 왕들과 이스라엘의 아들들(*ἐθνῶν τε καὶ βασιλέων υἱῶν τε Ἰσραήλ*-에드논

테 카이 바실레온 휘온 테 이스라엘)"을 토대로 하는 것이었다(행9:15).

여기서 중요한 것은 이방인들을 가리키는 용어 에드노스(ἔθνος)의 복수 소유격 에드논(ἐθνῶν)인데 정관사를 가지지 않은 불특정 다수를 가리키는 일반적인 형태라는 점이다. 이럴 경우 유대인들을 제외한 모든 인류를 가리키는 가산명사의 기본 용법에 해당한다. 바울의 복음 전도 대상은 특정되지 않은 "이방인들과 왕들(*ἐθνῶν τε καὶ βασιλέων-에드논 테 카이 바실레온*)"과 특정된 "이스라엘의 아들들(*υἱῶν τε Ἰσραήλ-휘온 테 이스라엘*)"로 되어 있다. 이를 로마서의 기록 연대와 장소로 추정되는 상황(행20:3)이 훌쩍 지난 상황에서 바울이 직접 자신의 소명과 사명을 밝히는 대목에서 아나니아를 통해 "네가 그를 위하여 모든 사람 앞에서 너의 보고 들은 것에 증인이 되리라(*ὅτι ἔσῃ μάρτυς αὐτῷ πρὸς πάντας ἀνθρώπους ὧν ἑώρακας καὶ ἤκουσας-호티 에세 마르튀스 아우토 프로스 판타스 안드로푸스 혼 헤오라카스 카이 에쿠사스*)."라는 주님의 말씀을 인용하고 있다(행22:15). 여기서 "모든 사람 앞에서(*πρὸς πάντας ἀνθρώπους-프로스 판타스 안드로푸스*)"를 주목하라. 사실 이때는 죄수의 몸으로 로마에 압송되기 직전이다. 주님께 사도로 부르심을 받은 지 많은 세월이 지난 시점, 이방인의 세계를 향한 3차에 걸친 선교 여행을 마친 후 예루살렘 교회의 가난한 성도들을 위한 이방 성도들의 구제 헌금을 전달하러 예루살렘에 올라갔다가 유대인들에 의해 감옥에 갇힌 상태에서 유대인의 공회 앞에서 자신을 변호한 시점이다. 바울은 사도행전 9:15의 "이방인들과 왕들과 이스라엘의 아들들(*ἐθνῶν τε καὶ βασιλέων υἱῶν τε Ἰσραήλ-에드논 테 카이 바실레온 휘온 테 이스라엘*)"을 한마디로 줄여 "모든 사람들(*πάντας ἀνθρώπους-판타스 안드로푸스*)"이라고 명확하게 이해하고 있었던 것이다. 이러한 바울의 인식은 바울의 복음 전도 사역의 범위가 애초부터 온 세상을 향한 것이었음을 드러낸 것이다. 초기 예루살렘의 사도들과의 사도직에 대한 논쟁이 시작되고 매듭지어진 시기를 훌쩍 지나고 죄수의 몸으로 로마 선교의 대장정에 오른 시기에도 복음 전도에 대한 그의 인식이 그러하다는 것은, 그가 자신을 이방인의 사도라고 표방했던 것이 예루살렘에서의 사도직 결정을 존중하는 표현이었음을 알게 한다. 질서를 중시하는 그가 복음 전도에 있어서도 질서를 중시하고 있음이 분명하다(롬15:16-21).

사실 주님께서 복음이 이방 사람들에게도 필요한 것임을 예루살렘 교회의 사도들에게 알게 하신 때는, 바울이 주님께 사도로 부르심을 입어 예루살렘 교회의 선교 사역에 큰 힘이 될 정도의 선교 역량을 보인 한참 후의 일이었다(행9:19-11:18). 예루살렘 교회의 사도들은 스데반 사건으로 인해 이방 세계의 각지로 흩어진 그리스도인들이 유대인 회당을 중심으로 유대인들에게만 복음을 전하는 데서 벗어나 이방 세계의 선교를 위해 바나바를 안디옥으로 보내 안디옥 교회로 하여금 이방 선교의 본거지가 되게 하는 과정에서, 바나바는 다소(바울의 고향: 소아시아의 길리기아)에서 복음 전도 활동을 하던 바울을 데려와 이방 선교를 위한 공식적인 무대를 만드는 데까지 기여했다. 그 결과 둘은 예루살렘 교회에 가난한 성도들을 위한 구제 헌금을 모아 전달할 만큼 예루살렘 교회와의 교분이 두터웠다. 이때 주님은 안디옥 교회 공동체를 통해 바나바와 바울을 따로 세워 이방 세계로 공식적인 선교 사역을 시작하셨다(행13:1-3). 이때부터 바울이라는 이름은 그의 공식적인 이름이 되었고(행13:9), 이러한 사실들은 바울이 로마서를 기록할 당시 그를 살아 있게 하는 힘으로 작용하고 있었다(롬1:1, 15:22-33).

제임스 던이 이 부분을 주석하면서 "(*τὰ-타*) 에드네(*ἔθνη*)는 분명히 이방인을 의미한다(하지만 유대인을 포함한 "민족들"이 아니다)."라고 했다. 그의 이야기를 들어 보자.

> "모든 이방인(민족) 중에서"(*ἐν πᾶσιν τοῖς ἔθνεσιν-엔 파신 토이스 에드네신*) (*τὰ*) 에드네(*ἔθνη*)는 확실히 이방인을 의미한다(유대인을 포함한 "민족들"이 아니다). 그것은 70인경에서 일반적으로 고임(גוים) = 다른 / 외국민족들을 번역하여 사용했다. 또한 헬라어 용법에서 그것은 일반적으로 외국인을 나타낸다(BGD를 보라). 다시 한번, 이것은 단지 원래의 적절한 인사말에 변화를 제공하기 위해 삽입된, 일상적인 구절이 아니다. 바울의 사도직이 이방인의 것이었다는 사실은 바울의 자기이해에 있어서 절대적으로 근본적이었고(특히 11:13; 15:16, 18; 갈1:16; 2:2, 8-9을 참조하라), 하나님의 구원목적이 항상 이방인을 염두에 두었다는 것이 본 서신서의 핵심적인 주제다(에드노스[ἔθνος]는 로마서에서 29번 나온다-그중에서 9번은 구약에서 직접 인용한 것이다; 또한 15:9을 보라). "모든"(*πᾶσιν-파신*) 역시 의미가 있는데, 왜냐하면 하나님의 복음의 보편적 범주("모든 민족들")를 참으로 확인해 줄뿐만 아니라, 바울은 자신이 일생동안 노력했던 복음전도가 이스라엘의 구원에 필요한 전제조건이자 종말이 되기 전 마지막 행위로(고전4:9; 롬11:13-27) 진지하게 생각하고 있음을 우리에게 상기시켜 주기 때문이다.
> (제임스 던, 로마서 주석, 도서출판 솔로몬, 2003, 117~118쪽)

이렇듯 제임스 던의 입장은 분명하다. 요약하면 본 서신 로마서 1:5에서의 "모든 그 이방인들 안에서(ἐν πᾶσιν τοῖς ἔθνεσιν-엔 파신 토이스 에드네신)"라는 전명구가 가리키는 것은 유대인이 아닌 이방인 전체를 가리키는 것이다. 이것은 단지 원래의 적절한 인사말에 변화를 제공하기 위해 삽입된 일상적인 구절이 아니다. "모든(πᾶσιν-파신)"을 하나님의 복음의 보편적 범주를 확인해 주는 의미를 가진 용어로 보았다. 하지만 그가 따로 이 부분을 다시 해설하는 곳에서는 바울의 사도 됨과 사도직에 대한 이해가 부족한 것처럼 혼란을 야기하고 있다.

5절은 2-4절의 삽입구에서 보다 일상적인 인사 형태로 전환을 시작하고 있는데, 그것은 사도직에 관한 자신의 도입부의 주장(1절)으로 되돌아가고 있다. 사도직에 관한 자신의 주장을 반복하며, 복수로 예상치 않게 전환하는 것은("우리가 받은"-바울이 도입부의 인사에서 다른 어떤 사람과도 자신을 연관시키지 않았기 때문에 예상치 않다는 것이다) 아마도 바울의 편에서의 민감성을 나타내는데 사도직에 대한 그의 주장과 그 사도직에 대한 그의 이해는 갈라디아서의 논쟁의 주제가 되었고(지금도 여전히 그렇다), 그렇기에 그는 조심스럽게 자신의 용어들을 선택했을 것이다.

"하나님의 복음을 위한" 사도로 자신을 구별 지음은 "모든 이방인들 중에 믿음의 순종을 위한 사도직"으로 이제 아주 분명하게 규정된다. 한편으로 그의 사도직이 보편적인 전도를 위한 것이라는 자신의 주장은 이제 분명하게 표현된다 — "모든 이방인들." 로마의 신자들이 대체로 이 범주에 속하였기 때문에(6절), 그 수신자들은 모든 민족들에 대한 복음의 확장의 산 증거를 제공하고 있다. 하지만 다른 한편으로 그의 사도직의 직접적인 대상과 그 복음전도를 이루기 위한 수단은 "믿음의 순종"이라는 구절로 표명된다. 즉 아마도 "믿음에 속하고 또한 믿음에서 나오는 순종"이라고 말할 수 있을 것이다. 여기서 우리는 앞으로 나올 것에 대한 또 다른 증거들을 인식하도록 조언을 받는다 — 즉 바울의 사도직이 추구하고 있는 믿음은 순종, 즉 하나님이 자신의 언약 백성들에게 기대한 반응과 다른 것이 아니다. 오히려 그것이 순종이 표현되는 방식이며, 그것은 그 순종의 (유일한) 효과적인 근원이다. 따라서 하나님과 그리스도는 그들의 참된 특징("이름")으로 알려질 것이며, 그들의 적절한 영예와 일치되어질 것이다. 우리는 이스라엘에 대한 하나님의 목적(적지 않게 언약적인 의무들 속에서 표현되는 것으로서)과 전 세계에 대한 복음의 제공과 도전에 관한 바울의 비전 간의 연속성을 유지하려고 바울이 시도하고 있음을 다시 한번 감지할 수 있다.

바울이 이중적인 그리스도에 대한 언급을 가지고 자신의 사도직에 관한 이런 근본적

> 인 주장을 구성하는 방식은 적지 않게 중요하다 — "예수로 말미암아…예수의 이름을 위해서." 이런 이중적인 강조는 방금 인용했던 신조의 주된 기능이(3-4) "거룩한 성경에 선지자들을 통해"라는 이전의 약속과 보편적인 복음전도에 대한 사도직을 갖는다는 바울의 주장을 함께 연결해 주는 연결고리로 그리스도를 제시하고 있다는 인상을 강화시킨다. 그것은 예수 그리스도로 말미암은 것이고, 그 예수는 유대의 희망과 희망의 흐름 내에서("육신으로는 다윗의 후손") 견고하게 서 계시며, 또 바울과 여타 사람들은 복음을 모든 이방인들에게 전하는 사도적 위임과 능력을 부여받았다. 그것은 예수 그리스도를 위한 것이고, 능력으로 그가 하나님의 아들 됨은, 모든 사람들의 주인이 되신(시110:1), 죽은 자의 (우주적인) 부활과 관련이 있으며, 또 바울과 여타의 사람들은 이방인들을(또한 유대인들을) 그 순종, 즉 믿음의 순종으로 불러오도록 노력했다. 이런 위임의 효력들 중에서, 비록 로마 신자들의 회심의 도구가 된 것이 바울은 아닐지라도(하지만 "여타 사람들"일 것이다) 로마의 신자들이 스스로가 증거가 된다. 그들은 예수 그리스도, 유대인들이 기대했던 메시아 예수의 부르심에 응답한 이방인들이다(또는 포함하고 있다).
> (Ibid., 126~127쪽)

제임스 던이 혼란을 자초하고 있는 것은 분명하다. 문제의 발단은 본문에 대한 그의 주석이다. 첫 단추를 잘못 맞추면 전체가 빗나가는 것과 같이 본문에 대한 저자의 의도를 맞추지 못했다. 우선 그의 주석에서 5절의 이방인들에 관한 이야기를 할 때는 일상적이지 않다고 했다가, 5-6절의 해설에서는 일상적인 인사 형태로 전환을 시작한다는 점을 지적해야겠다. 사실 로마서의 인사말로 취급되는 1:1-7을 헬라어 텍스트로 보면 한 문단의 내용이 하나의 문장으로 독특하게 구성되어 있다. 이는 사도로서의 간단한 자기소개와 편지의 대상자들을 위한 축원문으로 구성된 바울의 다른 서신들에서 보이는 일상적인 인사말과는 전혀 다른 형식의 인사말이다. 이 독특한 인사말을 억지로 일상적인 인사말로 만들려면 적어도 2-6절을 삽입부로 처리하고 나머지를 조금 각색하는 방식으로 본문을 보아야 한다. 하지만 로마서의 인사말은 그것 자체로 한 덩어리며, 그것을 시작하는 1절조차도 그 서술의 방식이 일상적이라고 할 수 없다.

둘째로 그는 "모든 그 이방인들 안에서(*ἐν πᾶσιν τοῖς ἔθνεσιν-엔 파신 토이스 에드네신*)"라는 전명구 속의 정관사(*τοῖς-토이스*)를 무시하고 '모든'이라는 뜻의 형용사

(*πᾶσιν-파신*)를 하나님 복음의 보편적 범주를 확인해 주는 의미를 가진 용어로 보았다는 점을 지적해야겠다. 바울은 1절에서 자신은 사도로 부르심을 받고 하나님의 복음을 위해 차출되었다고 했다. 여기까지 사도는 하나님의 복음을 창조 세계의 만민에게 차별 없이 복음을 선포해야 할 직무 담당자로서 자신을 소개한다. 이는 분명히 하나님의 복음의 보편적 범주에 대한 이야기이다. 하지만 5절은 사도(*ἀπόστολος-아포스톨로스*)에 대한 이야기를 하는 것이 아니라 사도직(*ἀποστολὴν-아포스톨렌*)에 관한 이야기를 한다.

사도(*ἀπόστολος-아포스톨로스*)란 온 세상에 보냄을 받아 불특정 다수의 세계 만민에게 선포할 복음 전도의 직무를 가진 사람을 일컫는 말이다. 하지만 사도직(*ἀποστολὴν-아포스톨렌*)이란 그 복음을 받아들인 자들에게 그 복음이 요구하는 소기의 목적을 달성하도록 하기 위해 사도에게 주님께서 주신 권한이다. 사도는 호칭이고 사도직은 사도가 가진 직무와 관련한 권한이다. 사도는 자신의 사도직을 인정하든 인정하지 않든 모든 자들에게 복음을 선포해야 할 의무를 가지지만 사도직은 그 복음을 받아들이지 않는 자들에게는 아무런 쓸모가 없는 것이다. 따라서 "모든 그 이방인들 안에서(*ἐν πᾶσιν τοῖς ἔθνεσιν-엔 파신 토이스 에드네신*)"라는 전명구 속의 이방인들은 이미 어떤 경로를 통해서든 복음을 받아들인 자들 전체를 가리키는 것이지, 제임스 던이 말하는 유대인을 제외한 이방인들 전부가 아니다. 이들은 계속되는 6절에서 관계대명사(*οἷς-호이스*)를 타고 내려와 복음을 받아들인 자들로서 수신자임을 보여 주고, 7절에서는 본 서신의 수신자가 로마에 있는 하나님의 사랑을 입어 성도로 부르심을 받은 자들임을 표명하며, 바울은 그들에게 축복을 빌면서 아주 특별한 인사말에 마침표를 찍는다.

이렇듯 본문의 사도직(*ἀποστολὴν-아포스톨렌*)이란 "모든 그 이방인들 안에서(*ἐν πᾶσιν τοῖς ἔθνεσιν-엔 파신 토이스 에드네신*)", "믿음의 순종을 위해(*εἰς ὑπακοὴν πίστεως-에이스 휘파코엔 피스테오스*)" 주어진 권한이다. 특히 바울에게 있어서 하나님의 은혜의 선물로 베풀어지는 믿음은 일반 성도들로부터 사역적 차원에 이르는 모든 선교 과정 속에서 추동적인 역할을 한다. 믿음의 순종을 통해서 믿는 사람들이 생기고, 그렇게 믿는 자들로부터 다시 믿음의 순종이 나타나도록 하는 사역의 역동성은 그리스도의 온전한 형상을 이루기까지 이 땅에 계속되어야 한다. 또 그것이 실현되기 위해서는 계속해서 베풀어지는 하나님의 은혜는 선결 조건이며, 하나님께서는 그런 의미하에서 은혜와 사도직을 허락하신 것이다(엡4:13).

믿도록 인도하는 믿음의 일이 세상의 주도권을 가진 모습으로 나타나 살아 움직이기를 바라는 것이 영원하신 하나님의 아들 예수 그리스도 우리 주님의 뜻이다. "모든 그 이방인들 안에서(*ἐν πᾶσιν τοῖς ἔθνεσιν-엔 파신 토이스 에드네신*)" 그 믿음의 일이 왕성해지기를 바라시는 것이다. 믿지 않는 세상 모든 이방인 가운데서 믿음으로 믿음을 전수하며 믿는 자들이 생겨나도록 이끄는 믿음의 순종의 역사가 영원하신 하나님의 아들 예수 그리스도 우리 주님의 은혜와 사도직에 의해 온전하게 이루어져야 마땅하다. 그렇기 때문에 은혜와 사도직은 영원하신 하나님의 아들의 이름을 위해(*ὑπὲρ τοῦ ὀνόματος αὐτοῦ-휘페르 투 오노마토스 아우투*) 주어진 하나님의 영광스러운 축복이다.

그분의 이름을 위해

이제 바울은 "그분의 이름을 위해(*ὑπὲρ τοῦ ὀνόματος αὐτοῦ-휘페르 투 오노마토스 아우투*)"라는 전명구로 5절을 마무리한다. 그분의 이름이란 무엇인가? 바울이 5절을 시작하면서 "그분을 통해" 은혜와 사도직을 받았다고 했다. 여기서 그분은 2-4절의 결어 "예수 그리스도 우리 주님"이시다. 따라서 그분의 이름이란 "예수 그리스도 우리 주님"이라고 하는 호칭이 갖는 역사적 맥락에서 하나님의 약속이 성취되는 십자가의 돌아가심과 부활 사건의 당사자인 예수님을 가리키는 용어이다. 즉, 그분의 이름의 실체가 예수님이고, 그 예수님께서 하나님의 약속이 성취되는 십자가의 돌아가심과 부활 사건을 통해 그리스도와 주님이 되셨다는 사실적 의미를 내포하여 말할 때 '그분의 이름'이라고 한다. 결국 '그분의 이름'이란 예수님께서 자신의 인격과 사역의 결과가 역사 속에서 어떠한 열매로 나타나는지를 알 수 있게 하는 업적을 통해 일컬어지는 말로서의 영원하신 하나님의 아들 예수님을 가리키는 용어이다.

이름은 누구나 고대 사회에서 자신이든 다른 어떤 사람이든 자신을 알리는 방법이었다. 성경 속 사람들의 이름은 인생 전반을 담는 그릇과도 같았다. 이름의 의미가 그의 인생을 대변한다. 이름의 의미대로 그의 인생이 흘러가기 때문이다. 아브라함이 그랬고, 이삭이 그랬고, 야곱도 그랬으며, … 예수님도 그랬다. 또 누구나 이름을 통해서 자기 자신을 드러냈고 자신의 신분이나 역량을 표명하게 되었다. 아브라함이 그랬고, 이삭이 그랬고, 야곱도 그랬으며, … 예수님도 그랬다. 이때 그 이름은 다른 사람들을 다룰 수 있는 수단으로도 쓰였다. 아브라함이 그랬고, 이삭이 그랬고, 야곱도 그랬으며, … 예수님도 그랬다.

예수님께서 이 땅에 계실 때 제자들을 삼으시고 그들과 함께 하나님의 나라를 선포하시되, 하나님의 나라를 가르치시고 하나님의 나라의 복음을 전하시며 온갖 병자들을 치료하셨다. 그런 과정을 통해 제자들은 사도가 되었고, 십자가의 수난으로 돌아가시게 되셨고, 부활하신 예수님은 그 사도들에게 복음 전파와 제자 삼을 것을 명하며 성령의 약속과 함께 자신의 이름을 맡기고 하늘에 오르셨다. 하늘에 오르신 예수님께서는 아버지 하나님께로부터 성령을 받으셔서 지상의 사도들에게 내려보내셨고, 사도들은 그 성령에 의하여 그리스도와 주님이 되신 예수님을 알게 되었다. 예수님께서는 자신의 이름에 자신의 인격과 생애 모두를 담으셔서 사도들에게 넘겨주신 것이다.

그때부터 지상에 그 예수님의 증인으로 사는 사람들이 생겼다. 그들은 예수 그리스도 우리 주님의 이름을 전하며 죽든지 살든지 오직 그분의 이름을 위하여 사는 사람들이다. 바울은 그들과 다르게 승귀하신 예수님의 사도로 부르심을 받고 제자 과정을 거쳐 먼저 사도 된 자들을 통해 성령을 받아 복음 전도사역을 시작한다(행 9:17). 바울도 그들과 동일하게 예수 그리스도 우리 주님의 이름을 전하며 죽든지 살든지 오직 그분의 이름을 위하여 사는 사람이 되었던 것이다. 다만 바울은 주님 예수 그리스도에 대한 이해에 있어서 그들과 다른 부분을 가진다. 따라서 이는 본 서신에서 가장 중요한 부분에 해당하는지라 이미 여러 차례 언급했지만, 그분의 이름에 관한 다른 이해를 가지게 된 경위를 기초해서 보아야 한다.

여기서 "위해(*ὑπὲρ-휘페르*)"라고 하는 전치사가 '그분의 이름'에 이익이 되는 활동 개념을 나타내고 있어 문맥상 '그분의 이름'을 확산시킨다는 의미로까지 확장될 수 있다. 사전 BDAG에서도 이 경우(*속격과 함께 하는 ὑπὲρ-휘페르*)를 다양하게 번역해야 할 용법으로 보아 "그분의 이름을 널리 알리기 위해(to spread his name)"로 풀어 제시한다. 하지만 "위해(*ὑπὲρ-휘페르*)"라고 하는 전치사의 표현이 갖는 의미가 하나님 아들의 존재 자체를 대신한 사신으로 보내심을 받은 사도의 직무를 수행하는 방식과 자세에 초점이 있다. 사도직을 수행하는 과정에서 무엇보다도 주님과의 관계를 인식하고 살펴 행해야 한다는 것이다. 사도에게 주어진 권세(권한이나 권위)는 오직 주님의 이익을 대변하기 위해 주어진 것이기 때문이다. 이는 우리가 앞에서도 계속 설명해 왔던 부분이기도 하지만 이곳에서 더 분명하게 그 의미를 살려 내지 않으면 안 되는 이유가 있다. 바로 이어지는 6절 속에 그 답이 있다.

2. 예수 그리스도의 부르심(로마서 1장 6절)

본문 분석

본문	NA28판(UBS5판) ΠΡΟΣ ΡΩΜΑΙΟΥΣ 1:6 필자 사역	TR(ST)판 ΠΡΟΣ ΡΩΜΑΙΟΥΣ 1:6 개역개정
1:6a	ἐν οἷς ἐστε καὶ ὑμεῖς	ἐν οἷς ἐστε καὶ ὑμεῖς,
번역	여러분 또한 그들 안에 있으며	너희도 그들 중에서
1:6b	κλητοὶ Ἰησοῦ Χριστοῦ,	κλητοὶ Ἰησοῦ Χριστοῦ·
번역	예수 그리스도의 부르심을 받은 사람들입니다.	예수 그리스도의 것으로 부르심을 받은 자니라

차이

6절에서 이제까지 설명해 온 5절의 의미가 완성된다. 5절에서 바울의 사도직의 목적인 "믿음의 순종"이 실현되어야 할 대상은 이미 넘치도록 설명한 바 있는 "모든 그 이방인들 안에서(*ἐν πᾶσιν τοῖς ἔθνεσιν-엔 파신 토이스 에드네신*)"라는 전명구가 말하듯이 바울의 인식 속에 특정된 이방인들 전부를 말한다. 그들은 예루살렘 교회가 세워지는 오순절 성령 강림을 계기로 하나님의 사랑과 은혜를 입어 복음을 받아들인 이방인들과 사도 바울이 주님께 사도로 부르심을 받고 난 이후 사도 바울의 복음 전도를 통해 하나님의 사랑과 은혜를 입은 이방인들 모두를 가리킨다. 그들에 대한 것은 갈라디아서에서 보았듯이 사도직 논쟁으로 인한 예루살렘 교회서의 담판으로 사도직의 범위가 결정된 후 가지게 된 인식이다. 바울은 지금 그들을 관계대명사로 물고 내려와 6절을 완성한다. "여러분 또한 그들 안에 있으며 예수 그리스도의 부르심을 입은 자들이다(*ἐν οἷς ἐστε καὶ ὑμεῖς κλητοὶ Ἰησοῦ Χριστοῦ-엔 호*

이스 에스테 카이 휘메이스 클레토이 예수 크리스투)." 이를 우리말 성경 개역개정은 "너희도 그들 중에서 예수 그리스도의 것으로 부르심을 받은 자니라."라고 번역했다. 둘 간에는 약간의 시각차가 있다. 다만 그것이 뉘앙스적인 차이인지 아니면 의미상의 차이가 실제로 있는지는 해석하는 과정에서 명확히 드러날 것이다.

권한

여기서 "여러분 또한(*καὶ ὑμεῖς-카이 휘메이스*)"에 해당하는 자들은 이 서신의 수신자들이다. 어떤 연유에서든지 지금껏 그들은 바울 자신의 사도권 밖에 있었다. 하지만 이제 비로소 자신의 사도권 안에 그들이 있음을 알게 하여 그들과의 관계에서 자신의 사도권을 기정사실화하고 있다. 바울은 그들에게 자신의 복음 전도와의 관계가 있는지 없는지의 여부는 그렇게 중요하지 않다. 사실 그들 대부분은 자신을 알지 못하며 자신의 복음 전도와 무관한 자들이 대부분이었다. 다만 자신이 그들에게 사도의 권한을 행사할 수 있는 자리에 있다는 것을 명확히 하고 싶은 것이다(고전9:2). 그것이 "여러분(*ὑμεῖς-휘메이스*)"에 "또한(*καὶ-카이*)"을 붙여 쓰는 바울의 의도이다. 이방인의 사도로서 멀리 타국 로마에 있는 그리스도인들을 만나고자 했던 바울의 열정은 본문의 다음 단락에도 명확히 표현되어 있다(롬1:8-16). 그런 그의 간절한 열망은 주님의 부르심을 받은 전 세계 만민을 위한 복음 전도의 비전에 의한 것이었고, 본 서신을 쓰게 하는 동력이었으며, 3차에 걸친 아시아의 복음 전도 여행을 마친 후 죄수의 몸으로 로마 땅을 밟고도 복음 전하는 일을 쉬지 않게 하였던 것이다(행19:21, 23:11, 27:24, 28:14, 16). 바울은 지금 그들에게 자신의 복음 안에서 자신의 사도의 권한을 행사함으로써, 자신의 복음에 합당한 믿음의 순종에 이르게 하려는 것을 설득하고 있는 것이다. 아니 당연히 그래야 하는 자신의 사도권의 당위성을 주장하는 것이라고 해야 맞다.

8 먼저 나는 예수 그리스도를 통해 나의 하나님께 여러분 모두에 대해 감사드
립니다. 이는 여러분의 믿음이 온 세상에 널리 전해지고 있기 때문입니다.
9 그 하나님께서는 진정 나의 증인이시며, 내가 그분 아들의 복음 안에서 나
의 영으로 섬기는 분이십니다. 내가 끊임없이 여러분을 생각하며,
10 항상 기도할 때 어떠하든지 이제라도 그 하나님의 그 뜻 안에서 여러분을

만나러 가는 길이 활짝 열리기를 간구하고 있음을 그분께서 아십니다.
11 이토록 내가 여러분 보기를 간절히 원하고 있는 것은 내가 여러분에게 어떤 영적인 은사를 나누어 주어 여러분을 굳게 세우려는 것입니다.
12 더욱이 이 일은 여러분과 내가 서로 간의 믿음을 통해 함께 위로받으려고 하는 것입니다.
13 그러나 형제들이여, 내가 여러분에게 가려고 여러 번 계획을 세웠으나, 지금까지 길이 막혔다는 것을 여러분이 모르기를 원치 않습니다. 그것은 내가 여러분을 제외한 그 나머지 이방인들 안에서처럼 여러분에게서도 어떤 열매를 거두기 위함이었습니다.
14 나는 헬라인들과 미개인들 양쪽 모두에게, 지혜로운 자들과 어리석은 자들 양쪽 모두에게 빚진 사람입니다.
15 이처럼 나는 로마에 살고 있는 여러분에게도 복음을 전하게 되길 간절히 바라고 있습니다.

8 Πρῶτον μὲν εὐχαριστῶ τῷ θεῷ μου διὰ Ἰησοῦ Χριστοῦ περὶ πάντων
ὑμῶν ὅτι ἡ πίστις ὑμῶν καταγγέλλεται ἐν ὅλῳ τῷ κόσμῳ. 9 μάρτυς γάρ
μού ἐστιν ὁ θεός, ᾧ λατρεύω ἐν τῷ πνεύματί μου ἐν τῷ εὐαγγελίῳ τοῦ
υἱοῦ αὐτοῦ, ὡς ἀδιαλείπτως μνείαν ὑμῶν ποιοῦμαι 10 πάντοτε ἐπὶ τῶν
προσευχῶν μου δεόμενος εἴ πως ἤδη ποτὲ εὐοδωθήσομαι ἐν τῷ θελήματι τοῦ
θεοῦ ἐλθεῖν πρὸς ὑμᾶς. 11 ἐπιποθῶ γὰρ ἰδεῖν ὑμᾶς, ἵνα τι μεταδῶ χάρισμα ὑμῖν
πνευματικὸν εἰς τὸ στηριχθῆναι ὑμᾶς, 12 τοῦτο δέ ἐστιν συμπαρακληθῆναι ἐν
ὑμῖν διὰ τῆς ἐν ἀλλήλοις πίστεως ὑμῶν τε καὶ ἐμοῦ. 13 οὐ θέλω δὲ ὑμᾶς ἀγνοεῖν,
ἀδελφοί, ὅτι πολλάκις προεθέμην ἐλθεῖν πρὸς ὑμᾶς, καὶ ἐκωλύθην ἄχρι τοῦ
δεῦρο, ἵνα τινὰ καρπὸν σχῶ καὶ ἐν ὑμῖν καθὼς καὶ ἐν τοῖς λοιποῖς ἔθνεσιν.
14 Ἕλλησίν τε καὶ βαρβάροις, σοφοῖς τε καὶ ἀνοήτοις ὀφειλέτης εἰμί, 15 οὕτως
τὸ κατ' ἐμὲ πρόθυμον καὶ ὑμῖν τοῖς ἐν Ῥώμῃ εὐαγγελίσασθαι.

(NA 28th(UBS 5th) ed 롬1:8-15 필자 사역)

배려

사도직을 주장하는 바울과 그들과의 관계에 미묘한 기류가 형성될 수 있었다. 그들 자신들의 일상적인 삶에 바울의 사도직이 갖는 목적적 사역의 의미가 재고될 수밖에 없는 상황이 벌어진 것이다. 이는 그들에게 상당히 쇼킹한 상황이 아닐 수 없다. 그동안의 질서에 새로운 권위와 권세가 세워지는 것을 받아들이는 것 자체가 그야말로 쉽지 않은 일이었다. 부정적인 사태가 일어날 수 있는 가능성이 상당히 농후한 분위기를 예상할 수 있는 대목이란 말이다. 바울의 사도직에 대한 주장이 그들에게 내정 간섭을 선포하는 과격함으로 여겨질 수 있는 위험한 일일 수도 있었다. 하지만 바울도 이미 많은 복음 전도 여행을 통해 자신의 사도권에 대한 도전을 여러 차례 경험한 터이라 그런 갈등을 예상할 수 있는 일이었다. 그래서 바울은 그들을 예수 그리스도의 부르심을 입은 자들(*κλητοὶ Ἰησοῦ Χριστοῦ-클레토이 예수 크리스투*)이라고 규정한다. 아직 그들이 바울의 예수 그리스도에 대한 이해에 이르지 못하고 있을지라도 그들을 동일한 예수 그리스도에 속해 있는 자들로 묶는 명쾌하고 우호적인 사도 바울의 입장은 다소 그들을 진정시키기에 충분하다.

초청

바울에게 있어서 부르심을 입었다(*κλητοὶ-클레토이*)는 사실은 매우 강렬한 것이었다(롬1:1, 행9:3-5). 하지만 부르심을 입는다는 것이 워낙 다양한 경험으로 나타나기 때문에 모두 획일적으로 동일시할 수 없는 부분이 있다. 그렇다 할지라도 그것이 한 분 주님 예수 그리스도의 부르심이라는 측면에서 동일하게 강렬하고 귀한 것이다. 복음서에서 보이는 예수님의 가르침에서 "부르심을 입은 자들(*κλητοὶ-클레토이*)"의 부르심은 잔치의 식사 자리에 손님을 초청하거나 초대하는 개념으로 쓰였다. 예수 그리스도의 부르심은 천국의 혼인 잔치 초청과도 같다(마22:2). 바울이 이 용어를 사용하는 이유는 그들이 로마 사회로부터 예수 그리스도의 초청을 받은 손님과 같이 귀한 존재라는 것을 알리는 것이다. 그 초대의 목적은 이미 5절에서 "믿음의 순종"에 이르는 것으로 드러나 있다. 이런 바울의 간절함은 초청받은 자들은 많지만 선택을 받은 사람은 적다는 예수님의 말씀처럼, 예수 그리스도의 초청받음이 선택받음으로 이어지기를 바라는 절박함으로부터 기인한다(마22:14, 롬11:7).

이는 사도직을 수행하는 직무담당자의 참된 자세이다. 사도 바울은 지금 자신의 복음을 통해 그들이 하나님의 아들이 베푸는 식탁에 앉아 있다는 강렬한 자기 인식을 갖기를, 그래서 로마 황제의 지배 아래 수많은 신화와 제의 종교 아래에 사는 자들뿐만 아니라 율법으로 자긍심을 삼는 유대인들과 자신들을 구분할 수 있는 자리에 나아가 진정으로 그들 자신이 예수 그리스도의 부르심의 목적이 무엇인지를 알기 바라는 것이다(엡1:16-18). 비록 그들이 지금은 초기 예루살렘 교회의 복음 전도를 받고 신앙생활을 하고 있는 처지이기는 하지만 그것이 바로 이방인의 사도인 바울이 주님께로부터 받은 사도직의 목표라는 것을 아는 자리에 나가야 한다.

독특한 깨달음

이런 의도를 가지고 바울은 본 서신의 인사말에서 독특하게 자신만의 복음을 제시했다. 바울 자신이 사도로서 보편적 복음 전파의 직무를 수행할 때 근거가 되는 복음이 주님께 직접 받은 "하나님의 복음(εὐαγγέλιον θεοῦ-유앙겔리온 데우)"이라는 사실을 전면에 내세워야 했던 것이다. 왜냐하면 복음의 선포를 통해 예수 그리스도의 부르심이 이루어지기 때문이다.

바울은 '나의 복음'이라고 하는 말을 본 서신에서만 2회 사용한다(롬2:16, 16:25). 이 복음은 이미 2-4절의 설명을 통해 단순히 초대 예루살렘 교회로부터 기인한 신조와 같이 예수님께서 죽으셨다가 살아나셔서 그리스도와 주가 되셨다는 역사적 사건에 대한 단순한 표명이 아니라고 규명되었다. 바울이 그 복음의 결론으로 "예수 그리스도 우리 주님"이라는 호칭으로 마침표를 찍었더라도 그 호칭에 대해 설명하고 표명하는 방식은 분명히 다른 것이었다. 그것은 결코 복음 전도의 초기 예루살렘 교회의 신조를 변형한 것도 아니며 그렇다고 새로 지어낸 것도 아니다. 오로지 바울이 주님께로부터 직접 받은 아주 특별하고도 독특한 것이다.

그것을 인정하지 않는다는 것은 그의 사도직을 인정하지 않는 것이 된다. 어쩌면 그것은 초대 예루살렘 교회의 사도들 가운데 연장자이었던 베드로가 바울의 서신들에 더러 어려운 부분이 있다고 했을 정도로 바울만의 독특한 깨달음으로 여겨야 할 부분이라고도 할 수 있을 것이다(벧후3:15-16). 그렇기 때문에 바울은 이미 예루살렘 교회 공동체의 복음 전도를 통해 예수 그리스도의 부르심을 입은 자들에게 그토록 직접 자신의 복음을 전하고자 했던 것이다(롬1:15).

웅비한 비전

방금까지 바울은 일상적이지 않은 아주 독특한 인사말의 핵심을 떠올리며 한껏 수신자들을 치켜세웠다. 그의 가슴속에 펼쳐지는 선교 열정이 웅장한 한 편의 영화를 본 것과 같은 느낌의 여운으로 남는 것은 무슨 까닭일까? 아마도 그의 진심이 우리에게 전달되었기 때문일 것이다. 바울이 자신의 사도직을 수행함에 있어서 자신의 목숨을 아끼지 않고 하나님의 복음을 위해 헌신한 결과가 고스란히 우리 모두를 예수 그리스도의 부르심에 하나가 되도록 묶어, '믿음의 순종'이라는 웅비한 비전을 성취하기만을 학수고대하는 사도 바울의 심정이 그것일 것이다. 그리고 그 믿음의 순종이 무엇인지는 이미 독자들이 예상할 수 있을 만큼 앞에서 설명했지만 바울은 차차 본론에서 알아 가도록 써 내려갈 것이다(롬5:18-21).

이제 바울은 그렇게 예수 그리스도의 부르심을 입은 자들을 향해 축복을 빌며 다음과 같이 인사말을 마친다. "로마에 있어 하나님의 사랑을 입은 모든 자들, 곧 거룩한 자들로 부르심을 입은 여러분에게 은혜와 평화가 하나님 우리 아버지와 주님 예수 그리스도께로부터 베풀어지기를 빕니다(*πᾶσιν τοῖς οὖσιν ἐν Ῥώμῃ ἀγαπητοῖς θεοῦ, κλητοῖς ἁγίοις, χάρις ὑμῖν καὶ εἰρήνη ἀπὸ θεοῦ πατρὸς ἡμῶν καὶ κυρίου Ἰησοῦ Χριστοῦ-파신 토이스 우신 엔 로메 아가페토이스 데우, 클레토이스 하기오이스, 카리스 휘민 카이 에이레네 아포 데우 파트로스 헤몬 카이 퀴리우 예수 크리스투*)."

3. 은혜와 평화를 빌다(로마서 1장 7절)

본문 분석

본문	NA28판(UBS5판) ΠΡΟΣ ΡΩΜΑΙΟΥΣ 1:7 필자 사역	TR(ST)판 ΠΡΟΣ ΡΩΜΑΙΟΥΣ 1:7 개역개정
1:7a	πᾶσιν τοῖς οὖσιν ἐν Ῥώμῃ ἀγαπητοῖς θεοῦ,	πᾶσιν τοῖς οὖσιν ἐν Ῥώμῃ ἀγαπητοῖς θεοῦ,
번역	로마에 있어 하나님의 사랑을 입은 모든 자들,	로마에서 하나님의 사랑하심을 받고
1:7b	κλητοῖς ἁγίοις,	κλητοῖς ἁγίοις·
번역	곧 거룩한 자들로 부르심을 받은 여러분에게	성도로 부르심을 받은 모든 자에게
1:7c	χάρις ὑμῖν καὶ εἰρήνη ἀπὸ θεοῦ πατρὸς ἡμῶν καὶ κυρίου Ἰησοῦ Χριστοῦ.	χάρις ὑμῖν καὶ εἰρήνη ἀπὸ θεοῦ πατρὸς ἡμῶν καὶ κυρίου Ἰησοῦ Χριστοῦ.
번역	은혜와 평화가 하나님 우리 아버지와 주님 예수 그리스도께로부터 베풀어지기를 빕니다.	하나님 우리 아버지와 주 예수 그리스도로부터 은혜와 평강이 있기를 원하노라

통찰

우리는 이제 바울의 특별한 인사말의 마지막 간절한 소원을 비는 대목에 와 있다. 돌이켜 보면 바울은 자신이 그리스도 예수의 종과 사도로서, 자신의 복음이 어떠한지를 간결하게 논한 뒤 자신의 복음이 갖는 목적적 결과를 제시하며 수신자에 대한 호칭을 매우 신중하게 다룬다. 그것은 수신자들과의 관계에서 자신의 사도직의 정당성을 확보함으로써 자신의 복음으로 인한 비전에 그들을 참여할 수 있게 하는 배려를 담은 것이었다.

하지만 인사말을 마치며 그들을 위해 간절한 소원을 비는 대목에서 다시 언급하는 그들에 대한 호칭은 다른 서신들(고전1:2, 갈1:2, 엡1:1, 빌1:1, 골1:1, 살전,후1:1)에서와 다르게 "로마에 있어 하나님의 사랑하심을 입은 모든 자들에게(*πᾶσιν τοῖς οὖσιν ἐν Ῥώμῃ ἀγαπητοῖς θεοῦ-파신 토이스 우신 엔 로메 아가페토이스 데우*)"라는 특정 지역을 언급하는 의미 있는 표현을 사용한다. 그리고 최종적으로 "거룩한 자들로 부르심을 받은 여러분에게(*κλητοῖς ἁγίοις-클레토이스 하기오이스*)"라는 표현으로 수신자들을 특정하여 마무리한다. 이런 수신자에 대한 다양한 표현은 본론에서 다룰 주제와도 깊은 관련이 있다.

먼저 "로마에 있어 하나님의 사랑하심을 입은 모든 자들에게"라는 표현을 보자. 헬라어 본문은 "로마에 있는 모든 자들에게(*πᾶσιν τοῖς οὖσιν ἐν Ῥώμῃ-파신 토이스 우신 엔 로메*)"를 강조하기 위해 문장의 맨 앞에 놓는다. 이는 '로마에 존재하는 자들에게'라고 번역되는 분사절(*τοῖς οὖσιν ἐν Ῥώμῃ-토이스 우신 엔 로메*)에 '모든 것'을 통칭하는 형용사(*πᾶσιν-파신*)를 붙여 파신(*πᾶσιν*) 구문을 만들었다. 이때 중요한 것은 속뜻을 읽어 내야 하는 파신(*πᾶσιν*)의 용법이 갖는 의미이다.

파신(*πᾶσιν*)은 파스(*πᾶς*)의 복수형인데, 단수일 경우는 수식하는 각각의 사물이나 각각의 사람을 말하는 방법이고, 복수일 경우는 사물의 묶음이나 사람들이 무리지어 떼를 이루는 각각을 말하는 방법이다. 그러니까 "로마에 있는 모든 자들에게(*πᾶσιν τοῖς οὖσιν ἐν Ῥώμῃ-파신 토이스 우신 엔 로메*)"라고 하는 구문에 "하나님의 사랑하심을 입은 자들(*ἀγαπητοῖς θεοῦ-아가페토이스 데우*)"이라는 표현을 연결시키면, '로마에 있는 하나님의 사랑을 입고 성도로 부르심을 입은 자들이 무리를 지어 여럿으로 나누어져 있는 상황'을 강조하여 나타내는 것이 된다.

선뜻 이해되지 않는 표현이기는 하나 당시 교회 공동체가 가정 교회 수준의 공동체들로 구성되어 있었고, 그들 간의 약간의 갈등이 내재하고 있었던 수신자들에게는 자동으로 읽히는 것으로 오늘날의 독자들이 사도의 예리한 통찰력에 자세를 바로잡게 도전하는 대목이기도 하다.

진단

바울의 인사말 배후에는 이미 바울이 세 차례의 복음 전도 여행에서 겪은 온갖 위험과 사탄의 훼방이 극에 달해 있음을 굳이 설명하지 않아도 될 만큼 온 세상은 악으로 차고 넘치고 있다는 사실을 전제하고 있다. 로마도 다른 도시와 다를 바 없다. 그러한 악한 세상의 실태는 바울에게 있어서 그의 복음 전도 열정에 더욱 큰 동력이 되고 있음은 두말할 나위 없다(롬1:18-32). 그럼에도 그런 근본적인 복음의 필요성이 아닌 이미 복음을 받아들인 자들의 로마에서의 신앙생활에 대한 현실적인 진단이 필요했을 것이다. 그리고 사도직을 가진 자로서 응당 로마에 있어 예수 그리스도의 부르심을 받은 자들에 대한 문제의식을 어떤 식으로든(그것이 암시적이건 예시적이건) 조금은 알아들을 수 있을 만큼은 구체적으로 표현해야만 했을 것이다. 바로 그 이야기를 인사말 말미에 담고 있는 것이다.

어떤 일을 연상할 수 있는가? 구체적으로 언급되어 있지 않지만 그것은 불을 보듯 뻔한 사실 아닌가? 복음의 비전을 망각하게 하는 사탄의 교묘한 공격에 의한 분열과 다툼으로 지리멸렬하는 것, 사도는 지금 그것을 막고 그런 일이 일어나지 않도록 '하나님의 복음 안에서'라는 특단의 처방을 내리고 있는 것이다. 그것은 바울의 복음 전파의 보편적 사역과 그 복음에 반응하는 자들에게 사도직을 완수해야 할 유일한 지혜로움이고 능력이다. 그 사명의 길에 맞서 싸우는 것은 임무를 완수하기 위함이다. 이 또한 로마서 전체의 메시지가 이미 로마에 있어 하나님의 사랑을 입고 거룩한 자들로 부르심을 입은 자들 모두의 문제를 진단하고 해결책으로 제시하고 있음을 암시하고 있다(롬16:17-20).

17 형제들이여, 나는 여러분에게 권합니다. 여러분이 배운 그 가르침을 거슬러
불화하게 하고, 넘어지게 하는 자들을 조심하고, 또한 그들을 떠나 멀리하십시오.
18 왜냐하면 이런 자들은 우리 주님 그리스도를 섬기지 않고 오히려 자신들의
배만 채우며, 아첨하는 말과 달콤한 말로 순진한 사람들의 마음을 전적으로
속이고 있기 때문입니다.
19 참으로 여러분의 순종이 모두에게로 잘 알려져 있으니, 나는 그런 여러분으
로 인해 기뻐합니다. 그러나 나는 여러분이 그 선한 일에 지혜로운 자들이

고, 더욱이 그 악한 일에 순결한 자들이기를 원합니다.
20 *그 평화의 그 하나님께서 신속하게 그 사탄을 여러분의 발로 완전히 짓이기게 하실 것입니다. 우리 주 예수님의 그 은혜가 여러분과 함께하길 바랍니다.*

17 Παρακαλῶ δὲ ὑμᾶς, ἀδελφοί, σκοπεῖν τοὺς τὰς διχοστασίας καὶ τὰ σκάνδαλα παρὰ τὴν διδαχὴν ἣν ὑμεῖς ἐμάθετε ποιοῦντας, καὶ ἐκκλίνετε ἀπ' αὐτῶν· ***18*** *οἱ γὰρ τοιοῦτοι τῷ κυρίῳ ἡμῶν Χριστῷ οὐ δουλεύουσιν ἀλλὰ τῇ ἑαυτῶν κοιλίᾳ, καὶ διὰ τῆς χρηστολογίας καὶ εὐλογίας ἐξαπατῶσιν τὰς καρδίας τῶν ἀκάκων.*
19 *ἡ γὰρ ὑμῶν ὑπακοὴ εἰς πάντας ἀφίκετο· ἐφ' ὑμῖν οὖν χαίρω, θέλω δὲ ὑμᾶς σοφοὺς εἶναι εἰς τὸ ἀγαθόν, ἀκεραίους δὲ εἰς τὸ κακόν.* ***20*** *ὁ δὲ θεὸς τῆς εἰρήνης συντρίψει τὸν σατανᾶν ὑπὸ τοὺς πόδας ὑμῶν ἐν τάχει. Ἡ χάρις τοῦ κυρίου ἡμῶν Ἰησοῦ μεθ' ὑμῶν.*

(NA 28th(UBS 5th) ed 롬16:17-20 필자 사역)

로마

이렇게 바울은 로마라고 하는 큰 도시에 살면서 하나님의 사랑을 입은 사람들에 초점을 맞춘다. 바울은 당시 로마라는 도시가 그리스도인들에게 매우 위험한 도시라는 것을 잘 알고 있었다. 4대 로마 황제 글라우디오의 유대인 추방 칙령(A.D. 49년)으로 로마에서 추방된 브리스길라와 아굴라 부부를 만나 당시의 혼란스러운 로마 사회에 대해 들었다(행18:2). 로마의 역사가 수에토리우스는 그 추방 칙령이 그리스도인들에 의해 촉발된 유대인들의 소동이 계속되었기 때문이라고 하였다. 유대인들은 로마나 알렉산드리아에서 그들의 신앙과 관습을 유지하는 데는 거의 애로가 없을 정도로 비교적 자유로운 사회였다. 온갖 신화와 철학이 만개하는 시대이었기 때문이다. 하지만 기독교가 로마에 전파되면서 사정은 달라지기 시작했다. 예수의 죽음과 부활을 믿고 전하는 이들로 인하여 유대인 공동체와의 충돌이 발생하기 시작했다. 그뿐만 아니라 유대인과 로마인, 유대인과 헬라인 간의 갈등이 심화되어 사회가 혼란스러워졌던 것이다. 글라우디오가 A.D. 54년에 죽고나서 로마에서 추방된 사람들은 귀환했고, 바울은 A.D. 57년경 고린도에서 로마서를 집필했다(행20:3). 그 사이 로마의 5대 황제이자, 의붓아버지 글라우디오를 죽인 네로가 A.D. 54년에 등극해 A.D. 68년까지 즉위했다. 바울은 네로가 그리스도인들을 박해하는 것이 절정에 달해 있을 때 A.D. 64년경쯤 참수형으로 순교를 당함으로 생을 마쳤다. 이렇게 급변하는 로마 사회에서 하나님의 사랑을 입는다는 것은 어떤 의미일까?

하나님의 사랑을 입은 자들에게

온갖 신화와 철학에 의해 온갖 신들과의 결속으로 다져진 사회, 온갖 제의에 물든 시민들의 의식으로 이루어진 사회, 개방적인 사회의 표본이던 로마 제국 아래서의 삶에서 그리스도인들은 대접받지 못했다. 그들이 가진 복음으로 말미암은 사회적 가치가 그동안 로마 사회에서 통용될 수 있었던 가치를 모조리 부정했기 때문이었다. 지나간 모든 시대의 그리스도인들이 하나님의 사랑을 입는다는 것에 대해 매우 큰 사회적 불이익을 감수하는 것과도 같은 것으로 인식할 수밖에 없었던 근본적인 이유는 그들의 호칭이 갖는 의미와 같다.

'그리스도인들'이라는 호칭은 그리스도의 사람이라는 뜻이다. 그리스도를 주인으로 섬기는 자들을 일컫는 말이다. 예수 그리스도의 부르심을 입은 사람들을 일컫는 말이다. 그것은 초대 교회 초기 이방 세계의 복음 전도의 본거지인 안디옥 교회의 교사였던 바나바와 바울의 가르침을 받은 제자들의 새로운 사회적 활동(주 예수 그리스도에 의한 새로운 공동체 삶의 방식)으로 인해 세상으로부터 얻은 칭호이다(행 11:26).

본시 하나님의 사랑을 입는다는 것은 하나님을 알지 못하며 행했던 모든 일들이 죄들이었다는 것을 알게 하시기 위해 먼저 하나님께서 죄인들을 사랑하셨다는 사실로부터 기인한다. 하나님께서 자기의 아들 예수 그리스도를 이 땅에 보내시고, 그 아들이 자신의 목숨으로 인류의 죗값을 치르는 대속물로 기꺼이 하나님께 드리며 순종하게 하심으로, 하나님께서 자신의 사랑을 소개하셨다. 그 사랑을 기꺼이 받아들이는 자들을 하나님의 사랑하심을 입은 자들이라고 한다. 로마 사회의 시민으로 살았던 모든 삶이 죄였음에도 그 죗값을 하나님 아들의 목숨으로 대신 갚아주셨다는 사실에 감동하여 감사하며 사는 것이다.

그것 또한 하나님의 사람으로 사는 삶을 시작하게 하는 하나님의 힘의 작용이다. 그것은 하나님의 사람으로 살아갈 많은 날의 기초가 된다. 그 삶의 방향은 하나님의 영광 보좌에 이르도록 설정되어 있다. 그곳은 거룩함으로 충만한 곳이다. 하나님의 사랑을 입는다는 것은 거룩하신 하나님의 보좌 앞으로 나아가게 하는 동력이 된다. 이렇게 바울은 "하나님의 사랑하심을 입은(ἀγαπητοῖς θεοῦ-아가페토이스 데우)" 이라는 하나의 관용어를 통해 로마서 본론에서 말하고자 하는 것을 예시적으로 표현하고 있다(롬5:5-11). 그리고 마침내 사도 바울은 그들이 거룩한 자들로 부르심을 입었다는 사실을 말한다.

> *6 감격스럽게도 우리가 아직 연약한 존재로 있을 때 기약대로 그리스도께서 불경한 자들을 위하여 돌아가셨습니다.*
> *7 이는 의인을 위해 죽을 사람이 거의 없고, 간혹 그 선한 분을 위해 죽으려고 위험을 무릅쓰는 자가 뜻밖에 있을 수는 있기 때문입니다.*
> *8 그렇습니다. 고맙게도 그 하나님께서는 우리를 향한 자신의 그 사랑을 '아직 죄인으로 존재하는 우리를 위해 그리스도께서 돌아가신 것'이라고 친절하게 소개해 주고 계십니다.*

> *6 Ἔτι γὰρ Χριστὸς ὄντων ἡμῶν ἀσθενῶν ἔτι κατὰ καιρὸν ὑπὲρ ἀσεβῶν ἀπέθανεν. **7** μόλις γὰρ ὑπὲρ δικαίου τις ἀποθανεῖται· ὑπὲρ γὰρ τοῦ ἀγαθοῦ τάχα τις καὶ τολμᾷ ἀποθανεῖν· **8** συνίστησιν δὲ τὴν ἑαυτοῦ ἀγάπην εἰς ἡμᾶς ὁ θεός, ὅτι ἔτι ἁμαρτωλῶν ὄντων ἡμῶν Χριστὸς ὑπὲρ ἡμῶν ἀπέθανεν.*
> *(NA 28th(UBS 5th) ed 롬5:6-8 필자 사역)*

거룩한 자들로 부르심을 받은 자들

바울은 하나님의 사랑하심을 입은 자들을 "거룩한 자들, 곧 성도로 부르심을 받은 자들(κλητοῖς ἁγίοις-클레토이스 하기오이스)"이라고 표현한다. 거룩함이란 하나님을 대표하는 유일한 속성이다(레11:44-45). 그것은 하나님에겐 죽음이 없다는 것이다. 영원한 생명으로 충만한 것이 하나님의 거룩하심이다. 우리 인간에겐 가히 설명이 불가한 개념이다. 하지만 최소한 우리는 이미 5절에서 "거룩하심의 영을 따라서(κατὰ πνεῦμα ἁγιωσύνης-카타 프뉴마 하기오쉬네스)" 일어나는 일이 무엇인지 충분한 설명을 가지고 있다. 거룩하게 하시는 영을 따라 우리를 죽은 자들로부터 살아나게 하시는 하나님을 보게 된 것이다. 영원하신 하나님의 아들 예수 그리스도 우리 주님께서 이 세상에 하나님께서 기뻐하시는 거룩한 삶을 시작할 수 있는 길을 만드셨다. 죽음의 세력이 근접할 수 없는 영원한 생명으로 충만한 삶을 살게 하신 것이다. 그 길에 로마에 있는 자들을 불러 거룩한 삶을 살게 하셨다는 것이다. 그들을 가리켜 "거룩한 자들로 부르심을 받은 자들(κλητοῖς ἁγίοις-클레토이스 하기오이스)"이라고 표현한다. 이 또한 바울이 본 서신의 본론에서 말하고자 하는 것을 예시적으로 표현하고 있는 것이다(롬6:19-23).

19 나는 여러분의 육신이 연약하므로 사람의 일상적인 논리로 말합니다. 왜냐하면 여러분이 전에 여러분의 지체를 그 부정과 그 불법에 종으로 내어 주어 그 불법(반역)에 봉사하게 된 것처럼, 같은 방식으로 지금 여러분의 지체를 그 의(義)에게 종으로 드려 거룩하게 하시는 일에 봉사해야 하기 때문입니다.

20 참으로 여러분이 그 죄의 종이었을 때는 그 의(義)와는 아무런 상관도 없는 사람들이었습니다.

21 그런즉 그때 여러분이 무슨 열매를 얻었습니까? 지금 여러분은 그런 일들을 부끄러워하고 있으니, 참으로 그런 일들의 그 끝은 죽음뿐이기 때문입니다.

22 그러나 이제 여러분은 그 죄로부터 풀려나 자유로워졌으며 더구나 그 하나님께 종이 되어 거룩하게 하시는 일에 봉사하는 그 열매를 여러분이 얻었으니, 분명히 그 마지막은 영원한 생명입니다.

23 왜냐하면 그 죄의 그 보상들은 죽음이지만, 그 하나님의 그 은사는 그리스도 예수 우리 주님 안에 있는 영원한 생명이기 때문입니다.

*19 Ἀνθρώπινον λέγω διὰ τὴν ἀσθένειαν τῆς σαρκὸς ὑμῶν. ὥσπερ γὰρ
παρεστήσατε τὰ μέλη ὑμῶν δοῦλα τῇ ἀκαθαρσίᾳ καὶ τῇ ἀνομίᾳ εἰς τὴν ἀνομίαν,
οὕτως νῦν παραστήσατε τὰ μέλη ὑμῶν δοῦλα τῇ δικαιοσύνῃ εἰς ἁγιασμόν.
20 ὅτε γὰρ δοῦλοι ἦτε τῆς ἁμαρτίας, ἐλεύθεροι ἦτε τῇ δικαιοσύνῃ. 21 τίνα οὖν
καρπὸν εἴχετε τότε; ἐφ' οἷς νῦν ἐπαισχύνεσθε, τὸ γὰρ τέλος ἐκείνων θάνατος.
22 νυνὶ δὲ ἐλευθερωθέντες ἀπὸ τῆς ἁμαρτίας δουλωθέντες δὲ τῷ θεῷ ἔχετε τὸν
καρπὸν ὑμῶν εἰς ἁγιασμόν, τὸ δὲ τέλος ζωὴν αἰώνιον. 23 τὰ γὰρ ὀψώνια τῆς
ἁμαρτίας θάνατος, τὸ δὲ χάρισμα τοῦ θεοῦ ζωὴ αἰώνιος ἐν Χριστῷ Ἰησοῦ τῷ
κυρίῳ ἡμῶν.*

(NA 28th(UBS 5th) ed 롬6:19-23 필자 사역)

하나님 우리 아버지와 주님 예수 그리스도께로부터

바울은 다음과 같은 기원으로 인사말을 매듭짓는다. "여러분에게 은혜와 평화가 하나님 우리 아버지와 주님 예수 그리스도께로부터 베풀어지기를 빕니다(χάρις ὑμῖν καὶ *εἰρήνη ἀπὸ θεοῦ πατρὸς ἡμῶν καὶ κυρίου Ἰησοῦ Χριστοῦ-카리스 휘민 카이 에이레네 아포 데우 파트로스 헤몬 카이 퀴리우 예수 크리스투*).” 이는 앞에서 설명했던 “로마에 있어 하나님의 사랑을 입어 거룩한 자들로 부르심을 받은 자들 모두에게(*πᾶσιν τοῖς οὖσιν ἐν Ῥώμῃ ἀγαπητοῖς θεοῦ-파신 토이스 우신 엔 로메 아가페토이스 데우*)” 비는 기원이다.

이 기원을 조금만 더 깊이 들여다보면, 그리고 좀 더 깊이 생각해 보면 잘 짜인 권고와도 같다. 그리고 여기에 선택된 용어들은 이제껏 써 내려온 인사말 속에 담긴 사도 바울의 웅비한 선교 비전을 이룰 방법과 방향을 알려 주는 나침반의 지침과도 같다. 또 그 비전을 대하는 자세 또한 완벽하게 알려 주고 있다. 바울은 이미 복음으로 말미암아 나타나는 비전이 어떻게 작동하며 어떻게 성취해 나가는지를 알고 있기 때문이다. 이 또한 앞으로 써 내려갈 본문의 전체 내용의 흐름과 성격을 미리 일러 주는 역할을 하고 있다.

은혜

바울은 먼저 그들에게 은혜가 있기를 빈다. 이 은혜라는 용어는 이미 5절에서 쓰였다. 은혜를 받았다는 말은 하나님의 복음을 듣고 그 복음을 믿는 믿음을 받았다는 것을 함축한다. 사도직은 그 믿음을 받은 자들이 그 믿음의 순종에 이르도록 방도를 일러 주는 역할을 하는 것이다. 일종의 마라톤 경주에 참가하는 선수들의 코치와 같다. 따라서 은혜란 하나님께서 값없이 베풀어 주시는 전적인 하나님의 행위를 통해서만 거룩하신 하나님의 영광에 이를 수 있다는 것을 나타내는 말이다.

그들은 예수 그리스도의 부르심을 받은 상태에 있는 자들이다. 천국의 혼인 잔치에 초대받은 손님과 같은 위치에 있다. 그리고 그들은 자신들이 연약하여 하나님을 알지 못할 때, 하나님께서 그들을 구원하시기 위해 자기의 아들을 죽여 자기의 사랑을 소개한 소식을 듣고 거룩한 삶을 살도록 부르심을 받은 상태에 있다. 거기에는 그 은혜를 받고 당장 경주에 참여할 수 있는 선수급의 사람들이 있고, 참가하려고 훈련하는 예비 선수들과 그 외의 여러 종류의 다양한 사람들이 있다.

여기서 주목할 것은 그 경기의 출발선으로부터 달리게 하는 것은 실제로 믿음이라는 점이다. 그래서 은혜 없이는 출발도 없다. 달리는 과정도 믿음이다. 그래서 은혜 없이는 달리는 과정도 없다. 결승선을 통과하는 것도 믿음이다. 그래서 은혜 없이는 완주조차 할 수 없다. 시작도 믿음, 과정도 믿음, 끝도 믿음이다. 은혜 없이는 영원한 생명에 이르게 하는 거룩한 삶 자체가 없는 것이다. 이 믿음의 삶은 은혜 없이 출발도 할 수 없고, 설령 출발했다고 해도 은혜 없이는 과정도 없으며, 중간쯤 왔다고 해도 은혜 없이는 결승점에 도달할 수 없기에 바울은 그들에게 은혜가 베풀어지기를 기원하는 것이다(롬1:16-17, 엡2:8).

은혜는 한없이 너그러우신 하나님을 속물 인간이 경험하게 만드는 하나님의 역동적인 행위이다. 은혜란 진노 가운데서도 긍휼을 잊지 않으시는 하나님을 속물인 인간이 알게 하여 기도하게 하는 하나님의 지혜로우신 능력이다(합3:2, 시6:1-2). 그 은혜로 구원이 이루어지니 은혜를 베푸실 때 은혜를 받아야 한다고 바울은 강조하는 것이다(고후6:1-2). 그 은혜의 출처는 하나님의 복음(롬1:2-4절)에 대한 바울의 설명을 제대로 들었다면 바로 답을 내놓을 수 있다. 바로 "하나님 아버지와 우리 주님 예수 그리스도께로부터(*ἀπὸ θεοῦ πατρὸς ἡμῶν καὶ κυρίου Ἰησοῦ Χριστοῦ-아포 데우 파트로스 헤몬 카이 퀴리우 예수 크리스투*)"이다.

1 우리 또한 함께 일하는 사람으로서 여러분에게 간곡히 권면합니다. 여러분이 받아들인 그 하나님의 은혜를 헛되이 하지 마십시오.
2 왜냐하면 그 하나님께서 "은총의 때에 내가 네게 응답했고 구원의 날에 내가 너를 도왔다."라고 말씀하셨기 때문입니다. 보십시오, 지금이 은혜받을 만한 때입니다. 보십시오, 지금이 구원의 날입니다.

1 Συνεργοῦντες δὲ καὶ παρακαλοῦμεν μὴ εἰς κενὸν τὴν χάριν τοῦ θεοῦ δέξασθαι ὑμᾶς· 2 λέγει γάρ· καιρῷ δεκτῷ ἐπήκουσά σου καὶ ἐν ἡμέρᾳ σωτηρίας ἐβοήθησά σοι.ἰδοὺ νῦν καιρὸς εὐπρόσδεκτος, ἰδοὺ νῦν ἡμέρα σωτηρίας.
(NA 28th(UBS 5th) ed 고후6:1-2 필자 사역)

평화

그리고 바울은 그들에게 평화가 베풀어지기를 빈다. 처음 나오는 용어다. 이 용어는 하나님의 진노가 없는 삶을 가리킨다. 하나님과 행복한 관계로 나아가기 시작한 것을 의미한다. 사람들은 대부분 사람과의 관계를 우선으로 중시한다. 모든 사람은 그 관계를 행복하게 만들기 위해서 그토록 애쓰며 산다. 하지만 틀렸다. 하나님과의 관계를 행복하게 만들 수 없다면 사람은 행복할 수 없다(롬2:2-10, 3:10-20).

왜냐하면 사람은 하나님의 형상으로 창조되었기 때문이다(롬1:23). 일그러진 하나님의 형상을 새롭게 회복시키지 않으면 온전하고 복된 인간관계를 이룰 수 없어 인간은 영원히 불행한 삶을 살 수밖에 없다. 하나님의 진노 아래 있기 때문이다(롬1:18). 이 진노는 복음의 선포를 통해 베풀어지는 은혜로 걷어지고 평화로운 삶이 임한다. 그래서 바울은 평화보다 먼저 그들에게 은혜가 베풀어지기를 기원한다.

은혜는 사람이 하나님의 긍휼을 경험케 하여 믿음으로 반응하게 만든다. 그 믿음은 하나님과의 관계를 새롭게 시작할 수 있는 기반을 조성해 준다. 그 기반이 바로 평화이다. 평화는 더 풍요로운 하나님과의 관계를 시작할 수 있는 기회가 된다(롬5:1-2). 은혜가 믿음으로 평화를 이루고 불순종이 아닌 순종으로 나가게 한다. 계속되는 은혜 없이는 불순종으로 나갈 수밖에 없는 존재가 인간이다.

불순종은 결핍을 낳고 결핍은 욕심을 낳고 욕심은 부조화를 낳고 악취로 가득한 무질서의 삶을 만든다. 욕심이 죄를 낳고 죄는 점점 자라 죽음을 가져오는 것과 같은 이치이다(약1:15). 하나님의 은혜에서 떨어진 인간에게는 하나님의 진노밖에 없다.

하나님의 진노는 인간 삶의 파멸이다. 그것이 개인이든 사회이든 민족이든 나라이든 하나님의 은혜 없이는 파멸과 고생만이 있을 뿐이다. 그러므로 "하나님 우리 아버지와 주님 예수 그리스도께로부터 주어지는 평화"를 누리며 더욱 하나님의 진노로부터 구원에 이르자고 바울은 강조하는 것이다(롬5:9-11). 그것이 거룩하심에 이르는 삶의 길로 나아가는 첩경이다.

그러한 삶에 "은혜와 평화가 여러분에게 하나님 아버지와 우리 주님 예수 그리스도께로부터 베풀어지기를 빕니다(*χάρις ὑμῖν καὶ εἰρήνη ἀπὸ θεοῦ πατρὸς ἡμῶν καὶ κυρίου Ἰησοῦ Χριστοῦ-카리스 휘민 카이 에이레네 아포 데우 파트로스 헤몬 카이 퀴리우 예수 크리스투*)."라고 기원하는 사도의 심정이 살아 있다.

9 그런즉 이제 그분의 피로 인해 우리가 의롭다고 하심을 받았으니 더욱더 그분을 통해 그 진노로부터 구원받을 것입니다.
10 왜냐하면 우리가 원수로 살고 있을 때 그 하나님의 그 아들이 돌아가심으로써 그 하나님과 화해하게 되었다면, 화해된 후에는 우리가 부활하신 그 아들의 살아 계심 안에서 그보다 더 확실하게 구원받을 것이기 때문입니다.
11 그뿐만이 아닙니다. 오히려 우리는 지금 우리 주님 예수 그리스도를 통해 받은 그 화해됨을 그 하나님을 힘입어 자랑하기도 합니다.

*9 πολλῷ οὖν μᾶλλον δικαιωθέντες νῦν ἐν τῷ αἵματι αὐτοῦ σωθησόμεθα
δι' αὐτοῦ ἀπὸ τῆς ὀργῆς. 10 εἰ γὰρ ἐχθροὶ ὄντες κατηλλάγημεν τῷ θεῷ διὰ
τοῦ θανάτου τοῦ υἱοῦ αὐτοῦ, πολλῷ μᾶλλον καταλλαγέντες σωθησόμεθα ἐν
τῇ ζωῇ αὐτοῦ· 11 οὐ μόνον δέ, ἀλλὰ καὶ καυχώμενοι ἐν τῷ θεῷ διὰ τοῦ κυρίου
ἡμῶν Ἰησοῦ Χριστοῦ δι' οὗ νῦν τὴν καταλλαγὴν ἐλάβομεν.*

(NA 28th(UBS 5th) ed 롬5:9-11 필자 사역)

제7장
로마 선교의 비전과 열정(1장 8-13절)

– 믿음의 소통을 통한 화합, 그리고 성장과 성숙 –

그리스도인들도 지치고 피곤할 수 있으며 힘들고 어려워 괴로워할 수 있는 연약한 인간이다. 하대에 낙심하고 슬퍼할 수 있고, 난폭함에 두려워 주저하거나 모든 것을 내팽개쳐 버리고 도망갈 수 있는 인간이기에 함께 위로하고 위로받을 수 있는 믿음의 소통은 어느 시대나 모든 그리스도인에게 절대적으로 필요하다. 하나님께서 모든 그리스도인에게 온갖 종류의 은사를 주신 것도 이 때문이다.

제7장 로마 선교의 비전과 열정(1장 8-13절) _ 237p에서

§1. 본문 번역[NA28판(UBS5판)]

본문	NA28판(UBS5판) ΠΡΟΣ ΡΩΜΑΙΟΥΣ 1:8-13	로마서 1:8-13 필자 사역
롬1:8	Πρῶτον μὲν εὐχαριστῶ τῷ θεῷ μου διὰ Ἰησοῦ Χριστοῦ περὶ πάντων ὑμῶν ὅτι ἡ πίστις ὑμῶν καταγγέλλεται ἐν ὅλῳ τῷ κόσμῳ.	먼저 나는 예수 그리스도를 통해 나의 하나님께 여러분 모두에 대해 감사드립니다. 이는 여러분의 믿음이 온 세상에 널리 전해지고 있기 때문입니다.
롬1:9	μάρτυς γάρ μού ἐστιν ὁ θεός, ᾧ λατρεύω ἐν τῷ πνεύματί μου ἐν τῷ εὐαγγελίῳ τοῦ υἱοῦ αὐτοῦ, ὡς ἀδιαλείπτως μνείαν ὑμῶν ποιοῦμαι	그 하나님께서는 진정 나의 증인이시며, 내가 그분 아들의 복음 안에서 나의 영으로 섬기는 분이십니다. 내가 끊임없이 여러분을 생각하며
롬1:10	πάντοτε ἐπὶ τῶν προσευχῶν μου δεόμενος εἴ πως ἤδη ποτὲ εὐοδωθήσομαι ἐν τῷ θελήματι τοῦ θεοῦ ἐλθεῖν πρὸς ὑμᾶς.	항상 기도할 때 어떠하든지 이제라도 그 하나님의 그 뜻 안에서 여러분을 만나러 가는 길이 활짝 열리기를 간구하고 있음을 그분께서 아십니다.
롬1:11	ἐπιποθῶ γὰρ ἰδεῖν ὑμᾶς, ἵνα τι μεταδῶ χάρισμα ὑμῖν πνευματικὸν εἰς τὸ στηριχθῆναι ὑμᾶς,	이토록 내가 여러분 보기를 간절히 원하고 있는 것은 내가 여러분에게 어떤 영적인 은사를 나누어 주어 여러분을 굳게 세우려는 것입니다.
롬1:12	τοῦτο δέ ἐστιν συμπαρακληθῆναι ἐν ὑμῖν διὰ τῆς ἐν ἀλλήλοις πίστεως ὑμῶν τε καὶ ἐμοῦ.	더욱이 이 일은 여러분과 내가 서로 간의 믿음을 통해 함께 위로받으려고 하는 것입니다.
롬1:13	οὐ θέλω δὲ ὑμᾶς ἀγνοεῖν, ἀδελφοί, ὅτι πολλάκις προεθέμην ἐλθεῖν πρὸς ὑμᾶς, καὶ ἐκωλύθην ἄχρι τοῦ δεῦρο, ἵνα τινὰ καρπὸν σχῶ καὶ ἐν ὑμῖν καθὼς καὶ ἐν τοῖς λοιποῖς ἔθνεσιν.	그러나 형제들이여, 내가 여러분에게 가려고 여러 번 계획을 세웠으나, 지금까지 길이 막혔다는 것을 여러분이 모르기를 원치 않습니다. 그것은 내가 여러분을 제외한 그 나머지 이방인들 안에서처럼 여러분에게서도 어떤 열매를 거두기 위함이었습니다.

§2. 본문 코멘트

롬1:8	Πρῶτον μὲν εὐχαριστῶ τῷ θεῷ μου διὰ Ἰησοῦ Χριστοῦ περὶ πάντων ὑμῶν ὅτι ἡ πίστις ὑμῶν καταγγέλλεται ἐν ὅλῳ τῷ κόσμῳ.	먼저 나는 예수 그리스도를 통해 나의 하나님께 여러분 모두에 대해 감사드립니다. 이는 여러분의 믿음이 온 세상에 널리 전해지고 있기 때문입니다.

① "διὰ Ἰησοῦ Χριστοῦ-디아 예수 크리스투"가 탈락된 사본을 교정한 자리에 ℵ(알레프) 사본의 원래의 본문을 표시했다.

② "περὶ πάντων ὑμῶν-페리 판톤 휘몬"에서 περὶ(페리, 대하여)를 ὑπὲρ(휘페르, 위하여)로 읽는 사본들(두 번째 교정자에 의한 사본 D와 G, L, P 등 외) 다수가 있다.

롬1:9	μάρτυς γάρ μού ἐστιν ὁ θεός, ᾧ λατρεύω ἐν τῷ πνεύματί μου ἐν τῷ εὐαγγελίῳ τοῦ υἱοῦ αὐτοῦ, ὡς ἀδιαλείπτως μνείαν ὑμῶν ποιοῦμαι	그 하나님께서는 진정 나의 증인이시며, 내가 그분 아들의 복음 안에서 나의 영으로 섬기는 분이십니다. 내가 끊임없이 여러분을 생각하며

① "μάρτυς γάρ μού ἐστιν ὁ θεός-마르튀스 가르 무 에스틴 호 데오스"에서 μού(무, 나의)를 μοι(모이, 나에게)로 읽는 사본 D, G 등 다수가 있다.

롬1:13	οὐ θέλω δὲ ὑμᾶς ἀγνοεῖν, ἀδελφοί, ὅτι πολλάκις προεθέμην ἐλθεῖν πρὸς ὑμᾶς, καὶ ἐκωλύθην ἄχρι τοῦ δεῦρο, ἵνα τινὰ καρπὸν σχῶ καὶ ἐν ὑμῖν καθὼς καὶ ἐν τοῖς λοιποῖς ἔθνεσιν.	그러나 형제들이여, 내가 여러분에게 가려고 여러 번 계획을 세웠으나, 지금까지 길이 막혔다는 것을 여러분이 모르기를 원치 않습니다. 그것은 내가 여러분을 제외한 그 나머지 이방인들 안에서처럼 여러분에게서도 어떤 열매를 거두기 위함이었습니다.

① "οὐ θέλω δὲ ὑμᾶς ἀγνοεῖν-우 델로 데 휘마스 아그노에인"에서 "οὐ θέλω-우 델로"를 "ουκ οιομαι-우크 오이오마이"로 대체한 사본들(G, b)이 있다. 또한 그것들의 대안적 읽기로 "ουκ οιμαι-우크 오이마이"를 지시하는데(NA28판), 사본 D는 교정한 자리에 본래 οιομε(오이오메)였으나, 후대 사람이 가한 교정, 때때로 최초의 필사자가 수정을 가한 교정에 의해 οιομαι(오이오마이)로 기록된 것도 있다(NA27판). οιομαι(오이오마이)는 '~라고 여기다, 상상하다, 생각하다'라는 의미의 동사이고, οιμαι(오이마이)는 그것의 단축형이다.

§3. 본문 주해를 위한 팁

롬1:8	Πρῶτον μὲν εὐχαριστῶ τῷ θεῷ μου διὰ Ἰησοῦ Χριστοῦ περὶ πάντων ὑμῶν ὅτι ἡ πίστις ὑμῶν καταγγέλλεται ἐν ὅλῳ τῷ κόσμῳ.	먼저 나는 예수 그리스도를 통해 나의 하나님께 여러분 모두에 대해 감사드립니다. 이는 여러분의 믿음이 온 세상에 널리 전해지고 있기 때문입니다.

① "먼저(Πρῶτον-프로톤)": 일의 경중을 따져 우선순위를 표현한다(적극적으로 '제일 먼저'). 참조 롬3:2, 고전11:18.

② "나는 예수 그리스도를 통해 나의 하나님께 여러분 모두에 대해 감사드립니다(*εὐχαριστῶ τῷ θεῷ μου διὰ Ἰησοῦ Χριστοῦ περὶ πάντων ὑμῶν-유카리스토 토 데오 무 디아 예수 크리스투 페리 톤 휘몬*).": 사도적 감사(고전1:4, 빌1:3s, 살전1:2, 살후1:3).

※ "나의 하나님께(*τῷ θεῷ μου-토 데오 무*)"는 자신만의 특별한 하나님에 대한 이해를 가지고 있다는 것을 나타내는 표현이다. 이어지는 9절에서 하나님(1:1-7에서 소개된 하나님)에 대해서 밝힘으로써 표현상 내재된 갈등을 일거에 제거한다.

※ 바울의 감사는 기도 속에서 드려지는 감사다. 그리고 중보자 예수 그리스도를 통해서(*διὰ Ἰησοῦ Χριστοῦ-디아 예수 크리스투*) 드려지는 기도다. 예수 그리스도라는 호칭은 이미 1:6에서 쓰였는데, '주님(*κυρίος-퀴리오스*)'이라는 호칭과 결합된 호칭이 아니라는 점을 유의해야 한다(참조 엡5:20, 골1:3). 이는 이미 예수 그리스도의 주 되심이 확정된 상황에서도 하나님의 권한하에서 구속사가 진행되고 있음을 보여 준다. 바울이 예수 그리스도의 중보적 역할을 제시하는 것은 지나간 구속사 속에서 나타난 모든 중보적 역할이 예수 그리스도에 흡수되었음을 확정하는 것이다. 따라서 바울의 감사는 구속사의 진행 과정에서 이루어져야 할 결과와 관련한 일들이 나타나고 있음에 대한 것이다. 그러므로 그 결과가 완전한 모습을 갖기까지 사도인 바울에게는 완전한 결과에 대한 기대가 주어져 사도직을 수행해야 할 기회가 되고, 선교 열정으로 나타난다.

※ "여러분 모두에 대해(*περὶ πάντων ὑμῶν-페리 판톤 휘몬*)"는 7절의 "로마에 있어 하나님의 사랑하심을 받고 성도로 부르심을 받은 자들"이다.

③ "여러분의 믿음이 온 세상에 널리 전해지고 있기 때문입니다(*ὅτι ἡ πίστις ὑμῶν καταγγέλλεται ἐν ὅλῳ τῷ κόσμῳ-호티 헤 피스티스 휘몬 카탕겔레타이 엔 홀로 토 코스모*): 감사의 내용(롬16:19, 살전1:8).

※ “온 세상에(*ἐν ὅλῳ τῷ κόσμῳ-엔 홀로 토 코스모*)”는 로마 전역을 의미하며, “여러분의 믿음이 널리 전해지고 있다(*ἡ πίστις ὑμῶν καταγγέλλεται-헤 피스티스 휘몬 카탕겔레타이*).”는 로마의 그리스도인들이 실제적인 삶 속에서 구체적인 방식으로 복음을 확산시키고 있다는 표현이다. 바울이 로마에 가서 그들을 직접 지도하지 않았지만 여러 경로와 방법을 통한 교제로 그 같은 일에 어느 정도 기여하고 있음을 나타낸다(롬15:14-16:27 참조).

롬1:9	μάρτυς γάρ μού ἐστιν ὁ θεός, ᾧ λατρεύω ἐν τῷ πνεύματί μου ἐν τῷ εὐαγγελίῳ τοῦ υἱοῦ αὐτοῦ, ὡς ἀδιαλείπτως μνείαν ὑμῶν ποιοῦμαι	그 하나님께서는 진정 나의 증인이시며, 내가 그분 아들의 복음 안에서 나의 영으로 섬기는 분이십니다. 내가 끊임없이 여러분을 생각하며

① “하나님께서는 나의 증인이시며(*μάρτυς γάρ μού ἐστιν ὁ θεός-마르튀스 가르 무 에스틴 호 데오스*)”는 사도적 화법이다. 고후1:23, 빌1:8, 살전2:5[벧후2:3, 살전2:19], 삼상12:5, 요5:31-38을 살펴보라.

② “내가 그분 아들의 복음 안에서 나의 영으로 섬기는(예배하는) 분이십니다(*ᾧ λατρεύω ἐν τῷ πνεύματί μου ἐν τῷ εὐαγγελίῳ τοῦ υἱοῦ αὐτοῦ-호 라트류오 엔 토 프뉴마티 무 엔 토 유앙겔리오 투 휘우 아우투*).”는 1:1-7의 내용에 근거해 영으로 섬기는 예배의 대상으로서의 하나님을 보게 한다. 빌3:3을 보라.

③ 여기서 하나님의 아들의 복음 안에서 얻은 영적 생명(요7:37-39)으로 하나님을 예배하는 개인적인 신앙 행위와 공적으로 예배하게 하는 복음의 제사장 직무를 수행하는 것은 구분할 수 없다(롬15:16).

④ “나의 영으로 예배한다(*λατρεύω ἐν τῷ πνεύματί μου-라트류오 엔 토 프뉴마티 무*)”에 대해선 롬1:25과 비교하라. 그리고 이스라엘의 예배(롬9:4, 히9:1, 9:6 등)와 그리스도인들의 예배(롬12:1)를 비교하라. 그리고 요16:2을 보라.

롬1:10	πάντοτε ἐπὶ τῶν προσευχῶν μου δεόμενος εἴ πως ἤδη ποτὲ εὐοδωθήσομαι ἐν τῷ θελήματι τοῦ θεοῦ ἐλθεῖν πρὸς ὑμᾶς.	항상 기도할 때 어떠하든지 이제라도 그 하나님의 그 뜻 안에서 여러분을 만나러 가는 길이 활짝 열리기를 간구하고 있음을 그분께서 아십니다.

① "내가 끊임없이 여러분을 생각하며 항상 기도할 때(*ὡς ἀδιαλείπτως μνείαν ὑμῶν ποιοῦμαι πάντοτε ἐπὶ τῶν προσευχῶν μου-호스 아디알레잎토스 므네이안 휘몬 포이우마이 판토테 에피 톤 프로슈콘 무*)"는 살전1:2과 딤후1:3, 엡1:16을 보라.

② "어떠하든지 이제라도 그 하나님의 그 뜻 안에서 여러분을 만나러 가는 길이 활짝 열리기를 간구하고 있음을 그분께서 아십니다(*δεόμενος εἴ πως ἤδη ποτὲ εὐοδωθήσομαι ἐν τῷ θελήματι τοῦ θεοῦ ἐλθεῖν πρὸς ὑμᾶς-데오메노스 에이 포스 에데 포테 유오도데소마이 엔 토 텔레마티 투 데우 엘데인 프로스 휘마스*)."에서 하나님의 뜻 안에서 일이 이루어지길 바라는 바울의 영적 갈망은 행19:21, 롬15:23, 32, 고전4:19, 16:5-7, 행18:21을 보라.

롬1:11	ἐπιποθῶ γὰρ ἰδεῖν ὑμᾶς, ἵνα τι μεταδῶ χάρισμα ὑμῖν πνευματικὸν εἰς τὸ στηριχθῆναι ὑμᾶς,	이토록 내가 여러분 보기를 간절히 원하고 있는 것은 내가 여러분에게 어떤 영적인 은사를 나누어 주어 여러분을 굳게 세우려는 것입니다.

① "이토록 내가 여러분 보기를 간절히 원하고 있는 것은(*ἐπιποθῶ γὰρ ἰδεῖν ὑμᾶς-에피포도 가르 이데인 휘마스*)"에서 간절함을 나타내는 에피포도(*ἐπιποθῶ*)는 상호적인 관계에서 매우 감정적인 것을 표현하는 단어이다. 바울이 이런 감정적 언어를 적극적으로 사용하는 것을 눈여겨볼 만하다. 살전3:6, 딤후1:4, 빌1:8, 2:26, 고후9:14을 보라.

② "내가 여러분에게 어떤 영적인 은사를 나누어 주어 여러분을 굳게 세우려는 것입니다(*ἵνα τι μεταδῶ χάρισμα ὑμῖν πνευματικὸν εἰς τὸ στηριχθῆναι ὑμᾶς-히나 티 메타도 카리스마 휘민 프뉴마티콘 에이스 토 스테리크데나이 휘마스*)." 먼저 영적인 은사에 대해서는 롬12:6 이하와 고전7:7, 12:4와 행13:1-3을 보라.

③ 그리고 은사의 결과로 '견고하게 되어짐(*εἰς τὸ στηριχθῆναι ὑμᾶς-에이스 토 스테리크데나이 휘마스*)'에 관하여서는 살전3:13과 계3:2을 보라.

롬1:12	τοῦτο δέ ἐστιν συμπαρακληθῆναι ἐν ὑμῖν διὰ τῆς ἐν ἀλλήλοις πίστεως ὑμῶν τε καὶ ἐμοῦ.	더욱이 이 일은 여러분과 내가 서로 간의 믿음을 통해 함께 위로받으려고 하는 것입니다.

① “더욱이 이 일은 여러분과 내가 서로 간의 믿음을 통해(*διὰ τῆς ἐν ἀλλήλοις πίστεως ὑμῶν τε καὶ ἐμοῦ-디아 테스 엔 알렐로이스 피스테오스 휘몬 테 카이 에무*)”는 서로의 믿음을 통로 삼아 이루어지는 그리스도인들만의 독특한 쌍방향 소통이다. 롬15:5과 요13:35을 보라.

② 그리고 “함께 위로받으려고 하는 것입니다(*τοῦτο δέ ἐστιν συμπαρακληθῆναι ἐν ὑμῖν-투토 데 에스틴 쉼파라클레데나이 엔 휘민*).”에서 소통의 결과 또한 쌍방향적이라는 것을 유념해야 한다. 신약 성경에서 이 독특한 개념의 단어인 “συμπαρακληθῆναι(쉼파라클레데나이)”가 이곳에서만 쓰인다.

롬1:13	οὐ θέλω δὲ ὑμᾶς ἀγνοεῖν, ἀδελφοί, ὅτι πολλάκις προεθέμην ἐλθεῖν πρὸς ὑμᾶς, καὶ ἐκωλύθην ἄχρι τοῦ δεῦρο, ἵνα τινὰ καρπὸν σχῶ καὶ ἐν ὑμῖν καθὼς καὶ ἐν τοῖς λοιποῖς ἔθνεσιν.	그러나 형제들이여, 내가 여러분에게 가려고 여러 번 계획을 세웠으나, 지금까지 길이 막혔다는 것을 여러분이 모르기를 원치 않습니다. 그것은 내가 여러분을 제외한 그 나머지 이방인들 안에서처럼 여러분에게서도 어떤 열매를 거두기 위함이었습니다.

① “그러나 형제들이여, … 여러분이 모르기를 원치 않습니다(*οὐ θέλω δὲ ὑμᾶς ἀγνοεῖν, ἀδελφοί-우 델로 데 휘마스 아그노에인, 아델포이*).”는 롬11:25과 고전10:1, 12:1, 고후1:8, 살전4:13을 보라.

② “내가 여러분에게 가려고 여러 번 계획을 세웠으나, 지금까지 길이 막혔다는 것을(*ὅτι πολλάκις προεθέμην ἐλθεῖν πρὸς ὑμᾶς, καὶ ἐκωλύθην ἄχρι τοῦ δεῦρο-호티 폴라키스 프로에데멘 엘데인 프로스 휘마스, 카이 에콜뤼덴 아크리 투 듀로*)”에 대해서는 롬1:10, 15:22의 문맥을 살펴보라.

③ “그것은 내가 여러분을 제외한 그 나머지 이방인들 안에서처럼 여러분에게서도 어떤 열매를 거두기 위함이었습니다(*ἵνα τινὰ καρπὸν σχῶ καὶ ἐν ὑμῖν καθὼς καὶ ἐν τοῖς λοιποῖς ἔθνεσιν-히나 티나 카르폰 스코 카이 엔 휘민 카도스 카이 엔 토이스 로이포이스 에드네신*).”의 열매에 관해선 요15:16, 빌1:22, 롬6:20-23의 맥락을 보라.

§4. 본문 해설(로마서 1장 8-13절)

로마 선교의 비전과 열정

본문

본문	NA28판(UBS5판) ΠΡΟΣ ΡΩΜΑΙΟΥΣ 1:8-13	로마서 1:8-13 필자 사역
롬1:8	Πρῶτον μὲν εὐχαριστῶ τῷ θεῷ μου διὰ Ἰησοῦ Χριστοῦ περὶ πάντων ὑμῶν ὅτι ἡ πίστις ὑμῶν καταγγέλλεται ἐν ὅλῳ τῷ κόσμῳ.	먼저 나는 예수 그리스도를 통해 나의 하나님께 여러분 모두에 대해 감사드립니다. 이는 여러분의 믿음이 온 세상에 널리 전해지고 있기 때문입니다.
롬1:9	μάρτυς γάρ μού ἐστιν ὁ θεός, ᾧ λατρεύω ἐν τῷ πνεύματί μου ἐν τῷ εὐαγγελίῳ τοῦ υἱοῦ αὐτοῦ, ὡς ἀδιαλείπτως μνείαν ὑμῶν ποιοῦμαι	그 하나님께서는 진정 나의 증인이시며, 내가 그분 아들의 복음 안에서 나의 영으로 섬기는 분이십니다. 내가 끊임없이 여러분을 생각하며
롬1:10	πάντοτε ἐπὶ τῶν προσευχῶν μου δεόμενος εἴ πως ἤδη ποτὲ εὐοδωθήσομαι ἐν τῷ θελήματι τοῦ θεοῦ ἐλθεῖν πρὸς ὑμᾶς.	항상 기도할 때 어떠하든지 이제라도 그 하나님의 그 뜻 안에서 여러분을 만나러 가는 길이 활짝 열리기를 간구하고 있음을 그분께서 아십니다.
롬1:11	ἐπιποθῶ γὰρ ἰδεῖν ὑμᾶς, ἵνα τι μεταδῶ χάρισμα ὑμῖν πνευματικὸν εἰς τὸ στηριχθῆναι ὑμᾶς,	이토록 내가 여러분 보기를 간절히 원하고 있는 것은 내가 여러분에게 어떤 영적인 은사를 나누어 주어 여러분을 굳게 세우려는 것입니다.
롬1:12	τοῦτο δέ ἐστιν συμπαρακληθῆναι ἐν ὑμῖν διὰ τῆς ἐν ἀλλήλοις πίστεως ὑμῶν τε καὶ ἐμοῦ.	더욱이 이 일은 여러분과 내가 서로 간의 믿음을 통해 함께 위로받으려고 하는 것입니다.
롬1:13	οὐ θέλω δὲ ὑμᾶς ἀγνοεῖν, ἀδελφοί, ὅτι πολλάκις προεθέμην ἐλθεῖν πρὸς ὑμᾶς, καὶ ἐκωλύθην ἄχρι τοῦ δεῦρο, ἵνα τινὰ καρπὸν σχῶ καὶ ἐν ὑμῖν καθὼς καὶ ἐν τοῖς λοιποῖς ἔθνεσιν.	그러나 형제들이여, 내가 여러분에게 가려고 여러 번 계획을 세웠으나, 지금까지 길이 막혔다는 것을 여러분이 모르기를 원치 않습니다. 그것은 내가 여러분을 제외한 그 나머지 이방인들 안에서처럼 여러분에게서도 어떤 열매를 거두기 위함이었습니다.

1. 기도로 다져진 선교 의식(1장 8-10절)

새로운 출발

로마서의 자체 서론(1:1-17)에서 아주 특이한 인사말(1:1-7)의 해석 과정은 마치 산모가 아이를 낳는 진통, 그 속에서 자녀를 안은 감격과 희열을 맛보는 즐거움과 같은 것이었다. 우리는 그 속에서 새로운 소망 하나를 품게 되었다. 그것은 마치 막 태어난 자녀의 미래를 향한 소망과 같은 것이었다. 그것은 분명 우리의 지혜로 말미암은 산물이 아니다. 하나님의 아들, 곧 우리 주님 예수 그리스도께서 이루어 내신 은혜의 빛이 드러난 것이다(갈1:16). 표현상 부족하거나 적절치 못한 부분이 있다면 그것은 부족하고 어리석기 그지없는 필자의 전적인 책임이다. 이 또한 우리 주님 예수 그리스도께서 온전하게 하실 것을 알기에 감사하지 않을 수 없다. 이제 또 다른 새로운 문단의 해석을 시도하려는 시점에서 필자가 이런 심경을 표현하게 하시는 이유는 무엇일까? 아마도 그것은 주님의 은혜로 수행되는 사도직에 의한 결실의 위대함과 그 결실의 위대함을 감당할 수 없는 초라함의 대비 속에서도 그리스도 안에서 영광의 자유를 노래하며 춤추게 하시는 주님의 사랑을 나누게 하려 함이 아닐까?

이전 문맥에서 나타난 진술의 핵심 과제

로마서 서론의 특이한 인사말(1:1-7)에 대한 진정성을 되찾기 위해 많은 설명이 필요했지만 사실 지면을 줄일 요량으로 핵심 사안만 클로즈업하는 방법으로 문맥을 살폈다. 그런데도 그것은 많은 분량의 지면이 필요했다. 바울의 복음이 갖는 두 국면에 대한 균형 잡힌 믿음의 이해를 따르는 믿음의 순종, 거기에 이르는 것이 바울의 복음이 겨냥하는 궁극적인 목적이고 목표이다. 문제는 그러한 목적을 이루기 위해 주어진 은혜와 사도직이 갖는 영향력에 대한 믿음의 사람들의 반응이다. 바울의 표현에 의하면 그들은 이미 예수 그리스도의 부르심을 받은 자들로 규정되어 있다(롬1:6). 이는 로마에 있는 믿음의 사람들을 실제로 영원하신 하나님의 아들 예수 그리스도의 주님 되심의 관계 속으로 끌어 올리고자 하는 바울의 간절함의 표현이다. 그 간절함이 통했을 때 둘 간의 관계에 하등의 충돌을 일으킬 일이 없다. 바울의 은혜와 사도직이 갖는 권위와 사역의 목표가 주님 예수 그리스도를 통해 주어진 것임을 신뢰할 수 있는 처지(상태)에서 보면, 정말 적극적으로 환영할 일임이 분명하다. 복음의 초창기 로마에 있어 예수 그리스도의 부르심을 입은 자들이 사도 바울의 체계적인 가르침을 직접 받을 수 없었다는 측면에서 아주 좋은 기회를 얻은 것이 되기 때문이다. 그런데도 그런 바울의 선의를 기쁘게 받아들일 수 없는 자들을 생각하지 않을 수 없다. 이미 그들 나름대로 믿음의 일에 열정을 가지고 활동하고 있는 까닭에 바울의 복음이 갖는 은혜와 사도직에 대한 거부 반응을 예상할 수 있기 때문이다. 이는 이미 바울 사역의 목표가 로마에 있어 성도로 부르심을 받은 자들, 곧 하나님의 사랑하심을 입은 자들에게 도전이 되어 우려할 상황에 이르게 할 수 있다는 부정적인 측면을 먼저 조심스럽게 꺼내 보였던 것이다.

풀어야 할 숙제

이렇듯 이미 예수 그리스도의 부르심을 받아 형성된 로마 교회에 다시 하나님의 복음을 전하고자 하는 바울의 열정이 제대로 전달되지 못하고 엉뚱하게 보일 가능성이 더 크게 보이는 까닭은 무엇인가? 아마도 그것은 필자에게도 그러했던 것처럼 더 이상 사도 바울의 가르침에 대한 온전한 이해가 필요하지 않을 만큼의 현대 교회를 형성시킨 권위의 관념들과 또 그러한 것들이 만들어 내는 정서를 대변하는 것은 아닐까(롬15:14-24)? 이 부분은 우리가 앞으로 풀어야 할 숙제이기도 하다. 이미 바울의 복음을 요약한 핵심 사항(롬1:2-4)인 두 국면을 다루면서 확인했듯이 현대 교회가 갖는 정형화되고 굳어진 성경 번역과 신학적 경향에 사로잡혀 있는 한, 이러한 사도 바울 소유의 은혜와 사도 권한에 의한 선교 열정은 무례한 월권으로 취급되고도 남을 것이다. 이토록 교만하고 방자하며 무분별한 현대 교회, 최소한의 영적인 주의력마저 상실하고 감정적 언어에 사로잡혀 휘둘리는 과잉 행동 장애와 같은 증상에 시달리는 현대 교회의 실상이 기독교 2000여 년의 성상이라니? "살았다고 하는 이름은 있으나 실상은 죽은 자들(계3:1)"이라고 주님께로부터 책망을 들은 요한계시록의 사데 교회와 같은 모습이 아니고 무엇이란 말인가? 그나마 다행인 것은 그들 중에 몇몇은 흰옷을 입고 주님과 함께 다닐 자가 분명 어딘가에 있을 것이라는 믿음이 있다는 것이다. 바울의 의도가 긍정적으로 수용되는 순수하고 겸손한 초대 교회의 영적 분위기로 돌아가려면 다윗의 깨어진 마음(시51:17 크게 뉘우치는 마음)으로 시작되는 사도 바울만이 말하고자 하는 하나님의 복음(εὐαγγέλιον θεοῦ-유앙겔리온 데우)에 대한 진정성을 붙잡아야 하지 않을까(본서 바울 복음의 신국면 1-2 79~166쪽 참조)?

이미 복음을 듣고 믿는 로마의 신자들에게 다시금 그 복음의 진정한 의미를 되짚어 보며, 그들을 굳게 세우고 위로하며 현재를 극복하고 미래를 준비하게 해야 하는 사도 바울의 선교 비전과 열정(롬15:14-33)은 우리가 지금 다루고자 하는 롬1:8-13에 그의 핵심 의도가 명확하게 드러나 있다. 그가 인식하고 있는 복음의 실제 내용을 함께 공유하고자 하는 바울의 영적인 로마 선교의 열정이 직선적인 화법으로 명확하게 제시되어 있다. 하지만 로마서를 향한 우리의 현실은 바울이 말하고자 하는 바를 명확하게 이해하는 것이 쉽지 않은 것으로 보인다.

전체 문단의 구성 맛보기

바울의 로마 선교에 대한 바울의 열정과 집념은 영적이며 현실적이다. 감사로 시작되는 1:8절은 로마에 있는 성도들의 믿음이 온 세상에 전파되고 있다는 사실에 근거한다. 중요한 건 사도의 이유 있는 감사다. 1:9-10절은 그런 성도들을 하나님의 뜻 가운데 만나기 위해 얼마나 깊이 집중해서 기도하고 있는지를 밝히며, 하나님을 증인으로 내세울 만큼 바울의 영적인 담력은 권세적이다. 그럼에도 여기서 중요한 건 로마 선교 여행을 실행시킬 실제적이고도 대안적인 방안에 대해 결정권을 가지지 못하는 사도가 하나님의 뜻을 따르고자 하는 처절한 기도다. 1:11-12절은 그토록 그들을 심히 보기 원하는 것은, 그들을 만나 자신만의 영적인 은사를 나누어 주어 굳건하게 하기 위함이고, 더불어 서로가 가진 믿음을 통해 서로 위로받고 싶은 심정임을 표현한다. 믿음의 쌍방향 소통으로 인한 위로가 중요하다. 더 중요한 건 사도의 은사 나눔이다. 은사의 나눔 없이 위로와 굳세게 세워짐은 있을 수 없기 때문이다. 그러나 마지막 1:13절은 그동안 여러 번의 시도에도 불구하고 길이 막혀 만남이 성사되지 못한 것이 이미 여러 사람이 알고 있는 사실로 일깨우며, 다른 지역의 이방인들로부터 얻은 것과 같은 자신만의 선교 열매를 그들 안에서도 거두고자 하는 궁극적인 목적을 피력한다. 사도의 특별한 선교 열매가 핵심이다.

정리하면 바울은 로마에 있어 예수 그리스도의 부르심을 받은 자들과의 만남을 통해 자신만의 영적인 은사를 나누어 주어 다른 이방 세계로부터 거두었던 자신만의 특별한 선교 열매를 동일하게 얻고자 한다. 로마서 마지막 부분(롬15-16장)을 통해서 보면, 바울에게 직접 가서 보아야 할 세계인 로마는 문제점을 안고는 있지만 복음으로 인해 소망의 세계로 나가고 있었다. 이미 많은 사람과의 교분을 통해 바울의 영향력은 로마를 새롭게 하고 있었던 것이다. 그 무엇도 바울의 길을 막을 수 없음은 로마 선교가 예수 그리스도의 명령에 따른 일이기 때문이다. 여러 번 로마행이 무산되었던 것은 주님의 뜻이 바울이 생각하는 것과는 다른 것이었기 때문이다. 감사하게도 바울은 자신의 발길이 닿기도 전에 로마 전 지역에 믿음이 전해지고 있다는 소식을 듣게 되어 하나님의 아들 예수 그리스도를 통해 아버지 하나님께 감사를 드린다. 아버지 하나님께서 아들 예수 그리스도를 통해 이루신 일이기 때문이다. 바울은 그 일이 특별히 사도인 자기의 은사를 나눠줌으로써 더욱 왕성해지기를 깊은 기도로 감사하는 것이다. 이미 바울에게 로마는 지구촌 전체를 복음으로 연결하는 가교 구실을 할 것이라는 미래의 로마에 대한 영적이고도 현실적인 모습을 바라보는 비전이 믿음으로 와 있었던 것이다. 바울의 감사는 로마 선교가 땅끝(스페인)까지 복음을 전파해야 할 자신의 직무를 다함으로써 이루어질 하나님의 나라에 대한 사도적 비전에 목숨을 다하게 하는 충성스러운 확신에 근거한다(롬15:14-33).

공적인 특별한 감사

롬1:8	Πρῶτον μὲν εὐχαριστῶ τῷ θεῷ μου διὰ Ἰησοῦ Χριστοῦ περὶ πάντων ὑμῶν ὅτι ἡ πίστις ὑμῶν καταγγέλλεται ἐν ὅλῳ τῷ κόσμῳ.	먼저 나는 예수 그리스도를 통해 나의 하나님께 여러분 모두에 대해 감사드립니다. 이는 여러분의 믿음이 온 세상에 널리 전해지고 있기 때문입니다.

중보자 예수 그리스도를 통해 드려지는 바울의 감사는 매우 전형적인 것이다(고전1:4, 엡1:15-16, 빌1:3, 골1:3-4, 살전1:2-3, 살후1:2-3, 몬1:4-5). 하지만 각각의 것들은 각 교회와 성도들의 사정과 관련 있는 특정 상황과 상태를 나타내므로 역사의 문맥을 통해서 보면 상당히 깊은 내막을 가지고 있다. 롬1:8의 감사가 "믿음이 온 세상 안

에서 널리 전파되고 있다."라는 사실을 근거로 하나님께 드려지고 있다는 것은 1세기 로마라는 상황에서 신자들의 믿음의 역사(役事)가 칭찬(?)을 들을 만큼 명성이 자자했다는 말이다. 사도 바울이 인정할 만큼 그들의 믿음은 사랑으로 역사하고 있었던 것이다(갈5:6). 따라서 바울의 감사는 개인적이지만 인사말(롬1:1-7)에서의 사도직(*ἀποστολὴν-아포스톨렌*)이 가지는 직무 수행의 관점에서 보아야 할 공적인 감사이다. 사적인 것이 아니라는 뜻이다.

믿음에 대해서는 이미 1:5에 언급한 바 있다. 사도 바울은 '믿음의 순종'을 끌어내기 위해 존재한다고 했다. 온 세상에 그들의 믿음이 널리 전파되고 있다(*καταγγέλλεται-카탕겔레타이*)는 표현은 로마 신자들의 전도 운동이 얼마나 뜨거웠는지를 보여 준다. 당시 글라우디오 황제에 의해 추방령이 내려질 만큼 로마 사회에 이슈를 일으켰던 신자들의 전도 활동이 있었던 것으로 보아 그 뜨거움의 정도는 사람들의 숫자와 비례하지 않는다. 그때 로마의 신자들이란 아주 미미한 가정 교회들로 이루어진 교제 집단 정도였다(롬16장). 거기에는 분명 디아스포라 유대인으로서의 이방인들도 함께하는 공동체로 로마의 회중은 형성되어 있었다. 그들이 당시 하나로 똘똘 뭉친 거대 집단으로서의 공동체가 아니라는 문제점을 안고 있었지만 분명 그들은 1:6-7에서 언급했듯이 예수 그리스도의 부르심을 입은 사람들이라는 공통분모를 가진 자들이었다. 그들의 뜨거움은 사도 바울의 직무 수행 능력을 고취하기에 충분했다. 그렇게 사도 바울은 이방인의 사도로서 중보자 예수 그리스도를 통한 공적인 특별한 감사의 기도를 올린다. 이제 드디어 롬1:5에서 밝혔던 "믿음의 순종(*εἰς ὑπακοὴν πίστεως-에이스 휘파코엔 피스테오스*)"에 이르게 해야 할 자신만의 사도적 직무 능력을 발휘할 때임을 확신한 것이다.

재점화된 로마 사회

당시 상황으로 들어가 보자. 바울은 A.D. 49년 고린도에서 로마의 황제 글라우디오가 내린 유대인 추방령에 따라 로마에서 추방되었던 디아스포라 이방 유대인(로마에 살며 그리스도의 부르심을 입은 유대인, 넓게는 이방인, 표면적 이방인, 결론은 이방인) 아굴라와 브리스길라 부부를 만나 복음 전파에 의한 유대인들 간의 분쟁을 시발점으로 당시의 혼란스럽게 된 로마 사회와 로마 교회의 여러 가지 문제점에 대해 들었다

(행18:2). 종교가 개방되고 다국적 인재들로 구성된 로마 사회에서 주 예수 그리스도의 죽음과 부활에 관한 소식은 충격 그 자체였다. '신의 아들'이라는 호칭으로 불리는 황제의 절대적 통치에 복종을 강요하는 황제의 친위 세력들에겐 더더욱 그러했다. 로마인들은 유대인들을 몹시 싫어했다. 복음을 전하는 그리스도인들은 이상한 사람들로 취급받으며 로마 사회에 필요한 사람들로 받아들이지 않았다. 유대인들을 자극하여 로마 사회에 작지 않은 분란을 일으키고 있었기 때문이었다. 글라우디오 황제가 살해되고 네로(A.D. 37~68년)가 즉위한 것이 A.D. 54년(17세)이다. 이를 기점으로 글라우디오가 내린 유대인 추방령이 해제되어 추방되었던 유대인들이 다시 로마로 돌아왔다. 추방령이 내려지기 전보다도 영악한 종교 간의 갈등이 재점화되는 것은 당연지사였다. 이런 상황에서 바울은 로마서를 쓰고 있다. A.D. 57년의 고린도에서였다. 당시 네로가 어린 나이(20세)의 황제였지만 그렇다고 그리스도인들의 입지가 그다지 좋은 편은 아니었다.

사랑으로 역사하는 믿음

그런데도 그들의 믿음이 널리 전파된다(*καταγγέλλεται-카탕겔레타이*)는 것은 그들이 복음을 대중들에게 광범위하게 보급함으로써 알려지는 것을 의미한다. 그 일로 그들의 명성이 자자했던 것이다. 그것은 보는 시각에 따라 다르겠지만 긍정적이든 부정적이든 그들의 믿음이 널리 알려지고 있었다는 것인데, 그것은 그들의 입술에 믿음의 말씀이 살아 있었다는 분명한 사실을 확인해 준다(롬10:14-17). 믿음의 말씀이 당시 로마 사회의 이슈가 되게 만드는 일을 하고 있었던 것이다. 그들이 복음을 전하는 사랑의 수고가 넘치기 때문에 가능한 일이다. 다만 사랑으로 역사하는 믿음은 하나님의 은혜다(엡2:8). 믿음이 널리 전파된다는 것은 하나님의 크신 사랑하심과 은혜 베푸심이 없이는 불가능한 일이다. 사도 바울이 인정했던 것처럼 그 믿음의 결실로 2000여 년이 지난 지금 온 세상이 믿음의 말씀으로 재창조의 역사가 진행되고 있다. 하나님께 감사할 일이지 자랑할 일은 아니다.

모든 일은 중보자 예수 그리스도를 통해 이루어진다. 그리스도인이 하나님께 감사와 찬양하는 방식은 사람들을 칭찬하여 내세우는 방식이 아니라 사람들 속에 역사하시는 하나님께 찬양하고 감사하는 것이어야 한다. 사람들 속에 역사하시는 하나님을 볼 수 있는 길은 예수 그리스도뿐이다. 예수 그리스도를 통하지 않고서는 하나님께 참된 감사와 찬양을 드릴 수 없다. 우리가 모두 예수 그리스도를 통하여 하나님께로부터 모든 축복을 받는 것과 같이 예수 그리스도를 통하여 그 모든 축복을 하나님의 것으로 인정해야 하기 때문이다(마르틴 루터, 루터의 로마서 주석, 크리스천다이제스트, 2001). 예수 그리스도 안에서는 누구도 자랑할 것이 없다(고전1:29, 롬4:2). 특히 사람과 관련해서 자랑해서는 안 된다(고전3:21). 자랑할 것이 있다면 주님 안에서 해야 한다(고전1:31, 고후10:17-18). 주 예수 그리스도의 십자가 외에는 자랑할 것이 없다(갈6:14). 그리스도 안에서 사람에게 자랑할 것이 있다면 그것은 오직 자신의 연약함이다(고후12:6). 그것이 온전해지는 유일한 길이기 때문이다(빌3:3). 복음을 전하는 것마저 자랑거리가 될 수 없다. 당연히 해야 하는 일이기 때문이니 복음을 전하는 일을 하지 않으면 저주받게 된다는 게 바울의 생각이다(고전9:16).

하나님이 증인

그런 하나님에 대해 바울은 "나의 하나님(*롬2:16, τῷ θεῷ μου-토 데오 무*)"이라고 칭한다. 너의 하나님은 열등하고 나의 하나님은 우월하다고 편 가르는 게 아니다. 그저 자신이 목숨 바쳐 헌신하는 것을 알아주시는 하나님에 대한 자기 고백적 표현이다. 그리고 바울은 그 하나님을 자신의 증인(*μάρτυς γάρ μού ἐστιν ὁ θεός-마르튀스 가르 무 에스틴 호 데오스*)으로 내세운다. 무엇 때문에 이런 극단적인 표현을 사용하는가? 아무튼 모든 일에 대한 인정과 칭찬은 하나님께로부터 와야 한다는 게 바울의 생각이다(롬2:29, 골2:16, 고후1:12). 그런데도 자신의 로마 선교에 대한 진정성을 증명하기 위해 하나님을 증인으로 내세운다는 것은 매우 위험하게 보인다. '얼마나 신앙심이 깊으면 저럴 수 있을까?' 하는 감탄과 함께 의구심이 드는 게 우리의 현실이다. 사도이니 그럴 수 있다고 자위할 수 있는 정도의 탈출구 외에 그 화법으로부터 빠져나갈 수 없다. 지금 바울은 세상의 누구도 도저히 용납할 수 없는 화법을 구사하시던 예수님과 같은 화법을 구사하고 있는 것이다(요5:31-32, 요2:25).

> *31 만일 내가 나 자신에 대하여 증언한다면 내 증언은 진실하지 않다.*
> *32 나에 대하여 증언하는 다른 이가 있으니, 나는 '그가 나에 대하여 증언하는*
> *그 증언이 진실하다.'라는 것을 안다.*

31 Ἐὰν ἐγὼ μαρτυρῶ περὶ ἐμαυτοῦ, ἡ μαρτυρία μου οὐκ ἔστιν ἀληθής· 32 ἄλλος ἐστὶν ὁ μαρτυρῶν περὶ ἐμοῦ, καὶ οἶδα ὅτι ἀληθής ἐστιν ἡ μαρτυρία ἣν μαρτυρεῖ περὶ ἐμοῦ.

(NA 28th(UBS 5th) ed 요5:31-32 필자 사역)

롬1:9	μάρτυς γάρ μού ἐστιν ὁ θεός, ᾧ λατρεύω ἐν τῷ πνεύματί μου ἐν τῷ εὐαγγελίῳ τοῦ υἱοῦ αὐτοῦ, ὡς ἀδιαλείπτως μνείαν ὑμῶν ποιοῦμαι	그 하나님께서는 진정 나의 증인이시며, 내가 그분 아들의 복음 안에서 나의 영으로 섬기는 분이십니다. 내가 끊임없이 여러분을 생각하며
롬1:10	πάντοτε ἐπὶ τῶν προσευχῶν μου δεόμενος εἴ πως ἤδη ποτὲ εὐοδωθήσομαι ἐν τῷ θελήματι τοῦ θεοῦ ἐλθεῖν πρὸς ὑμᾶς.	항상 기도할 때 어떠하든지 이제라도 그 하나님의 그 뜻 안에서 여러분을 만나러 가는 길이 활짝 열리기를 간구하고 있음을 그분께서 아십니다.

바울만의 역할

바울의 기도 초점은 로마 선교다. 호화스러운 선교란 없다. 거부와 박해로 얼룩진 선교 활동은 그야말로 목숨을 내건 싸움이다(마10:16-18). 선교는 늘 그렇듯이 가난하고 천한 사람들이 모여 사는 곳으로부터 시작된다(눅4:18). 로마도 다르지 않았다. 산악 지대에서 발원하여 도시 한가운데를 흐르는 테베레강은 부유층이 사는 곳과 빈곤층이 사는 곳을 나누었다. 부유층이 사는 곳은 빼어난 경치와 전망이 좋은 높고 안전한 곳이다. 그와는 다르게 가난하고 천한 사람들은 항시 홍수 피해가 잦은 저지대에 몰려 살아야 했다. 그런 곳에 그리스도인들의 공동체가 있었다. 지금 바울의 기도는 그런 로마의 그리스도인들 공동체에 함께 하기를 간구하는 것이다.

"간구하다(*δεόμενος*-데오메노스)"는 헬라어로 스스로 목을 졸라매는 것과 같은 절박함을 표현한다. 그토록 로마의 그리스도인들을 만나러 가는 길이 활짝 열리기를 얼마나 학수고대하였던 것인가! 바울은 로마 선교 계획이 여러 번 무산되었던 사실에 대해 로마의 그리스도인 형제들이 모르기를 원치 않는다(롬1:13). 왜 바울은 그토록 로마 선교를 강행하려고 하였던 것인가? 이미 로마에는 복음이 전파되어 집안 식구들로 이루어진 친밀하고 열성적인 그리스도인의 공동체들로 형성되어 있었고, 그 그리스도인들의 믿음이 온 세상에 널리 알려지고 있었다. 그러한 사실을 잘 알고 있었음에도 바울이 로마 선교를 포기할 수 없었던 것은 사도로서 복음 전파와 관련해서 하나님을 증인으로 내세울 만큼 로마에서의 바울 자신만의 특별한 역할이 있었기 때문이다.

복음의 확정

이미 예사롭지 않은 인사말(롬1:1-7)에서 그리스도 예수의 사도로 부르심을 받아 하나님의 복음을 위해 차출되었다고 공표한 바울은 그 복음에 관한 내용을 규정했었다. 그런 그가 하나님을 "나의 하나님(1:8)"이라고 하는 호칭을 써 가며, "참으로 그 하나님께서 나의 증인이시다(*μάρτυς γάρ μού ἐστιν ὁ θεός-마르뛰스 가르 무 에스틴 호 데오스*)."라고 표방하는 데는 그럴 만한 이유가 있기 마련이다. 아무튼 바울은 지금 사도로서 지상에 확정해 놓아야 할 복음의 내용과 관련한 직무를 수행하고 있는 처지라는 것을 미리 밝혀 놓아야겠다. 단순히 복음을 전하는 직무를 수행하는 것이 아니라 복음의 근본 내용을 확실하게 설명하여 지상에 남겨 놓아야 할 책무를 이행해야 하는 처지라는 것이다.

그것은 미래의 인류를 향한 하나님의 온전하신 뜻이 무엇인지를 가늠할 수 있는 온전한 복음(영원한 복음)을 확정 설명해 놓아야 할 책무다. 또 그것은 하나님의 집을 세우기 위한 터를 닦는 것과 같다(엡2:20). 바울이 하나님을 자기의 증인으로 내세웠던 이유가 여기에 있다. 그래서 바울은 그 하나님에 대한 설명을 자세하게 했던 것이다(롬1:9). "그 하나님께서는 진정 나의 증인이시며, 내가 그분 아들의 복음 안에서 나의 영으로 섬기는 분이십니다(*μάρτυς γάρ μού ἐστιν ὁ θεός, ᾧ λατρεύω ἐν τῷ πνεύματί μου ἐν τῷ εὐαγγελίῳ τοῦ υἱοῦ αὐτοῦ-마르뛰스 가르 무 에스틴 호 데오스, 호 라트류오 엔 토 프뉴마티 무 엔 토 유앙겔리오 투 휘우 아우투*)."

영적 섬김

바울이 자기 자신의 증인으로 내세운 하나님에 대한 설명은 이미 롬1:1-7에서 언급된 하나님에 대한 요약이다. 하나님의 복음은 1:2-4의 내용과 같이 "예수 그리스도 우리 주님"이라는 호칭으로 확정되었다. "예수 그리스도 우리 주님"이라는 호칭을 사용할 때는 바울의 롬1:2-4의 내용을 제대로 이해하고 있어야 한다는 말이다.

그것의 어느 한 부분이라도 소홀히 한다는 것은 하나님의 복음을 제대로 알지 못하는 것이 된다. 지금(9절에서) 바울이 "그분 아들의 복음 안에서 나의 영으로 섬기는 분(ᾧ λατρεύω ἐν τῷ πνεύματί μου ἐν τῷ εὐαγγελίῳ τοῦ υἱοῦ αὐτοῦ-호 라트류오 엔 토 프뉴마티 무 엔 토 유앙겔리오 투 휘우 아우투)"이라고 설명하는 것이, 롬1:2-4의 하나님의 복음(εὐαγγέλιον θεοῦ-유앙겔리온 데우)이 바울 자신에게 일어난 사건일 때만 가능한 것이기 때문이다.

바울은 지금 자신의 영으로 섬기는 하나님을 자기의 증인으로 내세웠다. 육으로는 불가능한 일이 바울에게 일어났다는 것이다. 본시 바울은 육이었다. 바울에게 하나님의 복음이라는 것이 계시되기 전에는 자기 영이라는 것이 존재하지 않았다. 그것은 예루살렘에서 축제가 절정에 달한 초막절 마지막 날에 예수님께서 서서 큰 소리로 말씀하신 것과 같이 영이 없는 사람들의 상태와 같다(요7:37-39).

바울이 자신의 영으로 섬기는 하나님이라고 말할 수 있었던 것은 "예수 그리스도 우리 주님"의 역사(役事)하심의 결과다. 하나님과의 관계에서 죽은 자였던 바울이 하나님 아들의 복음으로 말미암아 영적인 새 생명을 얻었기 때문에 가능한 일이다. 바울은 그 생명으로 새롭게 되는 로마 사회를 소망하는 것이다.

37 그래서 그 명절의 가장 큰 날인 마지막 날에 그 예수님께서 서서 외쳐 말씀하십니다. "목마른 자는 누구든지 내게로 와서 마셔라.
38 나를 믿는 자는, 성경이 말한 것처럼, 그의 배로부터 생수의 강이 흐를 것이다."
39 이는 그분을 믿는 자들이 받을 그 영에 대해 그분께서 말씀하신 것입니다. 왜냐하면 예수님께서 아직 영광을 받지 않으셨기에, 아직 영이 계시지 않았기 때문이었습니다.

37 Ἐν δὲ τῇ ἐσχάτῃ ἡμέρᾳ τῇ μεγάλῃ τῆς ἑορτῆς εἱστήκει ὁ Ἰησοῦς καὶ ἔκραξεν λέγων· ἐάν τις διψᾷ ἐρχέσθω πρός με καὶ πινέτω. ***38*** *ὁ πιστεύων εἰς ἐμέ, καθὼς εἶπεν ἡ γραφή, ποταμοὶ ἐκ τῆς κοιλίας αὐτοῦ ῥεύσουσιν ὕδατος ζῶντος.* ***39***
τοῦτο δὲ εἶπεν περὶ τοῦ πνεύματος ὃ ἔμελλον λαμβάνειν οἱ πιστεύσαντες εἰς αὐτόν· οὔπω γὰρ ἦν πνεῦμα, ὅτι Ἰησοῦς οὐδέπω ἐδοξάσθη.
(NA 28th(UBS 5th) ed 요7:37-39 필자 사역)

바울의 영적인 섬김(λατρεύω ἐν τῷ πνεύματί μου-라트류오 엔 토 프뉴마티 무)은 일반적인 봉사가 아니다. 하나님 나라의 공적인 업무를 수행하는 사도의 사역적 섬김을 의미한다. 하나님께 예배를 드리는 업무에 종사하는 것을 표현하는 것이다. 이는

『로마서』 말미에서 바울이 그리스도 예수 안에서 하나님을 섬긴 일을 자랑스럽게 생각한다고 한 맥락에서 보아야 확실하게 이해할 수 있는 말이다(롬15:17).

14 하지만 나의 형제들이여, 나 자신이 여러분에 대하여 확신하는 것은 '여러분 자신도 선함이 가득하며, 서로를 권고할 수 있을 만큼 온갖 [그] 지식에 충만해져 있다.'라는 것입니다.
15 그런데도 그 하나님께서 나에게 베풀어 주신 그 은혜를 통해 더욱 커다란 확신을 가지고 여러분을 다시 생각하게 하려고 대강(大綱) 담대하게 썼습니다.
16 그 은혜는 내가 그 이방인들을 위한 그리스도 예수의 공적인 사역자가 되게 하여, 그 하나님의 그 복음을 맡아 제사장 직무를 수행하게 합니다. 이는 그 이방인들이 자신을 그 하나님께 드리되 성령 안에서 거룩하게 되어, 그 하나님께서 받으실 만한 것이 되게 하려는 것입니다.

14 Πέπεισμαι δέ, ἀδελφοί μου, καὶ αὐτὸς ἐγὼ περὶ ὑμῶν ὅτι καὶ αὐτοὶ μεστοί ἐστε ἀγαθωσύνης, πεπληρωμένοι πάσης [τῆς] γνώσεως, δυνάμενοι καὶ ἀλλήλους νουθετεῖν. 15 τολμηρότερον δὲ ἔγραψα ὑμῖν ἀπὸ μέρους ὡς ἐπαναμιμνῄσκων ὑμᾶς διὰ τὴν χάριν τὴν δοθεῖσάν μοι ὑπὸ τοῦ θεοῦ 16 εἰς τὸ εἶναί με λειτουργὸν Χριστοῦ Ἰησοῦ εἰς τὰ ἔθνη, ἱερουργοῦντα τὸ εὐαγγέλιον τοῦ θεοῦ, ἵνα γένηται ἡ προσφορὰ τῶν ἐθνῶν εὐπρόσδεκτος, ἡγιασμένη ἐν πνεύματι ἁγίῳ.

(NA 28th(UBS 5th) ed 롬15:14-16 필자 사역)

2. 은사 나눠주기와 그 결과(1장 11-13절)

절실함

사도들 가운데 맨 마지막 사도가 된 바울에게 로마 선교는 너무도 절실한 것이었다. 바울이 전한 복음의 특징은 고전 15장에 아주 명확하고 자세하게 나타난다. 그것은 그리스도께서 성경에 기록된 대로 우리 죄를 위해 돌아가신 것과 장사지낸 바 되셨다가 성경에 기록된 대로 셋째 날에 일으켜지셨다는 것이다(고전15:3-4). 바울은 지금 그리스도의 돌아가심과 부활하심에 집중하고 있다. 먼저 베드로에게 보이셨고(ὤφθη-오프데), 그러고 나서 열두 제자들에게, 그 후 일시에 오백 명이 넘는 사람들에게, 그 후에 야고보에게, 그다음에 모든 사도에게 보이셨다(ὤφθη-오프데). 그리고 사도들 가운데 맨 마지막 사도인 조산아와 같은 자신에게도 보이셨다(ὤφθη-오프데)고 한다(고전15:5-8). 자신을 사도들 가운데 가장 작은 자로 칭하는 이유는 하나님의 교회를 박해했던 과거의 사산아와 같은 삶의 궤적을 근거로 자신은 사도라고 불릴 자격이 없다는 것을 자각했기 때문이다(고전15:9). 그래서 모든 사도보다 더 열심히 일했고, 그렇게 열심히 일할 수 있었던 것 또한 모두 하나님의 은혜로 말미암은 것이라고 하며, 모든 사도가 전한 복음의 내용이 동일한 것이었다고 겸손하게 말한다(고전15:10-11).

여기에는 많은 것들이 함축되어 있다. 그 함축은 『로마서』를 통해 바울의 복음이 온전한 내용으로 확정 설명되어 전달되어야만 하는 구속사적인 계시의 완성 과정을 이해하는 것과도 같다.

첫 사도 베드로에서 마지막 사도 바울까지

위 고린도전서 15장의 설명에서 바울은 부활하신 그리스도께서 처음 베드로에게 보이셨다고 했다. 그리고 자신에게는 사도들 가운데 맨 마지막에 보이셨다고 했다. 이는 매우 중요한 것이다. 사도란 돌아가셨다가 부활하신 그리스도의 증인이다. 부활하신 그리스도를 보지 못한 자는 증인의 자격이 없다. 따라서 부활하신 그리스도에 관한 내용은 부활하신 그리스도를 맨 마지막까지 본 것을 종합해야 온전한 증거가 된다. 바울이 맨 마지막 증인으로 사도들의 공동체에 합류하기까지는 부활하신 그리스도에 대한 증거는 미완성이다. 이런 관점에서 그의 로마서는 복음에 대한 구속사적인 계시의 완성체라고 할 수 있는데, 그 로마서를 보면 로마 선교에 대한 바울의 열정을 실감하게 된다.

복음 전파의 시작

이를 좀 더 분명하게 이해하기 위해 사도행전 2장의 상황으로 거슬러 올라가 보자. 예수님의 돌아가심과 부활하신 후 오순절 날 성령이 오셨을 때, 예루살렘은 세계 각 나라의 경건한 유대인들이 머물고 있었다. 성령의 말하게 하심을 따라 시작된 최초의 복음 전파는 그야말로 세계적이었다. 그 현장에는 로마에서 온 사람들도 있었다. 군중들은 말했다. "보시오! 말을 하는 이 사람들은 모두 갈릴리 사람들이 아닙니까? 그런데 우리가, 이 사람들이 저마다 우리가 사는 지방 말을 하는 것을 듣게 되니, 이것이 도대체 어찌 된 일입니까? 우리는 바대와 메대와 엘람과 메소포타미아와 유대와 갑바도기아와 본도와 아시아와 브루기아와 밤빌리아와 이

집트와 구레네에서 가까운 리비아 여러 지방과 로마와 날 때부터 유대인인 사람과 유대교로 개종한 사람과 크레타와 아라비아에서 온 사람들인데, 우리는 이 사람들이 하나님께서 행하신 크신 일을 우리말로 말하는 것을 듣고 있습니다." 사람들은 모두 놀라 어리둥절했다. 다만 서로 얼굴을 쳐다보며 "이게 도대체 어떻게 된 일이지요?"라고 말할 뿐이었다.

그러나 거기 모인 사람 중에는 "저 사람들이 술을 너무 많이 마셨다."라고 하며 놀려 대는 사람도 있었다. 그때 제일 먼저 부활하신 그리스도를 뵙게 되었던 베드로가 열한 사도들과 함께 일어나 최초의 공식적인 설교를 했다. 술에 취한 것이 아니라 요엘 2:28-32의 말씀이 성취되었음을 알리기 위해 성령의 충만함이 나타난 것이니, 주의 이름을 부르는 자는 구원을 받을 것이라고 했다(행2:14-21). 그리고 하나님의 아들 예수님을 죽인 이스라엘 백성을 향하여 그 예수님을 하나님께서 그리스도와 주님으로 만드셨다고 했다(행2:36).

이 설교를 듣고 마음에 찔려 어떻게 하면 좋겠냐고 묻는 사람들을 향해 베드로는 이렇게 대답했다. "회개하고 여러분은 각각 예수 그리스도의 이름으로 세례를 받으십시오. 그러면 여러분의 죄는 용서받을 것이며, 성령을 선물로 받을 것입니다. 이것은 여러분과 여러분의 자녀뿐만 아니라, 먼 곳에 떨어져 사는 사람들, 즉 주 우리 하나님께서 부르시는 사람들에게 주시는 약속입니다." 베드로는 이 밖에도 다른 여러 말로 그들에게 호소하고, 이 악한 세대에서 구원받으라고 권하였다(행2:37-40).

이렇게 시작된 세계 선교는 새로운 시대가 왔음을 알리는 증거로 넘쳐 났다. 베드로의 설교를 받아들인 사람들은 세례를 받았다. 그날, 믿은 사람의 수는 삼천 명이나 되었다. 사람들은 사도들의 가르침을 받으며 서로 교제하고, 빵을 나누어 먹고 기도하는 일에 힘썼다. 사도들을 통해 많은 기사와 표적이 나타나자 모든 사람에게 두려운 마음이 생겼고, 믿는 사람들은 다 함께 모여 모든 물건을 공동으로 사용하며 살아갔다. 그들은 재산과 모든 소유를 팔아서 필요한 사람들에게 나누어 주었다. 그들은 날마다 한마음으로 성전 뜰에 모였다. 그리고 집마다 돌아가며 함께 모여 기쁘고 순수한 마음으로 식사를 같이하였다. 그들은 하나님을 찬양하였으며, 모든 사람에게서 칭찬받았다. 주님께서는 구원받는 사람을 날마다 늘어나게 하셨다(행2장).

이토록 감동적인 설교가 어디에 있으며 이토록 아름다운 성도의 삶이 어디에 있는가?

세계 선교의 전초전

이렇게 감동적으로 시작된 예루살렘에서의 복음적인 삶은 유대인들의 박해에 직면하게 되었고, 그 박해를 피해 이방인의 세계로 흩어진 복음의 증인들은 세계 각국의 유대인 회당을 거점 삼아 복음을 전하기에 이르렀다. 바울은 그 박해의 주동자였다(빌3:4-6). 그는 초대 교회의 성령이 충만한 집사 스데반을 죽이는 데 앞장섰던 장본인이다(행7:58).

그는 부활하신 그리스도를 뵙고 난 후 그리스도의 부활을 전하며 과거의 유대교 열심 당원이었던 자신을 '죄인 중의 괴수'라고 칭했다(딤전1:15). 예루살렘의 초대 교회 사도들과 적대적 관계에 있었던 바울이 맨 마지막의 사도라고 주장할 수 있었던 것도 초대 교회의 사도들의 자격 조건(행1:21-22)과 같이 부활하신 그리스도께서 자신에게 보이셨다(ὤφθη-오프데)는 사실에서 기인한다(고전9:1, 15:8). 그에게 예수님의 제자로 핍박을 받게 되는 반전의 인생을 살게 되는 사건이 일어난 것이다(행9:23).

그런데도 바울이 부활하신 그리스도를 만난 뒤 예루살렘의 제자들과 어울리려고 하였으나 예루살렘의 제자들은 그가 제자가 되었다는 사실을 믿지 못하고 그와 어울리는 것을 두려워하였다(행9:26). 바나바의 도움으로 예루살렘 사도들과의 교분이 생김과 동시에 예루살렘에서도 동일한 박해를 받기 시작했고, 바울의 복음 전파는 특별히 유대인들에게 강렬한 것이어서 급기야 바울을 죽이려고 하는 일이 생기게 되고, 그리스도인들의 도움을 받아 가이사랴를 거쳐 고향 다소로 피신하게 되었다(행9:27-30). 그러는 동안 이스라엘 땅의 교회가 평화를 되찾았고, 교회는 주님을 두려워하며 성령의 위로를 받아 믿는 사람들의 수가 점점 늘어났으며(행9:32), 베드로의 활동 영역은 확장되고 있었다.

베드로의 인식 변화

드디어 빌립의 사마리아 전도(행8:5) 이후 베드로는 룻다와 욥바를 거쳐 가이사랴의 로마 군대 백부장 고넬료의 초청을 받아 복음을 전하며 이방인에게도 성령을 주시는 주님을 알게 되므로 복음에 대한 인식의 지평이 넓어진다(행10장). 예루살렘으로 올라간 베드로는 예전에 자신과 동일한 생각을 가지고 있었던 할례받은 신자들에게 이방인들에게도 복음을 전해야 한다는 깨달음을 전함으로 예루살렘 교회도 세계 선교에 눈을 뜨게 하였다.

드디어 이방 세계에 복음이 전파되기 시작했다는 소식이 예루살렘 교회에 전해졌고, 예루살렘 교회는 안디옥으로 바나바를 파송하고 바나바는 안디옥에 하나님의 은혜가 내린 것을 보고 다소에 있던 바울을 불러와 교회에 머물면서 사람들을 가르쳤고, 제자들은 처음으로 그곳에서 '그리스도인'이라고 불렸다(행11:19-26). 이때가 로마에서 유대인들을 추방한 황제 글라우디오(A.D. 41~54년)가 권좌에 올라 통치하던 시기였다. 그때에는 온 세상에 큰 기근이 닥쳐와 예루살렘 교회 성도들 역시 어려움을 당하고 있었는데, 그들을 위한 구제 헌금을 모아 바나바와 바울 편으로 전달할 만큼 바울은 예루살렘 교회의 사도들과 교통하고 있었다(행11:27-30).

베드로의 로마 선교

그 무렵 예루살렘 교회의 베드로는 헤롯 아그립바왕(1세)의 박해로 투옥된다. 아그립바가 요한의 형제 야고보를 잡아 죽이자 유대인들이 매우 기뻐하는 것을 보고 베드로마저 잡아 감옥에 가둔 것이다. 평안과 기쁨으로 충만했던 교회가 상갓집이 되고, 교회는 감옥에 있는 베드로를 위해 기도했다(행12:1-5). 성도들의 기도에 대한 응답으로 베드로는 천사에 의해 풀려나 형제들을 만나 주님께서 자기를 감옥 밖으로 인도해 내신 일을 설명해 주고, "야고보와 다른 형제들에게도 그 같은 사실을 알리시오."라는 말만 남기고 다른 곳으로 떠났다. 여기 '다른 곳'이 바로 로마로 추정되는 곳이다. 베드로가 로마로 선교 여행을 떠난 것이다.

아그립바왕은 그런 베드로를 체포하도록 수색대를 풀었지만 찾을 수 없게 되자 감옥을 지키던 경비병들을 처형했다(행12:19). 그리고 그는 자신의 연설을 듣고 '이는 사람의 소리가 아니라 신의 소리다.'라는 군중들이 연호(連呼)하는 말을 듣고 하나님께 영광을 돌리지 않았기 때문에 주님의 천사가 즉시 그 헤롯 아그립바왕을 내리쳐 벌레에 먹혀 처참하게 죽게 했다(행12:20-23). 이렇게 하여 예루살렘 교회는 다시 활기를 찾아 하나님의 말씀은 점점 더 널리 퍼져서 믿는 사람이 많아졌다. 바나바와 바울은 구제 헌금을 예루살렘 교회에 전달하는 일을 마치고 마가라고도 하는 요한을 데리고 안디옥으로 돌아왔다(행12:24-25).

미묘함

이쯤에서 톰 라이트의 『모든 사람을 위한 로마서(2IVP, 2010, 25쪽)』에 언급된 베드로와 바울의 관계 속에서 로마서를 써야 하는 바울의 입장을 미묘하다고 얼버무리는 짧은 단상을 읽는 것도 도움이 될 것이다.

> 바울이 로마에 교회를 세운 적이 없다는 점을 고려하면 로마에 편지를 보낸다는 것은 특이한 경우이다. 초기 기독교에 대한 기억을 바탕으로 쓴 2세기의 기록에 따르면, 베드로는 예루살렘에서 가까스로 빠져나온 후 로마에 간 적이 있었다(행12장). 베드로는 하나님이 마침내 이스라엘의 메시아를 보내셨고, 이 나사렛 예수가 죽은 자 가운데서 다시 살아나 세상의 주가 되셨음을 로마에 알린 첫 번째 사람이었다. 수도 로마는 이 소식에 놀라지 않을 수 없었을 것이다. 베드로는 아마도 로마에 있는 꽤 큰 유대인 공동체에 그 사실을 전했을 것이다. 그러므로 로마 교회에 편지를 쓰는 바울의 입장은 약간 미묘하다. 바울은 어떤 식으로든 그들에게 결함이 있음을 비치려고 하지 않는다. 도리어 그들과 그들의 믿음으로 인해 하나님께 감사한다. 그리고 그들과 함께함으로써, 그들이 바울의 믿음을 통해 격려를 받듯이 — 그는 그렇다고 믿는다. — 바울도 그들의 믿음을 통해 격려를 받을 수 있기를 고대한다.

'미묘하다'라는 단어를 표준국어대사전으로 찾아보았다. '뚜렷하지 않고 야릇하고 묘하다.'라는 뜻이다. 그 문제를 풀기 위해 하던 이야기를 계속해 보자.

하나님의 복음을 위한 바울의 차출

예루살렘에서 돌아온 안디옥 교회에는 교사들의 예배와 금식 기도가 있었다. 이방 세계 선교 본부의 역할을 잘 감당하기 위한 집회였다. 주님께로부터 성령을 통해 "바나바와 바울을 따로 세워 그들에게 내가 맡긴 일을 하게 하라."라는 명령이 주어졌다(행13:2). 바나바와 바울이 주님께 차출된 것이다. 이 부분이 바로 바울이 로마서 1장 1절을 기록하면서 "하나님의 복음을 위하여 차출되었다."라고 말하는 대목이다.

여기에 참으로 오묘한 교차점이 발생한다. 예루살렘 교회의 사도 베드로의 로마 전도 여행(행12장)과 성령에 의해 바울이 이방 세계의 사도로 차출되어 파송되는 과정의 교차점이다(행13장). 이 부분에 대한 이해가 중요한 것은 지금 우리가 살펴보고 있는 롬1:8-13의 로마 선교에 대한 바울의 열정이 앞에서도 잠깐 언급했지만 단순히 복음을 전하고자 하는 마음을 뛰어넘어 주 예수 그리스도의 계시의 완성이라는 목적을 이루는 것이기 때문이다.

문제 해결

바울이 글라우디오 황제의 유대인 추방령에 따라 로마에서 고린도에 온 아굴라와 브리스길라 부부를 통해 로마의 근황을 자세하게 들었을 때를 생각해 보라. 특히 바울은 로마에서의 복음 전도의 상황과 그곳에서 전해지고 있는 복음의 내용에 대해 구체적인 브리핑을 듣고 복음에 합당한 삶으로 로마 사회를 새롭게 하지 못하는 이유를 찾았다. 율법을 중시하는 디아스포라 유대인들과 그리스도인 유대인들 간의 분쟁이 사회적 문제로 비화될 만큼 율법과 복음 간의 관계를 온전하게 이해하지 못하는 것이 로마 교회의 문제임을 발견한 것이다. 그러고 나서 로마서를 쓰는 것이다. 로마에 복음을 전한 베드로의 은사로는 그 문제를 해결하는 데 역부족이었던 것이다.

여기서 갑자기 박해를 피해 로마를 빠져나오던 베드로가 로마로 향하고 계신 주님을 뵙고 "주여, 어디로 가시나이까?"라고 하던 영화(외경 베드로 행전을 근거로 만든 영화) 『쿼바디스(1951년)』가 생각나는 이유가 무엇일까?

영화 속에서 베드로의 질문에 예수님은 "십자가에 못 박혀 죽으려고 로마로 가는 길이다."라고 대답하셨다. 베드로가 다시 "주님, 십자가에 다시 못 박히겠다는 말씀이십니까?"라고 묻자, 예수님은 "그렇다. 베드로야, 나는 다시 십자가에 못 박힐 것이다."라고 대답하셨다. 그제야 베드로는 정신을 번뜩 차리고 예수님을 찬미하면서 다시 로마로 발길을 돌렸다. 그리고 교우들에게 돌아가서 자기가 본 환시를 전해 주면서 자신은 십자가에 못 박힐 것이라고 말했다. 결국 베드로는 로마 군사들에게 체포되어 십자가에 매달려 순교했다.

이때 베드로는 특이하게도 자청해서 머리를 아래로 두고 거꾸로 매달려 십자가에서 처형되었다고 전해지는데, 그 이유는 예수님과 똑같은 방식으로 죽을 수 없다는 이유에서였다. 그리고 제1대 로마 교황으로 추대되었고, 베드로의 시신을 묻은 장소로 지정된 곳에는 나중에 성 베드로 대성전이 세워지게 되는데, 대성전 중앙 제대 바로 아래에 베드로의 무덤이 있다. A.D. 349년 콘스탄티누스 황제의 명으로 순교한 베드로가 묻혀 있던 자리에 거대한 바실리카가 세워지게 되었으며, A.D. 1506년 율리우스 2세 교황에 의해 지금의 산 피에트로 대성당이 지어지게 되었다.

아무튼 지금 우리에게 필요한 것은 당시의 바울에 대한 베드로의 인식이 어떠했는지를 아는 것이다. 그리고 그것은 베드로가 임종 전 A.D. 66~68년경쯤 직접 쓴 벧후3:15-16의 기록이면 충분하다. 거기에는 베드로가 바울을 "우리 형제"라고 부르며 바울의 편지들을 읽었다는 표현을 하고 '바울의 편지의 내용들에 더러 이해하기 어려운 부분이 있어 몇몇 사람들이 잘못 설명하기도 했다.'라는 것을 말하며, 바울의 복음도 자신이 지금 편지로 말하는 것과 동일한 것이라고 말한다. 게다가 베드로의 순교와 바울의 순교가 동일한 시기로 겹치는데, 이는 로마의 박해 아래 함께 순교의 각오를 다지는 동지로 교제하고 있지 않았다면 불가능한 일이다.

한편 당시 10여 전으로 이야기를 거슬러 올라가 보자. 바울은 로마에서 이해되고 전해지고 있는 복음의 내용에 대한 아굴라 부부의 집중적인 증언을 토대로 로마에 있는 그리스도인들을 위한 복음서를 집필해야 했다(A.D. 57년경). 사도행전의 베드로의 유명한 설교에서 알 수 있듯이 베드로의 복음에 대한 증언은 언약의 백성인 이스라엘인들을 향한 메시지이기에 이방인들을 고려한 설명이 매우 필요했다. 주님께서 바울을 이방인의 사도로 세우신 이유다.

로마서는 초대 예루살렘 교회의 사도들의 가르침으로부터 마지막 사도인 바울까지 모든 자들에게 보이셨던 주님을 종합적으로 보여 주는 세계 만민의 복음서이다. 그렇게 주님은 바울에게 마지막 사도로서 직무를 감당할 수 있도록 은사를 주셨던 것이다. 그것이 바로 이어지는 11절의 "어떤 영적인 은사(*τι πνευματικὸν χάρισμα-티 프뉴마티콘 카리스마*)"가 무엇인지 이해할 수 있게 함으로써 나머지 본문까지 바울의 영이 표현하고자 하는 생각이 무엇인지 한눈에 알아보게 한다.

롬1:11	ἐπιποθῶ γὰρ ἰδεῖν ὑμᾶς, ἵνα τι μεταδῶ χάρισμα ὑμῖν πνευματικὸν εἰς τὸ στηριχθῆναι ὑμᾶς,	이토록 내가 여러분 보기를 간절히 원하고 있는 것은 내가 여러분에게 어떤 영적인 은사를 나누어 주어 여러분을 굳게 세우려는 것입니다.

은사

바울이 나누어 주고 싶은 자신만의 은사는 가르치는 영적인 은사이다. 바울이 사도로 차출되기 전 이방 안디옥 교회에서는 예언자와 교사들의 예배와 금식 기도가 있었다. 그때 교사들(*διδάσκαλοι-디다스칼로이*)의 명단에 바울이 올라가 있다(행13:1). 바울에게 사도라는 직분에 더하여 가르치는 영적인 은사까지 주어져 있었던 것이다. 바울은 그 은사로 로마 교회의 문제를 해결하고자 로마에 가려고 하는 것이다.

하지만 여러 번 길이 막혀 다른 해결책으로 로마서를 썼다. 급한 대로 서신을 통해서라도 로마의 신자들에게 복음에 관해 가르쳐 그들을 굳세게 세워 어떠한 시련과 풍파, 혹독한 박해 등 온갖 위협과 위기로부터 흔들리지 않고 믿음을 굳게 지키도록 도와야 할 공문서를 작성하여 보낸 것이다. 바울은 그 공문서에 로마 교회의 문제를 온전히 해결할 수 있을 만큼 정교하고 풍부한 가르침을 담았다.

수단

은사(*χάρισμα-카리스마*)는 하나님께서 은혜로 주신 선물로서 재주와 능력을 통틀어서 하는 말이다. 바울은 롬12:6에서 우리에게 주신 은혜를 따라서 받은 은사가 각각 다르다고 했다. 하나님께서 인간과 세상을 구원하시기 위해 베푸시는 사랑과 은혜를 구체화하는 수단이 은사라는 말이다. 예언하는 은사이면 믿음의 분수대로, 봉사하는 은사이면 섬기는 일로, 가르치는 자라면 가르치는 일로 해야 한다. 은사는 그리스도의 몸 된 교회를 온전하게 세우기 위한 하나님의 선물이다(엡4:11, 고전12:7).

또 은사는 여러 가지이지만 성령은 하나이고 모든 은사는 성령께로부터 나온다(고전12:9). 그러니 성령을 따라 모든 은사가 질서 있게 쓰인다고 했다(고전14:33, 40). 이렇게 할 때 우리 모두가 하나님의 아들을 믿고 아는 일에 하나가 되어 그리스도를 닮은 온전한 사람으로서 성숙한 그리스도인이 될 것이라고 했다(엡4:13). 그리고 우리는 하나님께 받은 은사를 사용하여 서로 어른으로 성장하여 파도에 밀려 표류하는 배처럼 왔다 갔다 하거나, 우리를 속이고 유혹하는 온갖 세상의 가르침에 넘어가지 않도록 하자고 했다(엡4:14). 고전12:31은 더욱 큰 은사를 사모하라고 했다. 롬5:15에서 "은사는 일하는 방식에 있어서 그 타락함과 같지 않습니다. 왜냐하면 그 한 사람의 그 타락함으로 많은 사람이 죽었다면, 그 하나님의 그 은혜와 그 한 사람 예수 그리스도의 은혜로 인한 그 선물은 도리어 많은 사람 속으로 더욱 넘쳤기 때문입니다."라고 했고, 롬5:16에서는 "그 선물은 죄지은 한 사람을 통해서 주어진 것과는 다릅니다. 왜냐하면 실로 그 판결이 한 사람으로부터 정죄함에 이르게 한 것과 다르게, 그 은사는 많은 타락함으로부터 의로운 행위에 이르게 하기 때문입니다."라고 했다. 롬6:23은 "그 하나님의 그 은사는 그리스도 예수 우리 주님 안에 있는 영원한 생명이기 때문입니다."라고 가장 큰 은사의 결과를 규정한다. 그리고 바울은 롬11:29에서 하나님의 은사와 부르심에는 후회하심이 없다고 함으로써 은사에 대한 이해에 종지부를 찍었다.

이런 맥락에서 롬1:12-13을 보면 바울의 진의가 분명하게 보인다.

롬1:12	τοῦτο δέ ἐστιν συμπαρακληθῆναι ἐν ὑμῖν διὰ τῆς ἐν ἀλλήλοις πίστεως ὑμῶν τε καὶ ἐμοῦ.	더욱이 이 일은 여러분과 내가 서로 간의 믿음을 통해 함께 위로받으려고 하는 것입니다.

소통과 위로

바울의 은사는 서로의 믿음을 존중하며, 자신을 낮추어 상대에게 가까이 다가가 상대의 말에 귀를 기울인다. 결코 상대의 믿음을 좌지우지하려고 하지 않는다. 왜냐하면 믿음의 주(主)는 온전케 하시는 예수님이시기 때문이다(히12:2). 바울은 로마의 신자들에게 영적인 가르침의 은사를 나누어 주고 상대가 그 가르침으로 힘을 얻는 모습을 보고 싶어 한다. 상대가 자신이 가르친 영적인 말씀을 믿음으로 받아들임으로써 위로받고, 위로받은 상대의 믿음을 통해 자신도 위로받는다고 생각하기 때문이다.

그리스도인들은 서로의 믿음을 통해 쌍방향 소통을 이루며 서로 위로받는다. 그들을 뜯어고치려고 하지 않는다. 그저 하나님께서 자신에게 베풀어 주신 영적인 은사를 나누어 줌으로써 서로의 믿음을 통해 소통하려고 한다. 그들과 함께 서로의 믿음을 통해 서로 위로받기를 원하는 것이다. 1세기 로마의 상황에서 복음에 냉소적이고 폭력적이기까지 한 로마인들과 유대인들에 둘러싸여 곤욕을 치르며 복음을 전하는 그리스도인들도 상처받을 수 있는 사람이기 때문이다.

그리스도인들도 지치고 피곤할 수 있으며 힘들고 어려워 괴로워할 수 있는 연약한 인간이다. 하대에 낙심하고 슬퍼할 수 있고, 난폭함에 두려워 주저하거나 모든 것을 내팽개쳐 버리고 도망갈 수 있는 인간이기에 함께 위로하고 위로받을 수 있는 믿음의 소통은 어느 시대나 모든 그리스도인에게 절대적으로 필요하다. 하나님께서 모든 그리스도인에게 온갖 종류의 은사를 주신 것도 이 때문이다.

이어지는 13절에서 바울은 그 결과로 어떤 열매를 얻어야 한다고 한다.

롬1:13	οὐ θέλω δὲ ὑμᾶς ἀγνοεῖν, ἀδελφοί, ὅτι πολλάκις προεθέμην ἐλθεῖν πρὸς ὑμᾶς, καὶ ἐκωλύθην ἄχρι τοῦ δεῦρο, ἵνα τινὰ καρπὸν σχῶ καὶ ἐν ὑμῖν καθὼς καὶ ἐν τοῖς λοιποῖς ἔθνεσιν.	그러나 형제들이여, 내가 여러분에게 가려고 여러 번 계획을 세웠으나, 지금까지 길이 막혔다는 것을 여러분이 모르기를 원치 않습니다. 그것은 내가 여러분을 제외한 그 나머지 이방인들 안에서처럼 여러분에게서도 어떤 열매를 거두기 위함이었습니다.

기대

바울은 1:11절에서도 자신이 나누어 주고자 했던 영적인 은사가 무엇인지도 밝히지 않았었던 것처럼, 이젠 그 은사로 얻고 싶은 목적마저도 무엇인지 명확하게 제시하지 않는다. 독자들의 무단한 연구와 상상력을 발휘하도록 궁금증을 극대화하는 대목이다.

사실 필자는 이런 바울의 글쓰기 덕분에 많은 시간을 연구하고 묵상할 수 있었다. 바울이 얻고자 했던 '어떤 열매(*τινὰ καρπὸν-티나 카르폰*)'란 무엇인가?

여기서 얻어야 한다는 표현은 '소유해야 한다(*ἵνα ... σχῶ-히나 … 스코*)'는 의미의 낱말을 사용한 목적절이다. 바울이 기대하는 결과가 어느 정도인지를 물씬 느끼게 하는 표현이다. 직설적으로 말하면 바울의 소유욕, 그러니까 바울은 자신만의 은사를 나누어 준 결과에 대한 확실한 소유권을 확보하고 싶은 것이다.

바울이 영적인 가르침의 은사를 나누어 주어 어떤 열매를 소유하고자 하는지는 결과적으로 가르침을 받는 자들을 통해 나오는 열매인 것은 주지의 사실이다.

그것은 이렇게 말할 수 있다. 바울은 영적인 은사로 자신만의 복음에 대해 가르쳤다(롬1:2-4). 그리스도의 돌아가심과 부활하심에 관한 가르침의 씨앗을 토양에 뿌렸다는 말이다(고전15:12-28). 그 씨앗에 맞게 추수하기를 원하는 것이다(고전15:35-44). 그리고 그것을 자기의 소유라고 주장하겠다는 것이다.

열매

바울은 자신이 수확해야 할 열매에 관하여 이렇게 말한다. "참으로 여러분이 그 죄의 종이었을 때는 그 의(義)와는 아무런 상관도 없는 사람들이었습니다. 그런즉 그 때 여러분이 무슨 열매를 얻었습니까? 지금 여러분은 그런 일들을 부끄러워하고 있으니, 참으로 그런 일들의 그 끝은 죽음뿐입니다. 그러나 이제 여러분은 그 죄로부터 풀려나 자유로워졌으며 더구나 그 하나님께 종이 되어 거룩하게 하시는 일에 봉사하는 그 열매를 여러분이 얻었으니 분명히, 그 마지막은 영원한 생명입니다(롬 6:20-22)."

지금 우리는 즐거움의 근원을 보고 있다. 우리가 지금 거룩하게 하심에 이르게 하는 열매를 가지고 있다(*ἔχετε τὸν καρπὸν ὑμῶν εἰς ἁγιασμόν-에케테 톤 카르폰 휘몬 에이스 하기아스몬*). 그리고 그 마지막이 영원한 생명이라고 한다(*ὁ δὲ τέλος ζωὴν αἰώνιον-호 데 텔로스 조엔 아이오니온*). 바울이 가르치는 은사를 나누어 준 덕이다. 모든 그리스도인이 위로받기에 충분하지 않은가!

다음을 읽어 보자. "내 형제들이여, 그와 같이 여러분도 그 그리스도의 그 몸을 통해 그 율법과의 관계에서 죽임을 당하였습니다. 이는 우리가 다른 분, 곧 죽은 자들로부터 일으켜지신 분의 신부가 되어 그 하나님을 위해 열매를 맺게 하려는 것입니다. 이는 우리가 그 육신 안에 있었던 때에 그 율법을 통해 우리의 지체들 안에서 활동하고 있었던 그 죄들의 그 열정들이 그 사망을 위해 열매를 맺게 하고 있었기 때문입니다. 그러나 이제는 사로잡혀 있었던 그 율법 안에서 죽었으므로 그 율법으로부터 우리가 완전히 풀려나게 되었습니다. 그러므로 우리는 법조문에 따른 낡은 가르침에 종노릇 하지 않고, 성령의 새로운 가르침 안에서 섬기는 종이 되어야 합니다.(롬7:4-6)."

그렇다. 바울이 은사를 나누어 주어 얻고자 하는 것은 죽음에 이르는 열매를 맺고 있던 자리에서 영생에 이르는 열매를 맺게 하는 것이다. 그것이 하나님을 위한 열매다. 그리스도의 몸을 통해 율법과의 관계에서 죽임을 당한 것은, 죽은 자들로부터 일으켜지신 예수님의 신부가 되어 하나님을 위해 열매를 맺게 하려는 것이다. 우린 지금 성령의 새로운 가르침으로 섬기게 된 새로운 출생을 보는 것이다.

미래 세대를 위한 준비

바울이 그토록 로마에 가기를 열망하는 것은 이방인의 사도로서 자신만의 특별한 영적인 은사를 나누어 줌으로써 영생에 이르는 길을 완전히 깨달은 영적인 자녀를 얻기 위한 것이었다. 자신이 로마를 들러 온전한 복음을 전수하고 자신의 선교 여행의 목적지인 땅끝 스페인으로 떠나기 전 로마를 책임질 수 있는 영적인 아들 하나를 가져야만 한다고 생각했던 것이다.

바울은 자기의 복음의 씨를 가진 열매, 곧 종자가 될 영적인 후손, 자신의 믿음의 대를 이을 자손, 자신의 사역을 대신할 믿음의 후손을 얻고 싶었던 것이다. 바울은 지금 이스라엘 솔로몬왕이 지은 유명한 시127:3의 "태의 열매(פְּרִי הַבָּטֶן.-페리 합바텐)"를 염두에 두고 있었을 것이다. 그 유명한 시는 『성전에 예배드리러 올라가는 자의 노래』라는 제목이 붙어 있다. 필자의 영적인 통찰과 상상력은 여기까지다.

성전에 올라가는 자들의 노래, 솔로몬의 시

1 여호와께서 집을 지어 주지 않으시면, 그것을 짓는 자들이 헛되이 수고하는 것이다. 여호와께서 성읍을 지켜 주지 않으시면, 그것을 지키는 자들이 헛되이 감시하는 것이다.

2 너희가 일찍 일어나고 늦게 누우며, 수고의 떡을 먹는 것도 헛되다. 그러므로 여호와께서는 그가 사랑하시는 사람에게 잠을 주신다.

3 보라, 자식들은 여호와의 유업이며, 그 태의 열매(פְּרִי הַבָּטֶן-페리 합바텐)는 그 분의 상급이다.

4 젊었을 때의 아들들은 용사의 손에 있는 화살들과 같다.

5 그 화살들을 그의 화살통에 가득한 채운 사람은 복을 많이 받은 사람이다. 왜냐하면 그 자식들로 인해 그들이 성문에서 그들의 원수와 말할 때 부끄러움을 당하지 않을 것이기 때문이다.

127:1 שִׁיר הַמַּעֲלוֹת לִשְׁלֹמֹה אִם־יְהוָה ׀ לֹא־יִבְנֶה בַיִת שָׁוְא ׀ עָמְלוּ בוֹנָיו
בּוֹ אִם־יְהוָה לֹא־יִשְׁמָר־עִיר שָׁוְא ׀ שָׁקַד שׁוֹמֵר׃ 2שָׁוְא לָכֶם ׀ מַשְׁכִּימֵי
קוּם מְאַחֲרֵי־שֶׁבֶת אֹכְלֵי לֶחֶם הָעֲצָבִים כֵּן יִתֵּן לִידִידוֹ שֵׁנָא׃ 3הִנֵּה
נַחֲלַת יְהוָה בָּנִים שָׂכָר פְּרִי הַבָּטֶן׃ 4כְּחִצִּים בְּיַד־גִּבּוֹר כֵּן בְּנֵי
הַנְּעוּרִים׃ 5אַשְׁרֵי הַגֶּבֶר אֲשֶׁר מִלֵּא אֶת־אַשְׁפָּתוֹ מֵהֶם לֹא־יֵבֹשׁוּ כִּי־יְדַבְּרוּ
אֶת־אוֹיְבִים בַּשָּׁעַר׃

(BHS 5th ed 시127:1-5 필자 사역)

제8장
로마 선교에 대한 특별한 자세(1장 14-15절)

— 거룩한 채무감 속에 타오르는 복음 전파에 대한 소망 —

그것은 하나님과의 관계에서 선민의식이 출중했던 과거의 바울이 하나님을 향한 열심을 가지고 그리스도인들을 박해했었는데, 하나님의 아들이신 그리스도 예수님을 만나며 생긴 거룩한 채무감(債務感)이다. 하나님의 선민으로서 인류를 향한 하나님의 뜻을 알지 못하고 행한 오만방자했던 자신의 지난 삶의 여정의 실체를 본 것이다.

제8장 로마 선교에 대한 특별한 자세(1장 14-15절) _ 265p에서

§1. 본문 번역[NA28판(UBS5판)]

본문	NA28판(UBS5판) ΠΡΟΣ ΡΩΜΑΙΟΥΣ 1:14-15	로마서 1:14-15 필자 사역
롬1:14	Ἕλλησίν τε καὶ βαρβάροις, σοφοῖς τε καὶ ἀνοήτοις ὀφειλέτης εἰμί,	나는 헬라인들과 미개인들 양쪽 모두에게, 지혜로운 자들과 어리석은 자들 양쪽 모두에게 빚진 사람입니다.
롬1:15	οὕτως τὸ κατ' ἐμὲ πρόθυμον καὶ ὑμῖν τοῖς ἐν Ῥώμῃ εὐαγγελίσασθαι.	이처럼 나는 로마에 살고 있는 여러분에게도 복음을 전하게 되길 간절히 바라고 있습니다.

§2. 본문 코멘트

롬1:15	οὕτως τὸ κατ' ἐμὲ πρόθυμον καὶ ὑμῖν τοῖς ἐν Ῥώμῃ εὐαγγελίσασθαι.	이처럼 나는 로마에 살고 있는 여러분에게도 복음을 전하게 되길 간절히 바라고 있습니다.

① "ὑμῖν τοῖς ἐν Ῥώμῃ-휘민 토이스 엔 로메"에서 "ὑμῖν-휘민" 앞에 "ἐν-엔"을 첨가한 것은 사본 D, B나 몇몇 불가타 번역본에 나타나고, "επ-에프"가 첨가되어 전승된 사본 G가 있다. 그리고 사본 G는 "τοῖς ἐν Ῥώμῃ-토이스 엔 로메"를 생략한다. 그리고 그것은 오리겐의 라틴어 번역에 나타난다(UBS 5판). 롬1:7을 참조하라.

§3. 본문 주해를 위한 팁

롬1:14	Ἕλλησίν τε καὶ βαρβάροις, σοφοῖς τε καὶ ἀνοήτοις ὀφειλέτης εἰμί,	나는 헬라인들과 미개인들 양쪽 모두에게, 지혜로운 자들과 어리석은 자들 양쪽 모두에게 빚진 사람입니다.

① "나는 헬라인들과 미개인들 양쪽 모두에게, 지혜로운 자들과 어리석은 자들 양쪽 모두에게(*Ἕλλησίν τε καὶ βαρβάροις, σοφοῖς τε καὶ ἀνοήτοις-헬레신 테 카이 바르바로이스, 소포이스 테 카이 아노에토이스*)"는 이방인 세계의 모든 인종들을 언급하는 방식이다. 고전1:26-30, 갈3:28, 고전12:13, 골3:11, 롬10:12-13을 살펴보라.

※ "미개인들(*βαρβάροις-바르바로이스*)"에 대해선 먼저 골3:11을 보라. 그리고 고전

14:11과 행28:2, 4을 보라. 이 용어는 역사적으로 헬라인들과 비헬라인들 간에 존재하는 멸시나 경멸의 감정이 작동한 흔적을 가지고 있다(본문 해설 참조).

② "빚진 사람입니다(*ὀφειλέτης εἰμί-오페일레테스 에이미*)."의 빚진 자에 대한 이해를 위해 롬8:12, 롬15:27, 갈5:3을 보라.

※ 빚진 자에 대한 의미가 주기도문(마6:12)에까지 닿아 있다는 것을 구속사적인 시각에서 생각해 보라(본문 해설 참조).

롬1:15	οὕτως τὸ κατ' ἐμὲ πρόθυμον καὶ ὑμῖν τοῖς ἐν Ῥώμῃ εὐαγγελίσασθαι.	이처럼 나는 로마에 살고 있는 여러분에게도 복음을 전하게 되길 간절히 바라고 있습니다.

① "이처럼 나는 로마에 살고 있는 여러분에게도(*οὕτως … καὶ ὑμῖν τοῖς ἐν Ῥώμῃ-후토스 … 카이 휘민 토이스 엔 로메*)"에서 "이처럼(*οὕτως-후토스*)"은 '앞에서 말한 바와 같은 방식으로'라는 뜻이다. 14절 속에 있는 방식을 "로마에 살고 있는 여러분에게도" 그대로 적용해 복음을 전하겠다는 뜻이다.

② "복음을 전하게 되길 간절히 바라고 있습니다(*τὸ κατ' ἐμὲ πρόθυμον … … εὐαγγελίσασθαι-토 카트 에메 프로뒤몬 … … 유앙겔리사스다이*)." 부분의 헬라어 본문을 직역하면 "나를 따르는 영적 소원은(*τὸ κατ' ἐμὲ πρόθυμον-토 카트 에메 프로뒤몬*) 복음 전하는 것(*εὐαγγελίσασθαι-유앙겔리사스다이*)"이다. 종합하면 '이와 같이(*οὕτως-후토스*) 나를 따르는 영적 바람은 로마에 있는 여러분에게도 복음 전하는 것이다.'가 된다.

※ "나를 따르는 영적 소원(*τὸ κατ' ἐμὲ πρόθυμον-토 카트 에메 프로뒤몬*)"에 대해서는 마26:41, 막14:38을 보라. 또 "복음 전하는 것(*εὐαγγελίσασθαι-유앙겔리사스다이*)"은 롬10:15과 고전9:16을 보라.

§4. 본문 해설(로마서 1장 14-15절)

로마 선교에 대한 바울의 특별한 자세

본문

본문	NA28판(UBS5판) ΠΡΟΣ ΡΩΜΑΙΟΥΣ 1:14-15	로마서 1:14-15 필자 사역
롬1:14	Ἕλλησίν τε καὶ βαρβάροις, σοφοῖς τε καὶ ἀνοήτοις ὀφειλέτης εἰμί,	나는 헬라인들과 미개인들 양쪽 모두에게, 지혜로운 자들과 어리석은 자들 양쪽 모두에게 빚진 사람입니다.
롬1:15	οὕτως τὸ κατ' ἐμὲ πρόθυμον καὶ ὑμῖν τοῖς ἐν Ῥώμῃ εὐαγγελίσασθαι.	이처럼 나는 로마에 살고 있는 여러분에게도 복음을 전하게 되길 간절히 바라고 있습니다.

1. 복음에 빚진 자(1장 14절)

자신감

바울의 로마 선교 여행에 대한 열정은 "나의 복음(롬2:16, 16:25)"이라는 말로 자신이 전하는 복음을 특정한 것처럼, 바울 자신만의 복음이 A.D. 1세기 로마의 그리스도인들이 처한 내외의 여러 가지 상황을 극복할 수 있다고 확신하는 데서부터 시작되었다(롬15:14-19). 그들이 처한 내외적인 여러 가지 문제들은 그들을 의기소침하게 만들기에 충분했다. 특히 그들이 연루되어 발생했던 '유대인 추방령'은 그들을 로마 사회로부터 더욱 냉소적인 처지로 내몰아 하대를 당하게 만들었다. '신의 아들'이라 불리는 세계 최고의 권력자인 황제의 절대적인 충성을 강요하는 통치에 맞서 복음을 전하는 것은 매우 아슬아슬한 일이었다. 황제의 코앞에서 부활하신 예수님을 주님으로 받아들이고 그분께 충성하라고 외치는 것은 매우 위태롭거나 두려운 상황을 만드는 것이나 다름없기 때문이었다. 닥쳐올 일이 걱정되어 마음을 놓을 수 없는 불안한 마음을 떨쳐 버린다는 것은 목숨을 내놓는 결단 없이 불가능했다. 그들이 알든 모르든 그들에겐 바울의 복음적인 위로가 필요했다. 바울이 선교 여행을 통해 이미 겪었던 수많은 일들도 그와 다르지 않았기에 그들 속으로 들어가 그들과 함께 믿음으로 소통하며 문제를 해결할 수 있다는 바울의 자신감은 주님께서 그들을 위해 준비하신 그릇에 담긴 보화와 같은 것이었다(롬9:22).

아버지 마음

바울은 자신의 복음만이 그들이 당면한 문제 해결의 길을 제시하고, 그 복음에 대한 믿음을 통해 그들과 함께 서로 위로를 받을 수 있다고 믿었다. 바울은 그 과정을 믿음의 자녀를 낳는 기간으로 삼았다. 다른 이방인들 중에서 이미 자신의 복음을 전함으로 산통을 겪으며 자녀를 낳았던 것처럼, 로마에서도 동일한 출산 계획을 가지고 있었던 것이다(롬1:13).

실제로 바울은 고린도 교회에 보내는 편지에서 "그리스도 안에서 여러분에게 만 명이나 되는 스승이 있을지 몰라도, 아버지는 여러 명이 있을 수 없습니다. 그리스도 예수 안에서 내가 복음으로 인해 여러분의 아버지가 되었습니다."라고 했다(고전4:15). 그리고 바울은 자신을 본받게 하려고 고린도 교회에 디모데를 보내며 "내 사랑하는 신실한 자녀"라고 했다.

간절한 기대가 무산되는 좌절을 맛보기는 했지만 그야말로 바울은 아버지 마음으로 로마에 직접 가기를 여러 번 시도했던 것이다. 다른 이방 민족들 중에서 믿음의 자녀를 생산했던 것처럼 로마에서도 믿음의 자녀를 얻어야만 한다는 간절한 소망의 실체적 진실을 그들만은 알아주길 바라는 마음에서였다.

비상조치

사실 바울이 고린도전서를 기록한 것이 3차 선교 여행 중 에베소에 3년간 머물며 복음을 전하던 기간이 끝나 갈 무렵인 A.D. 55년경쯤이고, 고린도후서의 기록은 그 에베소를 떠나 마케도니아로 돌아간 때가 A.D. 56년경쯤이며, 로마서가 3차 선교 여행을 마칠 즈음인 A.D. 57년경쯤 기록된 것이다. 이 시기는 이미 언급했던 것처럼 로마의 정치적 상황이 로마의 신자들에게 이전보다 더욱 심한 박해가 있을 것을 예상할 수 있었던 시기였다. 사도로서 그리고 로마 신자들의 미래의 아버지로서 바울은 로마에 특별한 비상조치가 있어야만 한다고 판단했던 것이다. 그것이 자신만의 특별한 영적인 은사를 나누어 주어 얻게 될 열매였다. 따라서 14절을 맥락상 바울이 자신의 은사를 나누어 줄 대상, 곧 로마 교회의 인적 구성원들을 모두 포괄할 수 있는 특성에 따라 분류해 놓은 도표를 보는 것처럼 보는 것이 가능할 것이다.

롬1:14	Ἕλλησίν τε καὶ βαρβάροις, σοφοῖς τε καὶ ἀνοήτοις ὀφειλέτης εἰμί,	나는 헬라인들과 미개인들 양쪽 모두에게, 지혜로운 자들과 어리석은 자들 양쪽 모두에게 빚진 사람입니다.

우월과 경멸

로마 교회의 구성원들은 1:13의 "내가 여러분을 제외한 그 나머지 이방인들 안에서처럼 여러분에게서도 어떤 열매를 거두기 위함이었습니다."에서 "여러분"이다. 한마디로 로마의 신자들이다. 그리고 그 로마의 신자들은 모두 바울에게 있어서 이방인의 범주 안에 묶어 표현할 수 있는 사람들이었다. 바울이 온전히 이방인의 눈높이에서 이방인의 사도 직분을 수행하고 있는 특별한 인생의 궤적을 가지고 있기 때문이다. 그것은 로마의 신자들을 바라보는 바울의 시각이 간단하면서도 특이하다는 사실을 이해하게 해 준다.

일단 바울은 로마인이라는 표현을 사용하지 않는다. 유대인들에 대한 표현도 없다. 간단하게 헬라(그리스-문명인)인들과 바르바로이스(미개인들-비문명인)로 양분하고, 이를 다시 지혜로운 자들과 어리석은 자들로 양분한다. 그리고 그런 모든 사람에게 자신을 빚진 사람이라고 밝히는 부분은 매우 숙연하게 만드는 대목이다. 이 둘 사이에는 우월과 경멸이라는 부정적인 감정의 긴장과 분열이 존재하기 때문에 더욱 그렇다. 바울은 그들 사이의 문제를 해결할 적임자로서의 자신감을 그들에게 자신을 빚진 사람이라고 천명하는 것이다.

바울 인생의 궤적

바울은 그리스어에 능통한 사람이었다. 바울은 디아스포라 유대인으로서 로마인이었다. 그는 육신적인 혈통으로는 유대인이었으나 법적 사회적으로는 로마 시민이었다. 유대인이기도 하였지만 동시에 이방인인 바울은 시각에 따라 양면성을 가진 사람이다. 그와 관련된 언사를 살펴볼 때는 이 양면성을 잘 고려해야 한다. 그가 예루살렘 교회의 사도들로부터 이방인의 사도로 공식적인 인정을 받은 것도 사실은 이방인이었기 때문이다. 따라서 바울이 사도직을 수행할 때, 그를 이해하는 시각을 바르게 가져야 한다는 말이다. 유대인이면서 이방인, 이방인이면서 유대인이 되게 주님이 만드신 바울의 신비하고 오묘한 인생의 궤적은 주님 예수 그리스도의 계시의 완성을 위한 완벽한 걸작이다. 이런 시각에서 그리스 문화와 철학을 섭렵했던 바울이 부활하신 그리스도를 만나 변화된 뒤에 로마 제국 아래에 사는 사람들을 복음의 대상으로 표현하는 방법이라고 생각하면 "빚진 자(*ὀφειλέτης*-오페일레테스)"에 걸린 모든 어려움은 일순간에 사라질 수 있다. 그럼에도 그것을 설명해 낸다는 것은 그리 쉽지 않은 요소들로 채워져 있다는 사실이 사도 베드로의 편지로도 확인되었음을 간과해서는 안 될 것이다(벧후3:16).

하지만 바울에게는 큰 확신이 있다. 지금의 바울은 자신을 온전히 로마의 신자들로 동일시한다. 로마에 존재하는 그리스도인들은 주님께서 만드신 바울의 인생의 궤적에 투영되고 투사된다. 로마인의 신분으로서의 바울은 로마인 그리스도인을, 디아스포라 유대인으로서의 바울은 디아스포라 유대인 그리스도인을, 이방인으로서의 바울은 이방인 그리스도인을 동일시할 수 있게 만드셨다는 사실이 어찌 신비롭고 오묘하지 않단 말인가! 로마 시대에 이방인의 세계에서 태어나 이방인이 되게 하셔서 당시의 그리스 문화에 능통하게 하셨고, 히브리인의 혈통인 부모의 생명을 이어받아 히브리 문화에 사로잡혀 그리스도인들을 살해할 정도로 정통 유대인의 기질을 발휘하다 주님을 만나 그리스도인이 되어 사도로 보냄을 받았으니, 로마의 그리스도인들 가운데는 그 누구도 그의 사도직을 부정할 수 없다.

이제 그런 바울이 로마의 그리스도인들을 헬라인과 미개인, 지혜 있는 자와 어리석은 자로 나누고 그들에게 "빚진 자"로 밝히는 영적 통찰을 이야기해 보자.

문화

필자가 신학을 공부하던 시절 처음 만난 헬라어 문법책(ESSENTIALS OF NEW TESTAMENT GREEK BY JOHN HOMER HUDDILSTON, 1895)의 서론에 '로마는 군사력으로 헬라 제국을 잡아먹었지만 헬라의 문화(언어·예술·교육·철학 등)에 포로가 되었다.'라는 이미 일반화되어 있는 대목을 읽은 적이 있는데, 그때 세계 문화사에 관심을 가지고 공부할 만큼의 각성에 대한 기억이 지금도 선명하다. '문화(文化)'란 표준국어대사전에 '자연 상태에서 벗어나 일정한 목적 또는 생활 이상을 실현하고자 사회 구성원에 의하여 습득, 공유, 전달되는 행동 양식이나 생활 양식의 과정 및 그 과정에서 이룩하여 낸 물질적·정신적 소득을 통틀어 이르는 말. 의식주를 비롯하여 언어, 풍습, 종교, 학문, 예술, 제도 따위를 모두 포함한다.'라고 정의되어 있다. 독자들과 함께 읽고 확인해 보고 싶어 위 신약 성서 그리스어 문법책의 서론 그대로를 소개한다. 읽기 어려운 독자들을 위해 번역기를 돌려 손질해 보았다.

At the close of the fourth century B.C., Alexander of Macedon crossed the historic Hellespont, overturned the Persian empire at Arbela, destroyed the famous city of ancient Tyre, overran all western Asia, even crossing into Egypt, where he founded the world's new metropolis bearing his own name (332 B.C.). It is hard to measure the results of this conquering of the world. By no means the least important of the many that might be described was the spread of Greek letters and Greek civilization. This noble language of ancient Hellas, so rich and beautiful, so full of power and sweetness, was destined to work far greater results in the minds and hearts of men than the brief rule of Alexander and his successors. They soon passed away, and the Greek kingdom in Asia ceased to exist ; but the Greek language which came with them still remained and spread with great rapidity throughout this whole territory, revealing to these Semitic races a new world of beauty and power. Although Greece soon fell under the conquering hand of Rome, Greek art and Greek letters took captive her captor. Rome was then the world, while through all her borders the language of Greece became the speech of trade and intercourse. Greek was even the language of the Roman court, and Roman boys were taught their Homer along with their native Vergil. The wide use of Greek at that period can be best compared with the English of to-day. It may be said with little hesitancy that, at the time of Christ, Greek was known in all parts of the Roman world. What more fitting language than this in which to send forth the Gospel of peace?
(ESSENTIALS OF NEW TESTAMENT GREEK BY JOHN HOMER HUDDILSTON, INTRODUCTION, xiv-xv, 1895)

기원전 4세기 말, 마케도니아의 알렉산더는 역사적인 헬레스폰트를 건너 아르벨라에서 페르시아 제국을 전복시키고 고대 티레의 유명한 도시를 파괴하고 심지어 서아시아를 넘어 이집트로 건너가 자신의 이름을 가진 세계 새로운 대도시를 세웠다. 이 세계 정복의 결과를 가늠하기는 어렵다. 묘사될 수 있는 많은 것들 중 가장 덜 중요한 것은 그리스 문자와 그리스 문명의 확산이 결코 아니었다. 매우 풍부하고 아름답고 힘과 달콤함으로 가득 찬 고대 헬라스의 이 고귀한 언어는 알렉산더와 그의 후계자들의 짧은 통치보다 사람들의 마음과 마음에 훨씬 더 큰 결과를 가져올 운명이었다. 그들은 곧 세상을 떠났고, 아시아의 그리스 왕국은 더 이상 존재하지 않았다. 그러나 그들과 함께 온 그리스어는 여전히 남아 있었고, 이 영토 전체로 매우 빠르게 퍼져 나갔으며, 이

셈족들에게 아름다움과 힘의 새로운 세계를 보여 주었다. 비록 그리스는 곧 로마의 정복의 손에 넘어갔지만, 그리스 예술과 그리스 서신들은 로마를 사로잡았다. 로마는 당시 세계였고, 로마의 모든 국경을 통해 그리스 언어는 무역과 교류의 언어가 되었다. 그리스어는 심지어 로마 궁정의 언어였고, 로마 소년들에게 그들의 고향 베르길과 함께 호메로스를 가르쳤다. 그 시기에 그리스어가 널리 쓰인 것은 오늘날의 영어와 가장 잘 비교될 수 있다. 그리스도가 로마 세계의 모든 지역에 알려졌던 것은 거의 주저하지 않고 말할 수 있다. 평화의 복음을 전하는 데 이보다 더 적합한 언어가 어디 있겠는가?
(존 호머 허딜스톤, 그리스어 신약 성서의 필수 문법, 서론, 1895, 14~15쪽)

바울의 영적 통찰

헬라 제국을 멸망시킨 로마 제국의 로마 사회를 바라보는 바울의 생각도 거기로부터 출발한다. 바울은 의도적으로 유대인들을 지워 버렸다. 또한 로마인들까지도 내세우지 않았다. 로마인들과 유대인들도 바울의 복음 전도 대상이었음을 알면서도 바울은 그리스(헬라)인들만을 전면에 내세웠던 안목을 가지고 있었다. 로마 황제를 옹호하는 세력들이 로마인들이라고 생각한 것도 아니다. 바울의 복음 전하는 것을 대적하기 때문에 유대인들을 제외시킨 것도 아니다. 바울의 전적인 영적 통찰에 의한 것이다. 바울의 영적 통찰은 앞으로 좀 더 자세하게 설명하겠지만 바울은 지금 고대 그리스의 역사적인 맥락으로부터 실제로 로마 제국의 통치하에서 복음을 전할 대상을 구분하여 제시하고 있다.

바울은 의도적으로 로마 제국의 통치하에 있는 모든 사람을 권력에 따라서 구분하지 않고, 언어와 교육 등 문화의 영향력을 근거로 구분하고 있는 것이다. 이들은 로마 제국 사회의 실제적인 구성원들이다. 이들 간의 관계와 삶의 처우에 따라 좋은 사회와 나쁜 사회, 행복한 사회와 불행한 사회로 나뉜다. 이런 바울의 영적인 통찰은 로마 황제의 통치가 인간의 문제를 해결할 수 없다는 사실을 떠오르게 하려는 것에 근거한다. 한마디로 바울은 사람의 힘과 지혜에 집중되어 있는 사회는 인간들의 문제를 해결할 수 없으며, 반드시 긴장과 분열 속에서 결국 멸망하고 만다는 역사의 굵은 흐름을 인식하게 하여 자신의 복음을 받아들이게 하려는 의도를 보인 것이다.

2. 간절한 영적 소망(1장 15절)

지혜

바울에게 헬라인들(Ἕλλησίν-헬레신)이란 지혜를 찾고 있는 사람들이었다(고전1:22). 미개인들(βαρβάροις-바르바로이스)은 알아들을 수 없는 말, 곧 이해할 수 없는 말로 떠들어 대는 사람들이었다(고전14:11). 이는 B.C. 10세기경 고대 헬라(그리스)인들이 도시 국가(Polis)를 형성하고 번영하던 시기로부터 그들의 주변 민족을 경멸하는 의미로 사용하던 것이었다. 누가에 의해 기록된 사도행전에서 그들(바르바로이스)은 바울이 로마로 압송되던 중 큰 풍랑 속에서 표류하다 도착해 만난 몰타(멜리데) 섬사람들이었다. 그들과 바울은 언어가 통하였는데, 바울은 표적과 기사로 복음을 전했고 그들은 바울의 복음을 받아들였다(행28:1-10). 죄수의 몸이 되어서라도 미개인들, 비문명인들(βαρβάροις-바르바로이스)에게 "빚진 자"의 의무를 다하는 바울의 모습이다.

바울은 지혜 있는 자들(σοφοῖς-소포이스)과 어리석은 자들(ἀνοήτοις-아노에토이스)을 덧붙여 말한다. 이를 일단 헬라인들(Ἕλλησίν-헬레신)과 미개인들(βαρβάροις-바르바로이스)에 대해 풀이하는 것으로 보면, 바울에게 헬라인과 미개인은 지혜를 중심으로 나뉘는 이방인들의 세계를 두고 하는 말이 된다. 표준국어대사전에서 '지혜'란 '사물의 이치를 빨리 깨닫고 사물을 정확하게 처리하는 정신적 능력'이라고 했다. 그러니까 바울이 지혜를 가지고 있는 자와 지혜를 가지고 있지 않은 자로 이방인들을 나눈 것은, 지혜를 삶의 가장 중요한 필수 조건으로 생각하는지, 하지 않는지에 따라 이방인 세계를 나누는 방식을 쓴 것이다.

몰락

하지만 여기엔 이해하기 쉽지 않은 오랜 역사적 이해가 담겨 있다. 그럼에도 그것이 최소한 B.C. 10세기경 고대 그리스와 주변 민족들 간의 긴장 관계로부터 바울이 로마서를 쓰고 있는 A.D. 57년 로마 제국 제5대 황제인 네로의 시대까지라고 한다면, 1000년의 다사다난한 세계 역사를 관통하는 영적인 통찰에 의한 것임은 두말할 나위가 없을 것이다.

1000년의 역사가 복잡하긴 하지만 간략하면 이렇다. B.C. 10세기경 도시 국가(폴리스)의 성립 후 그리스는 페르시아 전쟁(B.C. 492~479년)에서 이기고 민주 정치의 근간을 이루며 번성하다가, B.C. 338년 자신들이 미개인들(βαρβάροις-바르바로이스)이라고 경멸했던 그리스 북부 지역 부족 국가 마케도니아의 필리포스 2세에게 정복당하였다. 그의 아들 알렉산드로스에 의해 형성된 헬레니즘 세계, 곧 헬라 제국(B.C. 334년 페르시아 정복으로부터 B.C. 30년까지의 알렉산드리아 제국)에 편입된 후, B.C. 30년 로마의 옥타비아누스에 의해 알렉산드로스 제국이 로마에 병합되는데, 이 시대를 헬레니즘 시대라고 한다.

신화에서

헬레니즘이란 알렉산드로스 대왕의 동방 원정을 통해 확장된 정복 지역에 확산된 그리스 문화를 의미하고, 그리스 문화는 지금도 서양 문명의 출발점으로 평가된다. 그리스는 지정학적인 이유로 통일 국가를 이루지 못하고 폴리스 단위로 나뉘어 살았지만 4년마다 올림피아 제전을 열었으며, 같은 언어와 종교를 공유하는 동족 의식이 강한 우월한 민족관을 지키기 위해 스스로 다른 민족과 구별하여 '헬라인(헬렌-*Ἕλλην의 후손*)'이라고 불렀다. 서양 문명의 중심지인 그리스의 수도 아테네에는 오늘날 그리스인들의 자부심인 파르테논 신전(B.C. 447~438년)이 있으며, 파르테논 신전은 세계 문화유산 제1호로 지정되어 유네스코의 로고가 될 만큼 세계인들의 사랑을 받고 있다. 이 신전은 그리스 민주 정치의 황금기에 만들어졌고, 그리스 신화에 나오는 12신 중 지혜의 여신 아테나의 영광을 찬양하기 위해 만들어졌다.

헬렌(*Ἕλλην*)

재미있게도 이런 고대 그리스인들의 시조 헬렌은 성경의 홍수 설화와 비슷한 고대 그리스 신화에 나오는 이야기를 배경으로 등장하는데, 제우스가 내린 홍수로 인류가 멸망한 후 새로운 인류를 번성케 한 데우칼리온과 그의 아내 퓌라 사이에서 태어난 특별한 아들이다. 데우칼리온은 인간을 창조한 신 프로메테우스(*Προμηθεῦς*)와 예지력 여신 프로노이아(클뤼메네) 사이에서 태어난 아들이며, 그의 아버지 프로메테우스는 올림포스의 신들보다 한 세대 앞서는 티탄족에 속하는 신이다. 그가 만든 인간들이 신들의 왕권에 정면으로 도전할 것을 알아챈 올림포스 신들의 왕 제우스가 홍수로 인류를 멸망시킬 때, 그 특별한 아들 데우칼리온은 아버지 프로메테우스의 도움으로 배를 만들어 살아남았다. 그때 이들 부부는 법의 여신 테미스의 신탁에 따라 돌을 던졌는데, 데우칼리온이 던진 돌에서는 남자가 태어났고, 그의 아내 퓌라가 던진 돌에서는 여자가 태어나 다시 인류가 번성하게 되었다. 이 부부 사이에서 태어난 아들이 바로 헬렌이다. 이렇게 헬렌은 돌이 변한 인간들을 다스리는 왕이 되었고, 그런 그의 우월감은 그의 후손들에게 자랑스러운 민족정신을 지탱하는 뿌리가 되었다.

철학으로

바울이 자신의 복음의 대상인 로마의 신자들을 헬라인들(*Ἕλλησίν-헬레신*)과 미개인들(*βαρβάροις-바르바로이스*)로 나누고, 이를 지혜(*σοφία-소피아*)를 중심으로 지혜 있는 자들(*σοφοῖς-소포이스*)과 어리석은 자들(*ἀνοήτοις-아노에토이스*)을 덧붙여 말하는 것은 이런 신화에 근거한 역사적 맥락에 대한 통찰에 의한 것이다. 바울은 고대 그리스(헬라)의 수도 아테네를 중심으로 펼쳐진 헬라 문명, 곧 알렉산드로스 제국의 헬레니즘 문명까지의 빛을 세상의 지혜라고 규정하는 관점으로 복음이 있어야 하는 인간군을 가르는 방식을 쓴다.

그것은 고대 그리스 문화를 기반으로 오리엔트 문화가 융합되어 세계화된 그리스-로마 문화를 아우르는 표현 방식이다. 그리스어와 그리스 화폐가 공용으로 사용되고 있었던 헬레니즘 시대의 문화는 이전 폴리스 시대 특징인 고대 그리스인들의 민족적 배타적인 성격에서 벗어나 개인주의적이고 세계 시민주의적인 특징을 보였다. 세계 시민 의식을 가지고 개인의 행복을 추구하는 경향에 이른 '헬라 문명의 빛'이란 헬라인들의 철학을 의미한다.

이렇게 서양 문화는 신화적 세계관에서 철학적 세계관으로 나아가고 있었다. 헬라어로 철학(*φιλοσοφία-필로소피아*)은 '지혜를 사랑함'이라는 뜻이다.

로고스

그들의 철학은 신화적인 세계관을 박차고 모든 사물의 기원과 본성에 관한 옛 질문의 형식을 바꾸어 새로운 방식으로 질문을 제기함으로 시작되었다. 아무리 재미있다 하더라도 땅과 하늘의 결혼, 또 베누스가 바다에서 솟아오르고 제우스가 벼락을 내려치는 등의 친숙한 신화와 이야기에 그들은 더 이상 만족하지 않았다. 그들은 덜 인간적인(덜 신인동형론[神人同形論]적인) 이해 방식을 위해서 통속적인 신의 개념을 거부하기 시작했다. 그들은 '사물들이 존재하는 방식'에 관한 상식적인 생각에 도전하기 시작했으며, '진정한' 실재(實在)와 사물들이 단순히 나타나는 방식을 구별하기 시작하였다. 한편, '어떻게 살아야 하는가?'라는 질문은 단지 특정한 사회에서 법과 관습에 신중하게 대처하고 복종하는 범위를 벗어나, '무엇이 인간의 올바른 삶인가?'라는 매우 일반적인 질문의 범위로 옮겨 가게 되었다. 이 물음에 대한 간단한 답은 지혜라는 개념에서 찾을 수 있었다. 그들은 지혜를 추구하고 사랑했으며, 그래서 철학자(philein[사랑하다]과 sohpia[지혜]가 더해져 philosohpia[철학]이 됨)라고 불렀다. 그들은 기원전 6세기에서 5세기 사이에 소아시아, 그리스, 이탈리아 등지에서 지적인 삶을 풍요롭게 만들었다. (…중략…) 기원전 6세기 철학자들은 사물들을 지배하는 질서와 존재를 떠받치고 있는 지속적이고 이해 가능한 기초를 찾았다. 종교가 수천 년 동안, 아마도 수만 년 동안 '저 너머 세계'로의 길을 열었지만, 저 너머의 질서를 요구했던 것은 철학이었다. 거기에는 신들의 변덕과 열정 대신 원리들이 있어야 했다. 운명의 명백한 불확실성 대신에, 로고스, 즉 이성 혹은 운명을 지배하는 논리가 있어야 했다. (수잔 와이즈 바우어, 세상의 모든 철학, 도서출판 이론과실천, 2007, 24~34쪽)

오버랩

신약 성서는 지금의 영어와 같이 알렉산드로스 제국(헬레니즘 시대) 당시의 공용어인 헬라어(그리스어)로 기록되었다. 헬라(그리스)는 고대로부터 철학이 발전한 곳이었고, 만물의 근원을 물로 인식하였던 탈레스를 필두로 피타고라스, 헤라클레이토스, 파르메니데스, 제논, 소크라테스, 플라톤, 아리스토텔레스 같은 유명한 철학자들을 배출해 냈다. 알렉산드로스 대왕의 스승이 바로 플라톤과 함께 그리스의 최대의 사상가로서 "인간은 사회적 동물이다.", "인간은 본성적으로 정치적 동물이다."라고 주장하며 그리스의 철학을 집대성한 아리스토텔레스이다. 그는 『플루타르코스 영웅전』에 의하면 알렉산드로스가 "아버지는 나에게 생명을 주었으나 아리스토텔레스는 훌륭하게 사는 법을 가르쳐 주셨다."라고 이야기할 만큼 존경했던 인물이다. 그는 철학, 정치학, 윤리학, 물리학, 천문학, 기상학, 심리학, 박물학, 생물학 등 다양한 분야에 걸쳐 150여 편의 책을 저술한 인류의 위대한 스승 중 한 사람이다.

이런 고대 헬라 철학자들의 중심에 로고스가 있었고, 그 용어를 구체적으로 사용한 시기는 헤라클레이토스까지 거슬러 올라간다. 인간 중심적이고 합리적인 그리스 문화의 성격은 로고스에 대한 이론의 발전 과정에 형성되었고, 우주를 형성하고 있는 만물의 근원을 연구하는 자연 철학으로부터 인간과 사회, 그리고 국가에 대한 보편적 진리(도덕과 윤리)를 추구하는 단계로 발전한 헬라 철학의 중심에 그 로고스가 있다.

거기로부터 과학과 현대의 다양한 학문이 발전했고, 그 결과로 인해 다양한 현대 사회가 발생했다. 그 로고스를 사도 요한은 요한복음 1:1에서는 하나님으로(*Ἐν ἀρχῇ ἦν ὁ λόγος, καὶ ὁ λόγος ἦν πρὸς τὸν θεόν, καὶ θεὸς ἦν ὁ λόγος-엔 아르케 엔 호 로고스 카이 호 로고스 엔 프로스 톤 데온, 카이 데오스 엔 호 로고스.*), 1:14에서는 육신이 되신 하나님의 아들 예수 그리스도를 오버랩(overlap)시켰고(*ὁ λόγος σὰρξ ἐγένετο-호 로고스 사르크스 에게네토*), 사도 바울은 고린도전서 1:18에서 "그리스도 예수의 십자가가 가지는 로고스(*Ὁ λόγος ὁ τοῦ σταυροῦ-호 로고스 호 투 스타우루*)", 곧 우리말 성경의 "십자가의 도"로 오버랩(overlap)시켰다.

정황1: 에피쿠로스학파

이제 본격적으로 우리의 시각을 바울이 선교 여행을 하던 로마 시대의 역사적 정황으로 돌려 보자. 사도 바울이 전도 여행하던 고린도, 에베소, 아테네 같은 도시들도 모두 헬라의 유명한 도시들이다. 바울이 철학의 중심지였던 그리스의 수도 아테네에서 '그 예수와 그 부활로 복음 전함을(*ὅτι τὸν Ἰησοῦν καὶ τὴν ἀνάστασιν εὐηγγελίζετο-호티 톤 예순 카이 텐 아나스타신 유엥겔리제토*)' 두고 에피쿠로스 철학자들과 스토아 철학자들을 만나 논쟁하게 되는 장면이 나온다(행17:18). 그리스 철학과 복음이 정면으로 부딪치는 순간이다. 이 두 학파는 당시 헬라의 보편적인 시민 의식과 문화를 따르는 헬레니즘의 시대의 대표적인 철학 사조다. 당시의 사람들로부터 쾌락주의자라고 일컬어지던 에피쿠로스학파는 검소한 생활로 감정적, 정신적 동요나 혼란이 없는 평정심의 상태, 곧 마음의 평화인 '아타락시아'를 얻는 것이 진정한 쾌락이라고 주장하였다. 그들은 에피쿠로스(B.C. 342~270년)가 죽은 후에도 6백 년가량 그의 학설을 신봉했다. 그들은 모든 존재가 원자로 되어 있고, 신(神)들도 원자로 구성되어 물질적인 현상이 있다고 믿었다. 그들은 영혼의 존재를 부인하고, 신에 대한 절대적인 믿음과 의지가 없다고 했다.

다음은 에피쿠로스학파를 좀 더 쉽게 이해할 수 있게 도움을 주는 현대적 감각의 스케치이다.

기원전 4세기 무렵 마케도니아의 알렉산더가 카이로네이아 전투를 통해 그리스를 통일하고 페르시아, 아프리카, 인도 지역에 걸쳐 대제국을 건설하고, 알렉산드리아와 같은 큰 도시들을 50개에서 70개 정도 만들었어요. 게다가 알렉산더 대왕은 이민족을 포용하는 정책을 펴서 알렉산드리아에는 자연스럽게 여러 인종의 사람들이 몰려들었어요. 그런데 막상 지내보니 너무 힘든 거예요. 높은 물가에 헬라어(당시의 그리스어)를 모르면 좋은 일자리를 구하기 어렵고, 도시는 화려한데 점점 사는 게 팍팍한 거예요. 다시 돌아가려고 하니 이미 예전의 도시 국가는 쇠락하고 대도시에서 군중 속 고독을 느끼게 되었습니다. 이때 나타난 사람이 에피쿠로스예요. 에피쿠로스는 사람들을 모아 조용한 곳으로 들어가서 '정원'이라는 대안 공동체를 만들어 생활하기 시작했어요. 여기서 사람들이 원한 게 뭐겠어요? 힐링을 통한 행복이지요.

에피쿠로스는 인간의 감정을 두 가지로 봤어요. 즐거움과 괴로움, 쾌락과 고통, 행복과 불행, 즐거움이 곧 쾌락이고 행복이며, 괴로움이 곧 고통이며 불행이라고 생각했죠. 에피쿠로스는 "물과 빵만 있으면 나는 신도 부럽지 않다."라고 말했어요. 자신이 지금 갖고 있는 것만으로도 행복할 수 있다고 생각하자는 것이죠. 요즘 말하는 무소유, 미니멀리즘, 소확행 등과 같은 생각이에요.

에피쿠로스는 데모크리토스의 원자론을 받아들여 인간은 그냥 원자들의 이합집산이라고 보았기에, 태어난 목적이나 사명 같은 것은 없어도 그냥 행복하기만 하면 된다고 생각했어요. 그렇게 살다 보면 좀 심심하긴 하겠죠. 그래서 정원공동체에서 철학은 공부하고 친구들과 우정을 나누는 것을 강조했어요. 그러니 사람들이 막 몰려들었던 거죠. 당시 정원공동체가 여러 군데 있었는데, 한때 40만 명까지 모이기도 했어요.

에피쿠로스가 욕심을 버리고 물질적 고통에서 벗어나 행복을 추구하더라도, 인간을 괴롭히는 문제가 하나 남아 있어요. 그것은 바로 죽음에 관한 공포지요. 에피쿠로스는 '죽음도 두려워할 필요가 없다.'라며 그 이유를 다음과 같이 말했어요. "우리는 살아 있을 때 죽을 수 없다. 우리는 죽으면 존재하지 않는다. 따라서 우리는 죽음을 두려워할 필요가 없다."

에피쿠로스학파는 물질적 고통에서도 벗어나려 했어요. 철학을 공부하고 우정을 나누면 심심하지도 않고, 죽음에 대한 공포도 없으며, 어떠한 욕망에도 흔들리지 않아요. 이것이 행복이라고 생각한 거예요. 이런 상태를 아타락시아(ataraxia)라고 해요. 지금으로부터 2400여 년 전 에피쿠로스는 이미 욕망의 끝이 어떤 것인지 알았던 것입니다. 그래서 그는 말합니다. "욕망을 끊어라." 에피쿠로스의 철학은 끊임없이 욕망을 부추기는 자본주의 세계를 사는 현대인들에게 가장 필요한 철학이 아닌가 싶습니다.
(김필영, 5분 뚝딱 철학, 스마트북스 2020, 315~319쪽)

정황2: 스토아학파

스토아학파는 제논(B.C. 335~263년)이 창설한 학파로, 우주의 진행 과정에는 인간의 이성 능력과 같은 로고스가 존재한다고 생각했던 헤라클레이토스의 로고스를 모든 실재에 스며 있는 활동적인 이성적·정신적 원리로 규정했다. 그들은 로고스를 섭리·자연·신·우주적 영혼 등으로 불렀고, 로고스는 우주의 로고스에 포함된 많은 종자 '로고이'로 이루어져 있다고 보았다. 다만 인간은 로고스를 가졌으나 한계를 가진 존재이므로 자연이 부여한 자기 운명을 알고 그 운명대로 살아야 한다. 이렇게 자연에 순응하며 살다 자신의 근본인 자연으로 돌아가는 자를 현자(賢者)라고 했으며, 자연 그 자체로서 신과 같다고 보았다.

이 학파는 당시의 사람들에게 로마 제국의 통치 현실에 순응하도록 이끌어 로마에까지 유행한 철학 사조로서 제5대(A.D. 54~68년) 황제 네로의 스승 세네카, 제16대(A.D. 161~180년) 황제 마르쿠스 아우렐리우스까지 이 학파에 속하게 했다. 에피쿠로스학파와 더불어 로마 제국의 통치자들에게 환영받는 헬레니즘 시대의 2대 철학으로 통하는데, 금욕주의자로도 불릴 만큼 금욕 생활을 즐겨 하여 중세 로마 가톨릭의 일부 수도사들에 영향을 끼치기도 했다.

다음은 스토아학파를 이해하는 데 도움을 주는 스케치와 함께 종합적으로 두 학파의 공통점과 차이점에 대한 간단한 비교 스케치이다.

스토아라는 말은 건축물에서 여러 개의 기둥이 줄지어 선 주랑을 말합니다. 제논이 아테네의 스토아에서 강의했다고 해서 스토아학파라는 이름이 붙었어요. 기원전 3세기 무렵 키티온의 제논이 살았던 시대에도 마찬가지였어요. 알렉산더 대왕이 대제국을 건설하자 작은 도시 국가에 살던 사람들이 갑자기 경쟁이 심하고 먹고사는 것도 만만치 않은 대도시에 살게 되었어요. 그러니 현대인들이 온갖 강연을 쫓아다니듯, 사람들이 스토아에 몰려들었지요. 키티온의 제논이 도시 국가가 붕괴하고 정신적으로 공황 상태에 있던 사람들의 마음을 사로잡은 것이기도 해요.

스토아철학은 기원전 3세기에서 기원후 1-2세기까지 명맥이 이어졌는데, 초기 스토아 사상은 자연학과 논리학, 윤리학을 아우르는 독특한 세계관을 형성했지만 중기와 후기로 가면서 금욕과 절제를 강조하는 윤리학에 초점을 맞추게 됩니다.

스토아학파는 만물은 모두 물질이라고 보았어요(유물론적 일원론). 인간, 심지어 신까지도 물질이라고 보았죠. 그렇다고 해서 구체적인 신의 형상을 이미지로 가졌던 것은 아니고, 물질 전체인 세계가 곧 신이라고 주장했어요. 17세기 근대 철학자인 스피노자의 범신론이 생각나지 않나요?

또한 스토아학파는 세계는 물질로 구성되어 있고, 물질은 어떤 목적을 위해 인과법칙에 따라 변화와 운동을 하며, 미래와 인간의 운명이 완전히 결정되어 있다고 주장해요(결정론).

아리스토텔레스의 목적론적 세계관과 근대의 인과론적 세계관을 엿볼 수 있지요. 또한 세계의 만물, 인간, 신은 하나의 로고스, 이성, 원리에 의해 모두 연결되어 있다고 생각했어요. 스토아 사상을 정리하면 이렇습니다. "세계에 존재하는 모든 것은 물질이며, 물질들은 목적을 가지고 로고스에 따라 변화와 운동을 하며, 그 세계 전체가 바로 신(GOD)이다."

스토아학파에 따르면, 미래는 인과관계에 의해 이미 결정되어 있어요. 세계는 하나의 연극이며, 감독이 신이고, 시나리오가 로고스이며, 배우들이 인간입니다. 내가 맡은 배역이 행운의 주인공 신데렐라일 수도 있고, 비극의 주인공 햄릿일 수도 있지만, 대부분은 지나가는 행인들, 전쟁터의 병사들, 시체들이겠죠. 배우들은 시나리오를 바꿀 수 없으니 자신의 운명을 받아들여야 합니다.

배우는 기쁨도 슬픔도 두려움도 질투도 연기하지만, 그렇다고 정말 기쁘고 슬프고 두려워하고 질투할 필요는 없죠. 연기는 연기일 뿐, 실제로 그런 불필요한 정념에 빠질 필요는 없어요. 이처럼 모든 정념으로부터 벗어나서 항상 초연하고 평정심을 잃지 않는 상태를 아파테이아(apatheia)라고 합니다.

스토아 사상이 이렇게 비관적이고 체념적이기만 하다면, 2000여 년이 지난 지금까지 우리가 이야기하지는 않겠죠. 스토아 사상은 덕에 대해서도 말하는데, 이때 덕은 시대마다 조금씩 달라져서 굉장히 넓은 개념이긴 하지만, 쉽게 말해 '내면의 힘'을 의미해요. 불굴의 의지로 절제하고, 유혹에 빠지지 않으며, 의무에 충실하고, 세상사에 일희일비하지 않고, 타인에게 자비심과 동포애를 가지는 것, 그것이 바로 스토아 사상에서 말하는 덕입니다.

스토아 철학자들의 강한 의지를 보여 주는 일화가 많아요. 에픽테토스는 노예였다고 해요. 막일 노예는 아니고, 회계 관리도 하고 교사도 하는 사무직 노예였는데, 결코 화내는 법이 없었답니다. 하루는 주인이 그를 화나게 하려고 다른 사람들을 시켜서 다리를 비틀자 "아이고, 그만하세요. 계속 그러면 부러져요."라고 했대요. 다리가 부러지자, "아이고, 그것 봐요. 부러진다고 했잖아요?"라고 했대요. 에픽테토스가 절름발이였기 때문에 이런 일화가 전해 내려오나 봅니다.

스토아 철학자들은 죽음에 대해서도 초연한 태도를 보였어요. 제논은 독배를 마시고 의연하게 죽음을 맞이한 소크라테스를 매우 존경했대요. 전해지는 얘기에 따르면, 제논은 "죽음아, 무엇 때문에 나를 부르느냐? 내가 갈게"라고 하면서 숨을 참고 목숨을 끊었다고 해요. 또 다른 스토아 철학자인 클레안테스는 굶어서 자살했고요.

스토아 vs 에피쿠로스

흔히 스토아 사상을 에피쿠로스 사상과 비교해 설명하는데, 그러면 좀 더 선명하게 보이기 때문인 듯해요. 둘의 공통점을 볼까요?

둘 다 사변적인 사상이 아니라 실천적이고 실용적인 사상입니다. 두 사상의 관심은 당시 로마 제국에서 인간이 어떻게 살아야 하는가였죠. 또한 둘 다 유물론에 기반을 두고 있고, 만물은 물질들로 구성되어 있다고 생각했어요.

이제 차이점을 볼까요? 에피쿠로스 사상의 뿌리는 데모크리토스의 원자론으로, 세계는 원자라는 물질들의 이합집산일 뿐이라고 봅니다.

스토아 사상의 뿌리는 헤라클레이토스의 로고스 사상인데, 세계는 물질들로 구성되어 있지만 로고스라는 원리가 관통하고 있다는 것입니다.

에피쿠로스 사상은 쾌락을 곧 선이라고 보지만, 과도한 쾌락은 고통이기 때문에 절제를 강조했어요. 반면 스토아 사상은 쾌락은 물론 모든 정념으로부터 벗어나야 한다면서 덕을 강조했고요. 에피쿠로스 사상은 작지만 고통이 없는 지속적인 쾌락을 느끼는 상태인 '아타락시아'를 지향했고, 스토아 사상은 어떤 것에 의해서도 마음이 움직이지 않는 부동심의 상태인 '아파테이아'를 지향했어요.

굳이 비유하자면, 에피쿠로스적인 삶은 도시생활에 찌들어 살다가 시골로 내려가서 작은 행복에 만족하는 안빈낙도의 삶이에요. 스토아적인 삶은 바쁘고 각박한 도시생활이지만 "이건 아무 것도 아니야, 내가 누군데" 하면서 버티는 정신승리의 삶이라고 볼 수 있어요. 에피쿠로스 사람들은 고통을 피하는 쪽을 선택한 것이고, 스토아 사람들은 고통을 고통이 아니라고 생각하며 정신승리하는 쪽을 선택한 것이죠.

아무튼 두 사상 모두 쾌락이 결국 고통을 가져온다고 봤어요. 에피쿠로스 사상은 쾌락이 주는 고통을 알기 때문에 최소한의 쾌락으로 행복을 얻으려고 했고, 스토아 사상은 쾌락이 주는 고통을 알기 때문에 덕과 절제라는 또 다른 종류의 쾌락으로 행복을 얻으려고 한 것이 아닐까요? 여러분은 어떻게 생각하나요? 에피쿠로스적인 삶과 스토아적인 삶, 둘 중 하나를 선택해야 한다면 어떤 삶을 원하세요?

(Ibid., 320~325쪽)

불만족과 복음

하지만 그 유명하디유명한 그리스의 수도 아테네 사람들은 가장 새로운 것을 말하고 듣는 것 이외에는 달리 시간을 쓰지 않는 사람들로 변해 있었고, 항상 이 세상의 모든 것이 만족스럽지만은 않다는 혼란스러운 인식이 서로 뒤섞이며 발생하는 상태에서 바울을 만났다. 그들은 새로운 것에 목말라하고 있었다. 그런 아테네 사람들은 바울의 가르침을 듣기 원했고, 그들을 향한 바울의 "죽은 자들의 부활(ἀνάστασιν νεκρῶν-아나스타신 네크론)"에 대한 명설교는 호불호가 갈리게 만들었다(행 17:16-34).

〈아테네에서 전도하는 바울〉

16 바울은 아테네에서 그들을 기다리는 동안에 온통 우상으로 가득 차 있는 그 도시를 보고 그의 영이 날카롭게 되고 있었습니다(절망감에 자극받고 있었음).
17 그리하여 실로 그는 회당에서 유대인들에게와 경건한 사람들에게, 그리고 시장에서 매일 만나는 자들을 향해 강렬하게 토론하고 있었습니다.
18 그때 에피쿠로스와 스토아 철학자 중 몇 사람들이 그와 논쟁하게 되었는데, 어떤 사람들은 "이 수다쟁이가 무엇을 말하려고 하는가?"라고 했고, 다른 사람들은 "이방의 귀신들을 선전하는 사람과 같이 보인다."라고 했습니다. 그가 예수님과 그의 부활을 그들에게 복음을 전하고 있었기 때문입니다.
19 그들이 그를 붙들어 아레오바고 시의회로 안내하면서 말했습니다. "당신에 의해 말하여지고 있는 이 새 가르침이 무엇인지 우리가 알 수 있습니까?
20 당신이 우리들의 귓속에 매우 낯선 것을 들려주고 있기 때문입니다. 그러니 우리가 이것들이 무엇인지 알기를 원합니다."
21 모든 아테네 사람들과 그곳에 거주하는 외국인들은 다른 어떤 것보다도 더 새로운 것을 말하고 듣는데 여가 시간을 보내고 있었습니다.
22 바울이 아레오바고 시의회 한가운데 서서 말했습니다. "아테네 성인 남성들이여, 나는 모든 면에서 다른 사람들보다 더욱 종교적인 여러분을 보고 있습니다.
23 왜냐하면 내가 두루 다니다 여러분의 숭배물들을 거듭 살펴보면서, '알지 못하는 신에게'라는 글이 새겨진 제단을 발견했기 때문입니다. 그런즉 나는 여러분이 알지 못하면서 숭배하고 있는 그 신에 대해 여러분에게 전합니다.
24 그 세상과 그 안에 있는 모든 것을 만드신 그 하나님, 이분은 하늘과 땅의 주인이시므로 사람의 손으로 만든 신전에 계시지 않으십니다.

25 또한 무엇을 달라고 하며 사람들의 손에 의해 섬김을 받지도 않으시고, 친히 모든 사람들에게 생명과 호흡과 모든 것들을 주시는 분이십니다.

26 그분은 한 사람으로부터 사람들의 각 민족을 만드시고 각각의 땅 위에 살도록 하셨으며, 그들이 명령을 받은 때 들과 거주 지역의 경계들을 정하셨습니다.

27 그것은 그 하나님을 찾도록 하신 것입니다. 그런즉 적어도 사람들이 그를 만져 발견하기만을 바란다면 사실 그분은 우리 각자로부터 멀리 계시지 않습니다.

28 왜냐하면 여러분을 따르는 어떤 시인들이 '참으로 우리 또한 그분(신)의 자손입니다.'라고 말한 것처럼 그분 안에서 우리가 살고 움직여지고 존재하기 때문입니다.

29 그러므로 우리는 그 하나님의 자손이므로 사람의 고안이나 기술로 조각된 금상에게나 은상에게나 석상에게 그 하나님과 동일한 신성이 있다고 생각하는 것은 마땅치 않습니다.

30 그렇기 때문에 그 하나님께서는 실로 그 무지한 세대를 그냥 지나치셨고, 이제는 사람들 모두에게 어디서나 회개하라고 명령하십니다.

31 이는 그 하나님께서는 자신이 정하신 한 성인 남성 안에서 한 의(義)로 지구촌(오이쿠메네, 로마 세계)을 심판하실 날을 세우셨기 때문입니다. 그 하나님께서는 죽은 자들로부터 그를 다시 서게 하심으로써 모든 사람들에게 그가 의로우신 분이라고 증명하셨습니다(믿음을 제공하셨습니다)."

32 그러나 바울의 죽은 자들의 부활에 대한 복음을 듣고서 실로 어떤 사람들은 비웃고 있었고, 또 어떤 사람들은 '우리는 이 일에 관하여 또다시 당신의 말을 들을 것입니다.'라고 말했습니다.

33 그래서 바울은 그들 가운데로부터 나왔습니다.

34 그러나 어떤 성인 남성들이 그에게 붙여져서(친분을 갖게 되어서) 믿었으니, 그들 중에는 아레오바고 시의원인 디오누시오와 다마리라는 이름의 부인과 그들과 함께하는 다른 사람들도 있었습니다.

16 Ἐν δὲ ταῖς Ἀθήναις ἐκδεχομένου αὐτοὺς τοῦ Παύλου παρωξύνετο τὸ πνεῦμα
αὐτοῦ ἐν αὐτῷ θεωροῦντος κατείδωλον οὖσαν τὴν πόλιν. 17 διελέγετο μὲν
οὖν ἐν τῇ συναγωγῇ τοῖς Ἰουδαίοις καὶ τοῖς σεβομένοις καὶ ἐν τῇ ἀγορᾷ κατὰ
πᾶσαν ἡμέραν πρὸς τοὺς παρατυγχάνοντας. 18 τινὲς δὲ καὶ τῶν Ἐπικουρείων
καὶ Στοϊκῶν φιλοσόφων συνέβαλλον αὐτῷ, καί τινες ἔλεγον· τί ἂν θέλοι ὁ
σπερμολόγος οὗτος λέγειν; οἱ δέ· ξένων δαιμονίων δοκεῖ καταγγελεὺς εἶναι,
ὅτι τὸν Ἰησοῦν καὶ τὴν ἀνάστασιν εὐηγγελίζετο. 19 ἐπιλαβόμενοί τε αὐτοῦ
ἐπὶ τὸν Ἄρειον πάγον ἤγαγον λέγοντες· δυνάμεθα γνῶναι τίς ἡ καινὴ αὕτη

*ἡ ὑπὸ σοῦ λαλουμένη διδαχή; **20** ξενίζοντα γάρ τινα εἰσφέρεις εἰς τὰς ἀκοὰς ἡμῶν· βουλόμεθα οὖν γνῶναι τίνα θέλει ταῦτα εἶναι. **21** Ἀθηναῖοι δὲ πάντες καὶ οἱ ἐπιδημοῦντες ξένοι εἰς οὐδὲν ἕτερον ηὐκαίρουν ἢ λέγειν τι ἢ ἀκούειν τι καινότερον.*

***22** Σταθεὶς δὲ [ὁ] Παῦλος ἐν μέσῳ τοῦ Ἀρείου πάγου ἔφη· ἄνδρες Ἀθηναῖοι, κατὰ πάντα ὡς δεισιδαιμονεστέρους ὑμᾶς θεωρῶ. **23** διερχόμενος γὰρ καὶ ἀναθεωρῶν τὰ σεβάσματα ὑμῶν εὗρον καὶ βωμὸν ἐν ᾧ ἐπεγέγραπτο· Ἀγνώστῳ θεῷ. ὃ οὖν ἀγνοοῦντες εὐσεβεῖτε, τοῦτο ἐγὼ καταγγέλλω ὑμῖν.*
***24** ὁ θεὸς ὁ ποιήσας τὸν κόσμον καὶ πάντα τὰ ἐν αὐτῷ, οὗτος οὐρανοῦ καὶ γῆς ὑπάρχων κύριος οὐκ ἐν χειροποιήτοις ναοῖς κατοικεῖ **25** οὐδὲ ὑπὸ χειρῶν ἀνθρωπίνων θεραπεύεται προσδεόμενός τινος, αὐτὸς διδοὺς πᾶσιν ζωὴν καὶ πνοὴν καὶ τὰ πάντα· **26** ἐποίησέν τε ἐξ ἑνὸς πᾶν ἔθνος ἀνθρώπων κατοικεῖν ἐπὶ παντὸς προσώπου τῆς γῆς, ὁρίσας προστεταγμένους καιροὺς καὶ τὰς ὁροθεσίας τῆς κατοικίας αὐτῶν **27** ζητεῖν τὸν θεόν, εἰ ἄρα γε ψηλαφήσειαν αὐτὸν καὶ εὕροιεν, καί γε οὐ μακρὰν ἀπὸ ἑνὸς ἑκάστου ἡμῶν ὑπάρχοντα. **28** ἐν αὐτῷ γὰρ ζῶμεν καὶ κινούμεθα καὶ ἐσμέν, ὡς καί τινες τῶν καθ' ὑμᾶς ποιητῶν εἰρήκασιν· τοῦ γὰρ καὶ γένος ἐσμέν. **29** γένος οὖν ὑπάρχοντες τοῦ θεοῦ οὐκ ὀφείλομεν νομίζειν χρυσῷ ἢ ἀργύρῳ ἢ λίθῳ, χαράγματι τέχνης καὶ ἐνθυμήσεως ἀνθρώπου, τὸ θεῖον εἶναι ὅμοιον. **30** τοὺς μὲν οὖν χρόνους τῆς ἀγνοίας ὑπεριδὼν ὁ θεός, τὰ νῦν παραγγέλλει τοῖς ἀνθρώποις πάντας πανταχοῦ μετανοεῖν, **31** καθότι ἔστησεν ἡμέραν ἐν ᾗ μέλλει κρίνειν τὴν οἰκουμένην ἐν δικαιοσύνῃ, ἐν ἀνδρὶ ᾧ ὥρισεν, πίστιν παρασχὼν πᾶσιν ἀναστήσας αὐτὸν ἐκ νεκρῶν. **32** Ἀκούσαντες δὲ ἀνάστασιν νεκρῶν οἱ μὲν ἐχλεύαζον, οἱ δὲ εἶπαν· ἀκουσόμεθά σου περὶ τούτου καὶ πάλιν. **33** οὕτως ὁ Παῦλος ἐξῆλθεν ἐκ μέσου αὐτῶν. **34** τινὲς δὲ ἄνδρες κολληθέντες αὐτῷ ἐπίστευσαν, ἐν οἷς καὶ Διονύσιος ὁ Ἀρεοπαγίτης καὶ γυνὴ ὀνόματι Δάμαρις καὶ ἕτεροι σὺν αὐτοῖς.*

(NA 28th(UBS 5th) ed 행17:16-34 필자 사역)

경고

사도 바울은 골로새 교인들에게 편지로 "누가 철학과 헛된 속임수로 너희를 노략질할까 주의하라. 이것이 사람의 유전과 세상의 초등 학문을 좇음이요 그리스도를 좇음이 아니니라."라고 했다(골2:8). 그리스도를 믿음으로써 얻은 새 생명을 속여 빼앗아 가는 사도 시대 당시 난무하던 고대 그리스(헬라) 철학뿐만 아니라 그것에 바탕을 둔 많은 신종 철학에 대해 성도가 주의할 것을 말한 것이다. 그리고 그것은 철학이 인간의 지혜를 사랑하는 것에 불과하다고 경고한 것이다. 바울에겐 그리스도만이 그 하나님의 지혜이고 권능(능력)이었다(고전1:20-25).

***20** 지혜로운 자가 어디 있습니까? 학자가 어디 있습니까? 이 시대의 변론가가*

어디 있습니까? 그 하나님께서 그 세상의 지혜를 어리석게 하지 않으셨습니까?
21 *참으로 그 하나님의 지혜가 있었음에도 그 세상은 그 지혜를 통해 그 하나님을 알지 못했던 까닭에, 그 하나님께서는 어리석어 보이는 그 복음 선포로 믿는 사람들을 구원하시기를 기뻐하셨습니다.*
22 *유대인들은 표징들을 구하고 헬라인들은 지혜를 찾지만,*
23 *우리는 십자가에 못 박히신 그리스도를 선포하니, 유대인들에게는 걸려 넘어지게 하는 것이고 헬라인들에게는 바보 같은 짓입니다.*
24 *하지만 부르심을 받은 사람들에게는, 유대인들이든 헬라인들이든, 그리스도는 하나님의 권능(능력)이시며 지혜이십니다.*
25 *왜냐하면 그 하나님의 어리석음이 그 사람들보다 더 지혜롭고 그 하나님의 그 약함이 그 사람들보다 더 강하기 때문입니다.*

*20 ποῦ σοφός; ποῦ γραμματεύς; ποῦ συζητητὴς τοῦ αἰῶνος τούτου; οὐχὶ
ἐμώρανεν ὁ θεὸς τὴν σοφίαν τοῦ κόσμου; 21 ἐπειδὴ γὰρ ἐν τῇ σοφίᾳ τοῦ θεοῦ
οὐκ ἔγνω ὁ κόσμος διὰ τῆς σοφίας τὸν θεόν, εὐδόκησεν ὁ θεὸς διὰ τῆς μωρίας
τοῦ κηρύγματος σῶσαι τοὺς πιστεύοντας· 22 ἐπειδὴ καὶ Ἰουδαῖοι σημεῖα
αἰτοῦσιν καὶ Ἕλληνες σοφίαν ζητοῦσιν, 23 ἡμεῖς δὲ κηρύσσομεν Χριστὸν
ἐσταυρωμένον, Ἰουδαίοις μὲν σκάνδαλον, ἔθνεσιν δὲ μωρίαν, 24 αὐτοῖς δὲ τοῖς
κλητοῖς, Ἰουδαίοις τε καὶ Ἕλλησιν, Χριστὸν θεοῦ δύναμιν καὶ θεοῦ σοφίαν·
25 ὅτι τὸ μωρὸν τοῦ θεοῦ σοφώτερον τῶν ἀνθρώπων ἐστὶν καὶ τὸ ἀσθενὲς τοῦ
θεοῦ ἰσχυρότερον τῶν ἀνθρώπων.*

(NA 28th(UBS 5th) ed 고전1:20~25 필자 사역)

분별

이렇듯 바울에게 하나님의 복음을 세상에 전한다는 것은 지혜를 갈구하는 인류에게 하나님의 지혜를 소개하는 것이었다. 하지만 그것은 전쟁과 같은 것이기도 했다. 악한 영이 인류에게 왕 노릇 하고 있었기 때문이다. 악령은 교묘하게 땅에 사는 자들 가운데 강한 힘을 가진 자들을 왕으로 세우고 묘략에 능한 자들과 함께 왕권을 행사하게 했다. 복음을 전하는 자들이 로마 황제의 박해를 받았던 이유도 하나님의 지혜와 권능을 받아들이지 않은 당시 로마 황제의 교만함으로부터 기인했다. 바울은 단호하다. 악한 영들에 의해 돌아가고 있는 세상을 향해 복음을 전하여 비록 황제의 박해받아야 하는 처지로 내몰리는 상황이지만 그들 모두가 해야 할 것은 육적인 싸움이 아니라 영적인 싸움이라는 원칙을 분별하라고 촉구한다(고후10:1-6).

1 실로 여러분과 대면할 때는 겸손하나 떨어져 있을 때는 담대한 나 바울이 친히 그 그리스도의 온유하심과 너그러우심으로 여러분에게 권면합니다.

2 내가 여러분과 함께 있을 때, 우리를 육신을 따라 걸어가는 자들처럼 생각하는 몇몇 사람들에게 내가 용감하다고 여기는 그 확신으로 담대하게 대하지 않게 되기를 간청합니다.

3 우리가 육신 안에서 걸어가지만 육신을 따라 싸우는 것은 아니기 때문입니다.

4 참으로 우리의 전쟁 무기들은 육신적인 것이 아니라 아주 견고한 요새를 무너뜨리는 그 하나님께 있는 권능입니다. 그 무기는 모든 이론을 무너뜨리고

5 그 하나님의 지식에 대항하여 스스로 높아진 모든 교만을 쳐부수며, 모든 생각을 사로잡아 그 그리스도의 순종에 이르게 하여,

6 여러분의 순종이 완전하게 채워질 때, 모든 불순종도 처벌할 준비를 갖추게 됩니다.

1 Αὐτὸς δὲ ἐγὼ Παῦλος παρακαλῶ ὑμᾶς διὰ τῆς πραΰτητος καὶ ἐπιεικείας τοῦ
Χριστοῦ, ὃς κατὰ πρόσωπον μὲν ταπεινὸς ἐν ὑμῖν, ἀπὼν δὲ θαρρῶ εἰς ὑμᾶς·
2 δέομαι δὲ τὸ μὴ παρὼν θαρρῆσαι τῇ πεποιθήσει ᾗ λογίζομαι τολμῆσαι ἐπί
τινας τοὺς λογιζομένους ἡμᾶς ὡς κατὰ σάρκα περιπατοῦντας. 3 Ἐν σαρκὶ γὰρ
περιπατοῦντες οὐ κατὰ σάρκα στρατευόμεθα, 4 τὰ γὰρ ὅπλα τῆς στρατείας
ἡμῶν οὐ σαρκικὰ ἀλλὰ δυνατὰ τῷ θεῷ πρὸς καθαίρεσιν ὀχυρωμάτων,
λογισμοὺς καθαιροῦντες 5 καὶ πᾶν ὕψωμα ἐπαιρόμενον κατὰ τῆς γνώσεως τοῦ
θεοῦ, καὶ αἰχμαλωτίζοντες πᾶν νόημα εἰς τὴν ὑπακοὴν τοῦ Χριστοῦ, 6 καὶ ἐν
ἑτοίμῳ ἔχοντες ἐκδικῆσαι πᾶσαν παρακοήν, ὅταν πληρωθῇ ὑμῶν ἡ ὑπακοή.

(NA 28th(UBS 5th) ed 고후10:1-6 필자 사역)

사도적 의무감: 거룩한 소명

필자는 지금까지 당시 바울의 실제 복음 전도 여행의 사례를 통해 1:14-15에 나타나는 바울의 로마 선교의 간절함을 "빚진 자(ὀφειλέτης-오페일레테스)"라고 하는 '복음 전파에 대한 사도적 의무감'의 실체를 찾아가는 과정으로 제시했다. 바울이 1:14에서 "나는 그리스인들과 미개인들 양쪽 모두에게, 지혜로운 자들과 어리석은 자들 양쪽 모두에게 빚진 사람입니다."라고 할 때, '로마인들'이라고 하는 표현을 의도적으로 제외시켰지만 대신 로마인들과 로마 시대의 사람들을 대표할 수 있는 표현을 사용하고 있음을 확인할 수 있었다. 로마는 지금 이미 알렉산드로스 대왕에 의해 세워진 헬레니즘 시대의 헬라 제국(알렉산드로스 제국)을 최종적으로 멸망시킨 B.C. 30년을 훌쩍 지난, 로마 제5대 황제 네로의 시대 A.D. 57년경쯤이다.

이때 바울에 의해 쓰인 이 로마서의 1:14의 구분은 세계 역사의 중심을 그리스 문화로 놓고 로마 시대로부터 오고 오는 시대의 복음 전도가 있어야 하는 인간 세계를 규정하는 영적 안목으로부터 기인한 것임을 깨닫게 한다. 그것은 B.C. 30년~A.D. 57년 사이 역사의 소용돌이 속에서 태어나 그리스도 예수님에 의해 얻은 바울의 깨달음이다. 바울은 "이처럼 나는 로마에 살고 있는 여러분에게도 복음을 전하게 되길 간절히 바라고 있습니다."라는 1:15의 애타는 사도적 바람으로 로마서 자체 서론을 마무리하고 있다.

이로써 사도 바울이 자신만의 특별한 사도적 영적인 은사를 나누어 주어(*τι μεταδῶ χάρισμα ὑμῖν πνευματικὸν-티 메타도 카리스마 휘민 프뉴마티콘*) 로마 교회의 신자들을 견고하게 하고, 자신과의 믿음의 소통을 이루어 서로 위로를 받는 것뿐만 아니라 그 결과 어떤 열매를 얻어야 한다고 했던, 바울의 복음 전파 대상에 대한 의미는 명확해졌다. 이제 남은 건 "빚진 자"에 대한 좀 더 깊은 이해이다.

사도적 채무감: 거룩한 사명

"빚진 자"란 이제까지 설명한 고대 헬라인들로부터 로마 시대의 사람들, 그리고 미래의 인류, 그들로부터 빚을 내어 썼으니 이제 "그 빚을 갚아야 할 의무를 가진 자"란 뜻으로 이해할 수 있다. 이 빚은 복음의 빚이다. 바울이 그리스도 예수님의 부르심을 받았을 때 입은 은혜의 결과로 지게 된 빚이다(행9장). 이를 필자는 이미 '복음 전파에 대한 사도적 의무감'이라고 규정했다. 그리스도인들을 박해하던 자신을 찾아오신 그리스도 예수님의 사도로 부르심을 받을 때 갖게 된, 마땅히 해야 할 일에 대한 자세를 "빚진 자"라고 표현한 것이다.

그것은 하나님과의 관계에서 선민의식이 출중했던 과거의 바울이 하나님을 향한 열심을 가지고 그리스도인들을 박해했었는데, 하나님의 아들이신 그리스도 예수님을 만나며 생긴 거룩한 채무감(債務感)이다. 하나님의 선민으로서 인류를 향한 하나님의 뜻을 알지 못하고 행한 오만방자했던 자신의 지난 삶의 여정의 실체를 본 것이다. 하나님께서 자신을 선택하신 이유를 깨닫지 못하고 자기 소견에 옳다고 생각하고 확신하는 일에 목숨을 걸고 살았던 열정이 얼마나 극악무도하게 끔찍한 짓을 저지르며 살게 했던 것인지를 깨달음으로써 생긴 새로운 소명 의식이다.

그리스도 예수님으로 인한 영적인 새 생명에 대한 사명감이다.

문제점 해결의 모색

이쯤에서 비교적 짧게 이 부분(롬1:13-15)을 해설한 루터와 칼빈의 주석(세계 기독교 고전)을 보자. 필자는 이미 본문을 설명하면서 바울이 바라보는 로마 교회의 문제점인 두 계층 간의 긴장과 분열에 관해 이야기한 바 있다. 두 분의 주석을 통으로 제시하는 이유는 목회적 관점에서 그 이해와 해결의 방안을 모색하는 데 유익하다는 판단에서다.

루터의 주석(롬1:13-15)

여기서 바울은 은밀하게 그에 맞서 제기되었을 두 가지 반대에 부딪친다. 먼저 그는 헬라어 지역들을 넘어서서 라틴어를 사용하던 지역들에까지, 실제로는 그 지역들을 넘어서까지 그의 사도적 사역을 확장했다는 이유로 교만하다(arrogance)는 비난을 들었을 것이다. 또 어떤 사람들은 바울을 로마에 있는 그리스도인들처럼 이미 지혜롭고 신앙으로 교육받은 사람들을 주제넘게(presumption) 가르치려 한다고 비난했을 것이다. 마찬가지로 그는 자신의 가르침을 이 세상의 지혜로운 자들에게 강요한다는 이유로 뻔뻔스럽다(boldness)는 비판을 받았을 것이다. 이러한 반대들에 대하여 그는 이렇게 대답한다.: 나는 기분 내키는 대로 이런 일을 하는 것이 아니라 내가 진 빚을 갚기 위해 이런 일을 하는 것이다.

"그러므로 나는 할 수 있는 대로 로마에 있는 너희에게도 복음 전하기를 원하노라"는 말로써, 서론은 끝나고, 서신은 본격적으로 시작된다. 바울의 서론은 독자들로 하여금 자신의 말에 기꺼이 귀를 기울여 듣게 하기 위한 목적으로 씌어졌다. 그는 자신의 직임과 하나님의 말씀의 영광을 높임으로써 독자들의 주의를 끈다. 그는 그들의 사역자이자 빚진 자로서 오로지 그들의 구원에 봉사하겠다고 약속함으로써 독자들로 하여금 그의 말을 듣고자 하는 마음이 생기게 만든다.

(마르틴 루터, 루터의 로마서 주석, 크리스천다이제스트, 2019, 50쪽)

칼빈의 주석(롬1:14)

바울은 "헬라인"과 "야만인"이 누구를 지칭하는지를 보여 주기 위해서 바로 뒤에 "지혜 있는 자"와 "어리석은 자"라는 부연설명을 덧붙인다. 에라스무스(Erasmus)가 이 어구를 "배운 자"와 "배우지 못한 자"라고 옮긴 것은 틀린 번역이 아니지만, 나는 바울의 표현을 그대로 살려서 번역하는 쪽을 택하였다. 여기서 바울은 자신의 직분을 근거로 삼아서 논증을 펼쳐 나간다. 즉, 로마의 성도들이 학식과 지혜에서 아무리 뛰어나다고 할지라도 자기가 그들을 가르쳐야 한다고 확신하는 이유는 자기가 교만해서가 아니라 하나님께서 자기를 "지혜 있는 자"에게도 "빚진 자"로 만드셨기 때문이라는 것이다. 여기에서 우리는 두 가지를 생각해 볼 필요가 있다. 먼저, 하나님께서는 이 세상의 모든 지혜를 자신에게 복종시키고, 온갖 재능과 학식, 또는 고상한 기예들을 사로잡아 자신의 단순한 가르침 앞에 무릎 꿇게 하시기 위하여 "지혜 있는 자들"에게 복음을 전하도록 명령하셨다는 것이다. 또한, 하나님께서는 "지혜 있는 자들"을 학식이 없는 자들과 똑같이 취급하셔서, 그들로 하여금 전에는 자신과 동등한 자들로 결코 받아들이고자 하지 않았던 사람들을 그들 모두의 선생이신 그리스도 밑에서 함께 배우는 제자들로 받아들일 수 있게 하고자 하셨다. 다음으로, 학식이 없는 자들이라고 해서 이 학교에서 쫓겨나는 일은 결코 없을 것이고, 그들도 근거 없는 두려움에 사로잡혀 이 학교로부터 도망쳐서는 안 된다는 것이다. 왜냐하면, 바울은 그들에게 "빚진 자"일 뿐만 아니라 게다가 신실한 빚진 자인 까닭에 의심할 여지 없이 자기가 빚진 것을 충실하게 갚고자 할 것이고, 따라서 그들은 이 학교에서 뭔가를 얻어서 누릴 수 있게 될 것이기 때문이다. 여기서 모든 선생들이 따라야 할 준칙이 나오는데, 그것은 자신을 낮춰서 겸손하고 인자하게 배우지 못한 자들이나 어리석은 자들의 수준에 맞추어야 한다는 것이다. 그렇게 할 때에 선생들은 좀 더 평정심을 가지고서 수많은 말도 안 되는 일들과 무수하게 일어나는 역겨운 일들에 휘둘리는 것이 아니라 도리어 잘 감당해 낼 수 있게 될 것이다. 하지만 선생들은 자신이 "어리석은 자들"에게 "빚진 자"라고 해서, 그들의 어리석음을 지나치게 관대하게 품어 주어서는 안 된다는 것을 명심해야 한다.
(요한 칼빈, 칼빈주석 로마서 20, 크리스천다이제스트, 2013, 38~39쪽)

루터의 도움

루터는 1:14을 로마 회중으로부터 예상되는 두 가지 반대에 대한 바울의 대꾸로 설명한다. 하나는 교만함(arrogance)이다. 사도적 사역의 영역을 너무 크게 잡았다는 이유다. 헬라어를 사용하는 지역을 넘어 라틴어를 사용하는 지역까지 침범하고 거기를 넘어서려고 하고 있다는 것이다. 다른 하나는 주제넘음(presumption)이다. 이미 신앙 교육을 잘 받은 로마의 그리스도인들을 분수도 모르고 가르치려 든다는 것이다. 이 세상의 지혜로운 사람들에게 가르침을 강요하는 것이 뻔뻔함(boldness)인 줄도 모르냐는 것이다. 바울은 그러한 반대에도 불구하고 사도의 직무에 따라

이 일을 기분 내키는 대로 하는 것이 아니라 빚진 자가 빚을 청산한다는 낮은 자세로 이 일을 한다고 대답하는 자기 논증으로 본다.

칼빈의 도움

칼빈 역시 1:14에 대해 명쾌하게 사도라는 직분에 근거한 자기 논증이라고 했다. 그 논증은 전체적으로 선교 학교라는 이미지를 통해 설명된다. 두 부류로 나뉜 로마의 회중은 이 학교의 학생들이다. 바울은 그들을 가르치는 사도적 선생이다. 두 부류의 특성상 한 공동체로 묶을 수 있는 접합 지점이 아무것도 없다. 그들을 묶을 수 있는 것은 하나님의 사랑뿐이다. 이 학교는 하나님의 사랑을 배우는 학교다. 선생님은 그리스도 한 분이시고, 그분으로부터 보내심을 받은 사도 바울이 가르침의 은사를 나누어 주는 현장이다. 칼빈이 "바울은 자신의 직분을 근거로 삼아서 논증을 펼쳐 나간다. 즉, 로마의 성도들이 학식과 지혜에서 아무리 뛰어나다고 할지라도 자기가 그들을 가르쳐야 한다고 확신하는 이유는 자기가 교만해서가 아니라 하나님께서 자기를 '지혜 있는 자'에게도 '빚진 자'로 만드셨기 때문이라는 것이다."라고 말하는 것은 옳다. 그리고 이어 제시하는 두 가지 생각해 볼 거리는 목회적 상황에서 교회 공동체 구성원들 간에 본래의 모습을 회복할 수 있는 통찰에 이르는 데 도움을 준다 하겠다.

필자의 간곡한 권고

마지막으로 필자가 생각하는 바울의 로마 교회의 문제점에 대한 진단과 그 해결 방안을 실천하는 자세를 밝힌 1:14은 이미 필자가 많은 지면을 통해 밝혀 왔던 바울의 역사적 영적 통찰이라는 기반 위에 서 있음을 강조해야 하겠다. 그것은 목회적 상황에서 그리스도인들의 교회 공동체의 회복이 어느 시대든지 어느 민족이든지 바울이 선민으로서 알아야 했던 인류를 향하고 인류를 위한 하나님의 속마음을 알지 못하던 데서 깨닫고 얻은 거룩한 복음 전파에 대한 신실한 의무감으로부터 시작된다는 의미이다.

이는 바울에게 있어서 진정한 선민의식은 모든 세계의 사람이 진리를 아는 데 이르기를 원하시는 하나님의 속마음(딤전2:4)이었듯이, 선지자와 사도의 터(엡2:20) 위에 세워진 교회 공동체 역시 동일한 책무를 이어받은 새로운 선민의식을 가진다는 것이다. 그것은 하나님께서 자기의 아들 예수 그리스도·그리스도 예수님의 보혈의 피로 탄생케 한 새 생명 창조 역사 공동체로서 가져야 할 새로운 세계 시민 의식이다(엡2:4-10, 빌3:20-21).

이에 반해 지나간 역사 속에서 꽃피웠던 그리스의 찬란한 문화가 역사의 소용돌이 속에서 마침내 얻을 수 있었던 것은 배타적인 민족주의적인 공동체 의식으로부터 개인적이면서도 세계 시민주의적 공동체 의식이다. 그들의 변화는 세계를 대표하는 문화로 불렸다.

하지만 역사의 주인이신 하나님께서는 그런 인간 세계를 집대성하여 대표하는 그리스 문화로부터 하나님의 복음(주 예수 그리스도)을 통해 새 생명 창조 역사 공동체를 세우셨다. 그리스 문화라는 인문학적인 교양 속에 신앙의 영적 공동체에 대한 비전을 베풀어 주신 것이다.

그것은 인류에게 값진 그리스 문화의 진보마저도 인간이 만들어 내는 긴장과 반목, 갈등과 분열의 역사를 걷어 내지 못할 것이고, 전쟁과 평화, 불행과 행복이라는 굴레 속에서 벗어날 수 없다는 것을 확인시켜 주신 것이다. 당시의 인류에게 그리스의 문화가 가지는 세계 시민 의식은 세계가 나아갈 방향을 가리키는 나침반의 지침과 같은 것(지금도 여전히 같은 것)이지만 그런 인류에게 하나님께서는 십자가의 로고스를 드러내셔서 그 나침반 지침의 방향을 수정하여 제시하셨다는 말이다. 사랑이 많으신 하나님께서 진노 중에도 긍휼을 베푸시는 은혜의 결과다.

그러니 지금, 그 새 생명 역사 공동체가 그리스 문화가 로마 시대를 거치면서 그리스-로마의 문화로 탈바꿈하여 온 세계로 역전파되어 다원화적이고 혼합주의적인 세속 문화의 흐름 속에 있다는 것을 이해하고, 바울의 영적인 통찰에 근거한 선교의 자세로 변화되어 미래의 선교 방향을 추진하길 간곡히 권면하고 싶다.

제9장
영광스러운 하나님의 복음과 그 권능(1장 16절)

– 부끄러운 삶으로부터의 해방 –

어떻게 하나님께서 주신 율법에 순종함으로 하나님께 대하여 반역자의 삶을 살 수 있는가! 바울은 그 반역자의 삶이라는 것이 얼마나 고차원적인 도덕과 윤리로 무장하고 있는 삶인지를 잘 모르는 인간들에게 그저 인간적인 논리로 이 극한 반전의 삶을 설명하고 있다.

제9장 영광스러운 하나님의 복음과 그 권능(1장 16절) _ 284p에서

§1. 본문 번역[NA28판(UBS5판)]

본문	NA28판(UBS5판) ΠΡΟΣ ΡΩΜΑΙΟΥΣ 1:16	로마서 1:16 필자 사역
롬 1:16	Οὐ γὰρ ἐπαισχύνομαι τὸ εὐαγγέλιον, δύναμις γὰρ θεοῦ ἐστιν εἰς σωτηρίαν παντὶ τῷ πιστεύοντι, Ἰουδαίῳ τε πρῶτον καὶ Ἕλληνι.	참으로 나는 그 복음을 부끄러워하지 않습니다. 왜냐하면 그 복음은 믿는 각 사람을 구원에 이르게 하시는 하나님의 권능이기 때문입니다. 그것은 유대인에게 우선적인 것으로 보였으나, 사실은 유대인과 헬라인 양쪽 모두에게 동일한 것이었습니다.

§2. 본문 코멘트

롬 1:16	Οὐ γὰρ ἐπαισχύνομαι τὸ εὐαγγέλιον, δύναμις γὰρ θεοῦ ἐστιν εἰς σωτηρίαν παντὶ τῷ πιστεύοντι, Ἰουδαίῳ τε πρῶτον καὶ Ἕλληνι.	참으로 나는 그 복음을 부끄러워하지 않습니다. 왜냐하면 그 복음은 믿는 각 사람을 구원에 이르게 하시는 하나님의 권능이기 때문입니다. 그것은 유대인에게 우선적인 것으로 보였으나, 사실은 유대인과 헬라인 양쪽 모두에게 동일한 것이었습니다.

① "του Χριστου-투 크리스투"가 사본 D 두 번째 교정자 집단과 K, L, P 등의 사본에 삽입되어 나타난다. 하지만 "του Χριστου-투 크리스투"가 탈락된 우리의 본문은 파피루스26 A, B, C, D*C(교정된 자리에 교정되지 아니한 맨 처음 필사자의 본문을 교정한 사본), G 등 대다수의 사본의 지지를 받는다. 이는 본문의 맥락 상 "του Χριστου-투 크리스투"가 없어도 바울의 사상을 훼손하지 않고 오히려 바울의 사상이 명료하기 때문이다.

② "εἰς σωτηρίαν-에이스 소테리안"이 사본 G에는 탈락되어 있다.

③ "πρῶτον-프로톤"이 대문자 사본 B, G와 사히드(Sahidic) 번역본에서 탈락되어 있고, 말시온(Marcion)의 번역본에서도 "πρῶτον-프로톤"은 생략된다(말시온은 유대 우선주의를 배격하기 때문임).

§3. 본문 주해를 위한 팁

롬 1:16	Οὐ γὰρ ἐπαισχύνομαι τὸ εὐαγγέλιον, δύναμις γὰρ θεοῦ ἐστιν εἰς σωτηρίαν παντὶ τῷ πιστεύοντι, Ἰουδαίῳ τε πρῶτον καὶ Ἕλληνι.	참으로 나는 그 복음을 부끄러워하지 않습니다. 왜냐하면 그 복음은 믿는 각 사람을 구원에 이르게 하시는 하나님의 권능이기 때문입니다. 그것은 유대인에게 우선적인 것으로 보였으나, 사실은 유대인과 헬라인 양쪽 모두에게 동일한 것이었습니다.

① "참으로 나는 그 복음을 부끄러워하지 않습니다(*Οὐ γὰρ ἐπαισχύνομαι τὸ εὐαγγέλιον-우 가르 에파이스퀴노마이 토 유앙겔리온*)."는 시119:46, 막8:38(눅9:26), 딤후1:8-12을 살펴보라.

※ 복음(*τὸ εὐαγγέλιον-토 유앙겔리온*)은 문맥상 "하나님의 복음(*εὐαγγέλιον θεοῦ-유앙겔리온 데우, 롬1:1*)"이다.

※ 바울에게 있어서 부끄러운 것과 부끄럽지 않은 것에 대한 분명한 구분이 있음을 로마서 문맥 내에서 확인하되, 로마서 내에서 '부끄러워하다'라는 어휘를 에파이스퀴노마이(*ἐπαισχύνομαι: 1:16, 6:21*)와 카타이스퀴노(*καταισχύνω: 5:5, 9:33, 10:11*)를 사용하는 점을 고려하라. 이 단어들은 앞 문맥에서 이어 내려오는 "하나님의 좋은 소식(*εὐαγγέλιον θεοῦ-유앙겔리온 데우: 롬1:1*)을 전하는 사도적 권세와 관련 있는 것으로서 세상의 강력한 힘(문맥에서는 로마 황제의 권력) 앞에서 그 어떤 경우에도 부끄러워하지 않는 것을 표현한다는 점을 이해하라.

② "왜냐하면 그 복음은 믿는 각 사람을 구원에 이르게 하시는 하나님의 권능이기 때문입니다(*δύναμις γὰρ θεοῦ ἐστιν εἰς σωτηρίαν παντὶ τῷ πιστεύοντι-뒤나미스 가르 데우 에스틴 에이스 소테리안 판티 토 피스튜온티*)."는 고전1:18(고후2:15, 4:3, 살후2:10, 고전1:23, 눅13:23, 고전1:24, 2:4), 살전1:5을 살펴보라.

③ "그것은 유대인에게 우선적인 것으로 보였으나, 사실은 유대인과 헬라인 양쪽 모두에게 동일한 것이었습니다(*Ἰουδαίῳ τε πρῶτον καὶ Ἕλληνι-유다이오 테 프로톤 카이 헬레니*)."는 롬3:29, 9:24, 10:9, 10:12, 2:9, 행13:46(행3:26, 18:6, 28:28, 행8:25!, 눅7:30, 마22:8)을 살펴보라.

§4. 본문 해설(로마서 1장 16절)
영광스러운 하나님의 복음과 그 권능

본문

본문	NA28판(UBS5판) ΠΡΟΣ ΡΩΜΑΙΟΥΣ 1:16	로마서 1:16 필자 사역
롬 1:16	Οὐ γὰρ ἐπαισχύνομαι τὸ εὐαγγέλιον, δύναμις γὰρ θεοῦ ἐστιν εἰς σωτηρίαν παντὶ τῷ πιστεύοντι, Ἰουδαίῳ τε πρῶτον καὶ Ἕλληνι.	참으로 나는 그 복음을 부끄러워하지 않습니다. 왜냐하면 그 복음은 믿는 각 사람을 구원에 이르게 하시는 하나님의 권능이기 때문입니다. 그것은 유대인에게 우선적인 것으로 보였으나, 사실은 유대인과 헬라인 양쪽 모두에게 동일한 것이었습니다.

1. 영광의 빛을 따라서

이유

바울은 빚진 자(*ὀφειλέτης-오페일레테스*)처럼 복음을 전해야 한다고 했다. 그걸 자신의 영적인 소원이라고 할 만큼 바울은 간절했다. 왜냐하면 바울은 그 복음을 부끄러워하지 않았기 때문이다. 그리고 그것은 이유를 나타내는 접속사(*γὰρ-가르*)가 이끄는 형식(*Οὐ γὰρ-우 가르*)의 문장으로 확인할 수 있다. 필자는 그것을 "참으로 나는 그 복음을 부끄러워하지 않습니다."로 번역했다. 그 까닭은 이어지는 문장(그 복음은 믿는 각 사람을 구원에 이르게 하시는 하나님의 권능이다.) 또한 이유를 나타내는 접속사(*γὰρ-가르*)로 연결된 형식(*δύναμις γὰρ-뒤나미스 가르*)의 구문이기 때문이다. 그런 점에서 이어지는 1:17의 문장(하나님의 한 의가 그 복음 안에서 계시(啓示)되고 있어 믿음으로부터 믿음에 이르게 하고 있다)도 동일한 접속사(*γὰρ-가르*)로 시작한다. 이 역시 1:16과의 관계에서 이유를 밝히는 형식(*δικαιοσύνη γὰρ-디카이오쉬네 가르*)의 문장이다.

이 같은 구문 형식은 이전 1:14-15에서 밝힌 사실과 그 의미에 대한 이유를 1:16[상]이 말하고, 또 그 이유에 대한 이유를 1:16[하]가 말하고, 또 그 이유에 대한 이유를 1:17이 말하는 구조로 그리스어 본문을 형성한다. 그런 의미에서 1:16의 "왜냐하면(*γὰρ-가르*) 나는 그 복음을 부끄러워하지 않습니다."라는 구문은 자연스럽게

1:14-15의 핵심 사안인 빚진 자와 같은 자세로 복음을 전하는 게 무엇인지를 깊게 들여다보게 한다.

복음 전파를 갈망하게 하는 그 복음, 그 복음을 온 세상에 전파하는 것이 바울 자신의 가장 간절한 소망이라고 말하게 만든 그 복음, 그 복음은 바울을 빚진 자로 만들었고, 바울은 그 복음을 나의 복음이라고 자랑하며 "나는 그 복음을 부끄러워하지 않습니다."라고 외친다. 그렇게 복음으로 빚진 자가 된 바울의 "빚진 자"에 대한 이해를 좀 더 자세히 다루어보자.

비유

마태복음 18장 23절에 천국에 대한 예수님의 비유가 나온다. 천국은 자기 종들과 회계 업무 처리를 하는 사람 왕(*ἀνθρώπῳ βασιλεῖ*-안드로포 바실레이)과 같다고 말씀하셨다. 왕이 회계 업무를 처리할 때 일만 달란트(6,000데나리온, 1데나리온은 장정 하루 품삯) 빚진 종을 데려왔다. 그 종은 왕에게 빚을 갚을 수 없었다. 왕은 그 종에게 아내와 자녀들과 모든 재산을 다 팔아 빚을 갚으라고 명했다. 종은 주인의 무릎 아래 납작 엎드려 "주여, 기다려 주십시오. 제가 모든 것을 갚겠습니다."라고 애원하며 빌었다. 주인은 그 종을 불쌍히 여기고 풀어 주며 빚을 없었던 것으로 해 주었다. 그런데 그 종이 나가서 자기에게 백 데나리온을 빚진 동료를 만나 멱살을 잡고 빌린 돈을 갚으라고 다그쳤다. 그 동료는 그 종의 무릎 아래 엎드려 "기다려 주게, 내가 모든 것을 갚겠네." 하고 빌었다. 그러나 그 종은 동료의 청을 들어주지 않고, 감옥에 가두고 자기에게 빚진 것을 다 갚을 때까지 갇혀 있게 했다. 이 광경을 다른 동료들이 보고 매우 딱하게 여겨, 주인에게 가서 일어난 일을 자세히 고하자, 주인이 그 종을 불러 말했다. "이 악한 종아, 네가 나에게 빌기에 내가 네 모든 빚을 없던 것으로 해 주었다. 내가 네게 자비를 베풀었던 것처럼, 너도 네 동료에게 자비를 베풀어야 하지 않느냐?" 그 주인은 매우 화가 나서 그 종을 감옥에 가두고, 자기에게 빚진 것을 다 갚을 때까지 감옥에 있게 하였다는 이야기다.

차원

이 비유는 천국의 일꾼에 대한 왕이신 주님의 통치 방식을 리얼하게 각인시켜 준다. 사람은 태어날 때부터 빚을 지고 살아갈 수밖에 없다. 모든 인생이 선인과 악인, 의인과 죄인이 섞여 살며 만들어 가는 세상 속에서 빚을 지지 않고서는 살 수 없는 게 인생이란 말이다. 태어나서 성인이 되어 이 세상을 떠날 때까지 하나님께, 부모님께, 사회로부터 계산할 수 없는 빚을 지고 살아야 하는 빚쟁이가 자신임을 인식할 수 없더라도 예수님께서 말씀하신 이 비유의 천국 말씀은 매우 충격적이다.

반면에 빚쟁이로 살아야 하는 인생이 오로지 자신임을 인식할 수 있다면 예수님의 이 비유의 말씀은 차원을 달리하는 깨달음으로 다가온다. 왜냐하면 예수님은 이 비유의 결론을 '이와 같이 너희가 형제를 마음으로부터 용서하지 않는다면, 하늘에 계신 내 아버지께서도 너희에게 이같이 하실 것이다.'라고 말씀하셨기 때문이다.

기도

사실 이 비유는 예수님의 수제자로 불리는 베드로가 예수님께 나와서 "주님, 형제가 제게 죄를 지으면 몇 번이나 용서해 주어야 합니까? 일곱 번까지 입니까?" 하고 물었을 때, "일곱 번까지가 아니라 일곱 번씩 일흔 번까지라도 용서해 주어야 한다."라고 대답하신 후 말씀하신 비유의 가르침이다.

이 이야기는 주님께서 가르쳐 주신 기도, 일명 주기도문에까지 올라간다. 우리말 성경 개역개정의 표현을 빌리자면 다음과 같다. "그러므로 너희는 이렇게 기도하라 하늘에 계신 우리 아버지여 이름이 거룩히 여김을 받으시오며 나라가 임하시오며 뜻이 하늘에서 이루어진 것같이 땅에서도 이루어지이다 오늘 우리에게 일용할 양식을 주시옵고 ①우리가 우리에게 죄 지은 자를 사하여 준 것같이 우리 죄를 사하여 주시옵고 우리를 시험에 들게 하지 마시옵고 다만 악에서 구하시옵소서 (나라와 권세와 영광이 아버지께 영원히 있사옵나이다 아멘) ②너희가 사람의 잘못을 용서하면 너희 하늘 아버지께서도 너희 잘못을 용서하시려니와 너희가 사람의 잘못을 용서하지 아니하면 너희 아버지께서도 너희 잘못을 용서하지 아니하시리라(마6:9-14 개역개정)"

여기서 ①의 "우리에게 죄 지은 자"와 "우리의 죄"를 그리스어 본문으로 보면, "빚진 자들(*τοῖς ὀφειλέταις-토이스 오페일레타이스*)"과 "빚진 것들(*τὰ ὀφειλήματα-타 오페일레마타*)"이다. 그리스어 성경의 본문을 직역하면 '우리가 우리에게 빚진 자들(*τοῖς ὀφειλέταις-토이스 오페일레타이스*)을 용서한 것(*ἀφήκαμεν-아페카멘*)같이 우리가 빚진 것들(*τὰ ὀφειλήματα-타 오페일레마타*)도 용서해 주십시오(*ἄφες-아페스*).'이다. 여기서 '용서하다'는 단어(*ἄφες, ἀφήκαμεν*)의 본래 의미는 '허용(허락)하다, 내버려두다, 버리다, 면제하다, 포기하다 등'의 뜻이다. 그러니까 적극적으로 우리에게 빚진 사람의 빚을 탕감해 준 것같이 자신들이 진 빚을 탕감해 달라는 뜻의 기도다.

완성

이 기도의 마지막인 ⓑ은 다음과 같이 넷으로 나누어 생각해 볼 수 있다. "너희가 ⓐ사람의 잘못을 용서하면 너희 하늘 아버지께서도 ⓑ너희 잘못을 용서하시려니와 너희가 ⓒ사람의 잘못을 용서하지 아니하면 너희 아버지께서도 ⓓ너희 잘못을 용서하지 아니하시리라(마6:14-15 개역개정)" 여기서 ⓐ, ⓑ, ⓒ, ⓓ 모두 그리스어 성경에서도 동일한 단어 παραπτώματα(파라프토마타)이다.

이 단어(*παραπτώματα-파라프토마타*)'는 레일을 타고 달리던 기차가 레일을 벗어나 낭떠러지로 굴러떨어지는 것을 연상하게 하는 단어이다. 탈선에서 추락까지 한마디로 전복 사고를 예상케 하는 강렬한 느낌의 어휘이다. 이를 사람의 삶의 궤적에 들이면 '탈선, 과오(과실), 타락 등'의 개념을 몽땅 아우를 수 있다. 그래서 위의 개역개정의 "잘못"이라는 표현도 그리 나쁘지 않다.

여기서 중요한 것은 예수님께서 사람의 과실(*παραπτώματα-파라프토마타*)과 제자들의 과실(*παραπτώματα-파라프토마타*)을 대비시키시고 있다는 것이다. 한마디로 제자들이 천국의 일꾼으로 일하게 될 때 일컬어지는 종과 사도의 직무와 관련되어 있다.

재미있는 것은 이게 마태복음 18장의 천국의 주인에 대한 비유의 말씀에서 일만 달란트 빚진 종과 일백 데나리온 빚진 종의 이야기로 발전되어 있는 것이다.

예수님은 이 비유를 통해 제자들에게 다가오는 시대의 선교사로서 인생의 그림을 우주적인 관점에서 복음을 전파해야 하는 일과 관련해 그려 볼 수 있게 설명하고 계신다. 그리고 이 이야기는 마침내 예수님께서 십자가에 돌아가시고 부활하신 후 제자들을 찾아오셔서 하신 말씀으로 완성된다.

> ***19** 그 주간 첫날 저녁에 제자들은 유대인들에 대한 두려움으로 인해 그들이*
> *있었던 곳의 문들이 잠겨 있었습니다. 그런데 그 예수님께서 들어오셔서*
> *그들 가운데 서서 그들에게 말씀하십니다. "평화가 너희에게 있기를!"*
> ***20** 그가 이것을 말씀하신 후 그의 손과 옆구리를 그들에게 보여 주셨습니다.*
> *그리고 제자들이 주님을 보았으므로 기뻐했습니다.*

21 [그 예수님께서] 다시 그들에게 말씀하셨습니다. "평화가 너희에게 있기를! 아버지께서 나를 보내신 것처럼, 나도 너희를 보낸다."
22 그가 이것을 말씀하시고 숨을 내쉬며 그들에게 말씀하십니다. "성령을 받아라.
23 만일 너희가 어떤 사람들(누군가)의 그 죄들을 사면한다면 그것들이 그들에게 사면될 것이고, 만일 너희가 어떤 사람들의 그 죄들을 꽉 붙들어 두고 있으면, 그것들이 그들에게 그대로 남아 있을 것이다."

*19 Οὔσης οὖν ὀψίας τῇ ἡμέρᾳ ἐκείνῃ τῇ μιᾷ σαββάτων καὶ τῶν θυρῶν
κεκλεισμένων ὅπου ἦσαν οἱ μαθηταὶ διὰ τὸν φόβον τῶν Ἰουδαίων, ἦλθεν
ὁ Ἰησοῦς καὶ ἔστη εἰς τὸ μέσον καὶ λέγει αὐτοῖς· εἰρήνη ὑμῖν.*
*20 καὶ τοῦτο
εἰπὼν ἔδειξεν τὰς χεῖρας καὶ τὴν πλευρὰν αὐτοῖς. ἐχάρησαν οὖν οἱ μαθηταὶ
ἰδόντες τὸν κύριον.*
*21 εἶπεν οὖν αὐτοῖς [ὁ Ἰησοῦς] πάλιν· εἰρήνη ὑμῖν· καθὼς
ἀπέσταλκέν με ὁ πατήρ, κἀγὼ πέμπω ὑμᾶς.*
*22 καὶ τοῦτο εἰπὼν ἐνεφύσησεν καὶ
λέγει αὐτοῖς· λάβετε πνεῦμα ἅγιον·*
*23 ἄν τινων ἀφῆτε τὰς ἁμαρτίας ἀφέωνται
αὐτοῖς, ἄν τινων κρατῆτε κεκράτηνται.*

(NA 28th(UBS 5th) ed 요20:19-23 필자 사역)

※ "21 [그 예수님께서]"의 사각 괄호는 본문 전승사의 연구 결과 아직 본문으로 확정할 수 없는 경우를 나타낸 것이지만 유력한 본문으로 인정한다는 역자의 경향성을 나타내기 위해 수록한 것이다.

영광의 빚

일만 달란트 빚진 종의 비유를 보더라도 빚을 지고 산다는 것이 참으로 치욕스러운 일이다. 설령 빚을 탕감받는 기회를 얻었음에도 감옥에 갇히는 불행한 일이 있을 수 있는 주님의 나라를 두고 바울은 당당하게 자신을 "빚진 자"로 규정했다(롬1:14). '복음을 전하지 않으면 자신에게 화가 미칠 것이다.'라는 바울의 엄중한 자세도 예수님의 가르침에서 비롯된 것임이 분명하다(고전9:16). 심지어 바울은 '하늘로부터 온 천사라고 할지라도 복음을 다르게 전하면 저주를 받는다.'라는 극단적인 인식이 있었던 것도 다 이 때문이다(갈1:8-9). 복음의 빚을 지고 있다는 것이 얼마나 두렵고 떨리며 영광스러운지를 안다는 것이다.

이스라엘의 왕 다윗이 그랬다. "주의 궁정에서의 한 날이 다른 곳에서의 천 날보다 나은즉 악인의 장막에 사는 것보다 내 하나님의 성전 문지기로 있는 것이 좋습니다(시84:10).” 우주 속에 내던져진 버러지와 같은 인생을 사랑하시는 하나님을 향해 자신을 천국의 성전 문지기라도 되게 해 달라고 했던 기도 속에 보이는 천국이라는 것이 얼마나 이 세상과 대비되는가!

이 세상의 부귀영화를 모두 취할 수 있었던 이스라엘 다윗왕의 신앙고백 속에는 로또 당첨과 같은 이 세상에서의 인생 역전이라는 것을 무색하게 만드는 혜안이 있다. 그것은 인간들의 죄 사함을 위해 누군가가 대신 죽어야만 하는 끔찍한 일이 벌어지는 참 성전의 역사(役事)에 대한 인식에서 기인한다.

그 혜안 속에서 천국의 일꾼은 예수님의 비유에 나타난 일만 달란트 빚을 지고 살다가 주님 앞에 끌려 나가 빚을 탕감받은 자이다. 그가 천국에서뿐만 아니라 이 세상에서 해야 할 일은 그런 주님의 나라를 확장하고 잘 지키는 데 있다. 왜냐하면 천국은 이미 이 세상 속에 들어와 있고, 밀가루 반죽에 누룩을 넣어 반죽 덩어리가 부풀어 오르는 것처럼, 하나님의 나라를 부풀게 하기 때문이다.

바울이 복음을 전한다는 것은 바로 그 같은 영광스러운 일을 하는 것이다(고후3:3-12). 바울은 지금 전능하신 하나님의 영광 앞에서 두렵고 떨림으로 복음의 빚진 자로서 복음을 전해야 할 의무를 피력하고 있는 것이다(고전9:16-23).

16 참으로 내가 복음을 전할지라도 그것이 내게 자랑거리는 아닙니다. 왜냐하면 복음을 전하는 것은 내가 하지 않으면 안 되는 일이며, 만일 내가 복음을 전하지 않으면 내게 화가 있을 것이기 때문입니다.
17 만일 내가 자발적으로 이 일을 행한다면 그 보상을 가집니다. 그러나 내가 자발적으로 행하지 않는다 해도 내가 직무를 맡은 것입니다.
18 그러면 내가 받을 보상은 무엇이겠습니까? 그것은 내가 복음을 전할 때 값없이 그 복음을 전하고 그 복음 안에서의 나의 권리를 다 쓰지 않은 것을 위한 것입니다.
19 참으로 나는 모든 사람으로부터 자유롭지만 나 스스로 모든 사람에게 종이 된 것은, 더 많은 사람을 얻기 위함입니다.
20 유대인들에게는 내가 유대인같이 된 것은 유대인들을 얻기 위함이고, 율법 아래 있는 자들에게는 내가 율법 아래 있지 않지만 율법 아래 있는 사람들과 같이 된 것은, 율법 아래 있는 사람들을 얻기 위함입니다.
21 부적법한 상태로 사는 사람들에게 부적법한 상태로 사는 사람들같이 된 것은, 하나님께 부적법한 상태로 사는 자가 아니라 오히려 그리스도께 적

합한 것입니다. 이는 내가 부적법한 상태로 사는 자들을 얻기 위함입니다.
22 약한 사람들에게 내가 약한 사람같이 된 것은, 약한 사람들을 얻기 위함이
고, 모든 사람에게 내가 모든 사람과 같이 된 것은, 전적으로 내가 몇몇 사
람들을 구원하기 위함입니다.
23 그러나 모든 일을 내가 그 복음 때문에 한 것입니다. 이는 내가 그 복음에
동참하기 위함입니다.

16 *ἐὰν γὰρ εὐαγγελίζωμαι, οὐκ ἔστιν μοι καύχημα· ἀνάγκη γάρ μοι ἐπίκειται·*
οὐαὶ γάρ μοί ἐστιν ἐὰν μὴ εὐαγγελίσωμαι. ***17*** *εἰ γὰρ ἑκὼν τοῦτο πράσσω,*
μισθὸν ἔχω· εἰ δὲ ἄκων, οἰκονομίαν πεπίστευμαι· ***18*** *τίς οὖν μού ἐστιν ὁ μισθός;*
ἵνα εὐαγγελιζόμενος ἀδάπανον θήσω τὸ εὐαγγέλιον εἰς τὸ μὴ καταχρήσασθαι
τῇ ἐξουσίᾳ μου ἐν τῷ εὐαγγελίῳ. ***19*** *Ἐλεύθερος γὰρ ὢν ἐκ πάντων πᾶσιν*
ἐμαυτὸν ἐδούλωσα, ἵνα τοὺς πλείονας κερδήσω· ***20*** *καὶ ἐγενόμην τοῖς Ἰουδαίοις*
ὡς Ἰουδαῖος, ἵνα Ἰουδαίους κερδήσω· τοῖς ὑπὸ νόμον ὡς ὑπὸ νόμον, μὴ ὢν
αὐτὸς ὑπὸ νόμον, ἵνα τοὺς ὑπὸ νόμον κερδήσω· ***21*** *τοῖς ἀνόμοις ὡς ἄνομος, μὴ*
ὢν ἄνομος θεοῦ ἀλλ' ἔννομος Χριστοῦ, ἵνα κερδάνω τοὺς ἀνόμους· ***22*** *ἐγενόμην*
τοῖς ἀσθενέσιν ἀσθενής, ἵνα τοὺς ἀσθενεῖς κερδήσω· τοῖς πᾶσιν γέγονα πάντα,
ἵνα πάντως τινὰς σώσω. ***23*** *πάντα δὲ ποιῶ διὰ τὸ εὐαγγέλιον, ἵνα συγκοινωνὸς*
αὐτοῦ γένωμαι.

(NA 28th(UBS 5th) ed 고전9:16-23 필자 사역)

황제를 향한 외침

당시 '그리스-로마 시대'라는 특정한 상황 속에서 황제를 포함한 모든 이방인에게 복음을 전해야 할 바울의 의무는 복음으로 황제를 주 예수 그리스도의 이름 앞에 무릎을 꿇게 하시는 하나님의 계획과 뜻을 따른 것이다(히10:12-13, 빌2:10). 모든 피조물은 하나님의 아들들이 나타나기만을(하나님 아들들의 계시를) 간절히 기다리고 있다(롬8:19). 하지만 신의 아들로 불리는 황제 일인 통치 체제에 지배당하는 로마제국하에서의 굴종된 인간 삶은 하나님의 진노를 부르는 삶이었다(엡2:2). 거기로부터 구원의 복음을 전한다는 것은 황제를 향해 황제의 통치권을 예수님께 돌려드려야 한다는 도전이고, 로마 제국의 체제를 예수님의 가르침에 따라 바꾸어야 한다는 외침이다(요17:2, 롬13:1).

이것이 가능한 것은 하나님의 복음이 가지는 소망에 기초해 세상이 창조되었기 때문이다. 이를 바울은 "그 피조물이 그 헛된 것에 복종하는 것은 자발적인 것이 아니라 복종하게 하신 분으로 인한 것이었습니다. 그것은 그 피조물로 하여금 소망을 갖게 하신 것입니다."라고 했다(롬8:20). 모든 피조물이 소망으로 구원받게 하셨다는 말이다(롬8:21-25).

그 소망의 복음을 전파하는 것은 진리의 성령이 오셔서 세상을 책망하시되, 죄와 의와 심판에 대한 진정한 개념과 그 의미를 알게 하시는 것으로부터 시작된다(요16:7-8). 죄에 대해서는 예수님께서 사람들의 죄를 사하시기 위해 이 땅에 오셔서 대속물이 되셔야만 하는 하나님의 아들 그리스도이심을 믿지 않는 것을 책망하시고, 의에 대해서는 예수님께서 사람들에게 영원한 생명을 주시기 위해 영생하게 하시는 전능하신 하나님 아버지께로 돌아가셔야만 하는 분이심을 보지 못하는 것을 책망하시며, 심판에 대해서는 예수님께서 이 세상의 통치자(임금)를 심판하신 심판주(정의의 재판관)이심을 알아 경배하도록 책망하신다(요16:9-11).

바울은 지금 시편 119편의 시를 읊조리며 "주님, 주님의 율례들이 제시하는 길을 내게 가르쳐 주십시오. … 왕들 앞에서 거침없이 주의 증거를 말하고, 부끄러워하지 않겠습니다(시119:33-46)."라는 대목에 와 있는 것 같다. 그런 맥락에서 바울은 롬1:16에서 "참으로 나는 복음을 부끄러워하지 않습니다(*Οὐ γὰρ ἐπαισχύνομαι τὸ εὐαγγέλιον-우 가르 에파이스퀴노마이 토 유앙겔리온*)."라고 외치고 있는 것이다.

33 여호와시여, 주님의 법령의 길을 제게 가르쳐 주십시오. 그리하시면 제가 끝까지 그것을 지킬 것입니다.

34 저를 깨닫게 하십시오. 제가 주님의 율법(토라)을 보존하고, 온 마음을 기울여서 준수할 것입니다.

35 저를 주님의 계명으로 다져진 길을 걷게 하십시오. 왜냐하면 제가 그 안에서 즐거워하기 때문입니다.

36 제 마음이 주님의 증거에만 몰두하게 하시고, 탐욕을 향해 치닫지 않게 하십시오.

37 제 눈을 돌려 헛된 것을 보지 않게 하시고, 주님의 길 안에서 살아 있게 하십시오.

38 주님을 경외하는 주님의 종에게 주님의 말씀을 세우십시오.

39 제가 두려워하는 수모를 떠나가게 하십시오. 왜냐하면 주님의 판단들은 아주 선하기 때문입니다.

40 보십시오. 제가 주님의 교훈들을 갈망하니 주님의 의(義) 안에서 살아 있게 하십시오.

41 여호와시여, 주님의 인자하심이 제게 임하게 하셔서 주님의 말씀대로 주님의 구원을 베풀어 주십시오.

42 그리하시면 저는 조롱하는 자에게 응수할 수 있을 것입니다. 왜냐하면 제가 주님의 말씀 안에서 담대하기 때문입니다.

43 진리의 말씀이 제 입으로부터 잠시도 떠나지 말게 하십시오. 왜냐하면 제가 주님의 교훈을 간절히 기다리고 있기 때문입니다.

44 그러므로 제가 주님의 율법(토라)을 늘 지키고, 영원토록 지키게 하십시오.

45 그리고 제가 넓게 행보하게 하십시오. 왜냐하면 주님의 교훈을 찾았기 때문입니다.

46 제가 왕들 앞에서 부끄러워하지 않고 거침없이 주님의 증거들을 말하게 하십시오.

119:33 הוֹרֵנִי יְהוָה דֶּרֶךְ חֻקֶּיךָ וְאֶצְּרֶנָּה עֵקֶב׃ **34** הֲבִינֵנִי וְאֶצְּרָה תוֹרָתֶךָ
וְאֶשְׁמְרֶנָּה בְכָל־לֵב׃ **35** הַדְרִיכֵנִי בִּנְתִיב מִצְוֺתֶיךָ כִּי־בוֹ חָפָצְתִּי׃ **36** הַט־לִבִּי
אֶל־עֵדְוֺתֶיךָ וְאַל אֶל־בָּצַע׃ **37** הַעֲבֵר עֵינַי מֵרְאוֹת שָׁוְא בִּדְרָכֶךָ חַיֵּנִי׃
38 הָקֵם לְעַבְדְּךָ אִמְרָתֶךָ אֲשֶׁר לְיִרְאָתֶךָ׃ **39** הַעֲבֵר חֶרְפָּתִי אֲשֶׁר יָגֹרְתִּי
כִּי מִשְׁפָּטֶיךָ טוֹבִים׃ **40** הִנֵּה תָּאַבְתִּי לְפִקֻּדֶיךָ בְּצִדְקָתְךָ חַיֵּנִי׃ **41** וִיבֹאֻנִי
חֲסָדֶךָ יְהוָה תְּשׁוּעָתְךָ כְּאִמְרָתֶךָ׃ **42** וְאֶעֱנֶה חֹרְפִי דָבָר כִּי־בָטַחְתִּי
בִּדְבָרֶךָ׃ **43** וְאַל־תַּצֵּל מִפִּי דְבַר־אֱמֶת עַד־מְאֹד כִּי לְמִשְׁפָּטֶךָ יִחָלְתִּי׃
44 וְאֶשְׁמְרָה תוֹרָתְךָ תָמִיד לְעוֹלָם וָעֶד׃ **45** וְאֶתְהַלְּכָה בָרְחָבָה כִּי פִקֻּדֶיךָ
דָרָשְׁתִּי׃ **46** וַאֲדַבְּרָה בְעֵדֹתֶיךָ נֶגֶד מְלָכִים וְלֹא אֵבוֹשׁ׃

(BHS 5th ed 시119:33-46 필자 사역)

부끄러움

바울에게 부끄러운 것은 롬6:20-21에 분명하게 나타나 있다. "참으로 여러분이 그 죄의 종이었을 때는 그 의(義)와는 아무런 상관도 없는 사람들이었습니다. 그런즉 그때 여러분이 무슨 열매를 얻었습니까? 지금 여러분은 그런 일들을 부끄러워하고 있으니, 참으로 그런 일들의 그 끝은 죽음뿐이기 때문입니다.(롬6:20-21 필자 사역)."

이 말씀은 어떤 사람에게 복종하여 자신을 그 사람에게 바치면, 그 사람의 종이 된다는 전제하에서 죽음에 이르는 죄의 종이 될 수도 있고 생명에 이르는 의의 종이 될 수도 있다는 논리에서 나온 말이다. 하나님의 은혜란 죄의 종으로 죽음에 이르는 사람을 생명에 이르는 의의 종이 되게 하시는 것인데, 그것은 '전달받은 하나님의 복음'을 마음속으로부터 순종하게 됨으로써 죄로부터 해방될 때 이루어진다. 중요한 것은 우리가 그 은혜 아래 있다는 것이다.

여기서 필자가 "전달받은 하나님의 복음"이라고 한 대목은 그리스어 본문에 "전해 받은 가르침의 모본(*ὃν παρεδόθητε τύπον διδαχῆς*-혼 파레도데테 튀폰 디다케스)"을 이해하기 쉽게 풀어서 설명한 것이다(롬6:17). 이는 바울이 롬1:2-4에서 하나님의 복음을 규정하고 그것을 풀어 쓴 로마서 전체 속에 나타난 '가르침의 틀'을 말한다.

바울이 말하고 싶은 것은 전에 우리가 죄의 종이었지만 "전해 받은 가르침의 모본"을 마음으로 순종하여 죄로부터 해방되어 의의 종이 되었다는 것이다. 그리고 바울은 거기에 이해하기 어려운 내용이 있어 인간적인 논리로 설명을 덧붙인다. 과거에 죄의 종으로 있을 때 부정과 불법에 우리 지체를 종으로 내어주어 하나님께 반역한 것과 같이 이제는 우리의 지체를 의에 종으로 드려 하나님의 일을 도모하라는 것이다. 하나님의 일은 거룩하게 하시는 것이다. 그것의 결과는 영원한 생명이다.

반전

반전도 이런 반전은 없다. 도무지 인간으로서는 상상할 수 없는 일이 하나님의 은혜로 인간에게 일어났다는 말이다. 왜냐하면 말이 죄의 종으로 산다는 것이지 실제로는 지독하게 율법에 의지하며 의로움을 추구하는 것이기 때문이다.

어떻게 하나님께서 주신 율법에 순종함으로 하나님께 대하여 반역자의 삶을 살 수 있는가! 바울은 그 반역자의 삶이라는 것이 얼마나 고차원적인 도덕과 윤리로 무장하고 있는 삶인지를 잘 모르는 인간들에게 그저 인간적인 논리로 이 극한 반전의 삶을 설명하고 있다.

그토록 지독스럽게 율법에 의지하여 선을 이루려고 살아왔던 삶의 끝이 죽음뿐이라면, 그것이 얼마나 부끄러운 일이란 말인가! 바울은 지금 자신이 전하고 가르치는 복음이 부끄럽지 않은 것은 그것이 사람을 거룩하게 하여 영원한 생명에 이르게 하기 때문이다.

바울에게 있어서 부끄러운 것이란 율법에 대한 가르침과 배움으로 인생을 가꾸어 왔지만, 그 인생을 송두리째 허무한 것으로 만들어 버리는 죽음 속에 살다 죽음으로 끝을 내는 것이다. 바울은 복음으로 말미암은 믿음이 오기 전에 모든 인간을 이끌었던 선생들의 가르침을 귀를 기울여 듣고 마음이 손과 발을 움직여 사는 것처럼 잘 살아 보려고 애쓰다 죽음으로 끝나는 인생의 과정을 부끄러워한다. 거짓 선생과 거짓 가르침에 매여 사는 것을 부끄러워하는 것이다.

흔적

이 같은 의미에서 "그 복음을 부끄러워하지 않는다."라는 바울의 생각은 우선적으로 구약 성경의 증거를 기반으로 하고 있다. 롬9:33은 증거 본문 사28:16(칠십인역)을 인용하여 "기록된 바와 같이, 보아라, 내가 시온에 부딪치는 돌과 걸려 넘어지게 하는 바위를 둔다. 그러나 그를(그것을) 믿는 사람마다 부끄러움을 당하지 않을 것이다(*ὁ πιστεύων ἐπ' αὐτῷ οὐ καταισχυνθήσεται-호 피스튜온 에프 아우토 우 카타이스퀸데세타이*)."라고 했다.

롬10:11에서도 동일하게 사28:16을 인용하는데 그 맥락은 다음과 같다. "당신이 만일 예수님을 주님이라고 입으로 고백하고, 하나님께서 그분을 죽은 사람들 가운데서 살리신 것을 마음으로 믿으면 구원을 얻을 것입니다. 사람은 마음으로 믿어서 의에 이르고, 입으로 고백해서 구원에 이르게 됩니다. 성경은 말합니다. 그를 믿는 사람은 누구나 부끄러움을 당하지 않을 것이다(*πᾶς ὁ πιστεύων ἐπ' αὐτῷ οὐ καταισχυνθήσεται-파스 호 피스튜온 에프 아우토 우 카타이스퀸데세타이*)."

눅9:26에서 예수님은 이렇게 말씀하셨다. "누구든지 나와 내 말을 부끄러워하면 그 사람의 그 아들(인자)도 자신과 아버지와 거룩한 천사들의 영광으로 올 때에 그를 부끄럽게 여길 것이다(*ὅς γὰρ ἂν ἐπαισχυνθῇ με καὶ τοὺς ἐμοὺς λόγους, τοῦτον-호스 가르 안 에파이스퀸데 메 카이 투스 에무스 로구스, 투톤*)."

주님과의 관계에서 부끄럽지 않은 바울의 복음 전파 여정은 창조적 고난을 감내하는 삶의 흔적을 남겼다. 그것은 그의 서신들 도처에 나타나는 그의 삶의 여정을 통해 확인된다. 로마 감옥에서 믿음의 아들 디모데에게 보내는 바울의 편지 딤후1:8-14을 보라.

> *8 너는 우리 주님의 증거와 그의 죄수가 된 나를 부끄러워하지 말고, 오히려 하나님의 능력을 따라 그 복음과 함께 고난을 겪으라.*

9 하나님께서 우리를 구원하셔서 거룩한 소명으로 부르신 것은 우리의 행업 에 따른 것이 아니고 그분의 계획과 은혜에 따른 것이다. 이 계획과 은혜는 영원 전에 그리스도 예수 안에서 우리에게 주신 것이다.

10 그러나 이제 우리 구주 그리스도 예수의 나타나심을 통하여 그것이 드러 났으니, 그는 그 죽음을 없애시고 그 복음을 통하여 생명과 썩지 아니할 것을 밝히 보이셨다.

11 이것을 위하여 나는 전도자와 사도와 교사로 임명을 받았다.

12 이 때문에 나는 이런 고난을 겪고도 결코 부끄러워하지 않는다. 이는 내가 믿는 분을 알고 또 그 분은 '내가 의탁한 것을 그날까지 지켜 주실 것이다.' 라고 확신하기 때문이다.

13 너는 그리스도 예수 안에 있는 믿음과 사랑 안에서 내게서 들은 건전한 말 씀을 본보기로 삼고

14 우리 안에 거주하시는 성령을 통하여 맡은 바 그 선한 일을 지켜라.

8 μὴ οὖν ἐπαισχυνθῇς τὸ μαρτύριον τοῦ κυρίου ἡμῶν μηδὲ ἐμὲ τὸν δέσμιον
αὐτοῦ, ἀλλὰ συγκακοπάθησον τῷ εὐαγγελίῳ κατὰ δύναμιν θεοῦ, 9 τοῦ
σώσαντος ἡμᾶς καὶ καλέσαντος κλήσει ἁγίᾳ, οὐ κατὰ τὰ ἔργα ἡμῶν ἀλλὰ κατὰ
ἰδίαν πρόθεσιν καὶ χάριν, τὴν δοθεῖσαν ἡμῖν ἐν Χριστῷ Ἰησοῦ πρὸ χρόνων
αἰωνίων, 10 φανερωθεῖσαν δὲ νῦν διὰ τῆς ἐπιφανείας τοῦ σωτῆρος ἡμῶν
Χριστοῦ Ἰησοῦ, καταργήσαντος μὲν τὸν θάνατον φωτίσαντος δὲ ζωὴν καὶ
ἀφθαρσίαν διὰ τοῦ εὐαγγελίου 11 εἰς ὃ ἐτέθην ἐγὼ κῆρυξ καὶ ἀπόστολος καὶ
διδάσκαλος, 12 δι' ἣν αἰτίαν καὶ ταῦτα πάσχω· ἀλλ' οὐκ ἐπαισχύνομαι, οἶδα γὰρ
ᾧ πεπίστευκα καὶ πέπεισμαι ὅτι δυνατός ἐστιν τὴν παραθήκην μου φυλάξαι
εἰς ἐκείνην τὴν ἡμέραν. 13 Ὑποτύπωσιν ἔχε ὑγιαινόντων λόγων ὧν παρ' ἐμοῦ
ἤκουσας ἐν πίστει καὶ ἀγάπῃ τῇ ἐν Χριστῷ Ἰησοῦ· 14 τὴν καλὴν παραθήκην
φύλαξον διὰ πνεύματος ἁγίου τοῦ ἐνοικοῦντος ἐν ἡμῖν.

(NA 28th(UBS 5th) ed 딤후1:8-14 필자 사역)

오네시보로

바울의 로마 감옥 생활은 '옥중 서신'이라고 불리는 에베소서, 빌립보서, 골로새서, 디모데 전·후서 등을 기록할 만큼 '성경 계시의 형성 과정'이라고 하는 구속사적인 중요한 의미를 가진다. 거기에는 평범하지만 아주 귀한 사람이 한 명 있다. 바울이 복음으로 인해 예루살렘으로부터 시작된 옥살이를 뒷바라지한 오네시보로다. 그의 부지런한 복음적 협력은 로마에서의 옥살이까지 지속되었다. 오네시보로는 바울의 3차 전도 여행 중에 고린도의 겐그레아 교회에서 로마서가 기록되어 로마에 보내어졌다는 사실을 알고 있었고, 그 내용 또한 잘 알고 있었던 사람이다. 그는 바울의 사도 직무 과정이 주님의 명령에 의한 것임을 직접 보고 확인한 사람으로서 바울의 복음을 자신의 가장 귀하고 선한 재산으로 삼은 사람이었다. 그렇기에 바울의 옥살이를 부끄러워하지 않았던 것이다. 실로 그는 로마서가 주님께서 우리에게 베풀어 주시는 선한 재산임을 일깨워 주는 삶을 살았던 것이다(딤후1:15-18). 누가 오네시보로와 같은 삶을 스스로 살아갈 수 있는가? 답은 하나다. 하나님의 복음이 답이다. 왜냐하면 그 복음은 믿는 각 사람을 구원에 이르게 하시는 하나님의 권능이기 때문이니까.

2. 은혜(공정과 평등)의 삶 속으로

하나님의 능력

하나님의 복음(*εὐαγγέλιον θεοῦ-유앙겔리온 데우, 롬1:1*)은 믿는 자들에게 하나님의 능력(*δύναμις θεοῦ-뒤나미스 데우, 롬1:16*)으로 나타난다. 능력이란 '힘'이다. 우리나라 사람에겐 '기운(생물의 살아 움직이는 힘)'이라는 말이 더 쉽게 이해할 수 있게 해 준다. 사람이 활동하고 살아가게 하는 모든 것이다. 그것이 물질적인 것이든 정신적인 것이든 영혼적인 것이든 영적인 것이든 인간을 살아 있게 하는 모든 것은 복음을 통해 하나님께로부터 새롭게 주어진다. 사도 바울이 그리스의 수도 아테네에서 전도할 때 선포한 말씀보다 이를 더 잘 설명할 순 없다. 깊은 이해를 위해 다시 한번 읽어 보자.

> *22 바울이 아레오바고 시의회 한가운데 서서 말했습니다. "아테네 성인 남성들이여, 나는 모든 면에서 다른 사람들보다 더욱 종교적인 여러분을 보고 있습니다.*
> *23 왜냐하면 내가 두루 다니다 여러분의 숭배물들을 거듭 살펴보면서, '알지 못하는 신에게'라는 글이 새겨진 제단을 발견했기 때문입니다. 그런즉 나는 여러분이 알지 못하면서 숭배하고 있는 그 신에 대해 여러분에게 전합니다.*
> *24 그 세상과 그 안에 있는 모든 것을 만드신 그 하나님, 이분은 하늘과 땅의 주인이시므로 사람의 손으로 만든 신전에 계시지 않으십니다.*

25 또한 무엇을 달라고 하며 사람들의 손에 의해 섬김을 받지도 않으시고, 친히 모든 사람들에게 생명과 호흡과 모든 것들을 주시는 분이십니다.

26 그분은 한 사람으로부터 사람들의 각 민족을 만드시고 각각의 땅 위에 살도록 하셨으며, 그들이 명령을 받은 때 들과 거주 지역의 경계들을 정하셨습니다.

27 그것은 그 하나님을 찾도록 하신 것입니다. 그런즉 적어도 사람들이 그를 만져 발견하기만을 바란다면 사실 그분은 우리 각자로부터 멀리 계시지 않습니다.

28 왜냐하면 여러분을 따르는 어떤 시인들이 '참으로 우리 또한 그분(신)의 자손입니다.'라고 말한 것처럼 그분 안에서 우리가 살고 움직여지고 존재하기 때문입니다.

29 그러므로 우리는 그 하나님의 자손이므로 사람의 고안이나 기술로 조각된 금상에게나 은상에게나 석상에게 그 하나님과 동일한 신성이 있다고 생각하는 것은 마땅치 않습니다.

30 그렇기 때문에 그 하나님께서는 실로 그 무지한 세대를 그냥 지나치셨고, 이제는 사람들 모두에게 어디서나 회개하라고 명령하십니다.

31 이는 그 하나님께서는 자신이 정하신 한 성인 남성 안에서 한 의(義)로 지구촌(오이쿠메네, 로마 세계)을 심판하실 날을 세우셨기 때문입니다. 그 하나님께서는 죽은 자들로부터 그를 다시 서게 하심으로써 모든 사람들에게 그가 의로우신 분이라고 증명하셨습니다(믿음을 제공하셨습니다)."

32 그러나 바울의 죽은 자들의 부활에 대한 복음을 듣고서 실로 어떤 사람들은 비웃고 있었고, 또 어떤 사람들은 '우리는 이 일에 관하여 또다시 당신의 말을 들을 것입니다.'라고 말했습니다.

(NA 28th(UBS 5th) ed 행17:22-32 필자 사역)

새로움

그렇다. 하나님의 복음은 누구도 차별하지 않고 믿는 자들에게 하나님의 능력으로 새롭게 살아가게 하신다(고후6:7). 바울은 이 능력을 이미 롬1:4에서 거룩하게 하시는 영을 따라 죽은 자들을 부활시키는 능력으로 말한 바 있다. 그리고 이제 롬1:16에서 그 능력은 믿는 자들에게 구원에 이르게 하는 능력으로 말한다. 따라서 그 능력은 죽은 자들의 부활로부터 시작되는 성도들의 삶에 '새로움'이라고 하는 뚜렷한 변화를 나타내는 힘으로 작용한다(고후13:4). 그것은 바울 자신이 내건 인생의 목표인 '죽은 자들로부터 있는 그 부활(*τὴν ἐξανάστασιν τὴν ἐκ νεκρῶν-텐 엑사나스타신 텐 에크 네크론*)'에 이르기까지의 전 과정에 작용한다는 말이다(빌3:11). 따라서 그것은 새 생명의 시작으로부터 목표인 부활(롬8:11)에 이르기까지 질적으로 새로운 삶을 살아갈 수 있게 하는 힘의 근원으로 작동한다(고후4:7). 그래서 바울은 그의 서신들에서 구원을 과거 "구원받았다(롬8:24, 딛3:5)."와 현재, 그리고 미래 시제를 사용해 "구원받는다(고전1:18, 고전15:2, 고후2:15)." 그리고 "구원받을 것이다(롬5:9-10, 딤후4:18, 빌1:19)."로 표현했다.

방편과 실제

구원을 주시는 하나님의 능력이란 일차적으로 육체의 건강과 생명의 안전과 보존과 같은 삶의 일상적인 의미로부터 나타나기 시작하나(행27:34), 그것은 종말에 이루어질 하나님의 구원하심을 향하여 나아가게 하는 표적이다. 표적은 하나님의 구원을 감각적으로 인식하게 하는 하나의 수단이라는 뜻이다. 그것은 현실 너머에 존재하는 영적 존재에 대한 감각을 갖도록 초월적인 힘을 체험하는 것이다.

예수님께서도 자신이 죽은 자들을 다시 살아나게 하시는 하나님의 아들 그리스도의 복음을 믿도록 표적을 행하셨다(요11:15). 바울도 그랬다(고후12:12). 그 능력의 역사는 교회 안에 여러 가지 은사로 나타나 교회의 구성원들을 자극하여 그 복음을 믿고 의지하여 살게 한다(고전12:4-13). 그것은 부정적으로 복음을 믿지 않는 곳에 나타나고, 긍정적으로 복음을 믿게 하는 데 작동한다(롬15:16-19). 그것은 하나님의 말씀을 이루기 위해 나타나는 하나의 방편이다(골1:25).

하나님의 능력은 성령(또는 하나님의 영)을 통해 수많은 방편(은사)으로 나타나 인류의 최종적인 파멸로부터 구원하는 소망으로 살게 한다(롬5:9-10). 구원하시는 능력은 하나님의 구원하심이 처음 믿었을 때보다 더 가까워졌다고 인식하고(롬13:11), 두렵고 떨림으로 하나님 주신 구원을 이루기 위해 순종함으로 애쓰고 수고하게 한다(빌2:12).

하나님께서는 우리를 진노하심에 이르도록 정하여 놓으신 것이 아니라, 우리 주 예수 그리스도로 말미암아 구원을 얻도록 정하여 놓으셨다는 인식 아래 정신을 똑바로 차리고, 믿음과 사랑의 갑옷을 입고, 구원에 대한 소망의 투구를 쓰고 살아가게 하신다(살전5:8-9). 그것은 복음으로 인한 창조적 고난을 부끄러워하지 않고(딤후 1:12), 적극적으로 그 고난에 참여하는 삶으로 나가게 하는 하나님의 능력이 작동하는 삶이다(롬8:10-17).

10 더욱이 그리스도께서 진정 여러분 안에 계신다면, 실로 그 몸은 죄 때문에 죽은 것이지만, 그 영은 의(義) 때문에 생명으로 존재하십니다.

11 하지만 죽은 자들로부터 그 예수님을 일으키신 분의 그 영이 여러분 안에 거주하신다면, 죽은 자들로부터 그리스도를 일으키신 분께서 여러분 안에 거주하시는 그분의 영을 통해 여러분의 죽을 몸도 살려내실 것입니다.

12 그러므로 형제들이여, 진정 우리는 육신을 따라서 살게 하는 그 육신에 빚진 사람들이 아닙니다.

13 참으로 여러분이 육신을 따라 산다면, 죽기로 작정했다는 것입니다. 하지만 영으로 그 몸의 그 행위들을 죽인다면, 스스로를 살게 하는 것입니다.

14 왜냐하면 하나님의 영으로 인도함을 받는 사람들은 누구든지 하나님의 아들들이기 때문입니다.

15 진정 여러분은 다시 두려워하는 종의 영을 받은 것이 아니라 양자의 영을 받았습니다. 그래서 그 영을 힘입어 우리가 전능하신 하나님을 '압바 그 아버지'라고 크게 부르짖는 것입니다.

16 그 영이 친히 우리의 영과 더불어 '우리가 하나님의 자녀들이다.'라고 증언해 주십니다.

17 그러나 자녀들이면 또한 상속자들이니, 실로 하나님의 상속자들이기도 하지만 그리스도와 함께 상속받는 공동 상속자들이기도 합니다. 진정 그러하다면 우리 또한 그리스도와 함께하는 영광을 받기 위해서 그리스도와 함께하는 고난도 받아야 합니다.

10 εἰ δὲ Χριστὸς ἐν ὑμῖν, τὸ μὲν σῶμα νεκρὸν διὰ ἁμαρτίαν τὸ δὲ πνεῦμα ζωὴ
διὰ δικαιοσύνην. 11 εἰ δὲ τὸ πνεῦμα τοῦ ἐγείραντος τὸν Ἰησοῦν ἐκ νεκρῶν οἰκεῖ
ἐν ὑμῖν, ὁ ἐγείρας Χριστὸν ἐκ νεκρῶν ζῳοποιήσει καὶ τὰ θνητὰ σώματα ὑμῶν
διὰ τοῦ ἐνοικοῦντος αὐτοῦ πνεύματος ἐν ὑμῖν. 12 Ἄρα οὖν, ἀδελφοί, ὀφειλέται
ἐσμὲν οὐ τῇ σαρκὶ τοῦ κατὰ σάρκα ζῆν, 13 εἰ γὰρ κατὰ σάρκα ζῆτε, μέλλετε
ἀποθνῄσκειν· εἰ δὲ πνεύματι τὰς πράξεις τοῦ σώματος θανατοῦτε, ζήσεσθε.
14 ὅσοι γὰρ πνεύματι θεοῦ ἄγονται, οὗτοι υἱοὶ θεοῦ εἰσιν. 15 οὐ γὰρ ἐλάβετε
πνεῦμα δουλείας πάλιν εἰς φόβον ἀλλ' ἐλάβετε πνεῦμα υἱοθεσίας ἐν ᾧ
κράζομεν· αββα ὁ πατήρ. 16 αὐτὸ τὸ πνεῦμα συμμαρτυρεῖ τῷ πνεύματι ἡμῶν
ὅτι ἐσμὲν τέκνα θεοῦ. 17 εἰ δὲ τέκνα, καὶ κληρονόμοι· κληρονόμοι μὲν θεοῦ,

συγκληρονόμοι δὲ Χριστοῦ, εἴπερ συμπάσχομεν ἵνα καὶ συνδοξασθῶμεν.

(NA 28th(UBS 5th) ed 롬8:10-17 필자 사역)

실제의 삶

하나님의 복음으로 인한 새로운 삶은 죽은 자들이 그리스도와 함께 죽고 다시 살아난 것과 같은 삶이다(롬6:4). 복음을 듣고 믿기 전의 삶과는 완전히 다른 새로운 삶의 방식이다(고전1:23-31). 그건 전폭적으로 하나님의 능력을 믿고 의지하는 삶이다(고전2:4-5). 맹목적으로 하나님의 능력을 의지하는 삶이 아니라(고후12:9) 실제로 하나님을 향하여 죽었던 자들이 살아나 복음을 전함으로 하나님을 기쁘시게 하는 변화된 삶을 사는 것이다(살전2:4).

하나님께서는 성도가 살아가는 길에 어떠한 어려움이 와도 크신 능력으로 강하게 붙드신다(골1:11). 죽어 있던 영이 살아나 죽을 몸을 영원히 사는 영적인 몸으로 만들어 주시는 하나님의 능력을 믿고 나아가는 영적인 삶이다(고후5:9). 그것은 디모데가 그랬고, 오네시모로가 그랬던 것과 같이 복음을 부끄러워하지 않는 삶이며(딤후1:16), 언제나 하나님의 능력을 실제로 의지하는 삶이며(고전4:20), 전적으로 의지하는 삶이다(고후1:8-10). 복음을 전하고 가르치는 일에 전념하게 하시는 힘의 근원인 그리스도를 의지하는 삶이며, 그리스도의 남은 고난을 자기의 육체에 채우며 사는 삶이다(골1:24-29).

24 이제 내가 여러분을 위해 받는 여러 고난을 기뻐하면서, 그리스도의 남은 환난들을 그의 몸인 교회를 위해 나의 육신 안에 채워 갑니다.

25 내가 교회의 섬김이가 된 것은 내게 주어진 그 하나님의 관리(경륜)에 따라 여러분을 위해 그 하나님의 말씀을 이루기 위함입니다.

26 여러 시대와 여러 세대로부터 감추어져 있던 그 하나님의 비밀이 이제 그의 성도들에게 명백하게 드러나졌습니다.

27 그 하나님께서는 그들에 의해 이 비밀의 영광이 얼마나 풍성한지를 이방인들 안에서 알게 하시기를 원하셨습니다. 그 비밀은 여러분 안에 계신 그리스도이시며, 그 영광의 소망이십니다.

28 그를 우리가 선포하는 것은 모든 지혜 안에서 모든 사람을 경계하고 모든 사람을 가르쳐서, 모든 사람을 그리스도 안에서 완전한 사람으로 세우기 위함입니다.

29 그것을 위하여 나 또한 내 안에서 능력으로 역사하고 계시는 그리스도의 역사하심을 따라 열심히 애쓰며 수고하고 있습니다.

*24 Νῦν χαίρω ἐν τοῖς παθήμασιν ὑπὲρ ὑμῶν καὶ ἀνταναπληρῶ τὰ ὑστερήματα
τῶν θλίψεων τοῦ Χριστοῦ ἐν τῇ σαρκί μου ὑπὲρ τοῦ σώματος αὐτοῦ, ὅ ἐστιν
ἡ ἐκκλησία, 25 ἧς ἐγενόμην ἐγὼ διάκονος κατὰ τὴν οἰκονομίαν τοῦ θεοῦ
τὴν δοθεῖσάν μοι εἰς ὑμᾶς πληρῶσαι τὸν λόγον τοῦ θεοῦ, 26 τὸ μυστήριον τὸ
ἀποκεκρυμμένον ἀπὸ τῶν αἰώνων καὶ ἀπὸ τῶν γενεῶν– νῦν δὲ ἐφανερώθη
τοῖς ἁγίοις αὐτοῦ, 27 οἷς ἠθέλησεν ὁ θεὸς γνωρίσαι τί τὸ πλοῦτος τῆς δόξης τοῦ
μυστηρίου τούτου ἐν τοῖς ἔθνεσιν, ὅ ἐστιν Χριστὸς ἐν ὑμῖν, ἡ ἐλπὶς τῆς δόξης·
28 ὃν ἡμεῖς καταγγέλλομεν νουθετοῦντες πάντα ἄνθρωπον καὶ διδάσκοντες
πάντα ἄνθρωπον ἐν πάσῃ σοφίᾳ, ἵνα παραστήσωμεν πάντα ἄνθρωπον τέλειον
ἐν Χριστῷ· 29 εἰς ὃ καὶ κοπιῶ ἀγωνιζόμενος κατὰ τὴν ἐνέργειαν αὐτοῦ τὴν
ἐνεργουμένην ἐν ἐμοὶ ἐν δυνάμει.*

(NA 28th(UBS 5th) ed 골1:24-29 필자 사역)

은혜: 평등과 공정

이제 바울은 하나님의 복음이 다만 믿는 것을 전제로 '유대인과 헬라인'인 양쪽 모두에게 동일하게 하나님의 능력으로 작동한다고 말한다. 여기서 '유대인과 헬라인'이라는 표현은 바울의 영적 세계관에 의한 인류에 대한 구분이다. 인류를 하나님의 복음적 관점에서 나눈 것이다. 바울은 롬1:14에서 이방인들의 세계를 '헬라인과 바르바로스'로 나누었다. 그런 이방인의 시각에서 보면 유대인도 바르바로스에 해당하는 민족에 불과했다. 하지만 이제 바울은 하나님의 복음이라는 특수한 안경을 통해 세계를 본다. '유대인과 이방인'이라고 하지 않고 '유대인과 헬라인'이라고 하는 데는 이유가 있다. 당시의 이방 세계의 문화를 장악하고 있었던 헬레니즘의 원조인 헬라인을 이방인의 대표로 인식하여 인류를 '유대인과 헬라인' 두 부류로 나누고 있는 것이다(롬1:14의 필자 해설 참조).

여기서 비롯될 수 있는 문제는 유대인의 온전치 못한 선민의식에 집착하는 유대인의 의식(意識)이다. 실제로 지나간 역사 속에서 "먼저는 유대인에게요 그리고 헬라인에게로다(*개역개정, Ἰουδαίῳ τε πρῶτον καὶ Ἕλληνι-유다이오 테 프로톤 카이 헬레니*)."라는 다소 애매한 표현이 유대인 우선주의(優先主義)를 부추긴다고 반대하여 본문에서 "먼저는(*πρῶτον*-프로톤)"을 제거한 일이 있었다(롬1:16 본문 코멘트 참조).

사실 이 부분이 바울의 복음에서 가장 큰 논쟁이 발생하는 지점이다. 장고한 유대인의 전통과 그들의 정경에 기반을 둔 선민의식은 비단 헬라인과의 장벽을 차치하고서라도 동족인 사마리아인과 상종을 하지 않을 만큼 차별이 심했다(요4:9). 그들의 선민의식은 그들만의 오랜 민족적 수난(앗시리아, 바벨론, 페르시아, 헬라, 로마 제국의 침입)의 역사 속에서 굳어진 것이어서, 예수님께서도 사마리아의 수가라는 마을(그곳은 이스라엘이 분열 왕국이 되기 전 통일 왕국 12지파의 조상 야곱의 우물이 있었던 곳)을 일부러 찾아가셔서 그들 간의 장벽을 허물고 구원의 문제를 풀어내셨을 만큼 그릇된 그리스도관에 의한 당시의 유대인의 선민의식은 하늘을 찌르는 기세였다(요4:6-30).

유대인들은 이방인들을 부정하게 여겼다. 사도 베드로의 복음 전파의 과정에서도 그런 유대인의 선민의식은 항상 골칫거리였다(행10:14, 갈2:11-14). 바울도 유대인이었다. 바울이 그런 유대인과 헬라인(바울에게 이방인의 대표)과의 장벽을 허물어내고 하나님이 베푸시는 구원의 문제를 풀 수 있는 하나님의 복음(롬1:2-4)을 깨닫기까지 바울만의 특별한 인생의 궤적이 있었다는 사실은 필자가 이미 1:14절을 해설하면서 밝힌 주지의 사실이다.

예수님의 행보에서도 드러나 있듯이 하나님의 복음과 관련해 유대인들에게 우선적인 일들이 없다고 할 수도 없다. 분명 하나님의 복음이 유대 민족과의 관계에서 이 세상에 주어진 것은 맞다. 분명히 예수님께서 유대인들의 조상인 다윗의 씨로부터 되신 분이다(롬1:3). 이걸 사도 요한은 하나님의 구원이 유대인으로부터 나온다고 했다(요4:22). 사도 베드로는 이스라엘 자손들에게 의(義)의 말씀을 보내신 하나님께서(시107:19-20) 예수 그리스도를 통해 평화의 복음을 전하셨다고 했다(행10:36).

바울은 한 걸음 더 나아가 '이방인 그리스도인들이 유대인 그리스도인들로부터 영적인 복을 나누어 가졌으므로, 물질적인 것을 유대인 그리스도인들에게 나누어 줄 의무가 그들에게 있다.'라고 했다(롬15:27). 그렇다고 그것이 유대인들에게 구원을 얻을 수 있게 하는 특혜가 될 수 없다는 게 바울의 생각이다. 왜냐하면 하나님께서는 유대인이라고 해서 특별히 그 구원을 알아볼 수 있게 하시지도 않으셨기 때문이다(롬9:6-8). 하나님의 은혜를 따라 베풀어지는 사랑의 구원이니, 헬라인(이방인)이라고 해서 차별될 수 있는 것도 아니다(롬10:12).

그것은 공정하게 하나님의 은혜로 베풀어지는 선물과 같은 것이기에, 상속자가 되는 것(하나님의 구원에 참여하는 것)은 은혜에 속하기 위하여 믿음으로 된다(롬4:16). 유대인이라고 해서 그 구원의 대상들 가운데 첫 번째라는 유리한 고지에 있지 않다(롬3:22). 그걸 필자는 "그것은 유대인에게 우선적인 것으로 보였으나, 사실은 유대인과 헬라인 양쪽 모두에게 동일한 것이었습니다."라고 번역하였다(롬11:28-32의 필자의 번역 참고). 하나님의 구원은 누구에게나 공정하게 믿음을 통해 베풀어지는 은혜다(엡2:8).

28 실로 그들은 그 복음을 따라서는 여러분으로 인하여 원수가 되었으나, 그 선택을 따라서는 조상들로 인하여 사랑을 입은 자들입니다.
29 참으로 그 하나님의 그 은사들과 그 부르심에는 후회하심이 없습니다.
30 여러분이 전에 그 하나님께 순종하지 않았지만, 이제는 이스라엘 사람들의 그 불순종으로 인해 여러분이 불쌍히 여김을 받게 되었습니다.
31 마찬가지로 이스라엘 사람들도 지금 여러분이 얻은 그 긍휼로 인해 불순종하게 되었으니, 이는 그들도 마땅히 [지금] 불쌍히 여김을 받게 하기 위함입니다.
32 참으로 그 하나님께서 모든 사람을 불순종 속에 가두어 놓으신 것은, 모든 사람을 불쌍히 여기시기 위함이었습니다.

28 κατὰ μὲν τὸ εὐαγγέλιον ἐχθροὶ δι' ὑμᾶς, κατὰ δὲ τὴν ἐκλογὴν ἀγαπητοὶ διὰ τοὺς πατέρας·
29 ἀμεταμέλητα γὰρ τὰ χαρίσματα καὶ ἡ κλῆσις τοῦ θεοῦ.
30 ὥσπερ γὰρ ὑμεῖς ποτε ἠπειθήσατε τῷ θεῷ, νῦν δὲ ἠλεήθητε τῇ τούτων ἀπειθείᾳ,
31 οὕτως καὶ οὗτοι νῦν ἠπείθησαν τῷ ὑμετέρῳ ἐλέει, ἵνα καὶ αὐτοὶ [νῦν] ἐλεηθῶσιν.
32 συνέκλεισεν γὰρ ὁ θεὸς τοὺς πάντας εἰς ἀπείθειαν, ἵνα τοὺς πάντας ἐλεήσῃ.

(NA 28th(UBS 5th) ed 롬11:28-32 필자 사역)

제10장
하나님의 의(義)와 믿음(1장 17절)

— 새로운 삶의 추동 —

믿음은 소망하여지는 것들의 실현, 곧 실제 상황이다. 믿음은 하나님의 말씀으로 생성되는 새로운 삶의 추동(推動)이다. 참으로 하나님의 지혜와 능력의 역사 없이는 도무지 이해 불가한 삶이 믿음의 삶이다.

제10장 하나님의 의(義)와 믿음(1장 17절) _ 319p에서

§1. 본문 번역[NA28판(UBS5판)]

본문	NA28판(UBS5판) ΠΡΟΣ ΡΩΜΑΙΟΥΣ 1:17	로마서 1:17 필자 사역
롬1:17	δικαιοσύνη γὰρ θεοῦ ἐν αὐτῷ ἀποκαλύπτεται ἐκ πίστεως εἰς πίστιν, καθὼς γέγραπται· ὁ δὲ δίκαιος ἐκ πίστεως ζήσεται.	이는 "오직 그 의인은 믿음으로부터 살 것이다."라고 기록된 것과 같이, 하나님의 한 의(義)가 그 복음 안에서 계시(啓示)되고 있어 믿음으로부터 믿음에 이르게 하고 있기 때문입니다.

§2. 본문 코멘트

롬1:17	δικαιοσύνη γὰρ θεοῦ ἐν αὐτῷ ἀποκαλύπτεται ἐκ πίστεως εἰς πίστιν, καθὼς γέγραπται· ὁ δὲ δίκαιος ἐκ πίστεως ζήσεται.	이는 "오직 그 의인은 믿음으로부터 살 것이다."라고 기록된 것과 같이, 하나님의 한 의(義)가 그 복음 안에서 계시(啓示)되고 있어 믿음으로부터 믿음에 이르게 하고 있기 때문입니다.

① "μου-무"가 사본 C의 최초 필사본에 삽입되어 있다. 이는 바울의 구약 성경 구절을 인용 방식을 이해하는 데 매우 중요한 단서를 제공한다. 히브리어 성경과 LXX(칠십인역) 그리스어 성경의 합2:4은 교정된 자리에 "μου-무"가 없으며 위치가 다르다.

BHS-Habakkuk 2:4

4הִנֵּה עֻפְּלָה לֹא־יָשְׁרָה נַפְשׁוֹ בּוֹ וְצַדִּיק בֶּאֱמוּנָתוֹ יִחְיֶה׃

(הִנֵּה עֻפְּלָה לֹא־יָשְׁרָה נַפְשׁוֹ בּוֹ4-힌네 윺펠라 로-야쉐라 나프소보)

보라, 그는 교만하며 그의 영혼은 정직하지 못하다.

וְצַדִּיק בֶּאֱמוּנָתוֹ יִחְיֶה׃- 붸짜딕 베에무나토 야붸)

그러나 의인은 그의 믿음으로(안에서) 살 것이다.

(BHS 5th ed 합2:4 필자 사역)

LXX-Habakkuk 2:4

4 ἐὰν ὑποστείληται οὐκ εὐδοκεῖ ἡ ψυχή μου ἐν αὐτῷ ὁ δὲ δίκαιος ἐκ
πίστεώς μου ζήσεται.

(4 ἐὰν ὑποστείληται-에안 휘포스테일레타이)

만일 그가 물러난다면

(οὐκ εὐδοκεῖ ἡ ψυχή μου ἐν αὐτω/ι-우크 유도케이 헤 프쉬케 무 엔 아우토)

나의 영혼이 그를(그 안에서) 좋게 생각하지 않는다.

(ὁ δὲ δίκαιος ἐκ πίστεώς μου ζήσεται-호 데 디카이오스 에크 피스테오스 무 제세타이)

그러나 그 의인은 나의 믿음으로부터 살 것이다.

(LXX 합2:4 필자 사역)

※ 우리의 본문은 "μου-무"가 탈락되어 있는 대다수의 사본들의 지지를 받는다. 따라서 바울의 인용구는 구약 성경의 본문을 그대로 인용하지 않는다는 것을 알 수 있듯이 인용구는 어떤 의미에서 재탄생되어 나타난다. 이는 바울의 사상이 그리스도 예수 안에서 새로 워졌기 때문이다. 그러므로 그리스도 예수의 시각에 지배되는 바울을 이해하는 관점에서 본문을 다루어야 한다.

§3. 본문 주해를 위한 팁

롬1:17	δικαιοσύνη γὰρ θεοῦ ἐν αὐτῷ ἀποκαλύπτεται ἐκ πίστεως εἰς πίστιν, καθὼς γέγραπται· ὁ δὲ δίκαιος ἐκ πίστεως ζήσεται.	이는 "오직 그 의인은 믿음으로부터 살 것이다."라고 기록된 것과 같이, 하나님의 한 의(義)가 그 복음 안에서 계시(啓示)되고 있어 믿음으로부터 믿음에 이르게 하고 있기 때문입니다.

① "이는 '오직 그 의인은 믿음으로부터 살 것이다.'라고 기록된 것과 같이(*καθὼς γέγραπται· ὁ δὲ δίκαιος ἐκ πίστεως ζήσεται.-카도스 게그랍타이· 호 데 디카이오스 에크 피스테오스 제세타이.*)"는 합2:4, 갈3:11, 히10:38을 살펴보라.

※ 요시야왕의 죽음으로 비탄에 빠진 민족적 절망 속에서 하나님의 신실하심을 의심할 수밖에 없을 만큼 예레미야 애가가 지어진 암울한 시대적 배경을 이해하라(왕하23:25). 보통 레위의 후손으로 성전에서 노래하던 찬양 대원으로 추측되던(합3:19, 1, 3, 9, 13) 하박국이 당시의 신앙적 회의 속에서 직접 하나님께 불평하며 물었던 질문의 요지를 파악하고, 그것을 구속사의 관점에서 어떤 의미가 있는지를 숙고하라.

※ "그 의인(*ὁ δίκαιος-호 디카이오스*)"에 대한 개념 파악을 위해 먼저 칠십인역 합1:4, 1:13, 2:4의 문맥을 보라. 그리고 롬1:17, 2:13, 3:10, 3:26, 5:19의 문맥을 살펴보라.

※ "믿음으로부터 살 것이다(*ἐκ πίστεως ζήσεται-에크 피스테오스 제세타이*)."는 롬10:5, 갈3:11-12을 보라. 특히 약2:24을 보고 야고보서의 맥락과 비교해 보라.

※ "믿음으로부터(*ἐκ πίστεως: 에크 피스테오스*)"를 구체적으로 이해하기 위해 구약 성경(BHS[슈투트가르트 히브리어 구약 성서]와 LXX[칠십인역 헬라어 구약 성서])의 믿음이라는 개념을 살펴보라(위 본문 코멘트 ① 참조). 특히 하박국 선지자와 동시대(요시야왕의 시대)의 국내에서 활동하던 예레미야의 선지자의 기록을 살펴볼 필요가 있다. 렘5:1, 3, 7:28, 9:2, 애3:23에서 믿음(베에무나토[בֶּאֱמוּנָתוֹ]에서 분리해 낸 에무나[אֱמוּנָה], 합2:4)이라는 단어의 개념을 살펴보라.

※ "살 것이다(*ζήσεται-제세타이*)"는 중간태(직접 또는 간접 형태)의 의미를 생각해 보라. 롬6:11, 8:13과 그 의미를 비교해 보라.

② "하나님의 한 의가 그 복음 안에서 계시(啓示)되고 있어(*δικαιοσύνη γὰρ θεοῦ ἐν αὐτῷ ἀποκαλύπτεται-디카이오쉬네 가르 데우 엔 아우토 아포칼륖테타이*)"는 롬3:5, 21-26, 롬10:3, 고후5:21, 빌3:9, 시98:2, 사51:5-8을 살펴보라.

※ "계시(啓示)되고 있어(*ἀποκαλύπτεται-아포칼륖테타이*)"가 반복적인 것을 나타내는 현재 시제의 동사 개념임을 중시하라. 고전2:10, 엡3:5, 갈1:16, 3:23과 비교해 보라.

③ "믿음으로부터 믿음에 이르게 하고 있기 때문입니다(*γὰρ ... ἐκ πίστεως εἰς πίστιν-가르 … 에크 피스테오스 에이스 피스틴*)"를 이해하기 위해 롬3:26, 3:30, 4:16, 5:1, 9:30-32, 10:6, 14:23을 맥락적으로 이해하라.

④ 또 갈2:16. 3:7, 8, 9, 11, 12, 22, 24, 5:5을 동일 맥락에서 비교하되, 살전3:2의 맥락과 히11:1-3, 12:1-2의 맥락의 관점(본문 해설 참조)을 이해하라(위 ①~③ 참조).

§4. 본문 해설(로마서 1장 17절)

하나님의 의와 믿음

본문

본문	NA28판(UBS5판) ΠΡΟΣ ΡΩΜΑΙΟΥΣ 1:17	로마서 1:17 필자 사역
롬1:17	δικαιοσύνη γὰρ θεοῦ ἐν αὐτῷ ἀποκαλύπτεται ἐκ πίστεως εἰς πίστιν, καθὼς γέγραπται· ὁ δὲ δίκαιος ἐκ πίστεως ζήσεται.	이는 "오직 그 의인은 믿음으로부터 살 것이다."라고 기록된 것과 같이, 하나님의 한 의(義)가 그 복음 안에서 계시(啓示)되고 있어 믿음으로부터 믿음에 이르게 하고 있기 때문입니다.

1. 깊어지는 고민에 대한 하나님의 응답

궁금증

이제 1:17을 이야기해 보자. 앞에서도 언급했지만 1:17도 이유를 나타내는 접속사(*γὰρ-가르*)로 1:16의 이유를 나타내고 있다는 점을 인식하는 것은 중요하다. 1:16이 말하는 인류를 구원하시는 하나님의 능력이 '하나님의 복음(*εὐαγγέλιον θεοῦ-유앙겔리온 데우, 롬1:2-4*)'을 믿는 모든 사람에게 작동한다는 증언이라면, 당연히 우리의 궁금증은 사람들이 그 복음(*τὸ εὐαγγέλιον-토 앙겔리온, 롬1:16*)을 어떻게 믿을 수 있느냐는 것에 집중하게 된다. 따라서 1:17은 사람들이 그 복음을 듣고 믿게 되는 원인에 대한 이야기로 채워질 수밖에 없다.

그렇다면 그것은 일단 먼저 그 복음, 곧 '그 좋은 소식'에 대한 사실 관계를 확인하는 과정을 거쳐야만 한다. 그 과정에서 우리는 '그 좋은 소식'이 당연히 누구로부터 온 소식인지, 어떠한 내용을 담고 있는지, 그것이 왜 좋은 소식인지를 따져 볼 수밖에 없다. 그리고 우리는 이제 그 정도쯤은 모두 다 아는 사실이라고 쉽게 생각할 수 있다.

하지만 하나님의 복음은 신앙생활의 전 과정을 규정할 수 있는 토대가 된다는 점에서, 그리고 필자가 이 로마서를 시작하면서 우리의 현실이 복음적 토대에 대한 이해가 부족했었다는 것을 밝히면서 그것이 옷을 입을 때 첫 단추를 잘못 끼운 것과 같다는 비유를 들었다는 점에서, 로마서의 서론이며 총론이라고 할 수 있는 부분(롬1:1-17)을 다시금 어느 정도는 되짚어 보면서 마무리해야 하지 않을까?

역사(歷史)

우선 본문 롬1:17의 문장의 구조를 보면, A는 B와 같다는 형식의 문장으로 B에 구약 성경 하박국 선지자의 글(합2:4)을 인용한다는 것을 알 수 있다. 이는 이제까지 바울이 이야기해 왔던 하나님의 복음에 대한 핵심적인 주장에 대한 증거 본문으로 바울이 앞으로 말하고자 하는 모든 것의 토대가 된다는 점에서 자세하고 명확하게 살펴보아야 할 당위성을 가진다. 그래서 필자도 합2:4의 인용구를 앞세워 "이는 '오직 그 의인은 믿음으로부터 살 것이다.'라고 기록된 것과 같이, 하나님의 한 의(義)가 그 복음 안에서 계시(啓示)되고 있어 믿음으로부터 믿음에 이르게 하고 있기 때문입니다."라고 롬1:17을 번역했다. 여기서 중요한 것은 하나님의 복음에 대한 사도 바울의 사상의 토대가 역사의 현장에 집중하고 있다는 것을 놓치지 말아야 한다는 점이다.

하나님은 영원하신 분이시다. 예수 그리스도 또한 영원하신 분이시다. 하나님과 그분의 아들 예수 그리스도는 지나간 역사 속에서나 현재 진행 중인 역사 속에 변함없이 자신들의 뜻과 계획을 이루시기 위해 활동하고 계신다. 필자가 주장하듯이 그리스도인들의 신앙 공동체는 그 하나님의 그 복음(롬15:16)이 역사(役事)하는 새 생명 창조 역사 공동체(歷史共同體)이기 때문에 역사(歷史) 속을 파고들어 변화를 이끌어 내는 강력한 활동으로 나타나야 한다. 그 복음은 역사의 흐름 속에서 하나님이 기뻐하시는 실제적인 삶을 살아 냄으로써 역사의 흐름마저도 하나님이 기뻐하시는 방향으로 돌려놓는 하나님의 능력이고, 그 능력이 작동하는 자리가 바로 그 공동체이기 때문이다.

이제 하박국 선지자가 활동하고 있었던 시대로 거슬러 올라가 보자.

회의(懷疑)

하박국서 2장 4절의 문맥은 이렇다. 다윗의 통일 왕국이 솔로몬(왕상11:11-13)에 의해 나누인 북이스라엘과 남유다는 B.C. 900년에서 300년까지 600여 년 동안 동쪽의 세 강대국에게 곤혹을 치러야 했다. 첫 번째는 앗시리아, 두 번째는 바빌로니아, 세 번째는 페르시아였다. 하박국 선지자는 앗시리아의 세력이 점점 약해지고 신바벨론 제국의 발흥기(B.C. 625년경)에 남왕조 유다를 둘러싸고 있는 주변 정세가 격동하던 시기에 활동했다. 바벨론에 의해 B.C. 612년에 당시 세계를 지배하던 앗시리아의 수도 니느웨성이 함락되었다. 앗시리아의 몰락 3년 후 유다의 마지막 선한 왕이라고 할 수 있는 요시야가 그 전쟁에 휘말리게 되었다. 요시야는 앗시리아에 대한 강한 반감을 가지고 있었기 때문에 반앗수르 정책과 친바벨론 정책을 세웠던 것 같다.

요시야는 애굽왕 느고가 제국에 대한 야망을 이루기 위해 앗시리아를 포로로 잡아 근동의 패권을 놓고 신바벨론과 전쟁을 하러 갈그미스로 진군하던 애굽 군대를 막다가 므깃도에서 B.C. 609년에 전사하였다(왕하23:29). 애굽의 상대는 신바벨론이었지 유다가 아니었기에 하나님의 명령에 따라 느고왕은 사신을 보내 화친을 종용했지만, 하나님의 입에서 나온 느고왕의 말을 요시야가 거절해 싸움은 시작되었고, 결국 유다는 애굽왕 느고의 손에 넘어갔다(대하35:20-23). 이 일로 예레미야 애가가 지어졌다. 참으로 아이러니한 일이 일어났지만 모든 것이 하나님의 말씀을 따라 된 일이었다(대하34:28).

애굽은 여호아하스를 유다의 왕으로 세워 유다를 지배하게 되었다. 4년 후 B.C. 605년 애굽과 바벨론의 갈그미스 전투에서 바벨론이 승리하자 유다는 바벨론의 손에 넘어갔다. 바벨론은 애굽의 꼭두각시 여호아하스를 폐위하고 여호야김을 왕으로 세우고 유다의 많은 사람들을 포로로 잡아갔는데, 그것이 1차 바벨론 포로 사건이다. 이 격동의 시기에 휘말려 있는 유다의 정세는 신앙적으로 도덕적으로 타락이 극에 달할 만큼 매우 불안했다. 통치자들의 일상은 강대국에게 조공을 바치기 위해 백성들을 착취하고 압제하는 일이었고(렘22:13-19), 심지어 하나님의 말씀을 선포하는 주의 종들을 잡아 죽이는 일을 서슴지 않았다(렘36:20-32).

이렇게 기득권을 가진 자들의 횡포로 인해 선량한 백성들(의인들)이 말할 수 없는 고난을 겪고 있는 것을 보는 선지자의 비통한 심경은 신앙적 회의(懷疑)를 일으키기에 충분했고, 그의 신앙적 회의는 더 깊은 기도 속에서 하나님께 질문드리고 답을 얻으려는 적극적인 자세를 갖게 했다.

먼저 하박국 1:1-4절을 보자.

1 예언자 하박국이 계시로 받은 경고입니다.

2 여호와시여, 도와 달라고 호소하는데, 언제까지 들어주지 않으시렵니까? 제 가 주님께 "폭력이 성행하고 있다!"라고 외쳤는데도 언제까지 구원을 베풀 어 주지 않으시렵니까?
3 어찌하여 저로 하여금 무서운 일을 보게 하시며, 불행한 일을 지켜보게 하십 니까? 제 앞에서 파괴와 폭력이 있고 다툼과 분쟁이 일어나고 있습니다.
4 그러므로 율법이 해이하고, 공의(정의)가 전혀 시행되지 못하는 실정입니다. 왜냐하면 악인이 의인을 에워싸고 있으므로, 공의(정의)가 왜곡되고 있기 때 문입니다.

1:1 הַמַּשָּׂא אֲשֶׁר חָזָה חֲבַקּוּק הַנָּבִיא׃ 2עַד־אָנָה יְהוָה שִׁוַּעְתִּי וְלֹא תִשְׁמָע
אֶזְעַק אֵלֶיךָ חָמָס וְלֹא תוֹשִׁיעַ׃ 3לָמָּה תַרְאֵנִי אָוֶן וְעָמָל תַּבִּיט וְשֹׁד
וְחָמָס לְנֶגְדִּי וַיְהִי רִיב וּמָדוֹן יִשָּׂא׃ 4עַל־כֵּן תָּפוּג תּוֹרָה וְלֹא־יֵצֵא
לָנֶצַח מִשְׁפָּט כִּי רָשָׁע מַכְתִּיר אֶת־הַצַּדִּיק עַל־כֵּן יֵצֵא מִשְׁפָּט מְעֻקָּל׃

(BHS 5th ed 합1:1-4 필자 사역)

기도의 핵심: 첫 번째 질문

하박국 선지자가 지적하듯이 유다 백성들 가운데 가장 큰 문제는 바로 율법의 그릇된 시행이다. 앗시리아의 침공과 점령하에서 유다 백성들에게 일어나는 언약의 파기 사건이 공공연하게 자행되고 있다는 말이다. 하나님의 백성인 유다 백성들에게서 일어나고 있는 참혹한 일들을 보며 하박국 선지자는 하나님을 향해 절규하는데도 하나님은 대답을 안 하신다. '도대체 어떤 일까지 보고 울고불고해야 합니까?'라는 눈물의 기도는 유다 백성이 율법을 바르게 행할 수 있도록 구원하여 달라는 것이다. 그들이 율법을 그릇되게 행하는 것은, 이방 나라에 의하여 지배받기 때문이라는 의식을 가지고 드리는 기도이다. 그런데도 하나님께서는 아무런 대답도 하지 않으시는 것이다. 결국 선지자는 견디기 힘들 만큼 유다 사회의 부패와 부조리를 보게 하시는 이유를 묻는다. 남유다 사회의 죄가 더 악화한 생활을 보며 '공의의 하나님께서 왜 악인들을 징계하지 않는가?'라고 질문하는 것이다.

선지자는 유다 패망의 이유가 불경(불신앙)에 있음을 직시하게 하려고 그토록 견디기 힘든 일과 고생스러운 일을 보게 하시는 것이냐고 묻는다. 모든 것의 해답이 율법의 바른 시행에 있다고 확신한다. 율법이 바르게 세워져 완전한 판결(심판)이 재판관에 의해서 받아들여지기를 바라는 간곡한 기도는 율법이 갈기갈기 찢겨 사방팔방으로 흩어져 제구실하지 못하고 있는 유다의 현실을 구원해 달라는 것이다. 율법을 소홀히 할 뿐만 아니라 멸시하고 경멸하는 수준에 이르러 비웃기까지 하는 유다 백성들을 회복시켜 달라는 것이다.

선지자의 기도는 거기서 멈추지 않는다. 유다 백성들이 율법에 대한 망령된 마음 자세를 가지게 된 이유가 이방인들의 침략으로 비롯됐다는 생각을 표현한다. 이는 다름 아닌 이방인들의 손에 의해 산산이 조각나서 멀리 이방인 세계로까지 흩어져 쓸모없게 버려진 율법이 모아져 유다 땅에 다시 하나님의 공의가 시행되기를 바라는 기도에서 확인된다. 한마디로 선지자 하박국은 앗시리아의 폭력으로부터 유다가 해방되어 하나님의 공의로운 통치가 실현되기를 간절히 기도한다. 이에 대해 여호와 하나님의 응답은 바벨론을 심판의 도구로 사용하시겠다는 것이었다(합1:5-11). 그 대답은 유다가 아직 진심으로 여호와께로 돌아올 마음이 없다는 것을 의미한다.

5 여호와께서 말씀하셨습니다. "너희는 여러 민족을 보고 또 눈여겨 살펴보고, 놀라고 또 서로 마주보며 크게 놀라거라. 참으로 너희가 살아 있는 동안 내가 한 가지 일을 집행할 것인데, 너희는 그 소식을 들어도 믿지 않을 것이다.
6 보라. 이제 내가 잔인하고 조급한 민족, 곧 넓은 땅을 두루 다니며 자기의 소유가 아닌 남의 처소들을 차지하는 갈대아 사람(카스딤)을 일으킬 것이다.
7 그는 위협적이고 무서우며, 자신으로부터 자신의(자기 멋대로) 공의(정의)와 권위를 내세운다.
8 그의 말들은 표범보다도 날쌔며 해질 무렵의 늑대보다도 사납다. 그의 기마병은 멀리서 날아와서 먹이를 낚아채는 독수리처럼 날쌔게 달려온다.
9 그 모두 폭력을 행하려고 오고, 그들의 얼굴은 앞을 향하며, 모래알을 모으듯 포로들을 모을 것이다.
10 그는 왕들을 조롱하고 통치자들을 노리개로 삼는다. 그는 모든 요새도 우습게 여기며 성벽 꼭대기까지 흙더미를 쌓아서 마침내 성을 함락할 것이다.
11 그런데 영의 흐름(풍세)이 바뀌면 그들은 바람처럼 사라져 간다. 그러니 자신들의 힘을 자신의 하나님으로 삼는 이 사람은 죄를 범할 수밖에 없는 것이다.

1:5 רְא֤וּ בַגּוֹיִם֙ וְֽהַבִּ֔יטוּ וְהִתַּמְּה֖וּ תְּמָ֑הוּ כִּי־פֹ֙עַל֙ פֹּעֵ֣ל בִּֽימֵיכֶ֔ם לֹ֥א
תַאֲמִ֖ינוּ כִּ֥י יְסֻפָּֽר׃ **6** כִּֽי־הִנְנִ֤י מֵקִים֙ אֶת־הַכַּשְׂדִּ֔ים הַגּ֖וֹי הַמַּ֣ר וְהַנִּמְהָ֑ר

הַהוֹלֵךְ֙ לְמֶרְחֲבֵי־אֶ֔רֶץ לָרֶ֖שֶׁת מִשְׁכָּנ֥וֹת לֹּא־לֽוֹ׃ 7אָיֹ֥ם וְנוֹרָ֖א ה֑וּא מִמֶּ֕נּוּ
מִשְׁפָּט֥וֹ וּשְׂאֵת֖וֹ יֵצֵֽא׃ 8וְקַלּ֨וּ מִנְּמֵרִ֜ים סוּסָ֗יו וְחַדּוּ֙ מִזְּאֵ֣בֵי עֶ֔רֶב וּפָ֖שׁוּ
פָּֽרָשָׁ֑יו וּפָֽרָשָׁיו֙ מֵרָח֣וֹק יָבֹ֔אוּ יָעֻ֕פוּ כְּנֶ֖שֶׁר חָ֥שׁ לֶאֱכֽוֹל׃ 9כֻּלֹּה֙ לְחָמָ֣ס
יָב֔וֹא מְגַמַּ֥ת פְּנֵיהֶ֖ם קָדִ֑ימָה וַיֶּאֱסֹ֥ף כַּח֖וֹל שֶֽׁבִי׃ 10וְהוּא֙ בַּמְּלָכִ֣ים
יִתְקַלָּ֔ס וְרֹזְנִ֖ים מִשְׂחָ֣ק ל֑וֹ ה֚וּא לְכָל־מִבְצָ֣ר יִשְׂחָ֔ק וַיִּצְבֹּ֥ר עָפָ֖ר וַיִּלְכְּדָֽהּ׃
11אָ֣ז חָ֥לַף ר֛וּחַ וַיַּעֲבֹ֖ר וְאָשֵׁ֑ם ז֥וּ כֹח֖וֹ לֵאלֹהֽוֹ׃

(BHS 5th ed 합1:5-11 필자 사역)

깊어지는 기도: 두 번째 질문

앗시리아의 침략으로 파탄 지경에 이른 유다의 현실을 구원해 달라고 울부짖는 선지자의 기도에 대한 하나님의 응답은 마치 혹 떼러 갔다가 혹 하나 더 붙이고 온 격이 되고 말았다. 유다의 현실을 심판하는 도구였던 앗시리아마저도 바벨론의 손에 패망케 하고, 더욱 포악하고 잔인한 바벨론의 손아귀에 유다의 죄악을 심판하시겠다는 여호와의 뜻은 하박국 선지자로선 도무지 이해할 수 없는 것이었지만 하나님으로서는 선지자에게 세계관의 변혁을 배려한 충분한 조치로 보인다. 이에 따라 하박국의 두 번째 질문이 시작된다. 의로우신 하나님이 유다의 악함을 심판하시려고 유다보다 더 악한 이방 민족 바벨론의 침략을 허락하신다는 것은 원수들로부터 이스라엘 민족을 보호해 주시겠다고 하신 하나님의 언약과 맞지 않는다는 것이다. 이어지는 하박국 선지자의 호소를 보자.

> 12 *하박국 선지자가 말합니다. "여호와시여, 주님은 영원 전부터 살아 계시지 않습니까? 나의 거룩한 나의 하나님이시여, 우리가 죽지 않을 것입니다. 여호와시여, 주님께서는 주님의 백성을 심판하시려고 그를 두셨습니다. 반석이시여, 주님은 주님의 백성을 징계하시려고 그들을 세우셨습니다.*
> 13 *주님의 눈은 맑으셔서 악을 보고 그대로 지나치지 못하시고 죄악을 그냥 두고 보지도 못하십니다. 그런데 어찌하여 저 배신자들을 쳐다만 보시며, 악인이 자기보다 의로운 자를 삼켜 버려도 침묵하고 계십니까?*
> 14 *주님께서는 사람을 바다의 물고기처럼 만드셨고, 지도자도 없이 기어다니는 것(파충류)처럼 만드셨습니까?*
> 15 *악인이 그것들 모두를 낚시로 낚고 그물로 잡아 올리며, 어망에 끌어모으고 그로 인해 기뻐하고 크게 즐거워합니다.*

16 그런 후에 그는 그 그물에 희생 제물을 바치고 그 어망 앞에 향을 피워 올리며 제사를 지냅니다. 이는 그 그물로 부자가 되었고, 그 어망으로 좋은 음식을 많이 먹을 수 있게 되었기 때문입니다.

17 이와 같이 그가 그물을 비운 다음 계속해서 여러 민족을 무자비하게 살육해도 되는 것입니까?

2:1 제가 경계하는 초소에 서고, 성루에 설 것입니다. 그리고 주님께서 저에게 무엇을 말씀하실지, 제가 호소하는 것에 대해 어떻게 대답하실지 지켜보며 기다리겠습니다."

1:12 הֲלוֹא אַתָּה מִקֶּדֶם יְהוָה אֱלֹהַי קְדֹשִׁי לֹא נָמוּת יְהוָה לְמִשְׁפָּט
שַׂמְתּוֹ וְצוּר לְהוֹכִיחַ יְסַדְתּוֹ׃ **13**טְהוֹר עֵינַיִם מֵרְאוֹת רָע וְהַבִּיט אֶל־עָמָל
לֹא תוּכָל לָמָּה תַבִּיט בּוֹגְדִים תַּחֲרִישׁ בְּבַלַּע רָשָׁע צַדִּיק מִמֶּנּוּ׃
14וַתַּעֲשֶׂה אָדָם כִּדְגֵי הַיָּם כְּרֶמֶשׂ לֹא־מֹשֵׁל בּוֹ׃ **15**כֻּלֹּה בְּחַכָּה הֶעֱלָה
יְגֹרֵהוּ בְחֶרְמוֹ וְיַאַסְפֵהוּ בְּמִכְמַרְתּוֹ עַל־כֵּן יִשְׂמַח וְיָגִיל׃ **16**עַל־כֵּן יְזַבֵּחַ
לְחֶרְמוֹ וִיקַטֵּר לְמִכְמַרְתּוֹ כִּי בָהֵמָּה שָׁמֵן חֶלְקוֹ וּמַאֲכָלוֹ בְּרִאָה׃ **17**הַעַל
כֵּן יָרִיק חֶרְמוֹ וְתָמִיד לַהֲרֹג גּוֹיִם לֹא יַחְמוֹל׃ ס
2:1 עַל־מִשְׁמַרְתִּי אֶעֱמֹדָה וְאֶתְיַצְּבָה עַל־מָצוֹרוַאֲצַפֶּה לִרְאוֹת מַה־יְדַבֶּר־
בִּי וּמָה אָשִׁיב עַל־תּוֹכַחְתִּי׃

(BHS 5th ed 합1:12-2:1 필자 사역)

간절한 호소

하박국 선지자는 유다의 현실에 대한 불같은 여호와의 심판을 그대로 받아들인다. 하지만 유다의 현실이 아무리 반역을 일삼더라도 유다는 여호와의 백성이라는 사실을 상기시키고, 주께서 자기의 백성을 결코 멸하지 않으실 것을 확신한다. 어떠한 방법으로든 주님께서는 주님의 백성들을 심판으로부터 직접 구원하실 것이라는 확신이다. 유다에게는 심판이 심판으로 끝나는 것이 아니라 구원으로 직결된다는 생각이다. 이러한 선지자의 확신은 단번에 유다 백성을 사로잡아 노략질하는 바빌로니아에 대한 심판이 뒤따라야 한다는 쪽으로 질문한다. 한마디로 바벨론을 들어서 유다를 심판하시는 것은 백 번 달게 받겠지만, 그들의 행위가 자신들을 구원하시는 주님의 손과 거리가 멀다는 말이다.

바벨론을 도구로 사용하여 유다를 심판하시는 것은 그들의 포학하고 극악무도한 행위가 말해 주듯이 결국 주님의 백성인 유다를 살리실 것이라는 주님의 뜻과 배치된다. 선지자가 주장하는 요지는 불신앙인(불경한 사람) 바빌로니아 사람이 경건한 사람(의로운 사람) 유다 백성을 삼킬 때 주님은 결코 침묵하실 수 없다는 것이다. 원수인 바벨론이 주님의 백성을 노략질하고 자신들의 군사적 능력과 지혜를 자랑하며, 그들의 신에게 드리는 제사의 행위 자체가 주님을 조롱하는 것이기 때문에 주님은 당연히 그들을 멸망시켜야 한다. 그런데도 현실적으로 바벨론의 포악과 잔인은 더욱 거세져 그칠 기미가 보이지 않는다. 그런 상황에서 선지자 하박국은 유다의 구원에 대한 주님의 생각과 계획이 무엇인지를 알고 싶다고 호소하는 것이다.

응답의 말씀

하박국 선지자의 호소력 있는 기도에 과연 주님은 어떻게 대답할 것인가? 하박국이란 이름이 뜻하는 바는 '포옹하다'라는 뜻이다. 유다의 현실을 가슴에 안고 주님께로부터의 해결책을 구하는 모습이 아름답다. 하나님의 대답을 듣기 위해 보초처럼 망대(성루) 위에서 기다리는 그의 모습이 참으로 눈물겹다. 주님은 그와 같은 선지자의 간절한 호소에 하나님은 유다를 징계하는 수단으로 바벨론을 들어 사용하시지만, 바벨론 역시 그들의 죄악대로 심판받아 멸망하게 되며, 궁극적으로는 유다 안에 남은 의인만이 구원될 것을 말씀하심으로써 하박국 선지자의 의문을 풀어 주신다(합2:2-20). 여기서 의인은 합1:4의 의인이고, 합1:13의 의인이며, 합2:4의 의인이다. 결국 하박국 선지자는 열국을 통해 유다를 심판하시는 것은 하나님의 백성이라고 하면서도 믿음 없이 불의를 행하는 그들에게 회개의 기회를 주기 위한 하나님의 배려라는 것을 알게 된다.

2 여호와께서 제게 대답하셨습니다. "이 계시를 기록하되, 판들 위에 똑바로 새겨 달려가면서도 그것을 읽을 수 있게 하거라.
3 왜냐하면 이 계시는 정해진 때가 있고, 그 종말을 말하고 있으며, 거짓되지 않기 때문이다. 비록 더디게 이루어지는 것처럼 보일지라도 너는 그것을 기다리거라. 참으로 그날은 반드시 올 것이며 늦어지지 않을 것이다.
4 보아라, 그는 교만하게 되어, 그의 속에 있는 그의 영혼이 정직하지 못하다. 그러나 의인은 그의 믿음으로 살 것이다.
5 참으로 그 포도주는 사람으로 하여금 신의 없는 짓을 하게 하고, 뻔뻔스럽게 만들며, 가만히 있지 못하게 한다. 그 포도주에 취한 그는 스올처럼 그의

영혼의 입을 넓히나, 그것은 사망과 같아서 만족할 줄 모르고, 만국을 자기에게로 모으고 만민을 자기에게로 모아들인다.
6 그러나 사로잡힌 모든 사람이 그에 대하여 속담을 들먹이고 풍자하는 경구를 말할 것이다. '화가 있을 것이다. 자기 소유가 아닌 것을 긁어모으고 저당물을 자기 것으로 쌓아 두는 자들아, 너희가 언제까지 그 일을 할 수 있을 것 같으냐?
7 네 빚쟁이들이 갑자기 일어나지 않겠느냐? 너를 괴롭힐 자가 깨어나지 않겠느냐? 그러면 너는 그들의 노략물이 될 것이다.
8 참으로 네가 여러 나라를 약탈하였으니, 살아남은 모든 백성이 네 것을 약탈할 것이다. 이는 네가 사람의 피를 흘리게 하는 데서부터 땅과 성읍을 무너뜨리고, 그 성에 거주하는 모든 자에게 잔인하게 폭력을 행했기 때문이다.
9 오! 슬프다. 화가 있을 것이다! 자기의 집을 위해 부당한 이득을 취하고, 불의한 자의 손을 피하려고 높은 곳에 둥지를 트는 자여,
10 너는 네 집을 위해 수치스러운 일을 궁리해 내었고, 여러 민족을 망하게 했다. 하지만 그것이 바로 네 영혼에 죄를 짓게 만든 것이 되었다.
11 참으로 성벽으로부터 돌들이 너를 향해 부르짖을 것이며, 나무집으로부터 들보가 대답할 것이다.
12 오! 슬프다. 화가 있을 것이다! 피로 성읍을 짓고, 불의로 성을 세우는 자여,
13 보라. 백성들이 애써 수고한 것이 불에 타 버리고, 민족 공동체가 힘들게 한 일을 허사로 만드는 것이 만군의 여호와께로 말미암은 것이 아니냐?
14 참으로 바다 위를 덮고 있는 물같이 여호와의 영광을 아는 것으로 땅이 가득 찰 것이다.
15 오! 슬프다. 화가 있을 것이다. 자기의 이웃에게 술을 마시게 하고, 너희의 분노를 더하여 잔뜩 취하게 하여 그들의 벌거벗음(생식기)을 보려고 하는 자여,
16 네게 영광이 떠나고 수치로 가득하리니, 너도 마시고 취해 할례받지 않은 네 생식기의 표피를 드러내어라. 여호와의 오른손에 들린 잔이 네 위에 돌아와서 네 영광을 수치로 덮을 것이다.
17 참으로 네가 레바논에서 행한 폭력이 너를 뒤덮을 것이고, 짐승들에게 행한 폭력이 너를 두려움에 떨게 할 것이다. 이는 네가 사람의 피를 흘려 살해하고, 땅과 성읍을 무너뜨리고 거기에 거주하는 모든 사람에게 흉악한 짓을 저질렀기 때문이다.
18 조각된 우상이 사람에게 무슨 유익이 있겠느냐? 우상은 사람이 조각해 만든 것일 뿐이고, 금속을 녹여 부어 만든 우상은 거짓 선생일 뿐이다. 왜냐하면 그 우상을 만든 자가 자기가 만든 우상을 의지하지만 그것은 자기에게

한마디도 말하지 못하는 아무짝에도 쓸모없는 벙어리 신상이기 때문이다.
19 오! 슬프다. 화가 있을 것이다. 나무에게 '깨어나라.'라고 말하며, 말할 수 없는 돌에게 '일어나라.'라고 말하는 자여, 그것이 교훈을 베풀겠느냐? 보라, 그것은 금과 은으로 입힌 것일 뿐 그 안에는 전혀 영(생기)이 없다.
20 그러나 여호와는 그분의 거룩한 성전에 계시니 온 땅은 그분 앞에서 잠잠하라."

2:2 וַיַּעֲנֵנִי יְהוָה וַיֹּאמֶר כְּתוֹב חָזוֹן וּבָאֵר עַל־הַלֻּחוֹת לְמַעַן יָרוּץ קוֹרֵא
בוֹ׃ 3כִּי עוֹד חָזוֹן לַמּוֹעֵד וְיָפֵחַ לַקֵּץ וְלֹא יְכַזֵּב אִם־יִתְמַהְמָהּ חַכֵּה־לוֹ
כִּי־בֹא יָבֹא לֹא יְאַחֵר׃ 4הִנֵּה עֻפְּלָה לֹא־יָשְׁרָה נַפְשׁוֹ בּוֹ וְצַדִּיק
בֶּאֱמוּנָתוֹ יִחְיֶה׃ 5וְאַף כִּי־הַיַּיִן בּוֹגֵד גֶּבֶר יָהִיר וְלֹא יִנְוֶה אֲשֶׁר הִרְחִיב
כִּשְׁאוֹל נַפְשׁוֹ וְהוּא כַמָּוֶת וְלֹא יִשְׂבָּע וַיֶּאֱסֹף אֵלָיו כָּל־הַגּוֹיִם וַיִּקְבֹּץ
אֵלָיו כָּל־הָעַמִּים׃ 6הֲלוֹא־אֵלֶּה כֻלָּם עָלָיו מָשָׁל יִשָּׂאוּ וּמְלִיצָה חִידוֹת
לוֹ וְיֹאמַר הוֹי הַמַּרְבֶּה לֹּא־לוֹ עַד־מָתַי וּמַכְבִּיד עָלָיו עַבְטִיט׃ 7הֲלוֹא
פֶתַע יָקוּמוּ נֹשְׁכֶיךָ וְיִקְצוּ מְזַעְזְעֶיךָ וְהָיִיתָ לִמְשִׁסּוֹת לָמוֹ׃ 8כִּי אַתָּה
שַׁלּוֹתָ גּוֹיִם רַבִּים יְשָׁלּוּךָ כָּל־יֶתֶר עַמִּים מִדְּמֵי אָדָם וַחֲמַס־אֶרֶץ
קִרְיָה וְכָל־יֹשְׁבֵי בָהּ׃ פ [a]9הוֹי בֹּצֵעַ בֶּצַע רָע לְבֵיתוֹ לָשׂוּם בַּמָּרוֹם קִנּוֹ
לְהִנָּצֵל מִכַּף־רָע׃ 10יָעַצְתָּ בֹּשֶׁת לְבֵיתֶךָ קְצוֹת־עַמִּים רַבִּים וְחוֹטֵא נַפְשֶׁךָ׃
11כִּי־אֶבֶן מִקִּיר תִּזְעָק וְכָפִיס מֵעֵץ יַעֲנֶנָּה׃ פ 12הוֹי בֹּנֶה עִיר בְּדָמִים
וְכוֹנֵן קִרְיָה בְּעַוְלָה׃ 13הֲלוֹא הִנֵּה מֵאֵת יְהוָה צְבָאוֹת וְיִיגְעוּ עַמִּים
בְּדֵי־אֵשׁ וּלְאֻמִּים בְּדֵי־רִיק יִעָפוּ׃ 14כִּי תִּמָּלֵא הָאָרֶץ לָדַעַת אֶת־כְּבוֹד
יְהוָה כַּמַּיִם יְכַסּוּ עַל־יָם׃ ס 15הוֹי מַשְׁקֵה רֵעֵהוּ מְסַפֵּחַ חֲמָתְךָ וְאַף
שַׁכֵּר לְמַעַן הַבִּיט עַל־מְעוֹרֵיהֶם׃ 16שָׂבַעְתָּ קָלוֹן מִכָּבוֹד שְׁתֵה גַם־אַתָּה
וְהֵעָרֵל תִּסּוֹב עָלֶיךָ כּוֹס יְמִין יְהוָה וְקִיקָלוֹן עַל־כְּבוֹדֶךָ׃ 17כִּי חֲמַס
לְבָנוֹן יְכַסֶּךָּ וְשֹׁד בְּהֵמוֹת יְחִיתַן מִדְּמֵי אָדָם וַחֲמַס־אֶרֶץ קִרְיָה וְכָל־
יֹשְׁבֵי בָהּ׃ ס 18מָה־הוֹעִיל פֶּסֶל כִּי פְסָלוֹ יֹצְרוֹ מַסֵּכָה וּמוֹרֶה שָּׁקֶר
כִּי בָטַח יֹצֵר יִצְרוֹ עָלָיו לַעֲשׂוֹת אֱלִילִים אִלְּמִים׃ ס 19הוֹי אֹמֵר לָעֵץ
הָקִיצָה עוּרִי לְאֶבֶן דּוּמָם הוּא יוֹרֶה הִנֵּה־הוּא תָּפוּשׂ זָהָב וָכֶסֶף וְכָל
רוּחַ אֵין בְּקִרְבּוֹ׃ 20וַיהוָה בְּהֵיכַל קָדְשׁוֹ הַס מִפָּנָיו כָּל־הָאָרֶץ׃ פ

(BHS 5th ed 합2:2-20 필자 사역)

동일시(同一視)

이 같은 하나님의 공의로운 심판과 구원은 전 세계적이고 전 우주적인 관점에서 실행되고 있고 참된 믿음을 가진 의인만이 구원받게 된다는 맥락에서 바울은 "그러나 그 의인은 믿음으로 말미암아 살리라."라는 말씀으로 합2:4을 인용하여 그 실체적 진실을 말하고 있다(롬1:17). 바울은 이렇게 새로운 인생관과 세계관으로의 변혁을 경험한 선지자 하박국의 글을 하나님의 복음에 대한 설명과 동일시하며 적용한다. 그것은 바벨론 제국에서 페르시아 제국, 페르시아 제국에서 헬라 제국의 알렉산더 대왕을 거쳐 로마 제국 아래서의 이스라엘은 동일한 문제에 직면해 있음을 말하는 방식이다.

로마 제국의 통치 아래서 성취된 하나님의 복음은 하박국 선지자가 활동하던 시대와 동일한 문제를 가지고 있었던 로마 제국의 문제를 풀 수 있는 길로 제시되고 있었다. 그 복음은 하박국 시대에도 유대인들만의 것이 아니었고 온 세계를 향한 것이었다.

이는 바울이 유대인들로부터 예상되는 하나님의 복음에 대한 반발과 거부를 차단하는 것과 동시에 이제껏 설명해 온 하나님의 구원하시는 능력을 실제로 이해시키기 위한 증거로 삼은 것이다. 이런 관점에서 "하나님의 한 의가 그 복음 안에서 계시(啓示)되고 있어 믿음으로부터 믿음에 이르게 하고 있다."라고 하는 바울의 선언을 이해해야 한다.

이제 그리스-로마 시대로 들어가 바울의 말을 생각해 보자.

반역(反逆)

당시의 로마는 세계로 통할 만큼 당대 세계 최대의 도시였다. 세계의 최고 권력자인 로마 황제의 공식적인 직함에 '신의 아들'이라는 호칭도 부여되어 있었다. 세계를 제패한 후 황제의 생일이 되면 도시는 축제로 물들고, 황제가 내세우는 세계 최대, 최강 제국의 비전에 사람들은 환호했다. 금방이라도 이상(理想)으로 그리는 가장 완벽하고 평화로운 사회(유토피아)가 올 것처럼 로마는 흥분해 있었다. 황제는 전쟁의 역사를 끝내고 지금까지 세계에서 보지 못했던 최대 최강의 제국에 대한 절대적 충성을 요구하기에 이르렀다. 우리는 그 시대를 팍스 로마나(Pax Romana)로 부른다. 기원전 1세기 말 옥타비아누스(아우구스투스)가 내란을 수습하고 제정(帝政)을 수립한 때부터 약 200년간 지속된 로마 시대를 평가할 때 쓰는 용어다. 이때에는 이민족의 침입도 없고 국내의 치안도 확립되어 평화로운 로마의 황금 시대였다고 보는 것이다.

이 같은 시대적 정황 속에서 하나님의 복음을 외친다는 것은 반역이며, 죽기를 각오하지 않으면 결코 할 수 없는 행동이었다. 왜냐하면 하나님의 복음을 전한다는 것은, '황제는 신의 아들이 아니다. 예수님께서만이 신의 아들이시다. 황제는 절대 군주인 왕이 아니다. 예수님께서만이 절대 군주이며 참된 왕이시다. 황제는 세계의 주인이 아니다. 예수님께서만이 세계의 주인이시다. 황제가 만드는 세상은 평화로운 세상이 아니다. 예수님께서 만드시는 세상만이 평화로운 세상이다. 황제가 만드는 사회는 행복한 사회가 아니라 예수님께서 만드시는 사회만이 행복한 사회이다.'라고 외쳐야 했기 때문이다.

지속적인 행동

어떻게 그것이 가능한가? 복음을 듣고 믿는 자들에게 세상을 구원하시는 하나님의 능력이 믿는 자들에게 에너지화되어 나타난 것이다(롬1:16). 로마 그리스도인들의 믿음은 그렇게 널리 알려지고 있었다(롬1:8). 그들의 믿음은 행동과 분리되지 않는 지속적인 행동이었어야 했다(약2:14-26). 죽기까지 충성해야 하는 것(행21:13, 빌3:10)이었기에 바울은 그들에게 자신의 은사를 나누어 주어 믿음의 소통을 통한 교제를 원했다(롬1:12). 왜냐하면 믿음이 자라나(고후10:15, 벧전2:2), 강하고 큰 믿음으로 나아가야 하는 것이기 때문이었다(롬15:1, 골2:2, 살전1:5). 이렇게 하나님의 복음으로 말미암은 믿음은 그리스도인들에게 개인적이고 사적인 것뿐만 아니라, 온 세상을 구원하시는 하나님의 능력으로 나타나는 행동이다(롬5:21, 6:13).

조정(調整)

하지만 바울에 의하면 믿음은 모든 사람의 것이 아니다(살후3:2). 하나님의 복음을 듣고도 믿지 않는 사람이 있다는 것이다. 그 같은 일은 성경 속에 수두룩하다. 그 복음이 갖는 내용이 사람이 믿기에 적절하지 않거나 믿을 수 없는 요소가 들어 있다는 가정을 가능케 한다. 하지만 그 복음의 내용이 문제가 아니라 그 복음을 받아들일 수 없는 사람 자체의 문제로 인해 그 복음을 믿을 수 없다는 것이 성경 전체가 증거하고 있는 주지의 사실이다. 한마디로 사람이 하나님의 복음을 듣고 믿을 수 있는 것은, 그 복음을 듣는 동시에 그 복음을 믿을 수 있게 하시는 하나님의 은혜가 베풀어져야만 가능하다는 것이다(마19:26-27). 이를 두고 바울은 하나님께서 전도의 미련한 것으로 구원하시기를 기뻐하셨다고 말한다(고전1:21).

다만 그런 은혜가 그 복음을 선포할 때 또는 그 복음을 전할 때 하나님께로부터 베풀어지는 신비로운 일이니, 성령(하나님의 영)의 나타남을 통하지 않고는 그것을 설명하거나 알 길이 없다(고전2:4-5). 그렇다고 그 복음 밖에서 일어나는 신비로운 일을 하나님의 능력에 의한 것이라고 해서는 안 된다. 왜냐하면 구원하시는 하나님의 능력이 나타남은 하나님의 복음을 선포할 때 그 복음이 갖는 내용으로 말미암아 구체화되고 조정되기 때문이다(고전1:18-26).

18 참으로 그 십자가가 품고 있는 그 말씀은 멸망하는 자들에게는 바보 같은 것이고, 구원 받는 우리에게는 하나님의 능력입니다.
19 성경에 "내가 그 지혜로운 자들의 그 지혜를 멸하고 그 지식 있는 자들의 그 지식을 무효로 선언할 것이다."라고 기록되어 있습니다.
20 지혜로운 자가 어디 있습니까? 학자가 어디 있습니까? 이 시대의 변론가가 어디 있습니까? 그 하나님께서 그 세상의 지혜를 어리석게 하지 않으셨습니까?
21 참으로 그 하나님의 지혜가 있었음에도 그 세상은 그 지혜를 통해 그 하나님을 알지 못했던 까닭에, 그 하나님께서는 어리석어 보이는 그 복음 선포로 믿는 사람들을 구원하시기를 기뻐하셨습니다.
22 유대인들은 표징들을 구하고 헬라인들은 지혜를 찾지만,
23 우리는 십자가에 못 박히신 그리스도를 선포하니, 유대인들에게는 걸려 넘어지게 하는 것이고 헬라인들에게는 바보 같은 짓입니다.
24 하지만 부르심을 받은 그 사람들에게는, 유대인들이든 헬라인들이든, 그리스도는 하나님의 능력이시며 지혜이십니다.
25 왜냐하면 그 하나님의 그 어리석음이 그 사람들보다 더 지혜롭고 그 하나님의 그 약함이 그 사람들보다 더 강하기 때문입니다.
26 형제들이여, 여러분이 부르심을 받았을 당시의 처지를 살펴보십시오. 육신을 따라 지혜로운 자가 많지 않았고, 권력 있는 자가 많지 않았으며, 가문이 좋은 자도 많지 않았습니다.

18 Ὁ λόγος γὰρ ὁ τοῦ σταυροῦ τοῖς μὲν ἀπολλυμένοις μωρία ἐστίν, τοῖς δὲ
*σῳζομένοις ἡμῖν δύναμις θεοῦ ἐστιν. **19** γέγραπται γάρ· ἀπολῶ τὴν σοφίαν*
*τῶν σοφῶν καὶ τὴν σύνεσιν τῶν συνετῶν ἀθετήσω. **20** ποῦ σοφός; ποῦ*
γραμματεύς; ποῦ συζητητὴς τοῦ αἰῶνος τούτου; οὐχὶ ἐμώρανεν ὁ θεὸς τὴν
*σοφίαν τοῦ κόσμου; **21** ἐπειδὴ γὰρ ἐν τῇ σοφίᾳ τοῦ θεοῦ οὐκ ἔγνω ὁ κόσμος*
διὰ τῆς σοφίας τὸν θεόν, εὐδόκησεν ὁ θεὸς διὰ τῆς μωρίας τοῦ κηρύγματος
*σῶσαι τοὺς πιστεύοντας· **22** ἐπειδὴ καὶ Ἰουδαῖοι σημεῖα αἰτοῦσιν καὶ Ἕλληνες*

*σοφίαν ζητοῦσιν, **23** ἡμεῖς δὲ κηρύσσομεν Χριστὸν ἐσταυρωμένον, Ἰουδαίοις μὲν σκάνδαλον, ἔθνεσιν δὲ μωρίαν, **24** αὐτοῖς δὲ τοῖς κλητοῖς, Ἰουδαίοις τε καὶ Ἕλλησιν, Χριστὸν θεοῦ δύναμιν καὶ θεοῦ σοφίαν· **25** ὅτι τὸ μωρὸν τοῦ θεοῦ σοφώτερον τῶν ἀνθρώπων ἐστὶν καὶ τὸ ἀσθενὲς τοῦ θεοῦ ἰσχυρότερον τῶν ἀνθρώπων. **26** Βλέπετε γὰρ τὴν κλῆσιν ὑμῶν, ἀδελφοί, ὅτι οὐ πολλοὶ σοφοὶ κατὰ σάρκα, οὐ πολλοὶ δυνατοί, οὐ πολλοὶ εὐγενεῖς·*

(NA 28th(UBS 5th) ed 고전1:18-26 필자 사역)

2. 믿음으로 사는 삶의 실체적 진실

사건(事件)

"하나님의 복음(*εὐαγγέλιον θεοῦ*-유앙겔리온 데우)"이란 하나님께서 인간 세상에 보내시는 좋은 소식이다. 이 소식이 이 땅에 오기까지는 바울이 롬1:2-4에서 규정한 것을 보듯이 구약 성경 속의 선지자를 통한 약속과 성취라는 아주 복잡한 역사적 과정을 거친다. 그러니 그 소식은 우선 우리에게 일어날 수 있는 일이 아니라는 것을 먼저 이해하는 것이 중요하다.

거기에는 이스라엘을 통일 왕국으로 세웠던 다윗왕의 계통을 잇는 참된 이스라엘의 왕이 그의 씨로부터 죽은 자들의 부활이 되셨다고 하는 힘찬 선포가 있다. 바로 예수 그리스도 우리 주님이셨다.

이처럼 하나님의 기쁜 소식은 하나님께서 이스라엘의 진정한 왕과 주님이 되신 예수 그리스도 안에서 행하신 일에 대한 소식이다(행10:36). 하나님과 언약을 맺은 이스라엘과의 관계에서 일어난 사건이 핵심이다. 그 언약은 예수 그리스도의 십자가에서 돌아가심과 부활하심으로써 성취되고, 그 언약이 성취된 사건에 대한 증언이 그 소식의 주된 내용이다(요19:30). 분명히 이방인과는 아주 무관한 일이 일어났고, 아주 낯선 선포가 시작되었지만 결국 이방인에게도 그 좋은 소식은 전해졌다(행10:34-48). 바울도 그것을 온 세상을 완전히 바꾸는 창조주 하나님의 새 창조의 역사라고 증언한다(고후5:17).

그 좋은 소식은 당시 '지존자 또는 존엄자(아우구스투스)'라는 칭호로 불린 로마의 황제의 능력과는 비교도 안 되는 하나님의 능력으로 만유의 주가 되셨다는 것이다(고전15:28). 그분을 통해 사람이 바뀌고 세상이 바뀐다. 창조주 하나님의 새로운 창조의 세계를 열어 놓았다는 함성과 같이 하나님의 좋은 소식(*εὐαγγέλιον θεοῦ*-유앙겔

리온 데우 하나님의 복음)이 이 땅에 당도한 것이다. 물론 그 좋은 소식이 우리에게 어떤 일을 일어나게 할 수 있는지는 상상력을 발휘하지 않아도 인간들의 상상을 초월한 신비로운 방식으로 인간들에게 가장 좋은 결과로 나타날 것이라는 것쯤은 익히 알 수 있다. 그 좋은 소식은 믿는 자들 각 사람에게 구원을 이루시는 하나님의 능력이기 때문이다.

초점(焦點)

바울은 하나님의 복음 안에는 하나님의 한 의(義)가 계시되고 있기 때문에(롬1:17), 유대인이나 헬라인에게 차별 없이 믿는 각 사람에게 구원을 위한 하나님의 능력이 발휘된다고 한다(롬1:16). 여기서 "계시되고 있다(*ἀποκαλύπτεται-아포칼맆테타이*)."라는 것은 '폭로되고 있다.'라는 말이다. 그리고 "하나님의 한 의(義)(*δικαιοσύνη θεοῦ-디카이오쉬네 데우*)"는 하나님의 복음이 이스라엘과의 언약 관계에서 언약의 성취로서 십자가 사건에 초점을 두고 있는 것처럼 언약 관계 아래서의 "하나님의 한 의(義)"이다. 율법과 구별되는 완전히 다른 의(義)다(롬1:2, 3:21).

하나님께서 언약의 백성인 이스라엘에게 부여한 요구를 충족시킬 때 의롭다 인정되는데, 하나님께서 직접 다윗과 맺은 언약의 씨로 자기의 아들 예수님을 세상에 보내셔서, 십자가에서의 돌아가심과 무덤에서의 부활하심을 통해 그 언약적 요구를 충족시키심으로써, 예수님을 의인으로 확정하셨다. 그 일을 통해 하나님께서는 자신이 의롭다는 사실을 보여 주셨고, 그 예수님의 믿음에 속한 자(*τὸν ἐκ πίστεως Ἰησοῦ-톤 에크 피스테오스 예수*), 직역하면 '예수님의 믿음으로부터 존재하는 자'를 의롭다고 여기시는 일을 완수하신 것이다(롬3:26). 이를 두고 "하나님의 한 의(*δικαιοσύνη θεοῦ-디카이오쉬네 데우*)"라고 칭하는 것이다.

21 그러나 이제는 율법과는 별개로 하나님의 한 의가 명백하게 공개되었으니,
이는 그 율법과 그 예언자들에 의하여 증거된 것입니다.
22 그런데도 이 하나님의 의는 예수 그리스도의 믿음을 통해 믿는 모든 사람
을 위한 것입니다. 참으로 그것은 아무런 차별이 없습니다.
23 왜냐하면 모든 사람이 죄를 지어 그 하나님의 그 영광에 이르지 못하고 있으나,
24 그리스도 예수 안에 있는 그 구속을 통한 그 하나님의 그 은혜로 값없이
의롭다고 하심을 받기 때문입니다.

25 부연하면 그분을 그 하나님께서는 [그] 믿음을 통해 드려지는 속죄 제물로 내세우셨으니, 이는 그분의 피로 이전에 지은 죄들을 면제하시는 관용을 베푸심으로써 자기의 의를 나타내 보여 주신 것입니다.
26 그 하나님께서 자기 의를 나타내 보여 주심은 지금 이때 자기가 의로우시다는 것과 예수의 믿음으로부터 존재하는 자를 의롭다고 하시는 것을 보여 주시기 위한 것이었습니다.

*21 Νυνὶ δὲ χωρὶς νόμου δικαιοσύνη θεοῦ πεφανέρωται μαρτυρουμένη ὑπὸ τοῦ
νόμου καὶ τῶν προφητῶν,* ***22*** *δικαιοσύνη δὲ θεοῦ διὰ πίστεως Ἰησοῦ Χριστοῦ εἰς
πάντας τοὺς πιστεύοντας. οὐ γάρ ἐστιν διαστολή,* ***23*** *πάντες γὰρ ἥμαρτον καὶ
ὑστεροῦνται τῆς δόξης τοῦ θεοῦ* ***24*** *δικαιούμενοι δωρεὰν τῇ αὐτοῦ χάριτι διὰ
τῆς ἀπολυτρώσεως τῆς ἐν Χριστῷ Ἰησοῦ·* ***25*** *ὃν προέθετο ὁ θεὸς ἱλαστήριον διὰ
[τῆς] πίστεως ἐν τῷ αὐτοῦ αἵματι εἰς ἔνδειξιν τῆς δικαιοσύνης αὐτοῦ διὰ τὴν
πάρεσιν τῶν προγεγονότων ἁμαρτημάτων* ***26*** *ἐν τῇ ἀνοχῇ τοῦ θεοῦ, πρὸς τὴν
ἔνδειξιν τῆς δικαιοσύνης αὐτοῦ ἐν τῷ νῦν καιρῷ, εἰς τὸ εἶναι αὐτὸν δίκαιον καὶ
δικαιοῦντα τὸν ἐκ πίστεως Ἰησοῦ.*

(NA 28th(UBS 5th) ed 롬3:21-26 필자 사역)

생성(生成)

이렇듯 "하나님의 한 의(義)(*δικαιοσύνη θεοῦ-디카이오쉬네 데우*)"는 인간의 두뇌로 파악해야 하는 개념에 머물러 있을 수 있는 것이 아니며, 인간의 두뇌에 남았어야 할 관념도 아니다. 그것은 이스라엘과 맺은 언약을 기반으로 인간 세상 속만이 아닌 우주 속에 활동하는 하나님의 속성이며, 만물을 새롭게 변화시켜 하나님의 영광에 이르도록 붙들고 있는 전능하신 하나님의 활동이다(롬3:23).

그 활동은 인간이 되신 예수님으로 나타났고, 그 활동은 예수님의 믿음으로 구체화되어 예수님의 인격과 사역이라는 극적인 방식으로 입증되었다. 그것을 바울은 "믿음으로부터 믿음에 이르기까지(*ἐκ πίστεως εἰς πίστιν-에크 피스테오스 에이스 피스틴*)"라는 말로 표현한다. 하나님의 복음 안에서 계시되고 있는 하나님의 한 의(義)가 믿음으로 출발해서 믿음으로 끝을 내는 삶으로 와 있다는 말이다.

우리 주님 예수 그리스도 안에서 폭로되고 있는 하나님의 한 의(義)는 끊임없이 믿음을 생성시키는 하나님의 능력으로 역사하고 있다. 이 얼마나 놀라운 일인가! 인간이 그 의(義)에 닿기만 한다면 하나님께서는 전능하신 능력으로 그를 변화시키실 것이고, 그 끝이 얼마나 영광스러운 것이겠는가! 누구든 그 의를 만질 수만 있다면, 평생 혈루증으로 고생하던 여인이 예수님의 옷깃을 만졌을 때 일어났던 놀라운 치유의 역사가 가지는 진정한 구원을 경험할 수 있다(마9:20). 그것은 오늘도 계속되고 있다.

책망(責望)

바울은 히브리서 11:1에서 믿음을 "바라는 것들의 실상이요 보이지 않는 것들의 증거(개역개정)"라고 정의했다. 여타의 모든 성경도 동일하게 번역한다. 하지만 그리스어 성경은 좀 다른 시각으로 말한다. 직역하면 '믿음은 소망하여지는 일들의 실상(실현)이고, 보이지 않는 일들의 책망이다(*Ἔστιν δὲ πίστις ἐλπιζομένων ὑπόστασις, πραγμάτων ἔλεγχος οὐ βλεπομένων-에스틴 데 피스티스 엘피조메논 휘포스타시스, 프라그마톤 엘렝코스 우 블레포메논*). 동사들이 모두 수동태 현재분사 소유격의 형태로 되어 있다. 믿음이란 인간들의 입장에서는 소망할 수도 볼 수도 없는 것들에 대한 꾸지람(책망 *ἔλεγχος-엘렝코스*)이라는 것이다. 개역개정의 번역처럼 증거라는 말로 쓰기에 적절치 않은 타이밍이다. 믿음은 소망하여지고 있는 일들의 실제 상황(실현)이고, 그 상황 속에서 보이지 않는 일들(즉 볼 수 없는 것들)에 대한 책망이기 때문이다.

여기서 "보이지 않는 일들(*πραγμάτων οὐ βλεπομένων-프라그마톤 우 블레포메논*)"에서 "일들(*πραγμάτων-프라그마톤*)"은 '행하여진 것이나 행해야 할 것'을 나타내는 말로 '사실, 사건, 일어난 일, 계획, 업무, 임무, 사명 등' 다양한 표현으로 쓰인다. 일반적으로 행위로서 '일 또는 사건'을 나타낸다.

이를 누가복음의 저자는 눅1:1에서 이 단어를 '일어난 일(사건)'의 의미로 썼다. "많은 사람이 우리 안에 이루어진 일(사건)들(*πραγμάτων-프라그마톤*)에 관한 이야기를 정리하려고 시도했습니다(*Ἐπειδήπερ πολλοὶ ἐπεχείρησαν ἀνατάξασθαι διήγησιν περὶ τῶν πεπληροφορημένων ἐν ἡμῖν πραγμάτων-에페이데페르 폴로이 에페케이레산 아나탁사스다이 디에게신 페리 톤 페플레로포레메논 엔 헤민 프라그마톤, 필자 사역*)." 또 히브리서 10:1에서도 '장래에 오는 일들'을 나타내는 데 쓰였다. "그 율법은 장차 있을 좋은 일들의 그림자를 가지지만, 그 일들(*τῶν πραγμάτων-톤 프라그마톤*)의 형상 자체가 아니므로, 매년 같은 희생 제물을 계속 바쳐도 그것으로는 가까이 나아오는 자들을 결코 완전하게 할 수 없습니다(*Σκιὰν γὰρ ἔχων ὁ νόμος τῶν μελλόντων ἀγαθῶν, οὐκ αὐτὴν τὴν εἰκόνα τῶν πραγμάτων, κατ' ἐνιαυτὸν ταῖς αὐταῖς θυσίαις ἃς προσφέρουσιν εἰς τὸ διηνεκὲς οὐδέποτε δύναται τοὺς προσερχομένους τελειῶσαι-스키안 가르 에콘 호 노모스 톤 멜론톤 아가돈, 우크 아*

우텐 텐 에이코나 톤 프라그마톤, 카트 에니아우톤 타이스 아우타이스 뒤시아이스 하스 프로스페루신 에이스 토 디에네케스 우데포테 뒤나타이 투스 프로세르코메누스 텔레이오사이, 필자 사역)."

그러므로 "보이지 않는 일들의 책망(*πραγμάτων ἔλεγχος οὐ βλεπομένων*-*프라그마톤 엘렝코스 우 블레포메논*)"이라는 말은 하나님과의 관계 속에서 나타난 구약 시대 믿음의 선진들의 행적(사건의 의미와 하나님의 의도 등)과 신약 시대 예수님께서 보이신 모든 말씀과 행적의 참뜻을 제대로 이해하거나 알아보지 못하는 것에 대해 책망하심이다. 이때 책망은 진리를 증명하는 행위에 근거해 상대의 그릇됨을 훈화하는 표현이다. 생소한 개념이라고 생각할지 모르겠지만 지금까지 필자가 언급해 온 바울의 관점과 일치한다. 이는 유명한 일화, 예수님께서 유대인의 지도자였던 바리새인 니고데모와 대화에서 결론 부분의 말씀에 잘 나타나 있다(요3:16-21). 그리고 예수님께서 십자가에 돌아가시고 부활하신 후 보내실 진리의 성령께서 하실 일이 책망하시는 것(죄와 의와 심판에 대해 책망하시는 것)으로도 확인된다(요16:7-11). 왜냐하면 예수님은 믿음을 창시하시고 완성하시는 분이시기 때문이다(히12:2).

> ***16*** *참으로 그 하나님께서 이와 같이 그 세상을 사랑하셔서 독생자를 주신 것은 그를 믿는 모든 자마다 멸망치 않고 영생을 가지게 하기 위함이다.*
> ***17*** *왜냐하면 그 하나님께서 그 세상을 심판하기 위해 그 아들을 그 세상 속으로 보내신 것이 아니라, 다만 그를 통해 그 세상이 구원받게 하기 위함이기 때문이다.*
> ***18*** *그를 믿는 자는 심판을 받지 않는다. 그러나 믿지 않는 자는 이미 심판을 받았으니 이는 그가 그 하나님의 독생자의 이름을 믿지 않았기 때문이다.*
> ***19*** *그 심판은 이것이다. 그 빛이 그 세상 속으로 왔는데 그 사람들이 그 빛보다 그 어둠을 더 사랑한 것이다. 왜냐하면 그들의 일들이 악하였었기 때문이다.*
> ***20*** *참으로 악을 행하는 사람마다 그 빛을 미워하여 그 빛을 향해 나오지 않는데, 이는 자기 일들을 책망받지 않기 위함이다.*
> ***21*** *그러나 그 진리를 만드는 사람은 그 빛을 향해 나오는데, 이는 자기 일들이 하나님 안에서 일하여진 것임을 나타내기 위함이다.*

16 *οὕτως γὰρ ἠγάπησεν ὁ θεὸς τὸν κόσμον, ὥστε τὸν υἱὸν τὸν μονογενῆ ἔδωκεν, ἵνα πᾶς ὁ πιστεύων εἰς αὐτὸν μὴ ἀπόληται ἀλλ' ἔχῃ ζωὴν αἰώνιον.*

17 οὐ γὰρ ἀπέστειλεν ὁ θεὸς τὸν υἱὸν εἰς τὸν κόσμον ἵνα κρίνῃ τὸν κόσμον, ἀλλ' ἵνα σωθῇ ὁ κόσμος δι' αὐτοῦ. 18 ὁ πιστεύων εἰς αὐτὸν οὐ κρίνεται· ὁ δὲ μὴ πιστεύων ἤδη κέκριται, ὅτι μὴ πεπίστευκεν εἰς τὸ ὄνομα τοῦ μονογενοῦς υἱοῦ τοῦ θεοῦ. 19 αὕτη δέ ἐστιν ἡ κρίσις ὅτι τὸ φῶς ἐλήλυθεν εἰς τὸν κόσμον καὶ ἠγάπησαν οἱ ἄνθρωποι μᾶλλον τὸ σκότος ἢ τὸ φῶς· ἦν γὰρ αὐτῶν πονηρὰ τὰ ἔργα. 20 πᾶς γὰρ ὁ φαῦλα πράσσων μισεῖ τὸ φῶς καὶ οὐκ ἔρχεται πρὸς τὸ φῶς, ἵνα μὴ ἐλεγχθῇ τὰ ἔργα αὐτοῦ· 21 ὁ δὲ ποιῶν τὴν ἀλήθειαν ἔρχεται πρὸς τὸ φῶς, ἵνα φανερωθῇ αὐτοῦ τὰ ἔργα ὅτι ἐν θεῷ ἐστιν εἰργασμένα.

(NA 28th(UBS 5th) ed 요3:16-21 필자 사역)

증거(證據)

문제는 이 엘렝코스(*책망 ἔλεγχος*)가 증거가 되려면, 그 책망을 달게 받을 때라는 점이다. 그래서 히브리서 기자는 이어지는 11:2에서 "이로써 선진들이 증거를 얻었느니라(개역개정)."라고 한다. 그렇지만 그리스어 본문은 이유를 나타내는 접속사로 11:1의 명제의 이유를 나타낸다. 직역하면 '왜냐하면 이것 안에서(믿음으로) 그 장로들(선진들이 더 호감이 가는 표현임)이 증거를 받았기 때문이다(*ἐν ταύτῃ γὰρ ἐμαρτυρήθησαν οἱ πρεσβύτεροι-엔 타우테 가르 에마르튀레데산 호이 프레스뷔테로이*).'가 된다. 11:1과 논리적 관계가 분명해진다.

그리고 이 논리는 이어지는 11:3에서 "믿음으로 모든 세계가 하나님의 말씀으로 지어진 줄을 우리가 아나니 보이는 것은 나타난 것으로 말미암아 된 것이 아니니라(개역개정)."라는 내용으로 확장된다. 그리스어 본문으로 설명을 덧붙이면 "모든 세계"는 '그 시대들'이고, "하나님의 말씀"은 '로고스'가 아닌 '레마'이며, "아나니"는 '이해한다'이고, "보이는 것"은 '보여지는 것(수동태)'이며 "나타난 것"은 '나타나진 것들(수동태)'이다. 조금 어려워졌다(본서에서는 어법에 맞는 표현을 사용하여 혼동을 줄이기 위해 이중피동을 사용하지 않았다).

추동(推動)

하지만 그리스어 본문을 직역하면 '믿음으로 그 시대들이 하나님의 말씀으로 지어진 줄을 우리가 이해하나니, 이는 보이는 것이 나타나진 것들로부터 된 것이 아님을 위한 것이다.'가 된다. 뒤 문장을 도치시켜 읽으면 쉽게 이해할 수 있다. '보이는 것이 나타나진 것들로부터 된 것이 아니기 위해, 믿음으로 그 시대들이 하나님의 말씀으로 지어진 줄을 우리가 이해하고 있다.'라는 것이다. 선진들이 살았던 지나간 시대에 하나님께서 시대마다 주제(主題)를 가진 말씀으로 그 시대들을 형성하셨다는 사실을 믿음으로 이해한다는 말이다.

믿음의 이해는 지나간 시대에 나타나진 것이 보이는 것이 아니라 그 이면이 보이는 것이다. 지나간 시대에 나타나진 것을 통해서는 결코 소경이 눈을 뜨고 보는 일이 불가능하기 때문이다(요9:39-41). 믿음이 아니면 하나님께서 행하신 모든 일을 사람이 이해할 수 없다는 것이다. 그래서 이어지는 히11:4부터 '믿음으로 아벨은…, 믿음으로 에녹은…, 6절에 이르러 믿음 없이는 하나님을 기쁘시게 할 수 없다. 하나님께 나아가는 자는 반드시 그가 계신 것과 또한 그가 자기를 찾는 자들에게 상을 주시는 분이심을 믿어야 한다.'라는 논리가 성립한다.

그리고 또 믿음으로 노아, 아브라함, 사라와 관련한 믿음의 선진들의 이야기를 요약해 증언한다. 그들의 삶은 믿음으로 이루어진 것이다. 믿음은 소망하여지는 것들의 실현, 곧 실제 상황이다. 믿음은 하나님의 말씀으로 생성되는 새로운 삶의 추동(推動)이다. 참으로 하나님의 지혜와 능력의 역사 없이는 도무지 이해 불가한 삶이 믿음의 삶이다. 히브리서 기자의 이야기를 들어 보자.

13 이들 모두가 믿음을 따라서 죽었습니다. 이들은 그 약속하신 것들을 받지 못했지만 멀리서 그것들을 바라보고 환영했으며, 자신들이 그 땅에서 나그네며 순례자라는 것을 고백했습니다.

14 참으로 그들이 이렇게 말한 것은 자신들이 고향을 찾고 있다는 것을 보인 것입니다.

15 실로 그들이 떠나온 곳을 고향으로 기억하고 있었다면, 되돌아갈 기회를 가지고 있었을 것입니다.

16 그러나 이제 그들은 더 나은 곳을 사모(열망)하고 있었으니, 곧 하늘에 있는 고향이었습니다. 그러므로 그 하나님께서는 그들의 하나님이라고 불리는 것을 부끄럽게 여기지 않으셨습니다. 왜냐하면 하나님께서 그들을 위해 한 성을 예비하셨기 때문입니다.

13 Κατὰ πίστιν ἀπέθανον οὗτοι πάντες, μὴ λαβόντες τὰς ἐπαγγελίας ἀλλὰ
πόρρωθεν αὐτὰς ἰδόντες καὶ ἀσπασάμενοι καὶ ὁμολογήσαντες ὅτι ξένοι καὶ
παρεπίδημοί εἰσιν ἐπὶ τῆς γῆς. 14 οἱ γὰρ τοιαῦτα λέγοντες ἐμφανίζουσιν ὅτι
πατρίδα ἐπιζητοῦσιν. 15 καὶ εἰ μὲν ἐκείνης ἐμνημόνευον ἀφ' ἧς ἐξέβησαν, εἶχον
ἂν καιρὸν ἀνακάμψαι· 16 νῦν δὲ κρείττονος ὀρέγονται, τοῦτ' ἔστιν ἐπουρανίου.
διὸ οὐκ ἐπαισχύνεται αὐτοὺς ὁ θεὸς θεὸς ἐπικαλεῖσθαι αὐτῶν· ἡτοίμασεν γὰρ

αὐτοῖς πόλιν.

(NA 28th(UBS 5th) ed 히11:13-16 필자 사역)

경고(警告)

계속되는 히브리서 기자의 믿음에 대한 강의는 아브라함부터 이삭, 야곱, 요셉, 그리고 모세, 기생 라합, 기드온, 바락, 삼손, 입다, 다윗과 사무엘과 선지자들의 일을 말하려면 시간이 부족하다고 한다. "그 하나님께서 그들의 하나님이라고 불리는 것을 부끄럽게 여기지 않으셨습니다."라는 대목은 롬1:16-17에서 표현한 바울이 하나님의 복음을 부끄러워하지 않는 이유를 실제로 보여 주고 있다. 믿음으로 사는 사람들의 독특하며 역동적인 삶을 다양하게 실제적이고 입체적으로 볼 수 있어 두렵고 떨림으로 구원을 이루어 가야 할 우리들의 삶에 경고가 된다. 믿음이 보이지 않는(보지 못하는) 것들에 대한 책망으로 역사(役事)하고 있는 것이다.

33 그들은 믿음을 통하여 나라들을 정복했고, 정의를 실천했고, 약속된 것들을 얻었으며, 사자들의 입을 틀어막았습니다.

34 화력을 무력화시켰고, 칼날을 피했고, 약한 데로부터 강해졌고, 전쟁에서 용맹스럽게 되어, 이방인들의 군대를 물리쳤습니다.

35 어떤 여자들은 죽었던 자신들의 가족들이 부활해 맞이했으나, 다른 사람들은 고문을 당하면서도 풀려나기를 원하지 않았습니다. 이는 더 나은 부활을 얻으려는 것이었습니다.

36 또 다른 사람들은 조롱과 채찍질뿐만 아니라 심지어 결박을 당하고 감옥에 갇히는 시련까지 겪기도 했습니다.

37 그들은 돌팔매질을 당하고, 톱질을 당하고, 칼에 맞아 죽었으며, 그들은 양과 염소 가죽을 두르고 방랑했으며, 궁핍과 억압과 박해를 받았습니다.

38 그들에게는 그 세상이 가치가 없었기 때문에 광야와 산과 동굴과 땅굴들을 찾아 헤매며 지냈습니다.

39 그리고 이 사람들은 모두 그 믿음을 통해 증거를 얻었지만 그 약속하신 것을 받지는 못했습니다.

40 그것은 그 하나님께서 우리에게 더 나은 것을 마련해 주셨으므로, 우리 없이는 그들이 완전하게 되지 못하게 하신 것입니다.

33 οἳ διὰ πίστεως κατηγωνίσαντο βασιλείας, εἰργάσαντο δικαιοσύνην, ἐπέτυχον

*ἐπαγγελιῶν, ἔφραξαν στόματα λεόντων, **34** ἔσβεσαν δύναμιν πυρός, ἔφυγον στόματα μαχαίρης, ἐδυναμώθησαν ἀπὸ ἀσθενείας, ἐγενήθησαν ἰσχυροὶ ἐν πολέμῳ, παρεμβολὰς ἔκλιναν ἀλλοτρίων. **35** Ἔλαβον γυναῖκες ἐξ ἀναστάσεως τοὺς νεκροὺς αὐτῶν· ἄλλοι δὲ ἐτυμπανίσθησαν οὐ προσδεξάμενοι τὴν ἀπολύτρωσιν, ἵνα κρείττονος ἀναστάσεως τύχωσιν· **36** ἕτεροι δὲ ἐμπαιγμῶν καὶ μαστίγων πεῖραν ἔλαβον, ἔτι δὲ δεσμῶν καὶ φυλακῆς· **37** ἐλιθάσθησαν, ἐπρίσθησαν, ἐν φόνῳ μαχαίρης ἀπέθανον, περιῆλθον ἐν μηλωταῖς, ἐν αἰγείοις δέρμασιν, ὑστερούμενοι, θλιβόμενοι, κακουχούμενοι,*
***38** ὧν οὐκ ἦν ἄξιος ὁ κόσμος, ἐπὶ ἐρημίαις πλανώμενοι καὶ ὄρεσιν καὶ σπηλαίοις καὶ ταῖς ὀπαῖς τῆς γῆς. **39** Καὶ οὗτοι πάντες μαρτυρηθέντες διὰ τῆς πίστεως οὐκ ἐκομίσαντο τὴν ἐπαγγελίαν, **40** τοῦ θεοῦ περὶ ἡμῶν κρεῖττόν τι προβλεψαμένου, ἵνα μὴ χωρὶς ἡμῶν τελειωθῶσιν.*

(NA 28th(UBS 5th) ed 히11:33-40 필자 사역)

면류관

믿음에 대하여 히브리서 기자는 이렇게 결론을 내린다. "그러므로 이렇게 많은 증인이 구름처럼 우리를 둘러싸고 있으니, 온갖 무거운 짐과 얽아매는 죄를 벗어 버리고, 인내를 통해 우리 앞에 놓여 있는 달려갈 길을 힘써 달려갑시다. 믿음을 창시하시고 완성하신 예수님을 바라봅시다. 그분은 자기 앞에 놓여 있는 기쁨을 거부하시고 십자가를 부끄러움으로 여기지 않고 꿋꿋하게 견디시므로, 그 하나님의 보좌 오른편에 앉으셨습니다. 참으로 여러분의 영혼이 지쳐서 낙심하지 않기 위해, 자기에게 대적하는 죄인들 아래서 이렇게 꿋꿋하게 견디신 분을 생각하십시오(히12:1-3 필자 사역)."

사도 바울은 고전 9:24에서 경기장에서 경주자들이 다 달려가지만, 상을 받는 사람은 한 명뿐인 것을 알고 상을 받을 수 있도록 달리라고 믿음의 경주를 독려하고 있다. 경기를 하려는 사람은 모든 면에서 자기 절제를 하는 법이다. 세상의 경주자들은 썩어 없어질 면류관을 얻으려고 절제하지만, 우리 믿음의 경주자들은 썩지 않을 면류관을 얻으려고 달린다(고전9:25). 경기하는 사람이 규칙을 어기면 상을 받을 수가 없다(딤후2:5).

바울은 행 20:24에서는 '내가 달려갈 길과 주 예수께 받은 그 사명 곧 그 하나님의 그 은혜의 그 복음을 증언하는 일을 마치려 함에는 나의 생명조차 조금도 귀한 것으로 여기지 않는다.'라고 했다. 그리고 딤후4:7에서 '나는 선한 싸움을 싸우고 나의 달려갈 길을 마치고 그 믿음을 지켰으니, 이제 내게는 그 의의 면류관을 받는 일만 남았다. 그 면류관은 하나님과 함께하며 의롭게 살았다는 표시로 주시는 상이다. 주님이 바로 정의의 재판관이시기 때문에 마지막 그날에 주님은 내게 면류관을 주실 것이다. 또한 나뿐만 아니라 주님께서 다시 오시기를 간절한 마음으로 기다리는 모든 사람에게도 주실 것이다.'라고 했다.

주의(注意)

바울에 의해 "하나님의 한 의(義)"로 표현되고 있는 예수님의 믿음은 예수님 자신이 그리스도와 주님이심을 믿을 수 있게 입증하는 삶으로 나타났다(요5:36). 오늘 우리가 그 예수 그리스도 우리 주님에 대한 선포를 들을 때 믿을 수 있는 것은, 그 예수님의 믿음이 우리 안에 와 역사하고 있기 때문이다(요10:38, 14:11). 모두 다 성령을 통해 일어나는 일이니, 성령에 의하지 않으면 믿을 수도 없고, 그 믿음의 역사를 분별할 수 없다(고전2:14). 악한 자의 임함은 사탄의 힘을 빌려 많은 거짓과 표적을 행하여 그 진리를 따르는 자들을 유혹할 것이다(살후2:9-10). 복음으로 말미암는 그 하나님의 능력과 사탄의 능력을 분간할 줄 아는 분별력이 필요하다(마24:24). 그 분별력은 그 하나님의 복음을 바르게 들을 때 생긴다(고전2:12-13, 12:10). 세상은 지금 온통 악하고 거짓된 영에 의한 그릇된 믿음이 성업 중이니 각별한 주의가 필요하다(요일4:1-3).

> *1 사랑하는 자들이여, 모든 영을 믿지 말고 오히려 그 영들이 그 하나님께로부터 나온 영들인지 시험하십시오. 왜냐하면 많은 거짓 예언자가 그 세상에 나왔기 때문입니다.*
> *2 이것으로 여러분은 그 하나님의 영을 아십시오. 예수 그리스도께서 육신 안에 오셨음(현재완료분사)을 시인하는 영마다 그 하나님께로부터 나온 영입니다.*
> *3 그 예수님을 시인하지 않는 영마다 그 하나님께로부터 나온 영이 아닙니다. 이것이 그리스도를 대적하는 자의 영입니다. 여러분들은 이것이 온다고 들었는데, 이제 그 세상에 이것이 벌써 있습니다.*

1 Ἀγαπητοί, μὴ παντὶ πνεύματι πιστεύετε ἀλλὰ δοκιμάζετε τὰ πνεύματα εἰ ἐκ τοῦ θεοῦ ἐστιν, ὅτι πολλοὶ ψευδοπροφῆται ἐξεληλύθασιν εἰς τὸν κόσμον.
2 *ἐν τούτῳ γινώσκετε τὸ πνεῦμα τοῦ θεοῦ· πᾶν πνεῦμα ὃ ὁμολογεῖ Ἰησοῦν Χριστὸν ἐν σαρκὶ ἐληλυθότα ἐκ τοῦ θεοῦ ἐστιν,* ***3*** *καὶ πᾶν πνεῦμα ὃ μὴ ὁμολογεῖ τὸν Ἰησοῦν ἐκ τοῦ θεοῦ οὐκ ἔστιν· καὶ τοῦτό ἐστιν τὸ τοῦ ἀντιχρίστου ὃ ἀκηκόατε ὅτι ἔρχεται, καὶ νῦν ἐν τῷ κόσμῳ ἐστὶν ἤδη.*

(NA 28th(UBS 5th) ed 요일4:1-3 필자 사역)

제11장
바울의 복음에 대한
발상의 전환을 마무리하며

— 바뀐 지형 온전하게 그리기 위한 준비 여행 —

모든 문제 해결 방식의 핵심은 그 관계 속에 '사탄'이라고 하는 악한 영적 존재가 개입되어 있음을 밝혀야 한다는 게 바울의 생각이다(롬16:20). 육과 영, 현실 세계와 영적 세계가 얽히고설켜 돌아가고 있는 복잡한 정치체의 구조 속에서 발생하는 위기를 극복하고 한 걸음 더 성숙한 곳으로 나가게 하려고 복음을 완전하게 설명해 내는 것이 바울이 로마서를 쓰는 이유이고 목적이다.

제11장 바울의 복음에 대한 발상의 전환을 마무리하며 _ 329p에서

1. 비상사태

하나님의 복음

이제까지 살펴본 로마서 서문(롬1:1-17)에 해당하는 본문의 핵심 내용은 한마디로 '하나님의 복음과 그 복음의 현실적 효과'라고 할 수 있다. 그 하나님의 그 복음(롬15:16)은 롬1:2-4에서 규정되고 있듯이 역사 속에서 일어난 예수님의 십자가 사건을 통해 형성된 '예수 그리스도 우리 주님'이라고 하는 호칭에 대한 설명으로, 바울의 신비적 직관에 의한 사실적 진술로 명확하게 드러나 있다. 그 복음의 효과는 바울의 인생의 궤적과 함께 만인(오고 오는 인류의 모든 세대)에게 선포된 그 십자가의 그 말씀(고전1:18)에 대한 공평한 초청과 그에 대한 '믿음의 순종(롬1:5)'이라는 방편을 통해 현실적으로 나타나는 하나님의 능력에 의한 '인간의 구원'이라고 표현된다(롬1:16-17).

요약

따라서 바울의 하나님 복음에 관한 규정은 초기 복음의 핵심 내용인 예수 그리스도의 죽음과 부활이라는 역사적 신비의 토대 위에서 하나님의 능력으로 이루어지는 인간 구원을 나타내는 실제적인 내용이다. 특히 바울이 경험하고 깨달은 '영원하신 하나님의 아들 그리스도 예수님(앞으로 그리스도 예수님으로 표기)'의 십자가 사건이라고 하는 관점에서 재해석된 예수 그리스도이어야 한다.

그리고 그 내용은 로마서 전체의 내용이라는 방대한 작업을 통해 선지자들과 사도들의 터 위에서 선포된 최초의 복음으로부터 완전하고 영원한 복음으로 완성된 형태의 최종적인 설명으로 펼쳐져 있으며, 이 복음을 단 한마디로 요약해 표현한 것이 바로 서론(롬1:1-17)의 삽입구로 처리되고 있는 "하나님의 복음(*εὐαγγέλιον θεοῦ-유앙겔리온 데우, 롬1:2-4*)"이다.

필자는 그것을 '그리스도 예수 안에서 예수 그리스도의 주님 되심'이라고 쓰고, '그리스도 예수로서의 예수님의 주님 되심과 그리스도의 주님 되심'이라고 읽으며, 그분을 바로 '예수 그리스도 우리 주님(우리 주님 예수 그리스도)'이시라고 부르고, 창조주 하나님으로서 만유의 주님이시며, 만왕의 왕이시라고 선포한다.

재검토

필자는 이 부분에 대한 바울의 텍스트에 주목하고 그간의 번역과 해석에 대한 반성적 입장과 대안적 견해를 밝혀 환기하면서 저자인 바울의 입장에서 새롭게 바울의 텍스트를 제대로 읽을 것을 제안했다. 왜냐하면 바울 텍스트의 바른 번역과 바른 해석이 토대가 되지 않는다면, 바울의 텍스트에 대한 논의는(그것이 신학적이건 철학적이건) 의복의 첫 단추를 잘못 껴입은 것과 같고, 잘못된 기초 위에 세운 건축물과 같은 결과를 낳기 때문이다.

이는 바울의 로마서가 집필된 후 2000여 년간 이루어진 이 서신(로마서)에 대한 모든 논의의 결과로 나타난 신학적·철학적 지식의 논리 체계를 전면적으로 재검토하고 다시 고쳐 입히든 다시 건축해야 하는 비상사태에 대한 경고로 충분하다.

그리고 이 엄중한 현실에 대한 자각만이 2000여 년간 로마서를(또는 다른 바울 서신들을) 근거로 펼쳐지는 모든 이론(신학과 철학의 발전 과정에서 나타난 이론들)의 진위를 가려 잘못된 모든 이론을 무너뜨리고, 하나님의 지식에 대항하여 스스로 높아진 모든 교만을 쳐부수며, 모든 생각을 사로잡아 '그리스도 예수 안에서의 예수 그리스도 우리 주님'께 복종하게 하는 일을 시작하게 할 것이다(고후10:4-5, 골2:8).

최초의 복음

사실 바울의 텍스트가 말하는 하나님의 복음에(롬1:2-4) 관한 규정과 선포는 '로마'라는 수신 지역의 역사적 정황에서 볼 때, 오해의 소지가 다분해 매우 신중하게 읽어야 할 내용을 함축하고 있는 내밀한 것이었다. 그런데 그것을 우리가 지금까지 검토해 왔던 번역 성경들이 읽는 방식으로 너무 쉽게 바울의 텍스트를 읽고 말함으로써 현실적으로 적지 않은 갈등과 혼란을 자초했으며, 그것은 지금도 진행 중이다.

특히 그것은 유대와 결탁해 예수님을 죽인 로마 황제를 중심으로 한 제국주의 정치체의 과오를 들추어내어 그 체제를 부정하고 전복시키려는 의도를 가진 공격적인 것으로(급진적인 정치 신학의 관점에서) 읽게 되는 우려를 낳을 뿐만 아니라 그 우려를 해소할 수 없는 부담을 떠안게 만든다. 이는 복음을 선포하는 처지에서 매우 위험한 일이 아닐 수 없다.

그런데도 유대와 융합된 로마 제국 정치체의 과오로서 그들의 율법에 기초한 국가 권력으로 예수님을 십자가에 처형한 사실 또한 본래 복음이 갖고 있는 근본적인 내용이기 때문에 그 같은 우려의 현실 가능성을 배제할 수 없는 것 또한 사실이다. 다만 그 우려를 해소하기 위해서는 그런 우려 자체가 바울의 복음, 곧 바울이 로마서에서 규정하고 있는 하나님의 복음이 그리스-로마 사회에 전달되기 이전에 이미 선포되고 있었던 최초의 복음이 갖는 형식으로부터 기인한다는 점을 이해하는 것이 중요하다.

유대인의 왕가에서 태어난 예수님을 유대의 법과 그리스-로마의 법이 한통속이 되어 십자가에 처형시켰다. 그런데 그가 부활해 권능을 가진 하나님의 아들로 인정되셨다는 역사적 사건으로서의 복음 선포는 우선적으로 하나님의 진노로부터 구원을 갈망하게 하는 구원의 메시지가 되기보다는 표면적으로 유대와 그리스-로마 정치체에게는 하나님께 인정받지 못한 세상의 왕권을 향한 질타가 되어 단순히 그들의 과오를 지적하고 비난하는 폭력적인 행위가 될 수 있었다. 그것은 일차적으로 그들의 법치 국가 이념 자체를 완전히 부정하고 전복시키려는 의도를 가진 것으로 보일 수 있었기 때문에 극악무도한 박해의 원인이 될 수 있었던 것이다.

완성된 복음

하지만 그런 상황에서 바울의 텍스트는 결코 거기에 머물러 있지 않고, 오히려 한 걸음 더 나아가 그 박해를 넘어 영원한 생명에 이르게 하는 구체적으로 완전한 복음을 선포하는 실제적인 방식으로 기록되고 있다. 바울의 텍스트 이전의 최초 복음 선포 방식은 형식적으로 역사적 사건의 맥락에서 예수님의 십자가 처형과 함께 매장된 후 부활하신 예수 그리스도를 선포함으로써, 상대인 예수님을 죽인 유대와 융합된 그리스-로마 제국 정치체에게는 살인 정권에 도전하는 매우 정치적인 형태의 운동으로 부각되어 부정적인 반응을 초래할 수밖에 없었다면, 바울의 텍스트는 그런 초기 복음의 실제적 의미를 완전하게 해석해 냄으로써 그 박해 속에서 서로를 위로하되, 하나님의 자비하심으로 그에 맞서 적극적으로 박해하는 자들을 품고 그들의 잘못을 용서하며 새로운 세상을 여시는 하나님의 지혜와 능력으로서의 현실적인 구원의 메시지를 선포한다. 바울은 복음의 완성된 복음의 의미를 밝힘으로써 위기에 처한 초기 복음 공동체를 새롭고 완전한 차원의 신앙으로 끌어올려 더욱 군센 모습을 세우려고 하는 것이다.

매우 특별한 설명

바울의 텍스트에 의하면 그들이 죽인 예수님은 유다 민족의 다윗왕에게 약속하신 하나님의 성전에 대한 언약을 성취하러 오신 하나님의 아들 그리스도의 낮아지신 분이다. 하나님께서는 그들을 통해 그 예수님을 죽이게 하심으로써 하나님을 섬기는 참 예법을 알게 하셨다. 그것은 모세의 율법을 따라 시행되는 건물 성전을 중심으로 체계화된 섬김의 도리가 예수님의 육체가 성전이 된 육체 성전의 섬김의 도리를 가리키는 그림자였음을 보이심으로 그들의 무지를 드러내신 것이다.

이는 바울이 아테네에서 복음을 전할 때 선포한 메시지에서 인류가 섬겨야 할 하나님에 대해 "그분은 온 세상과 그 안에 있는 모든 것을 창조하신 하나님으로서 하늘과 땅의 주님이시며, 사람이 지은 신전에서 살지 않으십니다(행17:24)."라고 말한 맥락과 같다. 이에 대해서 바울은 히브리서에서 "그리스도께서는 참것의 그림자인 손으로 만든 성소에 들어가지 아니하시고 바로 그 하늘에 들어가사 이제 우리를 위하여 그 하나님 앞에 나타나셨다(히9:24)."라고 했다.

한마디로 바울은 최초의 복음으로 선포된 '주 예수 그리스도'를 설명하되, 육신을 따라서는 하나님께서 자기의 아들 그리스도를 육신을 가진 사람의 모습으로 지상에 보내셔서 돌아가심과 부활하심을 통해 영원한 몸의 성전이 되신 하나님의 아들로 규정하였다. 또한 거룩하게 하시는 영을 따라서는 죽은 자들을 부활시켜 참성전인 자기 몸의 지체로 붙여 살려 주는 영으로서의 하나님의 아들로 인정받으셨다고 규정한다.

이는 약속으로 소망되는 그 하나님의 나라를 이루시기 위해 그 하나님께로부터 주어진 지상의 왕적 자질과 권위의 실체를 보여 주신 것으로써 초기 예루살렘 교회 공동체가 복음을 설명하여 선포하던 방식과는 다른 매우 특별한 설명으로 이루어진 복음의 선포 방식이다.

집중

역사적인 맥락에서 보면 분명 복음은 근본적으로 유대와 융합된 그리스-로마의 정치체를 부정할 수밖에 없는 내용을 기초로 하고 있기에 박해는 당연한 것이기도 하지만, 그럼에도 바울은 직접적으로 그 정치체를 자극하여 충돌하지 않으면서도 어떻게 그 하나님의 나라가 이 세상 나라 속에서 전파되고 확장되어야 하는지에 대한 본질적인 측면을 볼 수 있게 하는 것에 집중한다. 왜냐하면 바울의 복음은 현실 정치체와의 대립과 충돌을 통해서는 도무지 이룰 수 없는 성령 안에서의 그 하나님의 나라가 초점이기 때문이다(롬14:17).

바울이 로마서를 쓰는 이유도 바로 당시의 그리스-로마 사회의 복음 공동체가 초기 예루살렘 교회 공동체의 복음 선포 방식을 가지고 있었던 미성숙한 공동체였기 때문이다. 그 공동체는 현실 정치체를 부정하는 근본적인 복음의 특성 때문만이 아니라 그로 인한 공동체 내부의 갈등 때문에 그리스-로마 제국 아래서 입지가 매우 곤란해졌었다(이 책 201쪽의 「로마」와 222쪽의 「재점화된 로마 사회」). 그래서 유대와 융합된 그리스-로마 사회를 구성하는 구성원들 간의 복잡미묘한 역학 관계로 인해 위기에 처하게 되었다.

모든 문제 해결 방식의 핵심은 그 관계 속에 '사탄'이라고 하는 악한 영적 존재가 개입되어 있음을 밝혀야 한다는 게 바울의 생각이다(롬16:20). 육과 영, 현실 세계와 영적 세계가 얽히고설켜 돌아가고 있는 복잡한 정치체의 구조 속에서 발생하는 위기를 극복하고 한 걸음 더 성숙한 곳으로 나가게 하려고 복음을 완전하게 설명해 내는 것이 바울이 로마서를 쓰는 이유이고 목적이다.

2. 그릇된 성경 읽기의 실례(實例)

일탈

따라서 바울의 텍스트가 규정하고 있는 하나님의 복음에 대한 바른 읽기와 말하기를 기초하지 않은 로마서 읽기란 그것이 신학이든 철학이든 로마서가 열고자 하는 거룩하게 하시는 영의 새 생명 창조 역사 공동체를 실현해야 할 역사의 지평에 대한 바울의 공적인 소망과는 전혀 무관한 일탈로 귀착될 뿐이다. 다만 그러한 일탈이 바울의 로마서가 쓰인 이래로 지금까지 헤아릴 수 없을 정도의 수많은 자료를 생산해 낼 만큼 방만하게 저질러지고 있었다는 점을 인식할 필요가 있다. 그런 의미에서 이제 조심스럽기는 하지만 필자가 말하고자 하는 새로운 바울의 로마서 텍스트 읽기의 참뜻을 좀 더 명확하게 이해하는 데 이르기를 바라며, 그러한 일탈이 일어나고 있는 최근의 한 실례를 살펴봄으로써, 이 세상에 현존하는 모든 로마서 자료를 대하는 지혜를 공유하고자 한다.

독해 방식

요즘 세간에서 주목을 받고 있는 정치신학자 테드 W. 제닝스는 그의 책 (데리다를 읽는다/바울을 생각한다: 정의에 대하여, 그린비, 2014)에서 바울의 로마서를 이해하는 데 데리다의 책들의 읽기가 도움이 될 수 있는 어떤 연관성을 가지고 있다고 하면서, 바울의 로마서 텍스트를 정당하게 독해하지 못하는 것 또한 바울에 대한 폭력으로 인식하고 있다고 한다. 그는 자신이 바울의 로마서를 독해함에 있어서 어느 정도 폭력적이지만 더 큰 폭력을 막는 길은 바울의 텍스트인 로마서의 핵심 주제(정의의 문제)에 집중해 독해하는 것이라고 강조한다(Ibid., 6쪽.).

그러한 그의 시각은 구체적으로 로마서에 대한 해석학적 비판("바울의 신학적인 '친구들'이 그를 유폐시켜 왔던 교의적 제한[이라는 감옥]으로부터 바울을 구출할 수 있는 몇 가지 길을 제시함으로써 논의를 시작할 것이다." Ibid., 17쪽.)에 의한 것으로, 이는 상당히 대미지가 큰 충격적인 고발이라 하지 아니할 수 없다. 그는 결론에서 로마서 독해 방식에 대해 다음과 같이 명확하게 말한다.

> 이전 장들에서 전개된 논증의 의도는 바울의 로마서를 정의의 문제에 대한 최우선적인 관심이 전면에 드러나는 방식의 독해 안에 위치시키는 것이었다. 이런 방식을 통해 바울을 교회 조직과 교의 안에 가두었던 간수들로부터, 그가 기소했던 제국의 형태, 즉 "진리를 불의 안에 가두는" 행태를 줄곧 실행해 왔던 자들의 마수로부터 빼낼 수 있을 것이다. 실제로 전통적인 바울 전유 방식은 정의의 문제를 효과적으로 침묵시키고, 그에 따라 정의의 요구와 요청으로부터 신자를 면제하는 방식으로 정의의 문제가 있어야 할 자리에 칭의에 대한 교리를 대체해 넣는 것이었다.
> (Ibid., 331쪽.)

정치 철학적 읽기

이러한 그의 속내는 「로마서 읽기를 위한 준비」라는 그의 로마서 해설집 서론에 명확하게 드러난다. 한마디로 말하면 로마서가 정치적 텍스트보다는 먼저 종교적 텍스트로 읽혀 왔다는 것이다. 그는 말하길 "물론 바울은 아마도 이러한 이분법을 알지 못했겠지만, 어쨌든 바울 논변의 정치적·철학적 성격은 시야에서 멀어져 갔고, 그 결과 로마서라는 텍스트는 협소하게 종교적 주제들에 국한된 교회의 책으로서 읽히게 되었다(무법적 정의: 바울의 메시아 정치, 도서출판 길, 2018, 11쪽.)."라고 했다. 그리고 실제로 이 과정은 "justice(정의)가 또는 injustice(부정의)가 영어 번역 텍스트에서 사라지면서 악화되었고, 정의나 부정의라는 단어는 righteousness(의로움), unrighteousness(불의함), 그리고 wickendness(사악함) 같은 용어들로 대체되었으며, 이로 인해 바울의 관심사에 내포된 정치적 의의는 종교성의 안개 뒤에 가려지게 되었다(Ibid., 11쪽.)."라고 강도 높게 비판한다.

그런 그의 비난에 가까운 독한 비판은 "내가 이 편지를 독해할 방식은 사람들이 말하는 소위 정치 철학(political philosophy) — 정치적인 것(the political)에 대한 사유, 말하자면 인간의 삶이 집단적인 또는 공통적인 삶으로 정립되는 방식에 대한 사유 — 의 가장 근본적인 문제들을 다루는 텍스트로 읽는 것이다. 특히 바울이 로마에 의해 정립된 정치 질서에 반대하며 또한 "모세" 또는 "유대 사람들(Judeans)"의 정치체(polity)에 대한 대안으로 들어서는 메시아적 정치를 발전시키고 있음을 읽을 수 있다(Ibid., 9쪽.)."라고 하는 매우 고도의 주장을 전제로 펼친다.

비약

사실 이러한 메시아적 정치 발전에 대한 주장은 필자가 이미 설명한 바 있는 최초의 복음이 가지는 근본적인 특성이라는 맥락에 속해 있다(행2:14-47). 그것은 바울 텍스트 이전, 복음의 초창기 예루살렘 교회의 정규직 사도들에 의해 복음이 전파될 때에 나타나는 박해와 관련해 비교적 표면적으로 정치 철학적인 요소가 드러난 행보였음을 이해할 수 있듯이, 복음을 정치 철학적인 관점(메시아적 정치 발전 관점)으로 읽고 전하는 것은 그리스도인들이라고 불리는 새 생명 창조 역사 공동체의 기초이자 모든 복음적인 활동의 토대이다(행3장-7장).

그럼에도 그가 로마서 텍스트에 대한 전통적인 읽기가 잘못되었다고 비판하면서, 그 때문에 정치 철학적인 로마서 읽기가 실종되었다고 주장하는 것은 그 타당성에 관한 검증 과정에 논리적 결핍이나 극단적인 논리적 비약이 있음을 보게 한다. 안타깝게도 그에게 있어서 가장 큰 문제는 그러한 그의 논지가 성경적 맥락을 완전히 무시한다는 것이다. 그것은 복음의 시작과 완성이라는 구속사적인 맥락에서의 종합적인 관점에서 벗어나 로마서를 읽는 신중하지 못한 태도이다.

단절

그는 말한다. "내가 여기서 제안하는 로마서 독해 방식은 이러한 바울 읽기의 전통으로부터 단절한다. 이 독해는 기본적으로 "법"과 "정의"에 이 단어들 본연의 정치적 의미를 회복시켜 주는 것으로부터 시작한다. 로마서에 대한 비정치적 독해 방식이 너무나 지배적이기에 이러한 독해 방식에 여러 생소한 번역을 도입해야 할 필요가 있다. 부분적으로 이런 작업은 독자들이 전통에 의해 눈이 가려지지 않은 새로운 방식으로 텍스트를 대할 수 있도록 하는 데 있어 필수적이다. 어떤 텍스트를 새롭게 대하기 위해서라면 낯설게 하기(defamiliarizing)라는 전략은 거의 언제나 필수적이다. 그러나 그 경우에 그 전략은 해당 텍스트인 로마서를 전통적인 종교적 독해라는, 마치 컬트(cult)와 같이 고립된 영역에 감금되어 있는 상태로부터 해방하는 데 있어 훨씬 더 중요한 의미를 지닐 것이다(Ibid., 11쪽.)."

그리고 그는 몇몇 단어의 의미를 교체함으로써 — 예를 들어 유대교적인이 아니라 유대적인, 그리스도(Christ)가 아니라 메시아(messiah), 의로움(올바름, righteousness)이 아니라 정의(justice), 믿음(faith)이 아니라 충실성(fidelity)이나 충성(loyalty), 은혜(자비, grace)가 아니라 관대함(너그러움, generosity)이나 호의(favor), 예수(Jesus)가 아니라 여호수아(Joshua)등으로 교체하여(Ibid., 11~12쪽.) — 로마서 독해를 진행한다.

허약

과연 21세기 역사의 지평 위에서 1세기에 기록된 로마서 텍스트를 특정해 놓고 새로운 관점의 읽기를 시도하는 그의 해석학적 비판은 정당한가? 필자가 앞에서 일관되게 설명하여 증거한 것처럼 그의 주장 또는 제안은, 전통적인 바울의 로마서 읽기를 편향된 종교적 텍스트 읽기로 둔갑시켜 놓고 거기로부터 해방시키려고 하는 전략적 기획으로밖에 보이지 않는다. 그렇다고 필자가 전통적인 성경 읽기가 옳다고 거드는 것이 아니다. 이미 필자는 그리스도의 몸의 한 지체로서 뼈아픈 반성과 함께 전통적인 성경 읽기의 문제점을 적나라하게 들추어냈다. 그리고 그 해결을 위한 대안을 구체적인 설명과 함께 제시했다.

필자가 말하고 싶은 것은 그로 인해 바울의 텍스트 자체를 제대로 읽어 내지 못하는 가운데 바울의 정치 철학적인 문제의식을 논한다는 그의 치명적인 문제점이 드러났다는 점이다. 특히 그는 바울의 텍스트를 제대로 읽고 있는지에 대한 기초적인 검토(종교적인 것과 정치적인 것을 구분하지 않고 둘을 유기적인 하나로 보는 성경적인 맥락 곧 구속사적인 맥락에서의 검토) 없이 현대 철학자 레비나스 또는 데리다 읽기를 통해 바울의 텍스트를 이해하려고 하는 허약한 학구적인 열망에 매몰되어 있다는 점이 눈에 띈다.

직시

앞에서도 필자가 누누이 말했지만 그의 정치 철학적 로마서 읽기라는 것은 초창기 복음이 전파될 때에 전제(前提)된 기본적인 복음의 특성과 관련되어 있다. 그리고 그러한 복음의 특성은 로마서가 기록되기 훨씬 이전부터 이미 그리스-로마 사회의 복음 공동체 안에서 명확하게 인식되고 있었던 것이었다. 그러니까 바울의 로마서는 그러한 복음의 정치적 특성이 일반적으로 읽히고 있던 상황에서 발전적 의미로 덧붙여진 초창기 복음에 대한 새로운 이해를 제시하는 차원의 텍스트라는 점을 고려해야 한다.

초창기 복음 선포에 의해 세상의 정치체가 인간의 삶을 구원할 수 없다는 신랄한 비판과 부정에 직면하게 되었고, 그로 인해 그 세상의 정치체가 초기 복음의 공동체를 박해하게 되었으며, 그 박해에 직면한 그리스-로마 사회의 복음 공동체를 위로하고 굳세게 세우기 위해 재해석된 복음이 바울의 로마서이다. 한마디로 여기에는 마지막 사도로서 바울만의 복음에 대한 해석학적인 사명이 있음을 직시해야 한다(고전15:8).

손상

따라서 종교적인 로마서 읽기와 정치적인 로마서 읽기로 구분하여 전통적인 로마서 읽기를 싸잡아 매도하는 그의 정치 철학적 로마서 읽기라는 기획은 자신의 로마서 해석이 어느 정도 폭력적이라고 한 그의 말대로 사려 깊지 못한 연구자의 횡포라고 할 수 있다.

그리고 그러한 그의 성경 읽기가 얼마나 복음의 역사성에 대한 무지와 텍스트 자체에 대한 무지에서 비롯된 것인지는 바울의 복음을 규명하는 그의 로마서 해설집을 통해 인정된다. 사실 아이로니컬하게도 그것 자체가 그의 정치적 로마서 읽기의 출발 자체를 자기 스스로도 인정할 수 없는 — 그에게는 섬광과 같은 것이었겠지만 과격하게 말하면 난센스적인, 순화시켜 말하면 절반은 알고 절반은 모르는 소치에서 비롯된 좁고 얕은 안목으로 급조된 — 바울의 읽기로 만들고 있다는 사실을 입증해 준다.

그런 사실에 대한 증거는 바로 그의 롬1:3-4의 번역과 해설이다. 이는 그의 연구물의 실제 내용과 목표가 바울의 의도를 벗어난 곳을 향하게 함으로써, 그 가치를 치명적으로 손상시킨다는 점에서 매우 안타까운 일이 아닐 수 없다. 그 사실의 진위를 가리기 위해 먼저 롬1:3-4에 대한 그의 번역문을 보자.

롬1:3-4에 대한 제닝스의 번역
그의 아들, 즉 육신으로는 다윗의 후손으로 태어나셨으며, 성령으로는 죽은 사람들 가운데서 부활하심으로써 나타내신 권능으로 하나님의 아들로 지명되신 분에 관한[3](각주 3: 로마서 1:4 원문에서 'εν δυναμει'를 '권능을 지닌'으로 새겨, '성령으로는 죽은 사람들 가운데서 부활하심으로써 권능을 지닌 하나님의 아들로 지명되신 분에 관한'으로 옮길 수도 있다.)
(Ibid., 37쪽.)

의도

그의 번역 또한 이제까지 필자가 살펴 왔던 일반적인 번역(대부분 오역)과 궤를 같이하는 역사적 사건에 대해 진술하는 전형적인 번역의 범주를 벗어나지 못하고 있다. 특히 "육신으로는 다윗의 후손으로 태어나셨으며, 성령으로는 죽은 사람들 가운데서 부활하심으로써"라고 하는 역사적 사건에 대한 표현은 초기 복음 공동체가 선포한 복음의 형식과 같은 것으로, 그가 바울의 로마서를 정치 철학적으로 해석하려는 의도에 맞는 확실한 계기를 만들어 주는 근거가 된다. 왜냐하면 그러한 번역은 그가 겨냥하고 있는 것처럼 예수님을 한낱 자칭 유대인의 왕으로서 제국에 반란을 일으킨 자로 부각시키는 해설의 기틀을 제공하기 때문이다.

실제로 그러한 번역에 대한 그의 해설서에서는 그 번역이 만족스럽지 않은지 여러 가지 사족을 붙여 부자연스러운 해석을 시도하지만 결국 그것 또한 역사적 사건의 진술에 의해 드러나는 복음의 정치 철학적인 측면을 애써 부각시키려는 의도(억지로 자신의 논리에 본문의 의미를 꿰맞추려고 하는 의도)로 보인다.

이는 그의 '정치 철학적 로마서 읽기'라는 기획의 근거가 되는 로마서 텍스트의 해설이라는 점에서 그 정당성을 인정하기 어렵게 만든다. 왜냐하면 초기 복음 그 자체가 유대와 그리스-로마 제국이라고 하는 정치적인 융합 관계 속에서 형성된 까닭에 당연히 정치적인 측면이 이미 내포되어 있을 뿐만 아니라 그러한 정치적인 문제는 복음을 선포할 때 직접적으로 전면에 나타날 수밖에 없는 토대가 되기 때문이다.

이 지점이 차라리 로마서 텍스트가 아닌 로마에 전파된 초기 복음적 상황을 잘 보여 주는 사도행전 텍스트를 전제로 복음의 정치 철학적인 면을 제시하고, 바울이 간파하고 있는 마지막 사도로서 복음의 완성된 의미를 담은 로마서 텍스트가 지향하는 복음적 상황에서 거론해야 할 본격적인 논지가 드러나게 마무리되었더라면 하는 아쉬움과 안타까움이 교차하는 대목이다.

빗나감

그러므로 바울의 복음을 규정하는 로마서 텍스트를 그의 정치 철학적 로마서 텍스트 읽기의 기획을 정당화할 수 있는 근거로 사용할 수 있느냐 하면 결코 그럴 수 없다는 것이 필자의 결론이다. 왜냐하면 바울의 복음을 규정하는 로마서 텍스트는 융합된 그리스-로마와 유대의 정치체를 모두 부정하는 형식으로 선포된 초기 복음이 형성된 역사적 맥락 속에서 하나님의 구원이 구체적으로 어떤 방식으로 나타나고(주어지고) 있는지를 설명하는, 보다 발전된 과정을 거쳐 최종적으로 완성된 영원한 복음을 진술하고 있기 때문이다.

그렇기에 그의 롬1:3-4의 해석 또한, 애초부터 바울의 로마서 텍스트가 바울의 의도와 다르게 번역되었기 때문에 그의 해석 또한 그릇된 해석으로 나아갈 수밖에 없는 것이다. 그럼 그의 해석을 보자.

롬1:3-4에 대한 제닝스의 해석

이 문구가 약간 축약적이긴 하지만, 내 생각에는 몇 개의 공란을 채워 넣음으로써 어떤 특정한 병행구를 복원한다면 이해할 수 있을 것 같다. 신의 아들은 "육신"에 따라 다윗의 후손(다윗의 씨, David's seed)에 속한 자로 지정되거나 혹은 그렇다고 주장된다. 바울에게 육신(flesh)은 일반적으로 신에 대한 대항을(그리고 이에 따른 영(spirit)에 대한 대항을) 의미하거나 혹은 약함을 (그리고 이에 따른 힘의 결여) 의미한다. 뒤에서 우리는 이러한 외견상 서로 갈리는 의미들이 실제로는 밀접하게 관련되어 있음을 알게 될 것이다. 영과 육의 대립은 바울이 이 텍스트에서 강력하게 강조할 주제다. 그는 "육신에 속한 생각은 하나님에 대해 적대적입니다"(8:7)라고 말할 것이다. 그리고 이를 "여호수아를 죽은 사람들로부터 일으키신"(8:11) 영과 대비할 것이다.

그러므로 육신에 따른 다윗의 후손이라는 (신의) 아들에 대한 호칭은 신에 대한 적대로부터, 즉 죽은 자들로부터의 부활을 통해 노출된 적대로부터 유래한다. 바울은 다른 곳에서 자기 메시지의 전반적인 내용에 대해 지적했지만, 여기에서는 그 내용을 밝히지 않는다. 고린도인들에게 보낸 두 편지를 쓰면서, 그는 이렇게 주장했다. "나는 여러분 가운데서 여호수아 메시아, 곧 십자가에 달리신 그분 밖에는 아무것도 알지 않기로 작정하였습니다"(고린도전서 2:2).

따라서, 메시아를 말하는 다윗의 자손(son of David)이라는 호칭은 이른바 혈통에 관한 어떤 정보를 지칭하는 것이 아니다.(족보가 들어 있는 훨씬 후대에 쓰인 서사4(예수의 족보가 실린 복음서들을 지칭한다.)에서 그를 다윗의 생물학적인 자손으로 이해하지 않으려면 상당한 주의가 요구된다.) 다윗의 자손이라는 호칭은 단지 십자가 자체를 지칭하는 것이며, 이 여호수아라는 인물을 (자칭) 유대인의 왕이자 제국에 반란을 일으킨 자로 밝히는 호칭일 뿐이다.

(Ibid., 37~38쪽.)

억견

그의 논지는 명확하다. 육과 영의 대립 속에서 육신(flesh)은 일반적으로 신에 대한 대항을 의미하거나 혹은 약함을 의미한다. 그런 측면에서 신의 아들이 "육신"에 따라 다윗의 후손(다윗의 씨, David's seed)에 속한 자로 지정되었다는 것은 신의 아들에 대한 호칭이 신에 대한 적대로부터, 즉 죽은 자들로부터의 부활을 통해 노출된 적대로부터 유래한다는 것이다.

그러므로 그에게 있어서 메시아를 말하는 다윗의 자손(son of God)이라는 호칭은 이른바 혈통에 관한 어떤 정보를 지칭하는 것이 아니라 단지 십자가 자체를 지칭하는 것이며, 이 예수(여호수아)라는 인물을 자칭 유대인의 왕이자 제국에 반란을 일으킨 자로 밝히는 관용구(慣用句)일 뿐이다.

이런 그의 해석은 그가 강력하게 주장하듯 분명히 바울의 복음에 대한 로마서 텍스트를 역사적인 정치 사건의 외적인 면만을 주목하게 하는 서술로 둔갑시킨 그의 번역 의도를 공고(鞏固)히 할 억견(臆見)을 따를 뿐이다.

정당성

이후 그는 바울의 복음에 대한 정치적 해석의 정당성을 집요하게 설명함으로써 자신의 주장에 대한 타당성을 관철시키고자 한다. 하지만 바울이 진술하고 있는 로마서 텍스트 자체는 그의 주장에 여러 가지 논리적 결함을 드러낼 뿐만 아니라 그의 해석학적 기획이 철 지난 주장에 불과하다는 것을 입증한다.

즉 바울의 텍스트는 예수 그리스도의 돌아가심과 부활하심에 관해 설명하되, 그리스도 예수에 의한 구속사적인 맥락에서 먼저 하나님의 성전이 건물로서의 성전이 아닌 유기체인 인간 육체(몸)의 성전으로 전도(顚倒)되는 방식으로 예수님의 육신의 죽음과 부활을 설명하고 있다. 또한 그런 예수님의 돌아가심과 부활하심이 영적으로 죽은 자들을 다시 살려내는 그리스도의 직무 실현을 통해 하나님의 아들로 인정되셨다고 설명하고 있다.

그런 관점에서 융합된 유대와 그리스-로마 제국의 정치체를 맞서게 하는 선동적인 내용의 선포가 아니라 그들마저도(유대와 로마 제국의 정치체에 속하여 복음 공동체를 박해하는 자들마저도) 구원하시는 하나님의 전능하신 지혜와 능력으로 바울의 복음은 규정되어 선포된다(고전1:18-31).

따라서 바울의 텍스트 자체가 하나님의 복음을 규정하는 논리에 근거하여 정치철학적 로마서 해석의 방향이 정해져야만 그 정당성을 갖게 된다고 할 수 있을 것이다. 그러므로 로마서 텍스트 속의 바울의 복음(하나님의 복음, 롬1:2-4)을 근거로 펼쳐지는 그의 정치 철학적 논의는 시작부터 피사체를 향해 초점을 잃은 촬영과 같은 결과를 낳을 수밖에 없다.

3. 문제 해결과 소망

하나님의 정의

분명 그의 정치 철학적 로마서 해석에 대한 기획의 핵심은 '정의(메시아적 정치 개념의 정의)'다. 즉 롬1:16-17에 나타나는 "하나님의 한 의(*δικαιοσύνη θεοῦ-디카이오쉬네 데우*)"를 '하나님의 정의'로 규정하고 로마서를 정치 철학적인 텍스트로 읽어야 한다고 주장한다. 필자도 평소 그것을 '하나님의 정의'라고 표현하는 데 무리가 없다고 생각해 왔기 때문에 용어에 대한 이질감을 느끼지 않는다.

하지만 바울의 텍스트 속의 "하나님의 한 의(義)"에 대한 실체적 진실은 이전 문맥에서 제시되고 있는 "그 복음(*τὸ εὐαγγέλιον-토 유앙겔리온, 롬1:16*)"이라고 하는 특정된 복음 안에서 계시되고 있다(*ἐν αὐτῷ ἀποκαλύπτεται-엔 아우토 아포칼륖테타이, 롬1:17*). 그리고 "그 복음"은 롬1:2-4에서 규정되고 있는 바울의 복음, 곧 하나님의 복음(*εὐαγγέλιον θεοῦ-유앙겔리온 데우, 롬1:2-4*)이다. 이것이 "하나님의 한 의(義)", 곧 '하나님의 정의'라는 표현에 대한 바울의 텍스트가 가리키는 전제이다.

여기서 하나님의 복음 안에 계시되고 있는 정의는 위에서 간결하게 설명했던 것과 같이 하나님께서 '예수 그리스도 우리 주님'이라고 하는 영원한 몸의 성전을 세우셔서 이 세상으로부터(사탄의 지배 아래 있는 세상의 정치권력 또는 통치 세력으로부터) 부르심을 입은 자들의 죄를 사하시고 거룩한 영적 새 생명 창조 역사 공동체(믿음으로 살아지는 새 생명 창조 공동체)를 지상 위에 세워 활동케 하시는 하나님의 의로운 행위와 행동으로 설명된다. 그것은 사람들에게 믿음으로 살게 하는 동력이다.

믿음의 주님 되심

로마서 텍스트는 바로 이런 관점에서 해석해야 자연스럽고 옳으며 온전하다. 정치 철학적이고 종교적인 이분법적인 갈등에서 한쪽으로 치우친 해석이 아니라 둘을 통합하되, 바울의 기록 방식 그대로, 그리스도 예수 안에서의 구속사적 맥락 속에서 종합적이면서도 완성된 방식으로 기록되고 있는 것과 같이 읽고 해석하는 것이 바른 해석이며 그 해석은 바르고 온전한 신앙의 자리에 이르게 한다.

거듭 말하지만 바울의 복음은 '그리스도 예수 안에서 예수 그리스도의 주님 되심'을 증명하는데 먼저 하나님의 아들이신 그리스도께서 육신을 가진 사람의 모양으로 이 땅에 오셔서 돌아가심과 부활하심을 통해 영원한 몸의 성전으로 세워지셨다. 그리고 동시에 그분께서 살려 주시는 영으로 죽은 자들을 부활시켜 자기 몸의 지체로 붙여 지상에 참성전을 세우심으로써 마침내 하나님의 아들로 인정받으셨다고 설명해 내는 것이다. 전자는 육신을 따라서 돌아가시고 다시 살아나신 그리스도이신 예수님께서 믿음의 주(主)가 되시는 '예수님의 주님 되심'을 증거하고, 후자는 그 예수님께서 거룩하게 하시는 영을 따라서 그리스도로서 죽은 자들을 살려 내시는 '그리스도의 주님 되심'을 증명하는 것이다.

바울의 복음

마지막으로 복음의 시초에 나타나는 유대와 그리스-로마 정치체에 대한 반작용으로서 복음이 갖는 근본적인 특성은 실제로 모든 복음서와 사도행전의 기록이 증거하고 있듯이, 그 정치체를 전복시키기 위한 활동으로 나타나지 않고 비폭력적인 방식으로 국가 폭력에 굴하지 않고 적극적으로 복음을 선포함으로써 그 과오를 시인하고 바른 정치 활동(인류가 하나님과의 올바른 관계를 회복하고 하나님을 기쁘시게 하는 삶)으로 나갈 것을 호소한다는 점을 분명히 해야 한다. 그런 의미에서 바울의 복음은 기본적으로 구속사의 구체적인 맥락에서 유대와 그리스-로마 정치체가 가진 권력의 핵심 주체인 율법의 오용을 바로잡고 바로 세우는 기능으로 작동하며, 세계사의 관점에서도 유대와 그리스-로마 정치체가 추구하는 법치 국가의 바른 역할을 회복할 수 있게 하는 기능적 역할로 확증·설명되는 것이다. 따라서 바울의 복음 곧 하나님의 복음 안에 계시되고 있는 "하나님의 한 의(하나님의 정의)"는 유대와 그리스-로마 정치체의 근간이라고 할 수 있는 율법을 파괴하거나 그 역할을 무력하게 만드는 것이 아니라 똑바로 일으켜 세우는 역할을 한다고 하겠다(롬3:31).

율법의 완성

바울은 율법을 거룩하다고 하며 계명도 거룩하고 의롭고 선하다고 한다(롬7:12). 그리고 그리스도는 율법의 완성자라고 한다(롬10:4). 죄의 육신으로서는 연약하여 이룰 수 없는 그 율법의 요구를 하나님께서 이루셨으니, 자기 아들을 죄 있는 육신의 모양으로 보내셔서 그 육신 안에 있는 그 죄를 정죄하셨다고 한다(롬8:3). 또 바울은 다른 서신에서 그 율법은 그리스도께로 인도하는 몽학 선생(가정 교사 또는 유치원 교사)과 같다고 했고(갈3:24), 약속된 그 자손이 오실 때까지 그 범죄들 때문에 덧붙여 진 것이라고 했다(갈3:19). 상속자가 모든 것의 주인이지만 어린아이일 때에는 종과 다를 바가 없고, 그는 자기 아버지께서 정하신 때까지 보호자나 청지기 아래 있는 것처럼 상속자인 우리도 어렸을 때는 이 세상의 초등 학문 곧 율법의 종이라고 했다(갈4:1-3). 그러나 때가 차게 되자 하나님께서 자기 아들을 여자로부터 되게 하시고 율법 아래서 되게 하셨으니, 이는 율법 아래 있는 자들을 구속하시고 우리로 하여금 양자가 되게 하시기 위함이었다고 했다(갈4:4-5). 그 율법은 장래 오는 좋은 일의 그림자이고 참 형상이 아니라고 했다(히10:1).

이와 같은 율법은 유대와 융합된 그리스-로마 제국의 정치체의 중심에 주어져 있고 그 율법은 그 정치체가 충족시켜야 할 하나님의 거룩하고 의롭고 선한 뜻이었다. 바울이 선포한 복음은 그리스도이신 예수님을 통해 그 율법의 요구를 충족시켜 인류의 새로운 공동체, 곧 새 생명 창조 역사 공동체(메시아적 정치체)를 세움으로 그 하나님의 거룩하고 의롭고 선한 뜻을 완성케 한다.

평화의 복음

하지만 이와 반대로 유대와 그리스-로마의 정치체가 그 율법을 법대로 사용하지 않고 폭력의 수단으로 사용함으로써 그 예수님을 처형했다. 초기 복음은 그 특성상 이를 들추어내는 방식으로 작동하여 전파됨으로 피할 수 없는 지독한 박해에 직면하게 되었고, 바울 역시 그곳에 던져져 동일한 고난을 받게 되었지만 바울의 복음은 그러한 부정적인 반작용을 해소할 수 있는 구원의 방식을 설명해 냄으로써, 온 인류의 정치체를 향하여 평화의 복음을 선포하게 하였다(엡2:11-18, 고후5:17-21).

그 결과 바울 후대 그 복음의 공동체는 그리스-로마 제국의 정치체의 국교로 자리 잡게 되었으며 오늘날의 지구촌에 산재하는 보편적 기독교회 공동체에 이르게 되었다. 따라서 그 평화의 복음은 온 인류 정치체의 상징과 시발점이 되는 유대와 그리스-로마 정치체가 융합하여 자신의 힘과 권력인 율법을 잘못 사용한 과오를 인정하고 복음을 믿을 수 있게 하는 초청으로 나타나고 있는 것이다. 바로 이것이 바울의 텍스트가 말하고 있는 바 인류를 믿음으로 살게 하는 '하나님의 한 의(義)에 대한 복음의 계시(*δικαιοσύνη γὰρ θεοῦ ἐν αὐτῷ ἀποκαλύπτεται*)'이다(롬1:17).

여기에 그동안 하나님의 의에 대한 용어상 신학적 갈등으로 '칭의(稱義)와 정의(正義)'라고 하는 종교적인 관점과 정치 철학적인 관점의 시각차가 있었지만 이 둘은 독특한 방식에 의해 하나로 공존하는 하나님의 지혜로 작동한다(고전1:18-31). 그러므로 로마서 텍스트가 증거하고 있는 '하나님의 한 의(義)'로서 하나님의 칭의와 정의란 매우 독특한 방식으로 바울의 복음 안에서 빛나고 있고, 그 빛에 의해서만 그 실체적 진실은 드러나는 까닭에 일차적으로 바울의 복음을 명확하게 제시해야 하나님의 칭의와 정의에 대한 의미도 명확하게 드러난다.

육신적인 측면

바울의 복음이란, 종합적으로 육신적인 측면에서 보자면 한마디로 그리스도 예수라는 호칭으로서의 예수님의 주님 되심을 규정한 것이다. 그분은 다윗 언약의 성취로 전능하신 창조주 하나님의 살아 계신 참성전이 되셨다. 그분은 복음서에서 그 죄를 사하시는 권세를 가지신 분으로 자신을 계시하신다(마9:6, 막2:10, 눅5:24). 그리고 죽음으로 그 죄를 사하는 권세를 실행하시기 위해 이 땅에 오신 분이라고 선포하신다(눅22:22, 행2:23). 그분의 돌아가심과 부활하심을 통해 그분을 믿는 자들에게 영생을 주시기 위해, 모든 육신을 좌지우지할 수 있는 권한을 가진 하나님의 아들로서 주님이신 것이다(요17:2). 그분은 예수라는 이름을 가진 육신의 모습으로 이 땅에 오셔서, 육신을 가진 인류가 하나님과의 관계에서 합당치 못한 일을 저지른 모든 잘못에 대한 죗값(대속물)으로 십자가에서 피 흘려 처형되시고 매장되셨다. 그러나 부활하심으로써 매장된 그분의 육신이 썩음을 당하지 않고 영원한 생명의 육신(영생의 영적인 몸)으로 변화되셔서 모든 육체에 대한 구속의 주님으로 영원히 살아 계신다.

이는 예수님께서 죽으심과 부활을 통해 육신을 가지고 살아야 할 지상의 모든 인류의 과거·현재·미래의 죄를 믿음으로 사하는 영원한 대속물이 되심과 동시에 그 대속의 은혜를 입은 사람들을 그분의 몸인 교회의 지체들로 세우시고, 그가 지상에서 사셨던 것과 같은 삶을 목표로 삼아, 그와 같은 부활의 영광의 몸에 이르도록 살게 하시는 믿음의 주님이 되심을 선포한 것이다(히12:2).

여기서 중요한 것은 이 같은 예수님의 사역적 자질이 하나님께서 이 세상 나라에 요구하시는 참왕과 참통치자의 근본 자질임을 아는 것이다. 그때 그 복음을 통해 이 세상의 정치체를 향해 구원을 선포할 수 있을 뿐만 아니라 이 세상의 정치체를 이루게 한 권위를 가진 자들에게 구원을 선포할 수 있다는 사실이다. 이를 바울은 롬1:2-3에서 "그 복음은 하나님께서 자기의 예언자들을 통해 거룩한 기록들로 미리 약속하신 그분(하나님)의 아들에 관한 것으로서, 육신을 따라서는 다윗의 씨로부터 되신 분이다(*ὃ προεπηγγείλατο διὰ τῶν προφητῶν αὐτοῦ ἐν γραφαῖς ἁγίαις περὶ τοῦ υἱοῦ αὐτοῦ τοῦ γενομένου ἐκ σπέρματος Δαυὶδ κατὰ σάρκα-호 프로에펭게일라토 디아 톤 프로페톤 아우투 엔 그라파이스 하기아이스 페리 투 휘후 아우투 투 게노메누 에크 스페르마토스 다위드 카타 사르카*)."라고 간명하게 정의했다.

영적인 측면

이렇게 그리스도이신 예수님은 죽으심과 부활을 통해 육신적인 측면에서 독보적으로 모든 사람의 육신 안에 거룩하신 하나님께서 거주하실 수 있는 토대를 만들어 놓으셨다. 거룩하신 하나님께서 인간의 육체 안에서 인간을 거룩하게 하시는 창조 작업을 진행하실 수 있게 되었다는 말이다. 그리고 영적인 측면에서는 거룩하게 하시는 영을 따라서 하나님의 기름 부으심을 통해 영적으로 죽은 옛사람을 새사람으로 만드셨다. 이는 예수님이 그리스도로서 주님이 되셨다는 말이다.

이 모든 이야기들의 시작과 끝은 창조된 세계의 중심인 에덴동산으로부터 기인한다. 에덴동산에서 아담이 타락하여 죄가 모든 사람의 육체 안을 점거하여 왕 노릇 하게 되었다. 그리고 그 죄의 세력을 상대로 싸울 수 있는 사람으로 세우기 위해, 그 죄로 말미암아 죽은 사람을 다시 살리신 것이다. 이는 죄에 의해 하나님을 향해 죽은 옛사람(영이 죽은 사람)이 그리스도와 함께 죽고 새사람(영이 살아난 사람)으로 함께 살게 하시는 그리스도의 직임을 완수하심으로써 거룩한 영적 생명의 주님이심을 확증한 것이다.

영이 죽은 옛사람은 율법을 하나님의 뜻에 맞지 않게 사용하는 사람을 말함이고 영이 살아난 새사람은 율법을 하나님의 뜻에 맞게 사용하는 사람을 말함이다. 전자는 유대와 융합된 그리스-로마 제국적 정치체에 속한 사람들을 의미하며 후자는 복음에 의해 그 정치체로부터 부르심을 입은 사람들이다. 이 새사람들을 모두 모아 그들의 몸으로 하나님께서 거하실 처소를 지으시고 하나님께서 그들을 통해 영원토록 다스리시는 하나님의 나라를 실현하는 것이 하나님의 뜻이다. 이것이 바로 바울이 말한 유대와 융합된 그리스-로마에 의해 세워지고 유지되는 정치 질서에 반대하며 모든 세계의 정치체의 대안으로 와 있는 하나님의 복음적 정치체이다.

한마디로 이 정치체는 예수 그리스도의 주님 되심을 통해 온전하게 실현된다. 하나님의 아들인 그리스도이신 예수님께서 영적으로 죽은 우리를 하나님이 다스리시는 영원한 나라에서 살도록 하기 위해 죽은 자들을 부활시키는 권능의 그리스도 직임을 완수하심으로써 그 정치체는 완성되는 것이다. 이를 바울은 롬1:4에서 "거룩하게 하시는 영을 따라서는 죽은 자들의 부활로부터 권능 있는 하나님의 아들로 인정되신 분, 그분이 바로 예수 그리스도 우리 주님이십니다(*τοῦ ὁρισθέντος υἱοῦ θεοῦ ἐν δυνάμει κατὰ πνεῦμα ἁγιωσύνης ἐξ ἀναστάσεως νεκρῶν, Ἰησοῦ Χριστοῦ τοῦ κυρίου ἡμῶν-투 호리스텐토스 휘우 데우 엔 뒤나메이 카타 프뉴마 하기오쉬네 엑스 아나스타세오스 네크론, 예수 크리스투 투 퀴리우 헤몬*)."라고 명확하게 결론지었다.

필자의 소망

이제까지 로마서 서론(롬1:1-17)에 대한 필자의 바울 텍스트 읽기는 롬1:2-4의 새로운 번역과 해석을 제시하고, 과거 폭력적인 번역 성경들의 행태에 대한 뼈아픈 반성과 함께 새로운 방식의 로마서 텍스트 읽기를 제안하였다. 이로써 이 땅에 하나님의 복음을 선포함으로 나타나는 '하나님의 한 의(義)'가 어떻게 작동하여 메시아적 정치체로서 하나님의 나라가 실현되는지를 보여 줌과 동시에 독자들께서는 그런 필자의 로마서 읽기가 정당하다는 주장에 동의하였으리라 믿는다. 그리고 그토록 성의와 열의를 다해 바울의 로마서 텍스트의 새로운 읽기를 제안하는 필자의 간절함도 전달되었으리라 확신한다. 바라기는 필자의 제안이 서투른 것일지라도 아무쪼록 독자들에게 제대로 된 새로운 로마서 읽기라는 열정으로 되살아나기만을 바랄 뿐이다.

> *20 나의 간절한 기대와 소망은 내가 어떤 일에도 부끄러움을 당하지 않고 예전처럼 지금도 온전히 담대해져서 살든지 죽든지 내 몸을 통하여 그리스도께서 높이심을 받는 것입니다.*

21 참으로 내게는, 사는 분이 그리스도이시니 죽는 것도 유익입니다.

20 κατὰ τὴν ἀποκαραδοκίαν καὶ ἐλπίδα μου, ὅτι ἐν οὐδενὶ αἰσχυνθήσομαι ἀλλ' ἐν πάσῃ παρρησίᾳ ὡς πάντοτε καὶ νῦν μεγαλυνθήσεται Χριστὸς ἐν τῷ σώματί μου, εἴτε διὰ ζωῆς εἴτε διὰ θανάτου. 21 Ἐμοὶ γὰρ τὸ ζῆν Χριστὸς καὶ τὸ ἀποθανεῖν κέρδος.

(NA 28th(UBS 5th) ed 빌립보서 1:20-21 필자 사역)

※ 부탁의 말씀

이어서 필자 사역의 로마서를 주의 깊게 읽으십시오!
사도 바울이 말하고자 했던 것을 깨닫는 길로 나아가게 할 것입니다.
그 길은 그동안 우리가 읽었던 로마서의 길과 다른 길일 수 있습니다.
그렇더라도 두려워하지 말고 성령의 인도하심을 따라 앞으로 나아가십시오.
그 길의 끝은 영생입니다.
할렐루야!

2024년 1월 논산 가야곡 산골에서…
공두(空頭) 이영선 목사 올림

제12장

부록: 로마서 전체 번역

크로스미팅
바이블
그리스어 신약 성서
로마서

2024

일러두기

1. 필자 번역에 쓰인 그리스어 신약 성서 텍스트는 본문 연구자들을 위한 NA28판과 번역자들을 위한 동일 본문의 UBS5판이며, 다음은 각각의 카피라이트에 대한 정보이다.
2. Nestle-Aland, Novum Testamentum Graece, 28th Revised Edition, edited by Barbara and Kurt Aland, Johannes Karavidopoulos, Carlo M. Martini, and Bruce M. Metzger in cooperation with the Institute for New Testament Textual Research, Münster/Westphalia, © 2012 Deutsche Bibelgesellschaft, Stuttgart. Used by permission.
3. United Bible Societies' The Greek New Testament 5th Edition, edited by Barbara Aland, Kurt Aland, Johannes Karavidopoulos, Carlo M. Martini, and Bruce Metzger, Fifth Revised Edition prepared by the institute for New testament Textual Reseach, Münster/Westphalia under the direction of Holger Strutwolf, DEUTSCHE BIBELGESESLLSCHAFT AMERICAN BIBLE SOCIETY UNITED BIBLE SOCIETIES, © 2014 Deutsche Bibelgesellschaft, Stuttgart. All rights reserved Printed in Germany.
4. 필자의 번역은 직역으로부터 번역과 윤문 과정을 거치면서 소리 내 통독할 때 집중할 수 있도록 그 의미를 쉽게 이해할 수 있는 표현으로 정리하는 과정에서 여러 버전으로 발전했으나, 할 수 있는 한 원문의 의미가 손상되지 않는 범위 내에서 쉽게 번역하려 노력했다. 다만 이 번역본은 독자들이 조금 생소해하겠지만 그리스어 성경의 맥락적 읽기를 통해 로마서의 진의를 이해할 수 있게 하려고 애썼다. 그 과정에서 저자인 사도 바울의 숨소리 하나까지 섬세하게 표현하기 위해 접속사와 정관사, 문장을 연결하며 아주 큰 의미를 부여하는 아주 작은 불변화사조차도 우리말 표현으로 바꾸어 표기하기에 주저하지 않았다.

5. 원문의 의미를 바르게 전달하기 위해 용어 선택에 있어서 어려운 단어 사용을 자제했으며, 이미 번역 성경을 읽고 있는 분들을 위해 지명과 이름 등 고유명사에 대해서는 개역개정판을 따랐으며, 원문의 의미와 다르지 않다면 번역 성경에서 일반적으로 통용되는 언어를 사용하기 위해 영어와 한글 번역 성경들을 할 수 있는 대로 검토했다.
6. 큰 문단 나누기는 한 줄 띄어쓰기로, 작은 문단 들여쓰기와 줄 바꿔 쓰기는 두 칸 들여쓰기로, 문단 속 구별해야 할 내용의 몇 칸 띄어쓰기, 구두점 등은 NA28판을 따랐으며, 독자들이 직접 문단의 소제목을 정할 수 있도록 UBS5판 본문의 문단마다 붙어 있는 소제목을 사용하지 않았다.
7. 한 문단 속에서 우리말 줄 바꿔 쓰기와 비슷한 의미를 나타내는 몇 칸 띄어쓰기는 '-(하이픈)'으로 표기하되, 띄어 쓸 글자 수만큼 두 칸 띄어쓰기는 '--'로 세 칸 띄어쓰기는 '---'로 표시했다.
8. 비고란의 '*' 표는 구약 성경의 인용구를 표시하고, '※' 표는 번역의 의미를 더욱 명확하게 할 수 있는 도움말로서 직역뿐만 아니라 비교해야 할 본문을 제시하고, 직접적으로 연결된 본문도 나타낸다.
9. '†' 표는 그리스어 본문 직역과 함께 덧붙인 설명이다.
10. 마지막으로 '‡' 표는 통독을 위해 생략한 정관사가 있음을 표시하거나 본문을 읽을 때 반드시 그 의미를 챙겨 읽어야 할 정관사가 있음을 나타낸다.
11. 특히 어휘의 개념에 주목하여 문맥 파악을 권할 때 해당 어휘의 어깨에 ①, ②, ③ 등으로 표시한다.
12. 오역에 대한 책임은 전적으로 필자에게 있으며, 언제나 열린 마음으로 독자들의 피드백을 통해 온전해지기를 바란다.
13. 필자의 이 같은 시도가 어떤 이들에게는 반가운 일로, 또 어떤 이들에게는 무례하고 방자한 일로 여겨질 수 있겠으나 섬김의 자세로 경청하여 모든 부분이 온전해지는 그날까지 사랑의 수고로 헌신하는 거룩한 영성을 잃지 않도록 기도해 주시기를 바라고 빈다.

1장	NA28판(UBS5판) ΠΡΟΣ ΡΩΜΑΙΟΥΣ 1	로마서 1장 필자 사역	비고
1:1	Παῦλος δοῦλος Χριστοῦ Ἰησοῦ, κλητὸς ἀπόστολος ἀφωρισμένος εἰς εὐαγγέλιον θεοῦ,	나 바울은 그리스도 예수의 종이며, 사도로 부르심을 받아 하나님의 복음을 위해 차출된※ 사람입니다.	※ ἀφωρισμένος 골라 뽑아 놓은 선택과 구별의 의미로 차출된 사람. 행13:2, 갈1:15
1:2	ὃ προεπηγγείλατο διὰ τῶν προφητῶν αὐτοῦ ἐν γραφαῖς ἁγίαις	그 복음은 하나님께서 자신의 예언자들을 통해 거룩한 기록들로 미리 약속하신 바	
1:3	περὶ τοῦ υἱοῦ αὐτοῦ τοῦ γενομένου ἐκ σπέρματος Δαυὶδ κατὰ σάρκα,	그분의 아들에 관한 것으로서 육신을 따라서는 다윗의 씨로부터 되신 분이시며,※	※ τοῦ γενομένου 되신 분(이 책 본문 해설 참조). 요1:1, 14
1:4	τοῦ ὁρισθέντος υἱοῦ θεοῦ ἐν δυνάμει κατὰ πνεῦμα ἁγιωσύνης ἐξ ἀναστάσεως νεκρῶν, Ἰησοῦ Χριστοῦ τοῦ κυρίου ἡμῶν,	거룩하게 하시는 영을 따라서는 죽은 자들의 부활로부터※1 권능 있는 하나님의 아들로 인정되신 분,※2 그분이 바로 예수 그리스도 우리 주님이십니다.	※1 ἀναστάσεως νεκρῶν 죽은 자들의 부활 고전 15장 ※2 τοῦ ὁρισθέντος υἱοῦ θεοῦ 하나님의 아들로 인정되신 분
1:5	δι᾽ οὗ ἐλάβομεν χάριν καὶ ἀποστολὴν εἰς ὑπακοὴν πίστεως ἐν πᾶσιν τοῖς ἔθνεσιν ὑπὲρ τοῦ ὀνόματος αὐτοῦ,	그분을 통해 우리가 은혜와 사도 직분을 받았습니다. 이는 그분의 이름을 위해 모든 그 이방인들 안에서 믿음의 순종에※ 이르게 하기 위함입니다.	※ ὑπακοὴν 우리말 '경청'과 '청종'의 의미로 들음을 강조한 어휘. 참조: 롬5:19, 6:16, 15:18-19, 16:26, 고후10:5-6
1:6	ἐν οἷς ἐστε καὶ ὑμεῖς κλητοὶ Ἰησοῦ Χριστοῦ,	여러분 또한 그들 안에 있으며 예수 그리스도의 부르심을 받은 사람들입니다.	
1:7	πᾶσιν τοῖς οὖσιν ἐν Ῥώμῃ ἀγαπητοῖς θεοῦ, κλητοῖς ἁγίοις, χάρις ὑμῖν καὶ εἰρήνη ἀπὸ θεοῦ πατρὸς ἡμῶν καὶ κυρίου Ἰησοῦ Χριστοῦ.	로마에 있어 하나님의 사랑을 입은 모든 자들, 곧 거룩한 자들로 부르심을 받은 여러분에게 은혜와 평화가 하나님 우리 아버지와 주님 예수 그리스도께로부터 베풀어지기를 빕니다.	
1:8	Πρῶτον μὲν εὐχαριστῶ τῷ θεῷ μου διὰ Ἰησοῦ Χριστοῦ περὶ πάντων ὑμῶν ὅτι ἡ πίστις ὑμῶν καταγγέλλεται ἐν ὅλῳ τῷ κόσμῳ.	먼저 나는 예수 그리스도를 통해 나의 하나님께 여러분 모두에 대해 감사드립니다. 이는 여러분의 믿음이 온 세상에‡ 널리 전해지고※ 있기 때문입니다.	‡ ἐν ὅλῳ τῷ κόσμῳ 직역: 온 그 세상 안에서 ※ καταγγέλλεται BDAG: 널리 보급한다는 의미로 대중에게 알리는 광범위한 보급.
1:9	μάρτυς γάρ μού ἐστιν ὁ θεός, ᾧ λατρεύω ἐν τῷ πνεύματί μου ἐν τῷ εὐαγγελίῳ τοῦ υἱοῦ αὐτοῦ, ὡς ἀδιαλείπτως μνείαν ὑμῶν ποιοῦμαι	그 하나님께서는 진정 나의 증인이시며, 내가 그분 아들의 복음 안에서 나의 영으로 섬기는※ 분이십니다. 내가 끊임없이 여러분을 생각하며	※ λατρεύω 사역자의 봉사와 섬김을 나타내는 개념. '예배하다'라는 뜻. 참조: 롬1:25, 빌3:3, 딤후1:3, 히8:5, 9:9,14, 10:2, 12:28, 13:10, 계7:15, 22:3

1:10	πάντοτε ἐπὶ τῶν προσευχῶν μου δεόμενος εἴ πως ἤδη ποτὲ εὐοδωθήσομαι ἐν τῷ θελήματι τοῦ θεοῦ ἐλθεῖν πρὸς ὑμᾶς.	항상 기도할 때 어떠하든지 이제라도 그 하나님의 그 뜻 안에서 여러분을 만나러 가는 길이 활짝 열리기를 간구하고 있음을 그분께서 아십니다.	
1:11	ἐπιποθῶ γὰρ ἰδεῖν ὑμᾶς, ἵνα τι μεταδῶ χάρισμα ὑμῖν πνευματικὸν εἰς τὸ στηριχθῆναι ὑμᾶς,	이토록 내가 여러분 보기를 간절히 원하고 있는 것은 내가 여러분에게 어떤 영적인 은사를 나누어 주어 여러분을 굳게 세우려는 것입니다.	
1:12	τοῦτο δέ ἐστιν συμπαρακληθῆναι ἐν ὑμῖν διὰ τῆς ἐν ἀλλήλοις πίστεως ὑμῶν τε καὶ ἐμοῦ.	더욱이 이 일은 여러분과 내가 서로 간의 믿음을 통해 함께 위로받으려고 하는 것입니다.	
1:13	οὐ θέλω δὲ ὑμᾶς ἀγνοεῖν, ἀδελφοί, ὅτι πολλάκις προεθέμην ἐλθεῖν πρὸς ὑμᾶς, καὶ ἐκωλύθην ἄχρι τοῦ δεῦρο, ἵνα τινὰ καρπὸν σχῶ καὶ ἐν ὑμῖν καθὼς καὶ ἐν τοῖς λοιποῖς ἔθνεσιν.	그러나 형제들이여, 내가 여러분에게 가려고 여러 번 계획을 세웠으나, 지금까지 길이 막혔다는 것을 여러분이 모르기를 원치 않습니다. 그것은 내가 여러분을 제외한 그 나머지 이방인들 안에서처럼※ 여러분에게서도 어떤 열매를 거두기 위함이었습니다.	※ καθὼς καὶ ἐν τοῖς λοιποῖς ἔθνεσιν BDAG: λοιποῖς를 이전에 인용되거나 포함되지 않은 것과 관련된 것으로 규정. the rest of the nations(gentiles) 나머지 나라들(이방인).
1:14	Ἕλλησίν τε καὶ βαρβάροις, σοφοῖς τε καὶ ἀνοήτοις ὀφειλέτης εἰμί,	나는 헬라인들과 미개인들 양쪽 모두에게, 지혜로운 자들과 어리석은 자들 양쪽 모두에게 빚진 사람입니다.※	※ Ἕλλησίν τε καὶ βαρβάροις, σοφοῖς τε καὶ ἀνοήτοις 1:16하(下)와 비교.
1:15	οὕτως τὸ κατ᾽ ἐμὲ πρόθυμον καὶ ὑμῖν τοῖς ἐν Ῥώμῃ εὐαγγελίσασθαι.	이처럼 나는 로마에 살고 있는 여러분에게도 복음을 전하게 되길 간절히 바라고 있습니다.※	※ τὸ κατ᾽ ἐμὲ πρόθυμον 봉사하고자 하는 열의와 관련된 사항을 표현.
1:16	Οὐ γὰρ ἐπαισχύνομαι τὸ εὐαγγέλιον, δύναμις γὰρ θεοῦ ἐστιν εἰς σωτηρίαν παντὶ τῷ πιστεύοντι, Ἰουδαίῳ τε πρῶτον καὶ Ἕλληνι.	참으로 나는 그 복음을 부끄러워하지 않습니다. 왜냐하면 그 복음은 믿는 각 사람을 구원에 이르게 하시는 하나님의 권능이기 때문입니다. 그것은 유대인에게 우선적인 것으로 보였으나,※ 사실은 유대인과 헬라인 양쪽 모두에게 동일한 것이었습니다.	※ Ἰουδαίῳ τε πρῶτον καὶ Ἕλληνι. 동일 본문의 번역과 비교하라. 롬2:9,10 참조: 3:9, 10:12
1:17	δικαιοσύνη γὰρ θεοῦ ἐν αὐτῷ ἀποκαλύπτεται ἐκ πίστεως εἰς πίστιν, καθὼς γέγραπται· ὁ δὲ	이는 '오직 그 의인은 믿음으로부터 살 것이다.*'라고 기록된 것과 같이, 하나님의 한 의(義)가※ 그 복음 안에서 계시(啓示)되	* 합2:4(LXX) ※ δικαιοσύνη θεοῦ 정관사가 없는 명사구임을 이해하라. 참조: 롬3:5,21,22,25,26,

	δίκαιος ἐκ πίστεως ζήσεται.	고 있어 믿음으로부터 믿음에 이르게 하고 있기 때문입니다.	10:3

1:18	Ἀποκαλύπτεται γὰρ ὀργὴ θεοῦ ἀπ' οὐρανοῦ ἐπὶ πᾶσαν ἀσέβειαν καὶ ἀδικίαν ἀνθρώπων τῶν τὴν ἀλήθειαν ἐν ἀδικίᾳ κατεχόντων,	참으로 하나님의 진노가 하늘로부터 불의로 그 진리를 막고 있는※ 사람들의 온갖 불경(不敬)과 불의(不義) 위에 계시되고 있습니다.	※ κατεχόντων 지연, 제지, 억압, 가둠 등을 나타냄(살후2:6-7). 비교: 차지하다(꼭 붙잡다) 고전7:30(롬7:6, 고전11:2, 15:2)
1:19	διότι τὸ γνωστὸν τοῦ θεοῦ φανερόν ἐστιν ἐν αὐτοῖς· ὁ θεὸς γὰρ αὐτοῖς ἐφανέρωσεν.	이는※1 그 하나님께서 자신을 알아볼 수 있게 그들에게 분명하게 드러내어 보여주셨기 때문입니다.※2	※1 διότι BDAG: 합리적으로 유효한 이유를 나타내는 마커. ὅτι 대신에 사용. ※2 윗점으로 분리된 두 문장임.
1:20	τὰ γὰρ ἀόρατα αὐτοῦ ἀπὸ κτίσεως κόσμου τοῖς ποιήμασιν νοούμενα καθορᾶται, ἥ τε ἀΐδιος αὐτοῦ δύναμις καὶ θειότης, εἰς τὸ εἶναι αὐτοὺς ἀναπολογήτους,	참으로 그분의 보이지 않는 것들, 곧 그분의 영원하신 능력과 신성이 세상 창조로부터 그 행하신 일들에※ 의해 이해되고 깨달아짐으로써 그들이 변명할 수 없게 하신 것입니다.	※ τοῖς ποιήμασιν 직역: 그 행하신 일들로 하나님(창조와 구속)의 행위와 그 결과를 나타냄. 엡2:10은 그리스도 예수 안에서 새롭게 창조된 새 사람을 나타내는 용어로 쓰임.
1:21	διότι γνόντες τὸν θεὸν οὐχ ὡς θεὸν ἐδόξασαν ἢ ηὐχαρίστησαν, ἀλλ' ἐματαιώθησαν ἐν τοῖς διαλογισμοῖς αὐτῶν καὶ ἐσκοτίσθη ἡ ἀσύνετος αὐτῶν καρδία.	이는※1 그들이 그 하나님을 알면서도 하나님처럼 영화롭게 하거나 감사하지 않고, 오히려 그들의 여러 가지 셈법에※2 따라 허망해졌고 분별력 없는※3 마음이 어두워졌기 때문입니다.	※1 1:19와 동일. ※2 διαλογισμοῖς 계산을 의미하는 단어로 생각 또는 셈법(추리력)을 나타냄(다신론자의 추론). ※3 ἀσύνετος 이해력 없는(몰상식한)
1:22	φάσκοντες εἶναι σοφοὶ ἐμωράνθησαν	그들은 자기들이 지혜롭다고 주장함으로써 바보가 되었고	
1:23	καὶ ἤλλαξαν τὴν δόξαν τοῦ ἀφθάρτου θεοῦ ἐν ὁμοιώματι εἰκόνος φθαρτοῦ ἀνθρώπου καὶ πετεινῶν καὶ τετραπόδων καὶ ἑρπετῶν.	그들은 그 썩지 않는 하나님의 그 영광을‡ 썩어 없어질 사람과 새들과 그리고 네발짐승들과 기어다니는 것들의 형상을 닮은 모습으로※ 바꾸어 버렸습니다.	‡ τὴν δόξαν τοῦ ἀφθάρτου θεοῦ 우리 주 예수 그리스도의 죽으심과 부활의 영광. ※ ὁμοιώματι 롬5:14, 6:5, 8:3, 빌2:7
1:24	—Διὸ παρέδωκεν αὐτοὺς ὁ θεὸς ἐν ταῖς ἐπιθυμίαις τῶν καρδιῶν αὐτῶν εἰς ἀκαθαρσίαν τοῦ ἀτιμάζεσθαι τὰ σώματα αὐτῶν ἐν αὐτοῖς·	---그러므로 그들을 그 하나님께서 내어버려두셔서※ 그들끼리 그들의 마음에 일어나는 욕망대로 더러운 짓을 하게 하여 그들의 몸이 욕되게 하셨습니다.	※ παρέδωκεν 1:26, 28의 '내어주심'과 동일한 단어(권력에 넘겨 권한 하에 둠). 참고: 요6:64, 71, 12:4, 13:2, 11, 21, 18:2, 5, 30, 35, 36, 19:11, 16,30(비교 롬4:25, 6:17, 8:32)
1:25	οἵτινες μετήλλαξαν τὴν ἀλήθειαν τοῦ θεοῦ ἐν τῷ ψεύδει καὶ ἐσεβάσθησαν	결국 이런 사람들이※1 그 하나님의 그 진리를 그 거짓으로 바꾸었고‡1 창조하신 분	※1 οἵτινες 불특정 다수(앞 문맥의 특성을 가진 자들, 곧 권력이나 지위를 가진

	καὶ ἐλάτρευσαν τῇ κτίσει παρὰ τὸν κτίσαντα, ὅς ἐστιν εὐλογητὸς εἰς τοὺς αἰῶνας, ἀμήν.	대신에 그 피조물을[‡2] 숭배하며[※2] 섬겼던[※3] 것입니다. 하지만 창조하신 분은 영원히 찬양받으실 분입니다. 아멘.	자들). ‡1 문맥상 정관사의 의미 중요. ‡2 τῇ κτίσει 문맥상 1:20의 처음 세상 창조물 중 οἵτινες ※2 ἐσεβάσθησαν 롬1:18과 비교. ※3 롬1:9 보라.
1:26	—Διὰ τοῦτο παρέδωκεν αὐτοὺς ὁ θεὸς εἰς πάθη ἀτιμίας, αἵ τε γὰρ θήλειαι αὐτῶν μετήλλαξαν τὴν φυσικὴν χρῆσιν εἰς τὴν παρὰ φύσιν,	---이 일 때문에 그 하나님께서는 그들을 수치스러운 욕정에 내어 버려두셨는데, 이는 그들의 여성들 역시 그 본성적인 필요를 그 본성에 반하는 것으로 바꾸었고[‡]	‡ αἵ τε γὰρ θήλειαι αὐτῶν μετήλλαξαν τὴν φυσικὴν χρῆσιν εἰς τὴν παρὰ φύσιν, 정관사에 유념. 롬1:27과 연동해 창1:1-3:24의 맥락을 따라 이해하라.
1:27	ὁμοίως τε καὶ οἱ ἄρσενες ἀφέντες τὴν φυσικὴν χρῆσιν τῆς θηλείας ἐξεκαύθησαν ἐν τῇ ὀρέξει αὐτῶν εἰς ἀλλήλους, ἄρσενες ἐν ἄρσεσιν τὴν ἀσχημοσύνην κατεργαζόμενοι καὶ τὴν ἀντιμισθίαν ἣν ἔδει τῆς πλάνης αὐτῶν ἐν ἑαυτοῖς ἀπολαμβάνοντες.	그 남성들도 똑같이 여성에 대한 그 본성적인 필요를 버리고, 그들이 지닌 사나운 욕정에 사로잡혀 서로를 향해 불타올라 남성들끼리 부끄러운 행위를 만들어 내어[※1] 그들의 미혹됨에[※2] 대한 마땅한 대가도 그들 각자가 받았기 때문입니다.	※1 위 26절과 연동해 모세오경의 남성과 여성(자칼과 네케바)의 용례를 살펴 그 의미를 이해하라. 창1:27, 5:2, 6:19, 7:3,9,16 등. ※2 τῆς πλάνης αὐτῶν 참조: 엡4:4, 살전2:3, 살후2:11 특히 창6장, 19장을 참조하라.
1:28	—Καὶ καθὼς οὐκ ἐδοκίμασαν τὸν θεὸν ἔχειν ἐν ἐπιγνώσει, παρέδωκεν αὐτοὺς ὁ θεὸς εἰς ἀδόκιμον νοῦν, ποιεῖν τὰ μὴ καθήκοντα,	---또한 그들이 그 하나님에 대한 참된 지식을 수용하지 않은 만큼,[†] 그들을 그 하나님께서 인정할 수 없는 이성에[※] 내어 버려두셔서, 그들이 적절치 않은 일들을 하게 하셨습니다.	† 직역: 그들은 온전한 지식(깨달음)으로 소유해야 할(모셔야 할) 그 하나님을 검증하지 않은 대로 BDAG: they did not see fit to have a true knowledge of god ἐδοκίμασαν 증명된 것으로 받아들이다, 승인하다 ※ εἰς ἀδόκιμον νοῦν νοῦν을 필자는 절대자를 객관적으로 인식할 수 있는 능력인 '이성'으로 규정. ἀδόκιμον νοῦν은 절대자가 인정할 수 없는 이성. 참조: 롬7:23, 7:25, 11:34, 12:2, 14:5
1:29	πεπληρωμένους πάσῃ ἀδικίᾳ πονηρίᾳ πλεονεξίᾳ κακίᾳ, μεστοὺς φθόνου φόνου ἔριδος δόλου κακοηθείας, ψιθυριστὰς	그들은 온갖 불의와 사악과 탐욕과 악의로 채워져, 시기와 살인과 분쟁과 사기와 악행으로 가득하여, 소곤거리고	
1:30	καταλάλους θεοστυγεῖς ὑβριστὰς ὑπερηφάνους ἀλαζόνας, ἐφευρετὰς κακῶν, γονεῦσιν ἀπειθεῖς,	비방하며 하나님을 싫어하고 난폭하며 교만하고 허세를 부리며, 악한 일들을 꾸미고, 부모에게 불순종하며,	
1:31	ἀσυνέτους ἀσυνθέτους ἀστόργους ἀνελεήμονας·	분별력이 없고 약속을 깨뜨리며 애정이 없고 동정심이 없는 자들입니다.	
1:32	οἵτινες τὸ δικαίωμα τοῦ θεοῦ ἐπιγνόντες ὅτι οἱ τὰ τοιαῦτα πράσσοντες ἄξιοι θανάτου εἰσίν, οὐ μόνον αὐτὰ ποιοῦσιν	결국 이런 사람들이[※1] '바로 그 같은 일들을 저지르는 사람들은 죽어 마땅하다.'라고 하시는 그 하나님의 그 공의로운 규제	※1 οἵτινες 위 1:25과 비교. ※2 δικαίωμα 올바른 행위와 관련된 규제, 규정 등 하나님의 정하심을 의미. ① ποιοῦσιν

	ἀλλὰ καὶ συνευδοκοῦσιν τοῖς πράσσουσιν.	를※2 알면서도, 자기들만 그런 일들을 행하는① 것이 아니라 오히려 같은 일들을 저지르는② 사람들 또한 옳다고 두둔하기까지 합니다.	본질적 활동: 사건, 상태 또는 조건을 초래하는 일을 착수하거나 수행하는 것. ② πράσσουσιν 기능적 활동: 특정 방식의 활동에 참여함으로 뭔가를 성취(실행 실천)하는 것.

2장	NA28판(UBS5판) ΠΡΟΣ ΡΩΜΑΙΟΥΣ 2	로마서 2장 필자 사역	비고
2:1	Διὸ ἀναπολόγητος εἶ, ὦ ἄνθρωπε πᾶς ὁ κρίνων· ἐν ᾧ γὰρ κρίνεις τὸν ἕτερον, σεαυτὸν κατακρίνεις, τὰ γὰρ αὐτὰ πράσσεις ὁ κρίνων.	그러므로 오~! 판단하는 각 사람이여, 그대가 누구든지 변명하지 못할 것입니다. 왜냐하면 그대가 그 다른 한 사람을※1 판단하는 그것으로 그대 자신을 정죄하기 때문이니,※2 이는 판단하는 그대가 그 같은 일들을 저지르고① 있기 때문입니다.	※1 ἕτερος BDAG: 암시, 언급된 다른 항목과 구별되는 것(종류 또는 클래스가 다른 모든 것과 유사하지 않은 것). τὸν ἕτερον 절대적 타자 롬7:4, 롬13:8-9. ※2 κατακρίνεις 롬8:3,34, 고전11:32(롬14:23, 히11:7 참조). ① πράσσεις 롬1:32
2:2	οἴδαμεν δὲ ὅτι τὸ κρίμα τοῦ θεοῦ ἐστιν κατὰ ἀλήθειαν ἐπὶ τοὺς τὰ τοιαῦτα πράσσοντας.	하지만 우리는 '그 하나님의 그 판결이※ 진리(진실)를 따라 그런 일들을 저지르는① 사람들 위에 있다'는 것을 압니다.	① πράσσοντας 롬1:32, 2:1의 동일 단어 ※ τὸ κρίμα τοῦ θεοῦ 롬2:3과 비교
2:3	λογίζῃ δὲ τοῦτο, ὦ ἄνθρωπε ὁ κρίνων τοὺς τὰ τοιαῦτα πράσσοντας καὶ ποιῶν αὐτά, ὅτι σὺ ἐκφεύξῃ τὸ κρίμα τοῦ θεοῦ;	오~! 그런 일들을 저지르는① 사람들을 판단하면서 같은 일들을 만드는② 사람이여, 그런데도 '그대가 그 하나님의 그 판결을※ 어쩌면 피할 수도 있을 것이다.'라고 생각하고 있는 겁니까?	① πράσσοντας ② ποιῶν ※ τὸ κρίμα τοῦ θεοῦ 롬1:1-롬2:1의 맥락 속에서 실체적 진실 이해 필요.
2:4	ἢ τοῦ πλούτου τῆς χρηστότητος αὐτοῦ καὶ τῆς ἀνοχῆς καὶ τῆς μακροθυμίας καταφρονεῖς, ἀγνοῶν ὅτι τὸ χρηστὸν τοῦ θεοῦ εἰς μετάνοιάν σε ἄγει;	혹시 그대는 그 하나님의 그 인자하심이※1 그대를 회개하도록 이끄신다는 사실을 알지 못해서, 그분의 인자하심과 관용하심과 오래 참으심의 부유하심을※2 가볍게 여기고 있지는 않습니까?	※1 τὸ χρηστὸν τοῦ θεοῦ 정관사의 의미는 문맥상 진리를 통해 죄인을 쓸모있는 존재로 대우하심을 뜻함. ※2 위와 동일 개념으로 해당 어휘들을 이해하라
2:5	κατὰ δὲ τὴν σκληρότητά σου καὶ ἀμετανόητον καρδίαν θησαυρίζεις σεαυτῷ ὀργὴν ἐν ἡμέρᾳ ὀργῆς καὶ ἀποκαλύψεως δικαιοκρισίας τοῦ θεοῦ	안타깝게도※1 지금 그대는 그대의 완악함 곧 돌이키지 않는 마음을 따라 퍼부어질 진노의 날, 곧 그 하나님의 의로우신 심판이 나타나는 날에 내리실 진노를 그대 자신에게 쌓고 있는 것입니다.	※1 접속사 δὲ를 표현한 것임. ※2 κατὰ τὰ ἔργα αὐτοῦ '그의 일들을 따라 ἔργα 신과의 관계에서 자신을 나타내는 인간 행위의 집합, 곧 하나님이 요구하신 일에 종사하며 이룬 업적, 줄여서 행업. 앞으로는 '행업'으로 표기. * 시62:12, 잠24:12
2:6	ὃς ἀποδώσει ἑκάστῳ κατὰ τὰ ἔργα αὐτοῦ·*	'그 하나님께서 각 사람에게 그가 이루어낸 일들을 따라※2 갚아 주실 것이다.*'라고, 말씀하셨습니다.	

2:7	τοῖς μὲν καθ' ὑπομονὴν ἔργου ἀγαθοῦ δόξαν καὶ τιμὴν καὶ ἀφθαρσίαν ζητοῦσιν ζωὴν αἰώνιον,	실로 선한 일의 인내를 따라※1 영광과 존귀와 썩지 않음을※2 구하는 사람들에게는 영생을 주시나,	※1 καθ' ὑπομονὴν ἔργου ἀγαθοῦ 위 롬2:4의 그리스도 예수의 인내(욥의 인내 참조). ※2 불멸성과 무변성.
2:8	τοῖς δὲ ἐξ ἐριθείας καὶ ἀπειθοῦσιν τῇ ἀληθείᾳ πειθομένοις δὲ τῇ ἀδικίᾳ ὀργὴ καὶ θυμός.	이기심에 사로잡혀 그 진리를 따르지 않고 그 불의를 따르는 사람들에게는 진노와 격노가※ 있을 것입니다.	※ 동일 개념의 두 단어를 함께 쓰는 의미 중요. 진노: 존엄하신 분이 노여워 화를 내심. 격노: 몹시 크게 화를 내심
2:9	θλῖψις καὶ στενοχωρία ἐπὶ πᾶσαν ψυχὴν ἀνθρώπου τοῦ κατεργαζομένου τὸ κακόν, Ἰουδαίου τε πρῶτον καὶ Ἕλληνος·	그 악한 일을 만들어 내는※ 각 사람의 영혼 위에 환난과 곤란이 있을 것이니, 첫째는 유대인 그리고 헬라인 양쪽에게 마찬가지입니다.	※ κατεργαζομένου τὸ κακόν 위 2:5의 마음을 돌이키지 않고, 2:8의 진리를 따르지 않고 불의를 따르게 하는 것과 관련(10절의 분사와 비교).
2:10	δόξα δὲ καὶ τιμὴ καὶ εἰρήνη παντὶ τῷ ἐργαζομένῳ τὸ ἀγαθόν, Ἰουδαίῳ τε πρῶτον καὶ Ἕλληνι·	반면에 그 선한 일을 이루는※ 각 사람에게는 영광과 존귀와 평화가 있을 것이니, 첫째는 유대인 그리고 헬라인 양쪽에게 마찬가지입니다.	※ ἐργαζομένῳ τὸ ἀγαθόν 위 2:4와 2:7의 맥락에서 마음을 돌이켜 진리를 따르는 일과 관련(9절의 분사와 비교).
2:11	οὐ γάρ ἐστιν προσωπολημψία παρὰ τῷ θεῷ.	왜냐하면 그 하나님께는 편파성이 없기 때문입니다.†	† 직역: 그 하나님 곁에는 사람을 외적인 조건으로 취하심이 없다
2:12	Ὅσοι γὰρ ἀνόμως ἥμαρτον, ἀνόμως καὶ ἀπολοῦνται, καὶ ὅσοι ἐν νόμῳ ἥμαρτον, διὰ νόμου κριθήσονται·	참으로 부적법한 상태로※1 죄를 저지른 자들은 누구든지 역시 부적법한 상태로※2 멸망할 것이고, 또한 율법 안에서 죄를 저지른 자들은 누구든지 율법을 통해 심판받을 것입니다.	※1, ※2는 동일한 단어 ἀνόμως 율법에 부적합하거나 부적절함을 나타내는 개념의 단어, 그러니까 율법에 합당하지 않게 행하거나 거역하고 반역하는 행위를 나타내는 개념의 단어
2:13	οὐ γὰρ οἱ ἀκροαταὶ νόμου δίκαιοι παρὰ [τῷ] θεῷ, ἀλλ' οἱ ποιηταὶ νόμου δικαιωθήσονται.	왜냐하면 율법의 그 청취자들이 [그] 하나님께 의인들이 아니라, 율법의 그 이행자들이※ 의롭다고 여겨질 것이기 때문입니다.	※ 율법의 본질을 행동으로 나타내는 사람들
2:14	ὅταν γὰρ ἔθνη τὰ μὴ νόμον ἔχοντα φύσει τὰ τοῦ νόμου ποιῶσιν, οὗτοι νόμον μὴ ἔχοντες ἑαυτοῖς εἰσιν νόμος·	이는 율법을 가지지 못한 이방인들이 본성으로 그 율법의 일들을※ 이행할 때, 이들은 율법을 가지고 있지 않음으로 자기가 자신에게 율법이기 때문입니다.	※ 롬2:15의 '그 율법의 그 일을※2'와 동일한 관점으로 읽되 롬2:14에서는 복수임을 주의
2:15	οἵτινες ἐνδείκνυνται τὸ ἔργον τοῦ νόμου γραπτὸν ἐν ταῖς καρδίαις αὐτῶν, συμμαρτυρούσης αὐτῶν τῆς συνειδήσεως καὶ μεταξὺ ἀλλήλων τῶν λογισμῶν κατηγορούντων ἢ καὶ ἀπολογουμένων,	이런 사람들은※1 그들의 마음속에 새겨진 그 율법의 그 일을※2 드러내어 보여 주며, 그들의 양심이 더불어 증언할 때 또한 서로 간에 생각들이 엇갈려 고소하거나 변호하기도 합니다.	※1 롬1:25, 32를 보라. ※2 롬2:18을 보라.

2:16	ἐν ἡμέρᾳ ὅτε κρίνει ὁ θεὸς τὰ κρυπτὰ τῶν ἀνθρώπων κατὰ τὸ εὐαγγέλιόν μου διὰ Χριστοῦ Ἰησοῦ.	이런 일은 그 하나님께서 그리스도 예수를 통해 내가 전한 복음을 따라서※1 그 사람들의 그 숨겨진 일들을※2 심판하시는 날에 나타납니다.	※1 κατὰ τὸ εὐαγγέλιόν μου 직역: 나의 복음을 따라서 ※2 τὰ κρυπτὰ τῶν ἀνθρώπων 문맥상 롬2:15에 드러난 사람들의 비밀스러운 일들.
2:17	Εἰ δὲ σὺ Ἰουδαῖος ἐπονομάζῃ καὶ ἐπαναπαύῃ νόμῳ καὶ καυχᾶσαι ἐν θεῷ	그러나 만약 그대가 스스로를 '유대인'이라고 하고※ 그대가 율법에 의지하며 하나님을 힘입어 자랑하되	※ 직역: 스스로 유대인이라고 명명하는 BDAG: you call yourself a Judean
2:18	καὶ γινώσκεις τὸ θέλημα καὶ δοκιμάζεις τὰ διαφέροντα κατηχούμενος ἐκ τοῦ νόμου,	그 뜻을 인지하고도 그 율법으로부터※1 가르침을 받아 지극히 선한 일들을※2 분별하여,	※1 ἐκ τοῦ νόμου 구약 성서의 모세 오경. ※2 τὰ διαφέροντα BDAG: 정말 중요한 것들(the things that really matter)
2:19	πέποιθάς τε σεαυτὸν ὁδηγὸν εἶναι τυφλῶν, φῶς τῶν ἐν σκότει,	자신들이 눈먼 사람들의 길잡이며, 어둠 속에 있는 사람들에게 빛의 역할을 하고 있노라고 확신하고 있다면,※	※ πέποιθάς …… φῶς τῶν ἐν σκότει, 직역: 어둠 안에 있는 자들의 빛이라고 확신한다면
2:20	παιδευτὴν ἀφρόνων, διδάσκαλον νηπίων, ἔχοντα τὴν μόρφωσιν τῆς γνώσεως καὶ τῆς ἀληθείας ἐν τῷ νόμῳ·	그대는 어리석은 사람들의 교사요, 어린아이들의 선생이라고 자처하는 것이니, 이는 그대가 그 율법 안에 있는 그 지식과 그 진리의 그 모형을‡ 가지고 있다고 여기기 때문입니다.	‡ τὴν μόρφωσιν 유행, 함축적으로 외모(유사, 구상명사로 공식), 형(from 딤전3:5). 위 2:18의 가장 선한 가르침의 실체가 형식적으로 구조화된 상태, 즉 그리스도의 화육(BDAG).
2:21	ὁ οὖν διδάσκων ἕτερον σεαυτὸν οὐ διδάσκεις; ὁ κηρύσσων μὴ κλέπτειν κλέπτεις;	그런데 정작 다른 사람을※ 가르치면서도 그대는 그대 자신을 가르치지 않습니까? 그대가 '도둑질하지 말라.*'라고 선포하면서도 그대가 도둑질합니까?	※ ἕτερον 위 2:1의 정관사를 가진 "τὸν ἕτερον 그 다른 사람"과 비교. *출20:15, 신5:19
2:22	ὁ λέγων μὴ μοιχεύειν μοιχεύεις; ὁ βδελυσσόμενος τὰ εἴδωλα ἱεροσυλεῖς;	'간음하지 말라.*'라고 말하는 그대가 간음합니까? 그 우상들을 혐오하는 그대가 신전 물건을 몰래 가져갑니까?※	*출20:14, 신5:18 ※ ἱεροσυλεῖς BDAG: to take objectsfrom a temple by force or steath
2:23	ὃς ἐν νόμῳ καυχᾶσαι, διὰ τῆς παραβάσεως τοῦ νόμου τὸν θεὸν ἀτιμάζεις·	그대가 율법에 힘입어 자랑하면서도, 그 율법을 위반하여 그 하나님을 불명예스럽게 하고 있습니다.	
2:24	τὸ γὰρ ὄνομα τοῦ θεοῦ δι' ὑμᾶς βλασφημεῖται ἐν τοῖς ἔθνεσιν,* καθὼς γέγραπται.	이러하니 "그 하나님의 그 이름이 너희들 때문에※ 그 이방인들 안에서 모독받는다.*"라고 기록된 것과 똑같습니다.	* 사52:5, 겔36:20 ※ δι' ὑμᾶς 너희의 잘못이 원인이 되었다는 뜻이다.
2:25	Περιτομὴ μὲν γὰρ ὠφελεῖ ἐὰν νόμον πράσσῃς· ἐὰν	강조하지만 참으로 그대가 율법을 준수한다면※ 할례가 유익합니다. 하지만 그	※ ἐὰν νόμον πράσσῃς 위 1:32-2:1,2의 "저지르다"로 번역한 동일 단어임.

	δὲ παραβάτης νόμου ᾖς, ἡ περιτομή σου ἀκροβυστία γέγονεν.	대가 율법의 위반자라면 할례를 받았어도 받지 않은 것으로 여겨지고 맙니다.	
2:26	ἐὰν οὖν ἡ ἀκροβυστία τὰ δικαιώματα τοῦ νόμου φυλάσσῃ, οὐχ ἡ ἀκροβυστία αὐτοῦ εἰς περιτομὴν λογισθήσεται;	그렇다면 할례를 받지 않은 사람이 그 율법이 요구하는 그 의로운 행위들을※ 지켜 보호한다면, 할례를 받지 않았어도 받은 것으로 여겨지지 않겠습니까?	※ τὰ δικαιώ-ματα τοῦ νόμου 위 1:32의 δικαίωμα 설명 참조.
2:27	καὶ κρινεῖ ἡ ἐκ φύσεως ἀκροβυστία τὸν νόμον τελοῦσα σὲ τὸν διὰ γράμματος καὶ περιτομῆς παραβάτην νόμου.	그러므로 본래부터 할례를 받지 않은 사람이 그 율법을 다 이행한다면,※ 법조문과 할례를 가지고 있으면서도 율법을 위반하는 그대를 심판할 것입니다.	※ τελοῦσα 의무나 요구를 이행하거나 완수하는 것을 나타냄.
2:28	οὐ γὰρ ὁ ἐν τῷ φανερῷ Ἰουδαῖός ἐστιν οὐδὲ ἡ ἐν τῷ φανερῷ ἐν σαρκὶ περιτομή,	왜냐하면 유대인의 그 외적인 자격 조건을 갖춘 자라고 해서 유대인이 아니고※ 육신의 표피에 받은 그 할례도 할례가 아니며,	※ 직역: 그 표면적인 것 안에 있는 자라고 해서 유대인이 아니다. 즉 당시 유대인의 외적 요건 불인정.
2:29	ἀλλ' ὁ ἐν τῷ κρυπτῷ Ἰουδαῖος, καὶ περιτομὴ καρδίας ἐν πνεύματι οὐ γράμματι, οὗ ὁ ἔπαινος οὐκ ἐξ ἀνθρώπων ἀλλ' ἐκ τοῦ θεοῦ.	오히려 유대인의 그 내적인 자격 조건을 갖춘 자라야 유대인이고,※ 법조문에 의해서가 아니라 영으로 받은 마음의 할례가 할례이기 때문입니다. 이런 사람에 대한 그 칭찬은 사람들로부터가 아니라 오직 그 하나님께로부터 있습니다.	※ 직역: 그 이면적인 것 안에 있는 자라야 유대인이다 즉 숨겨진 영적인 세계의 주 하나님께서 요구하시는 요건에 충족된 자. 곧 영으로 다시 태어난 자가 진정한 유대인임.

3장	NA28판(UBS5판) ΠΡΟΣ ΡΩΜΑΙΟΥΣ 3	로마서 3장 필자 사역	비고
3:1	Τί οὖν τὸ περισσὸν τοῦ Ἰουδαίου ἢ τίς ἡ ὠφέλεια τῆς περιτομῆς;	그렇다면 그 유대인의 그 이점은 무엇이며※ 또는 그 할례의 그 유익은 누구에게※ 있습니까?	※ BDAG: what is the use/point of circumcision
3:2	πολὺ κατὰ πάντα τρόπον. πρῶτον μὲν [γὰρ] ὅτι ἐπιστεύθησαν τὰ λόγια τοῦ θεοῦ.	모든 양식을 따라서 많습니다. 실로 대표적인 것은†1 [진정] 그들에게 그 하나님의 그 말씀들이 맡겨졌다는 것입니다.†2	†1 πρῶτον μὲν '무엇보다도 먼저' †2 직역: 그들이 그 하나님의 그 말씀들을 믿게 되었다(행7:38, 히5:12, 시147:19-20).
3:3	τί γάρ; εἰ ἠπίστησάν τινες, μὴ ἡ ἀπιστία αὐτῶν τὴν πίστιν τοῦ θεοῦ καταργήσει;	그런데 그들 중에 어떤 사람들이 신실하지 않았다면※1 무엇 때문입니까? 그들의 신실하지 않음이 그 하나님의 그 신실하심을 완전히 헛된 것으로 만들 수 있겠습니까?※2	※1 εἰ ἠπίστησάν τινες '어떤 사람들이 믿지 않았다면" ※2 τὴν πίστιν τοῦ θεοῦ……; '그 하나님의 그 믿음을 완전히 무효화시킬 수나 있다는 말입니까?'
3:4	μὴ γένοιτο· γινέσθω δὲ ὁ θεὸς ἀληθής, πᾶς δὲ ἄνθρωπος ψεύστης, καθὼς γέγραπται·	절대로 그렇게 되지 않기를 바랍니다. 다만 성경에 '어떠하든지 주님께서는 당신	

	ὅπως ἂν δικαιωθῇς ἐν τοῖς λόγοις σου* καὶ* νικήσεις ἐν τῷ κρίνεσθαί σε.*	이 하신 말씀들로 의로우시다고 확실히 인정받으실 것이고*, 당신이 판단받으실 때 기필코 이기실 것이다.*'라고 기록된 것처럼, 반드시 모든 사람이 거짓말쟁이가 되고, 오직 그 하나님만이 진실하신 분이 되기를 바랍니다.※	* 시 51:4. * 시116:11 ※ γινέσθω δὲ ὁ θεὸς ἀληθής,πᾶς δὲ ἄνθρωπος ψεύστης 본문의 γινέσθω 는 3인칭 명령법이나 앞 문장의 γένοιτο가 소원법이므로 소원법으로 번역함. 명령법의 의미를 살려 번역하면 '~ 분이 되어야 합니다' 또는 '~ 분이 되십시오'
3:5	εἰ δὲ ἡ ἀδικία ἡμῶν θεοῦ δικαιοσύνην συνίστησιν, τί ἐροῦμεν; μὴ ἄδικος ὁ θεὸς ὁ ἐπιφέρων τὴν ὀργήν; κατὰ ἄνθρωπον λέγω.	하지만 내가 사람이 말하는 방식대로 말해 보겠습니다. 만일 우리의 불의가 하나님의 의(義)를 소개하는 꼴이 되기라도 한다면,※ 우리가 무슨 말을 할 수 있습니까? 그 진노를 내리시는 그 하나님께서 불의하시다고 말하겠습니까?	※ συνίστησιν '함께'와 '세우다'라는 뜻의 합성어. '기여하다'는 의미로 '소개하다'. BDAG: 행동을 통해 개인 특성 또는 주장의 증거를 제공하기 위해 무언가를 시연하는 것을 나타냄). demonstrate, show, bring out
3:6	μὴ γένοιτο· ἐπεὶ πῶς κρινεῖ ὁ θεὸς τὸν κόσμον;	절대로 그렇게 되지 않기를 바랍니다. 만일 그렇다면 어떻게 그 하나님께서 그 세상을 심판하시겠습니까?	
3:7	εἰ δὲ ἡ ἀλήθεια τοῦ θεοῦ ἐν τῷ ἐμῷ ψεύσματι ἐπερίσσευσεν εἰς τὴν δόξαν αὐτοῦ, τί ἔτι κἀγὼ ὡς ἁμαρτωλὸς κρίνομαι;	그러나 어떤 사람이 '나의 거짓말로 인해 그 하나님의 그 진리가 더욱 풍성하게 드러나 그분을 영광스럽게 했는데, 왜 내가 죄인처럼 아직도 심판받아야 하느냐?'라고 따질 수도 있을 것입니다.	
3:8	καὶ μὴ καθὼς βλασφημούμεθα καὶ καθώς φασίν τινες ἡμᾶς λέγειν ὅτι ποιήσωμεν τὰ κακά, ἵνα ἔλθῃ τὰ ἀγαθά; ὧν τὸ κρίμα ἔνδικόν ἐστιν.	그러면 '우리가 그 선한 일들이 오게 하려고 그 악한 일들이라도 행하자.'라고 해도 된다는 말입니까? 심지어 어떤 사람들은 우리가 그렇게 가르친다고 중상하는데,※1 우리가 그런 모욕까지 받아야 하겠습니까? 그런 사람들에 대해 진노를 내리시는 그 하나님의 그 판결은 정당한 것입니다.※2	※1 βλασφημούμεθα '불경하게 말하다.'라는 뜻으로 '훼방하다, 모독하다, 조롱하다, 비방하다, 헐뜯다, 악담하다.'라는 뜻의 어휘. ※2 ὧν τὸ κρίμα ἔνδικόν ἐστιν. 직역: 그들에 대한 그 판결은 정당한 것이다 그 판결이 문맥상 하나님의 판결을 가리키는 것이기에 문맥을 쉽게 이해하도록 풀어 썼음.
3:9	Τί οὖν; προεχόμεθα; οὐ πάντως· προῃτιασάμεθα γὰρ Ἰουδαίους τε καὶ Ἕλληνας πάντας ὑφ' ἁμαρτίαν εἶναι,	그러면 어떻습니까? 우리가 더 낫습니까? 전혀 그렇지 않습니다. 이미 우리는 '유대인들이나 헬라인들 모두가 죄 아래 있다.'라고 확실히 밝혔습니다.※	※ προῃτιασάμεθα BDAG: '미리 죄를 씌우다'라는 의미로 '이미 고발하다'라고 제시. 문맥상 복음을 전파해야 할 이유를 알린다는 뜻에서 '밝히다'가 더 좋음.

3:10	καθὼς γέγραπται ὅτι οὐκ ἔστιν δίκαιος οὐδὲ εἷς,*	그것은 기록된 바와 같이 '의인이 없으나 하나도 없으며*,	* 전7:20, 시14:1
3:11	οὐκ ἔστιν ὁ συνίων,* οὐκ ἔστιν* ὁ* ἐκζητῶν τὸν θεόν.*	깨닫는 자도 없고, 하나님을 찾는 자도 없도다.*	* 시14:2
3:12	πάντες ἐξέκλιναν ἅμα ἠχρεώθησαν· οὐκ ἔστιν* ὁ ποιῶν χρηστότητα, [οὐκ ἔστιν]* ἕως ἑνός.*	모든 사람이 빗나가서 다 같이 쓸모없게 되어, 인자함을 베푸는 자가 없으니, 하나까지도 없도다.*	* 시14:3
3:13	τάφος ἀνεῳγμένος ὁ λάρυγξ αὐτῶν, ταῖς γλώσσαις αὐτῶν ἐδολιοῦσαν,* ἰὸς ἀσπίδων ὑπὸ τὰ χείλη αὐτῶν·*	그들의 목구멍은 열린 무덤이고, 그들의 혀로는 속이는 매끄러운 말을 하고 있었으니, 그들의 입술에는 독사들의 독이 있도다.*	* 시5:9, 시140:3
3:14	ὧν τὸ στόμα ἀρᾶς καὶ πικρίας γέμει,*	그들의 입은 저주와 쓴맛이 가득하고*,	* 시10:7
3:15	ὀξεῖς οἱ πόδες αὐτῶν ἐκχέαι αἷμα,	그들의 발은 피 흘리는 일에 재빠르니*,	* 잠1:16, 사59:7
3:16	σύντριμμα καὶ ταλαιπωρία ἐν ταῖς ὁδοῖς αὐτῶν,	그들의 길에 파멸과 비참함이 있어*,	* 사59:7
3:17	καὶ ὁδὸν εἰρήνης οὐκ ἔγνωσαν.	평화의 길도 그들은 알지 못하도다.*	* 사59:8
3:18	οὐκ ἔστιν φόβος θεοῦ ἀπέναντι τῶν ὀφθαλμῶν αὐτῶν.	그들의 눈앞에 하나님을 두려워함이 없도다.*'와 같습니다.	* 시36:2
3:19	οἴδαμεν δὲ ὅτι ὅσα ὁ νόμος λέγει τοῖς ἐν τῷ νόμῳ λαλεῖ, ἵνα πᾶν στόμα φραγῇ καὶ ὑπόδικος γένηται πᾶς ὁ κόσμος τῷ θεῷ·	그러나 우리가 아는 대로, 그 율법이 말하는 것들은 무엇이든지 그 율법 안에 있는 사람들에게 말하는 것입니다. 이는 모든 입이 다물어지게 하여 그 세상 전체가 그 하나님께 심판과 형벌을 받게 하려는 것입니다.※	※ ὑπόδικος BDAG: 판단/처벌에 대한 책임이 있는 경우에 쓰임.
3:20	διότι ἐξ ἔργων νόμου οὐ δικαιωθήσεται πᾶσα σὰρξ ἐνώπιον αὐτοῦ, διὰ γὰρ νόμου ἐπίγνωσις ἁμαρτίας.	왜냐하면※1 율법의 일들로부터 온갖 육신(모든 인간)이 율법의 행업들로 의롭다고 여기심을 얻지 못할 것이기 때문입니다.※2 율법을 통해서는 참으로 죄에 대한 완전한 지식을 얻게 될 뿐입니다.	※1 διότι BDAG: 방금 언급한 내용이 합리적으로 유효한 것으로 간주될 수 있는 이유를 나타내는 데 사용되는 마커. 롬1:19와 문장 구조 동일. ※2 시143:2 참조

3:21	Νυνὶ δὲ χωρὶς νόμου δικαιοσύνη θεοῦ πεφανέρωται μαρτυρουμένη ὑπὸ τοῦ νόμου καὶ τῶν προφητῶν,	그러나 이제는 율법과는 별개로 하나님의 한 의가 명백하게 공개되었으니,※ 이는 그 율법과 그 예언자들에 의하여 증거된 것입니다.	※ πεφανέρωται BDAG는 '계시되었다'라고 표현, 문맥상 '공개되었다'라는 개념으로 번역(완료 수동태 동사임을 유념).
3:22	δικαιοσύνη δὲ θεοῦ διὰ πίστεως Ἰησοῦ Χριστοῦ εἰς πάντας τοὺς πιστεύοντας. οὐ γάρ ἐστιν διαστολή,	그런데도 이 하나님의 의는 예수 그리스도의 믿음을 통해※ 믿는 모든 사람을 위한 것입니다. 참으로 그것은 아무런 차별이 없습니다.	※ διὰ πίστεως Ἰησοῦ Χριστοῦ 참조: 예수 그리스도의 신실하심을 통해
3:23	πάντες γὰρ ἥμαρτον καὶ ὑστεροῦνται τῆς δόξης τοῦ θεοῦ	왜냐하면 모든 사람이 죄를 지어 그 하나님의 그 영광에 이르지 못하고 있으나,	
3:24	δικαιούμενοι δωρεὰν τῇ αὐτοῦ χάριτι διὰ τῆς ἀπολυτρώσεως τῆς ἐν Χριστῷ Ἰησοῦ·	그리스도 예수 안에 있는 그 구속을 통한 그 하나님의 그 은혜로 값없이 의롭다고 하심을 받기 때문입니다.	
3:25	ὃν προέθετο ὁ θεὸς ἱλαστήριον διὰ [τῆς] πίστεως ἐν τῷ αὐτοῦ αἵματι εἰς ἔνδειξιν τῆς δικαιοσύνης αὐτοῦ διὰ τὴν πάρεσιν τῶν προγεγονότων ἁμαρτημάτων	부연하면 그분을 그 하나님께서는 [그] 믿음을 통해※ 드려지는 속죄 제물로 내세우셨으니, 이는 그분의 피로 이전에 지은 죄들을 면제하시는 관용을 베푸심으로써 자기의 의를 나타내 보여 주신 것입니다.	※ διὰ [τῆς] πίστεως ἐν τῷ αὐτοῦ αἵματι 각괄호에 대해서는 대한성서공회의 NA28판 서문 10쪽을 보라. 필자는 관련 비평자료의 문맥적인 전수검사를 통해 [그]를 확정된 본문으로 받음.
3:26	ἐν τῇ ἀνοχῇ τοῦ θεοῦ, πρὸς τὴν ἔνδειξιν τῆς δικαιοσύνης αὐτοῦ ἐν τῷ νῦν καιρῷ, εἰς τὸ εἶναι αὐτὸν δίκαιον καὶ δικαιοῦντα τὸν ἐκ πίστεως Ἰησοῦ.	그 하나님께서 자기 의를 나타내 보여 주심은 지금 이때※1 자기가 의로우시다는 것과 예수의 믿음으로부터 존재하는 자를 ※2 의롭다고 하시는 것을 보여 주시기 위한 것이었습니다.	※1 ἐν τῷ νῦν καιρῷ 직역: 지금 그때 문맥상 십자가의 구속의 은혜가 베풀어지는 때(현재)를 나타내는 아주 특별한 표현임. ※2 ὃν ἐκ πίστεως Ἰησοῦ 예수님의 믿음에 속한 한 사람을 가리키는 구문.
3:27	Ποῦ οὖν ἡ καύχησις; ἐξεκλείσθη. διὰ ποίου νόμου; τῶν ἔργων; οὐχί, ἀλλὰ διὰ νόμου πίστεως.	그런즉 그 자랑이 어디에 있습니까?†1 그것은 내쫓겼습니다.†2 어느 율법을 통해서입니까? 그 일들을※ 통해서입니까? 아닙니다. 오직 믿음의 율법을 통해서입니다.	†1 Ποῦ BDAG: where(?), at which place(?) 문맥상 어느 쪽 †2 ἐξεκλείσθη BDAG: excluded ※ τῶν ἔργων: 문맥상 율법을 행함으로 쌓은 업적들.
3:28	λογιζόμεθα γὰρ δικαιοῦσθαι πίστει ἄνθρωπον χωρὶς ἔργων νόμου.	왜냐하면 우리는 '사람이 율법의 일들과는 별개로※ 믿음으로 의롭다고 하심을 받는다.'라고 생각하기 때문입니다.	※ χωρὶς 문맥상 의를 계산하는 방식 사이의 관계나 연결이 없는 별개 또는 별도의 계산 방식을 나타냄.
3:29	ἢ Ἰουδαίων ὁ θεὸς μόνον; οὐχὶ καὶ ἐθνῶν; ναὶ καὶ ἐθνῶν,	혹시 그 하나님이 유대인들만의 하나님이시라고 생각합니까? 그리고 이방인들의	

<table>
<tr><td></td><td></td><td>하나님은 아니십니까? 아닙니다. 이방인들의 하나님이시기도 합니다.</td><td></td></tr>
<tr><td>3:30</td><td>εἴπερ εἷς ὁ θεὸς ὃς δικαιώσει περιτομὴν ἐκ πίστεως καὶ ἀκροβυστίαν διὰ τῆς πίστεως.</td><td>진정 그러하다면 한 분이신 그 하나님께서※1 할례받은 자를 믿음으로 의롭다고 여기시고, 할례받지 않은 자 또한 그 믿음을 통해※2 의롭다고 여기실 것입니다.</td><td>※1 신6:4
※2 διὰ τῆς πίστεως
문맥상 할례자를 믿음으로 의롭다하시는 그 믿음 즉, 롬3:26의 예수님의 믿음에 속한 사람들이 얻은 믿음(3:31 동일).</td></tr>
<tr><td>3:31</td><td>νόμον οὖν καταργοῦμεν διὰ τῆς πίστεως; μὴ γένοιτο· ἀλλὰ νόμον ἱστάνομεν.</td><td>그런데 우리가 그 믿음을 통해서 율법을 폐기하기라도 하고 있단 말입니까? 절대로 그렇게 되지 않기를 바랍니다. 오히려 우리가 율법을 똑바로 일으켜 세우고 있는 것입니다.※</td><td>※ νόμον ἱστάνομεν
BDAG: ἱστάνομεν- we uphold the law

문맥상 율법에 해이한 정황 등을 고려할 때 '똑바로 일으켜 세우다'가 적합.</td></tr>
<tr><th>4장</th><th>NA28판(UBS5판)
ΠΡΟΣ ΡΩΜΑΙΟΥΣ 4</th><th>로마서 4장 필자 사역</th><th>비고</th></tr>
<tr><td>4:1</td><td>Τί οὖν ἐροῦμεν εὑρηκέναι Ἀβραὰμ τὸν προπάτορα ἡμῶν κατὰ σάρκα;</td><td>그런즉 우리가 육신을 따라서 우리 조상인 아브라함이 무엇을 발견했다고 말할 수 있습니까?</td><td></td></tr>
<tr><td>4:2</td><td>εἰ γὰρ Ἀβραὰμ ἐξ ἔργων ἐδικαιώθη, ἔχει καύχημα, ἀλλ' οὐ πρὸς θεόν.</td><td>만일 아브라함이 행한 일들로부터※ 의롭다고 여겨졌다면, 그가 자랑거리를 가진다고 말할 수 있습니다. 그렇지만 하나님을 향해서는 그렇게 말할 수 없습니다.</td><td>※ ἐξ ἔργων
위 롬2:27 참조, 롬3:31 비교.</td></tr>
<tr><td>4:3</td><td>τί γὰρ ἡ γραφὴ λέγει; ἐπίστευσεν δὲ Ἀβραὰμ τῷ θεῷ καὶ ἐλογίσθη αὐτῷ εἰς δικαιοσύνην.*</td><td>참으로 성경이 무엇을 말합니까? 성경은 분명하게 '아브라함이 그 하나님을 힘입어 믿었고,※ 그것이 그에게 의로 여겨졌다.*'라고 말합니다.</td><td>* 창15:6

※ ἐπίστευσεν δὲ Ἀβραὰμ τῷ θεῷ
문장상 여격의 의미 중요. 롬4:5과 비교.</td></tr>
<tr><td>4:4</td><td>τῷ δὲ ἐργαζομένῳ ὁ μισθὸς οὐ λογίζεται κατὰ χάριν ἀλλὰ κατὰ ὀφείλημα,</td><td>본래 일하는※ 자에게 그 보상은 은혜로 여겨지는 것이 아니라 당연한 보수로 여겨집니다.</td><td>※ 하나님과의 관계에서 의롭다고 인정받으려고 노력하는 일체의 모든 행위를 가리킴.</td></tr>
<tr><td>4:5</td><td>τῷ δὲ μὴ ἐργαζομένῳ πιστεύοντι δὲ ἐπὶ τὸν δικαιοῦντα τὸν ἀσεβῆ λογίζεται ἡ πίστις αὐτοῦ εἰς δικαιοσύνην·</td><td>하지만 일하지 않더라도 불경한 자를 의롭다고 여겨 주시는 분의 행하심을 기초해 믿는 사람에게는※ 그의 믿음이 의로 여겨집니다.</td><td>※ 문장상 동사 πιστεύοντι가 전치사구(ἐπὶ τὸν δικαιοῦντα τὸν ἀσεβῆ)와 쓰임. 위 롬4:3과 비교해 그 의미를 이해하라.</td></tr>
<tr><td>4:6</td><td>καθάπερ καὶ Δαυὶδ λέγει τὸν μακαρισμὸν τοῦ ἀνθρώπου ᾧ ὁ θεὸς λογίζεται δικαιοσύνην χωρὶς ἔργων·</td><td>그와 똑같이 다윗도 '행한 일들과는 별개로※ 그 하나님께서 의를 계산해 주시는 그 사람의 그 행복'에 대해 다음과 같이 말합니다.</td><td>※ χωρὶς
롬3:28과 동일.</td></tr>
</table>

4:7	μακάριοι ὧν ἀφέθησαν αἱ ἀνομίαι καὶ ὧν ἐπεκαλύφθησαν αἱ ἁμαρτίαι·*	"그 불법들이 사하여지고 그 죄들이 가려지는 사람들은 매우 행복합니다.*"※	* 시32:1 ※ 직역: 큰 행복은 그 불법들이 사하여지고 그 죄들이 덮여지는 사람들의 것이다.
4:8	μακάριος ἀνὴρ οὗ οὐ μὴ λογίσηται κύριος ἁμαρτίαν.*	"주님께서 결코 죄를 계산하시지 않을 사람이 행복합니다.*"※	* 시32:2 ※ 직역: 행복은 주님께서 결코 죄를 계산하지 않을 사람의 것이다.
4:9	Ὁ μακαρισμὸς οὖν οὗτος ἐπὶ τὴν περιτομὴν ἢ καὶ ἐπὶ τὴν ἀκροβυστίαν; λέγομεν γάρ· ἐλογίσθη τῷ Ἀβραὰμ ἡ πίστις εἰς δικαιοσύνην.	그러면 그 행복이 그 할례받은 사람에게만 주어집니까? 아니면 할례받지 않은 사람에게도 주어집니까? 우리는 '아브라함에게 그 믿음이※ 의로 여겨졌다.'라고 말합니다.	※ ἡ πίστις 문맥적 사유가 필요한 부분. 단순히 아브라함의 믿음을 가리킨다고 보기 쉬운 바울의 어법(위 4:5의 '그의 믿음(ἡ πίστις αὐτοῦ)'과 비교).
4:10	πῶς οὖν ἐλογίσθη; ἐν περιτομῇ ὄντι ἢ ἐν ἀκροβυστίᾳ; οὐκ ἐν περιτομῇ ἀλλ' ἐν ἀκροβυστίᾳ·	그러면 어떻게 그 믿음이※ 의로 여겨졌습니까? 그가 할례받은 자로 있을 때였습니까? 아니면 할례받지 않은 자로 있을 때였습니까? 할례받은 자일 때가 아니라 할례받지 않은 자일 때였습니다.	※ ἐλογίσθη 동사 자체가 가진 주어를 위 9절의 어휘 '그 믿음(ἡ πίστις)'로 번역함.
4:11	καὶ σημεῖον ἔλαβεν περιτομῆς σφραγῖδα τῆς δικαιοσύνης τῆς πίστεως τῆς ἐν τῇ ἀκροβυστίᾳ, εἰς τὸ εἶναι αὐτὸν πατέρα πάντων τῶν πιστευόντων δι' ἀκροβυστίας, εἰς τὸ λογισθῆναι [καὶ] αὐτοῖς [τὴν] δικαιοσύνην,	그리고 그가 할례를 받은 것은 할례받지 않은 자로 있을 당시 가지고 있던 그 믿음으로 얻을 그 의를 보증하는 징표로※1 받은 것입니다. 이는 그가 할례받지 않은 상태에서 믿는 모든 자들의 조상이 되게 하여 그들에게도 그 의가 계산되게 하신 것입니다.※2	※1 σφραγῖδα τῆς δικαιοσύνης τῆς πίστεως τῆς ἐν τῇ ἀκροβυστίᾳ 그리스도 예수 안에서 은혜로 주어지는 믿음의 의를 가리킴. ※2 εἰς τὸ λογισθῆναι [καὶ] αὐτοῖς [τὴν] δικαιοσύνην 직역:그들에게[도] [그] 의가 계산되게 하신 것이다
4:12	καὶ πατέρα περιτομῆς τοῖς οὐκ ἐκ περιτομῆς μόνον ἀλλὰ καὶ τοῖς στοιχοῦσιν τοῖς ἴχνεσιν τῆς ἐν ἀκροβυστίᾳ πίστεως τοῦ πατρὸς ἡμῶν Ἀβραάμ.	그리하여 그는 할례에 속한 자들에게 할례의 조상일 뿐만 아니라 우리 조상 아브라함이 할례받지 않은 자로 있을 당시에 가지고 있었던 그 믿음의 그 자취들을 따라가는 자들에게도 조상인 것입니다.	
4:13	Οὐ γὰρ διὰ νόμου ἡ ἐπαγγελία τῷ Ἀβραὰμ ἢ τῷ σπέρματι αὐτοῦ, τὸ κληρονόμον αὐτὸν εἶναι κόσμου, ἀλλὰ διὰ δικαιοσύνης πίστεως.	참으로 그 아브라함에게, 혹은 그의 씨에게 '그가 바로 세상의 상속자일 것이다'라고 하신 그 약속이 율법을 통해서가 아니라, 오직 믿음의 의를 통해서 성취됩니다.	
4:14	εἰ γὰρ οἱ ἐκ νόμου κληρονόμοι, κεκένωται ἡ	왜냐하면 율법에 속한 자들이 상속자들이 된다면, 그 믿음은 헛것이 되고 그 약속	

	πίστις καὶ κατήργηται ἡ ἐπαγγελία·	또한 완전히 무효가 되기 때문입니다.	
4:15	ὁ γὰρ νόμος ὀργὴν κατεργάζεται· οὗ δὲ οὐκ ἔστιν νόμος οὐδὲ παράβασις.	참으로 그 율법은 진노를 만들어 냅니다. 그래서 율법이 없는 곳에는 율법을 위반하는 일도 없는 것입니다.	
4:16	–Διὰ τοῦτο ἐκ πίστεως, ἵνα κατὰ χάριν, εἰς τὸ εἶναι βεβαίαν τὴν ἐπαγγελίαν παντὶ τῷ σπέρματι, οὐ τῷ ἐκ τοῦ νόμου μόνον ἀλλὰ καὶ τῷ ἐκ πίστεως Ἀβραάμ, ὅς ἐστιν πατὴρ πάντων ἡμῶν,	--이것 때문에 믿음에 속한 자들이 상속받게 하셨습니다. 이는 은혜를 따라 상속자가 되도록 그의 모든 후손, 곧 그 율법에 속한 자에게뿐만 아니라 그 아브라함의 믿음에 속한 자에게도 그 약속을 견고하게 하신 것입니다. 아브라함 그는 우리 모두의 조상입니다.	
4:17	καθὼς γέγραπται ὅτι πατέρα πολλῶν ἐθνῶν τέθεικά σε*, κατέναντι οὗ ἐπίστευσεν θεοῦ τοῦ ζῳοποιοῦντος τοὺς νεκροὺς καὶ καλοῦντος τὰ μὴ ὄντα ὡς ὄντα.	그것은 '내가 너를 많은 민족의 조상으로 세울 것이다.*'라고 기록된 것과 같이, 그가 죽은 자들을 소생시키시고 없는 것들을 있는 것처럼 불러내시는 하나님을 뵙고 믿었다는 것입니다.	* 창17:4-5
4:18	—Ὃς παρ' ἐλπίδα ἐπ' ἐλπίδι ἐπίστευσεν εἰς τὸ γενέσθαι αὐτὸν πατέρα πολλῶν ἐθνῶν κατὰ τὸ εἰρημένον· οὕτως ἔσται τὸ σπέρμα σου*,	---'이처럼 너의 후손이 있을 것이다.*'라고 말씀하신 대로 그가 소망할 수 없는 것을 소망하며 믿었으니, 그가 열방의 아버지가 되게 하기 위함이었던 것입니다.	* 창17:5, 창15:5
4:19	καὶ μὴ ἀσθενήσας τῇ πίστει κατενόησεν τὸ ἑαυτοῦ σῶμα [ἤδη] νενεκρωμένον, ἑκατονταετής που ὑπάρχων, καὶ τὴν νέκρωσιν τῆς μήτρας Σάρρας·	그는 대략 백 세쯤 되었을 때, 자기 몸의 생식 기능이 이미 죽어 있음과 사라의 출산 기능 또한 죽어 있음을 알고도, 그 믿음에 약해지지 않았습니다.	
4:20	εἰς δὲ τὴν ἐπαγγελίαν τοῦ θεοῦ οὐ διεκρίθη τῇ ἀπιστίᾳ ἀλλ' ἐνεδυναμώθη τῇ πίστει, δοὺς δόξαν τῷ θεῷ	더욱이 그는 그 하나님의 그 약속에 이르기 위해 그 불신앙에 의해 휘둘리지 않고 오히려 그 믿음이 강해져서,† 그 하나님께 영광을 돌리되,	† ἀλλ' ἐνεδυναμώθη τῇ πίστει 직역: 오히려 그 믿음에 강해져서 '믿음'과 '불신앙'이라는 단어의 여격 의미 이해.
4:21	καὶ πληροφορηθεὶς ὅτι ὃ ἐπήγγελται δυνατός ἐστιν καὶ ποιῆσαι.	'그가 약속하신 것을 또한 이루실 수 있다.'라고 온전히 확신하게 되었습니다.	
4:22	διὸ [καὶ] ἐλογίσθη αὐτῷ εἰς δικαιοσύνην.	그러므로 그런 그의 믿음 [또한] 그에게 의로 여겨진 것입니다.	
4:23	–Οὐκ ἐγράφη δὲ δι' αὐτὸν	--게다가 '그것이 그에게 의로 여겨졌다.*'	* 창15:6

	μόνον ὅτι ἐλογίσθη αὐτῷ*	라는 말은 아브라함 때문에만 기록된 것이 아니라,	
4:24	ἀλλὰ καὶ δι᾽ ἡμᾶς, οἷς μέλλει λογίζεσθαι, τοῖς πιστεύουσιν ἐπὶ τὸν ἐγείραντα Ἰησοῦν τὸν κύριον ἡμῶν ἐκ νεκρῶν,	장차 의롭다고 여겨질 자들, 곧 죽은 자들로부터 예수님을 우리 주님으로 일으키신 분의 행하심을 기초해 믿는 우리 때문에도 기록된 것입니다.	※1 διὰ τὰ παραπτώματα ἡμῶν 직역: 우리의 넘어짐 때문에 즉 예수님의 넘겨지심은 하나님과의 관계에서 우리의 타락함 때문. ※2 διὰ τὴν δικαίωσιν ἡμῶν 직역: 우리의 면죄(의롭게 하심) 때문에 문맥상 예수님의 부활은 우리를 하나님 앞에서 의롭다고 선언, 변호, 실제로 의롭게 만들어야 할 이유와 목적을 가짐.
4:25	ὃς παρεδόθη διὰ τὰ παραπτώματα ἡμῶν καὶ ἠγέρθη διὰ τὴν δικαίωσιν ἡμῶν.	바로 그 예수님께서는 우리의 타락함 때문에※1 죽음에 넘겨지셨고, 우리의 의롭다고 하심을 정당화하기 위해※2 일으켜지셨습니다.	

5장	NA28판(UBS5판) ΠΡΟΣ ΡΩΜΑΙΟΥΣ 5	로마서 5장 필자 사역	비고
5:1	Δικαιωθέντες οὖν ἐκ πίστεως εἰρήνην ἔχομεν πρὸς τὸν θεὸν διὰ τοῦ κυρίου ἡμῶν Ἰησοῦ Χριστοῦ	그런즉 우리가 믿음으로부터 의롭다고 하심을 받았기 때문에 우리 주님 예수 그리스도를 통해 그 하나님을 향해 평화를 가집니다.	
5:2	δι᾽ οὗ καὶ τὴν προσαγωγὴν ἐσχήκαμεν [τῇ πίστει] εἰς τὴν χάριν ταύτην ἐν ᾗ ἑστήκαμεν καὶ καυχώμεθα ἐπ᾽ ἐλπίδι τῆς δόξης τοῦ θεοῦ.	또한 그분을 통해 우리가 [그 믿음으로]※1 서 있는 이 은혜 속에서 그 하나님께 더 가까이 나아감을 얻은 상태에서 그분의 그 영광에 참여할 소망을 품고 즐거워합니다. ※2	※1 [τῇ πίστει] 사각 괄호[그 믿음으로]를 문맥상 확정된 본문과 동일한 권위를 인정함. ※2 καυχώμεθα '자랑하다 또는 뽐내다'는 의미
5:3	οὐ μόνον δέ, ἀλλὰ καὶ καυχώμεθα ἐν ταῖς θλίψεσιν, εἰδότες ὅτι ἡ θλῖψις ὑπομονὴν κατεργάζεται,	그뿐만 아니라, 오히려 우리는 그 소망으로 말미암아 닥쳐오는 여러 가지 환난 안에서도※1 즐거워합니다.※2 이는 그 환난이 인내를 이루어 내고,	※1 ἐν ταῖς θλίψεσιν 직역: 그 환난들 안에서 ※2 καυχώμεθα '자랑하다 또는 뽐내다'는 의미
5:4	ἡ δὲ ὑπομονὴ δοκιμήν, ἡ δὲ δοκιμὴ ἐλπίδα.	그 인내가 연단을 이루어 내며, 그 연단이 소망을 이루어 내는 것을 알기 때문입니다.	
5:5	ἡ δὲ ἐλπὶς οὐ καταισχύνει, ὅτι ἡ ἀγάπη τοῦ θεοῦ ἐκκέχυται ἐν ταῖς καρδίαις ἡμῶν διὰ πνεύματος ἁγίου τοῦ δοθέντος ἡμῖν.	더욱이 그 소망이 수치스럽지 않은 것은, 우리에게 베푸신 성령을 통해 그 하나님의 그 사랑이 우리 마음 안에 부어져 있기 때문입니다.	
5:6	–Ἔτι γὰρ Χριστὸς ὄντων ἡμῶν ἀσθενῶν ἔτι κατὰ καιρὸν	--감격스럽게도 우리가 아직 연약한 존재로 있을 때 기약대로 그리스도께서 불경한	※1 μόλις BDAG: 기대치 규모에 따른 희귀성을 나타냄.

	ὑπὲρ ἀσεβῶν ἀπέθανεν.	자들을 위하여 돌아가셨습니다.	쉽게 ~ 수 없는(not readily).
5:7	μόλις γὰρ ὑπὲρ δικαίου τις ἀποθανεῖται· ὑπὲρ γὰρ τοῦ ἀγαθοῦ τάχα τις καὶ τολμᾷ ἀποθανεῖν·	이는 의인을 위해 죽을 사람이 거의 없고,[※1] 간혹 그 선한 분을 위해 죽으려고 위험을 무릅쓰는 자가 뜻밖에 있을 수는 있기 때문입니다.[※2]	※2 τάχα BDAG: 확률과 가능성 사이의 우발성을 나타내는 마커. 혹시나 또는 아마도(perhaps, possibly, probably). 의인과 그 선한 분에 대한 문맥을 파악하라!!!
5:8	συνίστησιν δὲ τὴν ἑαυτοῦ ἀγάπην εἰς ἡμᾶς ὁ θεός, ὅτι ἔτι ἁμαρτωλῶν ὄντων ἡμῶν Χριστὸς ὑπὲρ ἡμῶν ἀπέθανεν.	그렇습니다. 고맙게도 그 하나님께서는 우리를 향한 자신의 그 사랑을 '아직 죄인으로 존재하는 우리를 위해[※1] 그리스도께서 돌아가신 것'이라고 친절하게 소개해 주고 계십니다.[※2]	※1 ἔτι ἁμαρτωλῶν ὄντων ἡμῶν 속격분사구문의 주어인 우리(ἡμῶν)를 후속 문장의 '우리를 위하여(ὑπὲρ ἡμῶν)'에 붙여 읽음. ※2 συνίστησιν 롬3:5, 16:1을 보라.
5:9	πολλῷ οὖν μᾶλλον δικαιωθέντες νῦν ἐν τῷ αἵματι αὐτοῦ σωθησόμεθα δι' αὐτοῦ ἀπὸ τῆς ὀργῆς.	그런즉 이제 그분의 피로 인해 우리가 의롭다고 하심을 받았으니 더욱더 그분을 통해 그 진노로부터 구원받을 것입니다.	
5:10	εἰ γὰρ ἐχθροὶ ὄντες κατηλλάγημεν τῷ θεῷ διὰ τοῦ θανάτου τοῦ υἱοῦ αὐτοῦ, πολλῷ μᾶλλον καταλλαγέντες σωθησόμεθα ἐν τῇ ζωῇ αὐτοῦ·	왜냐하면 우리가 원수로 살고 있을 때 그 하나님의 그 아들이 돌아가심으로써[†1] 그 하나님과 화해하게 되었다면, 화해된 후에는 우리가 부활하신 그 아들의 살아 계심 안에서[†2] 그보다 더 확실하게 구원받을 것이기 때문입니다.	†1 διὰ τοῦ θανάτου τοῦ υἱοῦ αὐτοῦ 직역: 그의 아들의 사망을 통해 †2 ἐν τῇ ζωῇ αὐτοῦ 직역: 그의 생명 안에서
5:11	οὐ μόνον δέ, ἀλλὰ καὶ καυχώμενοι ἐν τῷ θεῷ διὰ τοῦ κυρίου ἡμῶν Ἰησοῦ Χριστοῦ δι' οὗ νῦν τὴν καταλλαγὴν ἐλάβομεν.	그뿐만이 아닙니다. 오히려 우리는 지금 우리 주님 예수 그리스도를 통해 받은 그 화해됨을 그 하나님을 힘입어 자랑하기도 합니다.[※]	※ καὶ καυχώμενοι ἐν τῷ θεῷ 직역: 우리 또한 그 하나님 안에서 자랑하다 문맥적으로 동일 문장의 형태인 롬5:3과 비교하라.
5:12	Διὰ τοῦτο ὥσπερ δι' ἑνὸς ἀνθρώπου ἡ ἁμαρτία εἰς τὸν κόσμον εἰσῆλθεν καὶ διὰ τῆς ἁμαρτίας ὁ θάνατος, καὶ οὕτως εἰς πάντας ἀνθρώπους ὁ θάνατος διῆλθεν, ἐφ' ᾧ πάντες ἥμαρτον·	이 일 때문에 한 사람을 통해 그 죄가[※1] 그 세상 속으로 들어왔고, 그 죄를 통해 그 사망도[※2] 들어왔습니다. 또한 그와 같이 그 사망이 모든 사람 속을 관통해 지나간 것은, 모든 사람이 죄를 저질렀다는 사실에 기반한[※3] 것입니다.	※1 영적 죄의 실체 ※2 영적 죽음의 실체 ※3 ἐφ' ᾧ πάντες ἥμαρτον 직역: 모든 사람이 죄를 저질렀다는 근거 위에서
5:13	-ἄχρι γὰρ νόμου ἁμαρτία ἦν ἐν κόσμῳ, ἁμαρτία δὲ οὐκ ἐλλογεῖται μὴ ὄντος νόμου,	-이는 율법이 있기 전에도 세상에는 이미 죄가 있었지만, 율법이 없어 죄로 여기지 못하자,	
5:14	ἀλλ' ἐβασίλευσεν ὁ θάνατος ἀπὸ Ἀδὰμ μέχρι Μωϋσέως καὶ ἐπὶ τοὺς μὴ ἁμαρτήσαντας	오히려 그 사망이 아담으로부터 모세까지 왕으로 군림했고 심지어 장래 오실 분의	※ ἐπὶ τῷ ὁμοιώματι τῆς παραβάσεως Ἀδὰμ 직역: 아담의 그 빗나감의 그 같음(닮음) 위에서

	ἐπὶ τῷ ὁμοιώματι τῆς παραβάσεως Ἀδὰμ ὅς ἐστιν τύπος τοῦ μέλλοντος.	모본인 아담이 빗나간 것과 같은 방식으로※ 죄를 짓지 않은 사람들 위에서도 왕으로 군림했기 때문입니다.	
5:15	—Ἀλλ' οὐχ ὡς τὸ παράπτωμα, οὕτως καὶ τὸ χάρισμα· εἰ γὰρ τῷ τοῦ ἑνὸς παραπτώματι οἱ πολλοὶ ἀπέθανον, πολλῷ μᾶλλον ἡ χάρις τοῦ θεοῦ καὶ ἡ δωρεὰ ἐν χάριτι τῇ τοῦ ἑνὸς ἀνθρώπου Ἰησοῦ Χριστοῦ εἰς τοὺς πολλοὺς ἐπερίσσευσεν.	---그러나 그 은사는※1 일하는 방식에 있어서 그 타락함과※2 같지 않습니다. 왜냐하면 그 한 사람의 그 타락함으로※3 많은 사람이 죽었다면, 그 하나님의 그 은혜와 그 한 사람 예수 그리스도의 은혜로 인한 그 선물은 도리어 많은 사람 속으로 더욱 넘쳤기 때문입니다.	※1 καυχώμενοι ἐν τῷ θεῷ 문맥적으로 그 은사(τὸ χάρισμα)는 의롭다고 하심을 받은 후 하나님과의 관계에서 지속적인 화해를 유지하며 영원한 생명에 이르도록 하나님께서 베푸신 특별한 재능임. ※2,3 롬4:25를 보라.
5:16	καὶ οὐχ ὡς δι' ἑνὸς ἁμαρτήσαντος τὸ δώρημα· τὸ μὲν γὰρ κρίμα ἐξ ἑνὸς εἰς κατάκριμα, τὸ δὲ χάρισμα ἐκ πολλῶν παραπτωμάτων εἰς δικαίωμα.	그런고로 그 선물은 죄지은 한 사람을 통해서 주어진 것과는 다릅니다. 왜냐하면 실로 그 판결이 한 사람으로부터 정죄함에 이르게 한 것과 다르게, 그 은사는 많은 타락함으로부터 의로운 행위에※ 이르게 하기 때문입니다.	※ εἰς δικαίωμα 누군가의 위반 사항을 없애기 위해 하는 의로운 행위나 행동을 의미한다. 즉 옳거나 정의로운 것에 대한 기대에 부합하는 행동. 다시 말하자면 의에 대한 요구를 충족시키는 행위. 롬5:18 문맥 참조
5:17	εἰ γὰρ τῷ τοῦ ἑνὸς παραπτώματι ὁ θάνατος ἐβασίλευσεν διὰ τοῦ ἑνός, πολλῷ μᾶλλον οἱ τὴν περισσείαν τῆς χάριτος καὶ τῆς δωρεᾶς τῆς δικαιοσύνης λαμβάνοντες ἐν ζωῇ βασιλεύσουσιν διὰ τοῦ ἑνὸς Ἰησοῦ Χριστοῦ.	참으로 그 한 사람의 그 타락함으로 그 사망이 그 한 사람을 통해 왕으로 군림했다면, 도리어 그 은혜의 그 넘침과 그 의(義)의 그 선물을 받은 자들은 더욱더 그 한 분 예수 그리스도를 통해 생명 안에서 왕으로 다스리게 될 것입니다.※	※ ἐν ζωῇ βασιλεύσουσιν 복된 삶으로 왕 노릇 할 것이라는 의미이다.
5:18	—Ἄρα οὖν ὡς δι' ἑνὸς παραπτώματος εἰς πάντας ἀνθρώπους εἰς κατάκριμα, οὕτως καὶ δι' ἑνὸς δικαιώματος εἰς πάντας ἀνθρώπους εἰς δικαίωσιν ζωῆς·	---그러므로 의심의 여지없이 한 사람의 타락함을 통해 모든 사람이 정죄함에 이르렀듯이, 한 사람의 의로운 행위를※ 통해서는 모든 사람이 의롭다고 여기심을 받은 삶에 이르게 됩니다.†	※ '한 사람의 의로운 행위'에 대해 롬1:32, 2:26, 5:16,18, 8:4의 문맥을 살펴 규정하라. † εἰς πάντας ἀνθρώπους εἰς δικαίωσιν ζωῆς 직역: 모든 사람이 생명의 의롭다고 하심에 이르게 된다.
5:19	ὥσπερ γὰρ διὰ τῆς παρακοῆς τοῦ ἑνὸς ἀνθρώπου ἁμαρτωλοὶ κατεστάθησαν οἱ πολλοί, οὕτως καὶ διὰ τῆς ὑπακοῆς τοῦ ἑνὸς δίκαιοι κατασταθήσονται οἱ πολλοί.	왜냐하면 그 한 사람의 그 순종하지 않음을※ 통해서 많은 사람이 죄인으로 서게 된 것같이, 그 한 사람의 그 순종하심을 통해 많은 사람이 의인으로 서게 될 것이기 때문입니다.	※ τῆς παρακοῆς '곁에'와 '들음'이라는 뜻의 합성어로 건성으로 듣는 것을 나타냄. BDAG: refusal to listen and so be disobedient, unwillingness to hear, disobedience.

5:20	νόμος δὲ παρεισῆλθεν, ἵνα πλεονάσῃ τὸ παράπτωμα· οὗ δὲ ἐπλεόνασεν ἡ ἁμαρτία, ὑπερεπερίσσευσεν ἡ χάρις,	그래서 그 타락함이 더욱 심해지도록 한 율법이 몰래 들어와 개입(介入)하였고,※ 그 죄가 더욱 심해진 곳에 그 은혜가 더욱 차고 넘쳤던 것입니다.	※ παρεισῆλθεν '들어오다(to come in beside)'나 '슬그머니 끼어들다(slip in)'는 의미로 문맥상 몰래 부가(附加) 또는 개입(介入)되었다는 의미로 쓸 수 있다.
5:21	ἵνα ὥσπερ ἐβασίλευσεν ἡ ἁμαρτία ἐν τῷ θανάτῳ, οὕτως καὶ ἡ χάρις βασιλεύσῃ διὰ δικαιοσύνης εἰς ζωὴν αἰώνιον διὰ Ἰησοῦ Χριστοῦ τοῦ κυρίου ἡμῶν.	이는 그 죄가 그 사망을 힘입어 왕 노릇 한 것같이, 그 은혜 또한 예수 그리스도 우리 주님을 통해 역사(役事)하는 한 의(義)를 힘입어※ 왕 노릇 하여 영원한 생명에 이르게 하기 위한 것이었습니다.	※ διὰ δικαιοσύνης 직역 : 한 의를 통해 롬1:17, 3:5,21,22,25, 4:3-5:21까지의 문맥을 살펴 그 실체적 의미를 이해하라.
6장	**NA28판(UBS5판) ΠΡΟΣ ΡΩΜΑΙΟΥΣ 6**	**로마서 6장 필자 사역**	**비고**
6:1	Τί οὖν ἐροῦμεν; ἐπιμένωμεν τῇ ἁμαρτίᾳ, ἵνα ἡ χάρις πλεονάσῃ;	그러면 우리가 뭐라고 말해야 합니까? 그 은혜를 더하게 하려고 우리가 그 죄에 계속 머물자고 해야 합니까?	
6:2	μὴ γένοιτο. οἵτινες ἀπεθάνομεν τῇ ἁμαρτίᾳ, πῶς ἔτι ζήσομεν ἐν αὐτῇ;	절대로 그렇게 되지 않기를 바랍니다. 우리가 그 죄에 대하여 죽은 자들인데, 어떻게 그 안에 그대로 살겠습니까?	
6:3	ἢ ἀγνοεῖτε ὅτι, ὅσοι ἐβαπτίσθημεν εἰς Χριστὸν Ἰησοῦν, εἰς τὸν θάνατον αὐτοῦ ἐβαπτίσθημεν;	혹시 우리 중 누가 되었든지 그리스도 예수와 연합하여 세례를 받았다면, 그분의 돌아가심과 연합하여 세례도 받은 것임을, 여러분이 모르는 것은 아닙니까?※	※ ἀγνοεῖτε 정보를 제공받지 못해서 무지한 것을 나타내는 단어.
6:4	συνετάφημεν οὖν αὐτῷ διὰ τοῦ βαπτίσματος εἰς τὸν θάνατον, ἵνα ὥσπερ ἠγέρθη Χριστὸς ἐκ νεκρῶν διὰ τῆς δόξης τοῦ πατρός, οὕτως καὶ ἡμεῖς ἐν καινότητι ζωῆς περιπατήσωμεν.	그런즉 우리가 그 세례를 통해 그분의 돌아가심에 이르렀고† 함께 묻히기까지 했습니다. 이는 그리스도께서 그 아버지의 그 영광을 통해 죽은 자들로부터 일으켜지신 것같이, 우리도 새 생명 안에서 걸어가게 하려는 것입니다.	† εἰς τὸν θάνατον 직역: 그 죽음(돌아가심)과 연합하여
6:5	εἰ γὰρ σύμφυτοι γεγόναμεν τῷ ὁμοιώματι τοῦ θανάτου αὐτοῦ, ἀλλὰ καὶ τῆς ἀναστάσεως ἐσόμεθα·	왜냐하면 우리가 그분의 돌아가심과 같은 죽음에※ 결합한 사람들이 되었다면, 분명히 그분의 부활하심과 같은 부활에도 결합해 있을 것이기 때문입니다.	※ τῷ ὁμοιώματι τοῦ θανάτου αὐτοῦ 직역: 그분의 그 돌아가심의 그 같음(닮은 모습)에 롬5:14에서 전치사를 제외한 같은 형태의 명사구.
6:6	-τοῦτο γινώσκοντες ὅτι ὁ παλαιὸς ἡμῶν ἄνθρωπος συνεσταυρώθη, ἵνα καταργηθῇ τὸ σῶμα τῆς	-우리는 이것을 압니다. 우리의 옛사람이 그분과 함께 십자가에 못 박힌 것은, 그 죄의 그 몸을 쓸모없게 만들어 더 이상 그	

	ἁμαρτίας, τοῦ μηκέτι δουλεύειν ἡμᾶς τῇ ἁμαρτίᾳ·	죄에게 종노릇하지 못하게 하려는 것입니다.	
6:7	ὁ γὰρ ἀποθανὼν δεδικαίωται ἀπὸ τῆς ἁμαρτίας.	왜냐하면 그 죽은 사람이 그 죄로부터 해방되어 의로운 상태에 있기 때문입니다.	
6:8	εἰ δὲ ἀπεθάνομεν σὺν Χριστῷ, πιστεύομεν ὅτι καὶ συζήσομεν αὐτῷ,	그러나 만일 우리가 그리스도와 함께 죽었다면, 우리 또한 그분과 함께 살 것이라고 믿습니다.	
6:9	εἰδότες ὅτι Χριστὸς ἐγερθεὶς ἐκ νεκρῶν οὐκέτι ἀποθνῄσκει, θάνατος αὐτοῦ οὐκέτι κυριεύει.	우리가 아는 것은, 그리스도께서 죽은 자들로부터 일으켜지셨으므로 그분은 더 이상 돌아가시지 않으며, 죽음이 더 이상 그분을 주관하지 못한다는 사실입니다.	
6:10	ὃ γὰρ ἀπέθανεν, τῇ ἁμαρτίᾳ ἀπέθανεν ἐφάπαξ· ὃ δὲ ζῇ, ζῇ τῷ θεῷ.	왜냐하면 그분이 돌아가신 것은 단 한 번※ 그 죄와의 관계에서 돌아가신 것이나, 그분께서 사시는 것은 그 하나님과의 관계에서 사시는 것이기 때문입니다.	※ ἐφάπαξ 단 한 번 BDAG: once for all, once and never again 한 번만 발생하고 추가 발생을 배제함.
6:11	οὕτως καὶ ὑμεῖς λογίζεσθε ἑαυτοὺς [εἶναι] νεκροὺς μὲν τῇ ἁμαρτίᾳ ζῶντας δὲ τῷ θεῷ ἐν Χριστῷ Ἰησοῦ.	이처럼 여러분도 그리스도 예수 안에서 자기 자신을 실로 그 죄와의 관계에서 죽은 자들[로]※ 여기고, 그 하나님과의 관계에서 살아 있는 자들로 여기십시오.	※ [εἶναι] νεκροὺς 죽은 자들[인 줄로] 또는 죽은 자들[이라고]
6:12	Μὴ οὖν βασιλευέτω ἡ ἁμαρτία ἐν τῷ θνητῷ ὑμῶν σώματι εἰς τὸ ὑπακούειν ταῖς ἐπιθυμίαις αὐτοῦ,	그런즉 그 죄가 여러분의 죽을 몸 안에서 왕 노릇 하지 못하게 하십시오. 그 죄가 그 죽을 몸 안에서 자기의 여러 가지 욕망을 따라 순종케 하려고 합니다.	
6:13	μηδὲ παριστάνετε τὰ μέλη ὑμῶν ὅπλα ἀδικίας τῇ ἁμαρτίᾳ, ἀλλὰ παραστήσατε ἑαυτοὺς τῷ θεῷ ὡσεὶ ἐκ νεκρῶν ζῶντας καὶ τὰ μέλη ὑμῶν ὅπλα δικαιοσύνης τῷ θεῷ.	절대로 여러분은 그 죄에게 여러분의 지체를 불의의 무기로 내어주지 말고, 오히려 자기 자신을 그 하나님께 드리되, 죽은 자들로부터 살아난 자들처럼 여러분의 지체도 의의 무기로 그 하나님께 드리십시오.	
6:14	ἁμαρτία γὰρ ὑμῶν οὐ κυριεύσει· οὐ γάρ ἐστε ὑπὸ νόμον ἀλλ' ὑπὸ χάριν.	참으로 죄가 여러분을 주관하지 못할 것입니다. 왜냐하면 여러분이 율법 아래 있는 것이 아니라 은혜 아래 있기 때문입니다.	
6:15	—Τί οὖν; ἁμαρτήσωμεν, ὅτι	---그런즉 우리가 뭐라고 말해야 합니까?	

	οὐκ ἐσμὲν ὑπὸ νόμον ἀλλ’ ὑπὸ χάριν; μὴ γένοιτο.	‘이제 우리가 율법 아래 있는 것이 아니라 은혜 아래 있으니 죄를 저질러 보자.’라고 하렵니까? 절대로 그렇게 되지 않기를 바랍니다.	
6:16	οὐκ οἴδατε ὅτι ᾧ παριστάνετε ἑαυτοὺς δούλους εἰς ὑπακοήν, δοῦλοί ἐστε ᾧ ὑπακούετε, ἤτοι ἁμαρτίας εἰς θάνατον ἢ ὑπακοῆς εἰς δικαιοσύνην;	여러분이 누군가에게 순종하여 자기 자신을 종으로 내어준다면, 순종하는 그에게 종입니다. 죄의 종으로 죽음에 이른다든지, 혹은 순종의 종으로 의(義)에 이른다는 사실을 여러분은 알지 못합니까?	
6:17	χάρις δὲ τῷ θεῷ ὅτι ἦτε δοῦλοι τῆς ἁμαρτίας ὑπηκούσατε δὲ ἐκ καρδίας εἰς ὃν παρεδόθητε τύπον διδαχῆς,	다행히도 은혜를 베풀어 주신 그 하나님께 감사드립니다. 왜냐하면 그동안 여러분이 그 죄의 종이었지만 전해 받은 가르침의 모본을 마음으로 순종하여,	
6:18	ἐλευθερωθέντες δὲ ἀπὸ τῆς ἁμαρτίας ἐδουλώθητε τῇ δικαιοσύνῃ.	그 죄로부터 풀려나 자유를 얻어 그 의(義)에게 종이 되게 해 주셨기 때문입니다.	
6:19	—Ἀνθρώπινον λέγω διὰ τὴν ἀσθένειαν τῆς σαρκὸς ὑμῶν. ὥσπερ γὰρ παρεστήσατε τὰ μέλη ὑμῶν δοῦλα τῇ ἀκαθαρσίᾳ καὶ τῇ ἀνομίᾳ εἰς τὴν ἀνομίαν, οὕτως νῦν παραστήσατε τὰ μέλη ὑμῶν δοῦλα τῇ δικαιοσύνῃ εἰς ἁγιασμόν.	---나는 여러분의 육신이 연약하므로† 사람의 일상적인 논리로 말합니다. 왜냐하면 여러분이 전에 여러분의 지체를 그 부정과 그 불법에① 종으로 내어주어 그 불법(반역)에② 봉사하게 된 것처럼, 같은 방식으로 지금 여러분의 지체를 그 의(義)에게 종으로 드려 거룩하게 하시는 일에 봉사해야 하기※ 때문입니다.	† διὰ τὴν ἀσθένειαν τῆς σαρκὸς 직역: 그 육신의 그 연약함 때문에 ①② ἀνομίᾳ 부적법 또는 무법-문맥상 반역 롬2:12 번역과 해설 참조 ※ εἰς ἁγιασμόν 직역: 거룩하게 하심을 위해 문맥상 ἁγιασμόν는 단어의 기본적인 특성상 거룩하게 하시는 주님의 사역 개념임. BDAG: personal dedication to the interrests of the deity 하나님의 이익을 위한 개인적 헌신을 나타냄.
6:20	ὅτε γὰρ δοῦλοι ἦτε τῆς ἁμαρτίας, ἐλεύθεροι ἦτε τῇ δικαιοσύνῃ.	참으로 여러분이 그 죄의 종이었을 때는 그 의(義)와는 아무런 상관도 없는 사람들이었습니다.	
6:21	τίνα οὖν καρπὸν εἴχετε τότε; ἐφ’ οἷς νῦν ἐπαισχύνεσθε, τὸ γὰρ τέλος ἐκείνων θάνατος.	그런즉 그때 여러분이 무슨 열매를 얻었습니까? 지금 여러분은 그런 일들을 부끄러워하고 있으니, 참으로 그런 일들의 그 끝은 죽음뿐이기 때문입니다.	
6:22	νυνὶ δὲ ἐλευθερωθέντες ἀπὸ τῆς ἁμαρτίας δουλωθέντες δὲ τῷ θεῷ ἔχετε τὸν καρπὸν ὑμῶν εἰς ἁγιασμόν, τὸ δὲ τέλος ζωὴν αἰώνιον.	그러나 이제 여러분은 그 죄로부터 풀려나 자유로워졌으며 더구나 그 하나님께 종이 되어 거룩하게 하시는 일에 봉사하는※ 그 열매를 여러분이 얻었으니, 분명	※ εἰς ἁγιασμόν 위 6:19와 같은 구문, 같은 의미 맥락임 참조: 롬1:13. 8:23

		히 그 마지막은 영원한 생명입니다.	
6:23	τὰ γὰρ ὀψώνια τῆς ἁμαρτίας θάνατος, τὸ δὲ χάρισμα τοῦ θεοῦ ζωὴ αἰώνιος ἐν Χριστῷ Ἰησοῦ τῷ κυρίῳ ἡμῶν.	왜냐하면 그 죄의 그 보상들은※ 죽음이지만, 그 하나님의 그 은사는 그리스도 예수 우리 주님 안에 있는 영원한 생명이기 때문입니다.	※ 창3장에서 시작된 죄와 주종 관계에 있는 인간의 봉사에 대해 죄가 지급하는 보상들(복수형이 갖는 의미 중요함). 참조: 고전9:7, 고후11:8
7장	**NA28판(UBS5판) ΠΡΟΣ ΡΩΜΑΙΟΥΣ 7**	**로마서 7장 필자 사역**	**비고**
7:1	Ἢ ἀγνοεῖτε, ἀδελφοί, γινώσκουσιν γὰρ νόμον λαλῶ, ὅτι ὁ νόμος κυριεύει τοῦ ἀνθρώπου ἐφ' ὅσον χρόνον ζῇ;	형제들이여, 참으로 내가 지금 율법을 아는 자들에게 말하고 있습니다만, 혹시 여러분은 '그 율법이 그 사람이 살아 있을 동안에만 그를 주관한다.'라는 사실을 알지 못합니까?	
7:2	ἡ γὰρ ὕπανδρος γυνὴ τῷ ζῶντι ἀνδρὶ δέδεται νόμῳ· ἐὰν δὲ ἀποθάνῃ ὁ ἀνήρ, κατήργηται ἀπὸ τοῦ νόμου τοῦ ἀνδρός.	왜냐하면 남편이 있는 그 여자가 살아 있는 그 남편에게 율법으로 묶여 있으나, 그 남편이 죽으면, 그녀는 그 남편의 그 율법으로부터 완전히 풀려나게 되기 때문입니다.	
7:3	ἄρα οὖν ζῶντος τοῦ ἀνδρὸς μοιχαλὶς χρηματίσει ἐὰν γένηται ἀνδρὶ ἑτέρῳ· ἐὰν δὲ ἀποθάνῃ ὁ ἀνήρ, ἐλευθέρα ἐστὶν ἀπὸ τοῦ νόμου, τοῦ μὴ εἶναι αὐτὴν μοιχαλίδα γενομένην ἀνδρὶ ἑτέρῳ.	그런즉 의심의 여지없이 그 남편이 살아 있는 동안에 다른※ 남자의 아내가 되면, 그녀는 간음한 여자로 불릴 것입니다. 그러나 그 남편이 죽으면, 그녀는 그 남편의 그 율법으로부터 자유로우며, 그녀가 다른※ 남자의 아내가 된다 해도 간음한 것이 아닙니다.	※ (ἑτέρῳ) ※ (ἑτέρῳ)
7:4	ὥστε, ἀδελφοί μου, καὶ ὑμεῖς ἐθανατώθητε τῷ νόμῳ διὰ τοῦ σώματος τοῦ Χριστοῦ, εἰς τὸ γενέσθαι ὑμᾶς ἑτέρῳ, τῷ ἐκ νεκρῶν ἐγερθέντι, ἵνα καρποφορήσωμεν τῷ θεῷ.	그러므로 내 형제들이여, 그와 같이 여러분도 그 그리스도의 그 몸을 통해 그 율법과의 관계에서 죽임을 당하였습니다. 이는 우리가 다른① 분, 곧 죽은 자들로부터 일으켜지신 분의 신부가 되어※ 그 하나님을 위해 열매를 맺게 하려는 것입니다.	① (ἑτέρῳ) ※ εἰς τὸ γενέσθαι ὑμᾶς ἑτέρῳ, τῷ ἐκ νεκρῶν ἐγερθέντι, 위 7:3과 같은 맥락 표현임. 참조: 롬2:1의 그 다른 사람과의 연관성을 이해하라. 롬7:1로부터 시작된 논리 속에서 고후11:2의 개념의 연관성을 이해하라.
7:5	ὅτε γὰρ ἦμεν ἐν τῇ σαρκί, τὰ παθήματα τῶν ἁμαρτιῶν τὰ διὰ τοῦ νόμου ἐνηργεῖτο ἐν τοῖς μέλεσιν ἡμῶν, εἰς τὸ καρποφορῆσαι τῷ θανάτῳ·	이는 우리가 그 육신 안에 있었던 때에 그 율법을 통해 우리의 지체들 안에서 활동하고 있었던 그 죄들의 그 열정들이 그 사망을 위해 열매를 맺게 하고 있었기 때문입니다.※	※ 문맥의 흐름을 따라 롬7:23의 의미를 명확히 규정하라.

7:6	–νυνὶ δὲ κατηργήθημεν ἀπὸ τοῦ νόμου ἀποθανόντες ἐν ᾧ κατειχόμεθα, ὥστε δουλεύειν ἡμᾶς ἐν καινότητι πνεύματος καὶ οὐ παλαιότητι γράμματος.	--그러나 이제는 사로잡혀 있었던※ 그 율법 안에서 죽었으므로 그 율법으로부터 우리가 완전히 풀려나게 되었습니다. 그러므로 우리는 법조문에 따른 낡은 가르침에 종노릇하지 않고, 성령의 새로운 가르침 안에서 섬기는 종이 되어야 합니다.	
7:7	Τί οὖν ἐροῦμεν; ὁ νόμος ἁμαρτία; μὴ γένοιτο· ἀλλὰ τὴν ἁμαρτίαν οὐκ ἔγνων εἰ μὴ διὰ νόμου· τήν τε γὰρ ἐπιθυμίαν οὐκ ᾔδειν εἰ μὴ ὁ νόμος ἔλεγεν· οὐκ ἐπιθυμήσεις.*	그러면 우리가 뭐라고 말해야 하겠습니까? 그 율법이 죄란 말입니까? 그렇게 되지 않기를 바랍니다. 오히려 나는 율법을 통하지 않고서는 그 죄를 알지 못했을 것입니다. 왜냐하면 그때 그 율법이 '탐내지 말라.*'라고 말하고 있지 않았더라면, 나는 그 탐심을 이해하지도 못했을 것이기 때문입니다.	* 출20:17, 신5:21
7:8	ἀφορμὴν δὲ λαβοῦσα ἡ ἁμαρτία διὰ τῆς ἐντολῆς κατειργάσατο ἐν ἐμοὶ πᾶσαν ἐπιθυμίαν· χωρὶς γὰρ νόμου ἁμαρτία νεκρά.	그러나 간교하게도 그 죄가 기회를 잡은 후 그 계명을 통해 내 안에서 온갖 탐심을 만들어 냈습니다. 왜냐하면 율법과 별개로 있으면 죄는 죽은 것이기 때문입니다.	
7:9	ἐγὼ δὲ ἔζων χωρὶς νόμου ποτέ, ἐλθούσης δὲ τῆς ἐντολῆς ἡ ἁμαρτία ἀνέζησεν,	실제로 내가 율법과 별개로 살고 있었던 시절에, 그 계명이 들어오자 기이하게도※ 그 죄가 살아나고,	※ 문맥상 약한 반의 접속사 '데(δὲ)'를 본문의 맥락을 실감할 수 있게 그 의미를 살려 번역한 것임.
7:10	ἐγὼ δὲ ἀπέθανον καὶ εὑρέθη μοι ἡ ἐντολὴ ἡ εἰς ζωήν, αὕτη εἰς θάνατον·	불행히도※ 나는 죽었습니다. 그리하여 나를 생명에 이르게 해야 할 그 계명이 죽음에 이르게 하는 것으로 발견되었습니다.	※ 위 9절과 동일하게 문맥상 약한 반의어 '데(δὲ)'의 의미를 살려 번역한 것임.
7:11	ἡ γὰρ ἁμαρτία ἀφορμὴν λαβοῦσα διὰ τῆς ἐντολῆς ἐξηπάτησέν με καὶ δι' αὐτῆς ἀπέκτεινεν.	참으로 그 죄가 기회를 잡은 후 그 계명을 통해 나를 완전히 속였고 또한 그것을 통해 나를 죽였습니다.	
7:12	ὥστε ὁ μὲν νόμος ἅγιος καὶ ἡ ἐντολὴ ἁγία καὶ δικαία καὶ ἀγαθή.	이로 보건대 실로 그 율법은 거룩하며 그 계명 또한 거룩하고 의롭고 선①합니다.	① (ἀγαθή)
7:13	–Τὸ οὖν ἀγαθὸν ἐμοὶ ἐγένετο θάνατος; μὴ γένοιτο· ἀλλ' ἡ ἁμαρτία, ἵνα φανῇ ἁμαρτία, διὰ τοῦ ἀγαθοῦ μοι κατεργαζομένη θάνατον, ἵνα γένηται καθ' ὑπερβολὴν ἁμαρτωλὸς ἡ ἁμαρτία διὰ τῆς	--그런데 그 선한① 그것이 나를 죽게 하였습니까? 그렇게 되지 않기를 소원합니다. 다만 그 죄가 죄로 명백히 드러나게 하려고, 그 죄가 그 선한② 그것을 통해 나에게 죽음을 만들어 내고③ 있었던 것입	① (ἀγαθὸν) ② (ἀγαθοῦ) ③ (κατεργαζομένη) ※ 딤전1:15 참조.

	ἐντολῆς.	니다. 이는 그 죄가 그 계명을 통해 지극히 크고 중한 범죄자가 되게 하려는 것이었습니다.※	
7:14	Οἴδαμεν γὰρ ὅτι ὁ νόμος πνευματικός ἐστιν, ἐγὼ δὲ σάρκινός εἰμι πεπραμένος ὑπὸ τὴν ἁμαρτίαν.	참으로 우리는 그 율법이 영적이라는 것을 알지만, 나는 그 죄 아래 팔린 상태의 육신적인 사람입니다.	
7:15	ὃ γὰρ κατεργάζομαι οὐ γινώσκω· οὐ γὰρ ὃ θέλω τοῦτο πράσσω, ἀλλ' ὃ μισῶ τοῦτο ποιῶ.	그래서 나는 정말 내가 이루어 내는① 것을 모릅니다. 불행하게도 나는 내가 원하는 일을 실행하지② 못하고, 도리어 미워하는 일을 만들고③ 있으니 말입니다.※	① (κατεργάζομαι) ② (πράσσω) ③ (ποιῶ) ※ 롬1:32-2:2를 보라.
7:16	εἰ δὲ ὃ οὐ θέλω τοῦτο ποιῶ, σύμφημι τῷ νόμῳ ὅτι καλός.	그런데 만약 내가 원하지 않는 일을 만들고① 있다면, 그것은 내가 그 율법이 '선하다②'는 것을 인정하는 것입니다.※	① (ποιῶ) ② (καλός) ※ σύμφημι τῷ νόμῳ ὅτι καλός 직역: 지금 나는 그 율법에게 '선하다.'라고 동의하고 있습니다
7:17	νυνὶ δὲ οὐκέτι ἐγὼ κατεργάζομαι αὐτὸ ἀλλ' ἡ οἰκοῦσα ἐν ἐμοὶ ἁμαρτία.	그러니 이제 더 이상 내가 그것을 이루어 내는 것이 아니라 내 속에 거주하고 있는 그 죄가 그것을 이루어 내고① 있는 장본인입니다.	① (κατεργάζομαι)
7:18	–Οἶδα γὰρ ὅτι οὐκ οἰκεῖ ἐν ἐμοί, τοῦτ' ἔστιν ἐν τῇ σαρκί μου, ἀγαθόν· τὸ γὰρ θέλειν παράκειταί μοι, τὸ δὲ κατεργάζεσθαι τὸ καλὸν οὔ·	--정말이지 나는 내 안에, 말하자면 나의 육신 안에 선한① 그것이 거주하지 않는다는 것을 압니다. 왜냐하면 원하는 것은 내게 언제든지 자리 잡고 있으나 그 선한② 일을 이루어 내지는③ 못하기 때문입니다.	① (ἀγαθόν) ② (τὸ καλὸν) ③ (κατεργάζεσθαι)
7:19	οὐ γὰρ ὃ θέλω ποιῶ ἀγαθόν, ἀλλ' ὃ οὐ θέλω κακὸν τοῦτο πράσσω.	그 때문에 나는 그토록 내가 원하는 바, 선한① 그것을 만들지② 못하고, 오히려 내가 원하지 않는 바, 악한③ 그것을 실행하고④ 있을 뿐입니다.	① (ἀγαθόν) ② (ποιῶ) ③ (κακὸν) ④ (πράσσω)
7:20	εἰ δὲ ὃ οὐ θέλω [ἐγὼ] τοῦτο ποιῶ, οὐκέτι ἐγὼ κατεργάζομαι αὐτὸ ἀλλ' ἡ οἰκοῦσα ἐν ἐμοὶ ἁμαρτία.	그렇게 [내가] 원하지 않는 이것을 만들고① 있다면, 그것을 이루어 내고② 있는 것은 더 이상 내가 아니라 내 안에 거주하고 있는 그 죄라는 말이 됩니다.	① (ποιῶ) ② (κατεργάζομαι)
7:21	εὑρίσκω ἄρα τὸν νόμον, τῷ θέλοντι ἐμοὶ ποιεῖν τὸ καλόν, ὅτι ἐμοὶ τὸ κακὸν παράκειται·	나는 비로소 그 율법을 발견합니다. 그 율법은 그 선한① 그것을 만들어 내기② 원하는 나에게 그 악한③ 그것이 항상 자리 잡	① (καλόν) ② (ποιεῖν) ③ (κακὸν) ※ 창4:7 문맥 참조.

		고 있다고 경고해 주는 역할을 하고 있었던 것입니다.※	
7:22	συνήδομαι γὰρ τῷ νόμῳ τοῦ θεοῦ κατὰ τὸν ἔσω ἄνθρωπον,	이는 내가 그 속 사람을 따라 그 하나님의 그 율법을 매우 즐거워하나,	
7:23	βλέπω δὲ ἕτερον νόμον ἐν τοῖς μέλεσίν μου ἀντιστρατευόμενον τῷ νόμῳ τοῦ νοός μου καὶ αἰχμαλωτίζοντά με ἐν τῷ νόμῳ τῆς ἁμαρτίας τῷ ὄντι ἐν τοῖς μέλεσίν μου.	내 지체들 안에서 다른[①] 율법이 내 이성의[②] 율법과 싸워 내 지체들 안에 있는 그 죄의 그 율법으로 나를 사로잡고 있는 것을 보기 때문입니다.	① (ἕτερον) 롬2:1,21, 7:3,4,23, 8:39, 13:8,9 참조. ② (τοῦ νοός μου) 롬1:28, 7:25, 11:34, 12:2, 14:5 참조.
7:24	Ταλαίπωρος ἐγὼ ἄνθρωπος· τίς με ῥύσεται ἐκ τοῦ σώματος τοῦ θανάτου τούτου;	오호라~, 진정 나는 비참한 사람입니다. 누가 나를 이 사망의 몸으로부터 구해 내겠습니까?	
7:25	χάρις δὲ τῷ θεῷ διὰ Ἰησοῦ Χριστοῦ τοῦ κυρίου ἡμῶν. Ἄρα οὖν αὐτὸς ἐγὼ τῷ μὲν νοῒ δουλεύω νόμῳ θεοῦ τῇ δὲ σαρκὶ νόμῳ ἁμαρτίας.	다행히도 은혜가 예수 그리스도 우리 주님을 통해 그 하나님께 있습니다. 그런즉 의심의 여지없이 실로 내가 친히 그 이성으로[①] 하나님의 율법에 종이 되어 섬긴다고는 하나 그 육신으로 죄의 율법에 종이 되어 섬기고 있는 상태입니다.	① τῷ μὲν νοῒ 롬1:28, 7:23, 11:34, 12:2, 14:5 참조.
8장	**NA28판(UBS5판) ΠΡΟΣ ΡΩΜΑΙΟΥΣ 8**	**로마서 8장 필자 사역**	**비고**
8:1	Οὐδὲν ἄρα νῦν κατάκριμα τοῖς ἐν Χριστῷ Ἰησοῦ.	그러므로 이제 그리스도 예수 안에 있는 사람들에게는 절대로 정죄함이 없습니다.	
8:2	ὁ γὰρ νόμος τοῦ πνεύματος τῆς ζωῆς ἐν Χριστῷ Ἰησοῦ ἠλευθέρωσέν σε ἀπὸ τοῦ νόμου τῆς ἁμαρτίας καὶ τοῦ θανάτου.	왜냐하면 그리스도 예수 안에서 그 생명을 주시는 그 영의 그 율법이 그대를※ 그 사망에 이르게 하는 그 죄의 그 율법으로부터 자유롭게 하였기 때문입니다.	※ 본문 '당신을(σε)'에 달린 비평 기호는 다른 사본에 '나를(με)'이라고 확인됨. 문맥상 간접, 주관적 이유나 원인의 접속사(γὰρ)에 근거해 '나를(με)'로 읽을 수 있음.
8:3	—Τὸ γὰρ ἀδύνατον τοῦ νόμου ἐν ᾧ ἠσθένει διὰ τῆς σαρκός, ὁ θεὸς τὸν ἑαυτοῦ υἱὸν πέμψας ἐν ὁμοιώματι σαρκὸς ἁμαρτίας καὶ περὶ ἁμαρτίας κατέκρινεν τὴν ἁμαρτίαν ἐν τῇ σαρκί,	---이는 그 율법이 연약함으로 그 육신을 통해 할 수 없었던 그것을,※ 그 하나님께서 자기 아들을 죄 있는 육신을 닮은 모습으로 보내셔서 죄에 대하여 정죄하셨으니, 바로 그 육신 안에 있는 그 죄를 정죄하신 것입니다.	※ Τὸ γὰρ ἀδύνατον τοῦ νόμου ἐν ᾧ ἠσθένει διὰ τῆς σαρκός, 직역: 참으로 연약해 있었던 그 율법이 그 육신을 통해 할 수 없는 것을

8:4	ἵνα τὸ δικαίωμα τοῦ νόμου πληρωθῇ ἐν ἡμῖν τοῖς μὴ κατὰ σάρκα περιπατοῦσιν ἀλλὰ κατὰ πνεῦμα.	그것은 육신을 따라 살지 않고 다만 영을 따라 사는 우리 안에 그 율법의 그 의로운 행위에 대한 요구가 충족되게 하시려는 것이었습니다.	
8:5	οἱ γὰρ κατὰ σάρκα ὄντες τὰ τῆς σαρκὸς φρονοῦσιν, οἱ δὲ κατὰ πνεῦμα τὰ τοῦ πνεύματος.	왜냐하면 육신을 따라 사는 자들은 그 육신의 그 일들에 몰두하나,※1 영을 따라 사는 자들은 그 영의 그 일들에 몰두하기※2 때문입니다.	※1,2 φρονοῦσιν. BDAG: 어떤 것에 대해 신중하게 고려하다 ~에 마음을 두다 ~에 몰두하다
8:6	τὸ γὰρ φρόνημα τῆς σαρκὸς θάνατος, τὸ δὲ φρόνημα τοῦ πνεύματος ζωὴ καὶ εἰρήνη·	참으로 그 육신의 그 마음가짐은※1 사망이나, 그 영의 그 마음가짐은※2 생명과 평안입니다.	※1,2 φρόνημα. BDAG: 어떤 일에 마음을 고정시키는 능력. 사고방식이나, 마음가짐.
8:7	διότι τὸ φρόνημα τῆς σαρκὸς ἔχθρα εἰς θεόν, τῷ γὰρ νόμῳ τοῦ θεοῦ οὐχ ὑποτάσσεται, οὐδὲ γὰρ δύναται·	그것이 합리적인 이유는※1 그 육신의 그 마음가짐이 궁극적으로 하나님께는※2 원수가 되기 때문입니다. 그것은 참으로 그 하나님의 그 율법에 복종하지 않을 뿐만 아니라 복종할 수도 없습니다.	※1 디오티(διότι)의 의미와 역할을 살려 번역함. 롬1:19 참조. ※2 εἰς θεόν '하나님 속으로'라고 직역되나 의미상 하나님을 위해, 하나님께 이르기까지'라는 의미로 문맥을 고려해 쉽게 번역함.
8:8	οἱ δὲ ἐν σαρκὶ ὄντες θεῷ ἀρέσαι οὐ δύνανται.	그래서 육신 안에서 사는 자들은※ 하나님을 기쁘시게※ 할 수 없는 것입니다.	※ 육신 안에 있는 자들 ※ ἀρέσαι '일치하게 되다'라는 의미임.
8:9	—Ὑμεῖς δὲ οὐκ ἐστὲ ἐν σαρκὶ ἀλλ' ἐν πνεύματι, εἴπερ πνεῦμα θεοῦ οἰκεῖ ἐν ὑμῖν. εἰ δέ τις πνεῦμα Χριστοῦ οὐκ ἔχει, οὗτος οὐκ ἔστιν αὐτοῦ.	---그러나 진정 하나님의 영이 여러분 안에 계신다면, 여러분은 육신 안에서 사는 것이※1 아니라, 영 안에 사는 것입니다. 다만 어떤 사람이 그리스도의 영을 가지고 있지 않으면, 이런 사람은 하나님의 사람이 아닙니다.※2	※1 '존재하다'뜻의 에스테(ἐστὲ). ※2 문맥을 바르게 이해하기 위해 롬9:5의 바울의 인식을 살펴보라.
8:10	εἰ δὲ Χριστὸς ἐν ὑμῖν, τὸ μὲν σῶμα νεκρὸν διὰ ἁμαρτίαν τὸ δὲ πνεῦμα ζωὴ διὰ δικαιοσύνην.	더욱이 그리스도께서 진정 여러분 안에 계신다면, 실로 그 몸은※1 죄 때문에 죽은 것이지만, 그 영은※2 의(義) 때문에 생명으로 존재하십니다.※3	※1 τὸ σῶμα 문맥상 그리스도의 몸. ※2 τὸ πνεῦμα. 문맥상 그리스도의 영. ※3 τὸ δὲ πνεῦμα ζωὴ διὰ δικαιοσύνην 문맥상 그리스도와 함께하는 인간에게 그리스도의 영은 살려주는 영으로 지금도 살아 있고 앞으로도 영원히 살아 있다는 표현임. 참조 롬8:11, 요6:63
8:11	εἰ δὲ τὸ πνεῦμα τοῦ ἐγείραντος τὸν Ἰησοῦν ἐκ νεκρῶν οἰκεῖ ἐν ὑμῖν, ὁ ἐγείρας Χριστὸν ἐκ νεκρῶν ζῳοποιήσει καὶ τὰ θνητὰ σώματα ὑμῶν διὰ τοῦ	하지만 죽은 자들로부터 그 예수님을 일으키신 분의 그 영이 여러분 안에 거주하신다면, 죽은 자들로부터 그리스도를 일으키신 분께서 여러분 안에 거주하시는 그	※1 십자가에 처형된 그 예수님을 일으키신 분의 영, 곧 아버지 하나님의 영. ※2 αὐτοῦ πνεύματος 양자의 영이 되신 그리스도의 영.

	ἐνοικοῦντος αὐτοῦ πνεύματος ἐν ὑμῖν.	분의 영을※ 통해 여러분의 죽을 몸도 살려 내실 것입니다.	
8:12	Ἄρα οὖν, ἀδελφοί, ὀφειλέται ἐσμὲν οὐ τῇ σαρκὶ τοῦ κατὰ σάρκα ζῆν,	그러므로 형제들이여, 진정 우리는 육신을 따라서 살게 하는 그 육신에 빚진 사람들이 아닙니다.※	※ ὀφειλέται ἐσμὲν οὐ τῇ σαρκὶ 롬1:14과 비교.
8:13	εἰ γὰρ κατὰ σάρκα ζῆτε, μέλλετε ἀποθνῄσκειν· εἰ δὲ πνεύματι τὰς πράξεις τοῦ σώματος θανατοῦτε, ζήσεσθε.	참으로 여러분이 육신을 따라 산다면, 죽기로 작정했다는 것입니다. 하지만 영으로 그 몸의※ 그 행위들을 죽인다면, 스스로를 살게 하는 것입니다.	※ 위 8:11의 죽을 몸
8:14	ὅσοι γὰρ πνεύματι θεοῦ ἄγονται, οὗτοι υἱοὶ θεοῦ εἰσιν.	왜냐하면 하나님의 영으로 인도함을 받는 사람들은 누구든지 하나님의 아들들이기 때문입니다.	
8:15	οὐ γὰρ ἐλάβετε πνεῦμα δουλείας πάλιν εἰς φόβον ἀλλ' ἐλάβετε πνεῦμα υἱοθεσίας ἐν ᾧ κράζομεν· αββα ὁ πατήρ.	진정 여러분은 다시 두려워하는 종의 영을 받은 것이 아니라 양자의 영을 받았습니다. 그래서 그 영을 힘입어 우리가 전능하신 하나님을 '압바 그 아버지'라고 크게 부르짖는 것입니다.※	
8:16	αὐτὸ τὸ πνεῦμα συμμαρτυρεῖ τῷ πνεύματι ἡμῶν ὅτι ἐσμὲν τέκνα θεοῦ.	그 영이 친히 우리의 영과 더불어 '우리가 하나님의 자녀들이다.'라고 증언해 주십니다.	
8:17	εἰ δὲ τέκνα, καὶ κληρονόμοι· κληρονόμοι μὲν θεοῦ, συγκληρονόμοι δὲ Χριστοῦ, εἴπερ συμπάσχομεν ἵνα καὶ συνδοξασθῶμεν.	그러나 자녀들이면 또한 상속자들이니, 실로 하나님의 상속자들이기도 하지만 그리스도와 함께 상속받는 공동 상속자들이기도 합니다. 진정 그러하다면 우리 또한 그리스도와 함께하는 영광을 받기 위해서 그리스도와 함께하는 고난도 받아야 합니다.	
8:18	Λογίζομαι γὰρ ὅτι οὐκ ἄξια τὰ παθήματα τοῦ νῦν καιροῦ πρὸς τὴν μέλλουσαν δόξαν ἀποκαλυφθῆναι εἰς ἡμᾶς.	참으로 나는 지금 이때※1 우리가 겪는 여러 고난의 고통이※2 장차 우리에게 계시될 영광에 비하면 고민할 가치도 없다고 여깁니다.	※1 롬3:26 참조. ※2 τὰ παθήματα 직역: 그 고통들 BDAG: 겪거나 견디는 것, 고통, 불행 고전12:26 참조.
8:19	ἡ γὰρ ἀποκαραδοκία τῆς κτίσεως τὴν ἀποκάλυψιν τῶν υἱῶν τοῦ θεοῦ ἀπεκδέχεται.	왜냐하면 그 피조물의※ 그 간절한 기대는 그 하나님의 그 아들들이 나타나기를† 기다리는 것이기 때문입니다.	※ 롬1:25의 맥락 참조. † τὴν ἀποκάλυψιν τῶν υἱῶν τοῦ θεοῦ 직역: 그 하나님의 그 아들들의 그 계시를

8:20	τῇ γὰρ ματαιότητι ἡ κτίσις ὑπετάγη, οὐχ ἑκοῦσα ἀλλὰ διὰ τὸν ὑποτάξαντα, ἐφ' ἑλπίδι	그 피조물이 그 헛된 것에 복종하는 것은 자발적인 것이 아니라 복종하게 하신 분으로 인한 것이었습니다. 그것은 그 피조물로 하여금 소망을 갖게 하신 것입니다.	
8:21	ὅτι καὶ αὐτὴ ἡ κτίσις ἐλευθερωθήσεται ἀπὸ τῆς δουλείας τῆς φθορᾶς εἰς τὴν ἐλευθερίαν τῆς δόξης τῶν τέκνων τοῦ θεοῦ.	그 소망은 그 피조물 자신도 그 썩을 것의 그 종살이로부터 풀려나 자유롭게 되어 그 하나님의 그 자녀들이 누리게 될 그 영광의 그 자유에 이르는 것입니다.	
8:22	οἴδαμεν γὰρ ὅτι πᾶσα ἡ κτίσις συστενάζει καὶ συνωδίνει ἄχρι τοῦ νῦν·	참으로 우리는 그 피조물이 모두 다 지금까지 함께 신음하며 함께 출산의 고통을 겪고 있다는 것을 압니다.	
8:23	οὐ μόνον δέ, ἀλλὰ καὶ αὐτοὶ τὴν ἀπαρχὴν τοῦ πνεύματος ἔχοντες, ἡμεῖς καὶ αὐτοὶ ἐν ἑαυτοῖς στενάζομεν υἱοθεσίαν ἀπεκδεχόμενοι, τὴν ἀπολύτρωσιν τοῦ σώματος ἡμῶν.	그뿐만 아닙니다. 오히려 우리 자신도 그 영의 그 첫 열매를 가지고 있으므로, 우리도 친히 속으로 신음하며 양자 될 것, 곧 죽어 썩어 없어질 우리 몸의 그 구속을※ 애타게 기다리고 있습니다.	※ τὴν ἀπολύτρωσιν τοῦ σώματος ἡμῶν. 직역: 우리 몸의 구속 문맥상 우리들의 죽을 몸이 부활체에 이르는 것.
8:24	τῇ γὰρ ἐλπίδι ἐσώθημεν· ἐλπὶς δὲ βλεπομένη οὐκ ἔστιν ἐλπίς· ὃ γὰρ βλέπει τίς ἐλπίζει;	왜냐하면 그 소망으로 우리가 구원받았기 때문입니다. 하지만 소망하는 것이 보일 때 그것은 이미 소망이 아닙니다. 도대체 누가 보는 것을 소망하겠습니까?	
8:25	εἰ δὲ ὃ οὐ βλέπομεν ἐλπίζομεν, δι' ὑπομονῆς ἀπεκδεχόμεθα.	진정 우리가 보지 못하는 것을 소망한다면, 인내를 통해서 간절히 기다려야 합니다.	
8:26	—Ὡσαύτως δὲ καὶ τὸ πνεῦμα συναντιλαμβάνεται τῇ ἀσθενείᾳ ἡμῶν· τὸ γὰρ τί προσευξώμεθα καθὸ δεῖ οὐκ οἴδαμεν, ἀλλ' αὐτὸ τὸ πνεῦμα ὑπερεντυγχάνει στεναγμοῖς ἀλαλήτοις·	---그러나 다행스럽게도 그 영 또한 우리 편에 서서※ 우리의 연약함에 대해 도와주십니다. 참으로 우리가 마땅히 무엇을 기도해야 하는지 알지 못하지만, 오히려 그 영이 친히 말로 표현할 수 없는 탄식으로 간청하며 중재하십니다.	※ Ὡσαύτως 직역: 동일한 방식으로 또는 마찬가지로 BDAG: a marker of similarity that approximates identyity(동일성에 근사화하는 유사성의 마커), (in) the same (way), similarly, likewise
8:27	ὁ δὲ ἐραυνῶν τὰς καρδίας οἶδεν τί τὸ φρόνημα τοῦ πνεύματος, ὅτι κατὰ θεὸν ἐντυγχάνει ὑπὲρ ἁγίων.	응당 그 마음을 살피시는 분께서는 그 영의 그 마음가짐이 무엇인지 아십니다. 그리고 그 영은 하나님께서 원하시는 대로※ 성도들을 위하여 간구하십니다.	※ κατὰ θεὸν 직역: 하나님을 따라서 문맥상 정관사 없는 하나님(θεὸν)을 이해하라(롬9:5, 고후5:17 참조).

8:28	—Οἴδαμεν δὲ ὅτι τοῖς ἀγαπῶσιν τὸν θεὸν πάντα συνεργεῖ εἰς ἀγαθόν, τοῖς κατὰ πρόθεσιν κλητοῖς οὖσιν.	---더군다나 우리는 모든 것들이 그 하나님을 사랑하는 자들, 곧 그분의 계획을 따라 부르심을 입어 사는 자들에게 선을① 이루기 위해 함께 일한다는 것을 압니다.	① (ἀγαθόν)
8:29	ὅτι οὓς προέγνω, καὶ προώρισεν συμμόρφους τῆς εἰκόνος τοῦ υἱοῦ αὐτοῦ, εἰς τὸ εἶναι αὐτὸν πρωτότοκον ἐν πολλοῖς ἀδελφοῖς·	왜냐하면 그 하나님께서 그들을 미리 아시고, 그의 아들의 형상과 같은 형체를 가진 자들로 만드실 것을 미리 정하시되, 그 아들로 많은 형제 중에서 처음 난 자로 세우셨기 때문입니다.	
8:30	οὓς δὲ προώρισεν, τούτους καὶ ἐκάλεσεν· καὶ οὓς ἐκάλεσεν, τούτους καὶ ἐδικαίωσεν· οὓς δὲ ἐδικαίωσεν, τούτους καὶ ἐδόξασεν.	그래서 그 하나님께서는 미리 정하신 사람들을 또한 부르셨고, 부르신 사람들을 또한 의롭다고 하셨고, 더구나 의롭다고 선언하신 사람들을 또한 영화롭게 하셨습니다.	
8:31	Τί οὖν ἐροῦμεν πρὸς ταῦτα; εἰ ὁ θεὸς ὑπὲρ ἡμῶν, τίς καθ' ἡμῶν;	그런데 우리가 이 일들에 대해 무슨 말을 하겠습니까? 진정 그 하나님께서 우리를 위하신다고 하실진대, 누가 우리를 대적하겠습니까?	
8:32	ὅς γε τοῦ ἰδίου υἱοῦ οὐκ ἐφείσατο ἀλλ' ὑπὲρ ἡμῶν πάντων παρέδωκεν αὐτόν, πῶς οὐχὶ καὶ σὺν αὐτῷ τὰ πάντα ἡμῖν χαρίσεται;	적어도 자기 아들을 아끼시기는커녕, 우리 모든 사람을 위하여 자기 아들을 내어 주신 분께서 어떻게 그와 함께 그 모든 것들도 우리에게 은혜로 베풀어 주시지 않겠습니까?	
8:33	τίς ἐγκαλέσει κατὰ ἐκλεκτῶν θεοῦ; θεὸς ὁ δικαιῶν·	누가 하나님의 선택받은 사람들을 상대로 고발하겠습니까? 의롭다고 옹호하시는 분은 하나님입니다.※	※ θεὸς ὁ δικαιῶν 직역: 의롭다고 간주하시는 분은 하나님이십니다.
8:34	τίς ὁ κατακρινῶν; Χριστὸς [Ἰησοῦς] ὁ ἀποθανών, μᾶλλον δὲ ἐγερθείς, ὃς καί ἐστιν ἐν δεξιᾷ τοῦ θεοῦ, ὃς καὶ ἐντυγχάνει ὑπὲρ ἡμῶν.	누가 정죄하는 분이십니까? 그리스도 [예수님]께서는 돌아가셨으나, 도리어 일으켜지신 분이십니다. 그분께서는 그 하나님의 오른편에 계시기도 하지만, 우리를 위해 간구해 주시기도 합니다.	
8:35	τίς ἡμᾶς χωρίσει ἀπὸ τῆς ἀγάπης τοῦ Χριστοῦ; θλῖψις ἢ στενοχωρία ἢ διωγμὸς ἢ λιμὸς ἢ γυμνότης ἢ κίνδυνος	누가 우리를 그 그리스도의 그 사랑으로부터 떼어 놓겠습니까? 환난이나 곤란이나 박해나 기근이나 헐벗음이나 위험이나	※ μάχαιρα 직역: 칼 문맥상 살해의 도구로서 검을 표현한 것임(마26:47-56 참조).

	ἢ μάχαιρα;	살해의 위협입니까?※	
8:36	καθὼς γέγραπται ὅτι ἕνεκεν σοῦ θανατούμεθα ὅλην τὴν ἡμέραν,* ἐλογίσθημεν ὡς πρόβατα σφαγῆς.*	이는 성경에 ‘주님으로 인해서 우리가 온종일 죽임을 당하며 도살당하는 양과 같은 여김을 받았습니다.※’라고 기록된 대로와 같습니다.	*시44:22
8:37	ἀλλ’ ἐν τούτοις πᾶσιν ὑπερνικῶμεν διὰ τοῦ ἀγαπήσαντος ἡμᾶς.	그런데도 우리는 오히려 이 모든 상황 속에서 우리를 사랑하시는 분을 통해 영광의 승리를 거둡니다.	
8:38	πέπεισμαι γὰρ ὅτι οὔτε θάνατος οὔτε ζωὴ οὔτε ἄγγελοι οὔτε ἀρχαὶ οὔτε ἐνεστῶτα οὔτε μέλλοντα οὔτε δυνάμεις	나는 확신합니다. 참으로 죽음이나 생명이나 천사들이나 통치자들이나 현재 일들이나 장래 일들이나 능력들이나	
8:39	οὔτε ὕψωμα οὔτε βάθος οὔτε τις κτίσις ἑτέρα δυνήσεται ἡμᾶς χωρίσαι ἀπὸ τῆς ἀγάπης τοῦ θεοῦ τῆς ἐν Χριστῷ Ἰησοῦ τῷ κυρίῳ ἡμῶν.	높음이나 깊음이나 어떤 다른 피조물이라도 그리스도 예수 우리 주님 안에 있는 그 하나님의 그 사랑으로부터 우리를 떼어놓을 수 없습니다.	

9장	NA28판(UBS5판) ΠΡΟΣ ΡΩΜΑΙΟΥΣ 9	로마서 9장 필자 사역	비고
9:1	Ἀλήθειαν λέγω ἐν Χριστῷ, οὐ ψεύδομαι, συμμαρτυρούσης μοι τῆς συνειδήσεώς μου ἐν πνεύματι ἁγίῳ,	나는 그리스도 안에서 진실을 말하지, 거짓을 말하지 않습니다. 나의 양심이 성령 안에서 나와 더불어 증언합니다.	
9:2	ὅτι λύπη μοί ἐστιν μεγάλη καὶ ἀδιάλειπτος ὀδύνη τῇ καρδίᾳ μου.	왜냐하면 내게 큰 근심이 있어 내 마음에 고통이 끊이지 않기 때문입니다.	
9:3	ηὐχόμην γὰρ ἀνάθεμα εἶναι αὐτὸς ἐγὼ ἀπὸ τοῦ Χριστοῦ ὑπὲρ τῶν ἀδελφῶν μου τῶν συγγενῶν μου κατὰ σάρκα,	참으로 나는 육신을 따라 내 동족인 나의 형제들을 위해서라면 친히 내가 저주를 받아※ 그 그리스도로부터 끊어지는 한이 있더라도 달게 받겠다는 각오가 되어 있습니다.	※ ἀνάθεμα εἶναι αὐτὸς ἐγὼ 모든 것을 완전히 죽여 하나님께 바쳐지기로 정하여진 제물인 헤렘(레27:28 참조).
9:4	οἵτινές εἰσιν Ἰσραηλῖται, ὧν ἡ υἱοθεσία καὶ ἡ δόξα καὶ αἱ διαθῆκαι καὶ ἡ νομοθεσία καὶ ἡ λατρεία καὶ αἱ ἐπαγγελίαι,	저들은 이스라엘 사람들이고, 그들에게는 하나님의 양자로 세워지는 것과※ 그 영광과 그 언약들과 그 입법과 그 섬김과 그 약속들이 있으며,	※ ἡ υἱοθεσία 직역: 그 입양(아들로 세워짐) 문맥상 연결된 어휘들이 가지는 개념을 근거로 ‘하나님의 양자로 세워지는 것’이라고 풀어 번역했음.

9:5	ὧν οἱ πατέρες καὶ ἐξ ὧν ὁ Χριστὸς τὸ κατὰ σάρκα, ὁ ὢν ἐπὶ πάντων θεὸς εὐλογητὸς εἰς τοὺς αἰῶνας, ἀμήν.	그들에게는 그 약속을 받은 조상들이 있고 그들로부터 그 그리스도께서 육신을 따라 인간의 모습으로 되셔서 구원을 이루셨으니,※ 그분은 모든 것들 위에 계시는 하나님으로서 영원히 찬양받으실 분입니다. 아멘.	※ ἐξ ὧν ὁ Χριστὸς τὸ κατὰ σάρκα 직역: 육신으로 하면 그 그리스도께서 그들로부터 계시니 롬1-8장에서 보이는 그리스도의 개념을 토대 삼아 맥락적으로 번역했으나 직역의 의미는 그런 맥락을 뺀 객관적인 의미로 보임.
9:6	Οὐχ οἷον δὲ ὅτι ἐκπέπτωκεν ὁ λόγος τοῦ θεοῦ. οὐ γὰρ πάντες οἱ ἐξ Ἰσραὴλ οὗτοι Ἰσραήλ·	그래서※ 그 하나님의 그 말씀이 완전히 폐하여진 것과 같지는 않습니다. 왜냐하면 이스라엘에 속한 사람들이라고 해서 모두가 이스라엘인이 아니고,	※ δὲ 약한 반의를 나타내는 접속사이나 앞 절(롬9:5)의 번역에 맞추어 '그래서'로 번역함.
9:7	οὐδ' ὅτι εἰσὶν σπέρμα Ἀβραὰμ πάντες τέκνα, ἀλλ'· ἐν Ἰσαὰκ κληθήσεταί σοι σπέρμα.*	아브라함의 씨(후손)라고 해서 모두가 자녀들이 아닌 것은, 오로지 '이삭에게서 나올 그가 너의 '씨(후손)'라고 불릴 것이다.*' 라고 하나님께서 말씀하셨기 때문입니다.	* 창21:12
9:8	τοῦτ' ἔστιν, οὐ τὰ τέκνα τῆς σαρκὸς ταῦτα τέκνα τοῦ θεοῦ ἀλλὰ τὰ τέκνα τῆς ἐπαγγελίας λογίζεται εἰς σπέρμα.	말하자면 이건, 그 육신의 그 자녀들이 실제로 그 하나님의 그 자녀들이 아니라, 오직 그 약속의 그 자녀들이 씨(후손)로 여겨진다는 것입니다.	
9:9	ἐπαγγελίας γὰρ ὁ λόγος οὗτος· κατὰ τὸν καιρὸν τοῦτον ἐλεύσομαι καὶ ἔσται τῇ Σάρρᾳ υἱός.*	왜냐하면 약속의 그 말씀은 이렇게, '내년 이맘때에 내가 올 것이니 사라에게 한 아들이 있을 것이다.*'라고 하나님께서 친히 말씀하셨기 때문입니다.	* 창18:14
9:10	Οὐ μόνον δέ, ἀλλὰ καὶ Ῥεβέκκα ἐξ ἑνὸς κοίτην ἔχουσα, Ἰσαὰκ τοῦ πατρὸς ἡμῶν·	그뿐만 아니라 리브가도 한 사람 이삭으로부터 임신했는데, 그가 바로 우리의 조상입니다.	
9:11	μήπω γὰρ γεννηθέντων μηδὲ πραξάντων τι ἀγαθὸν ἢ φαῦλον, ἵνα ἡ κατ' ἐκλογὴν πρόθεσις τοῦ θεοῦ μένῃ,	이는 두 아들이 아직 태어나지도 않아 어떤 선이나 악을 행하지 않았을 때, 그 하나님의 그 계획이 그분의 선택하심을 따라 이루어지고 있음을 보여 주시기 위함이었습니다.	
9:12	οὐκ ἐξ ἔργων ἀλλ' ἐκ τοῦ καλοῦντος, ἐρρέθη αὐτῇ ὅτι ὁ μείζων δουλεύσει τῷ ἐλάσσονι,*	여러 가지 일을 잘해서가 아니라 부르시는 분으로부터 그의 씨(후손)가 결정된다는 사실을 보여 주시기 위해, 그녀에게 '큰 아이가 작은 아이를 섬길 것이다.*'라고 말	* 창25:23

		씀하신 것입니다.	
9:13	καθὼς γέγραπται· τὸν Ἰακὼβ ἠγάπησα, τὸν δὲ Ἠσαῦ ἐμίσησα.*	그것은 성경에 '나는 야곱은 사랑했지만, 에서를 미워했다.*'라고 기록된 대로와 같습니다.	* 말1:2-3
9:14	Τί οὖν ἐροῦμεν; μὴ ἀδικία παρὰ τῷ θεῷ; μὴ γένοιτο.	그러니 우리가 뭐라고 말해야 합니까? 그 하나님께서 불의하시다고 해야 합니까? 절대로 그렇게 되지 않기를 바랍니다.	
9:15	τῷ Μωϋσεῖ γὰρ λέγει· ἐλεήσω ὃν ἂν ἐλεῶ καὶ οἰκτιρήσω ὃν ἂν οἰκτίρω.*	왜냐하면 그 하나님께서 모세에게 '나는 긍휼을 베풀 자에게 긍휼을 베풀고, 동정을 베풀 자에게 동정을 베풀 것이다.*'라고 분명하게 말씀하시기 때문입니다.	* 출33:19하
9:16	ἄρα οὖν οὐ τοῦ θέλοντος οὐδὲ τοῦ τρέχοντος ἀλλὰ τοῦ ἐλεῶντος θεοῦ.	그런즉 의심의 여지없이 그것은 원한다고 되는 것이 아니고 더욱이 경주자처럼 노력한다고 되는 것도 아닙니다. 오직 긍휼을 베푸시는 하나님께 달려 있습니다.	
9:17	λέγει γὰρ ἡ γραφὴ τῷ Φαραὼ ὅτι εἰς αὐτὸ τοῦτο ἐξήγειρά σε ὅπως ἐνδείξωμαι ἐν σοὶ τὴν δύναμίν μου καὶ ὅπως διαγγελῇ τὸ ὄνομά μου ἐν πάσῃ τῇ γῇ.*	그런 이유로 성경이 파라오에게 '이런 일을 위해 내가 너를 일으켜 세웠으며, 내가 너를 도구로 삼아 내 능력을 나타내어 나의 이름을 온 땅에 선포하려는 것이다.*'라고 명명백백하게 말합니다.	* 출9:16
9:18	ἄρα οὖν ὃν θέλει ἐλεεῖ, ὃν δὲ θέλει σκληρύνει.	그러므로 그분은 확실히 자기가 원하시는 자를 불쌍히 여기시기도 하지만, 원하시는 자를 완악하게도 만드십니다.	
9:19	—Ἐρεῖς μοι οὖν· τί [οὖν] ἔτι μέμφεται; τῷ γὰρ βουλήματι αὐτοῦ τίς ἀνθέστηκεν;	---그런즉 그대는 다음과 같이 내게 반문할 것입니다. '[그렇다면] 그분께서 지금까지도 혼내시는 이유가 무엇입니까?※ 도대체 어느 누가 그분의 의향에 반대할 수 있단 말입니까?'	※ BDAG: why does he still find fault? or what fault can he still find?
9:20	ὦ ἄνθρωπε, μενοῦνγε σὺ τίς εἶ ὁ νταποκρινόμενος τῷ θεῷ; μὴ ἐρεῖ τὸ πλάσμα τῷ πλάσαντι· τί με* ἐποίησας* οὕτως;	오~! 인간이여, 감히 그대가 누구이기에 주제넘게 그 하나님께 말대답한단 말입니까? '그 빚어진 것이 그것을 빚으신 분에게 '왜 나를 이처럼 만들었습니까?*'라고 말할 수 있겠습니까?	* 사29:16 ※ μὴ ἐρεῖ τὸ πλάσμα τῷ πλάσαντι· BDAG: can what is molded say to its molder?
9:21	ἢ οὐκ ἔχει ἐξουσίαν ὁ	혹시 그 진흙의 그 토기장이가 같은 진흙	

	κεραμεὺς τοῦ πηλοῦ ἐκ τοῦ αὐτοῦ φυράματος ποιῆσαι ὃ μὲν εἰς τιμὴν σκεῦος ὃ δὲ εἰς ἀτιμίαν;	덩어리로부터 하나는 귀한 그릇을, 다른 하나는 천한 그릇을 만들 권한을 가지고 있지 않다는 말입니까?	
9:22	εἰ δὲ θέλων ὁ θεὸς ἐνδείξασθαι τὴν ὀργὴν καὶ γνωρίσαι τὸ δυνατὸν αὐτοῦ ἤνεγκεν ἐν πολλῇ μακροθυμίᾳ σκεύη ὀργῆς κατηρτισμένα εἰς ἀπώλειαν,	더구나 그 하나님께서 자기 능력을 알리기를 원하셔서 그 진노를 나타내실진대, 멸망을 위해 준비된 진노를 받을 사람들을 상대로 아주 많이 인내하심으로 기다려 주신 것이라면 어찌하렵니까?	
9:23	καὶ ἵνα γνωρίσῃ τὸν πλοῦτον τῆς δόξης αὐτοῦ ἐπὶ σκεύη ἐλέους ἃ προητοίμασεν εἰς δόξαν;	또한 그것이 영광에 이르도록 미리 준비된 긍휼을 입을 사람들에게 그분이 나타낼 영광의 부유함을 알게 하시려는 것이었다면 어찌하렵니까?	
9:24	–Οὓς καὶ ἐκάλεσεν ἡμᾶς οὐ μόνον ἐξ Ἰουδαίων ἀλλὰ καὶ ἐξ ἐθνῶν,	--정말이지 그 하나님께서 우리 또한 그 긍휼의 그릇들로 부르셨으니 유대인들에게서뿐만 아니라 이방인들에게서도 부르신 것입니다.	
9:25	ὡς καὶ ἐν τῷ Ὡσηὲ λέγει· καλέσω τὸν οὐ λαόν μου λαόν μου* καὶ τὴν οὐκ ἠγαπημένην ἠγαπημένην·*	그것은 마치 그 하나님께서 호세아 선지자 안에서 "내가 내 백성이 아닌 자를 내 백성이라고 부를 것이고, 사랑받지 못하던 여자를 사랑받은 여자라고 부를 것이다.*	* 호2:23
9:26	καὶ ἔσται ἐν τῷ τόπῳ οὗ* ἐρρέθη αὐτοῖς* · οὐ λαός μου* ὑμεῖς,* ἐκεῖ κληθήσονται υἱοὶ θεοῦ ζῶντος.*	그리고 '너희는 내 백성이 아니다.'라고 말해진 곳에서 '살아 계신 하나님의 아들들이다.'라고 불릴 것이다.*"라고, 말씀하시는 것과도 같습니다.	* 호1:10
9:27	Ἠσαΐας δὲ κράζει ὑπὲρ τοῦ Ἰσραήλ· ἐὰν ᾖ ὁ ἀριθμὸς τῶν υἱῶν Ἰσραὴλ ὡς ἡ ἄμμος τῆς θαλάσσης,* τὸ* ὑπόλειμμα σωθήσεται·*	그러나 이사야는 그 이스라엘을 위해 '이스라엘의 그 아들들의 그 수가 그 바다의 그 모래와 같다고 할지라도 남겨진 자만 구원될 것이다.	* 사10:22
9:28	λόγον γὰρ συντελῶν καὶ συντέμνων ποιήσει κύριος ἐπὶ τῆς γῆς.*	왜냐하면 그 하나님께서 짧게 줄여 세우신 말씀을 주님께서 그 땅 위에 신속하게 이행하실 것이기 때문이다.*'라고 외쳤습니다.	
9:29	καὶ καθὼς προείρηκεν Ἠσαΐας·	그것은 또한 이사야가 미리 본 대로 '만군의 주님께서 우리에게 한 씨(후손)를 남겨	* 사1:9

	εἰ μὴ κύριος σαβαὼθ ἐγκατέλιπεν ἡμῖν σπέρμα,* ὡς Σόδομα ἂν ἐγενήθημεν καὶ ὡς Γόμορρα ἂν ὡμοιώθημεν.*	두지 않으셨다면, 우리는 소돔처럼 되었을 것이고 고모라와 같았을 것이다.*'라고 한 것과 같습니다.	
9:30	Τί οὖν ἐροῦμεν; ὅτι ἔθνη τὰ μὴ διώκοντα δικαιοσύνην κατέλαβεν δικαιοσύνην, δικαιοσύνην δὲ τὴν ἐκ πίστεως,	그런즉 우리가 무슨 말을 하겠습니까? '의(義)를 추구하지 않던 이방인들이 의(義)를 얻었다.'라고 하는데, 그것은 믿음으로 얻은 의(義)를 말하는 것입니다.	
9:31	Ἰσραὴλ δὲ διώκων νόμον δικαιοσύνης εἰς νόμον οὐκ ἔφθασεν.	하지만 의(義)의 율법을 추구하던 이스라엘은 율법이 이끄는 곳에 이르지 못했습니다.	
9:32	διὰ τί; ὅτι οὐκ ἐκ πίστεως ἀλλ' ὡς ἐξ ἔργων· προσέκοψαν τῷ λίθῳ τοῦ προσκόμματος,	무엇 때문입니까? 그것은 그들이 믿음이 아닌 여러 가지 행업으로 의에 이르려고 했기 때문입니다. 참으로 그들은 걸림돌에 걸려 넘어진 것입니다.	
9:33	καθὼς γέγραπται· ἰδοὺ τίθημι ἐν Σιὼν λίθον προσκόμματος καὶ πέτραν σκανδάλου,* καὶ* ὁ πιστεύων ἐπ' αὐτῷ οὐ* καταισχυνθήσεται.*	이는 성경에 '보라, 내가 시온에 부딪히게 하는 돌과 걸려 넘어지게 하는 한 바위를 둔다. 그를 믿는 자마다 수치를 당하지 않을 것이다.*'라고 기록된 대로와 같습니다.	* 사28:16
10장	**NA28판(UBS5판) ΠΡΟΣ ΡΩΜΑΙΟΥΣ 10**	**로마서 10장 필자 사역**	**비고**
10:1	Ἀδελφοί, ἡ μὲν εὐδοκία τῆς ἐμῆς καρδίας καὶ ἡ δέησις πρὸς τὸν θεὸν ὑπὲρ αὐτῶν εἰς σωτηρίαν.	형제들이여, 실로 내가 마음으로 소원하는 것과 그 하나님을 향해 간구하는 것은 구원받게 될 이스라엘을 위한 것입니다.	
10:2	μαρτυρῶ γὰρ αὐτοῖς ὅτι ζῆλον θεοῦ ἔχουσιν ἀλλ' οὐ κατ' ἐπίγνωσιν·	왜냐하면 나는 그들에게 '그들이 하나님에 대한 열정을 가지고 있음에도 온전한 지식을 따르지 않는다는 사실'을 입증해야 할 증인이기 때문입니다.※	※ μαρτυρῶ '~을 입증하기 위한 증인이 되다'라는 뜻 κατ' ἐπίγνωσιν완전한 지식에 관련해서 롬1:28의 문맥과 연동해 이해하라.
10:3	ἀγνοοῦντες γὰρ τὴν τοῦ θεοῦ δικαιοσύνην καὶ τὴν ἰδίαν [δικαιοσύνην] ζητοῦντες στῆσαι, τῇ δικαιοσύνῃ τοῦ θεοῦ οὐχ ὑπετάγησαν.	참으로 그들은 그 하나님께서 내세우시는 의(義)를 알지 못하면서 자기 자신의 [의(義)]를※ 힘써 내세우려고† 그 하나님의 그 의(義)에 복종하지 않았습니다.	※ τὴν ἰδίαν [δικαιοσύνην] 사각 괄호는 미확정 본문(발행인의 경향 표시). 필자도 동의 번역. † ζητοῦντες στῆσαι 직역: 세우려고 추구하다
10:4	τέλος γὰρ νόμου Χριστὸς εἰς δικαιοσύνην παντὶ τῷ	그리스도께서는 믿는 자 모두를 의(義)에 이르게 하시려고 율법의 완성자가 되셨습	

	πιστεύοντι.	니다.	
10:5	– Μωϋσῆς γὰρ γράφει τὴν δικαιοσύνην τὴν ἐκ [τοῦ] νόμου ὅτι ὁ ποιήσας* αὐτὰ* ἄνθρωπος ζήσεται ἐν* αὐτοῖς.	--그 때문에 모세가 [그] 율법으로부터※ 얻는 그 의(義)에 대해 기록하기를 '그것들을 행하는 사람은 그것들로 인해 살 것이다.*'라고 했던 것입니다.	※ [τοῦ] νόμου 사각 괄호 위 10:3 참조 * 레18:5
10:6	ἡ δὲ ἐκ πίστεως δικαιοσύνη οὕτως λέγει· μὴ εἴπῃς ἐν τῇ καρδίᾳ σου· τίς ἀναβήσεται εἰς τὸν οὐρανόν;* τοῦτ' ἔστιν Χριστὸν καταγαγεῖν·	그러나 믿음에 속한 그 의는 이같이 말합니다. "그대는 그대 마음에 '누가 하늘로 올라가겠는가?*'라고 말하지 마십시오. 이것은 그리스도를 끌어내리려는 것입니다."	* 신30:12
10:7	ἤ· τίς καταβήσεται εἰς τὴν ἄβυσσον; τοῦτ' ἔστιν Χριστὸν ἐκ νεκρῶν ἀναγαγεῖν.	혹은 이같이 말하기도 합니다. "'누가 무저갱 속으로 내려가겠는가?*'라고 말하지 마십시오. 이것은 그리스도를 죽은 자들로부터 끌어올리려는 것입니다."	* 신30:13
10:8	ἀλλὰ τί λέγει; ἐγγύς σου τὸ ῥῆμά ἐστιν ἐν τῷ στόματί σου καὶ ἐν τῇ καρδίᾳ σου*, τοῦτ' ἔστιν τὸ ῥῆμα τῆς πίστεως ὃ κηρύσσομεν.	그렇다면 그것은 무엇을 의미하는 것입니까? 성경에 '그 말씀이① 네게 가까이 있으니 네 입에 있고 네 마음에 있다.*'라고 했습니다. 이것이 우리가 선포하는 그 믿음의 그 말씀②입니다.	* 신30:14 ① (τὸ ῥῆμά) ② (τὸ ῥῆμα τῆς πίστεως) 레마는 속격 관계에 있는 무엇인가를 명확하고 분명하게 말이나 글로 표현하는 설명이나 진술. 따라서 그 믿음의 그 말씀에서 말씀이란 그 믿음에 대해 이미 말해진 것을 의미
10:9	ὅτι ἐὰν ὁμολογήσῃς ἐν τῷ στόματί σου κύριον Ἰησοῦν καὶ πιστεύσῃς ἐν τῇ καρδίᾳ σου ὅτι ὁ θεὸς αὐτὸν ἤγειρεν ἐκ νεκρῶν, σωθήσῃ·	진정 그대의 입으로 예수님을 주님이라고 시인하고 그 하나님께서 그를 죽은 자들로부터 일으키셨다는 사실을 그대의 마음으로 믿는다면 그대가 구원받을 것입니다.	※ κύριον Ἰησοῦν '주 예수님'이라고 번역할 수 있음.
10:10	καρδίᾳ γὰρ πιστεύεται εἰς δικαιοσύνην, στόματι δὲ ὁμολογεῖται εἰς σωτηρίαν.	왜냐하면 그 믿음의 그 말씀은 의(義)에 이르게 하려고 마음에 믿어지고 있으며, 마침내 구원에 이르게 하려고 입으로 시인되고 있기 때문입니다.	
10:11	λέγει γὰρ ἡ γραφή· πᾶς ὁ πιστεύων ἐπ' αὐτῷ οὐ καταισχυνθήσεται.*	진정 성경도 '그를 믿는 자마다 수치를 당하지 않을 것이다.*'라고 말합니다.	* 사28:16
10:12	οὐ γάρ ἐστιν διαστολὴ Ἰουδαίου τε καὶ Ἕλληνος, ὁ γὰρ αὐτὸς κύριος πάντων, πλουτῶν εἰς πάντας τοὺς	참으로 유대인과 헬라인 사이에 차별이 없습니다. 왜냐하면 그 예수님은 모든 사람에게 같은 주님이시고, 자기를 부르는	

	ἐπικαλουμένους αὐτόν·	모든 사람에게 부유하시기 때문입니다.	
10:13	πᾶς γὰρ ὃς ἂν ἐπικαλέσηται τὸ ὄνομα κυρίου σωθήσεται.*	이는 성경이 '주님의 이름을 부르는 자마다 구원을 얻을 것이다.*'라고 말하기 때문입니다.	* 요엘2:32
10:14	Πῶς οὖν ἐπικαλέσωνται εἰς ὃν οὐκ ἐπίστευσαν; πῶς δὲ πιστεύσωσιν οὗ οὐκ ἤκουσαν; πῶς δὲ ἀκούσωσιν χωρὶς κηρύσσοντος;	그런즉 그들이 믿지 않은 분에게 어떻게 호소하겠습니까? 게다가 그들이 들어보지 못한 분의 말씀을 어떻게 믿겠습니까? 더구나 선포하는 사람이 없는데 어떻게 그들이 듣겠습니까?	
10:15	πῶς δὲ κηρύξωσιν ἐὰν μὴ ἀποσταλῶσιν; καθὼς γέγραπται· ὡς ὡραῖοι οἱ πόδες* τῶν εὐαγγελιζομένων [τὰ] ἀγαθά.*	하물며 그들이 보내어지지 않는다면 어떻게 선포하겠습니까? 그것은 '마치 적당한 시기에 꽃이 만개한 것처럼, [그] 아름다운 말씀들을 좋은 소식으로 전하는 자들의 발이 아름답다.*'라고 성경에 기록된 대로와 같습니다.	* 사52:7
10:16	—Ἀλλ' οὐ πάντες ὑπήκουσαν τῷ εὐαγγελίῳ. Ἠσαΐας γὰρ λέγει· κύριε, τίς ἐπίστευσεν τῇ ἀκοῇ ἡμῶν;*	---그럼에도 그들 모두가 그 복음에 순종하지 않았습니다. 이사야는 '주님, 우리가 주님께로부터 들은 말씀을 누가 믿었습니까?*'라고 말합니다.	* 사53:1
10:17	ἄρα ἡ πίστις ἐξ ἀκοῆς, ἡ δὲ ἀκοὴ διὰ ῥήματος Χριστοῦ.	그래서 그 믿음은 여지없이 들음으로부터 얻게 되지만, 그 들음은 그리스도의 말씀을 통해서① 얻게 됩니다.	① διὰ ῥήματος Χριστοῦ
10:18	ἀλλὰ λέγω, μὴ οὐκ ἤκουσαν; μενοῦνγε· εἰς πᾶσαν τὴν γῆν ἐξῆλθεν ὁ φθόγγος αὐτῶν* καὶ εἰς τὰ πέρατα τῆς οἰκουμένης τὰ ῥήματα αὐτῶν.*	그럼 이제 내가 묻습니다. 그들이 듣지 못했겠습니까? 아닙니다. 최소한 그때 듣고도 남았습니다. 성경에 '그들의 목소리가 온 땅에 퍼져 나갔고 지구촌 끝까지 그들의 말이 퍼져 나갔다.*'라고, 했습니다.	* 시19:4
10:19	ἀλλὰ λέγω, μὴ Ἰσραὴλ οὐκ ἔγνω; πρῶτος Μωϋσῆς λέγει· ἐγὼ παραζηλώσω* ὑμᾶς ἐπ' οὐκ ἔθνει,* ἐπ' ἔθνει ἀσυνέτῳ παροργιῶ* ὑμᾶς.	그럼 또 내가 묻습니다. 이스라엘이 알지 못했겠습니까? 먼저 모세가 말하길 '나는 백성 아닌 사람들로 백성인 너희의 질투심을 일으킬 것이고, 어리석은 나라로 너희를 분노하게 만들 것이다.*'라고, 했습니다.	* 신32:21

10:20	Ἠσαΐας δὲ ἀποτολμᾷ καὶ λέγει· εὑρέθην [ἐν] τοῖς ἐμὲ μὴ ζητοῦσιν,* ἐμφανὴς ἐγενόμην* τοῖς ἐμὲ μὴ ἐπερωτῶσιν.*	그래서 이사야가 담대하게 말하길 '나는 나를 찾지 않는 사람들 [안에서] 발견되었고, 나에게 묻지 않는 사람들에게 명백하게 보였다.*'라고, 했던 것입니다.	* 사65:1
10:21	πρὸς δὲ τὸν Ἰσραὴλ λέγει· ὅλην τὴν ἡμέραν ἐξεπέτασα τὰς χεῖράς μου* πρὸς λαὸν ἀπειθοῦντα*καὶ ἀντιλέγοντα*.	게다가 이사야가 이스라엘을 향해서 말하길 '내가 순종하지 않으며 대들어 말대꾸하는 백성을 향해 온종일 내 손을 내밀었다.*'라고까지 했습니다.	* 사65:2
11장	**NA28판(UBS5판) ΠΡΟΣ ΡΩΜΑΙΟΥΣ 11**	**로마서 11장 필자 사역**	**비고**
11:1	Λέγω οὖν, μὴ ἀπώσατο ὁ θεὸς τὸν λαὸν αὐτοῦ; μὴ γένοιτο· καὶ γὰρ ἐγὼ Ἰσραηλίτης εἰμί, ἐκ σπέρματος Ἀβραάμ, φυλῆς Βενιαμίν.	그런즉 내가 묻습니다. 그 하나님께서 그분의 백성을 버리셨겠습니까? 절대로 그렇게 되지 않기를 바랍니다. 왜냐하면 나 또한 이스라엘 사람이고, 아브라함의 씨(후손)에 속해 있으며, 베냐민 지파 사람입니다.	
11:2	οὐκ ἀπώσατο ὁ θεὸς τὸν λαὸν αὐτοῦ ὃν προέγνω. ἢ οὐκ οἴδατε ἐν Ἠλίᾳ τί λέγει ἡ γραφή, ὡς ἐντυγχάνει τῷ θεῷ κατὰ τοῦ Ἰσραήλ;	그 하나님께서는 미리 아신 그분의 백성을 버리지 않으셨습니다.※ 혹시 여러분은 성경이 엘리야를 통해 무엇을 말하는지 모르겠습니까? 그가 그 이스라엘을 따라가지 않고 그 하나님께 호소하기를	※ 바울이 시94:14의 일부를 자기 언어화해서 쓰는 부분임
11:3	κύριε, τοὺς προφήτας σου ἀπέκτειναν, τὰ θυσιαστήριά σου κατέσκαψαν, κἀγὼ ὑπελείφθην μόνος καὶ ζητοῦσιν τὴν ψυχήν μου.*	주님이시여, '그들이 주님의 예언자들을 죽이고 주님의 제단들을 허물어 버렸습니다. 이제 저만 혼자 남겨졌는데 그들이 저의 목숨을 찾고 있습니다.*'라고, 말했습니다.	* 왕상19:10, 14
11:4	ἀλλὰ τί λέγει αὐτῷ ὁ χρηματισμός; κατέλιπον* ἐμαυτῷ ἑπτακισχιλίους ἄνδρας, οἵτινες οὐκ ἔκαμψαν γόνυ τῇ Βάαλ.*	그렇지만 그때 그 하나님께서는 엘리야에게 뭐라고 대답하셨습니까? '내가 나를 위해 바알에게 무릎 꿇지 않은 칠천 명의 장정들을 남겨 두었다.*'라고, 하셨습니다.	* 왕상19:18
11:5	οὕτως οὖν καὶ ἐν τῷ νῦν καιρῷ λεῖμμα κατ' ἐκλογὴν χάριτος γέγονεν·	그런즉 이와 같이 지금 이때에도※ 은혜로 선택하심을 따라 남은 자가 된다고 말씀하신 것입니다.	※ ἐν τῷ νῦν καιρῷ 롬3:26, 8:18 참조.
11:6	εἰ δὲ χάριτι, οὐκέτι ἐξ ἔργων,	그것이 은혜로 된 것이라면, 더 이상 많은	

	ἐπεὶ ἡ χάρις οὐκέτι γίνεται χάρις.	일로부터 된 것이 아닙니다. 많은 일로부터 된 것이라면, 그 은혜가 더 이상 은혜가 되지 못합니다.	
11:7	–Τί οὖν; ὃ ἐπιζητεῖ Ἰσραήλ, τοῦτο οὐκ ἐπέτυχεν, ἡ δὲ ἐκλογὴ ἐπέτυχεν· οἱ δὲ λοιποὶ ἐπωρώθησαν,	--그렇다면 무엇입니까? 결국 이스라엘이 계속 구하는 그것을 얻지 못하고, 선택받은 자들이 얻었으니, 애석하게도 그 나머지 사람들은 완고해져 버린 것입니다.	
11:8	καθὼς γέγραπται· ἔδωκεν αὐτοῖς ὁ θεὸς πνεῦμα κατανύξεως,* ὀφθαλμοὺς τοῦ μὴ βλέπειν καὶ ὦτα τοῦ μὴ ἀκούειν,* ἕως τῆς σήμερον ἡμέρας.*	그것은 "그 하나님께서 그들에게 무감각한 영을 주셔서, '오늘'이라고 하는 그날까지 눈이 있어도 보지 못하고, 귀가 있어도 듣지 못하게 하셨다.*"라고 기록된 것과 같습니다.	* 사29:10
11:9	καὶ Δαυὶδ λέγει· γενηθήτω ἡ τράπεζα αὐτῶν εἰς παγίδα* καὶ εἰς θήραν καὶ εἰς σκάνδαλον καὶ εἰς ἀνταπόδομα αὐτοῖς,*	다윗도 말하길 '그들의 식탁이 그들에게 올무와 덫이 되게 하시되, 걸려 넘어지고 보복받는 자리가 되게 하소서.	* 시69:22
11:10	σκοτισθήτωσαν οἱ ὀφθαλμοὶ αὐτῶν τοῦ μὴ βλέπειν καὶ τὸν νῶτον αὐτῶν διὰ παντὸς σύγκαμψον.*	그들의 눈이 어두워져 보지 못하게 하시고 모든 일을 통해 그들의 등이 꼬부라지게 하소서.*'라고, 했던 것입니다.	* 시69:23
11:11	Λέγω οὖν, μὴ ἔπταισαν ἵνα πέσωσιν; μὴ γένοιτο· ἀλλὰ τῷ αὐτῶν παραπτώματι ἡ σωτηρία τοῖς ἔθνεσιν εἰς τὸ παραζηλῶσαι αὐτούς.	그런즉 내가 묻습니다. 그들이 쓰러져 일어나지 못할 만큼 넘어졌겠습니까? 절대로 그렇게 되지 않기를 바랍니다. 오히려 그들의 그 타락함으로※ 그 구원이 그 이방인들에게 이르게 하심으로써 이스라엘에게 질투심이 일어나도록 만드신 것입니다.	참조: 신32:21 ※ παραπτώματι 롬4:25-5장의 문맥 속에 나타난 타락의 개념을 토대로 11장의 타락에 대한 문맥을 보라.
11:12	εἰ δὲ τὸ παράπτωμα αὐτῶν πλοῦτος κόσμου καὶ τὸ ἥττημα αὐτῶν πλοῦτος ἐθνῶν, πόσῳ μᾶλλον τὸ πλήρωμα αὐτῶν.	그렇게 그들의 타락함이※ 세상의 부유함이 되고, 그들의 실패가 이방인들의 부유함이 된다면, 그들 전체가 바로 서게 될 때는 그들의 충만함이 얼마나 더 하겠습니까?	※ παραπτώματι 위 참조
11:13	–Ὑμῖν δὲ λέγω τοῖς ἔθνεσιν· ἐφ' ὅσον μὲν οὖν εἰμι ἐγὼ ἐθνῶν ἀπόστολος, τὴν	--이제 내가 여러분, 곧 그 이방 사람들에게 말합니다. 실로 내가 여러분을 근거로 이방인들의 사도로 인정된 자로서, 이방인	† τὴν διακονίαν μου 직역: '나의 섬김' 하나님의 복음을 전하고 가르치는 봉사의 일을 말함.

	διακονίαν μου δοξάζω,	들을 섬기는 이 직분을[†] 영광스럽게 여기고 있습니다.	
11:14	εἴ πως παραζηλώσω μου τὴν σάρκα καὶ σώσω τινὰς ἐξ αὐτῶν.	진정 나는 어떻게든 나의 동족을 질투하게 만들어 그들로부터 얼마를 구원하고 싶습니다.	
11:15	εἰ γὰρ ἡ ἀποβολὴ αὐτῶν καταλλαγὴ κόσμου, τίς ἡ πρόσλημψις εἰ μὴ ζωὴ ἐκ νεκρῶν;	그 하나님께서 그들을 버리시는 것이 세상을 자기와 화해하게 만드시는 것이라면, 그들을 받아들이시는 것은 죽은 자들로부터 다시 살아나는 것이 아니면 도대체 무엇이겠습니까?	
11:16	εἰ δὲ ἡ ἀπαρχὴ ἁγία, καὶ τὸ φύραμα· καὶ εἰ ἡ ῥίζα ἁγία, καὶ οἱ κλάδοι.	그 첫 열매가 거룩하면, 그 덩어리 또한 거룩합니다. 또한 그 뿌리가 거룩하면 그 가지들 또한 거룩합니다.	
11:17	—Εἰ δέ τινες τῶν κλάδων ἐξεκλάσθησαν, σὺ δὲ ἀγριέλαιος ὢν ἐνεκεντρίσθης ἐν αὐτοῖς καὶ συγκοινωνὸς τῆς ῥίζης τῆς πιότητος τῆς ἐλαίας ἐγένου,	---그러나 만일 참 올리브나무 가지들의 얼마가 잘려 나가고, 그 자리에 야생 올리브나무인 그대가 접붙여져서 참 올리브나무의 뿌리가 만든 양분의 공동 참여자가 되었다면,	
11:18	μὴ κατακαυχῶ τῶν κλάδων· εἰ δὲ κατακαυχᾶσαι οὐ σὺ τὴν ῥίζαν βαστάζεις ἀλλ’ ἡ ῥίζα σέ.	그대는 잘려 나간 가지들을 상대로 우쭐대지 마십시오. 비록 그대가 뽐내고 싶을지라도 그대가 그 뿌리를 지탱하는 것이 아니라 그 뿌리가 그대를 지탱하고 있다는 사실을 명심해야 합니다.	
11:19	ἐρεῖς οὖν· ἐξεκλάσθησαν κλάδοι ἵνα ἐγὼ ἐγκεντρισθῶ.	그런즉 그대는 '가지들이 잘려 나간 것은 내가 접붙여지기 위함이었다.'라고 말해야 합니다.	
11:20	καλῶς· τῇ ἀπιστίᾳ ἐξεκλάσθησαν, σὺ δὲ τῇ πίστει ἕστηκας. μὴ ὑψηλὰ φρόνει ἀλλὰ φοβοῦ·	옳은 말입니다. 그들은 그 불신앙으로 잘려 나갔지만, 그대는 그 믿음으로 서 있게 되었습니다. 그러니 교만하게 생각할 것이 아니라 두려워하십시오.	
11:21	εἰ γὰρ ὁ θεὸς τῶν κατὰ φύσιν κλάδων οὐκ ἐφείσατο, [μή πως] οὐδὲ σοῦ φείσεται.	왜냐하면 그 하나님께서 본래 있던 가지들을 아끼지 않으셨다면, [어쨌든지][※] 접붙여진 그대도 아끼지 않으실 수 있기 때문입니다.	※ [μή πως] '어떻게(방법과 수단)'를 부정하는 표현을 나타내는 표현.

11:22	ἴδε οὖν χρηστότητα καὶ ἀποτομίαν θεοῦ· ἐπὶ μὲν τοὺς πεσόντας ἀποτομία, ἐπὶ δὲ σὲ χρηστότης θεοῦ, ἐὰν ἐπιμένῃς τῇ χρηστότητι, ἐπεὶ καὶ σὺ ἐκκοπήσῃ.	그런즉 하나님의 인자하심과 준엄하심을 보십시오. 실로 나가떨어진 자들에겐 준엄하시지만, 그대가 그 인자하심에 계속 머물러 있다면, 하나님께서 그대를 인자하게 대하실 것입니다. 그렇지 않다면 그대 또한 잘려 나갈 것입니다.	
11:23	κἀκεῖνοι δέ, ἐὰν μὴ ἐπιμένωσιν τῇ ἀπιστίᾳ, ἐγκεντρισθήσονται· δυνατὸς γάρ ἐστιν ὁ θεὸς πάλιν ἐγκεντρίσαι αὐτούς.	반면에 저들도 그 불신앙에 계속 머물러만 있지 않는다면 다시 접붙여질 것입니다. 이는 그 하나님께서 그들을 다시 접붙이실 수 있기 때문입니다.	
11:24	εἰ γὰρ σὺ ἐκ τῆς κατὰ φύσιν ἐξεκόπης ἀγριελαίου καὶ παρὰ φύσιν ἐνεκεντρίσθης εἰς καλλιέλαιον, πόσῳ μᾶλλον οὗτοι οἱ κατὰ φύσιν ἐγκεντρισθήσονται τῇ ἰδίᾳ ἐλαίᾳ.	왜냐하면 그대가 본래 야생 올리브나무로부터 잘려 나와 본성에 반하는 좋은 올리브나무에 접붙여졌다면, 본성을 따르는 이 가지들은 원래 그것의 올리브나무에 더 잘 접붙여질 것이기 때문입니다.	※1 ἵνα μὴ ἦτε [παρ'] ἑαυτοῖς φρόνιμοι 직역: 이는 여러분이 자신들 [곁에] 현명한 자들(혹은 현명함이)이 있지 않게 하기 위함이다. 롬2:11 동일 구문 참조.
11:25	Οὐ γὰρ θέλω ὑμᾶς ἀγνοεῖν, ἀδελφοί, τὸ μυστήριον τοῦτο, ἵνα μὴ ἦτε [παρ'] ἑαυτοῖς φρόνιμοι, ὅτι πώρωσις ἀπὸ μέρους τῷ Ἰσραὴλ γέγονεν ἄχρι οὗ τὸ πλήρωμα τῶν ἐθνῶν εἰσέλθῃ	형제들이여, 나는 참으로 여러분이 이 비밀을 모르기를 원치 않습니다. 그것은 여러분이 스스로 지혜로운 자라고 하지 않게 할 것입니다.※1 그 비밀은 그 이방인들의 그 충만함이 들어오기까지 일부 이스라엘인들이 완고해진 채로 있을 것이라는 겁니다.※2	※2 πώρωσις ἀπὸ μέρους τῷ Ἰσραὴλ γέγονεν ἄχρι οὗ τὸ πλήρωμα τῶν ἐθνῶν εἰσέλθῃ 직역: 그 비밀은 그 이방인들의 그 충만함이 들어오기까지 부분적으로 그 이스라엘이 완고하게 되었다. 여기서 중요한 것은 '되었다'라는 완료 시제를 문맥에 부합하게 번역.
11:26	καὶ οὕτως πᾶς Ἰσραὴλ σωθήσεται, καθὼς γέγραπται· ἥξει ἐκ Σιὼν ὁ ῥυόμενος,* ἀποστρέψει ἀσεβείας ἀπὸ Ἰακώβ.*	그리고 이 같은 방식으로 모든 이스라엘이 구원될 것입니다.※ 이는 성경에 '구원자가 시온으로부터 오리니, 야곱으로부터 불경한 자들을 돌이킬 것이다.*'하고, 기록된 것과 같습니다.	※ πᾶς Ἰσραὴλ 개체를 강조하는 파스 용법 드러나야 함. * 사59:20, 시14:7
11:27	καὶ αὕτη αὐτοῖς ἡ παρ' ἐμοῦ* διαθήκη,* ὅταν ἀφέλωμαι τὰς ἁμαρτίας αὐτῶν.*	그래서 성경이 '이것이 바로 그들을 위하여 내가 준 언약이니, 내가 그들의 죄들을 없앨 때 이루어질 것이다.*'라고, 말했던 것입니다.	* 사59:21, 렘31:33-34, 사27:9
11:28	κατὰ μὲν τὸ εὐαγγέλιον ἐχθροὶ δι' ὑμᾶς, κατὰ δὲ τὴν ἐκλογὴν ἀγαπητοὶ διὰ τοὺς πατέρας·	실로 그들은 그 복음을 따라서는 여러분으로 인하여 원수가 되었으나, 그 선택을 따라서는 조상들로 인하여 사랑을 입은 자들입니다.	

11:29	-ἀμεταμέλητα γὰρ τὰ χαρίσματα καὶ ἡ κλῆσις τοῦ θεοῦ.	-참으로 그 하나님의 그 은사들과 그 부르심에는 후회하심이 없습니다.	
11:30	ὥσπερ γὰρ ὑμεῖς ποτε ἠπειθήσατε τῷ θεῷ, νῦν δὲ ἠλεήθητε τῇ τούτων ἀπειθείᾳ,	여러분이 전에 그 하나님께 순종하지 않았지만,※1 이제는 이스라엘 사람들의 그 불순종으로 인해※2 여러분이 불쌍히 여김을 받게 되었습니다.	※1 ἠπειθήσατε τῷ θεῷ ※2 τῇ τούτων ἀπειθείᾳ 불순종의 개념으로 번역한 이 어휘의 특성은 권함을 받지 않는 상태를 나타냄.
11:31	οὕτως καὶ οὗτοι νῦν ἠπείθησαν τῷ ὑμετέρῳ ἐλέει, ἵνα καὶ αὐτοὶ [νῦν] ἐλεηθῶσιν.	마찬가지로 이스라엘 사람들도 지금 여러분이 얻은 그 긍휼로 인해 불순종하게 되었으니, 이는 그들도 마땅히 [지금] 불쌍히 여김을 받게 하기 위함입니다.	
11:32	συνέκλεισεν γὰρ ὁ θεὸς τοὺς πάντας εἰς ἀπείθειαν, ἵνα τοὺς πάντας ἐλεήσῃ.	참으로 그 하나님께서 모든 사람을 불순종 속에 가두어 놓으신 것은, 모든 사람을 불쌍히 여기시기 위함이었습니다.	
11:33	Ὦ βάθος πλούτου καὶ σοφίας καὶ γνώσεως θεοῦ· ὡς ἀνεξεραύνητα τὰ κρίματα αὐτοῦ καὶ ἀνεξιχνίαστοι αἱ ὁδοὶ αὐτοῦ.	오~! 하나님의 지혜와 지식의 부유하심은 심히 깊습니다. 진정 그분의 판결들은 심오하며, 그분의 길들 또한 아무도 찾아낼 수 없는 것과 같습니다.	
11:34	τίς γὰρ ἔγνω νοῦν κυρίου;* ἢ τίς σύμβουλος αὐτοῦ ἐγένετο;*	도대체 "누가 주님의 이성(혹은 마음)을① 알았습니까? 혹시 누가 그분의 조언자가 되었습니까?*"	① τίς γὰρ ἔγνω νοῦν κυρίου; 롬1:28, 7:23, 7:25, 12:2, 14:5 참조 BDAG:누가 주님의 생각을 알았습니까? * 사40:13
11:35	ἢ τίς προέδωκεν αὐτῷ, καὶ ἀνταποδοθήσεται αὐτῷ;*	"혹시 누가 그분께 먼저 드렸으며, 누가 그분께 답례 또한 받은 일이 있습니까?*"	* 욥41:11
11:36	ὅτι ἐξ αὐτοῦ καὶ δι' αὐτοῦ καὶ εἰς αὐτὸν τὰ πάντα· αὐτῷ ἡ δόξα εἰς τοὺς αἰῶνας, ἀμήν.	왜냐하면 그 모든 것이 그분께로부터 나오고, 그분을 통해서 그분께로 돌아가기 때문입니다. 그 영광이 그분께 영원히 있습니다. 아멘.	

12장	NA28판(UBS5판) ΠΡΟΣ ΡΩΜΑΙΟΥΣ 12	로마서 12장 필자 사역	비고
12:1	Παρακαλῶ οὖν ὑμᾶς, ἀδελφοί, διὰ τῶν οἰκτιρμῶν τοῦ θεοῦ παραστῆσαι τὰ σώματα ὑμῶν θυσίαν ζῶσαν ἁγίαν εὐάρεστον τῷ θεῷ, τὴν λογικὴν λατρείαν ὑμῶν·	그러므로 형제들이여, 내가 그 하나님의 그 자비하심을 통해서 여러분을 권면합니다. 여러분의 몸을 그 하나님께서 기뻐하시는 살아 있는 거룩한 희생 제물로	※ τὴν λογικὴν λατρείαν. '그 말씀적(합리적) 섬김' 바울이 증거한 복음에 합당한 섬김/예배. 문맥상 거룩하게 하시는 하나님의 일에 부르심을

		드리십시오. 이것이 바로 여러분이 드려야 하는 주님의 말씀에 합당한 섬김(예배)※입니다.	입어 하나님을 예배하는 사역으로서의 섬김. 영적으로 사려 깊은 헌신적인 섬김과 예배.
12:2	καὶ μὴ συσχηματίζεσθε τῷ αἰῶνι τούτῳ, ἀλλὰ μεταμορφοῦσθε τῇ ἀνακαινώσει τοῦ νοὸς εἰς τὸ δοκιμάζειν ὑμᾶς τί τὸ θέλημα τοῦ θεοῦ, τὸ ἀγαθὸν καὶ εὐάρεστον καὶ τέλειον.	그러니 여러분은 이 시대에 동화되지 말고, 다만 그 이성을※ 새롭게 하시는 은혜로 변화되십시오. 그러면 그 하나님의 그 뜻이 무엇인지 검증하여 무엇이 그 하나님 보시기에 선하고, 무엇을 그 하나님께서 기뻐하시며, 무엇이 그 하나님 보시기에 완전한지 분별하는 데에 이를 것입니다.	※ τοῦ νοός '그 이성'과 관련해서는 다음 구절들의 문맥 속에서 그 의미를 규정하라. 참조: 롬1:28, 7:23,25, 11:34, 14:5
12:3	Λέγω γὰρ διὰ τῆς χάριτος τῆς δοθείσης μοι παντὶ τῷ ὄντι ἐν ὑμῖν μὴ ὑπερφρονεῖν παρ' ὃ δεῖ φρονεῖν ἀλλὰ φρονεῖν εἰς τὸ σωφρονεῖν, ἑκάστῳ ὡς ὁ θεὸς ἐμέρισεν μέτρον πίστεως.	참으로 나는 내게 주신 그 은혜를 통해 여러분 가운데 있는 각 사람에게 말합니다. 그 하나님께서 각자에게 나눠주신 믿음의 분량대로 마땅히 생각할 바를 넘어 자신을 과대평가하지 말고, 오히려 구원받은 자로서의 합당한 생각을 하는 데† 집중하십시오.	† εἰς τὸ σωφρονεῖν 직역: 온전한 마음(정신)이 되기에 σωφρονεῖν BDAG: to be prudent, with focus on self-control be reasonable, sensible, serious, keep one's head
12:4	καθάπερ γὰρ ἐν ἑνὶ σώματι πολλὰ μέλη ἔχομεν, τὰ δὲ μέλη πάντα οὐ τὴν αὐτὴν ἔχει πρᾶξιν,	이는 우리가 한 몸에 여러 지체를 가지고 있으나, 지체들 모두가 같은 기능을 가지고 있지 않은 것처럼,	
12:5	οὕτως οἱ πολλοὶ ἓν σῶμά ἐσμεν ἐν Χριστῷ, τὸ δὲ καθ' εἷς ἀλλήλων μέλη.	우리 많은 사람이 그리스도 안에서 한 몸이지만, 각 사람은 서로의 지체들이 되기 때문입니다.	
12:6	ἔχοντες δὲ χαρίσματα κατὰ τὴν χάριν τὴν δοθεῖσαν ἡμῖν διάφορα, εἴτε προφητείαν κατὰ τὴν ἀναλογίαν τῆς πίστεως,	그러나 우리는 우리에게 주어진 그 은혜를 따라 다양한 은사를 가지고 있습니다. 만일 그것이 예언하는 것이라고 한다면 그 믿음의 그 분수에 따라 그 은사를 사용해야 하고,	
12:7	εἴτε διακονίαν ἐν τῇ διακονίᾳ, εἴτε ὁ διδάσκων ἐν τῇ διδασκαλίᾳ,	봉사하는 것이라면 그 봉사로, 가르치는 자라면 그 가르침으로,	
12:8	εἴτε ὁ παρακαλῶν ἐν τῇ παρακλήσει· ὁ μεταδιδοὺς ἐν ἁπλότητι, ὁ προϊστάμενος ἐν σπουδῇ, ὁ ἐλεῶν ἐν ἱλαρότητι.	권면하는 자라면 그 권면으로 해야 합니다. 나누어 주는 자는 순수함으로, 지도하는 자는 열의 있게, 구제하는 자는 유	

		쾌함으로 해야 합니다.	
12:9	Ἡ ἀγάπη ἀνυπόκριτος. ἀποστυγοῦντες τὸ πονηρόν, κολλώμενοι τῷ ἀγαθῷ,	그 사랑은 가식이 없습니다. 그 악한 일을 끔찍이 미워하고, 그 선한 일에 전념하십시오.	
12:10	τῇ φιλαδελφίᾳ εἰς ἀλλήλους φιλόστοργοι, τῇ τιμῇ ἀλλήλους προηγούμενοι,	그 형제 사랑에 있어서는 형제애로 서로를 위해 헌신적으로 사랑하고, 그 존경함에 있어서는 서로를 더 높이 평가하십시오.	
12:11	τῇ σπουδῇ μὴ ὀκνηροί, τῷ πνεύματι ζέοντες, τῷ κυρίῳ δουλεύοντες,	그 열정에 느슨해지지 말고, 그 영으로 뜨거워져서 그 주님을 섬기십시오.	
12:12	τῇ ἐλπίδι χαίροντες, τῇ θλίψει ὑπομένοντες, τῇ προσευχῇ προσκαρτεροῦντες,	그 소망에 즐거워하고, 그 환난에 꿋꿋함을 지니며, 그 기도에 끈기 있게 성실하십시오.	
12:13	ταῖς χρείαις τῶν ἁγίων κοινωνοῦντες, τὴν φιλοξενίαν διώκοντες.	그 거룩한 자들의 그 필요들에는 동료 의식을 가지고 참여하고, 그 나그네 대접하기를 힘쓰십시오.	
12:14	εὐλογεῖτε τοὺς διώκοντας [ὑμᾶς], εὐλογεῖτε καὶ μὴ καταρᾶσθε.	[여러분을] 핍박하는 자들을 축복하십시오. 축복하고 저주하지 마십시오.	
12:15	χαίρειν μετὰ χαιρόντων, κλαίειν μετὰ κλαιόντων.	즐거워하는 자들과 함께 즐거워하고, 흐느껴 우는 자들과 함께 흐느껴 우십시오.	
12:16	τὸ αὐτὸ εἰς ἀλλήλους φρονοῦντες, μὴ τὰ ὑψηλὰ φρονοῦντες ἀλλὰ τοῖς ταπεινοῖς συναπαγόμενοι. μὴ γίνεσθε φρόνιμοι παρ' ἑαυτοῖς.	그 같은 것을 서로 마음에 두고, 그 높은 것들을※ 마음에 두지 말며 오히려 그 비천한 자들과 함께하십시오. 스스로 현명한 척하지 마십시오.	※ μὴ τὰ ὑψηλὰ φρονοῦντες 그 높은 것들에 대해서는 롬11:20과 눅4:5, 16:15, 행13:17을 보라.
12:17	μηδενὶ κακὸν ἀντὶ κακοῦ ἀποδιδόντες, προνοούμενοι καλὰ ἐνώπιον πάντων ἀνθρώπων·	아무에게도 악한 일에 대하여 악하게 되갚아 주지 말고, 모든 사람에게 선한 것을 준비하십시오.※	※ προνοούμενοι καλὰ ἐνώπιον πάντων ἀνθρώπων 직역: 모든 사람앞에서 선한 것을 미리 숙고하십시오(공급하다) 고후8:21 참조.
12:18	εἰ δυνατὸν τὸ ἐξ ὑμῶν, μετὰ πάντων ἀνθρώπων εἰρηνεύοντες·	여러분 쪽에서 가능한 것이라면, 모든 사람과 더불어 평화롭게 지내십시오.	
12:19	-μὴ ἑαυτοὺς ἐκδικοῦντες, ἀγαπητοί, ἀλλὰ δότε τόπον τῇ ὀργῇ, γέγραπται γάρ· ἐμοὶ ἐκδίκησις*, ἐγὼ ἀνταποδώσω*, λέγει κύριος.	-사랑을 입은 자들이여, 여러분이 직접 복수하지 마십시오. 다만 어떤 처지(處地)에 있든 그 진노하심에 맡기십시오. 이는 성경에 기록되었기 때문입니다. '복수하는	* 신32:35

<table>
<tr><td></td><td></td><td>것이 나의 일이니, 내가 되갚아 줄 것이다.*'라고, 주님께서 말씀하십니다.</td><td></td></tr>
<tr><td>12:20</td><td>ἀλλ' ἐὰν* πεινᾷ ὁ ἐχθρός σου, ψώμιζε αὐτόν·* ἐὰν διψᾷ, πότιζε αὐτόν· τοῦτο γὰρ ποιῶν ἄνθρακας πυρὸς σωρεύσεις ἐπὶ* τὴν κεφαλὴν* αὐτοῦ.*</td><td>오히려 '너의 원수가 굶주린다면 그에게 먹이고, 그가 목마르다면 그에게 마시게 하라. 이는 네가 이것을 준행함으로써 불붙은 숯덩이를 그의 머리 위에 쌓는 것이기 때문이다.*'라고, 하셨습니다.</td><td>* 잠25:21-22</td></tr>
<tr><td>12:21</td><td>μὴ νικῶ ὑπὸ τοῦ κακοῦ ἀλλὰ νίκα ἐν τῷ ἀγαθῷ τὸ κακόν.</td><td>그러니 그 악에 지지 말고 오히려 그 선으로 그 악을 이기십시오.</td><td></td></tr>
<tr><th>13장</th><th>NA28판(UBS5판)
ΠΡΟΣ ΡΩΜΑΙΟΥΣ 13</th><th>로마서 13장 필자 사역</th><th>비고</th></tr>
<tr><td>13:1</td><td>Πᾶσα ψυχὴ ἐξουσίαις ὑπερεχούσαις ὑποτασσέσθω. οὐ γὰρ ἔστιν ἐξουσία εἰ μὴ ὑπὸ θεοῦ, αἱ δὲ οὖσαι ὑπὸ θεοῦ τεταγμέναι εἰσίν.</td><td>모든 영혼은※1 위에 있는 여러 권세에 복종하십시오.※2 왜냐하면 권세는 하나님에 의해서가 아니라면 존재하지 않을 뿐만 아니라, 이미 있는 권세들도 하나님께서 적합한 자리에 두셨기 때문입니다.</td><td>※1 ψυχὴ
바울이 사람이라는 어휘를 사용하지 않는 의도와 개체 강조법(Πᾶσα ψυχὴ)을 파악하라.
※2 ὑποτασσέσθω
3인칭 단수 명령법 문맥 파악을 위해 롬8:7,8,20, 10:3, 13:5을 검토.</td></tr>
<tr><td>13:2</td><td>ὥστε ὁ ἀντιτασσόμενος τῇ ἐξουσίᾳ τῇ τοῦ θεοῦ διαταγῇ ἀνθέστηκεν, οἱ δὲ ἀνθεστηκότες ἑαυτοῖς κρίμα λήμψονται.</td><td>그러므로 그 권세에 저항하는 사람은 그 하나님의 그 명령에 거역하는 것이니, 거역하는 사람들은 스스로 판결을 자초하는 것입니다.</td><td></td></tr>
<tr><td>13:3</td><td>οἱ γὰρ ἄρχοντες οὐκ εἰσὶν φόβος τῷ ἀγαθῷ ἔργῳ ἀλλὰ τῷ κακῷ. θέλεις δὲ μὴ φοβεῖσθαι τὴν ἐξουσίαν· τὸ ἀγαθὸν ποίει, καὶ ἕξεις ἔπαινον ἐξ αὐτῆς·</td><td>왜냐하면 그 통치자들은 그 선한 일에① 두려워할 자로 존재하는 것이 아니라 그 악한 일에② 두려워할 자로 존재하기 때문입니다. 그러나 그대가 그 권세를 두려워하지 않기를 원합니까? 그 선한 일을③ 하십시오. 그러면 그 권세로부터 칭찬을 받을 것입니다.</td><td>① (τῷ ἀγαθῷ)
② (τῷ κακῷ)
③ (τὸ ἀγαθὸν)</td></tr>
<tr><td>13:4</td><td>θεοῦ γὰρ διάκονός ἐστιν σοὶ εἰς τὸ ἀγαθόν. ἐὰν δὲ τὸ κακὸν ποιῇς, φοβοῦ· οὐ γὰρ εἰκῇ τὴν μάχαιραν φορεῖ· θεοῦ γὰρ διάκονός ἐστιν ἔκδικος εἰς ὀργὴν τῷ τὸ κακὸν πράσσοντι.</td><td>참으로 하나님의 일꾼은 그대에게 그 선한 일을① 이루기 위해 있습니다. 그러나 만일 여러분이 그 악한 일을② 한다면③ 두려워하십시오. 그가 까닭 없이 그 칼을 가지고 있는 게 아닙니다. 왜냐하면 하나님의 일꾼은 그 악한 일을④ 저지르는 자에게⑤ 하나님의 진노를 위해 징벌하는</td><td>① (τὸ ἀγαθόν)
② (τὸ κακὸν)
③ (ποιῇς)
④ (τὸ κακὸν)
⑤ (πράσσοντι)</td></tr>
</table>

		자이기 때문입니다.	
13:5	διὸ ἀνάγκη ὑποτάσσεσθαι, οὐ μόνον διὰ τὴν ὀργὴν ἀλλὰ καὶ διὰ τὴν συνείδησιν.	그러므로 그 진노 때문만이 아니라 오히려 하나님을 경외하는 양심 때문에라도 복종해야 마땅합니다.	
13:6	διὰ τοῦτο γὰρ καὶ φόρους τελεῖτε· λειτουργοὶ γὰρ θεοῦ εἰσιν εἰς αὐτὸ τοῦτο προσκαρτεροῦντες.	이런 연유로 여러분 역시 여러 가지 세금을 바치는 것이니,※1 이는 하나님의 공적인 사역자들은※2 바로 이런 일에 항상 힘쓰고 있기 때문입니다.	※1 φόρους 눅20:22, 23:2, 롬13:6-10 참조 비교. ※2 λειτουργοὶ one engaged in administrative or culic service-servant/minister. 롬15:16 참조
13:7	ἀπόδοτε πᾶσιν τὰς ὀφειλάς, τῷ τὸν φόρον τὸν φόρον, τῷ τὸ τέλος τὸ τέλος, τῷ τὸν φόβον τὸν φόβον, τῷ τὴν τιμὴν τὴν τιμήν.	여러분은 모든 자들에게 지고 있는 그 여러 가지 빚을 갚으십시오.※1 그 조세를 걷는 자에게는 그 조세를 내고, 그 관세를 걷는 자에게는 그 관세를 내며,※2 그 두려워해야 할 자에게는 그 두려움으로 두려워하고, 그 존경해야 할 자에게는 그 존경으로 존경하십시오.	※1 ἀπόδοτε πᾶσιν τὰς ὀφειλάς 롬1:14, 8:12, 15:1,27, 고전7:3 참조 비교. ※2 τῷ τὸν φόρον τὸν φόρον, τῷ τὸ τέλος τὸ τέλος 마17:24-27, 롬6:21-22, 10:4 참조 비교.
13:8	Μηδενὶ μηδὲν ὀφείλετε εἰ μὴ τὸ ἀλλήλους ἀγαπᾶν· ὁ γὰρ ἀγαπῶν τὸν ἕτερον νόμον πεπλήρωκεν.	서로를 사랑하는 것이 아니라면 아무에게도 결코 빚을 지지 마십시오. 왜냐하면 그 다른 사람(τὸν ἕτερον)을※ 사랑하는 사람이 율법을 다 이룬 것이기 때문입니다.	* 그 다른 사람[τὸν ἕτερον] 롬2:1을 보라.
13:9	τὸ γὰρ οὐ μοιχεύσεις, οὐ φονεύσεις, οὐ κλέψεις,* οὐκ ἐπιθυμήσεις,* καὶ εἴ τις ἑτέρα ἐντολή, ἐν τῷ λόγῳ τούτῳ ἀνακεφαλαιοῦται [ἐν τῷ]· ἀγαπήσεις τὸν πλησίον σου ὡς* σεαυτόν.*	참으로 그것은 "간음하지 말라. 살인하지 말라. 도둑질하지 말라. 거짓 증거하지 말라. 탐내지 말라.*" 라고 하신 계명과 또 다른 어떤 계명이 있다고 해도, 이 말씀 곧 "네 이웃을 자기 자신과 같이 사랑하라.*" 라고 하신 [한마디 말씀으로] 요약되기 때문입니다.	* 출20:13-15 * 레19:18
13:10	ἡ ἀγάπη τῷ πλησίον κακὸν οὐκ ἐργάζεται· πλήρωμα οὖν νόμου ἡ ἀγάπη.	그 사랑은 그 이웃에게 악한 일을 하지 않습니다.※ 그런즉 그 사랑은 율법의 충만입니다.	※ κακὸν οὐκ ἐργάζεται 롬2:10, 4:4, 4:5 참조.
13:11	–Καὶ τοῦτο εἰδότες τὸν καιρόν, ὅτι ὥρα ἤδη ὑμᾶς ἐξ ὕπνου ἐγερθῆναι, νῦν γὰρ ἐγγύτερον ἡμῶν ἡ σωτηρία ἢ ὅτε ἐπιστεύσαμεν.	--또한 이것으로 여러분은 그 정하신 때를 알 수 있으니,※ 지금 당장 여러분이 잠에서 깨야 할 시간이라는 겁니다. 왜냐하면 이제 우리가 처음 믿었을 때보다 우리의 구원이 더 가까워졌기 때문입니다.	※ τὸν καιρόν 롬3:26, 5:6, 8:18, 9:9, 11:5, 12:11 참조.

13:12	ἡ νὺξ προέκοψεν, ἡ δὲ ἡμέρα ἤγγικεν. ἀποθώμεθα οὖν τὰ ἔργα τοῦ σκότους, ἐνδυσώμεθα [δὲ] τὰ ὅπλα τοῦ φωτός.	그 밤은 깊어졌지만, 그 낮(날)이 가까이 왔습니다. 그런즉 우리는 그 어둠의 그 일들을 치워 버리고, [더욱] 그 빛의 그 갑옷들을 착용합시다.	
13:13	ὡς ἐν ἡμέρᾳ εὐσχημόνως περιπατήσωμεν, μὴ κώμοις καὶ μέθαις, μὴ κοίταις καὶ ἀσελγείαις, μὴ ἔριδι καὶ ζήλῳ,	낮에서와 같이 품위 있게 살아갑시다. 다양한 유흥과 과한 술 취함과 문란한 성행위와 허랑방탕함과 다툼과 시기에 빠지지 맙시다.	※1 εἰς ἐπιθυμίας 롬1:24, 6:12, 7:7, 8의 문맥 참조. ※2 πρόνοιαν 예지력에 의한 배려와 공급. 행24:3 참조. BDAG: thoughtful planning to meet a need forethought, foresight, providence ποιεῖσθε 롬1:28, 32-7:21의 문맥 참조.
13:14	ἀλλ' ἐνδύσασθε τὸν κύριον Ἰησοῦν Χριστὸν καὶ τῆς σαρκὸς πρόνοιαν μὴ ποιεῖσθε εἰς ἐπιθυμίας.	오히려 그 주님 예수 그리스도로 옷 입으십시오. 그리하면 욕망을 채우기 위해※1 그 육신을 돌보는 일을 만들지 않을 것입니다.※2	
14장	**NA28판(UBS5판) ΠΡΟΣ ΡΩΜΑΙΟΥΣ 14**	**로마서 14장 필자 사역**	**비고**
14:1	Τὸν δὲ ἀσθενοῦντα τῇ πίστει προσλαμβάνεσθε, μὴ εἰς διακρίσεις διαλογισμῶν.	그러나 그 믿음에 연약한 자를 받아들이되,※ 그의 여러 가지 생각을 시빗거리로 삼지 마십시오.	※ προσλαμβάνεσθε 롬14:3, 15:7 참조(특히 행18:26의 맥락을 살펴 이해하라).
14:2	ὃς μὲν πιστεύει φαγεῖν πάντα, ὁ δὲ ἀσθενῶν λάχανα ἐσθίει.	실로 어떤 사람은 모든 것을 먹을 수 있다고 믿지만, 약한 자는 채소만 먹습니다.	
14:3	ὁ ἐσθίων τὸν μὴ ἐσθίοντα μὴ ἐξουθενείτω, ὁ δὲ μὴ ἐσθίων τὸν ἐσθίοντα μὴ κρινέτω, ὁ θεὸς γὰρ αὐτὸν προσελάβετο.	먹는 자는 먹지 못하는 자를 업신여기지 마십시오. 반대로 먹지 못하는 자는 먹는 자를 판단하지 마십시오. 왜냐하면 그 하나님께서 그를 받아들이셨기 때문입니다.※	※ προσελάβετο 위 14:1을 보라.
14:4	σὺ τίς εἶ ὁ κρίνων ἀλλότριον οἰκέτην; τῷ ἰδίῳ κυρίῳ στήκει ἢ πίπτει· σταθήσεται δέ, δυνατεῖ γὰρ ὁ κύριος στῆσαι αὐτόν.	남의 하인을 판단하는 그대는 누구입니까? 그가 서거나 넘어지는 것은 그의 주인에게 달려 있습니다. 그대의 판단과 다르게 그가 서게 될 것입니다. 왜냐하면 그 주인이 그를 서게 할 수 있기 때문입니다.	
14:5	—Ὃς μὲν [γὰρ] κρίνει ἡμέραν παρ' ἡμέραν, ὃς δὲ κρίνει πᾶσαν ἡμέραν· ἕκαστος ἐν τῷ ἰδίῳ νοῒ πληροφορείσθω.	---[그 까닭은] 실로 이 사람은 한 날을 다른 날보다 더 중요하다고 판단하지만, 저 사람은 모든 날을 같다고 판단하기 때문이니, 각자는 그 자신의 이성적 결정에※ 확신을 가져야 합니다.	※ ἐν τῷ ἰδίῳ νοῒ 직역: 그 자신의 이성에 문맥상 판단 문제와 관련해 판단의 주체인 이성 작용의 결과에 방점을 두고 번역함.

14:6	ὁ φρονῶν τὴν ἡμέραν κυρίῳ φρονεῖ· καὶ ὁ ἐσθίων κυρίῳ ἐσθίει, εὐχαριστεῖ γὰρ τῷ θεῷ· καὶ ὁ μὴ ἐσθίων κυρίῳ οὐκ ἐσθίει καὶ εὐχαριστεῖ τῷ θεῷ.	그날을 중히 여기는 사람은 주님을 위해 중히 여기는 것입니다. 먹는 자도 주님을 위해 먹는 것이니, 이는 그가 그 하나님께 감사드리기 때문이고, 먹지 않는 자도 주님을 위해 먹지 않으며 그도 그 하나님께 감사드리기 때문입니다.	
14:7	οὐδεὶς γὰρ ἡμῶν ἑαυτῷ ζῇ καὶ οὐδεὶς ἑαυτῷ ἀποθνῄσκει·	참으로 우리 중 하나도 자기 자신을 위해 살지 않고 우리 중 한 사람도 자기 자신을 위해 죽지 않습니다.	
14:8	ἐάν τε γὰρ ζῶμεν, τῷ κυρίῳ ζῶμεν, ἐάν τε ποθνῄσκωμεν, τῷ κυρίῳ ἀποθνῄσκομεν. ἐάν τε οὖν ζῶμεν ἐάν τε οθνῄσκωμεν, τοῦ κυρίου ἐσμέν.	왜냐하면 우리가 살아도 그 주님을 위해 살고, 우리가 죽어도 그 주님을 위해 죽기 때문입니다. 그런즉 우리가 살든지 죽든지 우리는 그 주님의 것입니다.	
14:9	εἰς τοῦτο γὰρ Χριστὸς ἀπέθανεν καὶ ἔζησεν, ἵνα καὶ νεκρῶν καὶ ζώντων κυριεύσῃ.	참으로 이것을 위해 그리스도께서 돌아가셨고 다시 살아나셨으니, 죽은 자들과 산 자들을 주관하시기 위함입니다.	
14:10	—Σὺ δὲ τί κρίνεις τὸν ἀδελφόν σου; ἢ καὶ σὺ τί ἐξουθενεῖς τὸν ἀδελφόν σου; πάντες γὰρ παραστησόμεθα τῷ βήματι τοῦ θεοῦ,	---그런데 그대는 왜 그대의 형제를 판단합니까? 또한 그대는 왜 그대의 형제를 업신여깁니까? 진정 우리 모두가 그 하나님의 그 법정에 설 것입니다.	
14:11	γέγραπται γάρ· ζῶ ἐγώ, λέγει κύριος,* ὅτι ἐμοὶ κάμψει πᾶν γόνυ* καὶ πᾶσα γλῶσσα ἐξομολογήσεται τῷ θεῷ.*	이는 "주님께서 말씀하시길, 나는 살아 있다. 때문에 나에게 모든 무릎이 꿇을 것이고, 모든 혀가 그 하나님께 자복할 것이다.*"라고 기록되었기 때문입니다.	* 사45:23
14:12	ἄρα [οὖν] ἕκαστος ἡμῶν περὶ ἑαυτοῦ λόγον δώσει [τῷ θεῷ].	[그런즉] 우리 각자는 자기 자신에 대해 [그 하나님께] 직고할 것입니다.※	※ λόγον δώσει 직역: 한 말씀을 줄 것이다. 롬3:4, 9:6,9,28, 13:9, 15:19 참조.
14:13	Μηκέτι οὖν ἀλλήλους κρίνωμεν· ἀλλὰ τοῦτο κρίνατε μᾶλλον, τὸ μὴ τιθέναι πρόσκομμα τῷ ἀδελφῷ ἢ σκάνδαλον.	그런즉 더 이상 서로를 판단하지 맙시다. 오히려 더욱 그 형제에게 걸림돌이나 덫이 놓이지는 않았는지 판단합시다.	
14:14	οἶδα καὶ πέπεισμαι ἐν κυρίῳ Ἰησοῦ ὅτι οὐδὲν κοινὸν δι' ἑαυτοῦ, εἰ μὴ τῷ λογιζομένῳ τι κοινὸν εἶναι, ἐκείνῳ κοινόν.	나 역시 주 예수님 안에서 알고 확신하는 것은 어떤 것도 그것 자체로는 속되지 않다는 것입니다. 어떤 것을 속된 것이라고 여기는 사람에게만 그것은 속됩니다.	

14:15	εἰ γὰρ διὰ βρῶμα ὁ ἀδελφός σου λυπεῖται, οὐκέτι κατὰ ἀγάπην περιπατεῖς· μὴ τῷ βρώματί σου ἐκεῖνον ἀπόλλυε ὑπὲρ οὗ Χριστὸς ἀπέθανεν.	진정 음식 때문에 그대의 형제가 근심하게 된다면, 그대는 아직 사랑을 따라 살지 않는 것입니다.† 그대의 음식으로 인해 그대의 형제를 멸망시키지 마십시오. 그를 위하여 그리스도께서 죽으셨습니다.	†οὐκέτι κατὰ ἀγάπην περιπατεῖς 직역: 너는 아직(더 이상) 사랑을 따라 걷지 않는다
14:16	μὴ βλασφημείσθω οὖν ὑμῶν τὸ ἀγαθόν.	그런즉 여러분의 그 선한 일이 비방을 받게 하지 마십시오.	
14:17	οὐ γάρ ἐστιν ἡ βασιλεία τοῦ θεοῦ βρῶσις καὶ πόσις ἀλλὰ δικαιοσύνη καὶ εἰρήνη καὶ χαρὰ ἐν πνεύματι ἁγίῳ·	왜냐하면 그 하나님의 그 나라는 먹는 것과 마시는 것이 아니라, 다만 성령 안에서 의(義)와 평화와 기쁨이기 때문입니다.	
14:18	ὁ γὰρ ἐν τούτῳ δουλεύων τῷ Χριστῷ εὐάρεστος τῷ θεῷ καὶ δόκιμος τοῖς ἀνθρώποις.	진정 성령 안에서 그리스도께 종이 되어 섬기는 사람은 그 하나님을 매우 기쁘시게 하고 그 사람들에게도 인정받습니다.	
14:19	—Ἄρα οὖν τὰ τῆς εἰρήνης διώκωμεν καὶ τὰ τῆς οἰκοδομῆς τῆς εἰς ἀλλήλους.	---그런즉 우리는 확고하게 그 평화의 일들과 서로를 하나님의 집으로 세우는 일들에† 온 힘을 기울입시다.	† τὰ τῆς οἰκοδομῆς τῆς εἰς ἀλλήλους 직역: 서로를 위해 있는 그 건축(세움)의 일들
14:20	μὴ ἕνεκεν βρώματος κατάλυε τὸ ἔργον τοῦ θεοῦ. πάντα μὲν καθαρά, ἀλλὰ κακὸν τῷ ἀνθρώπῳ τῷ διὰ προσκόμματος ἐσθίοντι.	음식으로 인하여 그 하나님의 그 일을 무너뜨리지 마십시오. 실로 모든 것들이 깨끗하지만, 다만 걸려 넘어지게 하면서까지 먹는 그 사람에게는 악한 것입니다.	
14:21	καλὸν τὸ μὴ φαγεῖν κρέα μηδὲ πιεῖν οἶνον μηδὲ ἐν ᾧ ὁ ἀδελφός σου προσκόπτει.	그대의 형제가 넘어지지 않게 하기 위해서라면 고기를 먹지 않고 포도주도 마시지 않는 것이 좋습니다.	
14:22	σὺ πίστιν [ἣν] ἔχεις κατὰ σεαυτὸν ἔχε ἐνώπιον τοῦ θεοῦ. μακάριος ὁ μὴ κρίνων ἑαυτὸν ἐν ᾧ δοκιμάζει·	그대는 그대 자신이 가지고 [있는] 믿음을 그 하나님 존전에서 지니십시오. 자신이 확정한 일을 하면서 자책하지 않고 사는 사람이 행복합니다.※	※ μακάριος ὁ μὴ κρίνων ἑαυτὸν ἐν ᾧ δοκιμάζει· 직역: 그가 확정한 것 안에서 자신을 판단하지 않는 자가 행복하다. 롬2:1의 맥락과 비교.
14:23	ὁ δὲ διακρινόμενος ἐὰν φάγῃ κατακέκριται, ὅτι οὐκ ἐκ πίστεως· πᾶν δὲ ὃ οὐκ ἐκ πίστεως ἁμαρτία ἐστίν.	반면에 의심하면서 먹는 사람이 있다면 그는 이미 정죄받은 것입니다. 그가 믿음으로 먹지 않았기 때문입니다. 그러므로 믿음으로 하지 않은 것은 모두 다 죄입니다.	

15장	NA28판(UBS5판) ΠΡΟΣ ΡΩΜΑΙΟΥΣ 15	로마서 15장 필자 사역	비고
15:1	Ὀφείλομεν δὲ ἡμεῖς οἱ δυνατοὶ τὰ ἀσθενήματα τῶν ἀδυνάτων βαστάζειν καὶ μὴ ἑαυτοῖς ἀρέσκειν.	그러나 우리 강한 사람들은 강하지 못한 사람들의 여러 약점을 당연히 짊어지되 자기 자신을 기쁘게 하지 않도록 해야 합니다.	
15:2	ἕκαστος ἡμῶν τῷ πλησίον ἀρεσκέτω εἰς τὸ ἀγαθὸν πρὸς οἰκοδομήν·	우리 각자는 그 이웃을 기쁘게 하되 그 선을 이루어 하나님의 집을 세우십시오.	
15:3	καὶ γὰρ ὁ Χριστὸς οὐχ ἑαυτῷ ἤρεσεν, ἀλλὰ καθὼς γέγραπται· οἱ ὀνειδισμοὶ τῶν ὀνειδιζόντων σε ἐπέπεσαν ἐπ' ἐμέ.*	왜냐하면 그 그리스도께서도 자신을 기쁘게 하지 않고, 오히려 "주님을 비난하는 자들의 온갖 비난이 제게 퍼부어졌습니다.*"라고 기록된 바와 같이 비난받으셨기 때문입니다.	* 시69:9
15:4	ὅσα γὰρ προεγράφη, εἰς τὴν ἡμετέραν διδασκαλίαν ἐγράφη, ἵνα διὰ τῆς ὑπομονῆς καὶ διὰ τῆς παρακλήσεως τῶν γραφῶν τὴν ἐλπίδα ἔχωμεν.	참으로 이전에 기록된 것들은 무엇이든지, 우리가 가지고 있는 복음의 가르침을 위해 기록된 것입니다. 그것은 우리가 그 기록들에 증거된 그 인내와 그 위로의 권면을 통해 그 소망을 가지게 하려는 것입니다.	
15:5	ὁ δὲ θεὸς τῆς ὑπομονῆς καὶ τῆς παρακλήσεως δῴη ὑμῖν τὸ αὐτὸ φρονεῖν ἐν ἀλλήλοις κατὰ Χριστὸν Ἰησοῦν,	더욱이 그 인내와 그 권면의 그 하나님께서 여러분에게 그리스도 예수를 따라 서로 같은 관심을 기울이게 해 주셔서,	
15:6	ἵνα ὁμοθυμαδὸν ἐν ἑνὶ στόματι δοξάζητε τὸν θεὸν καὶ πατέρα τοῦ κυρίου ἡμῶν Ἰησοῦ Χριστοῦ.	우리가 하나가 되어 한 입으로 그 하나님, 곧 우리 주님 예수 그리스도의 아버지께 영광을 돌리게끔 하셨습니다.	
15:7	Διὸ προσλαμβάνεσθε ἀλλήλους, καθὼς καὶ ὁ Χριστὸς προσελάβετο ὑμᾶς εἰς δόξαν τοῦ θεοῦ.	그러므로 그 그리스도께서 그 하나님의 영광을 위해 여러분을 받아들이신 것처럼 여러분도 서로를 받아들이십시오.	
15:8	λέγω γὰρ Χριστὸν διάκονον γεγενῆσθαι περιτομῆς ὑπὲρ ἀληθείας θεοῦ, εἰς τὸ βεβαιῶσαι τὰς ἐπαγγελίας τῶν πατέρων,	분명히 내가 말합니다만, 그리스도께서 하나님의 진리를 위하여 할례받은 자를 섬기는 종이 되셨습니다. 이는 그 조상들에게 하신 그 약속들을 확실하게 보증하심만이 아니라,	

15:9	τὰ δὲ ἔθνη ὑπὲρ ἐλέους δοξάσαι τὸν θεόν, καθὼς γέγραπται· διὰ τοῦτο ἐξομολογήσομαί σοι ἐν ἔθνεσιν* καὶ τῷ ὀνόματί σου ψαλῶ.*	그 이방인들도 긍휼을 넘치게 받게 하심으로 그 하나님께 영광을 돌리게 하려 하심입니다. 이는 성경에 "이러므로 제가 이방인들 안에서 주님께 자복할 것이며 주님의 이름을 찬송할 것입니다.*"라고, 기록된 것과 같습니다.	* 시18:49
15:10	καὶ πάλιν λέγει· εὐφράνθητε, ἔθνη, μετὰ τοῦ λαοῦ αὐτοῦ.*	그리고 다시 말하길 "이방인들이여, 그의 백성과 함께 기뻐하게 될지어다.*"라고 했고,	* 신32:43
15:11	καὶ πάλιν· αἰνεῖτε, πάντα τὰ ἔθνη, τὸν κύριον* καὶ* ἐπαινεσάτωσαν αὐτὸν πάντες οἱ λαοί.*	또다시 말하길 "모든 그 이방인들이여, 그 주님을 찬양하여라. 모든 그 백성들이여, 그분을 찬미하여라.*"라고 했으며,	* 시117:1
15:12	καὶ πάλιν Ἠσαΐας λέγει· ἔσται ἡ ῥίζα τοῦ Ἰεσσαί* καὶ ὁ ἀνιστάμενος ἄρχειν ἐθνῶν,* ἐπ' αὐτῷ ἔθνη ἐλπιοῦσιν.*	또다시 이사야가 말하길 "그 이새의 그 뿌리가 돋아날 것이니, 곧 이방인들을 다스리기 위하여 일어나실 분, 그분을 이방인들이 소망할 것이다.*"라고 했습니다.	* 사11:10
15:13	Ὁ δὲ θεὸς τῆς ἐλπίδος πληρώσαι ὑμᾶς πάσης χαρᾶς καὶ εἰρήνης ἐν τῷ πιστεύειν, εἰς τὸ περισσεύειν ὑμᾶς ἐν τῇ ἐλπίδι ἐν δυνάμει πνεύματος ἁγίου.	그래서 그 소망의 그 하나님께서 여러분이 믿을 때 온갖 기쁨과 평화로 충만하게 하셔서, 성령의 능력 안에서 그 소망이 넘치게 하실 것입니다.	

15:14	Πέπεισμαι δέ, ἀδελφοί μου, καὶ αὐτὸς ἐγὼ περὶ ὑμῶν ὅτι καὶ αὐτοὶ μεστοί ἐστε ἀγαθωσύνης, πεπληρωμένοι πάσης [τῆς] γνώσεως, δυνάμενοι καὶ ἀλλήλους νουθετεῖν.	하지만 나의 형제들이여, 나 자신이 여러분에 대하여 확신하는 것은 '여러분 자신도 선함이 가득하며, 서로를 권고할 수 있을 만큼 온갖 [그] 지식에 충만해져 있다.'라는 것입니다.	
15:15	τολμηρότερον δὲ ἔγραψα ὑμῖν ἀπὸ μέρους ὡς ἐπαναμιμνῄσκων ὑμᾶς διὰ τὴν χάριν τὴν δοθεῖσάν μοι ὑπὸ τοῦ θεοῦ	그런데도 그 하나님께서 나에게 베풀어 주신 그 은혜를 통해 더욱 커다란 확신을 가지고 여러분을 다시 생각하게 하려고 대강(大綱) 담대하게 썼습니다.※	※ τολμηρότερον … ἀπὸ μέρους 더욱 큰 확신을 … 대강(大綱: 중심이 되는 부분만을 떼어 낸 세밀하지 않은 내용) BDAG: very boldly on some points
15:16	εἰς τὸ εἶναί με λειτουργὸν Χριστοῦ Ἰησοῦ εἰς τὰ ἔθνη, ἱερουργοῦντα τὸ εὐαγγέλιον τοῦ θεοῦ, ἵνα γένηται ἡ προσφορὰ τῶν ἐθνῶν εὐπρόσδεκτος, ἡγιασμένη ἐν	그 은혜는 내가 그 이방인들을 위한 그리스도 예수의 공적인 사역자가 되게 하여,※ 그 하나님의 그 복음을 맡아 제사장 직무를 수행하게 합니다. 이는 그 이방인들이	※ λειτουργὸν 공적인 사역자 롬13:6, 15:27 참조 BDAG: 열방/이방인의 사도인 바울에 관해(of paul, apostle to nations/gentiles) λειτουργὸν Χριστοῦ

	πνεύματι ἁγίῳ.	자신을 그 하나님께 드리되 성령 안에서 거룩하게 되어, 그 하나님께서 받으실 만한 것이 되게 하려는 것입니다.	Ἰησοῦ 이방인들을 위한 그리스도 예수의 종(a servant of Christ Jesus for the gentiles)
15:17	ἔχω οὖν [τὴν] καύχησιν ἐν Χριστῷ Ἰησοῦ τὰ πρὸς τὸν θεόν·	그런즉 나는 그 하나님을 위해서 하는 일들에 대해 그리스도 예수 안에서 [그] 자부심을 가지고 있습니다.	
15:18	οὐ γὰρ τολμήσω τι λαλεῖν ὧν οὐ κατειργάσατο Χριστὸς δι' ἐμοῦ εἰς ὑπακοὴν ἐθνῶν, λόγῳ καὶ ἔργῳ,	나는 이방인들의 순종을 위해서 그리스도께서 나를 통하여 이루어 내시지 않은 것들은 그 어떤 것도 감히 말하지 않겠습니다. 말과 일이건,	
15:19	ἐν δυνάμει σημείων καὶ τεράτων, ἐν δυνάμει πνεύματος [θεοῦ]· ὥστε με ἀπὸ Ἰερουσαλὴμ καὶ κύκλῳ μέχρι τοῦ Ἰλλυρικοῦ πεπληρωκέναι τὸ εὐαγγέλιον τοῦ Χριστοῦ,	여러 표징과 기적을 나타내는 능력이건, [하나님의] 영의 능력이건 말입니다. 나는 그렇게 예루살렘으로부터 일루리곤에※ 이르기까지 사방에 그 그리스도의 그 복음을 충만하게 전하였습니다.	※ τοῦ Ἰλλυρικοῦ 투 일루리쿠 지금의 유고슬라비아와 알바니아 영토에 속함.
15:20	οὕτως δὲ φιλοτιμούμενον εὐαγγελίζεσθαι οὐχ ὅπου ὠνομάσθη Χριστός, ἵνα μὴ ἐπ' ἀλλότριον θεμέλιον οἰκοδομῶ,	하지만 이같이 내가 그리스도의 이름이 불리지 않은 곳에 복음을 전하려고 애쓰는 것은, 남이 세운 기초 위에※ 집을 짓지 않기 위함입니다.	※ ἐπ' ἀλλότριον θεμέλιον 롬14:14의 문맥 속에서 그 의미를 규정하라. BDAG: to what belongs to another, *not one's own, strange*
15:21	ἀλλὰ καθὼς γέγραπται· οἷς οὐκ ἀνηγγέλη περὶ αὐτοῦ ὄψονται ,* καὶ οἳ οὐκ ἀκηκόασιν συνήσουσιν.*	오직 그것은 성경에 "그 주님에 대한 소식을 받지 못한 사람들에게 보일 것이고, 듣지도 못한 사람들이 깨닫게 될 것이다.*" 라고 기록된 대로 하려는 것입니다.	* 사52:15
15:22	Διὸ καὶ ἐνεκοπτόμην τὰ πολλὰ τοῦ ἐλθεῖν πρὸς ὑμᾶς·	그러므로 나 또한 여러분을 향해 가려고 했으나 대부분의 일정이 무산되었습니다.	
15:23	νυνὶ δὲ μηκέτι τόπον ἔχων ἐν τοῖς κλίμασιν τούτοις, ἐπιποθίαν δὲ ἔχων τοῦ ἐλθεῖν πρὸς ὑμᾶς ἀπὸ πολλῶν ἐτῶν,	그러나 이제는 내가 이 지역에서 더 이상 일할 곳이 없어, 여러 해 동안 여러분에게 가기를 무척 바라고 있었습니다.	
15:24	ὡς ἂν πορεύωμαι εἰς τὴν Σπανίαν· ἐλπίζω γὰρ διαπορευόμενος θεάσασθαι ὑμᾶς καὶ ὑφ' ὑμῶν προπεμφθῆναι ἐκεῖ ἐὰν ὑμῶν πρῶτον ἀπὸ μέρους ἐμπλησθῶ.	바라기는 내가 스페인으로※ 가는 길에, 참으로 여러분을 만나 먼저 여러분과 조금 기쁨을 나눈 뒤 여러분의 도움을 받아 그곳에 보내어지기를 소망하고 있습니다.	※ 지명 εἰς τὴν Σπανίαν 사파니안으로 지금의 스페인(앞으로 스페인으로 표기).

15:25	—Νυνὶ δὲ πορεύομαι εἰς Ἰερουσαλὴμ διακονῶν τοῖς ἁγίοις.	---그런데도 지금은 내가 성도들을 섬기려고 예루살렘으로 갑니다.	
15:26	εὐδόκησαν γὰρ Μακεδονία καὶ Ἀχαΐα κοινωνίαν τινὰ ποιήσασθαι εἰς τοὺς πτωχοὺς τῶν ἁγίων τῶν ἐν Ἰερουσαλήμ.	왜냐하면 마케도니아와 아가야의※ 성도들이 동료의식으로 예루살렘에 있는 성도들 중 가난한 자들을 위하여 헌금하기를 기쁘게 여겼기 때문입니다.	※ 지명 Μακεδονία καὶ Ἀχαΐα 마케도니안 카이 아카이아 그리스의 남부 지역임
15:27	εὐδόκησαν γὰρ καὶ ὀφειλέται εἰσὶν αὐτῶν· εἰ γὰρ τοῖς πνευματικοῖς αὐτῶν ἐκοινώνησαν τὰ ἔθνη, ὀφείλουσιν καὶ ἐν τοῖς σαρκικοῖς λειτουργῆσαι αὐτοῖς.	참으로 그들은 좋은 생각으로 그렇게 하였습니다. 그들 또한 예루살렘의 성도들에게 빚진 사람들입니다. 그 이방인들이 그들의 영적인 축복들을 나누어 가졌으니, 육적인 축복들로 그들을 섬겨야 할 의무도 있는 것입니다.※	※ 복음의 은혜로 거룩함을 입은 성도들 간의 섬김에 대한 의무는 서로 주님의 공적인 일을 수행하는 자세로 이루어짐. λειτουργῆσαι 참조: 롬13:6, 15:16, 히1:7, 8:2, 12:11, 행13:2, 빌2:25
15:28	τοῦτο οὖν ἐπιτελέσας καὶ σφραγισάμενος αὐτοῖς τὸν καρπὸν τοῦτον, ἀπελεύσομαι δι' ὑμῶν εἰς Σπανίαν·	그런즉 내가 이 일을 마치고 이 열매를 그들에게 확실히 전해 준 후, 여러분에게 들렀다가 스페인으로 떠날 것입니다.	
15:29	οἶδα δὲ ὅτι ἐρχόμενος πρὸς ὑμᾶς ἐν πληρώματι εὐλογίας Χριστοῦ ἐλεύσομαι.	하지만 내가 여러분을 향해 갈 때 그리스도의 복된 말씀의 충만함 속에서 갈 것임을 압니다.	
15:30	Παρακαλῶ δὲ ὑμᾶς [, ἀδελφοί,] διὰ τοῦ κυρίου ἡμῶν Ἰησοῦ Χριστοῦ καὶ διὰ τῆς ἀγάπης τοῦ πνεύματος συναγωνίσασθαί μοι ἐν ταῖς προσευχαῖς ὑπὲρ ἐμοῦ πρὸς τὸν θεόν,	그러니 형제들이여, 나는 여러분에게 우리 주님 예수 그리스도를 통해서와 성령의 사랑을 통해서 부탁합니다. 나를 위하여 그 하나님을 향해 드리는 그 기도들 안에서 나와 연합하여 싸워 주십시오.	
15:31	ἵνα ῥυσθῶ ἀπὸ τῶν ἀπειθούντων ἐν τῇ Ἰουδαίᾳ καὶ ἡ διακονία μου ἡ εἰς Ἰερουσαλὴμ εὐπρόσδεκτος τοῖς ἁγίοις γένηται,	이는 내가 그 유대 안에서※ 불순종하는 자들로부터 구출되고, 예루살렘을 위한 나의 섬김이 그 성도들에게 기쁘게 받아들여지도록 하기 위함입니다.	※ 지명 사마리아, 갈릴리, 페레아, 이두메아와 대조되는 팔레스타인 남부 지역(특징: 유대교).
15:32	ἵνα ἐν χαρᾷ ἐλθὼν πρὸς ὑμᾶς διὰ θελήματος θεοῦ συναναπαύσωμαι ὑμῖν.	그렇게 되면※ 내가 하나님의 뜻을 통해 여러분을 기쁘게 만나 함께 안식할 수 있을 것입니다.	※ 앞 절의 콤마와 ἵνα(히나)의 문맥상 의미를 살려 번역함.
15:33	—Ὁ δὲ θεὸς τῆς εἰρήνης μετὰ πάντων ὑμῶν, ἀμήν.	---만날 때까지※ 그 평화의 그 하나님께서 여러분 모두와 함께하시기를 빕니다. 아멘.	※ 접속사 δὲ(데)의 문맥상 의미를 살려 번역함.

16장	NA28판(UBS5판) ΠΡΟΣ ΡΩΜΑΙΟΥΣ 16	로마서 16장 필자 사역	비고
16:1	Συνίστημι δὲ ὑμῖν Φοίβην τὴν ἀδελφὴν ἡμῶν, οὖσαν [καὶ] διάκονον τῆς ἐκκλησίας τῆς ἐν Κεγχρεαῖς,	나는 겐그레아※ 교회를 섬기고 있는 우리 자매 뵈뵈를 여러분에게 추천합니다.	※ 지명 Κεγχρεαῖς 켄크레아이스 그리스의 고린도 동쪽 항구 도시.
16:2	ἵνα αὐτὴν προσδέξησθε ἐν κυρίῳ ἀξίως τῶν ἁγίων καὶ παραστῆτε αὐτῇ ἐν ᾧ ἂν ὑμῶν χρῄζῃ πράγματι· καὶ γὰρ αὐτὴ προστάτις πολλῶν ἐγενήθη καὶ ἐμοῦ αὐτοῦ.	여러분이 주님 안에서 성도들을 대하는 합당한 예절로 그녀를 영접하고, 그녀가 여러분의 도움을 필요로 하면 어떤 일이든 도와주시기 바랍니다. 그녀 역시 나를 포함한 많은 사람의 조력자가 되었습니다.	
16:3	Ἀσπάσασθε Πρίσκαν καὶ Ἀκύλαν τοὺς συνεργούς μου ἐν Χριστῷ Ἰησοῦ,	그리스도 예수 안에서 나의 동역자인 브리스가와 아굴라에게※ 안부를 전해 주십시오.	※ 인명 Πρίσκαν καὶ Ἀκύλαν 행18장의 문맥을 검토하라(이 책 201쪽을 보라).
16:4	οἵτινες ὑπὲρ τῆς ψυχῆς μου τὸν ἑαυτῶν τράχηλον ὑπέθηκαν, οἷς οὐκ ἐγὼ μόνος εὐχαριστῶ ἀλλὰ καὶ πᾶσαι αἱ ἐκκλησίαι τῶν ἐθνῶν,	그들은 내 목숨을 위해 자기 자신들의 목을 내놓기까지 했습니다. 나만 그들에게 감사하는 것이 아니라 그 이방인들의 그 교회들 모두가 그들에게 감사하고 있습니다.	
16:5	καὶ τὴν κατ᾽ οἶκον αὐτῶν ἐκκλησίαν. ἀσπάσασθε Ἐπαίνετον τὸν ἀγαπητόν μου, ὅς ἐστιν ἀπαρχὴ τῆς Ἀσίας εἰς Χριστόν.	그리고 그들의 가정 교회에도 안부를 전해 주십시오. 나의 사랑하는 자인 에베네도에게 안부를 전해 주십시오. 그는 그리스도에게로 돌아온 아시아의 첫 열매입니다.	
16:6	ἀσπάσασθε Μαρίαν, ἥτις πολλὰ ἐκοπίασεν εἰς ὑμᾶς.	여러분을 위해 많이 수고한 마리아에게 안부를 전해 주십시오.	
16:7	ἀσπάσασθε Ἀνδρόνικον καὶ Ἰουνίαν τοὺς συγγενεῖς μου καὶ συναιχμαλώτους μου, οἵτινές εἰσιν ἐπίσημοι ἐν τοῖς ἀποστόλοις, οἳ καὶ πρὸ ἐμοῦ γέγοναν ἐν Χριστῷ.	내 친척이며 나와 함께 감옥에 갇혔던 동료 안드로니고와 유니아에게 안부를 전해 주십시오. 그들은 그 사도들 사이에서도 탁월한 자들이며 나보다 먼저 그리스도 안에 있게 된 자들입니다.	
16:8	ἀσπάσασθε Ἀμπλιᾶτον τὸν ἀγαπητόν μου ἐν κυρίῳ.	주님 안에서 나의 사랑하는 자인 암블리아에게 안부를 전해 주십시오.	

16:9	ἀσπάσασθε Οὐρβανὸν τὸν συνεργὸν ἡμῶν ἐν Χριστῷ καὶ Στάχυν τὸν ἀγαπητόν μου.	그리스도 안에서 우리의 동역자인 우르바노와 나의 사랑하는 스다구에게 안부를 전해 주십시오.	
16:10	ἀσπάσασθε Ἀπελλῆν τὸν δόκιμον ἐν Χριστῷ. ἀσπάσασθε τοὺς ἐκ τῶν Ἀριστοβούλου.	그리스도 안에서 인정받은 아벨레에게 안부를 전해 주십시오. 아리스도불로의 가족들에게 안부를 전해 주십시오.	
16:11	ἀσπάσασθε Ἡρῳδίωνα τὸν συγγενῆ μου. ἀσπάσασθε τοὺς ἐκ τῶν Ναρκίσσου τοὺς ὄντας ἐν κυρίῳ.	나의 친척인 헤로디온에게 안부를 전해 주십시오. 주님 안에 있는 나깃수의 가족들에게 안부를 전해 주십시오.	
16:12	ἀσπάσασθε Τρύφαιναν καὶ Τρυφῶσαν τὰς κοπιώσας ἐν κυρίῳ. ἀσπάσασθε Περσίδα τὴν ἀγαπητήν, ἥτις πολλὰ ἐκοπίασεν ἐν κυρίῳ.	주님 안에서 수고하는 드루배나와 드루보사에게 안부를 전해 주십시오. 주님 안에서 많이 수고한 사랑하는 버시에게 안부를 전해 주십시오.	
16:13	ἀσπάσασθε Ῥοῦφον τὸν ἐκλεκτὸν ἐν κυρίῳ καὶ τὴν μητέρα αὐτοῦ καὶ ἐμοῦ.	주님 안에서 선택된 루포와 나의 어머니이기도 한 그의 어머니에게 안부를 전해 주십시오.	
16:14	ἀσπάσασθε Ἀσύγκριτον, Φλέγοντα, Ἑρμῆν, Πατροβᾶν, Ἑρμᾶν καὶ τοὺς σὺν αὐτοῖς ἀδελφούς.	아순그리도와 블레곤과 허메와 바드로바와 허마와 그들과 함께 있는 형제들에게 안부를 전해 주십시오.	
16:15	ἀσπάσασθε Φιλόλογον καὶ Ἰουλίαν, Νηρέα καὶ τὴν ἀδελφὴν αὐτοῦ, καὶ Ὀλυμπᾶν καὶ τοὺς σὺν αὐτοῖς πάντας ἁγίους.	빌롤로고와 율리아와 네레오와 그의 여동생과 올름바와 그들과 함께 있는 모든 거룩한 자들에게 안부를 전해 주십시오.	
16:16	ἀσπάσασθε ἀλλήλους ἐν φιλήματι ἁγίῳ. ἀσπάζονται ὑμᾶς αἱ ἐκκλησίαι πᾶσαι τοῦ Χριστοῦ.	거룩한 입맞춤으로 서로를 문안해 주십시오. 그 그리스도의 그 교회들 모두가 여러분에게 문안합니다.	
16:17	Παρακαλῶ δὲ ὑμᾶς, ἀδελφοί, σκοπεῖν τοὺς τὰς διχοστασίας καὶ τὰ σκάνδαλα παρὰ τὴν διδαχὴν ἣν ὑμεῖς ἐμάθετε ποιοῦντας, καὶ ἐκκλίνετε ἀπ' αὐτῶν·	형제들이여, 나는 여러분에게 권합니다. 여러분이 배운 그 가르침을 거슬러 불화하게 하고, 넘어지게 하는 자들을 조심하고, 또한 그들을 떠나 멀리하십시오.	
16:18	οἱ γὰρ τοιοῦτοι τῷ κυρίῳ ἡμῶν Χριστῷ οὐ δουλεύουσιν ἀλλὰ τῇ ἑαυτῶν κοιλίᾳ, καὶ διὰ τῆς χρηστολογίας καὶ εὐλογίας ἐξαπατῶσιν τὰς καρδίας τῶν ἀκάκων.	왜냐하면 이런 자들은 우리 주님 그리스도를 섬기지 않고 오히려 자신들의 배만 채우며, 아첨하는 말과 달콤한 말로 순진한 사람들의 마음을 전적으로 속이고 있	

16:29		기 때문입니다.	
16:19	ἡ γὰρ ὑμῶν ὑπακοὴ εἰς πάντας ἀφίκετο· ἐφ' ὑμῖν οὖν χαίρω, θέλω δὲ ὑμᾶς σοφοὺς εἶναι εἰς τὸ ἀγαθόν, ἀκεραίους δὲ εἰς τὸ κακόν.	참으로 여러분의 순종이 모두에게로 잘 알려져 있으니, 나는 그런 여러분으로 인해 기뻐합니다. 그러나 나는 여러분이 그 선한 일에 지혜로운 자들이고, 더욱이 그 악한 일에 순결한 자들이기를 원합니다.	
16:20	ὁ δὲ θεὸς τῆς εἰρήνης συντρίψει τὸν σατανᾶν ὑπὸ τοὺς πόδας ὑμῶν ἐν τάχει. —Ἡ χάρις τοῦ κυρίου ἡμῶν Ἰησοῦ μεθ' ὑμῶν.	그 평화의 그 하나님께서 신속하게 그 사탄을 여러분의 발로 완전히 짓이기게 하실 것입니다. ---우리 주 예수님의 그 은혜가 여러분과 함께하길 바랍니다.	
16:21	Ἀσπάζεται ὑμᾶς Τιμόθεος ὁ συνεργός μου καὶ Λούκιος καὶ Ἰάσων καὶ Σωσίπατρος οἱ συγγενεῖς μου.	나의 동역자인 디모데와 나의 친척인 누기오와 야손 소시바더가 여러분에게 안부를 전합니다.	
16:22	ἀσπάζομαι ὑμᾶς ἐγὼ Τέρτιος ὁ γράψας τὴν ἐπιστολὴν ἐν κυρίῳ.	이 편지를 받아쓴 사람인 나 더디오도 주님 안에서 여러분에게 안부를 전합니다.	
16:23	ἀσπάζεται ὑμᾶς Γάϊος ὁ ξένος μου καὶ ὅλης τῆς ἐκκλησίας. ἀσπάζεται ὑμᾶς Ἔραστος ὁ οἰκονόμος τῆς πόλεως καὶ Κούαρτος ὁ ἀδελφός.	나와 온 교회를 돌보아 주는 가이오가 여러분에게 안부를 전하고, 이 도시의 재무관 에라스도와 형제 구아도도 여러분에게 안부를 전합니다.	
16:24	[없음]		
16:25	[Τῷ δὲ δυναμένῳ ὑμᾶς στηρίξαι κατὰ τὸ εὐαγγέλιόν μου καὶ τὸ κήρυγμα Ἰησοῦ Χριστοῦ, κατὰ ἀποκάλυψιν μυστηρίου χρόνοις αἰωνίοις σεσιγημένου,	[하나님께서는 나의 복음, 곧 예수 그리스도에 관한 선언적 메시지를 따라† 여러분을 굳건하게 하실 수 있는 분이십니다. 그것은 영원한 시간 속에 감추어져 있던 비밀의 계시를 따라 주어진 것이나,	† κατὰ τὸ εὐαγγέλιόν μου καὶ τὸ κήρυγμα Ἰησοῦ Χριστοῦ 직역: 나의 복음과 예수 그리스도의 케리그마를 따라 케리그마는 공개 선언으로 바울이 복음 전파의 현장(광장 등)에서 큰 목소리로 선포된 핵심 메시지.
16:26	φανερωθέντος δὲ νῦν διά τε γραφῶν προφητικῶν κατ' ἐπιταγὴν τοῦ αἰωνίου θεοῦ εἰς ὑπακοὴν πίστεως εἰς πάντα τὰ ἔθνη γνωρισθέντος,	이제 영원하신 하나님의 지시를 따라 주어진 예언적인 기록들을※ 통해 명백히 드러나게 되어 믿음의 순종에 이르도록 모든 그 이방인들에게 알려졌습니다.	※ διά τε γραφῶν προφητικῶν 하나님의 뜻을 알 수 있게 영감(靈感)된 기록들을 의미함.
16:27	μόνῳ σοφῷ θεῷ, διὰ Ἰησοῦ Χριστοῦ, ᾧ ἡ δόξα εἰς τοὺς αἰῶνας, ἀμήν.]	그러므로 오직 이런 지혜를 주신 하나님께만,※ 예수 그리스도를 통해 그 영광이 영원히 있기를 빕니다. 아멘.]	※ 과거 분사 후 콤마로 분리되는 위 절과의 연관성을 살려 번역함.

번역 공두 이영선

나가는 말

- 소풍 후 아주 긴 여행을 위한 산책 -

참으로 기이한 일이 벌어졌다. 죽을 고비를 여러 번 겪으면서도 생각지 못했던 필자의 남은 인생에 대한 정직한 고민은 아들을 위한 소박한 유산으로 남겨 주려고 쓰기 시작한 로마서 본문 읽기의 방향을 제시하여 연구하며 살기를 바라는 소망을 담은 『로마서 이렇게 읽어라 1권』을 낳았다. 그것이 성도들로 하여금 로마서의 새로운 읽기 제안서가 되고 연구의 소재로 책이 만들어지는 진풍경 속에서 『2000여 년 로마서 해석의 지형을 바꾸다』라는 제목으로 새로운 출간을 하게 되는 어처구니없는 일은 어느덧 필자가 이미 오래전부터 키워 온 꿈의 실현으로 다가왔다.

이 변화무쌍한 소용돌이는 서재에 차분히 앉아 장서의 집필을 결심하고 한자 한자 박아 내는 작업을 일상으로 삼아야 할 필자에게 '단권의 로마서 해설서'를 만들어 달라는 강력한 요청으로 대두되었다. 그것은 거부할 수 없는 합리적이며 전복적인 요구로 단번에 필자를 피할 수 없는 막다른 골목에 서게 하였다. 그리고 그 요구는 『로마서 이렇게 읽어라 1권』의 관점으로 나머지 로마서 전체를 읽으면 어떻게 되는지를 보여 달라는 것이었다.

그래서 『로마서 이렇게 읽어라 1권』은 『2000여 년 로마서 해석의 지형을 바꾸다』라는 제목으로 갈아입고 「바울의 복음에 대한 발상의 전환」이라는 주제로 거듭나게 되었다. 내용상 달라진 것은 하나도 없으나 새로운 주제에 맞게 「바울의 복음에 대한 발상의 전환을 마무리하며」라는 마지막 장을 추가했다. 이는 전환된 관점으로 바울의 복음을 읽을 수 있도록 2권을 쓸 요량으로 만들어 낸 궁여지책과 같다.

거기에서 필자는 모든 학문적 경계를 넘어선 오늘날의 바울 텍스트 읽기는 비상한 영적인 통찰을 요구하는 시대적 요구에 직면해 있음을 밝히고 안타까운 마음으로 바울의 로마서 텍스트 읽기의 그릇된 근본적인 문제를 지적하며 발상의 전환을 통해 아주 새로운 방식으로 읽을 것을 도전했다. 그런 까닭에 그것은 현시대의 관점에서 해결해야 할 과제를 수습하고 한 걸음 더 나아갈 수 있는 획기적인 사유의 발판을 놓는 일 말고는 필자에게 절실한 것이 아무것도 없다는 생각으로부터 비롯되었다.

그리고 그것은 당장 독자층을 결정해야 하는 어려움에 봉착하게 했고, 앞으로 써야 할 2권은 전환된 관점으로 로마서 전체를 다루며 바울의 복음을 명확하게 드러내기 위해 1권의 기조를 유지하되 누구나 로마서를 제대로 알고 싶은 진심만 가지고 읽으면 본문의 진정한 의미를 파악할 수 있도록 평이하게 써야 한다는 충심의 결과물이어야 한다고 다짐하게 했다.

사실 평이한 서술이라는 것도 따지고 보면 필자가 글을 쓰는 내내 곁에서 읽고 교정에서 윤문에 이르기까지 동역자의 역할을 해 준 첫 번째 독자인 아내 김미현 사모와 믿음직한 논산평안교회의 일군인 유향여 권사의 독해 능력에 의존한 것으로서 그들이 이해할 때까지 여러 번에 걸친 증보의 시간이 있었는데 그 토론의 시간은 진솔하게 다양한 방식으로 본문의 진정한 의미를 전달하는 데 초점을 두고 이루어졌고 그 결과를 반영하여 성심을 다해 손질을 거듭했으며, 책의 내용 중에 밑줄 친 부분은 김미현 사모의 흔적임을 밝혀 둔다.

필자는 벼들이 쑥쑥 자라고 있는 들녘의 논길을 산책했다. 멍멍이들이 일제히 짖어 대는 시골 동네 한가운데서 요란하게 울어 대는 개구리들의 울음소리가 필자의 발길이 닿는 지점에서는 여지없이 그쳐 조용해졌다. 그때 마침 불현듯이 성경 구절 하나가 떠오르며 의문의 신학자들과 목회자들이 오버랩되는 이유가 궁금해졌다. 아마도 필자의 필력이 극에 다다랐다는 신호일까?

> *13 또 나는 그 용의 그 입으로부터와 그 짐승의 그 입으로부터와 그 거짓 예언자의 입으로부터 개구리들과 같은 악한 영 셋이 튀어나오는 것을 보았습니다.*

14 참으로 그것들은 표적을 행하는 귀신들의 영으로서 그 전능하신 그 하나님의 그 큰 그날의 그 전쟁을 대비하여 함께 싸울 온 세계의 왕들을 모으러 나갔습니다.

16 (그때 한 음성이 들렸습니다.) "보아라! 내가 도둑같이 온다. 깨어서 벌거벗은 채로 걷지 않고 자기의 부끄러움을 보지 않게 자기 옷을 챙기는 자가 행복하다."

13Καὶ εἶδον ἐκ τοῦ στόματος τοῦ δράκοντος καὶ ἐκ τοῦ στόματος τοῦ θηρίου καὶ ἐκ τοῦ στόματος τοῦ ψευδοπροφήτου πνεύματα τρία ἀκάθαρτα ὡς βάτραχοι• 14εἰσὶν γὰρ πνεύματα δαιμονίων ποιοῦντα σημεῖα, ἃ ἐκπορεύεται ἐπὶ τοὺς βασιλεῖς τῆς οἰκουμένης ὅλης συναγαγεῖν αὐτοὺς εἰς τὸν πόλεμον τῆς ἡμέρας τῆς μεγάλης τοῦ θεοῦ τοῦ παντοκράτορος. 15Ἰδοὺ ἔρχομαι ὡς κλέπτης. μακάριος ὁ γρηγορῶν καὶ τηρῶν τὰ ἱμάτια αὐτοῦ, ἵνα μὴ γυμνὸς περιπατῇ καὶ βλέπωσιν τὴν ἀσχημοσύνην αὐτοῦ.

(NA 28th(UBS 5th) ed 계16:13-15, 필자 사역)

기대하시라!

『2000여 년 로마서 해석의 지형을 바꾸다 2권』

개봉박두!

멍멍이가 짖어도 기차는 달리듯 필자의 긴 여행은 이제부터가 시작이다.

2024년 8월 12일

저자 공두(空頭) 이영선 목사